이한우의 지인지감 06

이한우의 사기

2

이한우의 지인지감 06

이한우의 사기

2

본기(本紀) 권6-권12

史記

『사기집해』『사기색은』『사기정의』
삼가주 완역 해설판

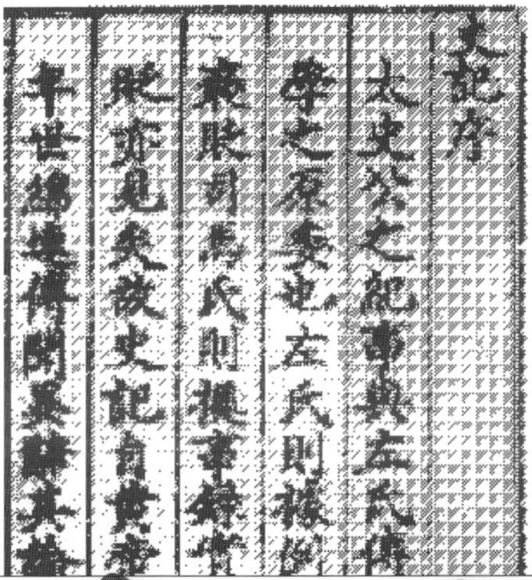
史記序
太史公史記事與左氏傳

21세기북스

일러두기

1. 삼가주(三家注)는 원칙적으로 모두 번역하되 발음을 풀이한 것이 기존 발음과 같은 경우에는 대부분 생략했다. 또 중복되거나 지금 상황과 동떨어진 주는 생략했다.
2. 삼가주란 배인(裴駰)의 『사기집해(史記集解)』, 사마정(司馬貞)의 『사기색은(史記索隱)』, 장수절(張守節)의 『사기정의(史記正義)』를 뜻하며, 삼가주의 번역은 각주 앞에 각각 【집해(集解)】, 【색은(索隱)】, 【정의(正義)】로 표시해 구분했다.
3. 【 】 표시로 시작하지 않는 주석은 옮긴이의 주이며, 삼가주와 다른 서체로 표기했다. 삼가주에 옮긴이의 주를 단 경우에도 마찬가지이다.
4. 발음 풀이 중에 간단한 것은 주(注)로 처리하지 않고 대부분 본문에 포함해 [○-○]이라는 식으로 표현했다. 또 역자가 뜻을 분명히 하기 위해 [○=○]이라는 표현을 쓰기도 했다.
5. 지나치게 미세해 지금의 독자에게 불필요한 주는 생략했고, 번역문에 녹였을 때는 따로 주(注) 표시를 하지 않았다.
6. 번역 원전은 인터넷사이트 '한천초려(漢川草廬)'를 기본으로 삼았다.

차례

본기(本紀)

본기(本紀)

권6 — 진시황본기(秦始皇本紀) 제6

권6 진시황본기(秦始皇本紀) 제6

진시황제(秦始皇帝)는 진나라 장양왕(莊襄王)[1] 아들이다. 장양왕이 진나라를 위해 인질[質子(질자)][2]로 가서 조(趙)나라에 있을 때, 여불위(呂不韋)의 희(姬-첩)를 보고는 흠뻑 빠져서 그녀를 차지해[3] 시황(始皇)을 낳았다. (시황은) 진(秦) 소왕(昭王) 48년 정월에 한단(邯鄲)에서 태어났다. 태어나자 이름을 정(政)이라 했고, 성은 조씨(趙氏)[4]였다. 나이 13세 때 장양왕이 죽자[死(사)], 정이 뒤를 이어 세워져서[代立(대립)] 진왕(秦王)이 되었다.

1) 【색은(索隱)】 장양왕은 효문왕(孝文王)의 둘째 아들이고 소양왕(昭襄王)의 손자인데, 이름은 자초(子楚)다. 살펴보건대, 『전국책(戰國策)』에 따르면 본래 이름은 자이(子異)인데 뒤에 화양부인(華陽夫人)의 뒤를 잇게 되면서 부인이 초나라 사람인 까닭에 이름을 고쳐 자초(子楚)라고 했다.

2) 【정의(正義)】 質의 발음은 (질이 아니라) 치(致)이다. 나라가 강하지만 약한 나라가 와서 자신을 섬기며 우호 맺기를 원해서 아들이나 귀한 신하를 보내 인질로 삼게 해줄 때는 위의 발음대로 '치'가 된다. (반대로) 나라가 약해 침공이나 정벌을 두려워해서 아들이나 귀한 신하를 보내 인질로 삼을 때는 발음이 직(直)과 실(實)의 반절음이다. 또 두 나라가 비등하게 맞설 때도 인질을 교환하는데, 이때 발음은 치(致)이다. 『좌전(左傳)』(은공(隱公) 3년)에 이르기를 주(周)나라와 정(鄭)나라가 인질을 교환했는데 (주나라) 왕자 호(狐)가 정나라에 인질이 되고 정나라 공자 홀(忽)이 주나라에 인질이 되었다고 한 것이 이런 경우다.[이는 비록 주나라가 천자의 나라이고 정나라가 제후의 나라이지만 대등하게 맞서는

[敵] 상황이다. 정나라 장공(莊公)은 주나라 평왕(平王)이 자신에게 주었던 정권을 나눠 그 절반을 괵공(虢公)에게 주려 하자 평왕을 원망했고, 평왕은 그럴 뜻이 없음을 보이기 위해 서로 인질을 교환한 것이다. 또 발음이 치라고 했지만, 예물이나 폐백을 뜻할 때의 발음인 '지'라는 정도의 의미를 갖는다고 볼 수 있다. 일단은 인질의 의미일 때는 이 같은 구별이 있음에도 불구하고 모두 질로 발음했다.]

3) 【색은(索隱)】 「불위전(不韋傳)」에 이르기를 불위는 양적(陽翟)의 큰 장사꾼[大賈]이라고 했다. 그의 첩은 한단(邯鄲) 토호 집안의 딸로 노래와 춤을 잘했고 (불위의 아이를) 임신한 상태였는데[有娠], 자초에게 바쳐졌다.

4) 【집해(集解)】 서광(徐廣)이 말했다. "판본에 따라 정(正)이라고 되어 있는데, 송충(宋忠)이 말하기를 '정월 이른 아침에 태어났기에 이름을 정(正)이라고 했다'라고 했다." 【색은(索隱)】 『계본(系本)』에는 정(政)이라고 했고, 또 조(趙)나라에서 났기 때문에 조정(趙政)이라고 했다. 일설에는 진과 조는 조상이 같아 조성(趙城)을 영예롭게 여겨, 그 때문에 조씨(趙氏)를 성으로 삼았다고 한다. 【정의(正義)】 正은 발음이 정(政)인데, "주나라 정월[正]은 자(子)를 (기준점으로) 세운다[建]"라고 할 때의 정(正)이다. 시황은 정월 아침에 조나라에서 태어나 정(政)이라고 했고, 훗날 시황의 이름을 피해서[諱] 발음을 정(征)으로 했다.[같은 '정'자이지만 발음은 차이가 있다는 뜻이다.]

이런 때를 맞아, 진나라 땅은 (남쪽으로) 이미 파(巴)·촉(蜀)·한중(漢中)을 삼켰고, 원(宛)을 넘어 (초나라 수도) 영(郢)을 차지하고서 (거기에) 남군(南郡)을 두었다[置]. 북쪽으로는 상군(上郡) 동쪽을 거둬들여 하동(河東)·태원(太原)·상당(上黨)을 소유하고 있었고, 동쪽으로는 형양(滎陽)에 이르러서 주나라(동주와 서주) 2개를 멸망시키고 (거기에) 삼천군(三川郡)을 두었다. 여불위가 재상이 되어 10만 호를 봉지로 받고 문신후(文信侯)로 불렸으며 빈객과 유세객[游士]들을 불러들여[招致] 천하를 아우르고자[幷] 했으니, 이사(李斯)가 사인(舍人)[1]이 되고 몽오(蒙驁)·왕의(王齮)[2]·포공(麃

公) 등은 장군이 되었다[3]. 왕은 나이가 어리고 막 자리에 나아온 터라 나랏일을 대신들에게 맡겼다.

1) 【집해(集解)】 문영(文穎)이 말했다. "마구간 안의 낮은 관리들을 주관하는 관직 이름이다. 혹은 빈객들의 접대 업무를 맡는 사람을 일러 사인이라고 했다."[왕공귀인에게 귀속되어 친근한 관계를 갖고서 내밀한 업무를 처리하는 사람이다. 조선시대의 경우 의정부에 사인이 있어 의정부의 뜻을 육조 등에 전했다.]

2) 【집해(集解)】 서광(徐廣)이 말했다. "판본에 따라 흘(齕)로 되어 있다." 【색은(索隱)】 몽오는 제나라 사람으로 몽무(蒙武)의 아버지이자 몽염(蒙恬)의 할아버지다. 왕기는 곧 왕흘인데, 소왕(昭王) 49년에 대부 릉(陵)을 대신해서 조나라를 쳤던 사람이다. 【정의(正義)】 유백장(劉伯莊)은 발음이 기(綺)라고 했다. 뒤에도 같다.[일단은 관행대로 왕의라고 표기하겠다.]

3) 【집해(集解)】 응소(應劭)가 말했다. "麃는 진(秦)나라 읍이다." 【색은(索隱)】 포공(麃公)이란 대개 포읍공(麃邑公)인 듯한데, 역사 기록에서 그의 성명을 잃어버렸다. 【정의(正義)】 麃는 피(彼)와 묘(苗)의 반절음인데, 대개 진나라의 현읍(縣邑)이다. 대부를 공(公)이라고 칭한 것은 초나라 제도와 같다.

진양(晋陽)이 반란을 일으켰으니 원년이었는데, 장군 몽오가 쳐서 반란을 평정했다.

2년에 포공이 병졸들을 거느리고[將卒(장졸)] 권(卷)을 공격해 3만 명의 목을 베었다.

3년에 몽오가 한(韓)나라를 공격해 성 13개를 차지했다. 왕의가 죽었다. 10월에 장군 몽오가 위(魏)나라의 창(暢)[1]과 유궤(有詭)를 공격했다. 그해에 큰 굶주림[大飢(대기)]이 있었다.

1) 【집해(集解)】 서광(徐廣)이 말했다. "暢의 발음은 (창이 아니라) 장이다." 【색은(索隱)】 발음은 창(暢)이며 위나라 읍 이름이다.

4년에 창과 유궤를 뽑아버렸다. 3월에 군대를 해산했다[罷(파)]. 진나라 인질이 조나라에서 돌아왔고, 조나라 태자도 나가서 자기 나라로 돌아갔다. 10월 경인일에 메뚜기 떼[蝗蟲(황충)-누리 떼]가 동쪽에서 날아와 하늘을 뒤덮었다. 천하에 전염병이 돌았다[疫(역)]. 백성 중에서 곡식 1,000석을 내는[內(내)=納入(납입)] 사람에게는 작위 한 등급을 내려주었다[拜(배)].

5년에 장군 오(驁)가 위나라를 공격해서 산조(酸棗)[1] · 연(燕) · 허(虛) · 장평(長平)[2] · 옹구(雍丘) · 산양성(山陽城)[3]을 평정해 모두 뽑아버리고 성 20개를 차지했다. 처음으로 동군(東郡)을 두었다. 겨울인데 천둥이 쳤다[冬雷(동뢰)].

1) 【집해(集解)】 「지리지(地理志)」에 이르기를, 진류(陳留)에 산조현(酸棗縣)이 있다고 했다. 【정의(正義)】 『괄지지(括地志)』에서 말했다. "산조 고성(酸棗故城)은 활주(滑州) 산조현(酸棗縣) 북쪽으로 15리 떨어진 옛 산조현의 남쪽에 있다."

2) 【집해(集解)】 서광(徐廣)이 말했다. "판본에 따라 (평(平)이) 천(千)으로 되어 있다." 배인(裴駰)이 살펴보건대, 「지리지(地理志)」에 이르기를 여남(汝南)에 장평현(長平縣)이 있다고 했다. 【색은(索隱)】 앞의 둘은 읍의 이름이다. 『춘추(春秋)』 환공(桓公) 12년에 이르기를 "허(虛)에서 회동했다"라고 했고 또 『전국책(戰國策)』에 이르기를 "연(燕)과 산조와 허(虛)의 도인(桃人)을 뽑아버리고"라고 했다. 도인 또한 위나라 읍인데 허 방에서 지금 빠져 있으니, 대개 여러 현과 서로 가깝기 때문일 것이다. 살펴보건대, 지금의 동군(東郡) 연현(燕縣) 동쪽으로 30리에 옛날의 도성(桃城)이 있으니 그렇다면 이 또한 멀지 않다. 【정의(正義)】 『괄지지(括地志)』에서 말했다. "남연성(南燕城)은 옛날의 연국

(燕國)인데, 활주(滑州) 조성(胙城)이 이곳이다. 요허(姚虛)는 복주(濮州) 뇌택현(雷澤縣) 동쪽으로 13리에 있다. 『효경(孝經)』「원신계(援神契)」편에 이르기를 제순(帝舜)이 요허(姚墟)에서 났다고 했으니, 곧 동군(東郡)이다. 장평 고성(長平故城)은 진주(陳州) 원구현(宛丘縣) 서쪽으로 66리에 있다."

3) 【집해(集解)】「지리지(地理志)」에 이르기를, 진류(陳留)에 옹구현(雍丘縣)이 있고 하내(河內)에 산양현(山陽縣)이 있다고 했다. 【정의(正義)】 옹(雍)은 변주(汴州)의 현(縣)이다.

6년에 한 · 위 · 조 · 위(衛) · 초 나라가 함께 진나라를 쳐서 수릉(壽陵)[1]을 차지했는데, 진나라 군대가 출병하자 다섯 나라 군대는 흩어졌다. 위(衛)나라를 뽑아버리고 동군을 압박하자, 그 나라 임금 각(角)이 일족들을 거느리고 야왕(野王)으로 옮겨가 거처하면서 험준한 산세에 의지한 채 위(魏)나라 하내(河內) 지역을 방어했다.

1) 【집해(集解)】 서광(徐廣)이 말하기를 "상산(常山)에 있다"라고 했다. 살펴보건대 본래 조나라 읍이었다.

7년에 세성(彗星-혜성)이 먼저 동쪽에 나타났다가 북쪽에 나타났고[見(현)], 5월에는 서쪽에 나타났다[1]. 장군 몽오가 죽었다. 용(龍) · 고(孤) · 경도(慶都)[2]를 공격하던 군대를 돌려 급(汲)을 공격했다. 세성이 다시[復(부)] 서쪽에 16일 동안 나타났다[見(현)][3]. 하태후(夏太后)가 죽었다[死(사)][4].

1) 【정의(正義)】 慧의 발음은 (혜가 아니라) 사(似)와 세(歲)의 반절음이다. 見의 발음은 행(行)과 연(練)의 반절음이다. 『효경(孝經)』「내기(內記)」편에서 이렇게 말했다. "혜성이 북두에 있을 때는 전쟁이 크게 일어난다. 혜성이 삼태(三台)에 있을 때는 신하가 임금을 해친다. 혜성이 태미(太微)에 있을 때는 임금이 신

하를 해친다. 혜성이 천옥(天獄)에 있을 때는 제후들이 난을 일으키니, 그 터를 가리키는 바가 크게 나쁘다. 혜성이 일방(日旁)에 있을 때는 아들이 아버지를 죽이려 한다."

2) 【집해(集解)】 서광(徐廣)이 말했다. "경(慶)은 판본에 따라 포(麃)로 되어 있다." 【정의(正義)】 『괄지지(括地志)』에서 말했다. "정주(定州) 항양현(恆陽縣) 서남쪽으로 40리에 백룡수(白龍水)가 있고 또 협룡산(挾龍山)이 있다. 또한 정주(定州) 당현(唐縣) 동북쪽으로 54리에 고산(孤山)이 있는데, 대개 도산(都山)일 것이다. 『제왕기(帝王紀)』에 이르기를 요(堯)의 어머니가 경도(慶都)에 거주하는 것을 바라보았다[望(망)]라고 했는데, 장안(張晏)이 말하기를 요산(堯山)은 북쪽에 있고 요의 어머니가 거주했다는 경도산(慶都山)은 남쪽에 있으며 서로 50리 떨어져 있어 북쪽의 요산(堯山)을 오르면 남쪽으로 경도산(慶都山)을 보게 된다고 했다. (역원(酈元)의) 『수경주(水經注)』에 이르기를 '망도 고성(望都故城) 동쪽에 산이 있는데, 언덕이 서로 잇닿지 않았기에 이를 이름하여 고(孤)라고 불렀다'라고 했다. 고(孤)와 도(都)는 소리가 서로 가까우니 아마도 다름 아닌 도산(都山)인 듯하며, 고산(孤山)과 망도 고성(과 경도) 세 곳은 서로 가깝다."

3) 【정의(正義)】 復는 부(扶)와 부(富)의 반절음이다. 見은 행(行)과 견(見)의 반절음이다.

4) 【색은(索隱)】 장양왕을 낳은 어머니다. 【정의(正義)】 자초의 어머니다.

8년에 왕의 동생 장안군(長安君) 성교(成蟜)가 군대를 이끌고[將軍(장군)][1] 조나라를 공격하던 중에 반란을 일으켜[反(반)] 둔류(屯留)[2]에서 죽으니, 군리(軍吏-장교)들은 모두 목이 잘렸으며 둔류 백성은 임조(臨洮)로 옮겨졌다[3]. 장군(-성교)이 벽(壁)에서 죽자[4] 결국[卒(졸)] 둔류와 포고(蒲鶮)에서 반란에 가담했던 사졸들 시신을 다시 찢었다[5]. 황하가 넘쳐 물고기들이 땅으로 밀려나오자[河魚大上(하어대상)][6] 사람들은 가벼운 수레와 묵직한[重(중)][7] 말을 몰고서 먹

을 것을 찾아[就食(취식)] 동쪽으로 갔다[8].

1) 【정의(正義)】 장(將)은 영(領-이끌다)과 같다. 성교(成蟜)란 장안군(長安君)의 이름이다.

2) 【정의(正義)】 『괄지지(括地志)』에서 말했다. "둔류 고성(屯留故城)은 노주(潞州) 장자현(長子縣) 동북쪽으로 30리에 있는데, 한(漢)의 둔류(屯留)는 (옛) 유우국(留吁國)이다."

3) 【색은(索隱)】 임조(臨洮)는 농서(隴西)에 있다. 【정의(正義)】 조수(洮水)에 임해 있으니, 그래서 이름을 임조(臨洮)라고 했다. 조주(洮州)는 농우(隴右)에 있는데, 경(京-도성)과의 거리가 1,551리다. 이는 둔류(屯留)의 백성이 성교의 노략질에 시달리다가 함께 반란을 일으켜 임조군(臨洮郡)으로 그들을 옮겼다는 말이다.

4) 【정의(正義)】 성교(成蟜)가 벽루(壁壘) 안에서 자살했다는 말이다.

5) 【집해(集解)】 서광(徐廣)이 말했다. "고(鶮)는 판본에 따라 할(鶡)로 되어 있다. 둔류(屯留)와 포혹(蒲鶮)은 모두 땅 이름이다. 이때 벽루에 있었던 사졸(士卒) 중에서 죽은 사람은 모두 그 시체를 도륙했다." 【색은(索隱)】 고유(高誘)가 말하기를, 둔류(屯留)는 상당(上黨)의 현(縣) 이름이라고 했다. 이는 성교(成蟜)가 장군(將軍)이 되어 (조(趙)를 공격하던 도중에) 반역하자 진(秦)의 병사들이 이를 쳤는데 교(蟜)가 둔류의 벽루 안에서 죽었고, 둔류와 포고 두 읍의 반역한 병졸은 비록 죽었으나 오히려 그 시체를 모두 도륙했다는 말이다. 鶮는 옛날의 학(鸖=鶴)자다. 【정의(正義)】 鶮의 발음은 (혹이 아니라) 고(高)나 주(注)와 같다. 포(蒲)나 고(鶮)는 모두 땅 이름이다.

6) 【색은(索隱)】 강물이 넘쳐서 물고기가 크게 평지에 올라왔다는 뜻으로, 또한 수해(水害)를 당했다는 말이다. 곧 『한서(漢書)』 「오행지(五行志)」에서 유향(劉向)이 말한 "시충(豕蟲)의 얼(孽-나쁜 조짐)"이다. 이듬해 노애(嫪毐)를 주살했다. 물고기는 음류(陰類)이니, 소인(小人)의 상징물이다. 【정의(正義)】 시황(始皇)

8년에 황하(黃河)의 물고기가 서쪽으로 오르더니 위(渭)로 들어갔다. 위(渭)는 위수(渭水)이다. 『한서』 「오행지」에서 말하기를 "물고기는 음류(陰類)이며 신민(臣民)의 상징물이다"라고 했다. 17년에 한(韓)을 멸했고 26년에 천하를 모두 병탄했으니, 한(韓)을 멸하고서 천하의 병탄까지 대략 10년이다. 「주본기(周本紀)」에 이르기를 "만약에 나라가 망한다면 10년을 넘지 않을 것이니, 그것은 10이 수의 끝[紀]이기 때문이다"라고 했다. 관동(關東)이 나중에 진(秦)에 속했는데, 상류(象類-상징물)가 먼저 나타난 것이다.

7) 【집해(集解)】 서광(徐廣)이 말했다. "판본에 따라 이 중(重)자는 없기도 하다."

8) 【색은(索隱)】 이는 강에서 물고기가 크게 육지로 오르니, 진(秦) 사람들이 모두 경거(輕車)와 중마(重馬)를 이끌고서 나란히 동쪽에서 음식을 찾았고, 또 강 근처로 가서 물고기를 먹었다는 말이다. 다른 한편으로, 강에서 물고기가 크게 육지로 오른 것은 재앙의 징조이니 사람들은 드디어 (그에 대비해) 동쪽에서 음식을 찾기 위해 모두 경거와 중마로 떠나갔다는 것이다.

노애(嫪毐, ?~기원전 238년)[1]가 봉해져 장신후(長信侯)가 되었다[2]. 산양(山陽) 땅을 주어[予][3] 애(毐-음란하다는 뜻)로 하여금 그곳에 살게 했는데, 집과 마차, 수레, 옷, 원유(苑囿-동산), 사냥 등을 애 마음대로 하게 했다. 크고 작은 모든 일을 다 애가 결정했고, 또 황하 서쪽[河西][4]의 태원군(太原郡)을 고쳐서 애국(毐國)이라고 했다.

1) 환관이다. 선태후(宣太后)의 총애를 받아 장신후(長信侯)에 봉해졌다. 문하에 식객(食客)이 1,000명이었고 가동(家僮)도 수천 명을 두었다. 진왕 정(政)이 친정하려 할 때 반란(叛亂)을 일으켰다가 실패해 피살되었다.

2) 【색은(索隱)】 노(嫪)는 성(姓)이며 애(毐)는 자(字)다. 살펴보건대 『한서(漢書)』에 의하면 노씨(嫪氏)는 한단(邯鄲)에서 나왔다. 왕소(王劭)가 말했다. "가시중(賈侍中-가의)이 말하기를 진시황(秦始皇)의 어머니가 노애(嫪毐)의 음란함을

허락했다가 주벌에 연좌되었기에, 그래서 세인(世人)들은 음란함을 꾸짖을 때 '노애(嫪毐) 같은 놈'이라고 했다고 한다."

3) 【정의(正義)】『괄지지(括地志)』에서 말했다. "산양 고성(山陽故城)은 회주(懷州) 수무현(修武縣) 서북쪽 태항산(太行山) 동남쪽에 있다."

4) 【집해(集解)】 서광(徐廣)이 말했다. "하(河)는 판본에 따라 분(汾)으로 되어 있다."[그렇다면 분수(汾水) 서쪽이 된다.]

9년에 세성(彗星)이 나타나 간혹 하늘(을 가로질러) 끝에 다다랐다[竟]. 위(魏)나라의 원(垣)과 포양(蒲陽)[1]을 공격했다. 4월에 상(上)[2]이 옹(雍)에 유숙했다. 기유일에 왕이 관례를 치르고 검을 찼다[帶劍][3]. 장신후 노애가 반란을 일으키려다 들통이 나자, 왕의 옥새[御璽][4]와 태후의 인장을 마음대로 고쳐[矯], 현의 군졸과 왕의 호위무사, 관의 기병, 융적(戎翟)의 우두머리[君公]와 사인(舍人-가신)들을 동원하려 했다. 장차 기년궁(蘄年宮)[5]을 공격해 난을 일으키려고 하니, 왕이 이를 알아차리고 상국(相國-재상) 창평군(昌平君)과 창문군(昌文君)[6]에게 군대를 내 애를 공격하도록 했다. 함양(咸陽)[7]에서 싸워 수백 명의 머리를 베었으니, 공을 세운 모두에게 작위를 주었으며 싸움에 가담한 환관들에게도 역시 작위를 한 등급씩 올려주었다.

1) 【정의(正義)】『괄지지(括地志)』에서 말했다. "옛날의 원성(垣城)은 한현(漢縣)의 치소(治所)로서 본래 위(魏)의 왕원(王垣)인데, 강주(絳州) 원현(垣縣) 서북쪽으로 20리에 있다. 포읍 고성(蒲邑故城)은 습주현(隰州縣) 북쪽으로 45리에 있으며, 포수(蒲水) 북쪽에 있어 포양(蒲陽)이라고 한다. 곧 진(晉)의 공자(公子) 중이(重耳)가 살았던 읍이다."

2) 【집해(集解)】 채옹(蔡邕)이 말하기를 "상(上)이란 높은 지위에 있다는 것이다"라고 했다. 배인(裴駰)이 살펴보건대, 사마천(司馬遷)의 기사(記事)는 마땅히 제(帝)라고 말해야 할 것을 은근히 피해서 단지 상(上)이라고 말한 것이니, 감

히 깔보는 말[言(설언)]이 아니라 높은 사람을 매우 높이는[尊尊(존존)] 뜻이다.[임금을 상(上)으로 부르는 표현이 처음 등장했다. 국내 번역서들에서는 불필요하게 주상(主上)이라고 옮기는데, 따르지 않는다.]

3) 【집해(集解)】 서광(徐廣)이 말했다. "나이 22세였다." 【정의(正義)】 『예기(禮記)』에 이르기를, 나이 20세에 관례를 한다고 했다. 살펴보건대 이때의 나이는 21세였다.

4) 【집해(集解)】 채옹(蔡邕)이 말했다. "어(御)란 나아가는 것[進(진)]이니, 몸에 걸치는 모든 의복과, 입으로 들어가는 모든 음식과, 침실에서 접하게 되는 모든 비첩(妃妾)을 일러서 어(御)라고 한다. 천자가 친애하는 자들을 또한 모두 행(幸)이라고도 한다. 새(璽)란 도장[印(인)]이니, 도장이란 믿음[信(신)]이다. 천자의 새(璽)는 옥으로 만든 용과 호랑이 모양의 손잡이로 되어 있다. 옛날에는 높은 사람이나 낮은 사람이나 그것을 함께 썼다. (『예기(禮記)』) 「월령(月令)」편에서는 '(맹동(孟冬)의 달이 되면) 도장을 단단하게 봉해둬야 한다[판본에 따라 새(璽) 대신 강(疆)으로 되어 있어, "봉지의 경계를 명확하게 한다"로 옮기기도 한다.]'라고 했고, 『춘추좌씨전(春秋左氏傳)』(양공(襄公) 29년)에 이르기를 '노(魯)나라 양공(襄公)이 초(楚)나라에 있을 때 계무자(季武子)가 (변읍(卞邑)을 탈취한 뒤) 공야(公冶)를 보내 (양공의) 안부를 묻게 하고서, (공야가 출발한 뒤에 계무자는) 도장이 1통 찍힌 편지를 써서 봉인해[璽書(새서)] 뒤쫓아 가서 (양공에게) 주게 했다'라고 했으니, 이는 제후나 대부의 도장을 새(璽)라고 한 경우들이다." 위굉(衛宏)이 말했다. "진(秦) 이전에는 백성이 모두 금옥(金玉)으로 도장을 만들었으며 용호(龍虎)를 도장 꼭지로 했으니, 오직 그 기호에 따랐다. 진(秦) 이후에는 천자만이 홀로 인장을 새(璽)로 칭했고 홀로 옥(玉)으로 만들었으니, 뭇 신하들은 감히 사용하지 않았다." 【정의(正義)】 최호(崔浩)가 말했다. "이사(李斯)가 화벽(和璧)을 갈아서 이를 만들었고 한(漢)의 여러 황제가 대대로 이것을 전하고 따랐으니, '전국새(傳國璽-나라를 전하는 옥새)'라고 불렀다." 위요(韋曜)가 『오서(吳書)』에서 말했다. "새(璽)는 사방 4촌(寸)으로 위에는 다섯 용이 교차

하는데, 그 글귀에서는 '하늘에서 명을 받았으니, 수명이 영창(永昌)할 것이다'라고 했다." 『한서(漢書)』에서는 글귀에 이르기를 "호천(昊天)이 황제(皇帝)에게 명해 수명이 창성한다"라고 했다고 했으니, 살펴보건대 두 글귀가 같지 않다. 『한서(漢書)』 「원후전(元后傳)」에서 말하기를, 왕망(王莽)이 왕순(王舜)에게 영을 내려서 태후(太后)를 핍박해 새(璽)를 차지했는데, 왕태후(王太后)가 성내며 (새를) 땅에 던지자, 그 각(角)이 조금 깨져서 나갔다고 했다. 『오지(吳志)』에서 말하기를, 손견(孫堅)이 낙양에 들어갔다가 한(漢)의 능묘(陵廟)를 손질했는데, 관아에 주둔하다가 우물에서 새(璽)를 얻고 나중에 위(魏)로 돌아갔다고 했다. 진(晉) 회제(懷帝) 영가(永嘉) 5년 6월에 황제가 평양(平陽)으로 몽진(蒙塵)하자 새(璽)는 전조(前趙)의 유총(劉聰)에게 들어갔고, 동진(東晉) 성제(成帝) 함화(咸和) 4년에 이르러 석륵(石勒)이 전조(前趙)를 멸하고 새를 얻었으며, 목제(穆帝) 영화(永和) 8년에 석륵이 모용준(慕容儁)에게 멸망당하자 복양태수(濮陽太守) 대시(戴施)가 업(鄴)에 들어갔다가 새를 얻고서 하융(何融)을 시켜 진(晉)에 보냈다. 송(宋)에 전하고, 송이 남제(南齊)에 전했으며, 남제가 양(梁)에 전했다. 양에 전해진 뒤 천정(天正) 2년에 이르자 후경(侯景)이 양을 무찌르고 광릉(廣陵)에 이르렀으며, 북제(北齊)의 장수 신술(辛術)이 광릉을 평정하고 새를 얻어서 북제(北齊)에 보냈다. 주(周) 건덕(建德) 6년 정월에 이르자 북제를 평정하고 새가 주로 들어왔다. 주가 수(隋)에 전하고, 수가 당(唐)에 전했다.

5) 【집해(集解)】 「지리지(地理志)」에 따르면 기년궁은 옹(雍)에 있다. 【정의(正義)】 『괄지지(括地志)』에서 말했다. "기년궁은 기주성(岐州城) 서쪽 고성(故城) 안에 있다."

6) 【색은(索隱)】 창평군(昌平君)은 초(楚)나라 공자(公子)로서 재상(宰相)으로 세워졌다가 나중에 영(郢)에 옮겨졌고 항연(項燕)이 세워서 형왕(荊王)으로 삼았는데, 역사서에서는 그 이름이 소실되었다. 창문군(昌文君)의 이름 역시 알 수 없다.

7) 【정의(正義)】『괄지지(括地志)』에서 말했다. "함양 고성(咸陽故城)은 또한 다른 이름으로 위성(渭城)이라고 하는데, 옹주(雍州) 북쪽으로 5리에 있고 지금의 함양현(咸陽縣) 동쪽으로 15리에 있다. 진(秦) 효공(孝公) 이후에는 모두 이 성(城)에 도읍했다. 시황(始皇)이 함양(咸陽)에서 금인(金人-동상) 12개를 만들었는데, 곧 이곳이다."

애 등이 패망해서 달아나자 즉각 나라 안에 영을 내려서 산 채로 노애를 잡는 자에게는 100만 냥, 그를 죽이는 자에게는 50만 냥을 준다고 했다. 애 등이 모두 붙잡히니, 위위(衛尉)[1] 갈(竭), 내사(內史) 사(肆), 좌익(佐弋)[2] 갈(竭), 중대부령(中大夫令) 제(齊)[3] 등 20명을 모두 효수(梟首)했다[4]. (노애는) 사지를 찢는 거열형(車裂刑)에 처해 조리를 돌렸고, 종족들은 모두 죽였다[5]. 사인(舍人)과 죄가 가벼운 자는 (유배형에 해당하는) 귀신형(鬼薪刑)에 처했다[6]. 작위를 박탈당하고 촉(蜀)으로 쫓겨 간 집이 4,000호를 넘었는데, 방릉(房陵)[7]에 집안을 일궈[家(가)] 살게 했다. 그달은 추위가 심하고 얼음이 얼어서, 죽은 자들이 있었다[8].

양단화(楊端和)가 연지(衍氏)를 공격했다[9]. 세성(彗星)이 서쪽에 나타났다가 다시 북쪽에 나타났는데, 북두성으로부터 남쪽에 80일 동안 나타났다.

1) 【집해(集解)】『한서(漢書)』「백관표(百官表)」에서 말했다. "위위는 진나라 관직이다."

2) 【집해(集解)】『한서(漢書)』「백관표(百官表)」에서 말했다. "진(秦)의 시대에 소부(少府)에 좌익(佐弋)이 있었는데, 한(漢) 무제(武帝)가 고쳐서 차비(佽飛)라고 하고 익야(弋射)들을 담당하게 했다." 【정의(正義)】 弋의 발음은 익(翊)이다.

3) 【정의(正義)】 중대부령은 진나라 관직이고, 제는 이름이다.

4) 【집해(集解)】 나무 위에 목을 매다는 것[懸首(현수)]을 효(梟)라고 한다. 【정의(正義)】 梟란

고(古)와 요(堯)의 반절음이다.[그러면 교가 되는데, 효와 발음 차이가 크지 않아 그냥 효라고 했다.] 나무 위에 목을 매다는 것[懸首(현수)]을 효(梟)라고 한다.

5) 【정의(正義)】 (유향(劉向)이 지은) 『설원(說苑)』에서 말했다. "진시황(秦始皇)의 태후(太后)가 근신하지 않고 낭관 노애(嫪毐)와 즐기자, 시황(始皇)이 애(毐)를 잡아다가 사지를 거열(車裂)했고 두 동생을 잡아 두들겨 패서 죽였으며 태후(太后)를 잡아 함양궁(咸陽宮)에서 옮기게 했다. 영을 내려 말하기를 '태후의 일을 간언하는 자는 욕보이고 죽여서 그 척추를 질려(蒺藜-가시나무로 찌름)할 것이다'라고 하니, 간언하다가 죽은 사람이 27명이나 되었다. 모초(茅焦)가 마침내 상을 설득하고자 말했다. '제객(齊客) 모초가 태후의 일을 간언하기를 바랍니다.' 황제가 말했다. '저기 가서 보아라. 대궐 밑에 쌓인 시체가 보이지 않느냐?' 사자가 초(焦)에게 물으니, 초가 말했다. '폐하(陛下)께서 가부(假父)를 거열하신 뒤 질투(嫉妬)하는 마음을 얻으셨으며, 두 동생을 동여매고 두들긴 뒤 부자(不慈-인자하지 못함)의 명성을 얻으셨으며, 어머니를 함양(咸陽)에서 옮긴 뒤 불효(不孝)의 행실을 얻으셨으며, 간언하는 선비를 질려(蒺藜)한 뒤 걸주(桀紂)의 다스림을 얻으셨습니다. 천하가 이를 듣고 모두 와해(瓦解-무너져 내림) 했으니, 진(秦)을 향하는 자가 없습니다.' 왕이 마침내 스스로 (옹에 있던) 태후를 맞이해 함양으로 돌아오게 했으며, 모초를 세워 스승으로 삼고 또 작위를 주어 상경(上卿)으로 삼았다." 『괄지지(括地志)』에서 말했다. "모초(茅焦)는 창주(滄州) 사람이다."

6) 【집해(集解)】 응소(應劭)가 말했다. "땔감을 취해서 종묘(宗廟)에 공급하는 일을 귀신(鬼薪) 한다고 한다." 여순(如淳)이 말했다. "법률에서 말하기를, 귀신(鬼薪)은 3년 동안 일한다고 했다." 【정의(正義)】 애(毐)의 사인 중에서 죄가 무거운 사람은 이미 벌해서 도륙했고 가벼운 사람은, 벌로 3년 동안 노역시켰다는 말이다.

7) 【정의(正義)】 『괄지지(括地志)』에서 말했다. "방릉(房陵)은 곧 지금의 방주(房州) 방릉현(房陵縣)으로 옛날 초(楚)의 한중군(漢中郡) 땅이니, 이곳은 파촉(巴

蜀)의 경계다. 「지리지(地理志)」에 이르기를, 방릉현(房陵縣)은 한중군(漢中郡)에 속하고 익주부(益州部)에 있는데 동남쪽으로 1,310리를 접하고 있다고 했다."

8) 【정의(正義)】 4월 건사(建巳)의 달로 맹하(孟夏)인데도 한파가 심하고 얼음이 얼어서[寒凍] 백성 중에 죽은 사람이 있었으니, 진(秦)의 법이 혹심하게 각박해 하늘이 이에 응한 것이라고 역사서에 쓰여 있다. 그러므로 『상서(尙書)』 「홍범(洪範)」편에서는 "급상한약(急常寒若)"이라고 했는데, 공주(孔注-공씨의 주)에서 말하기를 "군(君)이 행동을 급하게 하면 항상 추위가 따른다"라고 했다.

9) 【색은(索隱)】 단화는 진나라 장수이고, 연지는 위나라 읍이다. 【정의(正義)】 정주(鄭州)에 있다.

10년[1]에 상국 여불위가 노애에 연루되어[坐] 면직되었다. 환기(桓齮)가 장군이 되었다. 제나라와 조나라에서 사신이 와서 술자리를 베풀었는데[置酒], 제나라 사람 모초(茅焦)가 진왕에게 유세해 말했다.

"진나라가 바야흐로 천하를 도모하고 있으나[爲事] 대왕께서는 모후를 유배시켰다[遷]는 (좋지 않은) 이름을 얻고 있으니, 제후들이 이를 듣고 그것을 빙자해 진나라를 배반하지나[倍=背] 않을까 걱정입니다."

진왕이 마침내 옹(雍)에서 태후를 맞아들여 함양에 들어오게 해서[2] 다시 감천궁(甘泉宮)[3]에 거주하게 했다.

(진왕이 진나라에 와 있는 유세객들을) 대대적으로 수색해 빈객들을 쫓아냈는데, 이사(李斯)가 글을 올려 설득하자 마침내 축객령(逐客令)을 그쳤다. 이사가 그 참에 진왕에게 유세하기를 먼저 한(韓)나라를 빼앗아서 다른 나라를 겁주라고 청하자, 이에 이사로 하여금 한나라를 떨어뜨리게[下=服屬] 했다. 한나라 왕이 이를 근심하더니, 한비(韓非-한비자)와 더불어 진나라를 약하게 만들 방법[弱秦]을 모의했다. 대량(大梁) 사람 울료(尉繚-혹은 위료)

가 와서 진왕에게 유세해 말했다.

"진나라는 강대하므로 다른 제후들은 비유하자면 군현의 우두머리[君] 정도에 지나지 않습니다만 신은 단지[但] 제후들이 합종(合從)해 서로 힘을 합쳐서 불시에 공격하지 않을까 걱정되니, 바로 이것이 지백(智伯), 부차(夫差), 민왕(湣王)이 망하게 된 까닭입니다. 바라건대 대왕께서는 재물을 아끼지 마시고 힘깨나 있는 신하들에게 뇌물을 주어 저들의 계책을 어지럽게 만드십시오. 불과 30만 금만 쓰면 저 제후들은 모조리 없앨 수 있습니다."

진왕이 그의 계책을 따르면서, 울료를 만날 때면 대등한 예의[亢禮=抗禮]로 예우했으며 입고 먹는 것도 료(繚)와 똑같이 했다. 료가 말했다.

"진왕은 사람됨이 매부리코[蜂準][4]에 째진 눈[長目]을 하고, 사나운 날짐승[摯鳥=鷙鳥][5] 같은 가슴팍에 승냥이 같은 목소리를 갖고 있으며 각박하고[少恩] 호랑이나 이리 같은 마음을 갖고 있어서, 자기가 급하면 기꺼이 다른 사람 밑에 처하지만[6] 뜻을 이루면 아무렇지 않게 사람을 잡아먹는다[食人][7]. 내가 보잘것없는 몸[布衣]인 데도 나를 보면 늘 스스로 내게 몸을 낮추지만[下]. 진실로 진왕이 천하에 대한 뜻을 이루고 나면 천하가 모두 그의 포로 신세가 될 것이다. 그와는 오래 교류할 수가 없다."

마침내 도망치려고 했다. 진왕이 알아차리고 굳게 막으면서 진나라의 국위(國尉)로 삼아 끝내 그의 계책을 썼다. 그런데 같은 시기에 이사가 국사를 제 마음대로 처리하고 있었다[用事][8].

1) 【집해(集解)】 서광(徐廣)이 말했다. "갑자년이다."

2) 【집해(集解)】 『설원(說苑)』에서 말했다. "시황제(始皇帝)가 모초(茅焦)를 세워 부(傅-사부)로 삼고, 또 작위를 내려 상경(上卿)으로 삼았다. 태후(太后)가 매우 기뻐하며 말하기를 '천하가 굳세고 곧아서[亢直=伉直], 실패하게 했다가 다시 성공하게 해서 진(秦)의 사직(社稷)이 편안해지게 했으니, 첩(妾)의 모자(母子)가 다시 서로 만나게 된 것은 모군(茅君)의 덕분[力]'이라고 했다."

3) 【집해(集解)】 서광(徐廣)이 말했다. "「표(表)」에 이르기를 함양의 남궁(南宮)이라고 했다."

4) 【집해(集解)】 서광(徐廣)이 말했다. "봉(蜂)은 판본에 따라 융(隆)으로도 되어 있다." 【정의(正義)】 봉(蜂)이란 전갈[蠆]이다. 높은 코를 말한다. 문영(文穎)이 말했다. "준(準)은 코[鼻]다."

5) 【정의(正義)】 지조(鷙鳥)는 송골매[鶻]이니, 가슴이 앞으로 돌출되어 있고, 성질이 사납고 용맹하다.

6) 【정의(正義)】 시황은 어려움에 처해 있으면[居約] 쉽게 남에게 겸손하고 자신을 낮춘다는 말이다.

7) 【정의(正義)】 시황이 천하의 뜻을 얻게 된다면 실로 쉽게 사람을 씹어 삼킬 것이라는 말이다.

8) 용사(用事)란 거의 재상이 되어 모든 일에 전권을 쥐고서 권한을 행사한다는 말이니, 즉 울료에게는 이렇다 할 실권을 주지 않았다는 뜻이다.

11년에 왕전(王翦) · 환기 · 양단화가 업(鄴)을 공격해 성 9개를 차지했다. 왕전이 연여(閼與) · 요양(橑楊)[1]을 공격해서 합병해 하나의 군대로 만들었다. 전(翦)은 18일 동안 군사를 통솔하면서 녹봉이 100석 이하인 군사 중에서[2] 열에 (여덟은 돌려보내고) 둘만 남아 종군하게 했다[3]. 업과 안양(安陽)을 차지해 환기가 군대를 통솔했다.

1) 【집해(集解)】 서광(徐廣)이 말했다. "橑의 발음은 노(老)인데, 병주(幷州)에 있다." 【정의(正義)】 「한표(漢表-『한서』「표」)」에서 청하(淸河)에 있다고 했다. 『십삼주지(十三州志)』에서 말했다. "요양(橑陽)은 상당(上黨) 서북쪽으로 180리 떨어진 곳이다."

2) 【집해(集解)】 『한서(漢書)』 「백관표(百官表)」에서 말했다. "100석(石) 이하에는 두식(斗食)과 좌사(佐史)의 질(秩-작질)이 있다." 【정의(正義)】 하루에 두조(斗粟)를

얻으면 요(料)다.

3) 【색은(索隱)】 왕전(王翦)이 장수가 되자 모든 군사 중에서 두식(斗食) 이하와 좌사(佐史) 중에서 공적이 없는 사람의 경우 열 사람 중에 오직 두 사람을 잘 골라서 종군하도록 했을 뿐이라는 말이다.

12년에 문신후 불위(不韋)가 죽자[死(사)] 몰래 묻었다[竊葬(절장)][1]. 그의 사인(舍人)으로 장례에 참석한 사람 중에 진(晉)나라 출신들은 내쫓았고[2], 진(秦)나라 출신으로 녹봉이 600석 이상(以上)인 자는 관작을 박탈해 거주지를 옮기게 했으며[3], 녹봉이 500석 이하에 장례에 가지 않은 자들은 거주지만 옮기고 관작은 박탈하지 않았다[4]. 이때부터 나랏일을 처리할 때 노애나 여불위처럼 바른길을 따르지 않는 자는 일족을 모두 노비로 삼는 것[籍其門(적 기문)]을 관례로 정했다[視此(시차)][5]. 가을에 촉으로 옮긴 노애의 사인들에게 세금과 요역을 면제해주었다[復(복)]. 이런 때를 당해 천하에 큰 가뭄이 들었는데, 6월부터 시작해 8월이 되어서야 마침내 비가 내렸다.

1) 【색은(索隱)】 불위(不韋)가 짐독(鴆毒-짐새 깃에 있는 맹독)을 마시고 죽자, 빈객(賓客) 수천 명이 은밀하게 공동으로 낙양(洛陽) 북망산(北芒山)에 매장했다.

2) 【정의(正義)】 임곡(臨哭)했다는 뜻이다. 만약 임곡한 자가 삼진인(三晉人)이면 축출해서 고향으로 돌아가게 했다는 말이다.

3) 【정의(正義)】 만약 진인(秦人)이 임곡했다면 관작(官爵)을 빼앗고 방릉(房陵)으로 옮겼다는 말이다.

4) 【정의(正義)】 만약 진인(秦人)인데도 불위(不韋)에게 임곡하지 않았다면 관작(官爵)은 빼앗지 않고 방릉(房陵)으로 옮기게만 했다는 말이다.

5) 【집해(集解)】 서광(徐廣)이 말했다. "판본에 따라 (문(門)이) 문(文)으로 되어 있다." 【색은(索隱)】 일문(一門)을 모두 짓밟고 도예(徒隷)로 삼게 해, 나중에 모두 이것을 봐서 항상 교훈으로 삼게 했다는 말이다. 【정의(正義)】 그 자손을 장부나

명부에 기록해서 (앞으로) 벼슬하는 것을 금지했다는 말이다.

13년에 환기가 조나라 평양(平陽)을 공격해[1] 조나라 장수 호첩(扈輒)을 죽이고 10만 명의 목을 베었다. 왕이 하남에 갔다. 정월에 세성이 동쪽에 나타났다. 10월에 환기가 조나라를 공격했다.

1) 【정의(正義)】『괄지지(括地志)』에서 말했다. "평양 고성(平陽故城)은 상주(相州) 임장현(臨漳縣) 서쪽으로 25리에 있다." 또 말했다. "평양은 전국시대에 한(韓)나라에 속했다가 나중에 조(趙)나라에 속했다."

14년에 평양에서 조나라 군대를 공격해 의안(宜安)[1]을 차지하고 군대를 깨부순 다음에 그 장군을 죽였다. 환기가 평양·무성(武城)[2]을 평정했다. 한비(韓非)가 진나라에 사신으로 왔다[使(사)]. 진나라는 이사의 모략을 써서 비(非)를 억류시켰고, 비는 운양(雲陽)[3]에서 죽었다. 한나라 왕이 (진나라) 신하가 될 것을 청했다.

1) 【정의(正義)】『괄지지(括地志)』에서 말했다. "의안 고성(宜安故城)은 상산(常山) 고성현(稾城縣) 서남쪽으로 25리에 있다."

2) 【정의(正義)】 곧 패주(貝州) 무성현(武城縣) 외성(外城)이다. 7국시대에 조(趙)나라 읍(邑)이었다.

3) 【정의(正義)】『괄지지(括地志)』에서 말했다. "운양성은 옹주(雍州) 운양현(雲陽縣) 서쪽으로 80리에 있는데, 여기에 진시황의 감천궁(甘泉宮)이 있었다."

15년에 (진왕이) 크게 군대를 일으켰다. 한 군(軍)은 업(鄴)에, 또 한 군은 태원에 도착해 낭맹(狼孟)[1]을 차지했다.

땅이 움직였다[地動(지동)=地震(지진)].

1) 【집해(集解)】「지리지(地理志)」에 이르기를, 태원에 낭맹현(狼孟縣)이 있다고 했다.

16년 9월에 군사를 출동시켜서[發卒] 한(韓)나라 남양(南陽) 땅을 거두고 등(騰)을 임시 태수[假守]로 삼았다. 처음으로 남자의 나이를 등록하라는 영을 내렸다. 위나라가 진나라에 땅을 바쳤다. 진나라가 이읍(麗邑)[1]을 두었다.

1) 【정의(正義)】 麗는 역(力)과 지(知)의 반절음이다. 『괄지지(括地志)』에서 말했다. "옹주(雍州) 신풍현(新豐縣)은 본래 주(周)나라 때 여융읍(驪戎邑)이다. 『좌전(左傳)』에 이르기를 진(晉) 헌공(獻公)이 여융(驪戎)을 정벌했다고 했으며 (이에 대한) 두주(杜注-두예의 주)에 이르기를, 경조(京兆) 신풍현(新豐縣)에 있으며 그 뒤에 진(秦)이 이를 멸하고 읍(邑)으로 삼았다고 했다.

17년에 내사(內史) 등(騰)이 한나라를 공격해 한왕 안(安)을 사로잡았고 그 땅을 모조리 편입시켜[1] 군으로 삼고 영천(潁川)이라 불렀다. 땅이 움직였다. 화양태후(華陽太后)가 졸했다. 백성이 크게 굶주렸다.

1) 【정의(正義)】 한왕(韓王) 안(安) 9년에 진나라가 완전히 멸망시켰다.

18년에[1] 군사를 크게 일으켜 조나라를 공격했다. 왕전이 상지(上地)[2]의 군사를 이끌고서 정형(井陘)[3]을 떨어뜨렸고[下] 단화(端和)는 하내의 군사를 거느렸는데, 강회(羌瘣)[4]는 조나라를 쳤고 단화는 한단성을 에워쌌다.

1) 【집해(集解)】 서광(徐廣)이 말했다. "파군(巴郡)에서 대인(大人-거인)이 나왔는데, 키가 25장(丈) 6척(尺)이었다."

2) 【정의(正義)】 상군(上郡) 상현(上縣)으로, 지금의 수주(綏州) 등이 이곳이다.

3) 【집해(集解)】 복건(服虔)이 말했다. "산 이름이며 상산(常山)에 있으니, 지금은 현(縣)이다. 발음은 형(刑)이다.

4) 【정의(正義)】 (발음은 외가 아니라) 호(胡)와 죄(罪)의 반절음이다.

19년에 왕전과 강회가 조나라 땅 동양(東陽)을 모조리 평정해 차지하고서[定取(정취)] 조왕(趙王)을 붙잡은[1] 뒤, 병사들을 이끌고 연나라를 공격하려고 중산에 주둔했다. 진왕은 한단으로 가서 일찍이 왕이 조나라에서 태어나 자랄 때 어머니 집안과 원한을 맺은 자들을 모두 파묻었다[阬之(갱지)]. 진왕이 태원, 상군을 거쳐서 돌아왔다. 시황제의 어머니 태후가 붕(崩)했다. 조나라 공자 가(嘉)가 종족 수백 명을 이끌고 대(代)로 가서 스스로를 세워 대왕(代王)이 된 후, 동쪽으로 연나라와 연합해 상곡(上谷)에 주둔했다. 크게 굶주렸다[大饑(대기)=大飢(대기)].

1) 【색은(索隱)】 조나라 왕 천(遷)이다. 【정의(正義)】 조(趙) 유목왕(幽繆王) 천(遷) 8년에 진(秦)이 조(趙)의 땅을 차지하고 평양(平陽)에 이르렀으니, 평양은 패주(貝州) 역정현(歷亭縣) 경계에 있다. 왕을 방릉(房陵)으로 옮겼다.

20년에 연나라 태자 단(丹)은 진나라 군사들이 자기 나라에 들어오는 것을 두려워해서 형가(荊軻)를 시켜 진왕을 찔러 죽이게 했는데[刺(자)], 진왕이 이를 알아차리고는 가(軻)의 몸을 찢어[解(개)][1] 조리를 돌린 다음에 왕전과 신승(辛勝)에게 연나라를 공격하게 했다. 이에 연나라와 대나라가 군대를 일으켜서 진나라 군대를 쳤고, 진나라 군대는 역수(易水) 서쪽에서 연나라를 깨뜨렸다.

1) 【정의(正義)】 기(紀)와 매(買)의 반절음이다.

21년에 왕분(王賁)이 계(薊)를 쳤다. 마침내 군사를 늘려 왕전의 군대를 보냈고, 드디어 연나라 태자의 군대를 깨뜨려서 연나라 계성(薊城)을 차지하고 태자 단의 머리를 얻었다. 연왕은 동쪽으로 가서 요동(遼東)을 거둬들이고 그곳에서 왕 노릇을 했다[王之]. 왕전이 나이와 병을 구실로 사직하고 고향으로 돌아갔다. 신정(新鄭)에서 반란이 일어났다. 창평군(昌平君)을 영(郢)으로 옮겼다. 큰 눈이 내려[雨雪] 두 자 다섯 치나 쌓였다.

22년에 왕분이 위나라를 공격했다. 하구(河溝)의 물을 끌어다가 대량으로 흘려보냄으로써[灌=水攻] 대량성을 허무니, 그 왕이 항복을 청했고[1] 그 땅을 모두 차지했다.

1) 【색은(索隱)】 위왕 가(假)이다.

23년에 진왕이 왕전을 다시 불러서 억지로 기용해 병사를 이끌고 형(荊)[1]을 치게 했으니, 진(陳)의 남쪽부터 평여(平輿)[2]에 이르는 땅을 차지하고 형왕(荊王-초왕)을 사로잡았다[3]. 진왕이 (초나라 도읍인) 영(郢)과 진(陳)에 행차했다. 형나라 장수 항연(項燕)이 창평군을 세워 초나라 왕으로 삼고는 회하(淮河) 남쪽에서 진나라에 반기를 들었다[4].

1) 【정의(正義)】 진(秦)은 초(楚)를 호칭하기를 형(荊)이라고 했다. 장양왕(莊襄王)의 이름이 자초(子楚)이기에 이를 피휘했으니, 그 때문에 형(荊)이라고 한 것이다.
2) 【집해(集解)】 「지리지(地理志)」에 이르기를, 여남(汝南)에 평여현(平輿縣)이 있다고 했다. 【정의(正義)】 평여는 예주(豫州)의 현이다.
3) 【색은(索隱)】 형왕(荊王) 부추(負芻)이다. 초(楚)를 형(荊)으로 칭한 것은 장양왕(莊襄王)의 휘(諱-이름)를 피해 (초의 호칭을) 바꾼 것이다.

❖

4) 【집해(集解)】 서광(徐廣)이 말했다. "회(淮)는 판본에 따라 강(江)으로 되어 있다." 【정의(正義)】 창평(昌平)이다. 초나라 회수 북쪽 땅이 모두 진나라에 편입되었다.

24년에 왕전과 몽무가 형(荊)을 공격해서 형의 군대를 깨뜨리니, 창평군이 죽었고 항연은 드디어 자살했다.

25년에 (진왕은) 크게 군사를 일으켜 왕분으로 하여금 이끌게 해서 연나라 요동을 공격해 연왕 희(喜)를 사로잡았고[1], 돌아오는 길에 대(代)를 공격해 대왕 가(嘉)를 사로잡았다. 왕전이 드디어 형나라와 강남 땅을 평정했다. 월(越)나라 임금을 항복시키고[降(항)][2] 회계군(會稽郡)을 두었다[3].

5월에 천하에 큰 잔치를 베풀었다[大酺(대포)][4].

1) 【정의(正義)】 연왕 희(喜) 53년에 연나라가 망했다.

2) 【정의(正義)】 降은 한(閑)과 강(江)의 반절음이다. 초(楚) 위왕(威王)이 월(越)을 멸하고 나자, 그 나머지가 군장(君長)을 자칭했는데, 지금 진(秦)에 항복한 것이다.

3) 【정의(正義)】 왕전(王翦)이 드디어 초(楚)와 강남(江南) 땅을 평정하고 월군(越君)을 항복시킨 뒤에 회계군(會稽郡)을 두었다는 말이다.

4) 【정의(正義)】 문영(文穎)이 말했다. "『주례(周禮)』에서는 일족의 사(師)가 봄가을에 포(酺)에 제사 지내는 것을 주관한다고 했는데, 포(酺)는 사람에게 재해(災害)를 내리는 신이다." 소림(蘇林)이 말했다. "진류(陳留)의 풍속에, 3월에 사수(巳水)에 오르고 포(酺)에게 음식을 진헌하는 것이 있다." 【정의(正義)】 천하가 크게 음주(飮酒)하고 환락(歡樂)했다. 진(秦)이 한(韓)·조(趙)·위(魏)·연(燕)·초(楚)의 5국(五國)을 평정하고 나서, 이 때문에 천하에 큰 연회를 베푼 것이다.

26년에 제나라 왕 전건(田建)과 그의 재상 후승(后勝)[1]이 군사를 일으켜 서쪽 변경을 지키면서 진나라와의 왕래를 끊었다. 진나라는 장군 왕분에게 연나라 남쪽에서 제나라를 공격하게 하여 제나라 왕 건(建)을 붙잡았다[2].

1) 【정의(正義)】 제나라 재상의 성과 이름이다.

2) 【색은(索隱)】 6국을 모두 멸했다. 17년에 한왕(韓王) 안(安)을 잡았고, 19년에 조왕(趙王) 천(遷)을 잡았고, 22년에 위왕(魏王) 가(假)가 항복했고, 23년에 형왕(荊王) 부추(負芻)를 사로잡았고, 25년에 연왕(燕王) 희(喜)를 잡았고, 26년에 제왕(齊王) 건(建)을 잡았다. 【정의(正義)】 제왕 건(建) 34년에 제나라가 망했다.

진나라가 처음에 천하를 집어삼키고서[幷=倂呑] 승상과 어사(御史)에게 영(令)[1]을 내려 다음과 같이 말했다.

"예전에 한(韓)나라 왕이 땅을 헌납하고 옥새를 바치며[效][2] 울타리와 같은 신하[藩臣]가 되기를 청했다. (그런데) 얼마 안 가서 약속을 어기고 조나라, 위나라와 합종해 진을 배반했기에, 그래서 군대를 일으켜 주벌하고 그 왕을 사로잡았다. 과인(寡人)은 잘되었다고 생각하고. 여기서 거의 전쟁이 끝나길 바랐다.

조나라 왕이 그 상국 이목(李牧)을 보내와 동맹을 약속하기에, 그래서 그 인질[質=贄][3]을 돌려보냈는데, 얼마 안 가서 맹약을 어기고 우리 땅 태원에서 반란을 일으켰다. 이 때문에 군대를 일으켜서 주벌하고 그 왕을 붙잡았다. 조나라 공자 가(嘉)가 마침내 스스로를 세워 대왕(代王)이 되었으니, 그래서 병사를 일으켜 쳐서 없앴다.

위나라 왕도 처음에는 진나라에 복종하기로 약속하고 진나라에 들어왔으나 얼마 안 가서 한나라, 조나라와 함께 진나라를 습격하려고 모의했기에, 진나라 군대가 주벌해 드디어 그들을 깨뜨렸다.

형(荊)나라 왕은 청양(靑陽) 서쪽을 바쳐놓고도[4] 얼마 안 가서 약속을 어기고 우리의 남군(南郡)을 쳤기에, 그래서 군대를 일으켜 주벌해서 그 왕을 붙잡고 드디어 그 형 땅을 평정했다.

연나라 왕이 어둡고 어리석었는데, 그 태자 단이 마침내 (나를 죽이려고) 몰래 형가를 자객으로 보냈기에 군대로써 주벌하고 그 나라를 멸망시켰다.

제나라 왕이 후승의 계책을 받아들여 진나라와의 사신 왕래를 끊고 난을 일으키려 했기에, 군대로써 주벌해 그 왕을 사로잡고 제 땅을 평정했다.

과인이 보잘것없는 몸[身(신)]으로 군사를 일으켜 포악한 혼란을 주벌한 것은 종묘의 혼령에 힘입은 바로, 6국의 왕들이 엎드려 자신들의 죄를 인정하니 천하가 크게 안정되었다. 이제 이름을 바꾸지 않고서는 이런 성공을 제대로 표현할 수도, 후대에 전할 수도 없다. 이에[其(기)=於是(어시)] 제(帝)의 칭호에 대해 토의하도록 하라[議(의)].”

1) 【정의(正義)】 令은 령(力)과 정(政)의 반절음이니, 곧 지금의 사령(赦令)이나 사서(赦書)다.

2) 【정의(正義)】 효(效)란 '바치다[至見(지견)=獻(헌)]'라는 뜻이다.

3) 【정의(正義)】 質의 발음은 치(致)이다.

4) 【집해(集解)】 『한서(漢書)』 「추양전(鄒陽傳)」에서 말하기를 "강을 통해 장사(長沙)를 넘어서 선박으로 청양(靑陽)에 돌아온다"라고 했으니, 장안(張晏)이 말하기를 "청양은 땅 이름이다"라고 했고 소림(蘇林)이 말하기를 "청양은 장사현(長沙縣)이다"라고 했다.

승상 관(綰-왕관), 어사대부(御史大夫) 겁(劫-풍겁)[1], 정위(廷尉)[2] 사(斯-이사) 등이 모두 말했다.

“옛날에 오제(五帝) 때는 그 땅이 사방 1,000리에 그 바깥은 후복(侯服)·이복(夷服) 등이었는데, 제후들이 조회를 오기도 하고 오지 않기도 했으

나 천자가 통제할 수 없었습니다. (그런데) **지금 폐하**(陛下)**께서**[3] **의로운 군대**[義兵=義軍]**를 일으켜서 잔적들을 주벌하고 천하를 평정하시어 해내**(海內)**를 군현**(郡縣)[4]**으로 삼고 법령을 하나로 통일하셨으니, 이는 상고**(上古) **이래로 일찍이 없던 일이자 오제도 미치지 못할 일입니다. 신 등이 삼가 박사**(博士)[5]**들과 토의하기를, '옛날에는 천황**(天皇)**이 있고 지황**(地皇)**이 있고 태황**(泰皇)**이 있었는데**[6] **태황이 가장 귀하다'라고 했습니다. 신 등이 죽음을 무릅쓰고**[昧死] **존호를 올리니, 왕은 '태황**(泰皇)**'으로, 명**(命)**은 '제**(制)**'로, 영**(令)**은 '조**(詔)**'로 하시고**[7] **천자가 스스로를 부를 때는 '짐**(朕)[8]**'이라 하옵소서."**

1) 【집해(集解)】『한서(漢書)』「백관표(百官表)」에서 말했다. "어사대부는 진나라 관직이다." 응소(應劭)가 말했다. "시어사(侍御史)를 통솔하므로 대부(大夫)라고 칭한다." 【색은(索隱)】 관(綰)의 성(姓)은 왕(王)이고, 겁(劫)의 성은 풍(馮)이다.

2) 【집해(集解)】『한서(漢書)』「백관표(百官表)」에서 "정위는 진나라 관직이다"라고 했는데, 응소(應劭)가 말했다. "송사를 결정하는 것은 반드시 조정(朝廷)에서 하는 것이며 뭇사람들과 함께하는 것인데, 병무와 송사를 같이 통제하므로 정위(廷尉)라고 칭한다.[군사 업무도 함께 담당하므로 위(尉)자가 포함되었다는 말이다.]"

3) 【집해(集解)】 채옹(蔡邕)이 말했다. "폐(陛)는 섬돌 계단[階]으로, 그것을 통해서만 당(堂)에 올라갈 수 있다. 천자에게는 반드시 근신(近臣)들이 있어, 병기를 들고서 계단 옆에 늘어섬으로써 예기치 못한 일[不虞]을 경계한다. 폐하(陛下), 즉 계단 아래라고 하는 이유는 여러 신하가 천자와 이야기할 때 감히 천자의 말과 행동을 지적하거나 가리켜[指斥] 말해서는 안 된다고 해서, 아뢸 바가 있으면 계단 아래에서 소리쳐 아뢰게 했기 때문이다. 낮은 쪽에서 높은 쪽으로 말씀을 올린다는 뜻이다. (말뿐만 아니라) 글을 올릴 때도 역시 이와 같이 했다."

4) 【정의(正義)】 군(郡)이란 사람들이 집단으로 모여 사는 곳이라는 뜻이다.

5) 【집해(集解)】『한서(漢書)』「백관표(百官表)」에서 말했다. "박사는 진나라 관직으로, 고금을 통하게 하는 일을 담당한다."

6) 【색은(索隱)】 살펴보건대 천황(天皇)·지황(地皇)의 아래를 곧 태황(泰皇)이라고 하니, 이는 마땅히 인황(人皇)이다. 「봉선서(封禪書)」에 이르기를 "옛날에 태제(太帝)가 소녀(素女)를 시켜 거문고를 연주했는데 슬펐다"라고 했으니, 아마도 삼황(三皇) 이전의 태황(泰皇)을 칭한 것이다. 일설에는 태황이 태호(太昊)라고 했다.

7) 【집해(集解)】 채옹(蔡邕)이 말했다. "제서(制書)는 제(帝)가 제도(制度)를 명하는 것이다. 그 글을 제(制)로 (시작해서) 말했다. 조(詔)는 조서(詔書)이고, 조(詔)란 '고한다[告(고)]'는 뜻이다." 【정의(正義)】 제(制)와 조(詔)는 삼대(三代)에는 없던 글자인데 진(秦)나라가 비로소 이를 만들었다.

8) 【집해(集解)】 채옹(蔡邕)이 말했다. "짐(朕)은 '나[我(아)]'다. 옛날에는 높은 사람이든 낮은 사람이든 그것을 함께 썼고 귀하든 천하든 그 말을 꺼리지 않았으니, 같은 칭호의 뜻을 갖고 있었다고 할 수 있다. 고요(皐陶)[순(舜)임금의 신하로 명재상의 상징적 인물이다. 법리(法理)에 통달해서, 법을 세워 형벌을 제정하고 옥(獄)을 만들었다고 한다.]는 제순(帝舜)과 이야기하면서 '짐의 말이 실행될 수 있을까요?'라고 했으며, 굴원(屈原)[전국시대 초(楚)나라 사람으로 이름은 평(平)이고 자는 원(原)이며 호는 영균(靈均)이다. 초나라 왕족으로 태어나 처음에는 회왕(懷王)의 신임을 받았지만, 제(齊)나라와 동맹해 강국인 진(秦)나라에 대항해야 한다는 합종책(合縱策)을 주장하다가 진나라와 친교(親交) 해야 한다며 연횡책(連橫策)을 주장한 상관대부(上官大夫)의 참언(讒言)에 의해 면직되었다. 회왕이 진나라에 갔다가 사로잡혀 죽은 뒤 그 아들 경양왕(頃襄王) 때 다시 쫓겨나서 멱라수(汨羅水)에 빠져 죽었다. 당시 초나라의 국운을 탄식하면서 「이소(離騷)」와 「구가(九歌)」, 「천문(天問)」, 「어부(漁夫)」 등의 시를 지었는데, 이것이 『초사(楚辭)』에 실려 있다. 역대로 충신을 대표하는 인물로 인식되었고, 특히 「이소(離騷)」는 충신의 안타까운 심정을 묘사한 대표적인 작품으로 인용된다.]은 (「이소(離騷)」에서) '짐의 돌아가신 아버지[皇考(황고)]'라고 했으니, 이것들이 바로 그런 뜻이다. 진(秦)나라에 이르러 천자만이 홀

로 짐이라고 칭할 수 있게 되었고, 한(漢)나라는 그것을 이어받아 그 칭호를 바꾸지 않았다."

왕이 말했다.

"'태(泰)'자는 떼고[去] '황(皇)'자를 드러내며 상고의 제(帝)라는 위호(位號)를 가져다가 '황제(皇帝)'라 하고, 나머지는 그대들의 의견대로 하라!"

그러고는 제(制)해 말했다.

"그리하라[可]."[1]

장양왕을 추존(追尊)해 태상황(太上皇)으로 삼았다[2]. 제(制)해 말했다.

"짐이 듣건대, 태고(太古) 때는 호만 있고 시호는 없었으며 중고(中古) 때는 호가 있고 죽은 뒤에는 행적에 따라 시호를 정했다고 한다. 이렇다면 자식이 아비에 대해 이러쿵저러쿵하고[議] 신하가 군주에 대해 이러쿵저러쿵하는 것이니, 심히 안 될 말이므로 짐은 이를 취하지 않는다. 지금부터는 시호법을 없애겠노라[3]. 짐은 시황제(始皇帝)가 되고, 그 뒤는 수를 헤아려[數] 2세, 3세라고 해서 만세에 이르기까지 무궁하게 전하리라."

1) 【집해(集解)】 채옹(蔡邕)이 말했다. "여러 신하가 (천자에게) 아뢰어 청할[奏請] 바가 있으면 상서령(尙書令)이 그것을 아뢰었고, 그러면 아래에 내려서 제(制)해 말하기를 '천자께서 그에 대해 그리하라[可]고 답하시었다'라고 했다."

2) 【집해(集解)】 한나라 고조가 아버지를 높여 태상황이라고 한 것 또한 이를 본뜬 것이다.

3) 【집해(集解)】 시호법은 주공(周公)이 만들었다.

시황제는 오덕(五德)이 돌아가는[終始] 차례[傳]를 미뤄 헤아려서[1] 주나라가 화덕(火德-불의 다움)이었다고 보고서, 진나라가 주나라의 다움[周德]을 대신했으니 (주나라가 진나라를) 이길 수 없는 것[所不勝]을 따라야 한다

고 했다[2]. 바야흐로 이제 수덕(水德-물의 다움)이 시작되었다고 해서, 1년의 시작[年始]을 바꾸고[3] 조정 하례도 모두 10월 초하루에 거행하게 했다[4]. 의복, 깃발(장식)[旄旌], 부절(符節), 깃발[旗][5]의 색깔은 모두 검은색을 높였다[上=尙][6]. 숫자는 6을 단위[紀]로 했으니, 부절과 공식 모자[法冠]의 길이는 모두 6촌으로 하고 가마의 너비는 6척으로 했으며 6척을 1보(步)로 하고 수레 1대를 말 6마리가 끌게 했다[7]. 황하를 덕수(德水)로 이름을 바꿔 수덕(水德)의 시작으로 삼았다. 굳세고 강인하며 아주 가혹하게[剛毅戾深] 모든 일을 다 법에 따라 결정했으니, 어짊이나 은혜, 조화로움과 마땅함이 없이 각박한[刻削] 연후라야 오덕의 수와 합치한다고 여겼다[8]. 이에 법을 가혹하게 집행하고, 이를 어긴 자는 오랫동안 용서하지 않았다.

1) 【색은(索隱)】 전(傳)이란 차례[次]이니, 이는 오행(五行)의 다움이 시작하고 끝나는 (그리고 다시 시작하고 끝나는) 서로의 차례를 말한 것이다. 『한서(漢書)』「교사지(郊祀志)」에서 말했다. "제(齊)나라 사람 추자(鄒子)의 무리가 오덕(五德)이 돌아가는 운행을 논저(論著)했는데, 시황(始皇)이 이를 채용했다."

2) 【정의(正義)】 진(秦)은 주(周)를 화덕(火德)으로 여겼다. 불을 멸하는 것은 물이니, 그래서 칭하기를 진은 (화덕이) 이기지 못하는 바(-수덕)를 따른다고 한 것이다.

3) 【색은(索隱)】「봉선서(封禪書)」에 이르기를, 진(秦) 문공(文公)이 흑룡(黑龍)을 잡은 것은 수서(水瑞-물의 다움의 단서)이니 진시황제(秦始皇帝)가 이 때문에 스스로 수덕(水德)을 칭했다고 했다.

4) 【정의(正義)】 주(周)는 건자월(建子月-하력(夏曆)의 11월)을 정월로 삼았는데, 진(秦)은 건해월(建亥月)을 정월로 삼아 그해의 시작으로 (하력(夏曆)의) 10월을 사용해 조하(朝賀)했다.

5) 【정의(正義)】『주례(周禮)』에서 말했다. "깃털을 쪼개서 깃발 장식[旌]으로, 웅호(熊虎)를 깃발[旗]로 삼았다." 정절(旌節)은 털을 엮고 죽절(竹節)을 본떴으니,

『한서(漢書)』에서 이르기를 "소무(蘇武)가 절(節)을 잡고 흉노(匈奴)에서 양을 길렀는데, 절(節)의 터럭이 모두 떨어졌다"라고 했다. 위소(韋昭)가 말했다. "절(節)은 산국(山國)에서 인절(人節)을 사용하고 택국(澤國)에서 용절(龍節)을 사용했는데, 모두 황금으로 만들었다. 도로(道路)에서 정절(旌節)을 사용하고 문관(門關)에서 부절(符節)을 사용했으며 도비(都鄙)에서 관절(管節)을 사용했는데, 모두 대나무를 사용해서 이를 만들었다."

6) 【정의(正義)】 수덕(水德)은 북방에 속하니, 그래서 검정을 숭상했다.

7) 【집해(集解)】 장안(張晏)이 말했다. "물은 북방이고 검정이며 숫자는 여섯에서 마치니, 그러므로 6촌(寸)을 부(符)로, 6척(尺)을 보(步)로 삼았다." 신찬(臣瓚)이 말했다. "물의 숫자는 여섯이니, 그러므로 여섯을 기본으로 삼았다." 초주(譙周)가 말했다. "보(步)는 사람의 발을 써서 셈하는 것으로, 오로지 진(秦)에서만 제정한 것이 아니다." 【색은(索隱)】 『관자(管子)』와 『사마법(司馬法)』에서 모두 말하기를 6척(尺)을 보(步)로 삼는다고 했고, 초주(譙周)는 보(步)는 사람의 발이며 오직 진(秦)에서만 제정한 것이 아니라고 했다. 또 살펴보건대, 『예기(禮記)』 「왕제(王制)」편에서 말하기를 "옛날에 8척(尺)을 보(步)로 삼았다"라고 했으며 지금 주척(周尺)으로는 6척(尺) 4촌(寸)이 보(步)이니, 보(步)의 척수(尺數)도 역시 같지 않다.

8) 【색은(索隱)】 물은 음(陰)을 주관하고 음은 형살(刑殺)이니, 그러므로 법이 엄격하고 가혹해서[刻削(각삭)] 오덕(五德)의 수(數)에 부합했다.

승상 관(綰) 등이 말했다.

"제후들이 이제 막 평정되었지만 연·제·형 나라 땅은 멀기 때문에, 왕을 두지 않을[不爲(불위)] 경우 그들을 제대로 누를 수가 없습니다. 여러 아들을 (왕으로) 세우는 일을 허락해주시길 청합니다."

시황이 이 의견을 여러 신하에게 내리자 여러 신하는 모두 그게 편리하겠다고 생각했다.

정위 이사가 의견을 내 말했다.

"주나라 문왕과 무왕이 제후로 봉해준 자식과 동생, 동성의 친척들이 매우 많았지만, 뒤로 갈수록 멀어져서, 서로를 원수처럼 공격하고 제후들끼리 더더욱 서로를 주벌했으나 주나라 천자는 이를 제대로 막을 수 없었습니다. 이제 천하가 폐하의 신령으로 통일을 이뤄[一統(일통)] 모두 군현(郡縣)이 되었으니, 여러 아들과 공신에게는 공적인 세금으로 무거운 상을 내리시기만 해도 그들을 쉽게 통제하기에[易制(이제)] 심히 충분합니다. 천하가 다른 뜻[異意(이의)]을 갖지 못하게 한다면 그것이 바로 (천하를) 평안하게 하는 술책입니다. 제후를 두는 것은 불편합니다."

시황이 말했다.

"천하가 모두 끊임없는 전쟁으로 인해 고통을 받으며 조금도 쉴 수가 없었던 것은 제후나 왕들이 있었기 때문이다. 종묘에 힘입어 이제 막 천하가 평정되었는데 다시 (왕이나 후의) 봉국을 세우는 것은 곧 전란을 심는 것이니[樹兵(수병)=植兵(식병)], 그러고도 안녕과 휴식을 바란다면 어찌 어렵지 않겠는가! 정위의 의견이 옳다."

천하를 36개 군으로 나누고[1)] 군에는 수(守) · 위(尉) · 감(監)을 두었다[2)]. 민(民-백성)을 '검수(黔首[3)])'로 바꿔 부르게 하고 큰 잔치를 베풀었다. 천하의 병기를 거둬[4)] 함양에 모은 다음에 그것들을 녹여서 종거(鍾鐻-종과 종걸이)와 금인(金人-동상) 12개를 만들었는데, 무게는 각각 1,000석이었으며[5)] 궁정 안에 두었다. 법과 도량형, 수레바퀴 폭을 통일했고, 글을 쓸 때 문자도 같게 했다.

영토는 동쪽으로 바다와[曁(기)=及(급)] 조선(朝鮮)에까지[6)], 서쪽으로 임조(臨洮), 강중(羌中)에까지[7)], 남쪽으로 북향호(北嚮戶)에까지[8)] 이르렀으며, 북쪽으로는 황하를 의지해 요새를 쌓아서 음산(陰山)을 넘어[並(병)] 요동(遼東)에까지 이르렀다[9)].

1) 【집해(集解)】 36개 군(郡)이란 삼천(三川)·하동(河東)·남양(南陽)·남군(南郡)·구강(九江)·장군(鄣郡)·회계(會稽)·영천(潁川)·탕군(碭郡)·사수(泗水)·설군(薛郡)·동군(東郡)·낭야(琅邪)·제군(齊郡)·상곡(上谷)·어양(漁陽)·우북평(右北平)·요서(遼西)·요동(遼東)·대군(代郡)·거록(鉅鹿)·한단(邯鄲)·상당(上黨)·태원(太原)·운중(雲中)·구원(九原)·안문(鴈門)·상군(上郡)·농서(隴西)·북지(北地)·한중(漢中)·파군(巴郡)·촉군(蜀郡)·검중(黔中)·장사(長沙)의 35개에다가 내사(內史)를 보태 36개 군이다. 【정의(正義)】 『풍속통(風俗通)』에서 말했다. "주(周)가 제정한 천자의 사방은 1,000리이고 나누면 100현(縣)이 되며, 현 1개는 군(郡) 4개를 소유한다. 그러므로 『좌전(左傳)』에 이르기를, 상대부(上大夫)가 현을 받고 하대부(下大夫)가 군을 받는다고 했다. 진시황이 비로소 36개 군을 두고 현을 감독했다."

2) 【집해(集解)】 『한서(漢書)』 「백관표(百官表)」에서 말했다. "진(秦)의 군수(郡守)는 그 군(郡)을 맡아서 다스렸는데[掌治(장치)], 승(丞)과 위(尉)가 있어 수(守)를 돕고 무(武)에 종사하며 갑졸(甲卒)을 맡았으며 감어사(監御史)는 군(郡)의 감독을 담당했다."

3) 【집해(集解)】 응소(應劭)가 말했다. "검(黔)은 또한 여(黎-검다)이며 '검다'라는 뜻이다."

4) 【집해(集解)】 응소(應劭)가 말했다. "옛날에는 구리로 병기를 만들었다."

5) 【색은(索隱)】 살펴보건대, 26년에 임조(臨洮)에 장인(長人-거인)이 나타났으니 그 때문에 병기를 녹여서 그를 본떠 만든 것이다. 사승(謝承)[삼국시대 오나라 사람으로, 누나가 손권의 부인이 되어 오나라의 외척이 되었다. 그가 지은 『후한서』는 다른 후한서와 함께 소실되었다.]의 『후한서(後漢書)』에서 말하기를 "동인(銅人)은 옹중(翁仲)이며, 옹중이란 그의 이름이다"라고 했다. 『삼보구사(三輔舊事)』에 이르기를 "동인(銅人) 12개는 각각 무게가 34만 근(斤)이었다. 한대(漢代)에 장락궁(長樂宮) 문 앞에 있었다"라고 했다. 동탁(董卓)이 그중에 10개를 부숴 전(錢-동전)을 만들고 나머지 2개만 여전히 남아 있었는데, 석계룡(石季龍)

이 이를 업(鄴)에 옮겼고, 부견(苻堅)이 다시 장안(長安)에 옮겨서 이를 녹였다. 【정의(正義)】 『한서(漢書)』 「오행지(五行志)」에서 말했다. "26년에 대인(大人)이 나타났는데, 키가 5장(丈)에 발 크기가 6척(尺)이었다. 모두 이적(夷狄)의 옷을 입었고 무릇 12명이었는데 임조(臨洮)에서 보였으니, 그러므로 병기를 녹이고 이를 본떠서 만들었다"라고 했다. 사승(謝承)의 『후한서(後漢書)』에 말하기를 "동인(銅人)은 옹중(翁仲)이며, 그의 이름이다"라고 했다. 『삼보구사(三輔舊事)』에서 말하기를 "천하의 병기를 모으고 동인(銅人) 12개를 만들었는데, 각각 무게가 34만 근(斤)이었다. 한세(漢世)에 장락궁(長樂宮) 문에 있었다"라고 했다. 『위지(魏志)』 「동탁전(董卓傳)」에서 이르기를 "몽둥이로 동인(銅人) 10개와 종거(鍾鐻)를 부숴 소전(小錢)을 만들었다"라고 했다. 『관중기(關中記)』에 이르기를 "동탁(董卓)이 동인(銅人)을 부수고 나머지 2개는 청문(淸門) 안으로 옮겼다. 위(魏) 명제(明帝)가 장차 낙수[洛]에 이르고자 패성(霸城)에 도달했는데, 무거워서 보낼 수 없었다. 나중에 석계룡(石季龍)이 이를 업(鄴)에 옮겼고, 부견(苻堅)이 다시 장안(長安)에 옮겨서 이를 녹였다"라고 했다. 『영웅기(英雄記)』에 이르기를 "옛날에 대인(大人)을 임조(臨洮)에서 보고 동인(銅人)을 만들었는데, 동탁(董卓)에 이르러 동인(銅人)을 훼손했다"라고 했다.

6) 【정의(正義)】 바다는 발해(渤海)를 일컫는데, 남쪽으로 양(揚)·소(蘇)·태(台) 등의 주(州)의 동해(東海)에 이르렀다. 기(暨)는 '미치다', '그리고[及]'라는 뜻이다. 동북쪽이 조선국(朝鮮國)이다. 『괄지지(括地志)』에서 말했다. "고려(高驪)가 평양성(平壤城)을 다스렸는데, 본래 한(漢)의 낙랑군(樂浪郡) 왕검성(王險城)이며 곧 고조선(古朝鮮)이다."

7) 【정의(正義)】 『괄지지(括地志)』에서 말했다. "임조군(臨洮郡)은 곧 지금의 조주(洮州)이며 옛날 서강(西羌)의 땅인데, 경(京-도읍)에서 서쪽으로 1,551리 떨어진 강중(羌中)에 있다. 임조(臨洮)부터 서남쪽으로 방주(芳州) 부송부(扶松府) 서쪽까지는 모두 옛날 여러 강(羌)의 땅이다."

8) 【집해(集解)】「오도부(吳都賦)」에서는 “북호(北戶)를 열고 태양을 향한다”라고 했는데, 유규(劉逵)가 말하기를 “태양이 남쪽에 있어 북호(北戶)이니, 태양이 북쪽이 있으면 남호(南戶)라고 하는 것과 같다”라고 했다.

9) 【집해(集解)】「지리지(地理志)」에서 이르기를, 서하(西河)에 음산현(陰山縣)이 있다고 했다. 【정의(正義)】 영(靈)·하(夏)·승(勝) 등의 주(州)의 북쪽 황하(黃河)를 가리킨다. 음산(陰山)은 삭주(朔州) 북새(北塞-북쪽 요새) 바깥에 있다. 황하 곁의 음산(陰山)부터 동쪽의 요동(遼東)까지 장성(長城)을 쌓아서 북쪽 경계로 삼았다.

천하의 부호[豪富(호부)] 12만 호를 함양으로 이주시켰다. 여러 사당, 장대(章臺), 상림원(上林苑)이 모두 위수(渭水) 남쪽에 있었는데, 진나라는 매번 제후들을 격파할 때마다 그 나라의 궁실을 본뜬 건물을 함양 북쪽 산기슭 위에 지었다[1]. 남쪽으로는 위수를 바라보고 옹문(雍門)[2]에서 동쪽으로 경수(涇水)와 위수(渭水)에까지 이르며 궁전 사이의 구름다리[複道(복도)]와 주각(周閣)이 서로 연이어져 있었는데[相屬(상속)][3], 제후들에게서 빼앗은 미녀들, 종, 북들로 이곳을 채웠다[4].

1) 【집해(集解)】 서광(徐廣)이 말했다. “장안 서북쪽에 있다. 한나라 무제 때 위성(渭城)이라는 별명으로 불렸다.” 【정의(正義)】 지금의 함양현 북쪽 산기슭이다.

2) 【집해(集解)】 서광(徐廣)이 말했다. “고릉현(高陵縣)에 있다.” 【정의(正義)】 지금의 기주(岐州) 옹현(雍縣) 동쪽이다.

3) 【정의(正義)】『묘기(廟記)』에서 말했다. “북쪽으로 구종(九嵕), 감천(甘泉)에 이르고 남쪽으로 장양(長楊), 오작(五柞)에 이르며 동쪽으로 황하에 이르고 서쪽으로 견(汧)과 위(渭)의 교차점에 이르니, 동서 800리로 이궁과 별관들이 서로 바라보고 있다. 나무에 수놓은 옷을 입히고 흙에 염색했으며 궁인(宮人)을 옮기지는 않았다. 한 해가 다해도 돌아가는 것을 잊고서 두루 다 구경할

수가 없을 정도였다."

4) 【정의(正義)】『삼보구사(三輔舊事)』에서 말했다. "시황(始皇)은 황하를 진(秦)의 동문(東門)으로 삼고 견수(汧水)를 진의 서문(西門)으로 삼았다. 중앙과 지방에 전(殿)이나 관(觀-일종의 전망대)이 145개였고 후궁(後宮)과 열녀(列女)가 1만여 명이었으니, 기세가 위로 하늘을 찔렀다[衝于天]."

27년에 시황은 농서(隴西)와 북지(北地)[1]를 순수하고[巡] 계두산(鷄頭山)[2]을 나와 회중(回中)을 지나갔다[3]. 위수 남쪽에다 신궁(信宮)을 지었는데, 얼마 뒤에 이름을 바꿔 극묘(極廟)라고 했으니 북극성[天極]을 상징했다[4]. 극묘에서 이산(酈山-혹은 역산)까지 길을 뚫어 감천궁(甘泉宮)의 전전(前殿)을 지었는데, 용도(甬道-담장이 양옆으로 있는 복도)를 건축해[築][5] 함양까지 이어지게 했다[屬之=連之]. 이해에 작위를 한 등급씩 내려주었다[賜爵]. 치도(馳道)를 조성했다[治][6].

1) 【정의(正義)】 농서는 지금의 농우(隴右), 북지는 지금의 영주(寧州)이다.

2) 【정의(正義)】『괄지지(括地志)』에서 말했다. "계두산(雞頭山)은 성주(成州) 상록현(上祿縣) 동북쪽으로 20리에 있고, 경(京)에서 서남쪽으로 960리에 있다. 역원(酈元)이 말하기를 아마도 대농산(大隴山)의 다른 이름일 것이라고 했다. (범엽의)『후한서(後漢書)』「외효전(隗囂傳)」에 이르기를 '왕망(王莽)이 계두(雞頭)에 요새를 쌓았다'라고 했는데, 곧 이곳이다." 살펴보건대 원주(原州) 평고현(平高縣) 서쪽으로 100리 떨어진 곳에 역시 계두산(笄頭山)이 있는데, 경(京)에서 서북쪽으로 800리 떨어진 곳에 있으니, 황제(黃帝)의 계산(雞山)이 이곳이다.

3) 【집해(集解)】 응소(應劭)가 말했다. "회중은 안정(安定) 고평(高平)에 있다." 맹강(孟康)이 말했다. "회중은 북지(北地)에 있다." 【정의(正義)】『괄지지(括地志)』에서 말했다. "회중궁(回中宮)은 기주 옹현 서쪽으로 40리에 있다." 이는 시황

이 서쪽으로 농서(隴西)의 북쪽을 순행하고자 해서 함양(咸陽)에서 서북쪽을 향해 영주(寧州)를 나와, 서남쪽으로 행차가 성주(成州)에 이르렀으며, 계두산(雞頭山)을 나와 동쪽으로 돌아가서 기주(岐州) 회중궁을 지났다는 말이다.

4) 【색은(索隱)】 궁묘(宮廟)를 만들면서 천극(天極)을 본떴으니, 그러므로 극묘(極廟)라고 불렀다. (『사기(史記)』) 「천관서(天官書)」에서 말하기를 "중궁(中宮)을 천극(天極)이라고 불렀다"라고 했는데, 이것이다.

5) 【집해(集解)】 응소(應劭)가 말했다. "가항(街巷-길거리)처럼 담장을 쌓은 것이다." 【정의(正義)】 응소(應劭)가 말했다. "치도(馳道) 바깥에 담장을 쌓았는데, 천자가 중앙을 다니면 바깥의 사람은 볼 수 없었다."

6) 【집해(集解)】 응소(應劭)가 말했다. "치도란 천자의 길인데, 지금의 중도(中道)와 같다." 『한서(漢書)』 「가산전(賈山傳)」에서 이렇게 말했다. "진나라는 천하에 마차길[馳道]을 만들었는데, 동쪽 끝으로는 연(燕)나라와 제(齊)나라에 이르고 남쪽 끝으로는 오(吳)나라와 초(楚)나라에까지 닿았으며 온갖 강과 호수 변을 지나고 모든 해안가[瀕海]에 다다를 수 있었습니다. 도로 폭은 50보였고 세 길[三丈]마다 가로수를 심었는데, 테두리에는 담을 두텁게 쌓고 철심[鐵椎]으로 튼튼하게 한 다음에 푸른 소나무를 심었습니다."

28년에 시황은 동쪽으로 군현들을 순행하다가 추역산(鄒嶧山)에 올랐다[上][1]. 비석을 세우고 옛 노(魯)나라 지역 유생들과 상의해 진나라의 공덕을 노래하는 내용을 돌에 새겼고, 또 봉선(封禪-하늘과 땅에 드리는 제사)과 여러 산천에 망제(望祭)를 올리는 일을 토의했다[議][2]. 마침내 드디어[乃遂] 태산(泰山)에 올라서[3] 비석을 세우고 제단을 쌓아[封] (하늘에) 제사를 올렸다[4]. (제사를 마치고 산을) 내려올 때 갑자기 비바람이 몰아쳐 나무 아래서 쉬었는데, 이 일로 인해 그 나무를 오대부(五大夫)에 봉했다[封][5]. 양보산(梁父山)에서 땅에 제사 지내고[禪][6] 글을 새긴 비석을 세웠는데, 그 글은 다음과

같다[7].

1) 【집해(集解)】 위소(韋昭)가 말했다. "추(鄒)는 노현(魯縣)이며 산이 그 북쪽에 있다." 【정의(正義)】 『국계(國系)』에서 말했다. "주역산(邾嶧山)은 또한 이름이 추산(鄒山)이니, 연주(兗州) 추현(鄒縣) 남쪽으로 32리에 있다. 노(魯) 목공(穆公)이 주(邾)를 고쳐 추(鄒)라고 했으니, 그 산도 드디어 읍(邑)을 따라서 이름이 바뀌었다. 산 북쪽은 황하(黃河)와의 거리가 300여 리다."

2) 【정의(正義)】 『진태강지기(晉太康地記)』에서 말했다. "태산(太山)에 단(壇)을 만들고 하늘에 제사를 지냈는데, 더욱 높게 보이기 위함이었다. 양보(梁父)에 제사 터[墠(선)]를 만들고 땅에 제사를 지냈는데, 더욱 넓게 보이기 위함이었다. 제사에서는 현주(玄酒)를 높이고 생선을 담았다. 제사 터는 모두 넓이[廣長(광장)]가 12장(丈)이고, 단(壇)은 높이가 3척(尺)에 계단이 3등(等)이었다. 태산 정상에 돌을 심었는데 높이가 3장 1척이고 넓이가 3척이니, 진(秦)이 돌을 깎아서 만든 것이다."

3) 【정의(正義)】 태산(泰山)은 다르게 대종(岱宗) 동악(東嶽)으로 부르며, 연주(兗州) 박성현(博城縣) 서북쪽으로 30리에 있다. 『산해경(山海經)』에서 말했다. "태산은 그 위에 옥(玉)이 많고 그 밑에는 돌이 많다." 곽박(郭璞)이 말했다. "태산은 밑에서 산꼭대기에 이르도록 148리에 300보(步)다." (도가 계통의 책) 『도서복지기(道書福地記)』에서 말했다. "태산의 높이는 4,900장(丈) 2척(尺)이며 두루 2,000리(里)를 돈다. 지초(芝草)와 옥석(玉石)이 많고, 길게 감천(甘泉)이 넘치며, 선인(仙人)이 산다. 또한 지옥(地獄)이 6개 있는데 귀신부(鬼神府)라고 부르니, 서쪽 위부터 밑으로 동천(洞天)이 있으며 두루 3,000리를 도는데 귀신(鬼神)이 좌천되는 부(府)이다."

4) 【집해(集解)】 복건(服虔)이 말했다. "하늘의 높이를 더 높게 함으로써 공적을 하늘에 돌리는 것이다." 장안(張晏)이 말했다. "하늘의 높이에는 미칠 수 없어서 태산 위에 봉선(封禪)을 세우고 이에 제사를 지냈으니, 이는 신령(神靈)에

좀 더 가까워지기를 바란 것이다." 신찬(臣瓚)이 말했다. "흙을 쌓아 봉(封)을 만든 것이니, 이는 태산 위에 흙을 지고 가서 단(壇)을 만들어 제사를 지냈다는 말이다."[이를 "봉(封)했다"라고 한다. 봉제사를 지냈다는 말이다.]

5) 【정의(正義)】 봉(封)은 판본에 따라 復으로 되어 있는데, 復의 발음은 복(福)이다.

6) 【집해(集解)】 복건(服虔)이 말했다. "선(禪)이란 땅을 넓게 만드는 것이다." 신찬(臣瓚)이 말했다. "옛날에 성왕(聖王)이 태산(泰山)에서 봉(封)하고 정정(亭亭) 혹은 양보(梁父)에서 선(禪)했다고 했으니, 모두 태산 밑의 작은 산이다. 땅을 덜어[除地] 제사 터[墠]를 만들어 양보(梁父)에서 제사를 지냈다. 나중에 선(墠)을 고쳐 선(禪)이라고 불렀다." 【정의(正義)】 父의 발음은 보(甫)다. 연주(兗州) 사수현(泗水縣) 북쪽으로 80리에 있다.[이를 "선(禪)했다"라고 한다. 선제사를 지냈다는 말이다.]

7) 【색은(索隱)】 그 문장은 매번 세 구가 운(韻)을 이루고, 모두 12개 운(韻)으로 되어 있다. 저 아래의 지부(之罘), 갈석(碣石), 회계(會稽)의 세 명문(銘文)도 모두 그렇다.

'황제께서 자리에 나아오시어 제도를 만들고 법을 밝히시니 신하들은 닦아 지킬지어다[皇帝臨位 作制明法 臣下 修飭]

26년에 비로소 천하를 아우르니 신하로 와서 복종하지 않는 자 없었도다[廿有六年 初幷天下 罔不賓服]

몸소 먼 곳 백성까지 순수하시고 이에 태산에 올라 동쪽 끝까지 둘러보셨네[親巡遠方黎民 登玆泰山 周覽東極]

따르던 신하들 지난 일 되돌아보고 업적의 근원을 따져서 삼가 그 공로와 다움을 노래하도다[從臣思迹 本原事業 祗誦功德]

다스림의 도리가 제대로 운행하면 만물이 그 마땅함을 얻어 모두가 본받아야 할 법식을 갖추게 되네[治道運行 諸產得宜 皆有法式]

큰 마땅함 아름답게 드러나 후세에 드리우고 순조롭게 이어져 조금도 바

❖

꿔지 않으리라[大義休明 垂于後世 順承勿革]

황제께서 몸소 빼어나시어 이미 천하를 평정하시고도 다스림에 조금도 풀어짐이 없으시도다[皇帝躬聖 旣平天下 不懈於治]

일찍 일어나고 늦게 주무시면서 (백성 위한) 장구한 이익 세우시고 백성을 가르치고 교화하는 일에 전력을 다하시네[夙興夜寐 建設長利 專隆敎誨]

경(經-원리)을 가르치고 널리 퍼뜨려 멀고 가까운 곳을 빠짐없이 다스리니 모두 빼어난 뜻을 받들었네[訓經宣達 遠近畢理 咸承聖志]

귀천이 나뉘어 밝아지고 남녀가 예에 따라 고분고분하며 (각자의) 직분과 일을 삼가 따르도다[貴賤分明 男女禮順 愼遵職事]

밝은 빛이 안팎을 훤히 비추니 (온 세상이) 맑고 깨끗하지 않는 바가 없어서 후대에까지 베풀어졌네[昭隔內外 靡不淸淨 施于後嗣][1]

교화는 무궁함에 이르렀으니 고분고분 유조(遺詔)를 받들어 이 엄중한 경계를 영원히 받들지어다[化及無窮 遵奉遺詔 永承重戒]'

1) 【집해(集解)】 서광(徐廣)이 말했다. "격(隔)은 판본에 따라 융(融)으로 되어 있다."

이에 마침내 발해(勃海)를 나란히 해서[並][1] 동쪽으로 황현(黃縣)과 처현(腄縣)[2]을 지나서 성산(成山)에 오른[窮] 다음에 지부산(之罘山)에 올랐고[登][3], 비석을 세워 진나라의 다움을 칭송하고서 그곳을 떠났다. 남쪽으로 낭야산(琅邪山)[4]에 올랐는데, 크게 즐거워하며 석 달을 머물렀다. 이에 검수(黔首-검은 머리 백성) 3만 호를 낭야대(琅邪臺) 아래로 옮기고[5] 12년간의 세금을 면제해주었다[復][6]. 낭야대[7]를 짓고 비석을 세워 글을 새겨서 진나라의 다움을 칭송했는데, 다움의 뜻을 이렇게 밝혔다[8].

1) 【정의(正義)】 並은 백(白)과 낭(浪)의 반절음이다. 발(勃)은 발(渤)로도 쓰며, 포(蒲)와 홀(忽)의 반절음이다.

2) 【집해(集解)】 「지리지(地理志)」에 이르기를, 동래(東萊)에 황현과 처현이 있다고 했다. 【정의(正義)】 腄의 발음은 (추가 아니라) 축(逐)과 서(瑞)의 반절음이다. 혹은 글자를 수(陲)로 쓰기도 한다. 『괄지지(括地志)』에서 말했다. "황현 고성(黃縣故城)은 내주(萊州) 황현(黃縣) 동남쪽으로 25리에 있는데, 옛날의 내자국(萊子國)이다. 모평현성(牟平縣城)은 황현 남쪽으로 130리에 있다. 『십삼주지(十三州志)』에 이르기를 모평현(牟平縣)은 옛날의 처현(腄縣)이라고 했다."

3) 【집해(集解)】 「지리지(地理志)」에 이르기를, 지부산은 처현(腄縣)에 있다고 했다. 【정의(正義)】 『괄지지(括地志)』에서 말했다. "내주(萊州) 문등현(文登縣) 동북쪽으로 180리에 있다. 성산(成山)은 문등현(文登縣) 서북쪽으로 190리에 있다." 궁(窮)은 등극(登極)과 뜻이 같다. 「봉선서(封禪書)」에서 말하기를 "팔신(八神) 중에서 다섯째를 양주(陽主)로 부르니, 지부(之罘)에서 제사를 지낸다. 일곱째를 일주(日主)로 부르고 성산(成山)에서 제사를 지내니, 성산(成山)은 굽어서 바다에 들어간다"라고 했다. 또 말하기를 "지부산(之罘山)은 바다 안에 있다. 문등현(文登縣)은 옛날의 처현(腄縣)이다"라고 했다.

4) 【집해(集解)】 지금의 연주(兗州) 동쪽에 있는 기주(沂州)와 밀주(密州)가 곧 옛날의 낭야(琅邪)다.

5) 【집해(集解)】 「지리지(地理志)」에 이르기를, 월왕(越王) 구천(句踐)이 일찍이 낭야현을 다스리며 대(臺)와 관(館)을 지었다고 했다. 【색은(索隱)】 『산해경(山海經)』에서 낭야대(琅邪臺)는 발해(渤海) 사이에 있다고 했으니, 아마도 바다 근처에 산이 있고 그 형상이 대(臺)와 같으며 낭야(琅邪)에 있어 낭야대(琅邪臺)라고 부른 것 같다. 【정의(正義)】 『괄지지(括地志)』에서 말했다. "밀주(密州) 제성현(諸城縣) 동남쪽으로 170리 떨어진 곳에 낭야대(琅邪臺)가 있는데, 월왕(越王) 구천(句踐)의 관대(觀臺)다. 대(臺)에서 서북쪽으로 10리 떨어진 곳에 낭야 고성(琅邪故城)이 있다. 『오월춘추(吳越春秋)』에서 말하기를 '월왕 구천 25년에 낭야로 도읍을 옮기고 관대(觀臺)를 세워서 동해(東海)를 보았으며, 드디어 진(秦)·진(晉)·제(齊)·초(楚)에 호령해 주실(周室)을 높이고 도왔

으며 삽혈(歃血)해서 동맹을 맺었다'라고 했다. 곧 구천이 대(臺)를 만든 곳이다." (또) 『괄지지』에서 말했다. "낭야산(琅邪山)은 밀주 제성현 동남쪽으로 140리에 있다. 시황(始皇)이 산 위에 층대(層臺)를 세우고 이를 낭야대(琅邪臺)로 불렀는데, 많은 산 위에 외롭게 서 있다. 진왕(秦王)이 즐거워하며 석 달을 머물렀으며, 산 위에 돌을 세우고 진(秦)나라의 다움[德]을 칭송했다."

6) 【정의(正義)】 復의 발음은 복(福)이다. 낭야대 아래로 옮긴 3만 호에 대해 세금을 면제해주었다는 말이다.

7) 【정의(正義)】 지금의 낭야대다.

8) 【색은(索隱)】 두 구를 운(韻)으로 삼았다.

'아! 26년에 황제께서 새로운 차원을 여시었도다[維廿六年 皇帝作始]

법도를 바르고 공평하게 해서 만물의 벼리를 바로잡으셨고[端平法度 萬物之紀]

사람의 일을 밝혀 아비와 아들을 화합시켜주셨네[以明人事 合同父子]

빼어나고 사리를 알며 어질고 마땅해서 도리와 이치를 훤히 드러내셨도다[聖智仁義 顯白道理]

동쪽으로 동방의 땅을 어루만져주시어 병사들을 보살펴주셨네[東撫東土 以省卒士]

일을 이미 크게 다 마치시자 마침내 바닷가에 이르셨다[事已大畢 乃臨于海]

황제의 공적이란 근본적인 일에 힘쓰도록 권장한 것이라네[皇帝之功 勸勞本事]

농업을 높이고 (상공업과 같은) **말업을 억제하시니 백성이 이에 넉넉해졌네**[上農除末 黔首是富]

저 하늘 아래 모두가 마음을 모으고 뜻을 다했도다[普天之下 摶心揖志][1]

기(器)**와 계**(械)**의 도량형을 통일하고 글과 문자도 똑같게 했도다**[器械

一量 同書文字][2]

해와 달이 비추는 곳, 배와 수레가 다니는 곳 어디라도[日月所照 舟輿所載]

모두 그 명을 끝까지 받드니 뜻을 얻지 않은 사람이 없었다네[皆終其命莫不得意]

때에 호응해 일을 하는 것, 이것이 바로 황제라네[應時動事 是維皇帝]

서로 다른 풍속을 바로잡으려 물을 건너고 땅에 경계를 만들었도다[匡飭異俗 陵水經地][3]

백성을 근심하고 가엾게 여기기를 아침저녁으로 게을리하지 않으셨네[憂恤黔首 朝夕不懈]

의심스러운 법령은 없애고 바른 법률을 정하시니 모두가 해서는 안 될 일을 알게 되었도다[除疑定法 咸知所辟][4]

지방 관찰사의 직무가 나뉘어 모든 다스림이 쉬워졌다네[方伯分職 諸治經易][5]

하는 일마다 반드시 마땅하니 계획대로 되지 않은 것이 없었다네[擧錯必當 莫不如畫][6]

황제의 눈 밝음으로 몸소 사방을 두루 살피시니[皇帝之明 臨察四方]

존비귀천을 불문하고 분수를 넘지 않았도다[尊卑貴賤 不踰次行][7]

간사함을 용납지 않으니 모두 바르고 선량함에 힘을 썼다네[姦邪不容 皆務貞良]

(관직이) 작고 크고를 막론하고 모두 온 힘을 다하니 감히 게으르거나 소홀히 하는 사람이 없었다네[細大盡力 莫敢怠荒]

멀든 가깝든 구석지든 숨어 있든 오로지 엄숙하고 장엄해지는 데 힘을 기울였다네[遠邇辟隱 專務肅莊][8]

반듯하고 곧으며 도탑고 충성스러우니 모든 일에 일정함이 있었다네[端直敦忠 事業有常]

황제의 다움이 있어 사방 끝까지 안정을 찾았도다[皇帝之德 存定四極]

난을 주벌하고 해악을 제거해서 이익을 일으키고 복을 가져다주었구나[誅亂除害 興利致福]

때에 맞춰 절도 있게 일을 하니 모든 생산이 크게 늘어났도다[節事以時 諸產繁殖]

백성 안녕을 찾으니, 군대를 쓸 일이 없어졌네[黔首安寧 不用兵革][9]

육친(六親-부모·형제·처자)이 서로를 보호하니 결국 도적이 없어졌다네[六親相保 終無寇賊]

가르침을 기꺼이 즐겨 받드니 법령과 제도를 모두 알게 되었다네[歡欣奉教 盡知法式]

천지사방 안이 모두 황제의 땅이로다[六合之內 皇帝之土]

서쪽으로는 유사(流沙)를 건너고 남쪽으로는 끝까지 가서 비호(比戶)에 이르렀네[西涉流沙 南盡比戶][10]

동쪽으로는 동해가 있고 북쪽으로는 대하(大夏)를 지나가네[東有東海 北過大夏][11]

사람의 흔적이 미칠 수 있다면 신하 아닌 곳이 없었도다[人迹所至 無不臣者]

그 공훈은 오제(五帝)(의 공훈)를 덮고 은택은 소와 말에까지 미쳤다네[功蓋五帝 澤及牛馬]

그 은덕을 입지 않는 자 없으니 각자 자신의 평안한 삶을 누렸도다[莫不受德 各安其宇]

아! 진왕이 천하를 겸병해 소유하니 이름을 세워 황제(皇帝)라 했고[維秦王兼有天下 立名爲皇帝]

마침내 동방의 땅을 어루만지어 낭야에까지 이르렀도다[乃撫東土 至于琅邪]'

1) 【색은(索隱)】 단(摶)은 옛날의 전(專)자다. 『좌전(左傳)』에서 말했다. "금슬(琴瑟)이 하나로 모인[摶壹] 것 같다." 揖의 발음은 (읍이 아니라) 집(集)이다.

2) 【정의(正義)】 안에 갖춘 것을 기(器)라고 하니 갑주(甲冑), 투구(兜鍪)의 부류이고, 밖에 갖춘 것을 계(械)라고 하니 과모(戈矛-창과 방해), 궁극(弓戟-활과 창)의 부류다.

3) 【정의(正義)】 陵은 판본에 따라 능(淩)으로 되어 있기도 한데 '건너가다[歷]'라는 뜻이다. 경(經)은 '경계 짓다[界]'의 뜻이다.

4) 【정의(正義)】 발음은 (벽이 아니라) 피(避)다.

5) 【정의(正義)】 易의 발음은 이(以)와 시(豉-메주)의 반절음이다. 이는 방백이 직무를 나눠 다스리니 다스리는 바에 늘 평이함이 있었다는 말이다.

6) 【정의(正義)】 畫의 발음은 호(戶)와 괘(卦)의 반절음이다. 정치가 가지런해서 계획대로 분명했고 간사함이나 그릇됨이 없었다는 말이다.

7) 【정의(正義)】 발음은 호(胡)와 낭(郎)의 반절음이다.

8) 【정의(正義)】 辟은 피(匹)와 역(亦)의 반절음이다.

9) 【정의(正義)】 협운음(協韻音)은 극(棘)이다.[협운이란 본래 같은 운(韻)에 속하지 않는 글자를 동일한 운으로 사용하는 것, 곧 운율(韻律)을 맞춘다는 말이다.]

10) 【정의(正義)】 (유사에 대해서는) 풀이가 「하본기[夏紀]」에 보인다.

11) 【색은(索隱)】 협운음(協韻音)은 호(戶)다. 아래의 "무불신저(無不臣者-신하가 아닌 자가 없다)"의 (者자는) 음(音)이 저(渚)이고, "택급우모(澤及牛馬-은택이 소와 말에까지 미쳤다)"의 (馬자는) 음이 모(姥-할머니)다. 【정의(正義)】 두예(杜預)가 말하기를 "대하(大夏)는 태원(太原) 진양현(晉陽縣)이다"라고 했다. 살펴보건대 지금의 병주(幷州)에 있는데, "대하(大夏)에 실침(實沈)을 옮기고 삼성(參星)을 주관했다[『좌전(左傳)』 소공(昭公) 원년에 나오는 말로, 실침은 고신씨(高辛氏)의 둘째 아들이다. 실침을 보내 삼성에 대한 제사를 주관하게 했다는 말이다.]"라고 한 것이 바로 이것이다.

열후(列侯)[1]인 무성후(武城侯) 왕리(王離), 열후인 통무후(通武侯) 왕분(王賁), 윤후(倫侯)[2]인 건성후(建成侯) 조해(趙亥), 윤후인 창무후(昌武侯) 성(成), 윤후인 무신후(武信侯) 풍무택(馮毋擇)과 승상(丞相) 외림(隗林)[3], 승상 왕관(王綰), 경(卿) 이사(李斯), 경 왕무(王戊), 오대부(五大夫) 조영(趙嬰), 오대부 양규(楊樛)가 (황제를) 따르며[從] (황제와) 더불어[與][4] 바닷가에서 토의했다. 그 글은 이렇다[5].

'고대에는 제(帝)라도 그 땅이 (사방) 1,000리를 넘지 않았고[不過][6]

제후들은 각자 자기 봉역(封域)를 지키며

혹 (천자에게) 조회를 하거나 하지 않거나 하면서

서로를 침략해 사납게 어지럽히며 죽이고 토벌하는 것이 끝이 없었는데도

오히려 금석에 이를 새겨 스스로 기록으로 남겼다

고대의 오제와 삼왕은 지혜와 교화가 서로 다르고 법도가 밝지 않았으며

귀신의 힘을 빌려 먼 지방을 속였으니[7]

실제와 명분이 달라[實不稱名] 그래서 오래 가지 못했도다

그 몸이 죽기도 전에 제후가 배반하고 법령은 실행되지 않았다

지금 황제께서 천하를 하나로 아우르고 군현으로 삼으니, 천하가 화평하도다

종묘를 훤히 빛나게 하시고 몸소 도리를 익혀 다움을 행하니 존호가 크게 갖춰졌다

신하들이 서로 함께 황제의 공덕을 칭송해 이를 금석에 새겨 본보기[表經]로 삼고자 하노라'

1) 【집해(集解)】 장안(張晏)이 말했다. "열후란 서열을 나타낸다."

2) 【색은(索隱)】 작(爵)이 열후보다 낮고 봉읍이 없는 자다. 윤(倫)이란 유(類)로, 사실상 열후와 비슷한 부류라는 뜻이다.

3) 【색은(索隱)】 외(隗)는 성(姓)이고 림(林)은 이름이다. 판본에 따라 상(狀)으로 쓴 것도 있는데, 틀렸다. 안지추(顔之推)가 말했다. "수(隋)나라 개황(開皇) 초에 경(京)의 군사가 땅을 파다가 칭권(秤權-저울)을 얻었는데, 명문이 있었다. 거기에 일컫기를 시황(始皇) 때의 양기(量器-도량형 기기)라고 했으며 승상(丞相) 외상(隗狀)과 왕관(王綰) 두 사람의 이름이 열거되어 있었다. 거기에 상(狀)자 모양의 글자가 쓰여 있었는데, 이때 명을 내려 교사(校寫)하고 친히 안험(按驗)했다." 왕소(王劭) 또한 그렇다고 말했는데, 이는 아주 먼 옛날의 증거다. 【정의(正義)】 隗의 발음은 오(五)와 죄(罪)의 반절음이다.

4) 【정의(正義)】 이는 왕리(王離) 이하 10명이 모두 시황(始皇)을 따르면서 함께 해상에서 공덕(功德)을 토의하고서 낭야대(琅邪臺) 밑에 돌을 세우고 명자(名字) 10명을 모두 새겨서 칭송한 것을 말한다.

5) 【정의(正義)】 이 송의 앞뒤에서는 두 구를 운(韻)으로 삼았고, 이것은 세 구를 운(韻)으로 삼았다.

6) 【정의(正義)】 1,000리란 왕기(王畿-왕도 부근의 땅)를 말한다.

7) 【정의(正義)】 오제(五帝)와 삼왕(三王)은 귀신(鬼神)의 위세를 빌려서 먼 지방의 백성을 속이고 굴복시켰다는 말이니, 장홍(萇弘)이 바로 그런 경우이다.

얼마 후에 일이 끝나자, 제나라 사람 서불(徐市)[1] 등이 글을 올려 "바다 가운데에 봉래(蓬山)·방장(方丈)·영주(瀛洲)라는 삼신산(三神山)이 있어 신선이 살고 있습니다[2]. 청컨대 재계(齋戒)하시고 어린 남녀 아이를 데리고 신선을 찾게 해주십시오"라고 했다. 이에 서불을 보내 어린 남녀 아이 수천 명을 선발해서 바다로 나가 신선을 찾게 했다[3].

시황이 돌아오는 길에 팽성(彭城)[4]을 지나면서 재계하고 사당에서 기도한 후에 사수(泗水)에 빠진 주나라 정(鼎-세 발 쇠솥)을 꺼내고자 했다.

1,000여 명을 물속으로 보냈으나 찾지 못했다. 마침내 서남쪽으로 회수(淮水)를 건너 형산(衡山)[5]과 남군(南郡)으로 갔다[6]. 장강에서 배를 타고 상산사(湘山祠)에 이르렀는데[7], 큰바람을 만나 자칫 강을 못 건널 뻔했다. 상(上)이 박사들에게 "상군(湘君)이 어떤 신인가"라고 묻자, 박사들이 대답했다.

"듣건대, 요임금의 딸로 순의 아내가 되었다가 이곳에 묻혔다고 합니다[8]."

이에 시황이 크게 화를 내며 죄수 3,000명을 보내 상산의 나무를 모두 베게 해서 그 산을 민둥산으로 만들었다[赭][9]. 상은 남군에서 무관(武關)을 거쳐[由] 돌아왔다[10].

1) 중국 진(秦)나라 신선의 술법을 닦는다는 방사(方士)인 서복(徐福)이다. 시황제(始皇帝)의 명에 따라 동남동녀(童男童女) 3,000명을 거느리고 장생불사의 약을 구하기 위해 바다 끝 신산(神山)으로 갔다가 돌아오지 못했다. 서불 혹은 서시라는 인물은 비록 국가의 명을 받고 파견되었지만, 절의(節義)가 있지 않으면 자신을 희생할 수 없다는 점에서 지극한 마음과 진심에서 우러나와 충성하는 인물로 비유되곤 한다.

2) 【정의(正義)】『한서(漢書)』「교사지(郊祀志)」에서 말했다. "이 삼신산(三神山)은 전하는 바에 따르면, 발해(渤海) 안에 있어 사람들(이 사는 곳)과 멀지 않으며 대개 일찍이 거기에 다다랐던 사람들에 의하면 선인과 불사의 약이 모두 있다고 했다. 또 그곳에는 온갖 사물과 짐승이 모두 하얗고 황금과 은으로 지어진 궁궐이 있는데, 그곳에 아직 다다르기 전에는 바라보면 마치 구름 같다가도 일단 도착해서 보면 도리어 물속에 있으며 물이 거기에 닿아 있다는 것이다. 장차 거기에 다다를 때쯤이면 바람이 일어서 문득 배를 끌고 가버리기 때문에, 그래서 결국은 다다를 수 없다고 했다. 세상의 임금들이 달콤한 마음[甘心][안사고(顏師古)가 말했다. "탐하고 좋아하는 마음을 참을 수 없는 상태를 말한다."]을 품지 않을 수 없었었다."

3) 【정의(正義)】 『괄지지(括地志)』에서 말했다. "단주(亶洲)는 동해(東海) 안에 있다. 진시황(秦始皇)이 서복(徐福-서불)을 시켜서 어린 남녀를 이끌고 바다에 들어가 선인(仙人)을 찾았으나, (찾지 못해 포기하고) 이 주(州)에 머무르며 함께 몇만 가구를 이루었다. 지금에 이르러 물가의 사람 중에 회계(會稽)의 시역(市易)에 도달한 사람이 있었다. 『오인외국도(吳人外國圖)』에 이르기를, 단주(亶洲)는 낭야(琅邪)와 1만 리 떨어져 있다고 했다."

4) 【정의(正義)】 팽성(彭城)은 서주(徐州)의 치소가 있는 현(縣)이다. 주(州)의 동쪽 외성(外城)은 옛날의 팽국(彭國)이다. 『수신기(搜神記)』에서 말하기를, 육종(陸終)의 셋째 아들은 전갱(籛鏗)으로 불렸는데 팽(彭)에 봉해져 상백(商伯)이 되었다고 한다. 『외전(外傳)』에서 말하기를 은(殷) 말기에 팽조씨(彭祖氏)가 멸망했다고 한다.

5) 【정의(正義)】 『괄지지(括地志)』에서 말했다. "형산(衡山)은 다른 이름이 구루산(岣嶁山)이며 형주(衡州) 상담현(湘潭縣) 서쪽으로 41리에 있다." 岣의 발음은 구(苟)이고, 嶁의 발음은 루(樓)다.

6) 【정의(正義)】 지금의 형주(荊州)다. 형산(衡山)으로 향하고자 해서, 곧장 서북쪽으로 남군(南郡)을 지나 무관(武關)에 들어가서 함양(咸陽)에 이르렀다는 말이다.

7) 【정의(正義)】 『괄지지(括地志)』에서 말했다. "황릉묘(黃陵廟-사당)는 악주(岳州) 상음현(湘陰縣) 북쪽으로 57리에 있는데, 순(舜)의 두 왕비가 신(神)으로 섬겨지는 곳이다. 두 왕비의 무덤은 상음(湘陰) 북쪽으로 160리 떨어진 곳의 청초산(青草山) 정상에 있다. 성홍(盛弘)의 『형주기(荊州記)』에서 말하기를, 청초호(青草湖) 남쪽에 청초산이 있는데, 호수는 산 때문에 이름이 그렇게 정해졌다. 『열녀전(列女傳)』에 이르기를 순(舜)이 지방을 돌다가 창오(蒼梧)에서 죽었다고 했다. 두 왕비는 강상(江湘) 사이에서 죽었는데, 이에 이곳에 매장했다." 살펴보건대, 상산(湘山)은 곧 청초산이다. 산이 상수(湘水)에 가깝고 사당이 산의 남쪽에 있으니, 그래서 말하기를 상산사(湘山祠)라고 한 것이다.

8) 【색은(索隱)】 『열녀전(列女傳)』에서는 또 상군(湘君)은 요(堯)의 딸이라고 했다. 『초사(楚詞)』 「구가(九歌)」에 상군(湘君)과 상부인(湘夫人)이 있으니, 부인(夫人)은 요의 딸이며 상군(湘君)은 마땅히 순(舜)이다. 지금 이 문장에서 상군(湘君)이 요의 딸이라고 했는데, 이는 모두 총괄해 말한 것이다.

9) 【정의(正義)】 赭의 발음은 자(者)다.

10) 【집해(集解)】 응소(應劭)가 말했다. "무관은 진나라의 남쪽 관문으로, 남양(南陽)과 통한다." 문영(文穎)이 말했다. "무관은 석(析)의 서쪽으로 170리에 있으며, 홍농(弘農)의 경계다." 【정의(正義)】 『괄지지(括地志)』에서 말했다. "옛날의 무관(武關)은 상주(商州) 상락현(商洛縣) 동쪽으로 90리에 있는데, 춘추시대의 소습(少習)이다. 두예(杜預)도 말하기를 소습이라고 했다. 상현(商縣) 무관(武關)이다."

29년에 시황이 동쪽으로 순수했다[東游=東巡]. 양무현(陽武縣) 박랑사(博狼沙)[1] 안에 이르렀을 때 도적 떼를 만나 놀랐다. (도적 떼를) 잡으려 했으나 잡지 못하자 마침내 열흘 동안 대대적인 수색령을 천하에 내렸다. 지부(之罘)에 올라 비석을 새겼는데, 그 글은 이렇다[2].

'아! 29년, 때는 2월 봄이라 바야흐로 양의 기운이 일어나도다[維廿九年 時在中春 陽和方起][3]

황제께서 동쪽으로 행차하시니, 지부산을 둘러보고 올라서 바다의 일출을 보셨다네[皇帝東游 巡登 之罘 臨照于海]

따르던 신하들 아름다운 경관을 보면서 황제의 빛나는 업적의 원천을 돌아보고 그 시초를 칭송하도다[從臣嘉觀 原念休烈 追誦本始]

위대하게 빼어난 임금[大聖]께서 다스림을 이뤄내시고 법도를 세우고 정해 기강을 훤하게 드러내셨네[大聖作治 建定 法度 顯著綱紀]

밖으로는 제후들을 가르치고 문치의 은혜를 빛나게 베풀어 마땅함과 이

치를 밝히셨도다[外教諸侯 光施文惠 明以義理]

(그런데도) 6국은 이를 회피해 사악하고 탐욕스러움이 만족을 모른 채 학살을 멈추지 않았다네[六國回辟 貪戾無厭 虐殺不已]

황제께서 백성을 어여삐 여기시어 드디어 군대를 내 토벌하시고 무덕을 크게 떨치셨도다[皇帝哀衆 遂發討師 奮揚武德]

의로운 주벌로 믿음을 행해 그 위엄이 구석구석까지 미치자, 복종하지 않는 자가 없었다네[義誅信行 威燀旁達 莫不賓服][4]

포악함을 녹여 없애고 백성을 진휼하고 구제하시어 사방 천하를 두루 안정시키셨도다[烹滅彊暴 振救黔首 周定四極]

밝은 법을 두루 베풀어 천하의 씨줄과 날줄을 바로잡으니 영원히 본받을 법칙이 되었도다[普施明法 經緯天下 永爲儀則]

가장 크시도다! 온 우주 안의 사람들이 (황제의) 빼어난 뜻을 받들어 고분고분하다네[大矣哉! 宇縣之中 承順聖意][5]

여러 신하가 공훈을 노래하며 비석에 새길 것을 청하니 영원한 본보기를 드리우리라[群臣誦功 請刻于石 表垂于常式]!'

1) 【집해(集解)】「지리지(地理志)」에 이르기를, 하남(河南) 양무현(陽武縣)에 박랑사(博狼沙)가 있다고 했다.

2) 【색은(索隱)】 세 구가 운(韻)을 이루며, 모두 12개 운(韻)이다.

3) 【정의(正義)】 옛날에 제왕이 순수할 때는 항상 중월(中月)에 했다.

4) 【집해(集解)】 서광(徐廣)이 말했다. "燀은 충(充)과 선(善)의 반절음이다."

5) 【집해(集解)】 우(宇)는 우주(宇宙)다. 현(縣)은 적현(赤縣)이다. 【색은(索隱)】 협운음(協韻音)은 억(憶)이다.

동관(東觀)에 새긴 글은 이렇다.

'아! 29년에 황제께서 봄에 행차하시어 먼 지방까지 두루 살피셨다네[維廿九年 皇帝覽省遠方]

바다 한구석[海隅]에 이르러 드디어 지부산에 올라서 떠오르는 아침 해를 밝게 바라보셨도다[逮于海隅 遂登之罘 昭臨朝陽]

드넓은 바다를 바라보니 따르는 신하들 모두 생각하며 (황제의 큰) 도리가 지극히 밝았음을 헤아려보았도다[觀望廣麗 從臣咸念 原道至明]

빼어난 법을 처음 일으키시어 나라 안을 깨끗하게 다스리고 밖으로 포악한 자들을 주벌했도다[聖法初興 淸理疆內 外誅暴彊]

무력의 위엄 두루 떨쳐 사방을 진동케 하고 육국의 군주를 사로잡아 없앴도다[武威旁暢 振動四極 禽滅六王]

천하를 크게 아울러서 재앙과 해악[災害]을 모조리 끊어 없애고 전쟁을 영원히 잠재우셨다네[闡幷天下 甾解絶息 永偃戎兵]

황제의 밝은 다움으로 천하를 다스리셨고 정사를 보고 들음에 조금도 게으르지 않으셨도다[皇帝明德 經理宇內 視聽不怠]

큰 의로움을 만들어 세우시고 각종 기물을 제대로 갖추었으며 모두가 등급에 따른 모든 표지를 갖춰주니[作立大義 昭設備器 咸有章旗]

신하들은 직분을 준수하며 각자 할 일을 알게 되니 일에 의혹이 사라졌도다[職臣遵分 各知所行 事無嫌疑]

백성은 달라지고 교화되어 멀든 가깝든 모두 같은 법도를 따르니 옛날에도 없던 일이었다네[黔首改化 遠邇同度 臨古絶尤]

평상시 업무가 이미 정해졌으니, 후손들은 선조의 업을 잘 지키며 이 빼어난 다스림을 길이 계승할지어다[常職旣定 後嗣循業 長承聖治]

여러 신하가 황제의 아름다운 다움을 칭송하고 빼어난 업적을 노래해 지부산 비석에 새기기를 청하노라[群臣嘉德 祗誦聖烈 請刻之罘]!'

돌아서서[旋=還] 드디어 낭야로 갔다가 상당(上黨)을 따라서[道][1] 들어

왔다.

1) 【색은(索隱)】 도(道)란 '따라서[從]'라는 뜻이다.

30년에는 아무런 (특기할 만한) 일이 없었다.

31년 12월[1]에 납월(臘月-12월)을 고쳐 가평(嘉平)이라고 바꾸었다[2]. 향리마다 백성에게 쌀 6석과 양 2마리를 내려주었다. 시황이 함양을 미행(微行)[3]하면서 무사 넷과 함께 (저잣거리에) 나왔다가 밤에 난지(蘭池)[4]에서 도적을 만났다. 이에 곤경에 처했으나[見窘] 무사들이 도적을 쳐서 죽였고, 이 일로 20일 넘게 관중(關中)을 대대적으로 수색했다. 쌀값이 한 석에 1,600전이었다.

1) 【집해(集解)】 서광(徐廣)이 말했다. "백성으로 하여금 스스로 밭의 크기를 신고하게 했다."

2) 【집해(集解)】 태원진인(太原眞人)의 『모영내기(茅盈內紀)』[모군내기(茅君內紀)라고도 한다.]에서 말했다. "시황(始皇) 31년 9월 경자일(庚子日)에 영(盈)의 증조부 몽(濛)이 곧 화산(華山)의 안에서 구름에 오르고 용(龍)을 탄 채 태양으로 승천했다. 앞서 그 읍(邑)에서 노래하며 말하기를, '신선(神仙)에 이르는 것은 모(茅)가 처음으로 이루었으니[神仙得者茅初成] 용을 타고 승천해 태청(泰淸)에 들어갔네[駕龍上升入泰淸]. 때때로 현주(玄洲)로 내려와서 적성(赤城)을 희롱하니[時下玄洲戲赤城] 세대를 이어 나 영(盈)이 태어났도다[繼世而往在我盈]. 제(帝)가 만약 이를 배운다면 납(臘)을 가평(嘉平)으로 해야 하리[帝若學之臘嘉平]'라고 했다. 시황이 이 노래를 듣고 그 까닭을 묻자, 부로(父老)가 모두 함께 대답하기를, 이는 선인(仙人)의 노래이며 제(帝)에게 장생(長生)의 술(術)을 구할 것을 권하는 것이라고 했다. 이에 시황이 기뻐하며 신

선을 찾을 뜻을 지녔고, 이 때문에 납(臘)을 고쳐서 가평(嘉平)이라고 불렀다." 【색은(索隱)】『광아(廣雅)』에서 말하기를 "하(夏)는 청사(淸祀)라고 불렀고 은(殷)은 가평(嘉平)이라고 불렀으며 주(周)는 대사(大蜡)라고 부르고 또한 납(臘)이라고 불렀는데, 진(秦)이 다시 고쳐서 가평(嘉平)이라고 불렀다"라고 했다. 이는 대개 가요(歌謠)의 문장에 호응해 (납을 가평으로) 고치고 은(殷)의 호칭을 좇은 것이다. 도서(道書)에서는 모몽(茅濛)의 자(字)가 초성(初成)이라고 했으니, 지금 여기서 (배인이) '모가 처음으로 이루었으니'라고 말한 것은 신선(神仙)의 도를 행했다는 말이어서 그 (본래의) 뜻을 잃어버렸다. 대개 배씨(裴氏-배인)가 인용한 바가 명확하지 않아 간혹 후인(後人)이 몽(濛)자를 더하기도 했지만, 드디어 칠언(七言)의 글귀에 연자(衍字-군더더기 글자)만 더했을 뿐이다.

3) 【집해(集解)】 마치 미천한 자인 것처럼 행동하니, 그래서 미행이라고 한 것이다.[일반 백성의 미복(微服) 차림으로 돌아다닌다고 해서 미행이라고 했다.]

4) 【집해(集解)】「지리지(地理志)」에 이르기를 위성현(渭城縣)에 난지궁(蘭池宮)이 있다고 했다. 【정의(正義)】『괄지지(括地志)』에서 말했다. "난지파(蘭池陂)는 옛날의 난지(蘭池)이며 함양현(咸陽縣) 경계에 있다. 『진기(秦記)』에서 이르기를 '시황(始皇)이 장안(長安)에 도읍했는데, 위수(渭水)를 끌어서 연못을 만들었으며 축성해 봉(蓬)과 영(瀛)을 만들고 돌을 깎아서 고래를 만들었으니, 길이가 200장(丈)이다'라고 했다. 도적을 만난 곳이다."

32년에 시황이 연(燕)나라 사람 노생(盧生)을 시켜 갈석(碣石-산)에 가서 선문(羨門)[1]과 고서(高誓)[2]를 찾아보게 했다. 갈석의 문[門][3]에다 비문을 새겼으며, 성곽을 허물고 제방을 터서 물이 통하게 했다.

그 비문은 이렇다[4].

'드디어 대규모 군대[師旅(사려)]를 일으켜 무도한 자들을 주륙하고 반역한 자

들을 멸식시켰도다[遂興師旅 誅戮無道 爲逆滅息]

무력으로 포악하고 반역하는 자를 섬멸하고 문치(文治)로써 죄 없는 자들을 보호하니[復] 백성이 마음으로 모두 복종했다네[武殄暴逆 文復無罪 庶心咸服][5]

은혜로운 마음으로 공로를 헤아려서 논하니 내려주는 상이 소와 말에까지 미쳤고 땅도 은혜를 입어 비옥해졌도다[惠論功勞 賞及牛馬 恩肥土域]

황제께서 위엄을 떨치시고 다움으로 제후들을 병합해 처음으로 통일하고 태평을 이루셨네[皇帝奮威 德并諸侯 初一泰平]

성곽을 허물고 하천의 제방을 터서 험준함을 모두 고르게 하셨도다[墮壞(=휴회)城郭 決通川防 夷去險阻][6]

땅의 형세가 이미 평탄해지니 백성[黎庶]의 노역이 사라졌고 천하를 두루 어루만져주었지[地勢旣定 黎庶無繇 天下咸撫]

남자는 즐거이 밭에 있고 여자는 자기 일에 힘쓰니 각자의 일에 차례가 생겼다네[男樂其疇 女修其業 事各有序]

은혜가 만물 만사에 두루 미쳐서 오래도록 떠돌던 사람들이 밭으로 돌아오니 모두 편안히 여기지 않는 바가 없었도다[惠被諸産 久並來田 莫不安所][7]

여러 신하가 빼어난 업적[烈]을 칭송하며 이 비석에 새길 것을 청해 영원한 본보기로 삼아 후세에 드러내노라[群臣誦烈 請刻此石 垂著儀矩]!'

1) 【집해(集解)】 위소(韋昭)가 말했다. "옛날의 선인(仙人-신선)이다."

2) 【정의(正義)】 이 또한 옛날의 선인이다.

3) 【집해(集解)】 서광(徐廣)이 말했다. "판본에 따라 맹(盟)으로 되어 있다."

4) 【정의(正義)】 이 노래는 세 구가 운(韻)을 이룬다.

5) 【집해(集解)】 서광(徐廣)이 말했다. "복(復)은 판본에 따라 우(優-도탑게 하다)로 되어 있다." 【정의(正義)】 復의 발음은 복(福)이다. 이는 진(秦)이 무력으로 능히 포

역(暴逆)을 멸하고 문훈(文訓)이나 도령(道令-도리에 따른 명령)으로 죄실(罪失)을 없앴으니, 그러므로 이를 복제(復除-면제)했다는 말이다.

6) 【정의(正義)】 墮의 발음은 허(許)와 규(規)의 반절음이고, 괴(壞)의 발음은 괴(怪)이다. 휴(墮)는 '부수다[毁(훼)]'라는 뜻이고, 괴(壞)는 '허물다[坼(탁)]'라는 뜻이다. 시황(始皇)이 관동제후(關東諸侯)들의 옛날 성곽(城郭)을 허물었다는 말이다. 무릇 스스로 허물어지는 것[自頹(자퇴)]을 壞라고 하는데, 발음은 호(戶)와 괴(怪)의 반절음이다.

7) 【집해(集解)】 서광(徐廣)이 말했다. "구(久)는 판본에 따라 분(分)으로 되어 있다."

그러고는 한종(韓終)·후공(侯公)·석생(石生)을 시켜 신선의 불사약을 구해 오도록 했다. 시황이 북쪽 변방을 순수하면서 상군을 따라 (도읍으로) 들어왔다. 연나라 사람 노생이 바다에 사자로 나갔다가 돌아와서 귀신에 관한 일로 보고했는데, 그 참에 '진을 망하게 할 자는 호(胡)'라고 쓰여 있는 도서를 올렸다[1]. 시황이 마침내 장군 몽염(蒙恬)에게 군사 30만 명을 내 북쪽으로 가서 호(胡)를 치게 함으로써 하남 땅을 빼앗아 차지했다[略取(약취)][2].

1) 【집해(集解)】 정현(鄭玄)이 말했다. "호(胡)란 호해(胡亥)로, 진나라 2세의 이름이다. 진나라 사람들은 도서를 보고서 이것이 사람 이름인 줄을 모르고 도리어 북쪽 오랑캐[北胡(북호)]를 방비했다."

2) 【정의(正義)】 지금의 영(靈)·하(夏)·승(勝) 등의 주(州)로, 진나라가 빼앗아 차지했다.

33년에 (병역이나 노역을 피해) 일찍이 도망간 사람들, 가난해 데릴사위가 된 사람들[贅壻(췌서)][1], 장사꾼 등을 징발해서 육량(陸梁)[2] 지역을 빼앗아 차지했다[略取(약취)]. 계림군(桂林郡)[3], 상군(象郡)[4], 남해군(南海郡)[5]을 두고 죄인들[適(적)]을 보내 지키도록 했으며[戍(수)][6], 서북쪽의 흉노를 쫓아버렸다. 유중

(楡中)[7]에서 황하를 따라[並(방)][8] 동쪽으로 음산(陰山)까지[屬(속)][9] 34개 현을 설치했고, 황하 변을 따라 장성을 쌓아서 요새로 삼았다. 또 몽염으로 하여금 황하를 건너 고궐(高闕)[10], 도산(陶山)[11], 북가(北假)[12] 일대를 차지하고 요새를 쌓아서 융인(戎人)을 몰아내게 한 뒤, 유배된 사람들[謫(적)]을 이주시켜 새로 설치한 현에 채워 넣었다[13]. 제사는 지내지 못하게 했다. 밝은 별[明星(명성)]이 서쪽에 나타났다[14].

1) 【집해(集解)】 신찬(臣瓚)이 말했다. "췌(贅-데릴사위)는 살림이 곤궁해서 아들이 있어도 아내 집에 살게 하는 것을 말하니, 곧 췌서(贅壻)다."

2) 【색은(索隱)】 남방의 사람들은 그 성품이 제멋대로 날뛰니[陸梁(육량)], 그래서 육량(陸梁)이라고 했다. 【정의(正義)】 영남(嶺南) 사람들은 대부분이 산이나 내륙 깊은 곳에 살아서 그 성품이 강하고 날뛰기[强梁(강량)] 때문에, 그래서 육량(陸梁)이라고 한 것이다.

3) 【집해(集解)】 위소(韋昭)가 말했다. "지금의 울림(鬱林)이 이곳이다."

4) 【집해(集解)】 위소(韋昭)가 말했다. "지금의 일남(日南)이다."

5) 【정의(正義)】 곧 광주(廣州) 남해현(南海縣)이다.

6) 【집해(集解)】 서광(徐廣)이 말했다. "50만 명이 오령(五嶺)을 지켰다." 【정의(正義)】 수(戍)는 '지키다[守(수)]'라는 뜻이다. 『광주기(廣州記)』에 이르기를 "오령(五嶺)은 대유(大庾), 시안(始安), 임하(臨賀), 게양(揭楊), 계양(桂陽)이다"라고 했다. 『여지지(輿地志)』에 이르기를 "첫째는 대령(臺嶺)이라고 부르는데 또 다른 이름은 새상(塞上)이고 지금의 이름은 대유(大庾)이며, 둘째는 기전(騎田)이라 부르고, 셋째는 도방(都龐)이라 부르고, 넷째는 맹저(萌諸)라고 부르고, 다섯째는 월령(越嶺)이라고 부른다"라고 했다.

7) 【집해(集解)】 서광(徐廣)이 말했다. "지금의 금성(金城)이다."

8) 【집해(集解)】 복건(服虔)이 말했다. "並의 발음은 (병이 아니라) 방(傍)이다. 방(傍)이란 '의지하다[依(의)]'라는 뜻이다.

9) 【집해(集解)】 서광(徐廣)이 말했다. "오원(五原) 북쪽에 있다." 【정의(正義)】 살펴보건대, 오원이란 지금의 승주(勝州)다.

10) 【정의(正義)】 고궐은 산 이름으로, 오원(五原) 북쪽에 있다. 두 산이 서로 대궐처럼 마주하고 있으며 매우 높으니, 그 때문에 고궐(高闕)이라고 한 것이다.

11) 판본에 따라 양산(陽山)으로 되어 있기도 하다.

12) 【집해(集解)】 진작(晉灼)이 말했다. "(『한서(漢書)』) 「왕망전(王莽傳)」에 이르기를 '오원(五原)과 북가(北假)는 기름진 땅으로, 곡식이 잘 자란다'라고 했다. 북가는 땅 이름이다." 【색은(索隱)】 고궐은 산 이름이다. 북가는 땅 이름으로, 오원과 가깝다. 【정의(正義)】 역원(酈元)이 『수경(水經)』에 주를 달아 이르기를 "황하(黃河)는 하목현(河目縣)의 고성(故城) 서쪽을 지나는데, 현(縣)은 북가(北假) 안에 있다"라고 했다. 북가는 땅 이름이다. 살펴보건대, 하목현은 승주(勝州)에 속하고 지금의 이름은 하북(河北)이다. 『한서(漢書)』 「지리지(地理志)」에 따르면 오원군(五原郡)에 속한다고 했다.

13) 【색은(索隱)】 죄를 지은 사람들을 귀양 보내서 새로운 현(縣)들을 채웠는데, 곧 위에서 "유중(楡中)부터 음산(陰山)까지 34개 현을 두었다"라고 한 것이 바로 이것이다. 그러므로 한(漢)의 칠과적(七科謫-일곱 가지 유배형) 또한 진(秦)나라를 따른 것이다.

14) 【집해(集解)】 서광(徐廣)이 말했다. "황보밀(皇甫謐)이 말하기를, 혜성이 나타난 것이라고 했다."

34년에 옥리(獄吏) 중에서 곧지 못한[不直(부직)] 관리들을 유배형으로 다스려 장성을 쌓게 하거나 남월 땅으로 내쫓았다[1]. 시황이 함양궁에서 술자리를 베푸니, 박사 70명이 앞으로 나와 장수를 빌었다[爲壽(위수)]. 복야(僕射)[2] 주청신(周青臣)이 나와서 칭송하는 말을 올렸다.

"예전에[他時(타시)] 진나라 땅은 (사방) 1,000리에 지나지 않았으나 폐하의 신령스러움과 밝고 빼어난 다움[明聖(명성)]에 힘입어서 천하를 평정하고 오랑캐

들을 내쫓았으니, 해와 달이 비추는 곳이면 신하로 복종하지 않는 자가 없습니다. 제후들의 나라를 군현(郡縣)으로 만드니, 사람마다 모두 안락함을 누리고 전쟁의 걱정을 하지 않게 되어 만세까지 전하게 되었습니다. 상고(上古) 이래로 그 어떤 임금도 폐하의 위엄과 다움[威德]에 미칠 자가 없습니다."

시황이 기뻐했다. 박사인 제나라 사람 순우월(淳于越)이 나아와 말했다.

"신이 듣건대, 은과 주 두 왕조가 1,000년 넘게 왕 노릇을 할 수 있었던 것은 자제와 공신들을 (제후에) 봉해 스스로 가지가 되어 보필하게 한 때문입니다. (그런데) 지금 폐하께서는 천하를 소유하고 계시지만 (정작) 자제들은 필부(匹夫)일 뿐이니, 만약에 갑자기 (제나라의) 전상(田常)이나 (진(晉)나라의) 육경(六卿) 같은 (찬탈하려는) 신하들이 나타났는데도 (황제를 제대로) 보필할 사람이 없다면 무슨 수로 구제할 수 있겠습니까? 무슨 일이든 옛날을 본받지 않고 능히 오래갔다는 말은 들어본 바가 없습니다. (그런데) 지금 청신(靑臣)은 면전에서 아첨하는 말[面諛]로써 폐하의 허물을 더 무겁게 하고 있으니, 충신이 아닙니다."

시황이 이 의견을 아래로 내려보냈다. 승상 이사가 말했다.

"오제(五帝)의 통치가 서로 다르고 삼대(하·상·주)가 서로 같은 것을 답습하지 않고 각자 (시대에 맞는 원칙으로) 다스린 것은, 서로 반대되기 때문이 아니라 때가 바뀌어 달라졌기 때문입니다. 지금 폐하께서 대업을 창시하시고 만세의 공업을 세우신 일은 참으로 어리석은 유생이 알 수 있는 바가 아닙니다. 하물며 월(越-순우월)은 마침내 삼대의 일을 말하고 있으니, 어찌 족히 본받을 수 있겠습니까? 전에는 제후들이 서로 싸웠기 때문에 두터운 대접으로 이런저런 인물들을 불러들였던 것입니다. 지금은 천하가 안정되었고 법령은 하나에서 나오니, 백성은 집에서 농사와 공업(工業)에 힘쓰고 있고 선비는 법령(法令)과 피해야 할 규정[辟禁][3]을 배우고 익히고 있습니다. (그런데도) 지금의 제생(諸生-유생)들은 현재를 모범으로 삼지 않고 옛날만 배워서, 그것으로써 당세(當世-지금의 세상)를 비판하고 백성을 미혹시키며 어지럽히고 있습니다[惑亂].

승상 신 사(斯) 죽음을 무릅쓰고[昧死] 아룁니다.

옛날에는 천하가 갈라지고 어지러워서[散亂] 능히 하나로 통일될 수 없었기 때문에 제후들이 서로 다퉈 일어나서[並作], 말을 했다 하면 다 옛날 것으로써 지금을 해치고 꾸며댄 허황한 말로써 실상을 어지럽혔으며 사람들은 저마다 자기들이 사사로이 배운바[所私學][4]를 좋다고 하면서 그것으로써 나라에서 세우고 만든 바를 비방합니다. 지금은 황제께서 천하를 아울러 소유하시고 흑백을 가려서 하나의 존엄함을 정하셨습니다. (그런데도) 사사로이 배운 바로써 서로 법과 교화를 비난하고 영(令)이 내려진 것을 듣고도 각자 배운 바를 가지고 의견을 내니, (조정에) 들어와서는 속으로 비방하고 나가서는 골목에서 숙덕거리며 군주에게 과시하는 것[夸君]을 명예로 여기면서, 이상한 의견을 내는 것으로써 자신을 높이며 무리를 이끌고서 비방을 만들어냅니다. 이런 것들을 금지하지 않으면 위로는 군주의 위세가 떨어지고 아래에서는 당여(黨與)가 만들어질 것입니다. 이를 금지하는 것이 편리합니다.

신이 청컨대, 사관에게 진나라의 책이 아닌 것은 모두 불태우게 해야 합니다. 박사관(博士官)의 것을 제외한, 천하에 감히 보관하고 있는 『시(詩)』, 『서(書)』, 제자백가의 글들은 모두 거둬 지방관[守]에게 보내서 위(尉)로 하여금 태우게 하십시오. 또 두 사람 이상이 모여 감히 『시』·『서』를 서로 이야기하면[偶語][5] 저잣거리에서 사형시켜야 하고[棄市], 옛날을 척도 삼아 지금을 비판하는[以古非今] 자는 멸족시켜야 합니다. 또한 이런 자를 보아서 알고도[見知] 잡아들이지 않는 관리 역시 같은 죄에 처해야 합니다. 영(令)이 떨어지고 30일이 지났는데도 서적을 태우지 않은 자는 경형(黥刑)을 가한 다음에 장성 쌓는 곳으로 (노역을) 보내야 할 것입니다[城旦][6]. 불태우지 않을 책이란 의약, 점복, 나무 심는 것에 관계된 서적입니다. 만약에 법령

(法令)[7]을 배우고자 하는 자가 있다면 관리를 스승으로 삼게 해야 할 것입니다.”

제(制)해 말했다.

“그리하라[可]!”

1) 【정의(正義)】 오령(五嶺)을 지키게 한 것인데, 이곳은 남방의 월(越) 땅이다.

2) 【집해(集解)】 『한서(漢書)』「백관표(百官表)」에서 말했다. “복야는 진(秦)나라 관직이다. 옛날에는 무(武)를 중시했기에 관직 중에 활쏘기를 주관하며 그것을 감독하고 평가하는 업무가 있었다.” 응소(應劭)가 말했다. “복(僕)이란 ‘주관한다[主]’는 뜻이다. 【정의(正義)】 射의 발음은 (사나 역이 아니라) 야(夜)다.

3) 【정의(正義)】 辟의 발음은 피(避)이다.

4) 【집해(集解)】 서광(徐廣)이 말했다. “사(私)는 판본에 따라 지(知)로 되어 있다.”

5) 【집해(集解)】 응소(應劭)가 말했다. “백성이 모여서 이야기하는 것을 금한 것이니, 이는 자기를 비방할까 두려워한 것이다. 【정의(正義)】 우(偶)란 ‘짝하다[對]’라는 뜻이다.

6) 【집해(集解)】 여순(如淳)이 말했다. “법령에 이르기를 ‘곤겸(髡鉗-삭발하고 칼을 씌움)으로 판결을 받으면 변방에 보내 장성(長城)을 쌓게 하는데, 낮에는 도적과 오랑캐를 살피고 밤에는 장성을 쌓게 한다’라고 했다. 성단(城旦)은 4년형이다.”

7) 【집해(集解)】 서광(徐廣)이 말했다. “판본에 따라 법령(法令) 두 자가 없기도 하다.”

35년에 길을 닦아[除道] 구원(九原)[1]을 지나서 운양(雲陽)[2]에 이르렀으니, 산을 깎고 골짜기를 메워 곧장 통하게 했다. 이에 시황이 함양에 사람은 많지만, 선왕(先王)의 궁전들이 작다고 여겨 말하기를, “내가 듣건대 주나라 문왕이 풍(豐)에, 무왕이 호(鎬)에 도읍했다고 하니 풍과 호 사이가 제왕

의 도읍이다"라고 했다. 마침내 위수(渭水) 남쪽 상림원(上林苑) 안에 조궁(朝宮-조정용 궁전)을 지었다.

먼저 아방(阿房)[3]에 전전(前殿)을 지었는데, 동서로 너비 500보에 남북으로 길이가 50장(丈)이었으며 그 위로는 1만 명이 앉을 수 있고 아래로는 5장 길이의 깃발을 꽂을 수 있었다[4]. 그 둘레로 쭉 각도(閣道)를 둘러 궁전 아래에서 곧바로 남산(南山)에 이를 수 있게 했다. 남산 꼭대기에는 궐루를 세워 표지로 삼았다. 구름다리 모양의 복도(複道-이중 도로)를 만들었는데, 아방에서 위수를 건너 함양에까지 이어졌으니 이는 북극성과 각도성(閣道星)이 은하수를 건너 영실성(營室星)에 이르는 모양을 본뜬 것이다[5]. 아방궁이 아직 완성되지 못해 완성되면 좋은 이름[令名(영명)]을 잘 가려서 지으려고 했는데, 아방에 궁을 지었기 때문에 천하 사람들은 그것을 일러 아방궁이라고 불렀다. 이에 은궁(隱宮)[6]과 도형(徒刑-일종의 징역형)을 받은 죄수 70여만 명을 나눠 아방궁을 짓게 하고 여산(麗山)(의 무덤)을 조성하게 했다. 북산(北山)에서 석재를 캐내고 마침내 촉과 형(荊-초) 지역의 목재를 옮겨 와서[寫(사)] 모두 이곳으로 날랐다.

관중(關中)에는 궁이 300채를 헤아렸고, 함곡관 밖에는 400여 채를 지었다. 이에 동해(東海) 인근 구현(朐縣)의 경계 안에 비석을 세우고 진나라의 동문으로 삼았다. 이어서 3만 가구를 여읍(麗邑)[7]으로, 5만 가구를 운양(雲陽)으로 이주시킨 뒤 둘 다 10년간 세금과 요역을 면제해주고 일을 시키지 않았다.

1) 【집해(集解)】「지리지(地理志)」에 이르기를, 오원군(五原郡)에 구원현(九原縣)이 있다고 했다.

2) 【집해(集解)】 서광(徐廣)이 말했다. "「표(表)」에 이르기를, 구원을 거쳐 감천(甘泉)과 통하게 했다고 했다."

3) 【정의(正義)】『괄지지(括地志)』에서 말했다. "진(秦)의 아방궁(阿房宮)은 또한 아

성(阿城)이라고도 부르는데, 옹주(雍州) 장안현(長安縣) 서북쪽으로 14리에 있다." 살펴보건대, 궁(宮)은 상림원(上林苑) 안에 있고 옹주(雍州) 곽성(郭城) 서남쪽은 아방궁성(阿房宮城)의 동쪽이다. 안사고(顏師古)가 말했다. "아(阿)는 가깝다[近]는 뜻이다. 그것이 함양(咸陽)과 가까이 있어, 그래서 아방(阿房)이라고 불렀다."

4) **【색은(索隱)】** 이것은 그 모양을 가지고 궁(宮)을 명명한 것이다. 그 궁은 사방의 아방(阿旁)이 넓다는 말이며, 그래서 밑에다가 깃발 5장(丈)을 세울 수 있었다는 것이다. 아방(阿房)은 나중에 궁(宮)의 이름이 되었다. **【정의(正義)】** 『삼보구사(三輔舊事)』에서 말했다. "아방궁(阿房宮)은 동서로 3리에 남북으로 500보이며 뜰 안에 1만 명을 수용할 수 있었다. 또 궁 앞에는 동인(銅人-동상) 12개를 만들었다. 아방궁은 자석(慈石)으로 문을 (1개) 만들었는데, 아방궁의 북궐문(北闕門)이다."

5) **【색은(索隱)】** 복도(複道)를 만들고 위수를 건너 함양까지 이어지게 했다는 것은, 천문(天文)과 각도(閣道)가 은하수[漢]를 건너 영실(營室)에 이르는 것을 본떴다는 말이다. (『사기(史記)』) 「천관서(天官書)」에서 이렇게 말했다. "천극자궁(天極紫宮) 뒤의 별 17개가 은하수를 가로질러서[絶] 영실(營室)에 이르는데, 이를 각도(閣道)라고 불렀다."

6) **【정의(正義)】** 나머지 형벌들은 시조(市朝-공개된 장소)에서 다 보여주지만, 궁형(宮刑)은 100일 동안 음실(蔭室)에 숨어 지내면서 상처 부위를 돌봐야 마침내 회복되니, 그래서 은궁(隱宮)이라 했다. 아래에 나오는 잠실(蠶室)이 이것이다.[잠실의 온도가 상처 치유에 적합했다고 한다.]

7) **【정의(正義)】** 麗의 발음은 여(離)다.[이때 離의 발음은 이가 아니라 여다. 판본에 따라 여읍(驪邑)으로 된 곳도 있다.]

노생(盧生)이 시황에게 유세해[說] 말했다.

"신 등이 영지(靈芝), 기이한 약, 신선[仙者]을 찾으러 다녔으나 늘 만나

지 못했으니, 뭔가 방해물 같은 것이 있는 듯합니다. 저희 생각으로는[方中=方寸中] 인주(人主-임금)께서 수시로 미행을 나가시는 것이 악귀를 물리치는 길이니, 악귀를 물리치면 진인(眞人-신선)이 오게 되겠지만 인주께서 머무르시는 곳을 신하들이 알게 되면 신선의 강림을 방해할 것입니다. 진인은 물에 들어가도 젖지 않고[不濡] 불에 들어가도 타지 않으며 구름의 기운을 타고 다니면서 하늘땅과 더불어 영원히 존재합니다. 지금 상께서는 천하를 다스리시지만 아직 능히 욕심 없는 경지[恬惔=淸靜]에는 이르지 못하셨습니다. 바라건대 상께서는 머무시는 궁을 다른 사람이 알지 못하게 하신 다음이라야 불사약을 가까스로[殆] 구할 수 있을 것입니다."

이에 시황이 말했다.

"나는 진인을 흠모해왔으니, 이제부터는 나를 '진인(眞人)'이라고 부르도록 하라. '짐(朕)'이라고 하지 않겠다."

마침내 영을 내려 함양 근처 200리 안에 있는 궁관(宮觀) 270곳을 복도(複道)와 용도(甬道)로 서로 연결해서 휘장, 종, 북, 미인들로 거기를 채우되 각각 등록된 자신의 부서에서 함부로 옮기지 못하게 했고, 행차해 거처하는 곳을 발설하는 자는 그 죄가 사형에 해당했다. 시황제가 양산궁(梁山宮)에 행차했는데[1], 산 위에서 승상의 거기(車騎)가 많은 것을 보고 좋아하지 않았다. 이에 환관[中人] 중의 누군가가 승상에게 알려서 승상이 뒤에 거기를 줄였는데, 시황이 노해 말했다.

"이는 환관 중의 누군가가 내 말을 누설한 것이다."

심문했으나 자백하는 자가 없자, 이런 때를 맞아 조서를 내려서 옆에 있던 자들을 모조리 잡아 죽이라고 했다. 이후로 황제가 행차해 머무는 곳을 알려고 하지 않았다.

정사를 듣는 것, 여러 신하가 결정된 일을 받아서 수행하는 것 등 모든 것이 다 함양궁(咸陽宮)에서 이뤄졌다.

1) 【집해(集解)】 서광(徐廣)이 말했다. "호치(好畤)에 있다." 【정의(正義)】 『괄지지(括地志)』에서 말했다. "속명(俗名)은 망궁산(望宮山)이며 옹주(雍州) 호치현(好畤縣) 서쪽으로 12리에 있는데, 북쪽으로 양산(梁山)과 9리 떨어져 있다. 「진시황기(秦始皇紀)」에서 '산 위에서 승상(丞相)의 거기(車騎)가 많은 것을 보고 좋아하지 않았다'라고 했는데, 곧 이 산이다."

후생(侯生)[1]과 노생이 서로 일을 꾸며 이렇게 말했다.

"시황의 사람됨은 천성이 고집 세고 매사가 어그러져서[剛戾] 남의 말을 듣지 않고[自用] 제후로 있다가 일어나 천하를 병탄했으니, 무엇이든 자기 욕심대로 하면서 고금을 막론하고 자신에 미칠 사람은 없다고 여긴다. 오로지 옥리만 임용하고 옥리들만 총애를 받는다. 박사가 비록 70명이지만 그저 수만 채우고[備員] 쓰지 않으며, 승상과 여러 대신은 모두 이미 이뤄진 일만 명령을 받고 모든 판단을 상(上)에 의존해 처리할 뿐이다. 상이 형벌과 살육으로 위엄 세우기를 좋아하니[樂][2], 천하는 죄를 지을까 겁을 내고 녹봉 지키기에만 급급해 아무도 감히 충성을 다하지[盡忠] 않는다. 위에서는 자신의 잘못에 대해서는 듣지 않으면서 날로 교만해지고, 아래에서는 두려움에 바짝 엎드려[慴伏] 기만으로 비위만 맞추고 있다[取容]. 진나라 법에는 두 가지 방술을 겸할[兼方] 수 없고 (그 방술에) 효험이 없으면 곧장 죽음이다[3]. 별자리와 하늘의 기운을 살피는 자[候星氣者]가 300명에 이르며 모두 훌륭한 자들인데, (그들은) 겁을 내 기피하고 아첨만 일삼을 뿐 감히 상의 잘못에 대해 바르게 말하지[端言=直言] 못한다. 천하의 일들이 크고 작고를 떠나 모두 상에 의해 결정되니, 상은 읽어야 할 문서를 1석(石)짜리 저울로 달아서[衡] 낮밤 없이 정해진 양을 살펴야 하며[有呈] 양을 채우지 못하면[不中呈]제대로 쉴 수도 없다[4]. 권세를 탐하는 것이 이와 같으니, 선약(仙藥)을 구해주어서는 안 될 일이다."

이에 마침내 도망쳐 달아났다.

1) 【집해(集解)】『설원(說苑)』에서 말했다. "한객(韓客) 후생(侯生)이다."

2) 【정의(正義)】 樂는 오(五)와 효(孝)의 반절음이다.

3) 【집해(集解)】 서광(徐廣)이 말했다. "일설에는 힘을 겸하다[幷力]로 되어 있다." 【정의(正義)】 진(秦)에서 실시하는 법에 방술을 겸해서는 안 되니 백성에게 명령해 방기(方伎)를 지녀도 두 가지를 겸해서는 안 되도록 했으며, 시험해서 효험이 없다면 곧바로 죽음을 내렸다는 말이다. 한마디로 법이 가혹했다는 뜻이다.

4) 【집해(集解)】 1석은 120근(斤)이다. 【정의(正義)】 형(衡)은 '저울질하다[秤衡]'라는 뜻이다. 표전(表牋-보고서)이나 주청하는 글을 1석(石) 단위로 저울질해 밤낮으로 한도[程期]를 정해놓고서, 그것을 채우지 못하면 휴식하지 않았다는 말이다.

시황이 이들의 도망 소식을 듣고는 마침내 크게 노해 말했다.

"내가 전에 천하의 책 중에서 쓸모없는 것들은 거둬 모두 없애게 하고 문학을 아는 선비와 방사들을 대거 모조리 불러 모아 태평을 이루려 했더니, 방사들이 비책으로 기이한 약을 만들자고 했다[欲練以求奇藥][1]. 지금 듣건대, 한종(韓衆)[2]은 가더니 무소식이고, 서불 등은 비용으로 거금을 쓰고도 끝내 약을 구하지 못했으며, 부질없이 간사한 놈들이 이익을 챙기며 서로 고발한다는 말만 날마다 들려온다[聞][3]. 노생 등을 내가 존중해 선물들을 내려준 것이 심히 두터웠건만 지금 마침내 나를 비방해서 나의 임금답지 못함[不德]을 더 무겁게 하고 있다. 함양에 있는 제생(諸生-유생)들에 대해 내가 사람을 시켜 소상히 알아보았더니[廉問], 혹 요망한 말로 백성[黔首]을 어지럽히는 자들이 있었다."

이에 어사들을 시켜 제생들을 모조리 안문(案問)하게 하자 제생들은 서로서로 끌어들이며 고발했고, 마침내 몸소 법을 어긴 자 460여 명을 골라내 전부 함양에다 파묻어 죽임으로써[阬之] 천하에 알리고 후세의 경계로

삼게 했다. 유배된 자들을 더 징발해 변경으로 옮기니[4], 시황의 맏아들 부소(扶蘇)가 간언해 말했다.

"천하가 처음으로 평정되었으나 먼 지방의 검수(黔首)들은 아직 다 모이지 않았으며, 제생들은 모두 공자를 칭송하며 본받고 있습니다. (그런데) 지금 상께서는 이들 모두에 대해 무거운 법으로 그들을 묶으시니, 신은 천하가 불안해질까 두렵습니다. 부디 상께서 잘 헤아려주십시오."

시황이 노해 부소를 북쪽으로 보내 상군(上郡)[5]에서 몽염을 감시하게 했다.

1) 【집해(集解)】 서광(徐廣)이 말했다. "판본에 따라 '욕이련구(欲以練求)'로 되어 있다."

2) 【정의(正義)】 발음은 (중이 아니고) 종(終)이다.

3) 【집해(集解)】 서광(徐廣)이 말했다. "판본에 따라 한(閒)으로 되어 있다."

4) 【집해(集解)】 서광(徐廣)이 말했다. "「표(表)」에 이르기를, '북하(北河)·유중(楡中)·내사(耐徙)의 세 곳으로 옮겼으며 작(爵) 1등급을 올려주었다'라고 했다."

5) 【정의(正義)】 『괄지지(括地志)』에서 말했다. "상군 고성(上郡故城)은 수주(綏州) 상현(上縣) 동남쪽으로 50리에 있는데, 진(秦)의 상군성(上郡城)이다."

36년에 화성[熒惑]이 심성(心星)을 침범했다[守=犯][1]. 유성[墮星]이 동군(東郡)에 떨어져 땅에 닿자 돌[石]이 되었는데[2], 검수 중에 누군가가 그 돌에 "시황제가 죽고 땅이 나뉜다"라고 새겼다. 시황이 이를 듣고 어사를 보내 캐묻게 했으나[逐問] 아무도 자백하지 않자, 돌을 주운 주변 사람들을 모두 잡아다가 죽이고 그 참에 그 돌은 불태웠다. 시황이 기분이 좋지 않아 박사를 시켜서 「선진인시(仙眞人詩)」를 짓게 한 뒤, 천하를 순행할 때면 가는 곳마다 전령(傳令)[3]을 보내 악사들에게 이를 연주하고 노래하게 했다.

가을에 사자가 관동(關東)에서 출발해 밤중에 화음(華陰), 평서(平舒)의 길을 지나는데[4], 벽옥을 쥔 누군가가 사자를 가로막으며 말했다.

"나를 대신해 호지군(滈池君)에게 갖다[遺]주시오[5]!"

그 참에 또 말했다.

"금년에 조룡(祖龍)[6]이 죽을 것이오!"

사자가 그 까닭을 묻는데 그 순간 홀연히 보이지 않았으니, 벽옥만 남겨 둔 채 사라져버렸다. 사자가 벽옥을 받들고 와서 이를 갖춰 다 보고했다. 시황이 말없이 오랫동안 가만히 있다가 이렇게 말했다.

"산의 귀신은 실로 1년의 일만 알 뿐이다."

사람을 물린 뒤에 말했다.

"조룡도 사람의 조상이다."

어부(御府)를 시켜 벽옥을 조사하게 하니, 곧 28년에 순행하다가 장강을 건너면서 빠뜨렸던 그 벽옥이었다. 이에 시황은 점을 치게 했고, 순행하거나 이동하는 것[游徙]이 길하다는 점괘가 나왔다. 북하(北河), 유중(楡中)의 3만 가구를 옮기고[7] 작 1등급씩을 올려주었다.

1) 고대 중국인들의 미신에 화성은 요망한 별이었고, 심성의 세 별은 각각 천자·태자·서자를 상징했다.

2) 【집해(集解)】 서광(徐廣)이 말했다. "「표(表)」에서는 석(石)이 낮에 떨어졌다[隕]고 했다."

3) 【정의(正義)】 傳은 축(逐)과 연(戀)의 반절음이다. 令은 역(力)과 정(呈)의 반절음이다.

4) 【정의(正義)】 『괄지지(括地志)』에서 말했다. "평서 고성(平舒故城)은 화주(華州) 화음현(華陰縣) 서북쪽으로 6리에 있다. 『수경주(水經注)』에서 일컫기를 '위수(渭水)가 또한 동쪽으로 평서(平舒)의 북쪽을 지나면 성(城)이 위수 물가를 가로막고 있는데, 절반이 무너져서 물에 빠졌으며 남쪽을 향해 사방으로 통해 있다. 옛날에 진(秦)이 장차 망하게 되자 강신(江神)이 화음(華陰) 평서(平

舒)의 길에서 벽(璧)을 보냈다고 하는데, 바로 그곳이다'라고 했다."

5) 【집해(集解)】 복건(服虔)이 말했다. "강의 신[水神]이다." 장안(張晏)이 말했다. "무왕(武王)이 호(鎬)에 살았으니, 호지군(鎬池君)은 곧 무왕이다. 무왕이 상(商)을 정벌했으므로, 그래서 신(神)이 일컫기를 시황의 거칠고 음란함이 주(紂)와 같으니 지금 역시 정벌 당할 것이라는 뜻이다." 맹강(孟康)이 말했다. "장안(長安) 서남쪽에 호지(滈池)가 있다." 【색은(索隱)】 살펴보건대, 복건이 수신(水神)이라고 한 것은 옳다. 강신(江神)이 벽(璧)을 호지(滈池)의 신(神)에게 보내 시황(始皇)이 장차 죽을 것임을 고한 것이다. 또 진(秦)은 수덕(水德)으로 왕 노릇을 했으니, 그러므로 그 군주가 사망할 것을 수신(水神)이 먼저 알고서 스스로 고해준 것이다. 【정의(正義)】 遺는 (발음이 유가 아니라) 유(庾)와 계(季)의 반절음이다. 滈는 호(湖)와 노(老)의 반절음이다. 『괄지지(括地志)』에서 말했다. "호수(滈水)의 근원은 옹주(雍州) 장안현(長安縣) 서북쪽 호지(滈池)에서 나온다. 역원(酈元)이 『수경(水經)』을 주석해 이르기를, '호수(滈水)는 호지(滈池)에서 이어졌고 북쪽으로 위수(渭水)로 흘러 들어간다'라고 했다. 지금 살펴보건대 호지(滈池)의 물은 거(渠-운하)로 유입되어 통과하니, 아마도 역원의 착오인 듯하다." 장안(張晏)이 말했다. "무왕(武王)이 호(鎬)에 살았으니, 호지군(鎬池君)은 곧 무왕이다. 무왕이 상(商)을 정벌했으므로, 그래서 신(神)이 일컫기를 시황의 거칠고 음란함이 주(紂)와 같으니 지금 무왕(의 귀신)이 정벌하려 한다는 것이다.[마지막 부분은 앞의 것과 살짝 차이가 난다.]"

6) 【집해(集解)】 소림(蘇林)이 말했다. "조(祖)는 시초[始]이고 용(龍)은 인군(人君)의 상징이니, 시황(始皇)을 일컫는다." 복건(服虔)이 말했다. "용(龍)은 사람의 선조를 상징하니, 왕 또한 사람의 선조라는 말이다." 응소(應劭)가 말했다. "조(祖)는 사람의 선조이고, 용(龍)은 임금의 상징이다."

7) 【정의(正義)】 북하는 승주(勝州)를 가리킨다. 유중이란 곧 지금의 승주 유림현(楡林縣)이다. 3만 가구를 옮겨 이동하는 것이 길하다는 점괘에 응했음을 말한다.

37년 10월 계축일에 시황이 순수에 나섰다[出游]. 좌승상 사(斯)가 따랐고 우승상 거질(去疾)은 도성을 지켰다. 막내아들 호해(胡亥)가 부러워하며 [愛慕] 따라가기를 청하니 상이 허락했다.

11월에 행차가 운몽(雲夢)에 이르자, 구의산(九疑山)에서 우순(虞舜-순임금)에게 망(望) 제사를 올렸다[1]. 장강에서 배를 타고 내려가 적가(籍柯)를 구경하고 해저(海渚)[2]를 건넜다. 단양(丹陽)[3]을 지나서 전당(錢唐)[4]에 이르렀다. 절강(浙江)[5]을 바라보니 물결이 험악해, 마침내 서쪽으로 120리를 더 가서 좁은 곳을 이용해 건넜다. 회계산(會稽山)에 올라[上] 대우(大禹)에게 제사를 올리고[6] 남해에 망(望) 제사를 올렸으며, 비석을 세워서 글을 깎아 [石刻][7] 진나라의 다움[秦德]을 칭송했다.

그 글은 이렇다[8].

1) 【정의(正義)】 『괄지지(括地志)』에서 말했다. "구의산(九疑山)은 영주(永州) 당흥현(唐興縣) 동남쪽으로 100리에 있다. 『황람총묘기(皇覽冢墓記)』에 이르기를 순(舜)의 무덤은 영릉군(零陵郡) 영포현(營浦縣) 구의산(九疑山)에 있다고 했다." 이는 시황(始皇)이 운몽(雲夢)에 이르러 구의산에서 우순(虞舜)에게 망제(望祭)를 올렸다는 말이다.

2) 【정의(正義)】 『괄지지(括地志)』에서 말했다. "서주(舒州) 동안현(同安縣) 동쪽이다." 살펴보건대 서주는 강중(江中)에 있으므로 해(海)자는 잘못인 것으로 의심되니, 곧 이 주(州)이다.

3) 【정의(正義)】 『괄지지(括地志)』에서 말했다. "단양군(丹陽郡)은 옛날에 윤주(潤州) 강녕현(江寧縣) 동남쪽으로 5리에 있었는데, 진(秦)이 천하를 겸병하고서 장군(鄣郡)으로 삼았다."

4) 【정의(正義)】 전당은 지금의 항주현(杭州縣)이다.

5) 【집해(集解)】 진작(晉灼)이 말했다. "그 강의 흐름은 동쪽으로 회계산 북쪽에 이르러 서쪽으로 꺾이니[折], 그래서 이름을 절(浙)이라고 했다."

6) 【정의(正義)】 월주(越州) 회계산 정상에 하우(夏禹)의 혈(穴-무덤)과 사당이 있다.

7) 【색은(索隱)】 남해에 망 제사를 올리고 돌을 깎아 글을 새겼다. 세 구가 운(韻)을 이루는데, 모두 24개 운이다.

8) 【정의(正義)】 이 두 송(頌)은 세 구를 운(韻)으로 삼았다. 비석은 회계산(會稽山) 정상에 있는 것으로 보인다. 문장과 글씨는 모두 이사(李斯)의 것인데, 글자 크기는 4촌(寸)이고 그림은 새끼손가락[小指]만하며 둥글게 새겨졌다. 지금은 문자가 정돈되었으니, 이는 소전자(小篆字)이다.

'황제의 뛰어난 공덕으로 천하를 평정해 통일하시었으니 그 다움과 은혜[德惠] 길이길이 이어지도다[皇帝休烈 平一宇內 德惠脩長][1)]

37년에 몸소 천하를 순수하시어 먼 지방까지 두루 살피시었도다[卅有七年 親巡天下 周覽遠方]

드디어 회계산에 올라 풍습과 습속을 두루 살피시니 검수들이 반듯하게 공경했다네[遂登會稽 宣省習俗 黔首齋莊]

여러 신하 그 공덕을 노래하며 일의 행적의 근원을 거슬러 올라서 그 높고 눈 밝으심[高明]을 찬양했도다[群臣誦功 本原事迹 追首高明][2)]

진나라의 빼어남으로 제후들의 나라에 임하시어, 처음으로 형벌을 제정하고 과거의 전장(典章)을 훤히 밝히셨으며[秦聖臨國 始定刑名 顯陳舊章][3)]

처음으로 법식을 공평하게 하고 맡은 직책을 깊이 살펴 구별함으로써 변치 않는 원칙을 세우셨다네[初平法式 審別職任 以立恒常]

육국의 왕들이 오로지 배신을 일삼으며 탐욕스럽고 비뚤어져서 오만하고 사납게 굴며 대중을 이끌고 자신의 강대함을 자랑했으며[六王專倍 貪戾傲猛 率衆自彊][4)]

포학스러움을 마구 행하니 힘에 의지해서 교만했고 자주 전쟁을 일으켰다네[暴虐恣行 負力而驕 數動甲兵][5)]

은밀히 첩자와 사신을 오가게 하여 합종을 꾀하니 그 행동이 방자하기

그지없었다[陰通間使 以事合從 行爲辟方][6]

안으로 거짓과 모략을 꾸미고 밖으로는 와서 변방을 침략하더니 드디어 큰 재앙을 일으켰네[內飾詐謀 外來侵邊 遂起禍殃][7]

(이에 황제께서는) 의로운 위엄으로 이들을 주벌해서 포악하고 어그러짐을 끊어 없애시니 난적들이 멸망했도다[義威誅之 殄熄暴悖 亂賊滅亡]

빼어난 다움이 널리 구석구석까지 미쳐서 육합(六合-천지사방) 안이 그 은택을 무궁하게 입었도다[聖德廣密 六合之中 被澤無疆]

황제께서 천하를 병합하시고[幷宇] 만사를 직접 챙기며 다스리시니 멀든 가깝든 모두가 깨끗해졌다네[皇帝幷宇 兼聽萬事 遠近畢淸]

만물을 운용하고 다스리시며[運理] 일의 실상을 살펴서 검증해 각각 그 이름을 기록했네[運理群物 考驗事實 各載其名]

귀한 사람이건 천한 사람이건 아울러 맘껏 진술하게 하고 좋든 아니든 앞에서 다 말하게 하니, 실상을 숨길 일이 없었도다[貴賤並通 善否陳前 靡有隱情]

허물을 가리고 겉으로 의로움을 내세워서 자식이 있는데도 재가하는 것[8]은 죽은 지아비를 배신하는 부정(不貞)이로다[飾省宣義 有子而嫁 倍死不貞][9]

내외를 엄격히 구별해 음탕한 짓을 금지하니 남녀가 순결하고 진실해졌다네[防隔內外 禁止淫泆 男女誠]

유부남이 다른 집 부인과 관계를 맺으면 죽여도 죄가 되지 않게 하니 남자는 마땅한 도의를 지켰고[夫爲寄豭 殺之無罪 男秉義程][10]

부인이 도망쳐서 재가할 경우[11]에는 자식들이 어미로 인정하지 않아도 되게 하니[12] 모두 교화되어 염치를 알고 깨끗해졌다네[妻爲逃嫁 子不得母 咸化廉淸]

큰 다스림으로 습속을 깨끗하게 씻어내니 천하가 그 기풍을 올라타고 큰 경륜의 혜택을 입었도다[大治濯俗 天下承風 蒙被休經]

모두가 제도와 법 규정을 지키고 화목하고 편안해 서로를 도탑게 격려하니 영(令)에 고분고분하지 않는 자가 없었다네[皆遵度軌 和安敦勉 莫不順令]

검수들이 깨끗함을 닦아서 사람마다 모두 함께 같은 원칙을 지키며 즐거이 태평을 영위했도다[黔首脩潔 人樂同則 嘉保太平][13]

후손들도 삼가 법을 받듦에 변함없는 좋은 정치 끝이 없으니, 수레와 배가 기울지 않을 것이라네[後敬奉法 常治無極 輿舟不傾]

(이에) 따르는 신하들은 그 아름다운 공훈을 노래하며 그것을 이 돌에 새길 것을 청해서 그 아름다운 이름 밝게 드리우노라[從臣誦烈 請刻此石 光垂休銘]!'[14]

1) 【색은(索隱)】 유(脩) 또한 길이길이[長]란 뜻이니, 중복된 글일 뿐이다. 왕소(王劭)[수나라 사람으로, 당나라 때 『수서(隋書)』를 지었다.]는 장휘(張徽)가 기록한 「회계남산(會稽南山) 진시황 비문(碑文)」에 의거해 유(脩)를 유(攸)로 썼다.

2) 【색은(索隱)】 지금 회계의 각석문(刻石文)들을 점검해보면 수(首)자는 도(道)로 쓰여 있어서 사람들의 생각과 옳게 부합한다.

3) 【정의(正義)】 장(章)은 彰으로 되어 있기도 한데, 이때도 발음은 (창이 아니라) 장(章)이다. 실제 비문에는 화장(畫璋-혹은 획장)으로 되어 있다.

4) 【정의(正義)】 비문에는 "솔중방강(率衆邦强)"이라고 되어 있다.

5) 【정의(正義)】 行은 한(寒)과 팽(彭)의 반절음이다. 數의 발음은 삭(朔)이다.

6) 【정의(正義)】 使는 소(所)와 이(吏)의 반절음이다. 辟은 필(匹)과 역(亦)의 반절음이다.

7) 【색은(索隱)】 각석의 글에는 "모사(謀詐)"라고 되어 있다.

8) 【정의(正義)】 남편이 죽자, 자식이 있는데도 이를 버리고 시집간 것을 말한다.

9) 【집해(集解)】 서광(徐廣)이 말했다. "성(省)은 판본에 따라 비(非-잘못)로 되어 있다." 【정의(正義)】 식(飾)이란 겉으로 꾸며대는 것[文飾]이다. 성(省)은 허물[過]이다.

10) 【색은(索隱)】 가(豭)는 수퇘지[牡豬]다. 남편이 다른 집 여인과 음란한 짓을 하는 것이, 빌붙어 사는 수퇘지[寄豭]와 같다는 말이다. 豭의 발음은 가(加)다.

11) 【정의(正義)】 지아비를 버리고 도망쳐서 다른 사람에게 시집가는 것이다.

12) 【정의(正義)】 지어미가 지아비를 버리고 도망쳐서 시집가게 되면 자식은 마침내 어머니를 잃게 된다.

13) 【정의(正義)】 樂의 발음은 악(岳)이다.

14) 【정의(正義)】 열(烈)은 '아름답다[美]'는 뜻이다. 가는 곳마다 많은 신하가 따르면서 모두 아름다움을 칭송하며 그것을 이 돌에 새길 것을 청했다는 말이다.

돌아올 때는 오현(吳縣)을 지나 강승(江乘)에서 강을 건넜고[渡][1], 해안을 따라 북쪽으로 가서 낭야(琅邪)에 이르렀다.

1) 【집해(集解)】 「지리지(地理志)」에 이르기를, 단양(丹陽)에 강승현(江乘縣)이 있다고 했다. 【정의(正義)】 강승고현(江乘故縣)은 윤주(潤州) 구용현(句容縣) 북쪽으로 60리에 있는데, 본래 진나라의 옛 현이다. 도(渡)란 '건너다[濟渡]'라는 뜻이다.

방사 서불 등이 바다로 가서 신약(神藥-신선이 되는 약이나 불로장생의 약)을 구했으나, 몇 해가 지나도록 구하지 못하고 비용만 허비하자 견책이 두려워서 마침내 거짓으로 말했다.

"봉래의 선약은 얼마든지 구할 수는 있으나, 커다란 상어[大鮫魚] 때문에, 늘 어려움[苦]을 겪다 보니 갈 수가 없었습니다. 바라건대 활 잘 쏘는 사람을 함께 보내 상어를 보는 즉시 연속 발사되는 석궁을 쏘아야 할 것입니다."

시황이 꿈에서 바다의 신[海神]과 싸웠는데, 그 모습이 마치 사람 모양이

었다. 꿈의 뜻을 물으니, 박사가 말했다.

"물의 신[水神]은 눈에 보이지는 않지만 큰 물고기나 교룡(蛟龍)을 통해 징후[候]를 드러냅니다. 지금 상께서 모든 것을 다 갖춰 제사를 올렸음에도 나쁜 신[惡神]이 나타났으니, 이를 없애야 좋은 신[善神]이 찾아올 수 있습니다."

이에 바다로 나가는 자들에게 큰 물고기를 잡는 기구를 가지고 가게 했고[齎], 시황 스스로 연발형 석궁[連弩]을 들고 대어를 쏘기 위해 기다리기도 했다. 낭야부터 북쪽으로 영성산(榮成山)[1]까지 갔지만 큰 물고기가 보이지 않다가 지부(之罘)에 이르자 거대한 물고기가 보여 쏘아 1마리를 죽였다. 드디어 바다를 따라[並=從] 서쪽으로 갔다.

1) 【정의(正義)】 즉 성산(成山)인데, 내주(萊州)에 있다.

(진시황이) 평원진(平原津)에 이르렀을 때 병이 났다[1]. 시황은 죽음을 말하는 것을 싫어해 여러 신하는 감히 죽음의 일을 입에 담지 못했다. 상의 병이 점점 심해지자 마침내 공자(公子) 부소(扶蘇)에게 보내는 편지를 써서 "돌아와 장례에 참여하고 (나를) 함양에 안장하라"라고 한 뒤, 글을 이미 봉인하고 나서는 옥새와 부절을 관장하는 중거부령(中車府令)[2] 조고(趙高)의 관부에 두게 하고 사자에게는 넘기지 않았다.

7월 병인일(丙寅日)에 시황이 사구평대(沙丘平臺)에서 붕(崩)했다[3]. 승상 사(斯)는 상이 (대궐) 바깥에서 붕했기 때문에[爲] 여러 공자와 천하가 변란을 일으킬까 두려워서, 마침내 이를 비밀에 부치고 상(喪)을 알리지[發喪=擧哀] 않았다. 관(棺)을 온량거(轀涼車)[4] 안에 싣고는 전부터 총애를 받아온 환관들을 참승(參乘)하게 해서 이르는 곳마다 식사를 올렸다. 백관들도 전과 같이 보고를 올리게 했는데, 환관들이 그때마다 즉시 온량거 안에서 보고된 일을 재가했다. 오직 아들 호해와 조고, 총애받던 환관 대여섯 명만

이 상의 죽음을 알고 있었다. 조고가 전에, 일찍이 호해에게 글과 감옥의 율령, 법률과 관계된 일을 가르친 바가 있어서 호해는 개인적으로 조고를 총애했다[幸之]. 고(高)는 마침내 공자 호해, 승상 사와 음모를 꾸며서 시황이 봉해둔 공자 부소에게 보낸 편지를 뜯고 부순[破去] 뒤, 승상 사가 사구에서 시황의 유조(遺詔)를 받은 것처럼 해서 아들 호해를 세워 태자로 삼았다. 또 공자 부소와 몽염(蒙恬)에게 보내는 편지도 조작해서 만들어, 죄목을 열거하며[數][5] 이에 죽음을 내렸다[賜死]. 이 이야기는 「이사열전(李斯列傳)」에 갖춰져 있다.

일행이 드디어 정형(井陘)[6]에서 구원(久原)에 이르렀다[抵][7]. 마침, 날씨가 더워 상의 온거(轀車)에서 (시체가 썩는) 냄새가 나자, 이에 시종관들에게 조(詔)해 소금에 절인 말린 생선[鮑魚][8] 1석을 수레에 싣게 함으로써 (시신의 악취와 생선 냄새를) 구분하지 못하게 했다.

일행이 직도(直道)[9]를 따라 함양에 도착한 뒤에야 상(喪)을 알리니, 태자 호해가 자리를 이어받아[襲位] 2세황제가 되었다. 9월에 시황을 여산(酈山)에 안장했다.

1) 【집해(集解)】 서광(徐廣)이 말했다. "황하를 건너 서쪽으로 갔다." 【정의(正義)】 지금의 덕주(德州) 평원현(平原縣) 남쪽으로 60리에 장공(張公)의 고성(故城)이 있는데, 성 동쪽에 수진(水津)이 있다. 나중에 장공(張公)이 건너다가 명명한 곳이 아마도 평원군(平原郡)의 옛날 진(津-나루)일 것이다. 『한서(漢書)』에서 공손홍(公孫弘)이 후로 봉해진 평진(平津) 역시 이곳과 가깝다고 했다. 아마도 평진(平津)이 곧 이 진(津)이고, 시황(始皇)이 이 진(津)을 건너다가 병에 걸렸던 것 같다.

2) 【집해(集解)】 복엄(伏儼)이 말했다. "가마와 수레를 주관한다."

3) 【집해(集解)】 서광(徐廣)이 말했다. "나이는 50세다. 사구(沙丘)는 장안(長安)과 2,000여 리가 떨어져 있다. 조(趙)나라에 사구궁(沙丘宮)이 있었는데, 거록

(鉅鹿)에 있었고 무령왕(武靈王)이 죽은 곳이다." 【정의(正義)】 『괄지지(括地志)』에서 말했다. "사구대(沙丘臺)는 형주(邢州) 평향현(平鄕縣) 동북쪽으로 20리에 있다." 또 말하기를, "평향현(平鄕縣) 동북쪽으로 40리에 있다"라고 했다. 살펴보건대, 시황(始皇)은 사구(沙丘)의 궁에서 붕했는데 평대(平臺) 안이다. 형주(邢州)는 경(京)과의 거리가 1,650리다.

4) 창문을 열면 시원하고 닫으면 따뜻하며, 안에서 누울 수 있는 수레다. 뒤에는 상여를 가리키는 말로 사용되었다.

5) 【정의(正義)】 數의 발음은 색(色)과 구(具)의 반절음이다.

6) 【집해(集解)】 서광(徐廣)이 말했다. "상산(常山)에 있다."

7) 【정의(正義)】 저(抵)란 '이르다[至]'라는 뜻이다. 사구에서 승주(勝州)까지 3,000리다.

8) 【정의(正義)】 鮑는 백(白)과 묘(卯)의 반절음이다.

9) 진시황 35년 몽염에게 도로 건설을 명해, 북쪽의 구원(九原)에서 남으로 운양(雲陽)까지 달리는 도로를 만들었다.

시황이 애초에 자리에 나아갔을 때 여산을 파고 손질을 했고, 천하를 병탄하게 되자 노역을 위해 천하에서 70여만 명을 동원해 천(泉) 3개를 파서 구리 녹인 쇳물[銅][1]을 곽에 이르기까지 쏟아부었다. 궁관, 백관의 형상, 기이하고 진귀한 기물들을 옮겨 그 안을 가득[臧] 채웠으며[2], 장인들을 시켜 쇠뇌 화살이 자동으로 발사되는 기관을 만들게 해서 굴에 접근하는 자가 있으면 그 즉시 발사되게 했다. 수은으로 수많은 하천과 강, 바다를 만든 뒤 기계로써 계속 수은이 흐를 수 있도록 했다[灌輸]. 위에는 천문(天文)을 갖추고 아래에는 지리(地理)를 갖추었으며, 인어(人魚) 기름으로 초를 만들어서[3] 불빛[度][4]이 오래도록 꺼지지 않게 했다. 2세가 말했다.

"선제의 후궁 가운데 자식이 없는 자들을 궁 밖으로 내보내는 것은 마땅치 않다[不宜]."

모두 따라 죽게 하니, 죽은 자가 아주 많았다. 장례가 이미 끝나고 나자,

❖

누군가가 기계들을 만든 장인들이나 기물을 옮긴 자들도 모두 이를 알고 있으므로 귀한 기물들이 빠져나갈 수 있다고 하니, 큰일을 마치고 기물들을 이미 다 넣고 나자, 가운데 문[中羨][5]을 폐쇄하고 바깥문[外羨門]도 내림으로써 장인들과 기물을 운반한 자들을 모두 나오지 못하게 한 뒤 풀과 나무를 심어 산처럼 보이게 했다[象山][6].

1) 【집해(集解)】 서광(徐廣)이 말했다. "판본에 따라 고(錮-땜질하다)로 되어 있으니, 고(錮)란 '쇳물로 채워 넣다[鑄塞]'라는 뜻이다." 【정의(正義)】 안사고(顏師古)가 말했다. "삼중의 샘이라는 뜻으로, 물을 끌어들였다는 말이다."

2) 【정의(正義)】 무덤 안에 궁관(宮觀)과 백관(百官)의 위계 차례를 만든 다음에 기기(奇器)와 진괴(珍怪)들을 옮겨 무덤 안을 가득 채웠다는 말이다.

3) 【집해(集解)】 서광(徐廣)이 말했다. "인어는 메기[鮎]와 비슷한데, 다리가 넷이다." 【정의(正義)】 『광지(廣志)』에서 말했다. "예어(鯢魚-도롱뇽) 소리는 어린아이의 울음과 같은데, 다리가 4개 있고 형상이 가물치[鱧]와 같으며 소를 다스릴 수 있고 이수(伊水)에서 난다." 『이물지(異物志)』에서 일컫기를 "인어는 사람의 형상을 닮았고 길이는 1척(尺) 남짓이다. 먹을 수 없다. 가죽은 상어보다 이롭고, 재목(材木)을 톱질해서 들인다. 목 위에 작은 구멍이 있는데, 기운이 안에서 나온다. 진시황(秦始皇)의 무덤 안에서 인어의 기름으로 촛불을 만들었으니, 곧 이 물고기다. 동해(東海) 안에서 나오는데, 지금의 대주(台州-臺州)에 이것이 있다"라고 했다. 살펴보건대 지금의 제왕(帝王)들은 칠등(漆燈)을 무덤 안에서 사용하는데 불이 꺼지지 않는다.

4) 【정의(正義)】 度의 발음은 (도나 탁이 아니라) 전(田)과 낙(洛)의 반절음이다.

5) 【정의(正義)】 羨의 발음은 (선이 아니라) 연(延)이며, 아래에도 같다. 무덤 안의 신도(神道)를 가리킨다.

6) 【집해(集解)】 『황람(皇覽)』에서 말했다. "봉분 높이는 50여 장(丈)이며, 주변 둘레는 5여 리(里)다." 【정의(正義)】 『관중기(關中記)』에서 말했다. "시황릉(始皇陵)은

여산(驪山)에 있다. 샘(泉)이 나와 북쪽으로 흐르는데, 이를 가로막아 동쪽과 서쪽으로 흐르도록 했다. 흙은 있는데 돌이 없었으니, 위남(渭南)의 여러 산에서 큰 돌을 채취했다." 『괄지지(括地志)』에서 말했다. "진시황릉(秦始皇陵)은 옹주(雍州) 신풍현(新豐縣) 서남쪽으로 10리에 있다."

2세황제 원년에 나이가 21세였는데[1], 조고를 낭중령(郎中令)[2]으로 삼아 국사를 전적으로 맡겼다. 2세가 조서를 내려[下詔] 시황의 사당[廟]에 바치는 희생과 산천에 올리는 모든 제사의 예물을 늘리게 한 뒤 여러 신하에게 시황의 사당을 높이는 문제를 토의하게 하자, 신하들이 모두 머리를 조아리며[頓首] 말했다.

"옛날에 천자는 7묘(廟), 제후는 5묘, 대부는 3묘를 두어 만세가 지나도 훼철하지[軼毀=迭毀] 않도록 했습니다. 이제 시황의 사당을 (가장 높은) 극묘(極廟)로 삼아 사해에서 공물을 바치고 희생을 늘리며 모든 예를 다 갖추게 함으로써 더는 보탤 것이 없도록 해야 하는데, 선왕들의 사당이 어떤 것은 서옹(西雍)[3]에 있고 어떤 것은 함양에 있습니다. 천자는 의례상 마땅히 시황의 사당에만 직접 술을 올리고 양공(襄公) 이후는 차례대로 그 수를 줄여서[軼毀] 모두 7묘만 남겨야 할 것입니다. 여러 신하가 가서 예에 따라 제사를 올리게 함으로써 시황의 사당을 황제의 시조묘[祖廟]로 높이십시오. 황제께서는 다시 스스로를 '짐(朕)'이라 칭하소서."

2세가 조고와 모의해[謀] 말했다.

"짐이 나이가 어리고 막 즉위해 검수들이 (짐에게) 모이거나 기대지[集附] 않는다. 선제(先帝)께서는 군현을 순행하며 강력함을 보이시어 천하를 모두 위엄으로 복종시키셨으니, 지금 순행도 않고 편안하게 지내는 것은 곧 나약함을 보이는 것이다. 이래서는 천하를 길러줄[畜] 수 없다."

1) 【집해(集解)】 서광(徐廣)이 말했다. "「표(表)」에 이르기를, 10월 무인일(戊寅日)에

죄인들을 크게 사면했다고 했다."

2) 【집해(集解)】 『한서(漢書)』 「백관표(百官表)」에서 말했다. "진나라 관직이며 궁전의 문호(門戶)를 관장한다."

3) 【정의(正義)】 서옹(西雍)은 함양(咸陽) 서쪽에 있는데, 지금의 기주(岐州) 옹현 고성(雍縣故城)이다. 다른 판본에 서옹은 옹서현(雍西縣)으로 되어 있다.

봄에 2세가 동쪽으로 가서 군현을 순행했고, 이사가 따랐다. 갈석산에 이른 뒤 바다를 따라 남쪽으로 가서 회계에 이르렀으니, 시황이 세운 비석에 글자를 모두 새기고 비석 옆면에는 수행한 대신들의 이름을 드러내[著] 선제의 성공(成功)과 성덕(盛德)을 밝혔다[章=暢]. 황제가 말했다.

"금석에 새긴 것은 모두 시황께서 하신 일들이다. (그런데) 지금 그 (황제라는) 호칭을 이어받고도[襲號] 금석에다 '시황제'라고 칭하지 않는다면[不稱], 오랜 세월이 흐른 후에는[1] 황위(皇位)를 계승한 후대의 황제가 한 일처럼 보여서 시황제의 공로와 다움을 밝힐 수 없게 될 것이다."

승상 신(臣) 사(斯), 신 거질(去疾)[2], 어사대부 신 덕(德)이 죽음을 무릅쓰고[昧死] 말했다.

"신들이 청컨대, 조서(詔書)를 비석에다 일일이 새겨서 분명히 알 수 있도록 해야 할 것입니다. 신들은 죽음을 무릅쓰고 청하옵니다."

2세가 제해 말했다.

"그리하라."

드디어 요동까지 갔다가 돌아왔다.

1) 【정의(正義)】 2세의 말은, 비로소 6국(六國)을 멸하고 위엄을 고금에 떨쳤으니 오제(五帝)·삼왕(三王) 이후로 그에 미칠 자가 없건만, 이미 제위를 답습하다 보면 금석(金石)에 새겨놓은 그 칭송을 본다 하더라도 시황(始皇)의 성공(成功)과 성덕(盛德)을 칭하지 않은 지가 매우 오래될 수밖에 없으리라는 뜻

이다.

2) 【집해(集解)】 서광(徐廣)이 말했다. "성(姓)은 풍(馮)이다."

이에 2세가 마침내 조고를 따르며 그를 써서 법령을 거듭 폈다[申]. 마침내 은밀히 조고와 모의해 말했다.

"대신들은 복종하지 않고 관리들은 아직 세력이 강하며 여러 공자는 기필코 나와 다투려 하니, 이를 어찌하면 좋겠는가?"

고가 말했다.

"신이 (그것에 관해) 본래[固] 말씀을 올리고자 했으나 감히 못 했습니다. 선제 때의 대신들은 모두 천하에 대대로 명성을 남긴 귀한 몸들로 그 쌓은 공이 대대로 전해져오는 것이 오래되었지만, 지금 이 고(高)는 본래[素] 비천한 몸인데도 폐하께서 어여삐 여겨 높은 자리에 있게 해주신 덕에 궁중 일을 관장하고 있습니다. (그래서) 대신들이 속으로 불만에 가득 찬 채로[鞅鞅] 단지 겉으로만 따르는 척할 뿐 마음속은 진짜로 복종하지 않고 있습니다. 이제 상께서는 순행하는 때를 기회로 삼아 군현의 우두머리 중에 죄를 지은 자들을 가려서 주벌하시어, 위로는 천하에 위엄을 떨치시고 아래로는 주상께서 평소에[平=素] 아니다 싶은 자들을 제거하십시오. 지금 시기는 문(文)을 모범으로 삼을 때가 아니라 무력으로 결정할 때이니, 바라건대 폐하께서는 조금도 의심하지 마시고 시세(時勢)를 따르십시오. 그러면 신하들은 미처 모의할 겨를도 없을 것입니다. 눈 밝은 군주[明主]는 버려진 인재를 모아서 천한 자를 귀하게 하고 가난한 자를 부유하게 하며 멀리 있는 자를 가까이 오게 하는 것이니, 그렇게 하신다면 위아래가 모이고 나라는 편안해질 것입니다."

2세가 말했다.

"좋다."

마침내 대신들과 여러 공자에 대한 주벌을 시행했는데, 그 죄과가 심지어

낮은 직급[少]인 (황제의) 근관(近官)이나 삼랑(三郎) 같은 자리까지 연루되어[連逮] 벗어날 수 있는 자가 없었다[1]. 여섯 공자는 두현(杜縣)에서 살육당했다. 공자 장려(將閭)의 세 형제는 내궁에 가두었다가 그들만 맨 나중에 죄를 다스렸는데, 2세가 사신을 보내 장려에게 말했다.

"공자가 신하의 도리를 다하지 않았으니[不臣], 그 죄가 사형에 해당해 형리가 법에 따라 형을 집행한다."

장려가 말했다.

"궐정(闕廷)의 예법에 관한 한 나는 일찍이 예를 담당하는 관리[賓贊]를 감히 따르지 않은 적이 없고, 조정의 자리에서도 나는 일찍이 감히 예에 어긋나는 행동[失節]을 해본 적이 없으며, 명을 받아 응대할 때도 나는 일찍이 감히 말을 실수한 적[失辭]이 없습니다. (그런데) 어째서 신하의 도리를 다하지 않았다고 하십니까? 무슨 죄인지 알고나 죽길 원합니다."

사신이 말했다.

"신은 그 문제에 대해 뭐라 할 수 없습니다. 명을 받들어 일을 처리할 뿐입니다."

장려는 마침내 하늘을 우러러 큰 소리로 하늘을 부르며 세 번 외쳤다.

"하늘이여! 나는 죄가 없습니다!"

형제 세 사람이 모두 눈물을 흘리며 검을 뽑아 자살하니 종실은 두려움에 떨었다[振恐=震恐]. 신하 중에 간언하는 자는 비방하는 것으로 간주하니, 고관들은 녹봉이나 지키려고 아첨했고[取容] 검수들은 두려움에 떨었다.

1) 【색은(索隱)】 체훈(逮訓)이 미친 것이다. 연루되고 함께 붙잡힌 것을 일컫는데, 그래서 '연루되고 잡혔다[連逮]'라고 말한 것이다. 소(少)는 '작다', '낮다[小]'는 뜻이고, 근(近)은 근시(近侍) 하는 신하다. 삼랑(三郎)은 중랑(中郎)·외랑(外郎)·산랑(散郎)을 가리킨다.

4월에 2세가 돌아와 함양에 이르러서 말했다.

"선제께서는 함양의 조정이 좁다고 여기시어 아방궁을 지어 실당(室堂)을 만드셨는데, 미처 완성하기도 전에[未就=未成] 마침 상께서 세상을 붕(崩)하시어 공사를 그만두고 여산에 다시 흙을 덮었다[復土][1]. 여산의 일이 모두 끝났는데도 지금 아방궁 공사를 하지 않고 그냥 둔다면, 이는 선제께서 벌이신 일이 잘못이었다고 널리 알리는 꼴이 된다."

다시 아방궁을 짓기 시작했다. 밖으로 사방의 오랑캐들을 어루만져주는 일은 시황의 계획과 같았다. 건장한 병사[材士][2] 5만을 징집해 함양에 주둔시켜 지키게 하고, 그들로 하여금 활쏘기와 개·말·금수를 훈련하게 했다. 먹어야 할 사람과 짐승[3]이 많음에도 헤아려보니[度] (공급은) 부족해서, 각 군현에서 식량과 사료를 징발하도록 조치해[下調][4] 운송·보급하게 하고, 여기에 동원되는 인부들은 모두 자기 식량을 휴대하게 해서 함양을 중심으로 300리 이내에서는 이 곡식을 먹지 못하게 했다. 법을 쓰는 것이 날이 갈수록 더욱 각박하고 혹심해졌다[刻深].

1) 【정의(正義)】 흙을 파내고 능을 만드는 일이 끝나면 그 흙을 원래대로 가져다 놓는 것을 말한다. 그래서 복토(復土)라고 했다.

2) 【정의(正義)】 재관궐장(材官蹶張-재주가 있고 멀리 잘 가는 것)의 병사를 가리킨다.

3) 【정의(正義)】 건장한 병사들과 개·말 등을 가리킨다.

4) 【정의(正義)】 영을 내려 조렴(調斂-거둬 조달함)하게 한 것을 말한다.

7월에 (변방에) 수자리 서는 병졸[戍卒] 진승(陳勝) 등이 옛 형(荊-초) 땅에서 반란을 일으키고 (나라 이름을) '장초(張楚)[1]'라 했다. 승(勝)은 스스로를 세워[自立] 초왕(楚王)이라 한 뒤 진현(陳縣)에 머물면서 여러 장수를 보내 각지를 공략했다[徇地=略地]. 산동 군현의 젊은이들이 진나라 관리들에게 고초를 당하다가 모두 (힘을 모아) 군수·군위·현령·현승 등을 죽이고

반란을 일으켜서는 진섭(陳涉-진승)과 호응하며 서로를 세워서 후가 되고 왕이 되었으니, (이들은) 합종해 서쪽으로 향했는데 명분은 진을 토벌한다는 것이었으며 그 수는 이루 다 헤아릴 수 없었다.

동방에 사신으로 나갔던 알자(謁者)[2]가 돌아와서 반란의 실상을 2세에게 보고하니, 2세가 노해 그를 옥리에게 내렸다[下吏(하리)]. 그 후에 다시 사신이 돌아오자, 상이 물으니, 이렇게 답했다.

"도적 떼일 뿐으로, 군수와 군위가 추적해서 지금은 다 잡아들였으니 조금도 걱정하실 것 없습니다."

상이 기뻐했다. 무신(武臣)이 스스로를 세워 조왕(趙王)이 되었고, 위구(魏咎)는 위왕(魏王)이 되었으며, 전담(田儋)[3]은 제왕(齊王)이 되었다. 패공(沛公-유방)이 패(沛)에서 일어났고, 항량(項梁-항우)이 회계군(會稽郡)에서 군사를 일으켰다[擧兵(거병)].

1) 【집해(集解)】 이기(李奇)가 말했다. "장대한 초나라라는 말이다."

2) 【집해(集解)】 『한서(漢書)』 「백관표(百官表)」에서 말했다. "알자는 진나라 관직으로, 예와 관련된 일을 담당하고[賓贊(빈찬)] 황제로부터 받은 특정한 임무를 수행한다."

3) 【집해(集解)】 복건(服虔)이 말했다. "발음은 부(負)와 담(擔)이다.[부(負)가 무슨 의미인지는 정확히 알 수 없다.]"

2년 겨울에 진섭이 파견한 주장(周章) 등이 서쪽으로 진격해 와서 희(戲)[1]에 이르렀는데, 병력 수가 10만이었다. 2세가 크게 놀라 신하들과 모의해 말했다.

"어떻게 해야 하는가?"

소부(少府) 장한(章邯)[2]이 말했다.

"도적이 이미 이른 데다 무리도 많고 강합니다. 이제 가까운 현에서 징발

하기에는 늦었습니다. 여산에서 일하는 죄수들이 많으니, 이들을 사면시키고 무기를 주어 저들을 치게 해야 합니다."

2세가 마침내 천하에 대사면령을 내리고 장한으로 하여금 그들을 통솔하게 하니, 주장의 군대를 깨뜨려서 도주하게 했고 드디어 장(章)을 조양(曹陽)[3]에서 죽였다. 2세는 다시 장사 사마흔(司馬欣)과 동예(董翳)를 보내 장한을 도와서 도적을 치게 해서, 진승을 성보(城父)[4]에서 죽이고 항량을 정도(定陶)[5]에서 깨뜨렸으며 위구를 임제(臨濟)[6]에서 멸했다. 초나라 땅의 도적 명장들이 이미 죽자, 장한은 마침내 북쪽으로 황하를 건너가서 조왕 헐(歇) 등을 거록(巨鹿)에서 쳤다[7].

1) 【집해(集解)】 응소(應劭)가 말했다. "희(戲)는 홍농호(弘農湖) 서쪽 경계다." 맹강(孟康)이 말했다. "강 이름이며, 지금의 희정(戲亭)이다." 소림(蘇林)이 말했다. "읍(邑) 이름이며, 신풍(新豐) 동남쪽으로 30리에 있다." 【정의(正義)】 『괄지지(括地志)』에서 말했다. "희수(戲水)의 근원은 옹주(雍州) 신풍현(新豐縣) 서남쪽 여산(驪山)에서 나온다. 『수경주(水經注)』에 이르기를, '희수(戲水)는 여산(驪山) 풍공곡(馮公谷)에서 나와 동북쪽으로 흐른다. 지금의 신풍현 동북쪽 11리에서 희수가 관도(官道)와 만나는데, 바로 그곳이다'라고 말했다.

2) 【집해(集解)】 『한서(漢書)』 「백관표(百官表)」에서 말했다. "소부는 진나라 관직이다." 응소(應劭)가 말했다. "산택(山澤)과 피지(陂池)의 세금을 주관하기에 이름을 금전(禁錢)이라고 했다. 이를 통해 임금의 사양(私養)을 공급했으므로 공적인 세금과는 구분된다. 소(少)란 '작다[小(소)]'는 뜻이니, 그래서 소부(少府)라고 칭했다."

3) 【집해(集解)】 진작(晉灼)이 말했다. "정(亭) 이름으로, 홍농(弘農) 동쪽으로 13리에 있다. 위 무제(魏武帝)가 이름을 고쳐 호양(好陽)이라고 했다." 【정의(正義)】 『괄지지(括地志)』에서 말했다. "조양고정(曹陽故亭)은 일명 호양정(好陽亭)인데, 섬주(陝州) 도림현(桃林縣) 동남쪽으로 14리에 있다. 곧 장한이 주문(周文)을 죽

인 곳이다."

4) 【정의(正義)】 父의 발음은 보(甫)다. 『괄지지(括地志)』에서 말했다. "성보는 박주(亳州)가 다스리는 현(縣)이다."

5) 【정의(正義)】 지금의 조주(曹州) 정도현(定陶縣)이다.

6) 【정의(正義)】 지금의 제주현(齊州縣)이다.

7) 【정의(正義)】 『괄지지(括地志)』에서 말했다. "형주(邢州) 평향현(平鄕縣)의 성으로, 본래 거록이다. 왕리(王離)가 조왕 흘을 에워쌌던 곳이 바로 이 성이다."

조고가 2세를 설득해 말했다.

"선제께서는 천하에 임하시어 통치하신 것이 오래되었기에 신하들이 감히 잘못된 짓을 하거나 간사한 말을 올릴 수 없었습니다. (그런데) 지금 폐하께서는 춘추가 아직 젊으신 데다가[富(부)] 이제 막 즉위한 터이니, 어찌 공경들과 더불어 일을 결정하겠습니까? 일에 곧 잘못이 있으면 여러 신하에게 단점만 보여주게 됩니다. 천자를 짐(朕)이라 칭하는 것은 실로 (천자의) 소리를 다른 사람이 듣지 못하게 하기 위함입니다[固不聞聲(고불문성)][1]."

이에 2세는 늘 깊은 금중(禁中)[2]에 거처하면서 고와 제반 일을 결정했다. 그 후로부터 공경들이 (황제를) 볼 기회는 줄었고 도적은 더욱더 많아지니, 관중의 병졸을 징발해 동쪽으로 도적들을 쳐야 하는 일이 끊이질 않았다. 우승상 풍거질, 좌승상 사, 장군 풍겁(馮劫)이 나아가 간언해 말했다.

"관동 지방에서 도적들이 다퉈 일어남에 진나라 병사를 징발해서 토벌해 아주 많은 수를 죽였습니다만, 그러나 아직도 끝나지 않고 있습니다. 도적이 많은 것은 수자리, 수상 운송, 토목 건축 등 노역이 너무 힘들고 세금이 많기 때문입니다. 청컨대 아방궁 짓는 일을 멈추고 사방 변경의 수자리와 물자 수송을 줄이십시오[省(생)]."

2세가 말했다.

"내가 듣건대 한자(韓子-한비자)가 이렇게 말했다고 한다. '요순은 나무

를 베어 서까래를 만들면서[采椽] 제대로 깎지도 않았고[不刮][3] 짚으로 지붕을 이으면서 처마 끝도 잘라내지 않았으며 질그릇 뚝배기[4]에 밥과 담아 먹고 질그릇[土形][5]에 물을 담아 마셨으니[啜=飮], 설사 감문(監門)의 문지기[養]도 그보다는 못하지 않았을 것이다[不觳][6]. 우(禹)는 용문(龍門)을 뚫어 대하(大夏)를 통하게 하고[7], 막힌 황하[河亭]의 물길을 터서[8] 바다로 흐르게 했는데 몸소 공이와 가래[築臿][9]를 들고 일하느라 정강이[脛] 털조차 다 닳아 없어질 정도였으니, 노예의 수고로움도 그보다 더하지는 않았을 것이다[不烈][10].' 무릇 천하를 소유한 귀한 사람은 하고 싶은 것은 무엇이든 끝까지 해야 하고, 군주는 무겁게[重][11] 법령을 밝혀서 아랫사람들이 감히 나쁜 짓을 못 하게 함으로써 나라를 제어해야 한다.

저 순이나 우 임금 같은 경우는 귀함이 천자임에도 불구하고 그토록 곤궁하게 살고 힘든 노동을 하면서 백성을 감쌌으니, 오히려 법이 무슨 소용이 있겠는가?

짐 같은 경우는 만승을 가진 존귀한 사람이지만 실속이 없으니, 천승(千乘)의 친위대와 만승(萬乘)의 군대를 만들어내 호칭과 어울리게 하려는 것이다. 게다가 선제께서는 제후의 신분으로 천하를 합병하지 않았던가? 천하를 이미 평정하신 다음에는 밖으로 사방의 외족들을 물리쳐서 변경(邊境)[12]을 안정시키셨고 궁실을 지어서 그 뜻을 드러내셨으니, 그대들도 선제의 공업을 낱낱이 보지 않았던가? (그런데) 지금 짐이 즉위한 후 2년 사이에 도적들이 곳곳에서 일어나는데도 그대들은 막지 못했고, 심지어 선제께서 하신 일을 없애려 하고 있다. 이는 무엇보다도 선제에 대한 보답이 아니며 다음으로는 짐에 대해 충력(忠力)을 다하지 않는 것[不爲]이니, (그러고서도) 어찌 그 자리에 있단 말인가?"

거질, 사, 겁을 옥리에 내려 그들의 나머지 죄[他罪]까지 따지고 나무라게 하니, 거질과 겁은 "장수와 재상은 욕을 당할 수 없다"라고 말한 뒤 자살했고 사는 결국[卒] 옥에 갇혔다가[囚][13] 오형(五刑)에 나아갔다[就].

1) 【색은(索隱)】 판본에 따라 "고문성(固聞聲)"으로 되어 있다. 이는 천자는 항상 금중(禁中)에 머물러 있고 신하는 촉망(屬望)할 뿐이어서, 겨우 어떤 조짐(兆朕)이 있더라도 신하는 (천자의) 소리를 듣기만 할 뿐 그 모습을 볼 수는 없었다는 말이다.

2) 【집해(集解)】 채옹(蔡邕)이 말했다. "금중(禁中)이란, 문호(門戶)에 금하는 바가 있어 천자를 시어(侍御)하는 자가 아니면 들어갈 수 없었으므로 금중이라고 했다."

3) 【색은(索隱)】 채(采)는 나무 이름이다.

4) 【집해(集解)】 서광(徐廣)이 말했다. "여정(呂靜)이 말하기를, 밥그릇[飯器]을 일러 궤(簋)라 한다고 했다."

5) 【집해(集解)】 여순(如淳)이 말했다. "토형은 밥그릇 종류인데, 와기(瓦器)이다." 【색은(索隱)】 밥그릇은 기와나 흙으로 만들어졌다.

6) 【색은(索隱)】 문을 지키는 졸(卒)을 가리킨다. 양(養)은 곧 졸(卒)이니, 무덤에는 양졸(養卒)이 있었다. 【정의(正義)】 『이아(爾雅)』에서 말하기를 "곡(觳)은 다함[盡]이다"라고 했다. 이는 요순이 나무로 서까래를 만들면서 깎지도 않았고 짚으로 지붕을 이으면서 끝을 자르지도 않았으며 흙 그릇으로 식사하고 흙 그릇으로 마셨으니, 비록 문을 지키는 사람이어도 공양(供養)이 이보다 볼품없지[疏陋] 않았을 것이라는 말이다.

7) 【정의(正義)】 『괄지지(括地志)』에서 말했다. "대하(大夏)는 지금의 병주(幷州) 진양(晉陽)과 분(汾)·강(絳) 등의 주(州)다. 옛날에 고신씨(高辛氏)의 아들 실침(實沈)이 이곳에 살았으며, 서쪽으로 황하와 가깝다." 이는 우(禹)가 용문(龍門)을 뚫고 하수(河水)의 길을 크게 통하게 해서 병주(幷州) 땅이 넘치지 않게 막았다는 말이다.

8) 【정의(正義)】 정(亭)은 '고르다[平]'라는 뜻이다. 또는 ("막힌 황하의 물길을 터서[河亭水]"가) "고르게 막힌 물을 터서 흐르게 하니(決亭壅之水)"로도 되어 있다.

9) 【정의(正義)】 삽(臿)은 가래[鍬]다. 『이아(爾雅)』에 이르기를 "초(鍬)를 일러 삽(臿)

이라 한다"라고 했다.

10) 【정의(正義)】 열/렬(烈)은 '아름답다[美]'는 뜻이니, 신하와 노예의 수고도 이보다 더할 수는 없다는 말이다. 또한 열/렬(烈)은 '심하다[酷]'는 뜻도 있다. 우가 용문을 뚫고 대하에 통하도록 했으며 황하(黃河)의 홍수도 길을 뚫어서 바다에 이르도록 했는데, 몸소 가래와 공이를 쥐고 정강이에 털조차 없어질 정도였으니 천신(賤臣)과 노예의 근로(勤勞)도 이 신고(辛苦)보다 혹렬(酷烈)하지는 않았을 것이라는 뜻이다.

11) 【정의(正義)】 직(直)과 공(拱-두 손을 맞잡다)의 반절음이다.

12) 【정의(正義)】 발음은 경(竟)이다.

13) 【정의(正義)】 금고(禁錮) 당한 것을 말한다.

3년에 장한 등이 자기 병사들을 이끌고 거록을 에워싸니, 초나라 상장군 항우(項羽)가 초의 병사들을 거느리고 가서 거록을 구원했다. 겨울에 조고가 승상이 되어, 끝내 사건을 꾸며서[案] 이사를 죽였다.

여름에 장한 등이 싸움에서 여러 차례 물러나자 2세가 사신을 보내 한을 꾸짖으니[讓=責], 한이 두려워서 장사 흔(欣-사마흔)을 보내 일을 보고할 것을 청했다. 조고는 만나주지 않고 또 믿지도 않자 흔이 겁이 나서 도망치니, 고가 사람을 시켜 쫓아가 체포하게 했으나 미치지 못했다. 흔이 한을 만나서 말했다.

"조고가 궁중에서 일을 마음대로 하고 있으니[用事], 장군은 공이 있어도 주살될 것이요 공이 없어도 역시 주살될 것입니다."

항우가 진나라 군대를 급습해 왕리(王離)를 포로로 잡으니, 한 등은 드디어 병사를 이끌고 제후들 편에 투항했다.

8월 기해일(己亥日)[1]에, 조고가 난을 일으키고자 했으나 신하들이 (자기 말을) 듣지 않을까 걱정되어 이에 먼저 시험을 해보고자 했다. 사슴 1마리를 갖고 와서 2세에게 바치며 "말입니다"라고 하니, 2세가 웃으면서 말했다.

"승상이 잘못 본 것 아니오? 사슴을 말이라니."

좌우에 물으니, 좌우에서는 혹 입을 다문 자도 있었고 혹 말이라며 조고에게 아부하는[阿順] 자도 있었으며 혹 사슴이라고 말하는 자도 있었다. 고가 사슴이라고 말한 사람들에게 몰래 죄를 덮어씌워 모함했으니[陰中], 이후로 여러 신하가 모두 고를 두려워했다.

1) 【집해(集解)】 서광(徐廣)이 말했다. "판본에 따라 기묘(己卯)로 되어 있다."

고가 그에 앞서 여러 차례 말했다.

"관동의 도적들은 아무것도 할 수 없다."

(그러나) 항우가 진나라 장수 왕리 등을 거록에서 사로잡고 전진해 오자, 장한 등은 군대를 몇 차례 물리면서 글을 올려 더 많은 구원병을 요청했다. 연·조·제·초·한·위가 모두 세워져 왕이 되었으니, 함곡관 동쪽은 대부분[大氐=大抵][1] 진의 관리를 배반하고 제후들에 호응했으며 제후들은 모두 자신들의 무리를 이끌고 서쪽으로 향했다[西鄕=西向]. 패공(沛公)이 수만 명을 이끌고 이미 무관(武關)을 도륙한 다음에 사람을 조고에게 보내 은밀한 접촉을 시도하자, 고는 2세가 노해 주살이 자신에게 미치게 될까 두려워서 마침내 병을 핑계로 조회에 나가지 않았다. 2세는 흰 호랑이가 수레의 왼쪽 말을 물어뜯어 죽이는 꿈을 꾸고는 기이하게 여겨 해몽을 시켰는데, "경수(涇水)의 신이 괴상한 조짐[祟-빌미]을 일으킨다"라는 점괘가 나왔다. 2세가 이에 망이궁(望夷宮)[2]에서 재계하고 흰말 4마리를 경수에 빠뜨려 경수의 신에게 제사를 드린 뒤에, 사신을 조고에게 보내 도적과 관련한 일을 나무랐다[責讓=譴責]. 고가 두려워하며 마침내 사위 함양령(咸陽令) 염락(閻樂), 자기 동생 조성(趙成)과 은밀하게 모의해 말했다.

"상이 간언하는 말을 듣지 않다가 이제 일이 다급해지자 그 화를 우리 집안으로 돌리려 하니, 내가 상의 자리를 바꿔서 공자 영(嬰)을 고쳐 세우고

자 한다. 자영(子嬰)은 어질고 검소해서[仁儉] 백성이 모두 그의 말을 따를 것이다."

낭중령(郎中令)[3]을 시켜 (궁 안에서) 내응하게 한 뒤 락(樂)에게는 큰 도적이 들었다는 거짓말로써 관리와 병졸을 불러 모으게 하고, 락의 어미를 겁박해 고가 있는 곳에 가두었다. 락에게 병졸 1,000명을 준 뒤, 망이궁의 전문(殿門) 쪽으로 보내 위령복야(衛令僕射-일종의 경비대장)를 포박해서 "도적이 여기까지 침입했거늘 어찌 막지 않았느냐"라고 말하게 했다. 위령(衛令)이 말했다.

"사방에 임시 막사를 두고[周廬][4] 병졸을 배치해서 삼엄하게 지키게 했는데, 어떻게 도적이 궁에 침입할 수 있단 말이오!"

락이 드디어 위령의 목을 베고는 곧장 군리들을 거느리고 쳐들어가서 활을 쏘아댔다. 낭관과 환관들이 크게 놀라서 어떤 자는 도망치고 어떤 자는 맞서 싸웠는데[格=對敵], 맞선 자는 그 자리에서 다 죽였으니 죽은 자가 수십 명에 이르렀다. 낭중령이 락과 함께 들어가서 앉는 자리의 휘장에 화살을 쏘았다. 2세가 노해, 좌우를 불렀으나 좌우는 모두 겁먹고 동요해 싸우려 하지 않았는데, 곁에 있던 환관[宦者] 하나가 2세를 모시느라 감히 달아나지 못하고 있었다. 2세가 안으로 들어가서 말했다.

"그대는 어째서 내게 일찍 말해주지 않았느냐? 마침내 일이 이 지경에 이르도록 말이다."

환관이 말했다.

"신이 감히 말씀드리지 않았기에 그나마 (목숨을) 보전할 수 있었던 것입니다. 만약에 신이 진작 말씀드렸더라면 어쨌거나 벌써 죽임을 당했을 것이니, 어찌 지금에 이를 수 있었겠습니까?"

염락이 2세 앞으로 다가가 꾸짖어 말했다.

"족하(足下)[5]가 교만방자해 무도하게 사람을 죽이자, 천하가 모두 족하에게 반기를 들었으니, 족하는 스스로 생각해보시오."

2세가 말했다.

"승상을 볼 수 있겠는가, 없겠는가?"

락이 말했다.

"안 되오!"

2세가 말했다.

"내가 한 군(郡)에서 왕 노릇이라도 하고 싶다."

받아들여지지 않았다. 또 말했다.

"1만 호의 후(侯)라도 되길 원한다."

받아들여지지 않았다. 또 말했다.

"다른 공자들처럼 그저 처자식과 함께 검수가 되길 바란다."

염락이 말했다.

"신은 승상의 명령을 받들어서 천하를 위해 족하를 주살하려는 것이오. 족하가 아무리 많은 말을 해도 신은 감히 보고드릴 수 없소!"

휘하의 병졸들에게 들어가라고 명하니, 2세는 자살했다.

1) 【정의(正義)】 정(丁)과 예(禮)의 반절음이다. 저(氐)는 대략[略(약)]이라는 뜻이다.

2) 【집해(集解)】 장안(張晏)이 말했다. "망이궁(望夷宮)은 장릉(長陵) 서북쪽 장평(長平) 관도(觀道) 동쪽에 있는데, 옛날의 정(亭) 터이다. 경수(涇水)에 임해서 이것을 짓고 북이(北夷)를 바라보았다. 【정의(正義)】 『괄지지(括地志)』에서 이렇게 말했다. "진(秦)의 망이궁은 옹주(雍州) 함양현(咸陽縣) 동남쪽으로 8리 떨어진 곳에 있다. 장안이 말하기를, 경수(涇水)에 임해서 이것을 짓고 북이(北夷)를 바라보았다고 했다."

3) 【집해(集解)】 서광(徐廣)이 말했다. "일설에는 낭중령이 조성이라고 본다."[실제로 아래에 "낭중령과 락"이라는 표현이 나온다.]

4) 【집해(集解)】 「서경부(西京賦)」에서 말하기를 "길이 바깥을 두루 돌며 천려(千廬)를 부(傅)에 들였다"라고 했다. 설종(薛綜)이 말하기를 "사부궁(士傅宮) 바깥

으로, 안에 여사(廬舍)를 만들고서 아침에는 비상(非常)을 순찰하고 밤에는 불우(不虞-예기치 못한 사태)를 경비했다"라고 했다.[주려란 대궐을 지키는 병사들이 휴식을 취하거나 잠을 잘 수 있는 곳이다.]

5) 【집해(集解)】 채옹(蔡邕)이 말했다. "여러 신하와 사(士)와 서인이 서로 말을 할 때 전하(殿下), 족하(足下)[판본에 따라 족하 대신 합하(閤下)라고 되어 있기도 하다. 족하는 서로 대등한 사람들끼리 쓰는 겸사이다.], 집사(執事) 등의 칭호를 썼던 것도 모두 이와 비슷한 이유에서다."

염락이 돌아가서 조고에게 보고하자, 조고가 마침내 여러 대신과 공자를 모조리 불러 모아 2세를 주살하게 된 상황을 전하며 말했다.

"진나라는 본래 왕국이었으나 시황이 천하에 군림했기에, 그래서 '제(帝)'라 불렀던 것이오. (그런데) 지금은 6국이 다시 스스로를 세워[自立] 진나라 땅이 더욱 좁아졌으니, 마침내 껍데기뿐인 이름이나 마찬가지인 '제'라고 부르는 것은 안 될 일이오. 전처럼 왕이라 하는 것이 마땅할 것이오."

2세 형의 아들인 공자 자영을 세워 진왕으로 삼고, 검수의 예법으로 2세를 두현(杜縣) 남쪽의 의춘원(宜春苑)에 장사 지냈다. 자영에게 재계하고 조상의 사당에서 제사를 드리게 하는 한편, 신하들을 접견해 옥새를 받들도록 했다. 재계 닷새째 날에 자영이 두 아들과 모의해 말했다.

"승상 고가 망이궁에서 2세를 죽이고는 신하들이 자신을 주살하지 않을까 겁이 나서, 마침내 겉으로[詳][1] 의로움을 빙자해 나를 세운 것이다. 내가 듣건대, 조고가 마침내 초나라와 약속하기를 진나라 종실을 없애고 관중의 왕이 되려 한다고 했다. (그러니) 지금 내게 종묘에 제사를 드리게 한 것은, 이를 기회로 사당 안에서 나를 죽이려는 것이다. 내가 병을 구실로 가지 않으면 승상이 틀림없이 스스로 찾아올 터이니, 오는 즉시 죽여라."

고가 사람을 보내 자영을 여러 차례[數輩] 청했으나 자영이 가지 않자, 고는 과연 자기가 와서 말했다.

“종묘의 일은 중대사인데, 왕께서는 어찌하여 가지 않습니까?”

자영이 드디어 고를 재궁(齋宮-재실)에서 칼로 찔러 죽이고는 고의 집안 삼족을 멸한 다음에 함양 저잣거리에서 조리를 돌렸다.

1) 【집해(集解)】 詳의 발음은 (상이 아니라) 양(羊)이다.[양(佯)이나 양(陽)이 바로 그런 뜻이다. 무(繆)에도 '겉으로는'이라는 뜻이 있다.]

자영이 진왕이 된 지 46일째 되던 날, 초나라 장수였던 패공이 진군을 격파하고 무관에 들어와서 드디어 패상(覇上)[1]에 이르렀고, 자영에게 사람을 보내 투항을 약속받았다. 자영은 즉시 (죄인처럼) 목에 끈을 맨[以組(이조)] 채 흰 말이 끄는 수레를 타고는[2] 천자의 옥새와 부절을 받들고서 지도(軹道) 부근에서 항복했다[3]. 패공이 드디어 함양에 들어가서 궁실과 창고를 봉쇄한 뒤 군대를 다시 돌려 패상으로 물렸다.

한 달여가 지나자, 제후들의 병력이 이르렀는데, 항적(項籍-항우)이 종장(從長-맹주)이 되어[4] 자영과 진나라 공자들, 종족들을 죽이고 함양성을 도륙했다. 궁실을 불태우고 자녀를 포로로 잡았으며, 진기한 보물과 재물들을 거둬 제후들과 나누었다. 진나라를 멸망시킨 후에는 그 땅을 셋으로 나눠 각각 옹왕(雍王)·새왕(塞王)·적왕(翟王)이라 부르면서 '삼진(三秦)'이라 이름했다. 항우가 서초패왕(西楚覇王)이 되어 천하의 왕과 제후들을 나누는 일을 주도하니 진나라는 결국 멸망했고, 5년 뒤에는 천하가 한(漢)나라에 의해 평정되었다.

1) 【집해(集解)】 응소(應劭)가 말했다. “패수(霸水) 근처 지명이며, 장안(長安) 동쪽으로 30리에 있다. 옛날 이름은 자수(滋水)인데, 진(秦) 목공(穆公)이 패수(霸水)로 이름을 고쳤다[更名(갱명)].”

2) 【집해(集解)】 응소(應劭)가 말했다. “조(組)는 천자(天子)의 인끈[紱(불)]이다. 목을 매

었다[係頸]는 것은 자살하고자 했다는 말이다. 소거(素車)와 백마(白馬)는 상인(喪人)의 복장이다."

3) 【집해(集解)】 서광(徐廣)이 말했다. "패릉에 있다." 배인(裴駰)이 살펴보건대, 소림(蘇林)이 말하기를 정(亭)의 이름이며 장안 동쪽으로 13리 떨어진 곳에 있다고 했다.

4) 【색은(索隱)】 관동이 연합해서 종장(從長)이 되었다는 말이다.

태사공(太史公)이 말한다.

"진나라 선조 백예(伯翳)는 일찍이 당우(唐虞-요순)의 시대에 공훈을 세우고 땅과 성을 하사받았으나 하나라와 은나라에 이르러 흩어졌고, 주나라가 쇠퇴할 무렵에 진나라가 일어나서 서쪽 변방에 도읍을 정했다. 목공 이래 차츰 제후들을 잠식했고, 결국 시황이 나왔다. 시황은 스스로 공적이 오제(五帝)를 뛰어넘고 땅이 삼왕(三王)보다 넓다 하여 이들과 함께 대등하게 다뤄지는 것[侔=對等]조차 수치스러워했다. 좋도다, 가생(賈生)[1]의 미뤄 헤아린 말이여! 그는 이렇게 말했다.

'진(秦)나라는 산동(山東)의 30여 군(郡) 제후를 겸병해 중요한 나루와 관문을 손질했으며, 험준한 요새에 의지해 갑옷과 병기를 잘 정비해서 그곳을 지켰다. 그러나 진승(陳勝)이 뿔뿔이 흩어졌던 수자리 병사[戍卒] 수백 명을 규합해 팔뚝을 걷어붙이고 크게 외치면서 활이나 창 같은 병기를 쓰지 않고 호미[鉏=鋤]와 호미 자루[櫌][2], 몽둥이[白梃] 따위로 무장한 채로 가는 곳마다에서 백성의 도움으로 배를 채우며[望屋而][3] 천하를 휘젓고 다닐[橫行天下][4] 때는, 진나라 병사들은 험준한 요새에 주둔하면서도 수비를 하지 않았고 관문을 닫거나 교량을 끌어 올리지도 않았으며 긴 창을 사용해 적을 찌르거나 강한 활을 사용해 쏘지도 않았다. 초(楚)나라 군사가 깊숙이 쳐들어가 (진나라 군사와) 홍문(鴻門-섬서성 임동현(臨潼縣) 동쪽)에서 싸움을 벌였는데, 뜻밖에[曾=不期] 울타리 같은 장애물[藩籬之難]도 없

었다. 이런 때에 산동이 크게 동요하니, 제후들이 함께 일어나고 호걸과 준재들이 서로 왕을 자처했다[5]. 진나라는 장한(章邯)을 보내 동쪽을 정벌토록 했는데, 장한은 자신이 거느린 삼군(三軍)의 군사들을 이용해 바깥에서 제후들과 거래를 벌여[要市(요시)][6] 자신의 임금을 도모하고자 했다[7]. (진나라의) 여러 신하가 (임금과) 서로 믿지 못했음을 여기서 볼 수 있다.

1) 가의(賈誼)를 말한다. 바로 이어서 그의 「과진론(過秦論)」이 소개된다.

2) 【집해(集解)】 서광(徐廣)이 말했다. "우(櫌-곰방메)는 밭 가는 도구[田器(전기)]이며, 발음은 우(憂)다." 【색은(索隱)】 서(徐)는 우(櫌)를 밭 가는 도구라고 했는데 아니다. 맹강(孟康)은 그것을 호미 자루[鉏柄(서병)]라고 했는데, 대체로 그것에 가깝다고 할 수 있다.

3) 【색은(索隱)】 그 병사들이 천하를 잠식하면서 식량을 싸가지도 않은 채 행군했다는 말이다.

4) 【색은(索隱)】 앞에 있는 적을 가벼이 여겨서 대오를 형성하지도 않은 채 행군했다는 말이다. 무양후(舞陽侯)가 말한 "흉노 속을 휘젓고 다녔다[橫行(횡행)]"는 것이 바로 그 뜻이다.

5) 【집해(集解)】 배인(裴駰)이 살펴보건대, 갈관자(鶡冠子)는 이렇게 말했다. "1만 명에게 덕을 베푸는 것을 일러 준(俊), 1,000명에게 덕을 베푸는 것을 일러 호(豪), 100명에게 덕을 베푸는 것을 일러 영(英)이라고 한다." 【색은(索隱)】 무신(武臣)·전담(田儋)·위표(魏豹)의 부류를 말한다.

6) 거래를 약속하다라는 뜻으로, 여기서는 장감이 항우에게 투항할 때 진나라를 함께 쓰러뜨리고 그 땅을 나눠 자신이 왕이 되게 하겠다고 거래했다는 뜻이다.

7) 【색은(索隱)】 이 비평은 틀렸다. 장한이 항복한 것은 한편으로는 조고가 전권을 행사하면서 장군을 믿어주지 않자 주살될까 봐 두려웠기 때문이고, 다른 한편으로는 초나라 군대가 이미 막강해서 왕리가 포로가 되자 드디어 병사들을 이끌고 투항한 것일 뿐이다. 삼군의 군사를 이용해 바깥에서 제후들과 거

래를 벌였다는 것은 명백하게 틀렸다.

자영(子嬰)[1]은 왕의 자리에 오르고서도 끝내 상황을 깨닫지 못했다. 만약에 자영이 보통 정도의 군주[庸主]의 재질을 지녔고 중간 정도의 신하로부터 보좌를 받을 수 있었다면, 산동에서 비록 반란이 일어났다 하더라도 원래의 진나라 땅은 보전할 수 있었을 것이고 종묘의 제사도 마땅히 끊어지지 않았을 것이다. 진나라 땅은 산을 등지고 있고 하천이 휘감아 있어 사방이 요새와도 같은 나라였다. 목공(穆公) 이래로 진시황[秦王]까지 임금 20여 명이 항상 제후들의 우두머리[雄]가 될 수 있었던 것이, 어찌 대대로 그들이 다 뛰어나서[賢]였겠는가? 그것은 진나라가 처한 형세[勢居=處勢]가 그러했기 때문이다. 또 천하가 일찍이 한마음이 되어 힘을 모아서[同心幷力] 진나라를 공격하자 이런 때를 맞아 당시의 뛰어난 이와 지략 있는 사람[賢智]들이 한데 모여들어서 훌륭한 장수가 자신들의 병사들을 이끌고 뛰어난 재상이 자신들의 계책을 서로 나누었지만, 그들은 진나라의 험난한 지세에 막혀 제대로 진격하지를 못했다. 진나라가 그들을 맞아들여서 싸우기 위해 관문을 활짝 열어젖히자 (다른 제후국들의) 100만 병졸들은 패해 달아났고, 결국은 궤멸당하고 말았다. 이것이 어찌 용력과 지혜가 부족했기 때문이겠는가? 형국[形]이 불리하고 지세[勢]가 불편했기 때문이다.

진나라는 작은 읍들을 큰 성[大城][2]에 병합해 험난한 요새를 지켰으며, 군대는 보루를 높이 쌓은 뒤 결코 싸우지 않고 관문을 닫아걸고는 요새를 점거해 무기를 걸머진 채 수비에 나섰다. (그러나) 제후들은 필부 중에서 일어났기 때문에 각자의 이익에 따라 모였을 뿐 평소 임금이 될 만한 행실[素王之行][3]은 갖고 있지 못했으니, 그들 간의 사귐에는 친밀함[親]이 없었고 그 부하들도 진심으로 따르지 않았다. 명분상으로는 진나라 멸망을 내세웠지만, 실질적으로는 각자의 이익에 따라 움직였다. 그들이 진나라의 험한 요새들이 침범하기 어렵다는 것을 알았다면 반드시 군사들을 뒤로 물

렸을 것이다. (진나라는 이 틈을 타서) 나라를 안정시키고 백성을 쉬게 하면서[安土息民][4] 다른 여러 나라들이 쇠퇴해지기를 기다렸다가, 약한 나라들을 거둬들이고 피폐한 나라들을 도와줌으로써 대국의 제후를 호령할 수 있었다면 천하에 뜻을 얻지 못함을 근심하지는 않았을 것이다. (그런데 자영이) 귀하기로는 천자이고 부유하기로는 천하를 소유했으면서도 자신의 몸이 사로잡히는 신세가 된 것은, 나라의 패망을 구원하는 방법[救敗]이 잘못되었기 때문이다. 진시황[秦王]은 자만해서[足己=自慢] 남에게 묻지를 않았고 끝내는 잘못을 저질러도 바꿀 줄을 몰랐으며[不變], 2세황제는 그것을 그대로 물려받아 (잘못을 하면) 고칠 줄을 몰랐고[不改] 포학하기까지 해서 그 화(禍)를 더했는데, 자영은 고립되고 혈친이 없었으며 위태롭고 유약했음에도 제대로 보필해줄 신하가 없었다. 이들 세 임금은 미혹되어 있으면서도 죽을 때까지 그것을 깨닫지 못했으니, 패망한 것이 진실로 마땅하지 않은가? 이런 때를 당해 세상에는 깊은 생각으로 변화를 꿰뚫어 보는 장부와 선비가 없었던 것이 아니지만, 그런 사람들이 감히 충성을 다해서 임금의 잘못을 막지 못했던 이유는, 진나라의 습속에는 피하고 꺼려야 할 금기사항[忌諱之禁]들이 많아서 충성스러운 말을 할 경우 입에서 그 말을 끝맺기도 전에 몸이 이미 죽어 없어질 것이었기 때문이다. 그래서 천하의 장부와 선비들은 그저 귀 기울여 듣기만 하고 두 발을 포개고 가만히 서서[重足而立][5] 입을 닫은 채[鉗口] 아무런 말도 하지 않았던 것이다. 이로 인해 세 임금이 도리를 잃었는데도 충성스러운 신하들은 감히 간언하지 못했고 지략 있는 신하들은 감히 계모(計謀)를 낼 수 없었으며, 그 결과 천하가 이미 어지러워졌어도 간사한 자들은 이를 위에 알리지 않았으니 어찌 슬프지 않겠는가?

(주나라의) 옛 임금들[先王]은 언로가 막히고 가려지는 것[壅蔽]은 나라를 해친다는 것을 잘 알았기에 공(公)·경(卿)·대부(大夫)·사(士)를 두어 법도를 정돈하고 형벌을 마련해서 천하가 다스려지게 했다. 그 나라(-주나

라)가 강할 때면 사나운 짓을 금하고 어지럽힘을 주벌했기 때문에 천하 사람들이 복종했고, 그 나라가 약할 때면 오패[五伯(오백)=五霸(오패)]가 정벌했기 때문에 제후들이 복종했으며, 영토가 줄어들면 안으로 수비를 갖추고 밖으로 (힘센 제후들에게) 의지해 사직을 보존했다. 그러나 진나라는 강성할 때는 법이 번잡스럽고 형벌이 엄해 천하가 두려워했지만 일단 쇠약해지자 백성이 원망하고 온 천하가 배반했게 되었다. 주나라는 오서(五序)[6]가 그 도리를 얻었기 때문에 1,000여 년 동안 사직이 끊어지지 않을 수 있었지만, 반면에 진나라는 뿌리와 곁가지[本末(본말)]를 다 잃었기 때문에 오래갈 수가 없었던 것이다.

이를 보건대 평안함과 위태로움의 근간[安危之統(안위 지 통)]은 서로 그 거리가 멀리 떨어져 있다. 속담[鄙諺(비언)=野諺(야언)]에 이르기를 "지나간 일을 잊지 않아야 훗날 일의 스승이 될 수 있다"라고 했다. 이 때문에 군자가 나라를 다스릴 때는 옛일을 자세히 살펴서 당대에 그것을 징험하고, 사람의 일을 잘 살펴서 흥망성쇠의 이치를 이해하며, 그 '때'의 상황과 형세[權勢(권세)]의 마땅함을 깊이 들여다보아서 취하고 버리는 차례가 있게 하고 변화를 시도할 때도 그 시세(時勢)에 맞게 따를 수 있다. 그렇기 때문에 (나라가) 나날이 오래도록 이어지고 사직이 안정될 수 있는 것이다.[7]

1) 진시황제의 태자였던 부소(扶蘇)의 아들이다. 조고(趙高)는 2세황제를 죽이고 자영을 왕으로 옹립했는데, 황제 대신 왕이라고 불렀다. 유방에게 항복했으나 뒤에 항우에게 살해되었다.

2) 【집해(集解)】 서광(徐廣)이 말했다. "대(大)가 판본에 따라서는 소(小)로 되어 있다."

3) 소왕(素王)이란 임금이 될 만한 다움과 행실은 있지만 임금의 자리에 오르지 못한 사람을 말한다. 예를 들면 공자가 바로 소왕이다. 여기서는 그냥 임금이 될 만한 자질 정도로 풀었다.

4) 【색은(索隱)】 가의의 글에는 안(安)이 안(案)으로 되어 있다.

5) 두 발을 한데 모으고 감히 움직이지 않는 것으로, 대단히 두려워하는 모습을 표현하는 말이다.

6) 【색은(索隱)】 가의의 글에는 오(五)가 왕(王)으로 되어 있다.[공후백자남의 다섯 단계 작위다.]

7) 가의의 말은 계속해서 이어지지만, 일단 여기까지가 현전하는 「과진론(過秦論)」의 내용이다.

진(秦)나라 효공(孝公)[1]은 효산(殽山)과 함곡관(函谷關)의 견고함에 의지해 옹주(雍州)[2]를 틀어쥐고서 임금과 신하가 서로를 굳게 지키며 주(周)나라 왕실을 엿보았으니, 이는 자리를 말아 올리듯 차근차근[席卷=席捲][3] 천하를 차지하고 온 세상[宇內]을 감싸 들어 올림[包擧]으로써 사해(四海)를 주머니 속에 넣어 주둥이를 잡아매듯 몽땅 가지려는[囊括][4] 뜻과 팔방[八荒=八紘=八方]을 집어삼킬 마음을 지녔기 때문이었다. 이런 때를 맞아 상군(商君)[5]이 효공을 도와서, 안으로는 법률과 제도를 세우고 (백성으로 하여금) 농사일과 베 짜기[耕織]에 힘쓰면서 전쟁 준비를 가다듬게 하고, 밖으로는 연횡(連橫-連衡)의 책략[6]을 써서 제후들끼리 서로 다투게 했다. 이에 진나라 사람들은 팔짱을 낀 채 서하(西河)의 외곽을 거저 차지하게 되었다.

1) 전국시대 진나라의 임금으로 진시황의 6대조이며 재위 기간은 기원전 361~338년이다. 진나라는 효공 때 비로소 강대해졌고, 이것이 훗날 진시황이 천하를 통일하는 밑거름이 되었다.

2) 당시 관중(關中)의 요충지였다.

3) 【색은(索隱)】 살펴보건대, 『춘추위(春秋緯)』에 이르기를 "제후들이 얼음 녹듯이 석권했다"라고 했다.

4) 【집해(集解)】 장안(張晏)이 말했다. "괄(括)이란 주머니의 주둥이를 매는 것이다. 얼마든지 천하를 집어삼킬 수 있다는 말이다."

5) 【색은(索隱)】 상군은 위나라 공손앙(公孫鞅)이다. 진나라에서 벼슬해 좌서장(左庶長)이 되었고, 드디어 진나라를 위해 법과 제도를 만들어서 효공을 패자의 지위에 올려주었다. 상 땅에 봉해졌고, 그래서 칭호를 상군이라고 했다.

6) 【색은(索隱)】 『전국책(戰國策)』에서 말했다. "소진(蘇秦)은 실로 진나라를 위해 연

횡(連衡)을 제시했다." 고유(高誘)가 말했다. "관동을 합쳐 진나라와 통교하는 것이니 그래서 연횡이라고 한다."[진나라 동쪽에 있는 한·위·연·조·제·초의 여섯 나라가 각각 진나라와 동맹을 맺어 진나라의 보호를 통해 안전을 도모하도록 하라는 외교 술책이다. 진나라의 장의(張儀)가 주창한 것인데, 실은 이들 여섯 나라 사이에 불화를 조장해서 서로 싸우게 하려는 술책이다.]

효공이 이미 죽고 나자, 혜왕(惠王)과 무왕(武王)이 유업(遺業)을 이어받았는데, (이들은) 효공의 책략에 입각해 남쪽으로는 한중(漢中)을 삼켰고 서쪽으로는 파(巴)와 촉(蜀)을 빼앗았으며 동쪽으로는 기름진 땅을 도려내고 요충지가 되는 여러 군(郡)을 거둬들였다. (그러자) 제후들이 크게 두려워하며 동맹을 맺고[會盟=結盟] 진나라를 약화할 방안을 모의했다. 그리하여 온갖 진기한 기물과 귀중한 보물, 산물이 풍부한 기름진 땅을 아끼지 않고 내놓음으로써 천하의 선비들을 초빙했으며, 합종책(合縱策)을 써서 서로 하나로 똘똘 뭉쳤다[締交][1]. 이런 때를 맞아 제(齊)나라에는 맹상군(孟嘗君)이, 조(趙)나라에는 평원군(平原君)이, 초(楚)나라에는 춘신군(春申君)이, 위(魏)나라에는 신릉군(信陵君)이 있었다. 이들 네 군(君)은 모두 밝게 사리를 알며 충성스럽고 믿음직했으며[明知而忠信], 너그럽고 두텁게 다른 사람을 사랑해서[寬厚而愛人] 뛰어난 이를 높이고 선비를 중하게 여겼다[尊賢重士]. 이들은 합종책을 (따르기로) 약속하고 연횡책을 버리고서[2] 한(韓)·위(魏)·연(燕)·초(楚)·제(齊)·조(趙)·송(宋)·위(衛)·중산(中山)의 군사들을 하나로 합쳤다. 여섯 나라[六國][3]의 인재[士]를 보면, 영월(寧越-조나라 사람), 서상(徐尙-송나라 사람), 소진(蘇秦)[4], 두혁(杜赫-주나라 사람) 등이 전략[謀]을 세웠고[5], 제명(齊明-동주의 신하로 뒤에 진·초·한에 출사), 주최(周最-동주의 공자(公子)), 진진(陳軫-하나라 혹은 초나라 사람), 소활(召滑-초나라 신하), 누완(樓緩-위나라 대신), 적경(翟景-위나라 사람), 소려(蘇厲-소진의 아우), 악의(樂毅-연나라 소왕(昭王)의 장수)[6] 등이 각국의 의견을 서로 통하

게 했으며, 오기(吳起-위나라 사람), **손빈**(孫臏-제나라 사람으로 손무(孫武)의 후예), **대타**(帶佗-초나라 장수), **아량**(兒良), **왕료**(王廖), **전기**(田忌-제나라 장수), **염파**(廉頗-조나라 장수), **조사**(趙奢)[7] **등의 밝은 장수[明]들이 군사를 이끌었다.**

1) 【집해(集解)】 (맹강(孟康)이) 『한서음의(漢書音義)』에서 말했다. "체(締)란 '맺다[結]'라는 뜻이다."

2) 【색은(索隱)】 맹상 등 네 군이 모두 자신들의 나라를 위해 서로 합종하기로 함으로써 진나라와 연횡하는 대오에서 이탈한 것을 말한다.

3) 【색은(索隱)】 6국이란 한·위·조·연·제·초이다. 진(秦)을 포함하면 7국이 되어, 이를 7웅(雄)이라고도 불렀다. 또 6국에 송·위(衛)·중산을 포함하면 9국이 되는데, 그러나 이 3국은 대개 미미했거나 그전에 망했다.

4) 낙양 사람으로, 여섯 나라의 합종책을 주창한 장본인이다.

5) 【집해(集解)】 서광(徐廣)이 말했다. "월(越)은 판본에 따라 경(經)으로 되어 있다. 혹은 이 사람과 다른 사람일 수 있으니, 반드시 영월이 아닐 수도 있다." 【색은(索隱)】 영월(寧越)은 조나라 사람인데, 가의는 영월(甯越)이라고 썼다. 서상은 어떤 사람인지 알 수가 없다. 소진은 동주(東周) 낙양(洛陽) 사람이다. 『여씨춘추(呂氏春秋)』에 이르기를 "두혁은 천하를 안정시키는 내용을 갖고서 주소문군(周昭文君)에게 유세했다"라고 했는데, 고유(高誘)가 말하기를 "두혁은 주나라 사람"이라고 했다.

6) 【색은(索隱)】 『전국책(戰國策)』에 따르면 제명은 동주(東周)의 신하인데, 뒤에 진나라, 초나라, 한(韓)나라에서 벼슬을 했다. 주최는 주나라의 공자인데, 역시 진나라에서 벼슬했다. 진진은 하(夏) 사람인데, 역시 진나라에서 벼슬했다. 소활은 초나라 사람이다. 누완은 위나라 문후(文侯)의 동생으로 이른바 누자(樓子)다. 소려는 소진의 동생이며 제나라에서 벼슬했다. 악의는 본래 제나라 신하였는데, 연나라에 들어가자, 연나라 소왕(昭王)이 빈객의 예로 그를

대우하며 아경(亞卿)으로 삼았다. 적경은 누구인지 알 수 없다.

7) 【색은(索隱)】 오기는 위(衛)나라 사람인데, 위(魏)나라 문후를 섬겨 장군이 되었다. 손빈은 손무(孫武)의 후손이다. 『여씨춘추(呂氏春秋)』에 이르기를 "왕료는 귀함이 먼저였고 아량은 귀함이 뒤였다"라고 했는데, 두 사람 다 천하의 호사(豪士)다. 전기는 제나라 장수이고 염파와 조사는 조나라 장수다.

이들은 일찍이 (진나라의) **10배나 되는 땅과 100만 대군을 갖고서 함곡관을 치며**[叩=擊] **진나라를 공격했다. 진나라 사람들이 관문을 활짝 열고서 적군을 끌어들이니,** (한·위·연·초·제·조·송·위·중산의) **아홉 나라 병사들은 우왕좌왕하며 도망을 칠 뿐 감히 앞으로 나아가지 못했다. 진나라는 화살 1대, 화살촉 1개도 쓰지 않았는데 천하의 제후들은 이미 곤경에 빠진 것이다. 이에 합종책은 흩어지고 약속은 깨져서 그들은 앞다퉈 땅을 도려내서**[割地] **진나라에 바쳤다. 진나라는 여력을 갖게 되자 쇠약해진 아홉 나라를 제압했으니, 도망치는 패잔병들을 추격해서 죽이자 나뒹구는 시체가 100만에 이르렀고 흐르는 피에 큰 방패**[鹵]**가 둥둥 떠다닐 정도였다**[漂鹵][1]**. 진나라는 자신들의 이익에 입각해 편리한 대로 천하를 마음대로 요리하면서** (제후들의) **산과 강을 갈가리 나눠서 찢어놓았으니, 그나마 강한 제후국은 항복을 청했고 약한 제후국은 입조(入朝)했다**[2]**.**

(뒤이은) **효문왕(孝文王)과 장양왕(莊襄王) 때는 재위 기간**[享有]**이 너무 짧았고**[日淺] **나라에도 아무런 일이 없었다**[3]**.**

1) 【집해(集解)】 서광(徐廣)이 말했다. "노(鹵)는 방패[楯]다."

2) 신하의 예를 갖추고서 진나라 조정에 들어와 조현했다는 말이다.

3) 진나라 소양왕(昭襄王)이 죽자, 그의 아들 효문왕이 왕위를 물려받았지만, 탈상한 지 사흘 만에 죽었고, 그의 아들 장양왕이 즉위했으나 그 또한 3년 만에 죽었다. 그래서 그 뒤에 진시황이 즉위했다.

❖

진왕(秦王-진시황) 때에 이르자 그는 여섯 임금[六世]의 유업[餘烈=遺業][1]을 이어서, 뛰어난 계책[長策]을 발휘해 세상을 장악해 나갔으니, 동주와 서주[二周]를 집어삼키고[2] 제후들을 멸망시킨 후에 스스로 황제의 자리[至尊]에 올라 천하[六合]를 제압했다. 그러고는 회초리와 몽둥이[棰拊=棰朴][3]를 쥐고서[4] 천하에 채찍질과 매질을 가하니, 황제의 위엄이 온 세상을 벌벌 떨게 했다. 남쪽으로 백월(百越)[5]의 땅을 차지해 계림군(桂林郡)과 상군(象郡)의 2군을 만드니, 백월의 임금은 머리를 숙이고 목에 줄을 걸고 와서 진나라 옥리[下吏]에게 자기 목숨을 내맡겼다. 마침내 몽염(蒙恬)으로 하여금 북쪽에 만리장성을 쌓아 변경을 지키게 하고 흉노를 700여 리 밖으로 몰아내니 오랑캐들은 감히 남쪽으로 내려와 말을 기르지 못했고, 흉노의 병사들은 감히 활을 당겨 진나라에 원한을 갚을 생각을 하지 못했다. 이에 (진시황은) 선왕의 도리[先王之道][6]를 폐기하고 백가의 학설들을 불태움으로써 백성[黔首]을 어리석게 만들었다. 또 이름난 성들을 무너뜨리고[7] 호걸과 준재들을 죽였으며, 천하의 병기들을 함양(咸陽)으로 거둬들여서 녹여 종을 만들거나 동상[金人] 12개를 만듦으로써 백성을 약화시켰다. 그런 다음에 화산(華山)을 깎아[斬][8] 성곽을 만들고 황하의 물줄기를 끌어들여 해자(垓字)를 파서, 1억 장(丈) 길이의 높은 성에 거처하면서 깊이를 알 수 없는 골짜기를 굽어보며 방비를 굳게 했다. 훌륭한 장수와 강한 쇠뇌가 요충지를 지키고 믿을 만한 신하와 정예부대가 날카로운 창칼을 들고 오가는 사람들이 누구인지를[誰何][9] 엄중하게 검문하니, 천하는 이미 평정되었다. 진시황은 마음속으로, 관중(關中)의 굳건함은 금성(金城)[10] 천리와 같아서 그 자손들이 만세토록 제왕이 될 수 있게 해줄 업적이라고 여겼다. 진왕이 이미 죽고 나서도[沒][11] 진나라의 남은 위력[餘威]은 풍속이 다른 먼 곳에까지 떨쳤다.

1) 【집해(集解)】 장안(張晏)이 말했다. "효공·혜문왕·무왕·소왕(昭王)·효문왕·장

양왕이다."

2) 진시황은 두 주나라를 멸망시키고서 3개 주군(州郡)으로 개편했다.

3) 【집해(集解)】 서광(徐廣)이 말했다. "부(拊)는 '두드리다[拍(박)]'는 뜻이고, 발음은 부(府)다. 판본에 따라 고박(槁朴)으로 되어 있다." 【색은(索隱)】 가의의 본론에도 고박(槁朴)으로 되어 있다.

4) 법가의 사상을 써서 형벌 제도를 강화했다는 말이다.

5) 【집해(集解)】 위소(韋昭)가 말했다. "월에는 읍이 100개 있다."[절강(浙江)·복건(福建)·광동(廣東)·광서(廣西)·월남(越南) 등지를 포괄하는, 고대에 월족이 살던 지역을 말한다. 종족이 많아 백월(百越)이라고 했다.]

6) 유학의 가르침을 말한다.

7) 【집해(集解)】 응소(應劭)가 말했다. "견고한 성을 부순 것은, 사람들이 다시 그런 성들의 험난함에 기대어 자신을 괴롭힐까 두려웠기 때문이다."

8) 【집해(集解)】 서광(徐廣)이 말했다. "참(斬)은 판본에 따라 천(踐-베다)으로 되어 있다." 배인(裴駰)이 살펴보건대, 복건(服虔)이 말하기를 "화산을 잘라내 성을 만들었다"라고 했다. 【색은(索隱)】 참(斬)은 또한 천(踐)으로 되어 있고, 가의의 본론에도 그렇게 나온다. 또 최호(崔浩)는 말하기를 "천(踐)이란 '오르다[登(등)]'라는 뜻이다"라고 했다.

9) 【집해(集解)】 여순(如淳)이 말했다. "하(何)란 누구인지 물었다는 뜻이다." 【색은(索隱)】 최호(崔浩)가 말했다. "하(何)는 간혹 가(呵-꾸짖다)로 되어 있다." 『한구의(漢舊儀)』에서 말했다. "숙위 낭관이 밤을 다섯으로 나눠 수가(誰呵)했으니, 가(呵)란 밤에 다니는 사람을 검문하는 것이다." 하(何)는 가(呵)와 같은 글자다.

10) 【색은(索隱)】 금성(金城)이란, 성이 튼튼하고 견고함을 말한 것이다. 『한자(韓子-한비자)』는 "설사 금성(金城)과 탕지(湯池)를 갖고 있다 하더라도"라고 말했고, 『한서(漢書)』에서 장량(張良) 역시 말하기를 "관중(關中)은 이른바 금성 천리이자 천부(天府-튼튼한 요새)의 나라"라고 했다.

11) 가의는 줄곧 진시황을 진왕(秦王)이라고 칭했고, 따라서 그의 죽음에 대해서도 붕(崩)이라고

하지 않고 그냥 몰(沒)이라고 했다.

진승(陳勝)은 깨진 항아리의 주둥이를 창문으로 삼고 새끼줄을 늘어뜨려 문을 대신하는[甕牖繩樞][1] (가난한) 집의 자식으로, 미천한 백성[甿隸][2]이라 수자리에 징발된 무리였다. 재주와 능력은 보통 사람[中人]에도 미치지 못했고, 공자나 묵적(墨翟)과 같은 뛰어남[賢]도 없었으며, 도주(陶朱)[3]나 의돈(猗頓)과 같은 부를 지니지도 못했다. 그런 그가 사졸들의 행렬에 끼어서 행군 중에 반란을 일으켰으니[4], 그는 지칠 대로 지쳐 흩어져버리려 했던 병사들을 거느리고 수백 명을 통솔해 가던 길을 바꿔서 진나라를 공격했던 것이다.

나무를 베어서 무기로 삼고 장대를 높이 세워 깃발로 삼았는데도 천하의 사람들이 구름처럼 모여들어서 양식을 짊어진 채로 그림자처럼 따랐다. 마침내 산동(山東)의 호걸들이 한꺼번에 들고일어나서 진나라 황족[秦族]을 멸망시켰다.

1) 【집해(集解)】 복건(服虔)이 말했다. "새끼줄을 엮어 문과 지도리[戶樞]를 만든 것이다." 맹강(孟康)이 말했다. "깨진 항아리를 이용해 창문[窓]을 만들었다는 뜻이다."

2) 【집해(集解)】 여순(如淳)이 말했다. "甿은 옛날의 맹(氓-이주해 온 백성)자이니, 맹(氓)이란 민(民-백성)이다."

3) 월(越)나라의 재상 범여(范蠡)를 가리킨다. 월나라 임금 구천(勾踐)을 도와서 오(吳)나라를 멸망시켰다. 뒤에 벼슬을 버리고 도(陶) 땅에 은거해 거부가 되었으므로 세상 사람들은 그를 도주공(陶朱公)이라고 불렀다.

4) 【집해(集解)】 『한서음의(漢書音義)』에서 말했다. "십장(十長)·백장(百長) 중에서 우뚝 솟았다는 말이다." 여순(如淳)이 말했다. "이때는 모두 인재들이 평범한 사졸 중에서 나왔다."

저 (진나라의) 천하는 작지도 약하지도 않았고 옹주의 땅도 효산과 함곡관의 견고함[殽函之固][1]도 예전과 전혀 다르지 않았지만, 진승의 지위는 제·초·연·조·한·위·송·위·중산의 임금들보다 존귀하지 않았으며 그가 거사에 썼던 호미와 호미 자루[鉏櫌], 창과 창 자루[棘矜][2]도 (관군의) 굽은 창[句戟]과 긴 창[長鎩]보다 날카롭지[銛=銳] 않았다[3]. 또 변방의 수비지로 유배된 무리는 이들 아홉 나라의 병사들보다 강하지 못했으며 계책과 사려, 행군과 용병의 계략에서도 예전의 모사(謀士)들[4]과 비교가 되지 않았다. 그러나 성공과 실패는 크게 달랐으며, 이룩한 공업(功業)은 완전히 상반되었다. 만약 산동의 나라들과 진승의 영토 크기를 헤아려보고[絜][5] 여섯 나라와 진승의 권세와 병력을 비교해본다면 동등하다고 말할 수 없을 것이다. 그렇지만 진나라는 작은 국토와 천승(千乘) 제후의 권력을 가지고서도 팔주(八州)를 불러들여서 동급인 여섯 제후국으로부터 조회(朝會)를 받은 것이 100여 년이 되었고 그런 후에 온 천하를 한집으로 삼고 효산과 함곡관을 궁전으로 삼았는데, 그런데도 일개 필부가 난을 일으키자, 칠묘(七廟)[6]가 무너지고 천자가 남의 손에 죽임을 당해[7] 천하의 웃음거리가 되었으니 무엇 때문일까? 그것은 어짊과 마땅함[仁義]을 베풀지 않았고, 천하를 차지할 때와 천하를 지킬 때[攻守]의 정세가 달랐기 때문이다[8].

1) 【집해(集解)】 위소(韋昭)가 말했다. "효(殽)란 이효(二殽)를, 함(函)이란 함곡관을 말한다."

2) 【집해(集解)】 복건(服虔)이 말했다. "호미 자루와 창으로 모근(矛槿-무기 일종)을 만들었다." 여순(如淳)이 말했다. "우추(櫌椎)는 괴추(塊椎-흙덩어리 깨는 도구)이다."

3) 【집해(集解)】 서광(徐廣)이 말했다. "담(錟)은 판본에 따라 섬(銛-가래, 날카롭다)으로 되어 있다." 배인(裴駰)이 살펴보건대, 여순(如淳)은 말하기를 "긴 칼과 창이다"라고 했고 또 말하기를 "갈고리 창은 모(矛-긴 창)와 비슷한데, 칼날 아

래가 쇠로 되어 있으며 가로 방향으로 갈고리가 달려서 위로 굽어 있다"라고 했다.

4) 여섯 나라가 진나라에 대항할 때의 맹산군·소진·손빈·염파 등을 가리킨다.

5) 【집해(集解)】『한서음의(漢書音義)』에서 말했다. "혈동(絜東)이라고 할 때의 혈(絜-헤아리다)이다."

6) 효공부터 진시황까지의 종묘를 말한다.

7) 진시황의 손자 자영이 항우에게 죽임을 당한 것을 말한다.

8) 진덕수(眞德秀)는 『문장정종(文章正宗)』에서 이 부분을 이렇게 평가했다. "의(誼)가 진나라를 논한 것을 가만히 살펴보니, 본말(本末)이 잘 갖춰져 있고 두 가지 사항으로 결론을 잘 내려 지극하다고 할 수 있다. 그러나 가의의 뜻은 공수(攻守)라는 말을 통해 두 가지 길을 제시하려는 데 있다. 즉 하나는 권모술수를 써서 차지하는 것[攻(공)]이고, 다른 하나는 어짊과 마땅함을 써서 그 뒤를 지키는 것[守(수)]이다. 한나라 초창기에는 뛰어난 인물이 사태를 보는 바가 대체로 이러했다. 그래서 육가(陸賈)가 역취순수(逆取順守)를 말했던 것이고 가의 또한 차지하고 지키는 데서의 정세 차이에 관한 설을 제시했던 것이니, 어찌 삼대(三代)가 천하를 얻은 것이, 이런 두 가지 도리를 썼기 때문이겠는가? 이는 가의의 배움이 신한(申韓-신불해와 한비자의 법가)에 많은 영향을 받았기 때문이다."

진나라가 천하를 통일해서 제후들을 겸병하고 남면(南面)해 '제(帝)'라고 칭하면서 온 천하를 다스리자, 천하의 사인(士人)들이 순순히 귀의했으니, 이와 같은 것은 어째서인가?

대답은 이러하다. 근고(近古) 이래로 임금다운 임금[王者(왕자)]이 오랫동안 없었으니, 주나라 왕실은 국력이 쇠약해졌고 오패(五覇)는 이미 죽은 터라 천자의 명령이 천하에 행해지지 않았다. 이 때문에 제후들이 무력으로 다른 나라를 정벌해, 강국이 약국을 침탈하고 대국이 소국을 괴롭힘으로써 전쟁이 끊이지 않으니, 군사들과 백성은 모두 지쳐버렸다. 그런데 지금 진나라가 남면해 천하를 다스리니, 이는 윗자리에 천자가 존재하게 된 것이었다.

모든 백성은 자신의 목숨을 편안히 보전할 수 있기를 바라기 때문에 그 누구도 진심으로 황상(皇上)을 우러러보지 않는 자가 없었다. 이러한 때에 위엄을 지니고서 공업(功業)을 굳건히 했으니, 안정과 위망(危亡)의 관건은 여기에 달려 있었던 것이다.

(그런데) 진시황은 탐욕스럽고 비루한 마음[貪鄙之心]을 품고 독단적인 지모(智謀)를 행해, 공신들을 신뢰하지 않고 선비들과 백성을 가까이하지 않았으며 왕도(王道)를 버리고 개인의 권위를 내세웠다. 문서(文書-학문)를 금하고 형법을 가혹하게 했으며, 사술(詐術)과 무력을 앞세우고 어짊과 마땅함[仁義]을 뒷전으로 여겼으며, 포학함을 천하 통치의 시작으로 삼았다. 대체로 천하를 합병할 때는 계략과 무력을 중하게 여기며 안정되었을 때는 권력에 순종하는 것을 귀하게 여기니, 이는 천하를 얻는 것과 지키는 것의 방법이 다르다는 것을 말한다.

그러나 진나라는 전국시대를 보내고 천하를 통일했음에도 방법을 바꾸지 않고 정치를 개혁하지 않았으니, 이는 천하를 얻고 지키는 방법에 차이가 없는 것이었다. 홀로 고립된 채로 천하를 소유했기에 그의 멸망은 서서 기다릴 수 있을 정도로 빨리 찾아왔다.

만약 진왕이 전대(前代)의 일들을 고려하고 은나라와 주나라의 경험을 본보기로 삼아서 자신의 정책을 결정하고 시행했다면, 후에 설사 방자하고 교만한 임금이 나온다고 하더라도 나라가 기울고 위태해지는 환난까지는 없었을 것이다. 이 때문에 삼왕(三王)은 천하를 세워서[1] 그 명성이 아름답게 드러나고 공적과 위업이 길이 전해지는 것이다.

이제 2세황제[秦二世]가 즉위하자 천하의 모든 사람이 목을 길게 빼고서 그 정치를 지켜보고 있었다. 추위에 떠는 사람에게는 누더기 옷[裋褐][2]도 도움이 되고, 굶주린 사람에게는 술지게미도 달게 여겨지는 법이다. 따라서 천하 백성의 애달픈 하소연은 새로이 즉위하는 임금에게는 밑거름이 되는 것[天下之嗷嗷新主之資]이라고 했으니, 이 말은 고달픈 백성에게는 어진 정치[仁政]를 베풀기가 그만큼 쉽다는 것을 이른다. 만약[鄕使][3] 2세황제가 평범한 임금의 행실을 지니고서 충성스러운 신하와 뛰어난 신하[忠賢]를 임용한 다음에 신하와 임금이 한결같은 마음을 주로 하고 나라 안의 걱정거리를 염려해서, 상복을 입은 채로 옛 황제의 잘못을 바로잡기를, 토지를 나눠 백성에게 주고 공신들의 후예에게 식읍을 봉해 제후국을 세워서 군주를 옹립하고 천하의 인재들을 예로써 대우하며, 사면령을 내려서 감옥을 비우고 형벌을 면제해주며, 죄인의 처와 딸을 노비로 삼는 난잡한 죄명을 폐지해 각기 자신들의 고향으로 돌아가게 하며, 창고와 곳간을 열어서 재물과 돈을 나눠주어 의지할 곳 없는 외로운 사람과 곤궁한 사람들을 구휼하며, 세금을 가볍게 하고 노역을 줄여서 백성의 긴급한 사정을 도와주며, 법령을 간략히 하고 형벌을 가볍게 해서 죄인이 자신의 후손을 보존하게 했다면, 천하의 백성으로 하여금 모두 스스로 일신(一新)해 자신의 몸가짐을 고치고 품행을 수양하며 각자 몸을 근신하게 함으로써 만민의 바람을 만족시킬 수 있었을 것이니, 위엄과 다움[威德]으로 천하의 백성을 대함으로써 천하의 사람들이 모여들게 했을 것이다[輯=和集].

만약[卽] 천하의 백성이 모두 기뻐해서 각자 자기가 처해 있는 위치에서 편안히 생업을 즐기며 오직 변란이 발생할까만을 염려하고 설사 교활한 백성이 있다고 하더라도 군주를 배반할 마음을 가지지 않는다면, 바른 도리[正道]를 벗어난 신하도 자기의 간교를 꾸밀 방법이 없을 것이며 폭란의 간악한 일들도 그칠 것이다. 2세황제는 이러한 방법을 행하지 않고, 거꾸로 포악무도한 짓을 되풀이해 종묘와 백성에게 해를 끼치면서[壞宗廟與民][4] 다시 아방궁을 새로 짓기 시작했다. 또 형벌을 번잡하게 해 주벌을 엄혹하게 했고, 관리의 통치가 가혹하고 상벌이 형평을 잃었으며, 세금 징수에 한도가 없고 천하에 역사(役事)가 많아서 관리들이 감당조차 할 수 없을 지경이었다. 백성이 곤궁한 데도 임금이 백성을 구휼하지 않으니, 이에 역모(逆謀)와 사술(詐術)이 한꺼번에 일어났다. 위아래 사람이 서로 책임을 미루고 죄

지은 자가 많아져서, 형벌을 받은 사람들이 거리에서 서로를 볼 수 있을 정도로 천하의 백성은 고통을 당했다. 군후(君侯)와 공경(公卿)부터 서민까지 모든 사람이 스스로 위태롭게 여기는 마음을 품었으니, 그 몸이 궁핍하고 고단한 실정에 처해 모두가 자신들의 지위를 불안해했기 때문에 쉽게 동요했던 것이다.

따라서 진승이 탕왕(湯王)이나 무왕(武王)의 뛰어남[賢]을 지니지 못했으면서도, 또 공후(公侯)의 존귀한 신분이 아니었으면서도 대택(大澤)에서 팔을 휘두르며 봉기하자 천하 백성이 이에 동조했던 것은, 백성이 위난(危難)에 처해 있었기 때문이다. 결국 옛날의 뛰어난 임금들은 일의 처음과 끝의 변화[始終之變]를 보고서 존망의 기미를 알았기 때문에 백성을 다스리는[牧民=治民] 도리가 오직 백성을 편안하게 해주는 데에 있음을 알고 그것에 힘썼을 뿐이었다. 이렇게 하면 설사 천하에 역행하는 신하가 있다고 하더라도 필시 그들을 돕는 동조자는 없을 것이다. 그러므로 '안정된 백성은 함께 더불어 의로움[義]을 행할 만하고, 위난에 처한 백성은 함께 어울려서 그릇된 짓[非]을 하기가 쉽다'라고 했으니, 바로 이러한 것을 이르는 말이다. 천자가 귀한 몸으로 온 천하를 소유하고도 그 자신이 죽음을 면치 못하게 된 까닭은 바로 기울어가는 것을 바로잡으려는 노력이 없었기 때문이다. 이것이 2세의 잘못이다.[5]

1) 이것이 선왕의 도리다.

2) 【집해(集解)】 서광(徐廣)이 말했다. "판본에 따라 단(短)으로 되어 있기도 한데 작은 저고리를 말한다. 발음은 수(豎-더벅머리)다." 【색은(索隱)】 조기(趙岐)가 말했다. "갈(褐-털옷)은 털로 짠 것인데 마의(馬衣)와 비슷하다. 혹은 굵은 베로 짠 옷이다." 裋는 혹 발음이 수(豎)다. 갈포로 대충 짠 옷인데 노역할 때 입으며 짧고 좁아서 단갈(短褐)이라고도 부르고 수갈(豎褐)이라고도 부른다.

3) 아래의 만약[卽]과 짝을 이룬다.

4) 【집해(集解)】 서광(徐廣)이 말했다. "판본에 따라 이 다섯 글자가 없기도 하다."

5) 【집해(集解)】 서광(徐廣)이 말했다. "판본에 따라 이 편('진나라가 천하를 통일해서 제후들을 겸병하고 남면해' 이하에서 여기까지)이 있기도 하고, 어떤 판본에는 앞의 '진나라 효공은' 이하가 없기도 하며, 또 다른 판본에는 '진(秦)나라는 산동(山東)의 30여 군(郡) 제후를 겸병해' 이하가 이 글의 끝에 이어지기도 한다." 【색은(索隱)】 살펴보건대, 가의의 「과진론(過秦論)」은 '진나라 효공은' 이하가 상편이고 '진(秦)나라는 산동(山東)의 30여 군(郡) 제후를 겸병해' 이하가 하편이다. 추탄생(鄒誕生)이 말했다. "태사공이 가의의 과진편을 편집해[刪] 이 글을 드러냈는데, 뜻은 풍부하지만, 글이 많이 생략되어 있다. 저(褚)선생이 이미 뒤죽박죽된 것을 늘이고 붙인 까닭은 세상 사람들이 단지 편집하고 줄인 취지만 조금 알 뿐이었기에 여기에다 본론을 함께 취합한 것이니, 그래서 서로 같지가 않은 것이다. 지금은 자못 제대로 분별할 수가 없다.[여기까지가 가의(賈誼)의 말이고, 이어서 다시 사마천의 말이 이어진다.]

양공(襄公)이 세워져 나라를 누린 것[享國]이 12년이다. 처음으로 서치(西畤)를 만들었다. 서수(西垂)에 묻혔다[1]. 문공(文公)을 낳았다.

문공이 세워져 서수궁(西垂宮)에 거처했다. 50년 만에 죽자, 서수에 묻혔다[2]. 정공(靜公)을 낳았다.

정공은 나라를 누리지[享國=饗國] 못한 채 죽었다. 헌공(獻公)을 낳았다.

헌공이 나라를 누린 것은 12년이며, 서신읍(西新邑)에 거처했다. 죽어서 아(衙)에 묻혔다[3]. 무공(武公)·덕공(德公)·출자(出子)를 낳았다.

출자가 나라를 누린 것은 6년이며, 서릉(西陵)에 거처했다[4]. 서장(庶長) 불기(弗忌), 위루(威累), 삼보(參父-혹은 참보) 세 사람이 역적을 이끌고 비연(鄙衍)에서 출자를 해치니, 아(衙)에 묻었다. 무공(武公)이 세워졌다.

무공이 나라를 누린 것은 12년이며, 평양(平陽)의 봉궁(封宮)에 거처했다[5]. 선양취(宣陽聚) 동남쪽에 묻혔다. 서장 3명이 처벌되었다. 덕공(德公)

이 세워졌다.

1) 【색은(索隱)】 이 이하는 진나라 선군(先君)들이 세워진 연도와 묻힌 곳을 거듭해서 순서대로 밝힌 것인데, 모두 「진본기」에 근거를 두고 이야기를 하고 있다. 정사(正史)와 조금씩 같지 않은 부분도 있는데, 이설(異說)은 뒤에다가 함께 열거했다. 양공은 진의 중손(仲孫)인 장공자(莊公子)로, 주나라를 구원했기에 주나라가 비로소 제후에 명해주었다. 처음으로 서치를 만들어 백제(白帝)에게 제사를 올렸다. 세워진 지 13년에 서토(西土)에 묻혔다.

2) 【색은(索隱)】 부치(鄜畤)를 만들었다. 또 진보사(陳寶祠)를 지었다.

3) 【집해(集解)】 「지리지(地理志)」에 이르기를, 풍익(馮翊)에 아현(衙縣)이 있다고 했다. 【색은(索隱)】 헌공은 탕사(蕩社)를 없앴고, 신읍에 거처하다가 아에 묻혔다. 「본기」에서는 헌공이 평양(平陽)으로 옮겨 거처했고 서산(西山)에 묻혔다고 했다.

4) 【색은(索隱)】 일설에는 서피(西陂)에 거처했고 아에 묻혔다고 했다. 「본기」에서는 언급이 없다.

5) 【색은(索隱)】 「본기」에 이르기를, 평양에 묻혔고 처음으로 순장을 시행했다고 했다.

덕공이 나라를 누린 것은 2년이며, 옹읍(雍邑)의 대정궁(大鄭宮)에 거처했다. 선공(宣公)·성공(成公)·목공(繆公)을 낳았다. 양(陽)에 묻혔다. 처음으로 복날을 정해 독기(毒氣)를 다스렸다[1]**.**

선공이 나라를 누린 것은 12년이며, 양궁(陽宮)에 거처했다. 양(陽)에 묻혔다[2]**. 처음으로 윤달을 사용했다.**

성공이 나라를 누린 것은 4년이며, 옹읍의[之(지)][3]** 궁에 거처했다. 양(陽)에 묻혔다. 제나라가 산융(山戎)과 고죽(孤竹)을 정벌했다.**

목공이 나라를 누린 것은 39년이다. 천자가 패주[覇(패)]로 인정했다. 옹(雍)

❖

에 묻혔다. 목공은 문간의 시종[著人(저인)][4]에게서도 배웠다. 강공(康公)을 낳았다.

강공이 나라를 누린 것은 12년이며, 옹읍의 고침(高寢)에 거처했다. 구사(竘社)에 묻혔다. 공공(共公)을 낳았다.

공공이 나라를 누린 것은 5년이며, 옹읍의 고침에 거처했다. 강공 무덤의 남쪽에 묻혔다. 환공(桓公)을 낳았다.

환공이 나라를 누린 것은 27년이며, 옹읍의 태침(太寢)에 거처했다. 의리(義里) 언덕 북쪽에 묻혔다. 경공(景公)[5]을 낳았다.

1) 【색은(索隱)】 2년에 처음 복날을 정했다. 「본기」는 이 이하에 나오는 거주지와 장례지를 언급하지 않았다.

2) 【색은(索隱)】 4년에 밀치(密畤)를 만들었다.

3) 【집해(集解)】 서광(徐廣)이 말했다. "지(之)는 판본에 따라 주(走)로 되어 있다."

4) 【색은(索隱)】 著의 발음은 저(宁)이고 또 저(貯)이니, 저(著)란 곧 저(宁)이다. 문과 병풍 사이를 저(宁)라고 하니, 저문(宁門)의 사람에게 배웠다는 뜻이다. 그래서 『시경(詩經)』(「제풍(齊風)」 저(著)편)에 이르기를 "문간[著(저)]에서 나를 기다리는구나"라고 했다.

5) 【색은(索隱)】 판본에 따라 희공(僖公)으로 되어 있다. 『계본(系本)』에 이르기를, 이름이 후백거(后伯車)라고 했다.

경공이 나라를 누린 것은 40년이며, 옹읍의 고침에 거처했다. 구리(丘里)[1] 남쪽에 묻혔다. 필공(畢公)[2]을 낳았다.

필공이 나라를 누린 것은 36년[3]이며, 거리(車里) 북쪽에 묻혔다. 이공(夷公)을 낳았다.

이공은 나라를 누리지 못했다. 죽어서 좌궁(左宮)에 묻혔다. 혜공(惠公)을 낳았다.[4]

혜공이 나라를 누린 것은 10년이며, 거리(車里)에 묻혔다. 도공(悼公)을 낳았다.

1) 【정의(正義)】 구(丘)는 판본에 따라 이(二)로 되어 있다.

2) 【집해(集解)】 서광(徐廣)이 말했다. "『춘추(春秋)』에는 애공(哀公)으로 되어 있다."

3) 【정의(正義)】 판본에 따라 37년으로 되어 있다.

4) 【정의(正義)】 10년에 거리(車里)에 묻혔다. 원년에 공자가 노나라에 돌아가 재상의 일을 보았다.

도공이 나라를 누린 것은 15년[1]이며, 희공(僖公)의 서쪽에 묻혔다. 옹읍에 성을 축조했다. 자공공(剌[2]龔公)[3]을 낳았다.

자공공이 나라를 누린 것은 34년이며, 입리(入里)[4]에 묻혔다. 조공(躁公)[5], 회공(懷公)[6]을 낳았다.

10년에 세성(彗星-혜성)이 나타났다.

조공(躁公)이 나라를 누린 것은 14년이며, 수침(受寢)에 거처했다. 도공의 남쪽에 묻혔다. 원년에 혜성이 나타났다[7].

1) 【정의(正義)】 「본기(本紀)」에는 14년이라고 되어 있다.

2) 【정의(正義)】 판본에 따라 이(利)로 되어 있다.

3) 【색은(索隱)】 판본에 따라 여공공(厲共公)이라고 되어 있다.

4) 【집해(集解)】 서광(徐廣)이 말했다. "판본에 따라 인(人)으로 되어 있다."

5) 【색은(索隱)】 또는 조공(趮公)으로 되어 있다. 【정의(正義)】 14년 재위했고 수침에 거처했으며 도공의 남쪽에 묻혔다.

6) 【정의(正義)】 4년 재위했고 역어지(櫟圉氏)에 묻혔다.

7) 【집해(集解)】 서광(徐廣)이 말했다. "「연표」에 이르기를 혜성이 낮에 보였다고 했다."

회공이 진(晉)에서 돌아왔다. 나라를 누린 것은 4년이며, 역(櫟)의 어지(圉氏)에 묻혔다. 영공(靈公)을 낳았다. 여러 신하가 회공을 에워싸자 회공은 자살했다.

숙령공(肅靈公)은 소자(昭子)의 아들이다[1]. 경양(涇陽)에 거처했다. 나라를 누린 것은 10년이며, 도공의 서쪽에 묻혔다. 간공(簡公)을 낳았다.

간공은 진(晉)에서 돌아왔다. 나라를 누린 것은 15년이며, 희공의 서쪽에 묻혔다[2]. 혜공(惠公)을 낳았다. 7년에 백관들이 처음으로 검을 찼다.

혜공이 나라를 누린 것은 13년이며, 능어(陵圉)에 묻혔다[3]. 출공(出公)을 낳았다.

출공이 나라를 누린 것은 2년이다[4]. 출공은 자살해 옹읍에 묻혔다.

1) 【집해(集解)】 서광(徐廣)이 말했다. "회공이 소자를 낳고 소자가 영공을 낳았다." 【색은(索隱)】 『기년(紀年)』과 『계본(系本)』에는 숙(肅)자가 없다. 10년 동안 재위했으니 「표」와 같은데, 「기(紀)」에서는 12년이라고 했다.

2) 【색은(索隱)】 살펴보건대 「본기(本紀)」에서는 간공의 이름이 도자(悼子)이니, 곧 자공공의 아들이자 회공의 동생이다. 또 『기년(紀年)』과 『계본(系本)』에도 모두 그렇게 되어 있으니, 지금 이 글에서 영공(靈公)이라고 한 것은 잘못이다. 세워진 지 16년 만에 회공의 서쪽에 묻혔다.

3) 【색은(索隱)】 왕소(王劭)가 살펴보건대 『기년(紀年)』에 이르기를 "간공의 뒤를 경공(敬公)이 이었고 경공이 세워진 지 13년 만에 마침내 혜공에 이르렀다"라고 했는데, 글의 신빙성이 약해서 일단은 이설로서 참조만 하겠다.

4) 【색은(索隱)】 『계본(系本)』에 이르기를, 어린 임금이라고 했다.

헌공(獻公)이 나라를 누린 것은 23년이며[1], 효어(囂圉)에 묻혔다. 효공(孝公)을 낳았다.

효공이 나라를 누린 것은 24년이며[2], 제어(弟圉)에 묻혔다. 혜문왕(惠文

王)을 낳았다. 13년에 처음으로 함양(咸陽)에 도읍했다[3].

혜문왕이 나라를 누린 것은 27년이며[4], 공릉(公陵)에 묻혔다[5]. 도무왕(悼武王)을 낳았다.

도무왕이 나라를 누린 것은 4년이며, 영릉(永陵)에 묻혔다[6].

소양왕(昭襄王)이 나라를 누린 것은 56년이며, 채양(茝陽)에 묻혔다[7]. 효문왕(孝文王)을 낳았다.

효문왕이 나라를 누린 것은 1년이며, 수릉(壽陵)에 묻혔다. 장양왕(莊襄王)을 낳았다.

장양왕이 나라를 누린 것은 3년이며, 채양에 묻혔다. 시황제를 낳았다. 여불위(呂不韋)가 재상이 되었다[相(상)].

1) 【집해(集解)】 서광(徐廣)이 말했다. "영공의 아들이다." 【색은(索隱)】 『계본(系本)』에 이르기를, '원헌공(元獻公)'이라고 했다. 22년 재위했으니 「표」와 같은데, 「기(紀)」에서는 24년이라고 했다.

2) 【색은(索隱)】 「본기(本紀)」에는 12년이다.

3) 【정의(正義)】 「본기(本紀)」에 이르기를 "12년에 함양을 조성하고 기궐(冀闕)을 지었다"라고 했으니, 13년에 비로소 도읍한 것이다.

4) 【색은(索隱)】 19세에 세워졌다.

5) 【정의(正義)】 『괄지지(括地志)』에서 말했다. "진나라 혜문왕릉은 옹주(雍州) 함양현(咸陽縣) 서북쪽으로 14리에 있다."

6) 【집해(集解)】 서광(徐廣)이 말했다. "황보밀(皇甫謐)이 말하기를 필(畢)에 묻혔다고 했으니, 지금 살펴보건대 능은 서필(西畢)의 밭두렁에 있다." 【색은(索隱)】 『계본(系本)』에 이르기를 무열왕(武烈王)이라고 했으니, 19세에 세워져서 세워진 지 3년이었다. 「본기(本紀)」에서는 4년이라고 했다. 【정의(正義)】 『괄지지(括地志)』에서 말했다. "진나라 도무왕릉은 옹주 함양현 서쪽으로 10리에 있다. 세상 사람들은 그것을 주(周)나라 무왕(武王)의 릉(陵)이라고 했는데, 잘못

된 것이다."

7) 【색은(索隱)】 19세에 세워졌고 지릉(茝陵)에 묻혔다. 【정의(正義)】 『괄지지(括地志)』에서 말했다. "진나라 장양왕릉(莊襄王陵)은 옹주 신풍현(新豐縣) 서남쪽으로 35리에 있는데, 세상 사람들은 또한 자초(子楚)라고도 한다. 시황릉이 북쪽에 있으니, 그래서 또한 견자릉(見子陵)이라고도 한다."

헌공이 세워진 지[立(입)] 7년에 처음으로 시장을 열었다. 10년에 호적을 만들고 다섯 호를 한 단위로 삼았다.

효공이 세워진 지 16년에 도리(桃李)가 겨울에 꽃을 피웠다.

혜문왕은 난 지 19년에 세워졌다. 세워진 지 2년에 처음으로 동전을 유통했다. 갓난아기가 "진이 장차 왕 노릇을 하리라"라고 말했다.

도무왕은 난 지 19년에 세워졌다. 세워진 지 3년에 위수(渭水)가 사흘 동안 붉게 변했다.

소양왕은 난 지 19년에 세워졌다. 세워진 지 4년에 처음으로 논밭 사이의 경계를 텄다[阡陌(천맥)].

효문왕은 난 지 53년에 세워졌다.

장양왕은 난 지 32년에 세워졌다. 세워진 지 2년에 태원(太原) 땅을 차지했다. 장양왕 원년에 대사면령을 내리고 선왕의 공신들을 표창했으며 다움을 베풀어 골육들을 우대하고 백성에게 은혜를 베풀었다. 동주가 제후와 진(秦)을 도모하려 하자, 진나라는 상국 여불위에게 토벌하게 해서 그 나라를 편입시켜버렸다. 주나라 제사가 끊어지지 않도록 양인(陽人)의 땅을 주의 군(君)에게 주어 제사를 받들게 했다.

시황제가 나라를 누린 것은 37년이며, 이읍(酈邑-역읍)[1]에 묻혔다. 2세황제를 낳았다. 시황제는 13살에 세워졌다.

2세황제가 나라를 누린 것은 3년이며, 의춘(宜春)에 묻혔다.[2] 조고가 승

상이 되어 안무후(安武侯)에 봉해졌다. 2세는 난 지 12년[3]에 세워졌다.

이상이 진나라 양공에서 2세까지 610년간의 일이다[4].

1) 【정의(正義)】 酈은 역(力)과 지(知)의 반절음이다.

2) 【정의(正義)】 『괄지지(括地志)』에서 말했다. "진나라 옛 호해(胡亥)의 능은 옹주 만년현(萬年縣) 남쪽으로 34리에 있다." 위의 글에서 "검수의 예법으로 (의춘원에) 장사 지냈다"라고 했다.

3) 【집해(集解)】 서광(徐廣)이 말했다. "「본기(本紀)」에서는 21년이라고 했다."

4) 【정의(正義)】 「진본기(秦本紀)」에 이르기를 양공에서 2세까지 576년, 「연표(年表)」에서는 양공에서 2세까지 561년이라고 했다. 설 3개가 나란히 같지 않은데, 어느 것이 옳은지는 알 수 없다.

(후한) 효명황제(孝明皇帝) 17년[1] 10월 15일 을축일에 다음과 같이 쓰여 있다.[2]

'주나라의 역수[周歷]가 이미 옮겨갔으나[3] (한나라의) 어짊[仁=仁德]이 어미(-주)를 대신하기에는 (아직) 부족했기에 진(秦)나라가 곧장 그 자리를 차지했는데[直][4], 여정(呂政)은 잔인하고 포학했습니다. 그러나 13살 제후의 몸으로 천하를 병탄하고[幷兼][5] 마음대로 욕심을 풀어놓았으며 종친들을 길러냈습니다. 37년 동안 무력을 동원하지 않은 적이 없었고, 정령(政令)을 만들어 후대 왕들에게 전했습니다[6]. 대체로[蓋] 빼어난 이의 위령을 얻고 강의 신[河神]으로부터 도록을 받아서[7] 낭성(狼星-이리 별)과 호성(狐星-여우 별)에 기대고 참성(參星)과 벌성(伐星)을 머금었으니, 그 기운을 얻어 (제후들을) 몰아내고[8] 제거해[距之] 시황(始皇)이라 칭하게 된 듯합니다.

1) 【정의(正義)】 반고(班固)의 「전인(典引)」에 따르면, 후한(後漢) 명제(明帝) 영평(永

平) 17년(서기 75년)에 (황제가) 반고에게 조(詔)해 묻기를 "태사(太史) 천(遷-사마천)이 찬(贊-평가)한 말 중에 혹시라도 잘못된 것이 있는가?"라고 하자, 반고가 글을 올려 진나라의 과실을 진술하고 또 가의의 말도 평가해 답했다고 한다.

2) 【색은(索隱)】 이 이하는 한나라 효명제가 사마천의 찬(贊) 중에서 진나라의 득실을 논해 2세가 천하를 잃은 데 대한 반고의 평가를 물은 것인데, 후세 사람이 그 설을 취해 이 끝에 덧붙인 것이다.

3) 【정의(正義)】 주나라가 애초에 점을 쳐보고 세(世) 30에 또 점을 쳐보니 연(年) 700이라 오서(五序)를 통해 그 도리를 얻을 수 있었는데, 왕(王-천자)이 37명에 이르고 치세의 햇수[歲(세)]가 867년에 이르자 역수(曆數-나라의 운명)가 이미 지나가버렸으니, 진나라가 천하를 병탄하게 되었다. 이것이 바로 주나라의 역수가 이미 옮겨갔다는 말이다.

4) 【색은(索隱)】 주나라의 역수가 이미 옮겨갔다는 것은 주나라가 망했다는 뜻이다. 어짊이 어미를 대신하기에 부족하다는 것은, 주나라는 목덕(木德)이었는데 목(木)은 화(火)를 낳으니 주나라는 한(漢)나라의 어미가 되는데, 역운의 도리 곧 어짊과 은혜로움의 실상은 자식이 어미를 대신해서 왕이 되지 못하니 곧 화(火)가 목(木)을 (곧바로) 대신할 수는 없다는 것이다. 이는 한나라가 곧바로 주나라를 대신하기에는 적합하지 않다는 뜻이다. 그래서 진나라가 곧장 그 틈새 자리[閏位(윤위)]를 차지해 목과 화 사이에 끼어들 수 있었던 것이다. 이것이 바로 논자의 논리[辭(사)]다. 【정의(正義)】 시황은 주나라를 화덕(火德)이라고 여겨 진나라를 주나라를 대신해 주나라가 이길 수 없는 것을 따랐으니, 수덕(水德)의 시작이 되었다. 살펴보건대, 주나라는 목덕이고 진나라는 수덕이다. 오행(五行)의 운행이란, 수가 목을 낳고 목이 화를 낳고 화가 토를 낳고 토가 금을 낳고 금이 수를 낳는다. 낳아주는 것은 어미가 되고, 나오는 것은 자식이 된다. 제왕의 차례란 자식이 어미를 대신하는 것이다. 진나라가 물을 칭했다는 것은 어미가 자식을 대신하는 것이므로 그래서 마치 다음이 있는

[有德(유덕)] 임금이 서로 대신한다고 했지만, 어미가 그 자식을 이어받을 수는 없다. 直의 발음은 치(値-값하다)다. 이는 진나라가 천하를 삼켜 칭제(稱帝)했으니, 진나라의 다움이 제왕의 지위에 값한다는 말이다.

5) 【집해(集解)】 시황은 처음에 진왕(秦王)이었는데 13세였다. 【색은(索隱)】 여정(呂政)이란, 시황의 이름이 정(政)인데 여불위(呂不韋)가 아끼던 첩이 임신한 상태에서 장양왕에게 바쳐져 시황을 낳았으니, 그래서 여정(呂政)이라고 한 것이다.

6) 【정의(正義)】 군현을 두었고, 정전(井田)을 허물어뜨려 천맥(阡陌)을 열었으며, 후왕(侯王)을 세워주지 않았고, 시(始)를 복랍(伏臘)으로 삼았다. 또 승상·태위(太尉)·어사대부·봉상(奉常)·낭중령(郎中令)·복야(僕射)·정위(廷尉)·전객(典客)·종정(宗正)·소부(少府)·중위(中尉)·장작(將作)·첨사(詹事)·수형도위(水衡都尉)·감(監)·수(守-태수)·현령(縣令)·승(丞) 등을 두었는데, 모두 후왕(後王)들을 위한 것으로 수나라와 당나라에까지 이어졌다.

7) 【정의(正義)】 개(蓋)란 의심을 품은 말이다. 시황의 위엄이 능히 천하를 집어삼켰기에 칭제할 수는 있었지만, 빼어난 이의 위령과 강의 신의 도록을 얻는 것에 대해서는 의문을 표시한 것이다.

8) 【정의(正義)】 狼의 발음은 낭(郎)이다. 낭성과 호성은 활과 화살의 별을 주관한다. 「천관서(天官書)」에 이르기를, 참성과 벌성은 목을 베는 일을 주관한다고 했다. 이는 진나라가 낭·호·참·벌의 기운을 갖고서 천하를 내몰아 멸망시킨다는 말이다.

시황이 이미 몰(歿)하자, 호해(胡亥)는 너무도 어리석어 역산의 일이 미처 끝나지도 않았는데 다시 아방궁을 지어 원래의 계획을 마쳤습니다. 그러고는 말하기를 "천하를 소유한 귀한 사람은 하고 싶은 것은 무엇이든 끝까지 하는 것이거늘, 대신들이 선군께서 이룬 바를 없애려 하다니"라고 해, (결국) 사와 거질을 죽이고 조고에게 일을 맡겨 그를 썼으니[任用(임용)] 참으로 가슴이 아파옵니다. 사람의 머리를 가지고 짐승 같은 소리를 내지르는 꼴이라니

요[人頭畜鳴][1]! 그에게 위엄이 없었더라면 나쁜 짓을 범하지도 못했을 것이고[不威不伐惡][2], 죄악이 두텁지 않았다면 그렇게 허망하게 파멸하지도 않았을 것입니다[不篤不虛亡][3]. 자리에 올라 오래 머무르지도 못한 채 잔인하고 포악한 통치로 파멸을 재촉했으니, 설사 아무리 지형이 유리한 나라를 가지고 있었다고 해도[4] 오히려 보존하지는 못했을 것입니다.

자영(子嬰)은 순서를 뛰어넘어서 후사가 되어 옥관(玉冠)을 쓰고[冠][5] 예복[華紱][6]을 걸친 채 제왕의 수레[黃屋][7]에 타고는 백관을 거느리고[從][8] 종묘[七廟]를 참배했지만, (이미) 소인배들이 스스로 감당 못 할 자리에 앉아 있었기에 어리둥절해하며 구차하게 하루하루를 일없이 지나가길 바라고 있었습니다. (그러나) 자영은 홀로 깊이 생각하고 과감하게 결정을 내려 아들과 함께 상황을 잘 따져서, 결국 가까운 자기 집에서 교활한 간신[猾臣]을 죽이니 선군을 위해[爲] 적을 토벌했습니다. 고가 죽은 뒤에, 빈객과 친지들이 서로의 노고를 미처 위로하지도 못했고 잔칫상의 음식이 미처 목구멍을 내려가지도 못했으며 술이 미처 입술을 적시지도 못했는데 이미 초나라 군대가 관중을 도륙하고 진인(眞人-유방)께서 패상으로 날아들었으니[翔], 자영은 흰 수레에 올라 천을 목에 감은 채 황제의 부절과 옥새를 제왕다운 자에게 되돌려주었습니다. (이는 마치) 정백(鄭伯)이 두 손에 종묘의 제기[茅旌鸞刀]를 받들고 투항하자 초나라 장왕(楚莊王)[嚴王]이 군사를 뒤로 물린 것과 같다고 할 것입니다[9]. 강물이 터지면 다시 막을 수 없고 물고기가 썩어버리면 다시 살려낼 수 없습니다[10].

1) 【정의(正義)】 畜은 허(許)와 우(又)의 반절음이다. 호해가 사람의 몸에 사람의 머리가 있지만, 입으로는 말을 잘하면서도 나쁘고 좋은 것을 가리지 못하니 여섯 가축의 소리와 다를 바 없다는 뜻이다.

2) 【정의(正義)】 이 다섯 글자가 하나의 구를 이룬다.

3) 【정의(正義)】 호해가 제왕의 위엄과 기물을 깔고 앉아서 잔혹함과 포학함으로

자신의 악함을 더욱 심하게 했기 때문에 악이 이미 깊고 두터워서 멸망에 이르게 되었으니, 어찌 이다지도 허망한가라는 말이다.

4) 진나라는 원래 산세가 험하고 계곡이 깊어서 7국 중에 지형이 가장 유리한 나라였다.

5) 【정의(正義)】 冠의 발음은 관(綰)이다.

6) 【정의(正義)】 발음은 불(拂)이다.

7) 【집해(集解)】 채옹(蔡邕)이 말했다. "황옥(黃屋)이라 한 것은, 대개 수레 위에 있는 누각의 안쪽을 황색으로 칠했기 때문이다."

8) 【정의(正義)】 재(才)와 용(用)의 반절음이다.

9) 【집해(集解)】 『공양전(公羊傳)』에서 말했다. "초 장왕이 정나라를 치자 정백은 웃통을 반쯤 벗고서 왼손에는 모정을, 오른손에는 난도를 쥐고서 장왕을 맞이했는데, 이에 장왕이 군사를 7리 뒤로 물렸다." 하휴(何休)가 말했다. "모정과 난도는 종묘에서 제사를 지낼 때 쓰는 것이다. 종묘의 기물을 쥔다는 것은 종묘의 혈식을 들어 스스로 귀부한다는 뜻이다." 【정의(正義)】 旌의 발음은 정(精)이다. 嚴의 발음은 장(莊)이다.

10) 【색은(索隱)】 송균(宋均)이 말했다. "물고기가 썩어 문드러져서 안에 있는 것이 밖으로 다 나왔다는 말이다."

가의(賈誼)와 사마천(司馬遷)은 "만약에 자영이 보통 정도의 군주[庸主]의 재질을 지녔고 중간 정도의 신하로부터 보좌를 받을 수 있었다면, 비록 산동에서 반란이 일어났다 하더라도 원래의 진나라 땅은 보전할 수 있었을 것이고 종묘의 제사도 마땅히 끊어지지 않았을 것이다"라고 했습니다. (그러나) 진의 쇠락이 이미 오래 쌓여온 터라 천하는 흙더미가 무너지고 기왓장이 부서지는 것[土崩瓦解][1]과 같았으니, 주공(周公) 단(旦)의 재주가 있다 해도 더는 그 능력을 펼칠 수 없었을 것입니다. 그러니 이걸 갖고서 (가의와 사마천이) 하루아침의 고아[一日之孤][2]에게 책임을 따지는 것은 잘못이라 할 것입니다. 세상의 전하는 말에 "진시황이 죄악을 일으키고 호해가

극에 이르게 했다"라고 했는데, 일리가 있는 말이라 하겠습니다. 어린아이[小子][3]를 거듭 나무라며 진나라 땅을 보전할 수 있었다느니 하는 것은 이른바 시세의 변화[時變]을 통찰하지 못한 말입니다.

기계(紀季)가 휴읍(酅邑)을 제나라에 바친 일에 대해 『춘추(春秋)』는 그 이름을 거론하지 않았습니다[不名][4].'

내가 「진시황본기」를 읽다가 자영이 조고를 거열형에 처하는 단락에 이르러서는 일찍이 그 결단을 높이 치며 그의 뜻에 감동하지 않은 적이 없었다. 영(嬰)은 죽고 사는 마땅함[死生之義]을 갖췄다고 할 것이다[5].[6]

1) 【정의(正義)】 진나라가 패망해 무너지는 것이, 마치 지붕이 무너져 내려앉고 깨진 기왓장이 뿔뿔이 흩어지는 것과 같았다는 말이다.

2) 【정의(正義)】 하루아침의 고아는 자영을 가리킨다.

3) 【정의(正義)】 역시 자영을 가리킨다.

4) 【집해(集解)】 『춘추(春秋)』에서 말했다. "기계가 휴를 들어 제나라에 들어왔다." 『공양전(公羊傳)』에서 말했다. "어째서 이름을 거론하지 않았는가? 그것을 뛰어나다고 보았기[賢之] 때문이다. 5묘(廟)를 설치해 고모들을 보존할 수 있었다." 【정의(正義)】 『괄지지(括地志)』에서 말했다. "안평성(安平城)은 청주(青州) 임치현(臨淄縣) 동쪽으로 19리에 있는데, 옛날 기(紀)나라 휴읍이다. 『제왕기(帝王紀)』에 이르기를, 주(周)의 기국(紀國)으로서 강성(姜姓)이었는데 기후(紀侯)가 주나라 의왕(懿王)에게 제나라 애공(哀公)을 참소하자 의왕이 그를 팽형에 처했다고 한다. 『외전(外傳)』에 이르기를, 기후(紀侯)가 (주나라에) 들어가서 주나라 관리[周士]가 되었다고 했다. 『죽서(竹書)』에 이르기를, 제(齊) 양공(襄公)이 기(紀)·병(郱)·자(鄑)·오(郚)나라를 멸망시켰다고 했다." 또 『괄지지』에서 말했다. "병성(郱城)은 청주 임구현(臨朐縣) 동쪽으로 30리에 있고, 자성(鄑城)은 북해현(北海縣) 동북쪽으로 70리에 있으며, 오성(郚城)은 밀주(密州) 안구현(安丘縣) 경계에 있다." 살펴보건대, (세간에서는) "진시황이 죄

악을 일으키고 호해가 극에 이르게 했다"라는 말이 일리가 있다고들 하는데, 나라가 이미 붕괴하고 끊어지자 (은나라 말의) 기자(箕子)나 비간(比干)도 오히려 능히 은나라를 보존할 수 없었다. (그런데) 평균 정도의 자영이 어찌 능히 진나라가 망해가는 것을 구원할 수 있다는 말인가? 가의나 사마천이 시세의 변화를 통찰하지 못함이 기계의 깊은 식견만 못하다. 계(季)는 기후의 막냇동생인데, 이름을 적을 수 없어[不書名] 그냥 기계(紀季-기나라 왕의 막내)라고 한 것이다.

5) 【집해(集解)】 서광(徐廣)이 말했다. "반고(班固)의 「전인(典引)」에 이르기를, 후한(後漢) 명제(明帝) 영평(永平) 17년(서기 75년)에 (황제가) 반고에게 조(詔)해 묻기를 '태사(太史) 천(遷-사마천)이 찬(贊-평가)한 말 중에 혹시라도 잘못된 것이 있는가?'라고 하자 신이 대답하기를 '가의는 자영이 중간 정도의 보좌만 얻을 수 있었어도 진나라는 끊어지지 않았을 것이라고 했는데, 이 말은 그렇지 않습니다'라고 했다."[마지막 "내가 「진시황본기」를 읽다가" 이하의 구절은 반고의 말을 덧붙여둔 후세 사람이 첨언한 말로 보인다.]

6) 【색은술찬(索隱述贊)】 6국이 차례차례 무너지고 두 주나라도 사라졌도다[六國陵替 二周淪亡]/천하를 삼켜 통일하고 칭호는 시황이라 했네[幷一天下 號爲始皇]/아방궁 구름 높이 올라가고 오랑캐 동상들 줄줄이 섰구나[阿房雲構 金狄成行]/남쪽으로 순수해 돌에 글 새기고 동쪽으로 부량(浮梁)을 구경했으며[南遊勒石 東瞰浮梁]/호지에서 잃어버린 것 되찾더니 사구에서 생을 마쳤도다[滈池見遺 沙丘告喪]/2세황제 제멋대로 하니 조고가 이에 함께했네[二世矯制 趙高是與]/거짓으로 사슴을 가리키더니 물어뜯는 호랑이와 같은 재앙이 찾아왔도다[詐因指鹿 災生噬虎]/자영은 사태를 파악해 임금이자 아버지에 대해 은혜 갚았네[子嬰見推 恩報君父]/아래에서는 중간 정도의 보좌도 없고 위에서는 마침내 평범한 임금이라[下乏 上乃庸主]/허물어져가는 기강 떨치려 한들 뉘라서 제대로 보좌할 수 있으리오[欲振穨綱 云誰克補]!

본기(本紀)

권7 항우본기(項羽本紀) 제7

권7 항우본기(項羽本紀) 제7

항적(項籍)은 하상(下相)[1] 사람이고 자(字)가 우(羽)[2]로, 처음에 일어났을 때의 나이 24세였다. 그의 막내 작은아버지[季父(계부)][3]는 량(梁)이었는데, 량의 아버지는 곧 초나라의 장수 항연(項燕)[4]으로 진(秦)나라 장수 왕전(王翦)에게 죽었다[5]. 항씨 집안은 대대로 초나라 장군으로, 항(項)[6]에 봉해졌기 때문에 항씨(項氏)를 성(姓)으로 삼았다.

1) 【집해(集解)】「지리지(地理志)」에 이르기를, 임회(臨淮)에 하상현(下相縣)이 있다고 했다. 【색은(索隱)】 현 이름이니 임회에 속한다. 살펴보건대, 응소(應劭)가 말했다. "상(相)은 강 이름인데, 패국(沛國)에서 나온다. 패국에 상현(相縣)이 있으니 그 물이 아래로 흐르고 또 그로 인해 현을 두었기 때문에, 그래서 이름을 하상(下相)이라고 한 것이다." 【정의(正義)】『괄지지(括地志)』에서 말했다. "상고성(相故城)은 사주(泗州) 숙예현(宿豫縣) 서북쪽으로 70리에 있는데, 진(秦)나라 현이다."

2) 【색은(索隱)】 살펴보건대, 아래 「서전(序傳)」에서는 적(籍)의 자가 자우(子羽)라고 했다.

3) 【색은(索隱)】 최호(崔浩)가 말했다. "백중숙계(伯仲叔季)는 형제의 차례다. 따라서 숙(叔)은 숙부, 계(季)는 계부다."

4) 【정의(正義)】 燕은 오(烏)와 현(賢)의 반절음이다.

5) 【집해(集解)】「시황본기」에서 "항연은 자살했다"라고 했다. 【색은(索隱)】 여기서는 왕전에게 살해되었다고 했는데, 이는 『초한춘추(楚漢春秋)』와 같다. 그렇지만

「시황본기」에서는 자살했다고 했으니, 이 둘이 같지 않은 이유는 아마도 연이 왕전에게 포위되어 압박을 받은 끝에 자살했기 때문일 것이다. 그래서 둘이 같지 않을 뿐이다.

6) 【색은(索隱)】「지리지(地理志)」에 이르기를, 항성현(項城縣)이 있는데 여남(汝南)에 속한다고 했다. 『괄지지(括地志)』에서 말했다. "지금의 진주(陳州) 항성현(項城縣)의 성이 곧 옛날의 항자국(項子國)이다."

항적(項籍)은 어릴 적에 글을 배웠으나 다 이루지 못한 채 중도에 접었고[去], 검술을 배웠으나 역시 다 이루지 못한 채 중도에 접었다. 량이 그에게 화를 내니, 적이 말했다.

"글은 성과 이름만 적을 줄만 알면 충분하고 검술은 한 사람만 상대하는[敵] 것이라 배울 필요가 없으니, 만인을 상대하는 법을 배우고자 할 뿐입니다."

이에 항량이 (그의 뜻이 기이하다[奇]고 여겨서)[1] **마침내 적에게 병법을 가르치니, 적은 크게 기뻐했으나 그** (병법의) **취지만 대략 알고서는 이 역시 끝까지 배우지는 않았다.**

항량이 일찍이 역양(櫟陽-현)에 갇힌[逮] 적이 있었는데[2], 마침내 기(蘄)[3]의 옥연(獄掾)[4] 조구(曹咎)에게 청해 역양의 옥사(獄史) 사마흔(司馬欣)에게 편지를 보냄으로써[抵] 일을 모두 잘 마무리할[已] 수 있었다[5]. 항량이 사람을 죽이고서 원수를 피해 항적과 함께 오중(吳中)[6]으로 가니, 오중의 뛰어난 사대부(士大夫)들이 모두 량의 밑에서 나왔다[皆出梁下][7]. (그래서) **매번 큰 요역이나 장례가 있게 되면 항량이 일을 주관했는데[主辦], 은밀하게[陰=竊] 병법을 써서 빈객과 자제들을 배치하고 지휘함으로써[部勒] 이를 통해 그들의 재능을 알아두었다.**

1) 이는 훗날 반고가 「항적전(項籍傳)」에서 추가한 부분이다.

2) 【색은(索隱)】 살펴보건대, 훈령이나 규정을 어겨서 체포된 것이다[訓及]. 이는 죄를 지은 사람들이 서로 연좌되어 죄가 미침으로써 역양현에 붙잡혀 억류된 것이다. 그래서 한나라 때도 매번 옥을 다스릴 때는 모두 일단 체포를 했다. 【정의(正義)】 櫟의 발음은 악(樂)이며, 逮의 발음은 대(代)이다.[역양은 관례대로 했고, 逮의 발음은 이 주석을 따랐다.]

3) 【집해(集解)】 蘄의 발음은 기(機)로서, 현이며 패국(沛國)에 속했다.

4) 옥관(獄官)으로서, 연(掾)은 아전이나 하급 관리를 뜻한다.

5) 【집해(集解)】 응소(應劭)가 말했다. "항량은 일찍이 어떤 일에 연루되어 역마로 보내져서 역양성에 갇혔다가, 기의 옥연인 조구를 통해 편지를 역양의 옥연 사마흔에게 전했다고 한다. 저(抵)는 '보내다[歸]'라는 뜻이고, 이(已)는 그치다[止]라는 뜻이다." 위소(韋昭)가 말했다. "저(抵)는 '이르다[至]'는 뜻이다. 이는 량이 일찍이 역양현에서 체포되었는데, 량이 마침내 기의 옥연 조구에게 청해서 역양의 옥연 사마흔에게 편지를 전달하게 함으로써 그 일이 그칠 수 있었다는 말이다." 【색은(索隱)】 살펴보건대, 복건(服虔)은 저(抵)를 '보내다[歸]'로 보았고 위소는 저(抵)를 '이르다[至]'로 보았으며 유백장(劉伯莊)은 "저(抵)는 '서로 기대며 부탁하는 것[相憑託]'이다"라고 했다. 그래서 응소는 이르기를 "항량은 일찍이 어떤 일에 연루되어 역마로 보내져서 역양성에 갇혔다가, 기의 옥연인 조구를 통해 편지를 역양의 옥연 사마흔에게 전했다고 한다. 저(抵)는 '보내다[歸]'라는 뜻이고 이(已)는 '그치다[息]'라는 뜻이다"라고 한 것이다.

6) 지금의 소주(蘇州)다.

7) 안사고(顔師古)가 말했다. "모두 (량에게) 미치지 못했다[不及]는 말이다."

진시황제가 (동쪽으로) 회계(會稽)를 유람하고 절강(浙江)[1]을 건널 때, 량과 적이 함께 그것을 지켜보게 되었는데, 적이 말하기를 "저 자리를 차지해 대신할 수 있으리라"라고 하자, 량이 그 입을 막으며 "헛소리하지 마라! 족

멸을 당할 것이다[族=族誅]"라고 했다. 량은 이 일로 인해 적을 기이하다고 여겼다. 적은 키가 8척 2촌이고 힘은 능히 쇠솥을 들어 올렸으며[扛][2] 재주와 기운이 다른 사람들을 넘어섰는데, 그럼에도 오중의 자제들은 모두 적을 꺼려 했다[憚].

1) 【색은(索隱)】 위소(韋昭)가 말했다. "절강은 지금의 전당(錢塘)에 있다." 절(浙)의 발음은 절옥(折獄-옥사를 판결함)이라고 할 때의 절(折-꺾다)이다. 진작(晉灼)은 발음이 서(逝)라고 했는데, 틀렸다. 대개 그 강의 흐름에 곡절(曲折)이 있으니, 장자(莊子)가 제하(淛河)라고 일컬은 것이 바로 이 강이다. 제(淛)와 절(折)은 발음은 서로 가깝다.[응소(應劭)가 말했다. "강수(江水)가 회계산에 이르면 절강이 된다."]

2) 【집해(集解)】 위소(韋昭)가 말했다. "강(扛)은 '들어 올리다[擧]'라는 뜻이다." 【색은(索隱)】 『설문(說文-설문해자)』에서 말했다. "가로로 걸고서 나란히 들어 올리는 것[橫關對擧]이다." 발음은 강(江)이다.

진(秦)나라 2세 원년(기원전 209년)에 진섭(陳涉) 등이 대택(大澤) 안[1]에서 일어났다[起]. 그해 9월에 회계군의 겸직군수[假守=兼守][2] 통(通)[3]이 량에게 일러 말했다.[4]

"바야흐로 지금 강서(江西)가 모두 진나라에 반란을 일으켰으니, 이는 진실로[亦] 하늘이 진나라를 멸망시키려는 때라 할 것이오. 먼저 움직이면 남을 제압할 수 있고, 뒤에 움직이면 남에게 제압당할 것이오[5]. 나는 군사를 일으켜 그대와 환초(桓楚)[6]를 장수로 삼으려 하오."

이때 환초는 택(澤) 안으로 도망 중이었다. (군수가 탄식하며 말했다. "선생[夫子]이 초나라의 명문 장군 집안이라고 듣기는 했지만, 진정 족하뿐이군요.")[7]

1) 【색은(索隱)】 서씨(徐氏-서광)는 이를 패군(沛郡) 기현(蘄縣)에 있는 대택(大澤) 안

으로 보았다.

2) 【집해(集解)】 서광(徐廣)이 말했다. "이때는 아직 태수라고 하지 않았다." 【정의(正義)】 『한서(漢書)』에 이르기를, 경제(景帝) 중(中) 2년 7월에 군수(郡守)를 고쳐 태수(太守)라고 했다고 했다.

3) 【집해(集解)】 (육가(陸賈)의) 『초한춘추(楚漢春秋)』에 이르기를 "회계 겸직군수 은통(殷通)"이라고 했다. 【정의(正義)】 살펴보건대, 가(假)란 일을 겸해서 통섭하는 것[兼攝(겸섭)]이다.

4) 『한서(漢書)』「항적전(項籍傳)」에는 이 "통이 량에게 일러 말했다" 구절이 "통이 평소 량을 뛰어나다고 여겨서 마침내 그를 불러 함께 일을 계획했다. 량이 말했다"로 되어 있다. 이어지는 말을 은통이 아닌 항량의 말로 보고 있는 것이다. 아마도 반고가 뒤에 사료를 확인하는 과정에서 바로잡은 것으로 보인다. 그리고 일본의 『한서(漢書)』 번역자 오다케 다케오[小竹武夫]는 역주에서 강서(江西)를 후대의 강북(江北)으로 보아 번역문에서도 강북이라고 했다. 그러나 여기서는 원문에 따라 강서라고 옮겼다. 뒤에 이어지는 환초 등 관련 몇 마디는 따라서 『한서(漢書)』에는 없는 말이다.

5) 【색은(索隱)】 살펴보건대, 이는 먼저 병사를 일으키면 얼마든지 상대를 제압할 수 있고 뒤늦게 일으키면 상대에게 제압당한다는 말이다. 그래서 순경자(荀卿子)는 이렇게 말했다. "상대를 먼저 제압하는 것과 상대에게 먼저 제압당하는 것은 그 차이가 크다."

6) 【정의(正義)】 항우가 송의(宋義)를 죽일 때 환초는 항우를 위해 회왕에게 사자로 갔다.

7) 이는 훗날 반고가 「항적전(項籍傳)」에서 추가한 부분이다.

량이 말했다.

"오(吳-오중)의 뛰어난 장수 환초(桓楚)가 지금은 달아나 택중(澤中)에 있는데, 사람들은 그가 어디에 있는지를 알지 못하고 오직 적(籍)만이 그곳을 알고 있지요."

량은 이에 적으로 하여금 칼을 갖고 처소 밖에서 기다리라고 당부했다[誡]. 량이 다시 들어와 군수와 대화하며 말하기를, "청컨대 적을 불러서 환초를 불러오라는 명을 받도록 하시지요"라고 했다. 군수가 "좋소이다"라고 했다. 적이 들어오자, 곧바로[須臾] 량이 적에게 눈을 깜박이며[眴] 말했다.

"이때다."

이에 적이 드디어 칼을 뽑아 들고 군수를 쳐서 목 베었다. 량이 군수의 머리를 들고서 그의 인끈[印綬]을 허리에 차니 군수의 부하들이 모두 놀라서 우왕좌왕했는데, 적이 쳐서 죽인 사람만 100명 가까이[數十百人][1]에 이르렀다. 온 부중(府中)[2]이 모두 혼이 빠져[讋][3] 엎드린 채 감히 다시 일어나지를 못했다. 량이 마침내 예전부터 알던 세력가 관리[豪吏]들을 불러서 이런 큰일을 일으키게 된 까닭을 일깨워주고[諭=曉告] 드디어 오중의 병사들을 일으켰다. 사람을 보내 군에 소속된 현들을 거두고 정예병 8,000명을 얻었다. 량이 오중의 호걸들을 부서에 배치해 교위·후(候)·사마(司馬) 등으로 삼았는데, 한 사람이 관직을 얻지 못했다고 스스로 와서 말하자, 량이 이렇게 말했다.

"지난번에[前時] 누군가의 상사(喪事)가 났을 때 그대에게 일을 주도하라고 했는데 제대로 처리하지 못했으니, 이 때문에 그대를 임용하지 않은 것이다."

사람들은 마침내 모두가 승복했다. 이에 량이 회계의 군수가 되고 적은 비장(裨將)이 되어 소속된 현들을 장악했다[徇][4].

1) 【색은(索隱)】 이는 정해지지 않는 수를 말한다. 100 이하인데, 혹은 80이나 90을 말한다. 그래서 '수십 백'이라고 한 것이다.

2) 군수부(郡守府)를 가리킨다.

3) 【색은(索隱)】 『설문(說文)』에서 말했다. "섭(讋-떨다)은 '넋이 나가다[失氣]'라는 뜻이다." 발음은 지(之)와 섭(涉)의 반절음이다.

4) 【집해(集解)】 이기(李奇)가 말했다. "순(徇)이란 '경략하다', '빼앗다[略(약)]'라는 뜻이다." 여순(如淳)이 말했다. "徇의 발음은 무순(撫徇-어루만져주고 다스리다)의 순(徇)이다. 그 백성을 장악해 다스렸다는 말이다."

(진 2세 2년에) 광릉(廣陵) 사람 소평(召平)이 이에 진왕(陳王-진승)을 위해 광릉[1]을 장악하려 했으나 아직 떨어뜨리지[下(하)][2] 못하고 있었는데, 진승이 패해 달아났고 또 장차 (장군 장한(章邯)이 이끄는) 진나라 군대가 들이닥칠 것이라는 소문을 듣고는 마침내 강을 건너가서 진왕(陳王-진승)의 명령을 조작함으로써[矯(교)][3] 량을 제배해 초왕의 상주국(上柱國)[4]으로 삼았다. (소평이) 말했다.

"강동(江東)은 이미 평정되었으니, 서둘러 군대를 이끌고서 서쪽으로 나아가 진나라를 치시오!"

1) 【정의(正義)】 양주(揚州)다.

2) 【정의(正義)】 군사적인 위력으로 복종시키는 것을 하(下)라고 한다.

3) 【정의(正義)】 矯는 기(紀)와 조(兆)의 반절음이다. 소평이 광릉에서 출발해 경구강(京口江)을 건너 오(吳)에 이른 다음에, 거짓으로 진왕의 명이라 사칭해 량을 제배한 것이다.

4) 【집해(集解)】 서광(徐廣)이 말했다. "2세 2년 정월이다." 배인(裴駰)이 살펴보건대, 응소(應劭)가 말하기를 "상주국은 상경(上卿)의 관직으로, 지금의 상국(相國-재상)과 같다"라고 했다.

량이 마침내 8,000 군사를 이끌고 강을 건너 서쪽으로 갔다. (그런데) 진영(陳嬰)이 이미 동양(東陽)을 떨어뜨렸다[下(하)][1]는 소식을 듣고는, 사신을 보내 연합해 함께 서쪽으로 진격하고자 했다. 진영(陳嬰)이라는 사람은 원래 동양의 영사(令史)[2]로 현에 살았는데, 평소 신의가 있고 신중해 장자(長者-

덕망이 있는 사람)로 불렸다. 동양의 젊은이들이 그 현령을 죽이고 서로 수천 명이 모여 우두머리[長]를 세우고자 했으나, 마땅히 쓸 만한 사람이 없자 마침내 진영에게 그 역할을 맡아줄 것을 청했던 것이다. 진영은 자신이 그럴 능력이 없다며 사양했으나 결국 억지로 세워져[彊立] 우두머리가 되었으니, 현에서 그를 따르는 자들이 2만 명이나 되었다. 젊은이들은 영을 세워 (기존의 왕을 바꾸고 그를) 왕으로 삼고자 하여, 다른 군대와 구별하기 위해 (푸른 띠나 모자를 하고서) 창두(蒼頭)라 함으로써 특별히 봉기한 뜻을 드러냈다[特起][3]. 진영의 어머니가 영에게 말했다.

"내가 너[汝=乃]의 집안으로 시집온 이래 너의 조상 중에 일찍이 귀하게 된 분이 없다고 들었다. (그런데) 지금 갑자기[暴] (왕이라는) 큰 이름을 얻는다는 것은 상서롭지 못하니, 남 밑에 있는 것[所屬]이 낫다. (그렇게 되면) 일이 이뤄지고 나서 후(侯)에 봉해질 수도 있고 일이 실패하더라도 쉽게 화를 면할 수 있으니, 너는 세상 사람들이 지목하는 그 사람이 아니기 때문이다."[4]

영이 마침내 감히 왕이 되기를 사양하면서, 그 군관[軍吏]들에게 말했다.

"항씨(項氏)는 대대로 장군의 집안이며 초나라에서 명성이 있으니, 지금 큰일[大事]을 일으키고자 한다면 장차 그 사람들이 아니고서는 안 될 것이다[5]. 우리가 명문 세족[名族]에 의지한다면[倚=依] 진나라를 멸망시키는 일은 틀림없이 이뤄질 것이다."

이에 무리가 그 말을 따랐고, 그는 병사들을 거느리고 항량 휘하에 속했다. 항량이 회수(淮水)를 건너자, 영포(英布)와 포장군(蒲將軍)[6]도 그 병사들을 이끌고 항량의 휘하로 들어왔으니, (이리하여) 모두 6~7만 군대가 하비(下邳)[7]에 군진을 쳤다[軍=陳].

1) 【집해(集解)】 진작(晉灼)이 말했다. "동양현은 본래 임회군(臨淮郡)에 속했는

데, 후한 명제(明帝) 때 분리해서 하비(下邳)에 속하게 했고, 뒤에 다시 나눠 광릉에 속하게 했다." 【색은(索隱)】 저들이 스스로 찾아와 항복하는 것을 하(下)라고 하는데, 글자 그대로 읽는다. 동양은 현 이름이고 광릉군에 속한다. 【정의(正義)】 『괄지지(括地志)』에서 말했다. "동양 고성(東陽故城)은 초주(楚州) 우이현(盱眙縣) 동쪽으로 70리에 있는데, 진나라의 동양현성이며 회수(淮水) 남쪽에 있다."

2) 【집해(集解)】 진작(晉灼)이 말했다. "『한의주(漢儀注)』에 이르기를, 영리(令吏)를 영사(令史), 승리(丞吏)를 승사(丞史)라고 한다고 했다." 【정의(正義)】 『초한춘추(楚漢春秋)』에 이르기를, 동양의 옥사(獄史) 진영이라고 했다.[현령 휘하의 관리를 뜻한다.]

3) 【집해(集解)】 응소(應劭)가 말했다. "창두특기(蒼頭特起)란 다른 군중과 구별하려 한 것이다. 창두란 사졸들이 하인들이 쓰던 푸른 두건을 쓴 것을 말하니, 예를 들어 적미(赤眉)나 청령(青領)처럼 남들과 서로 구분하려 한 것이다." 여순(如淳)이 말했다. "위(魏)나라 병졸들의 호칭이다. 『전국책(戰國策)』에 이르기를, 위나라에는 창두 20만이 있다고 했다." 【색은(索隱)】 진작(晉灼)이 말했다. "자기 군대를 따로 구분하기 위해 창두라고 한 것인데, 푸른 두건을 썼다." 여순(如淳)이 말했다. "특기(特起)란 '새롭게 일어났다[新起(신기)]'는 뜻이다." 살펴보건대, 창두군이 특기한 것은 진영을 세워 왕으로 삼기 위함이었고, 진영의 어머니가 영이 칭왕 하는 것을 허락하지 않은 것은 천하가 바야흐로 어지러워 아직 첨오(瞻烏-관망하는 까마귀)가 어디에 가서 머물지를 알지 못했기 때문이다.

4) 【집해(集解)】 진영의 어머니는 반정(潘旌) 사람으로, 무덤이 반정에 있다. 【색은(索隱)】 반정은 읍취(邑聚) 이름이었는데 뒤에 현(縣)이 되었으니, 임회(臨淮)에 속한다.

5) 안사고(顔師古)가 말했다. "재주가 없는 사람이 장군이 되어서는 싸움에서 이길 수 없다는 말이다."

6) 【집해(集解)】 복건(服虔)이 말했다. "영포는 포(蒲) 땅에서 일어났기 때문에 그것으로써 칭호를 삼았다." 여순(如淳)이 말했다. "당양군(當陽君)·포장군은 모두 항우에게 소속되어 있었는데, 여기서 또 포장군이라고 했다." 【색은(索隱)】 살펴보건대, 포(布)의 성은 영(英)인데 고요(咎繇=皐陶)의 후손이다. 뒤에 죄를 지어 경형(黥刑-문신형)을 당했기에 성을 경(黥)이라고 고쳤다. 위소(韋昭)가 말했다. "포(蒲)는 성(姓)이다." 이는 영포와 포장군 두 사람이 함께 병력을 이끌고 항량에게 소속되었다는 말이다. 따라서 복건이 말한 "영포는 포(蒲) 땅에서 일어났기 때문에"라는 말은 틀렸다. 살펴보건대 경포는 처음부터 강호(江湖) 사이에서 일어났다.

7) 【정의(正義)】 하비는 사수(泗水)의 현이다. 살펴보건대, 상비(上邳)가 있어 하비라고 한 것이다.

이런 때를 맞아 진가(秦嘉)[1]는 이미 경구(景駒)[2]를 세워 초나라 왕으로 삼은 뒤 팽성 동쪽에 진을 치고서[3] 항량(의 군대)을 막고자[距] 했다. 항량이 군관[軍吏]들에게 말했다.

"진왕(陳王)이 가장 먼저[首] 일을 일으켰으나 전세가 불리하게 되어 지금은 어디에 있는지 알 수가 없다. (그런데) 지금 진가가 진왕을 배반하고 경구를 세웠으니, 대역무도한 일이다."

그러고는 병사들을 진출시켜 진가를 쳤다. 진가의 군대가 패해 달아나자, 호릉(胡陵-현)[4]까지 뒤쫓아 가니, 가(嘉)가 돌아와 싸웠으나 하루 만에 가는 죽고 그의 군대는 항복했다. 경구는 달아났다가 양(梁)[5] 땅에서 죽었다. 항량은 진가의 군대를 합병하고[幷] 난 뒤에, 호릉에 군진을 치고는 장차 군대를 이끌고서 서쪽으로 나아가려 했다. 장한(章邯)이 율(栗)[6]에 이르자, 항량은 별장 주계석(朱雞石)과 여번군(餘樊君)을 시켜 맞서 싸우도록 했다. (그러나) 여번군은 전사했고, 주계석은 패전해 호릉으로 달아났다. 항량이 마침내 병사를 이끌고 설(薛-현)[7]에 들어가서 계석을 주살했다.

항량이 그에 앞서 항우(項羽)로 하여금 별도로 양성(襄城)[8]을 공격하게 했으나 양성의 수비가 굳건해 좀처럼 떨어뜨리지 못하다가, (마침내) 이미 뽑아버리게 되자[拔] 모두 파묻어버린[阬之] 뒤에 돌아와서 항량에게 보고했다. 항량은 진왕이 확실히[定] 죽었다는 소식을 듣고는 여러 별장(別將)을 설현에 모이게 하고서 일을 계획했다. 이때 패공(沛公-유방) 또한 패(沛)에서 일어나[起] (이 회의에) 왔다.

1) 【집해(集解)】 「진섭세가(陳涉世家)」에서 말했다. "진가는 광릉 사람이다."

2) 【집해(集解)】 문영(文穎)이 말했다. "경구는 초나라 족속으로, 경씨(景氏)이며 구(駒)는 이름이다."

3) 【정의(正義)】 『괄지지(括地志)』에서 말했다. "서주(徐州) 팽성현(彭城縣)으로, 옛날의 팽조국(彭祖國)이다." 이는 진가가 이 성의 동쪽에 군진을 쳤다는 말이다.

4) 【집해(集解)】 등전(鄧展)이 말했다. "지금의 호륙(胡陸)으로, 산양(山陽)에 속한다. 후한 장제(章帝) 때 고쳐서 호릉이라고 했다."

5) 전국시대 위(魏)나라 지역으로, 지금의 하남성 동부 일대다.

6) 【집해(集解)】 서광(徐廣)이 말했다. "현의 이름이고, 패군(沛郡)에 속한다."

7) 【정의(正義)】 『괄지지(括地志)』에서 말했다. "옛날의 설성(薛城)은 옛 설후국(薛侯國)인데 서주(徐州) 등현(滕縣) 경계에 있으니, 황제(黃帝)가 봉해진 곳이다. 『좌전(左傳)』에 이르기를, (노나라) 정공(定公) 원년에 설재(薛宰)가 말했다. '설의 조상 해중(奚仲)이 설에 거처하면서 하거정(夏車正)이 되었다'라고 했는데, 뒤에 맹상군(孟嘗君) 전문(田文)의 봉읍이 되었다."

8) 【정의(正義)】 허주(許州) 양성현(襄城縣)이다.

거소(居鄛)[1] 사람 범증(范增)[2]은 나이가 70세로 평소 집에 머물며 기발한 계책을 세우기를 좋아했는데, 항량에게 가서 유세해 말했다.

"진승이 패망한 것은 진실로 마땅합니다[當][3]. 저 진(秦)이 육국(六國)

을 멸망시켰는데 초나라가 가장 억울하게 아무런 죄도 없이 당했으니, 회왕(懷王)이 진나라에 들어가서 돌아오진 못하게 된 이후로 초나라 사람들은 지금까지도 그를 불쌍하게 여기고 있습니다. 그 때문에 초나라 남공(南公)[4]이 말하기를 '초나라에 비록 삼호(三戶)만 남아 있다 하더라도 진나라를 멸망시킬 나라는 반드시 초나라일 것이다'[5]라고 했습니다. (그런데) 지금 진승은, 비록 가장 먼저 일을 일으켰으나 초나라(왕실)의 후예를 세우지 않았기 때문에 그 세력이 오래가지 못했습니다. 지금 그대[君]께서 강동(江東)에서 일어나시자 벌떼처럼 일어난[蠭起=蜂起][6] 초나라의 장수들이 모두 다퉈 그대에게 귀의하는 것[附=歸]은, 그대가 대대로 이어온 초나라 장수의 집안이라서 능히 다시 초나라의 후예를 (왕으로) 세울 수 있을 것이라고 여기기 때문입니다."

이에 항량이 그 말이 옳다고 여기고서 마침내 초나라 회왕(懷王)의 손자 심(心)[7]을 백성 사이에서[民間] 찾아냈는데, 남의 집 양치기를 하고 있었다. 그를 세워 초나라 회왕으로 삼았으니[8], 이는 백성의 바람을 따른 것이었다[9]. 진영이 상주국이 되어 5개 현을 봉읍으로 받았으니, 그는 회왕과 함께 후이(盱眙-혹은 우이)에 도읍했고[10] 항량은 자기 칭호를 무신군(武信君)이라고 했다.

1) 【색은(索隱)】 진작(晉灼)이 말하기를 발음은 초절(勦絶)의 초(勦)라고 했다. 「지리지(地理志)」에 이르기를 "거소현(居勦縣)은 여강군(廬江郡)에 있는데 발음은 소(巢)다. 옛 소국(巢國)으로, 하나라 (마지막 임금) 걸이 달아난 곳이다"라고 했다.[안사고(顔師古)가 말했다. "현의 이름이다. 여강군(廬江郡)에 속한다. 춘추시대 때 소(巢)나라다."]

2) 【색은(索隱)】 순열(荀悅)이 『한기(漢紀)』에서 말하기를 "범증은 부릉(阜陵) 사람이다"라고 했다.[진(秦)나라 말 농민군이 일어났을 때 항량(項梁)에게 초(楚)나라 귀족의 후예를 세워서 널리 호소할 것을 권했다. 항량이 죽자, 항우의 휘하에 들어가서 훌륭한 계책을 많

이 제안함으로써 항우로부터 아부(亞父)라는 칭호를 받으면서 존중되었다. 여러 번 유방(劉邦)을 죽이라고 충고했지만 끝내 받아들여지지 않았고, 오히려 유방의 반간계(反間計)로 항우의 의심을 사서 직책을 잃고 권한을 빼앗기게 되었다. 이에 울분을 못 이겨서 고향으로 돌아가던 중에 등창이 도져 병사했다.]

3) 【정의(正義)】 고저작(顧著作)이 말했다. "진실로 마땅히 패망했어야 한다는 말이다."[안사고(顏師古)가 말했다. "그의 계책이 옳지 못해 당연히 패망할 수밖에 없었다는 말이다."]

4) 【집해(集解)】 서광(徐廣)이 말했다. "초나라 사람이다. 음양(陰陽)을 잘 이야기했다." 배인(裴駰)이 살펴보건대, 문영(文穎)이 말하기를 "남방의 노인이다"라고 했다. 【색은(索隱)】 서광이 말한 "초나라 사람이다. 음양(陰陽)을 잘 이야기했다"라는 것은 「천문지(天文志)」에 보인다." 【정의(正義)】 『우희지림(虞喜志林)』에서 말했다. "남공은 도사(道士)로서 흥망의 수(數)를 이해했으니, 진나라를 망하게 할 자가 반드시 초나라에 있다는 것을 알고 있었다." 『한서(漢書)』 「예문지(藝文志)」에 이르기를, 남공은 글 13편이 있으며 육국 때 사람으로 음양가(陰陽家)류에 속한다고 했다.

5) 【집해(集解)】 신찬(臣瓚)이 말했다. "초나라 사람들이 진나라를 원망해서, 설사 3가구만 남더라도 오히려 족히 진나라를 멸망시킬 수 있을 것이라는 말이다." 【색은(索隱)】 신찬과 소림(蘇林)의 풀이는 동일하다. 위소(韋昭)는 3호(戶)란 초나라의 3대 성씨인 소(昭)·굴(屈)·경(景)씨를 말한다고 보았다. 신찬과 소림의 설은 다 틀렸다. 살펴보건대, 『좌씨(左氏)』에 이르기를 "삼호(三戶)에서 초나라 군대를 넘겨주었다"라고 했고 두예(杜預)는 주석에서 "지금의 단수현(丹水縣) 북쪽의 삼호정(三戶亭)이다"라고 했으니, 그렇다면 이는 땅 이름이 분명하다. 【정의(正義)】 살펴보건대, 복건(服虔)이 말하기를 "삼호는 장수진(漳水津-나루)이다"라고 했고 맹강(孟康)이 말하기를 "진협(津峽)의 이름인데 업(鄴)에서 서쪽으로 30리에 있다"라고 했다. 『괄지지(括地志)』에서 말했다. "탁장수(濁漳水)는 또 동쪽으로 갈공정(葛公亭) 북쪽을 경유해 삼호협(三

戶峽)을 지나 삼호진(三戶津)이 되는데, 상주(相州) 부양현(滏陽縣) 경계에 있다." 그렇다면 남공이 음양술을 써서 흥망의 수를 읽어냄으로써 진나라가 반드시 삼호에서 망하리라는 것을 알고서 이런 말을 한 것이다. 후에 항우가 과연 삼호진을 건너 장한의 군대를 깨뜨리고 장한을 항복시키자 진나라는 드디어 멸망했다. 이는 남공의 참설(讖說)이 정확했다는 말이다.

6) 【집해(集解)】 여순(如淳)이 말했다. "봉기(蠭起)란 벌떼가 어수선하게 많다[蠭午(봉오)]는 뜻으로, 수많은 벌떼가 날아다니며 이리저리 어지럽게 하니 그 수가 많다는 뜻이다." 【색은(索隱)】 온갖 것이 마구 뒤엉키는 것을 오(午)라고 하니, 이는 벌떼가 일어나는 모양과 같다는 뜻이다. 그래서 유향(劉向)은 전(傳)에 주석을 달면서 "봉오(蜂午)란 잡스럽게 뒤엉키는 것"이라고 했고, 정현(鄭玄)은 말하기를 "한 번은 가로로, 한 번은 세로로 오가는 것을 오(午)라고 한다"라고 했다.

7) 웅심(熊心)이다.

8) 【집해(集解)】 서광(徐廣)이 말했다. "이때는 2세 2년 6월이다."

9) 【집해(集解)】 선조의 시호를 자신의 칭호로 한 것은 백성의 기대를 고분고분 따르기 위함이었다.

10) 【집해(集解)】 정씨(鄭氏)가 말했다. "발음은 후이(煦怡)다." 【정의(正義)】 盱의 발음은 (우가 아니라) 황(況)과 우(于)의 반절음이다. 眙는 이(以)와 지(之)의 반절음이다. 후이(盱眙)는 지금의 초주(楚州) 임회수(臨淮水)로, 회왕이 여기에 도읍했다.

몇 달 지나서 (항량이) 군대를 이끌고 가서 강보(亢父)[1]를 공격했다. 제나라 전영(田榮)과 사마용저(司馬龍且)[2]의 군대와 함께 (애초에 장한이 이미 제왕(齊王) 전담(田儋)을 임치(臨菑)[3]에서 죽이자, 전가(田假)는 다시 스스로를 세워 제왕이 되었다. 담의 동생 영(榮)은 달아나 동아(東阿)[4]를 지켰고, 장한은 뒤쫓아 가서 그곳을 둘러쌌다. 량이 병사를 이끌고 가서)[5] 동아(東阿)[6]를 구원해 동아에

서 진나라 군대를 크게 깨뜨렸으며, 전영은 즉각 군대를 이끌고 돌아와서 제나라 왕 가(假-전가)를 내쫓았다. 가는 초나라로 달아났고 가의 재상 전각(田角)은 조(趙)나라로 달아났는데, 각의 동생 간(閒=間)은 (제나라의) 장수였지만 조나라에 머물면서 감히 돌아가지 못했다. 전영은 전담의 아들 시(市)를 세워 제나라 왕으로 삼았다. 량은 이미 동아의 성 아래 군대를 깨뜨리고 나자 드디어 진나라 군대를 뒤쫓았는데, 제나라에 여러 차례 사자를 보내 제나라 군사도 함께 서쪽으로 진격할 것을 촉구하자[趣(촉)][7] 영이 말했다.

"초가 전가를 죽이고 조가 전각과 전간을 죽이면 그때 가서 군대를 보내겠다."

항량이 말했다.

"전가는 동맹국[與國(여국)][8]의 왕이었다가 곤궁하게 되자 와서 내게 귀부했으니, 차마 죽이지 못하겠다."

1) 【정의(正義)】 亢의 발음은 (항이 아니라) 강(剛)이고, 父의 발음은 보(甫)다. 『괄지지(括地志)』에서 말했다. "강보 고성(亢父故城)은 연주(兗州) 임성현(任城縣) 남쪽으로 51리에 있다."

2) 【정의(正義)】 (且는 발음이 차가 아니라) 자(子)와 여(余)의 반절음이다.

3) 안사고(顔師古)가 말했다. "「고제기」와 「전담전」에서 모두 임제(臨濟)라고 했는데 여기서만 임치라고 한 것을 볼 때, 아마도[疑(의)] 이것이 잘못된 듯하다."

4) 산동 지역이다.

5) 반고는 "제나라 전영과 사마용저의 군대와 함께"라는 부분을 생략하고, 대신 이 괄호 부분을 추가해서 내용을 좀 더 분명하게 했다.

6) 【정의(正義)】 『괄지지(括地志)』에서 말했다. "동아 고성(東阿故城)은 제주(濟州) 동아현(東阿縣) 서남쪽으로 25리에 있는데, 한나라 때는 동아현성이었고 진나라 때는 제(齊) 땅의 아(阿)였다."

7) 【정의(正義)】 趣의 발음은 (취가 아니라) 촉(促)이다.[이때는 뜻도 같이 '촉구하다', '재촉하다'이다.]

8) 【집해(集解)】 여순(如淳)이 말했다. "서로 우호를 나누는 나라를 여국(與國)이라고 하고, 당여(黨與)라고도 한다." 【색은(索隱)】 살펴보건대, 고유(高誘)의 『전국책(戰國策)』에 대한 주석에서 이르기를 "여국이란 화복(禍福)을 함께하는 나라다"라고 했다.

조나라도 전각과 전간을 죽이는 문제로 제나라와 거래하려 하지[市(시)][1] 않았으니, 제나라는 드디어 군대를 보내지 않음으로써 기꺼이 초나라를 돕는 일을 하지 않았다. 항량은 항우와 패공으로 하여금 별도로 성양(城陽)[2]을 공격하게 해 그곳을 도륙했다[屠之(도지)]. 서쪽으로 나아가 복양(濮陽) 동쪽에서 진나라 군대를 깨뜨리자[3], 진나라 병사들은 복양으로 철수했다[收入(수입)]. 패공과 항우가 마침내 정도(定陶)[4]를 공격했으나 정도가 떨어지지 않자[未下(미하)=不下(불하)], 그곳을 포기하고 서쪽의 땅을 공략했다. 옹구(雝丘)[5]에 이르러 진나라 군대를 크게 깨뜨리고 이유(李由)[6]를 목 베었고, 돌아와 외황(外黃-현)[7]을 공격했으나 외황은 아직 떨어지지 않았다.

1) 【집해(集解)】 장안(張晏)이 말했다. "마치 장사꾼이 이익을 노리고 무역하듯이 한다는 말이다. 량은 전영의 어려움을 구하려 했으나 오히려 명을 쓰지 못했다. 량은 가 등을 죽이려고 생각했고 영은 아직 많은 수를 다 출병시키지 못했으니, 춘추시대 때 기공(寄公)이 예로 대우하는 것만 못했다. 또 다른 이익과 무역해 자기의 해악을 제거함으로써 드디어 은덕을 배반하고 가를 도와 제나라를 쳤으니, 그래서 시장에서 거래하듯이 한다고 말한 것이다." 진작(晉灼)이 말했다. "가(假)는 옛 제왕 건(建)의 동생으로 초나라를 시켜 그를 죽임으로써 자기의 이익을 도모하려 했고 초나라는 죽이지 않는 것을 보장함으로써 자신의 속셈을 지키려 했으니, 그래서 거래라고 말한 것이

다.” 【색은(索隱)】 살펴보건대, 장안은 말하기를 “시(市)란 무역(貿易)이다”라고 했고 위소(韋昭)는 말하기를 “제나라를 두고 이익 거래를 하다”라고 했다. 그래서 유씨(劉氏)는 또 말하기를 “시(市)란 ‘요구하는 것[要]’이다”라고 했다. 전가를 내버려두고 죽이지 않음으로써 전영에게 요구하고 협박했다는 것이다.

2) 【정의(正義)】 『괄지지(括地志)』에서 말했다. “복주(濮州) 뇌택현(雷澤縣)으로 본래 한(漢)의 성양인데, 주(州)에서 동쪽으로 91리에 있다. 「지리지(地理志)」에 이르기를, 성양은 제음군(濟陰郡)에 속하며 옛날의 성백국(郕伯國)이니 희성(姬姓)의 나라라고 했다. 『사기(史記)』에 따르면, 주나라 무왕이 막냇동생 재(載)를 성(郕) 땅에 봉해주었고 뒤에 성의 남쪽[陽]으로 옮겼기 때문에 성양(城陽)이라고 했다고 한다.”

3) 【정의(正義)】 『괄지지(括地志)』에서 말했다. “복양현은 복주(濮州) 서쪽으로 86리 떨어진 복현(濮縣)에 있는데, 옛날의 오지국(吳之國)이다.” 살펴보건대, 성양을 공격해 도륙하고 서쪽으로 가서 진군을 복양현에서 깨뜨렸다는 말이다. 동쪽이란 곧 이 현의 동쪽이다.

4) 【정의(正義)】 정도는 조주성(曹州城)이다. 복양에서 남쪽으로 가서 정도를 공격한 것이다.

5) 【정의(正義)】 옹구는 지금의 변주(汴州)의 현이다. 「지리지(地理志)」에 이르기를 “옛날의 기국(杞國)으로, 무왕이 우왕의 후손을 기에 봉해주고서 칭호를 동루공(東樓公)이라 했는데 21세 간공(簡公) 때 초나라에 멸망 당했다”라고 했으니, 곧 이 성이다.

6) 【집해(集解)】 응소(應劭)가 말했다. “유는 이사(李斯)의 아들이다.”[이때 삼천군수(三川郡守)로 있었다.]

7) 【정의(正義)】 『괄지지(括地志)』에서 말했다. “옛 주성(周城)이 곧 외황의 땅인데, 옹구현 동쪽에 있다.” 장안(張晏)이 말했다. “위군(魏郡)에 내황현이 있기 때문에 외(外)를 더한 것이다.” 신찬(臣瓚)이 말했다. “현에 황구(黃溝)가 있어,

그 때문에 이름을 그렇게 지은 것이다."

항량이 동아(東阿) 서북에서 일어나 정도(定陶)에 이르러 다시 진나라 군대를 깨뜨리고 항우 등이 이유를 목 베자, 더욱 진나라를 가벼이 여겨 교만한 빛[驕色]이 있었다. 송의(宋義)가 마침내 항량에게 간언해 말했다.

"싸움에서 이기면 장수는 교만해지고 병졸들은 나태해져서 실패하게 됩니다. (그런데) 지금 병사들이 조금 나태해지고 있는데 진나라 군대는 날로 늘어나고 있으니, 신은 군(君)을 위해 이 점을 걱정합니다."

항량이 듣지 않고, 마침내 송의를 제나라에 사자로 보냈다. 길 가던 도중 제나라 사자 고릉군(高陵君) 현(顯)[1]과 마주치게[遇] 되자, (송의가) 말했다.

"그대는 장차 무신군을 만나려는 것입니까?"

말했다.

"그렇소."

(의가) 말했다.

"신이 논하건대[論], 무신군의 군대는 반드시 패할 것입니다. 그대가 천천히[徐=緩] 간다면 화를 면할 것이고, 빨리[疾=急] 간다면 화를 당할 것입니다."

진나라는 과연 일거에 병사를 일으켜서 장한에게 군사를 늘려주고는[益] (한밤중에 함매(銜枚)[2]를 하고서)[3] 초나라를 쳐 정도에서 크게 깨뜨리니 항량이 죽었다. 패공과 항우는 외황을 버리고 진류(陳留-현)를 공격했으나, 진류의 방어가 견고해 떨어뜨릴 수가 없었다. 패공과 우가 서로 함께 모의해 말했다.

"지금은 항량의 군대가 깨져서 사졸들이 두려워하고 있다."

마침내 여신(呂臣)의 군대와 함께 병사들을 이끌고 동쪽으로 갔다. 여신은 팽성 동쪽에, 항우는 팽성 서쪽에, 패공은 탕(碭)[4]에 군진을 쳤다.

장한은 이미 항량의 군대를 깨뜨리고 나자, 초나라 땅에 있는 군대는 걱

정할 필요가 없다고 여겨서, 마침내 황하를 건너 (북쪽으로) 조나라를 쳐서 크게 깨뜨렸다. 이런 때를 당해 조나라는 헐(歇-조헐)이 왕이었고 진여(陳餘)가 장군이었으며 장이(張耳)가 재상으로 있었는데, (모두) 도망쳐 거록성(鉅鹿城)으로 들어갔다. 장한은 (진나라 장수) 왕리(王離)[5]와 섭간(涉間)[6]을 시켜 거록을 에워싸게 한 뒤, 자신은 그 남쪽에 군진을 치고서 용도(甬道)[7]를 쌓아 (왕리와 섭간의 군대에) 군량미를 보내주었다. 진여가 장군으로 있으면서 병사 수만 명을 거느리고 거록의 북쪽에 군진을 쳤는데, 이것이 이른바 하북군(河北軍)이다.

초나라 병사들이 이미 정도에서 깨진 후에, 회왕은 두려워하며 우이(盱台=盱怡-후이)에서 팽성(彭城)으로 가 항우와 여신의 군대를 병합해 스스로 통솔을 맡았다. 여신을 사도(司徒)로 삼고 그의 아버지 여청(呂靑)을 영윤(令尹)[8]으로 삼았으며, 패공을 탕군(碭郡)의 책임자[長(장)][9]로 삼고 무안후(武安侯)에 봉해 탕군의 군사를 거느리게 했다.[10]

1) 【집해(集解)】 장안(張晏)이 말했다. "이름이 현(顯)이다. 고릉은 (그가 봉해진 곳인데) 현(縣) 이름이다." 【색은(索隱)】 살펴보건대, 진작(晉灼)은 "고릉은 낭야에 속한다"라고 했다.

2) 행진(行陣)할 때 떠들지 못하도록 군사(軍士) 입에 나무젓가락 같은 하무를 물리는 것을 가리킨다.

3) 이는 훗날 반고가 「항적전(項籍傳)」에서 추가한 부분이다. 그만큼 절박한 상황을 표현하려 한 것이다.

4) 【집해(集解)】 응소(應劭)가 말했다. "탕은 양국(梁國)에 속한다." 소림(蘇林)이 말했다. "碭의 발음은 당(唐)이다." 【정의(正義)】 『괄지지(括地志)』에서 말했다. "송주(宋州) 탕산현(碭山縣)은 본래 한(漢)의 탕현이었는데, 송주 동쪽으로 150리에 있다."

5) 왕전(王翦)의 손자다.

6) 【집해(集解)】 장안(張晏)이 말했다. "섭은 성이고 간은 이름이다. 진나라 장수다."

7) 【집해(集解)】 응소(應劭)가 말했다. "적이 치중(輜重-군수 부대)을 노략질할 것을 걱정해서 마치 길거리처럼 담장을 쌓아 올리는 것이다."

8) 【집해(集解)】 응소(應劭)가 말했다. "천자는 (그 재상을) 사윤(師尹), 제후는 영윤(令尹)이라고 했는데, 이때는 6국의 거리가 서로 가까워 영윤(令尹)을 두었다." 신찬(臣瓚)이 말했다. "제후의 경(卿)으로, 오직 초나라에서만 영윤(令尹)이라고 불렀다. 당시는 초나라의 뒤를 이어서 세워졌기에 관사(官司)는 모두 초나라의 옛 제도대로 했다."

9) 【집해(集解)】 소림(蘇林)이 말했다. "장(長)은 군수와 같다."

10) 이 문단을 훗날 반고는 「항적전(項籍傳)」에서 배제했다. 문맥의 흐름상 중요하지 않다고 본 때문이다.

애초에 송의가 마주쳤던 제나라 사자 고릉군 현이 초나라 군진에 있으면서 초나라 회왕을 알현하고 이렇게 말했다.

"송의는 무신군이 반드시 패할 것이라고 논했는데, 며칠 후에 과연 패했습니다. 군대가 싸움을 하기도 전에 미리 패배의 조짐[徵=徵兆=證]을 보았으니, 병사(兵事)를 안다[知兵]고 할 만합니다."

왕이 송의를 불러 함께 일을 이야기하고는[計事] 그에 대해 기뻐하면서 그 참에 상장군으로 삼았다. 항우는 노공(魯公)에 봉해지고 차장(次將)이 되었으며, 범증(范增)은 말장(末將)이 되어 조나라를 구원했다. 여러 별장이 모두 (송의에게) 소속되어 경자관군(卿[1]子冠軍)[2]이라고 불렀다. (북쪽으로 조나라를 구원하러 떠나) 안양(安陽)[3]에 이르렀을 때, (송의의 군대는) 머물고서 46일 동안 더는 진군하지 않았다[不進][4]. (진(秦) 2세 3년에) 항우가 (송의에게) 말했다.

"내가 듣건대 진나라 군대가 거록에서 조왕(趙王)을 에워싸고 있다고 하니, 서둘러[疾] 병사들을 이끌고 강을 건너가서 초나라가 그 바깥을 치고

조나라가 안에서 호응한다면 진나라 군대를 깨뜨리는 것은 확실합니다."

송의가 말했다.

"그렇지 않소. 무릇 소를 물어뜯는[搏=擊] 등에[虻]가 이[蝨]를 죽일 수는 없는 법이오[5]. 지금 진나라가 조나라를 공격하는데, 진이 싸워서 이긴다 해도 병사들은 피곤할 것이니[罷=疲] 나는 그 틈[敝]을 이용할 것이고, 진이 이기지 못할 경우에는 내가 군사를 이끌고 북을 치며 행군해서[6] 서쪽으로 나아가면 반드시 진나라를 꺾을 것이오[擧]. 따라서 먼저 진나라와 조나라로 하여금 싸우게 하는 것보다 나은 방책은 없소. 무릇 경무장한 정예병[輕銳]을 데리고 전투를 함에 있어서는 의(義)가 그대보다 못하겠지만, 앉아서 책략[籌策]을 부리는 데서는 공이 의보다 못할 것이오."

1) **【집해(集解)】** 서광(徐廣)이 말했다. "판본에 따라 경(慶)으로 되어 있다."

2) **【집해(集解)】** 문영(文穎)이 말했다. "경자(卿子)란 당시 사람들이 기리고 높이는 칭호이니, 공자(公子)와 같다. 상장군이었으므로 관군(冠軍-우두머리 군)이라고 한 것이다." 장안(張晏)이 말했다. "예를 들면 곽거병(霍去病)은 공로가 삼군 중에서 으뜸[冠]이었으므로 그 참에 봉해서 관군후(冠軍侯)로 삼았고, 지금은 현 이름이 되었다."

3) 안사고(顔師古)가 말했다. "지금의 상주(相州) 안양현(安陽縣)이다."

4) **【색은(索隱)】** 살펴보건대 (『사기(史記)』) 「부관열전(傅寬列傳)」에 이르기를 "종군해서 안양(安陽), 강리(扛里)를 공격했다"라고 했으니, 그렇다면 안양과 강리는 둘 다 하남(河南)에 있다. 안사고(顔師古)가 볼 때는 지금의 상주(相州) 안양현(安陽縣)이다. 살펴보건대 이 군대는 오히려 아직 강을 건너지 않았으니 정확히 상주 안양에 이르지는 못한 것이다. 지금 『후위서(後魏書)』 「지형지(地形志)」를 검토해보니 "기지(己氏)는 안양성(安陽城)에 있는데 수나라가 기지를 고쳐 초구(楚丘)라고 했다"라고 했으니, 그렇다면 지금의 송주(宋州) 초구 서북쪽에서 40리에 있는 안양 고성(安陽故城)이 바로 이곳이

다. 【정의(正義)】『괄지지(括地志)』에서 말했다. "안양현은 상주(相州)가 다스리는 현(縣)이다. 7국시대 때 위(魏)나라 영신중(寧新中) 읍이었는데, 진(秦)나라 소왕(昭王)이 영신중을 뽑아버리고[拔] 이름을 안양(安陽)으로 고쳤다." 「장이열전(張耳列傳)」에 이르기를, 장한이 거록 남쪽에 진을 치고 용도(甬道)를 황하에까지 건축해서 왕리(王離)에게 군량미를 공급하자 항우가 여러 차례 장한의 용도를 끊는 바람에 왕리의 군대는 식량이 떨어졌고, 항우가 대거 군대를 끌고서 황하를 건너 드디어 장한을 깨뜨리고 거록 아래를 에워쌌다고 했다. 또 말하기를, 황하를 건넌 뒤 배는 물에 빠뜨리고[湛=沈沒] 사흘 치 식량만 소지했다고 했다. 살펴보건대 활주(滑走) 백마진(白馬津)에서 사흘 치 식량만 소지하고는 형주(邢州)에 이르지 못하니, 분명 이때 황하를 건넜다는 것은 상주(相州) 장하(漳河)를 건넌 것이다. 송의가 아들 양(襄)을 보내 제나라를 돕게 하면서 몸소 그를 무염(無鹽)까지 배웅했다고 했는데, 곧 지금 운주(鄆州)의 동쪽 숙성(宿城)이 이곳이다. 만약에 안사고의 설에 따라 상주 안양현이라고 할 경우, 송의는 아들을 보내 군대를 버리고 강을 건너서 남쪽으로 제나라를 향해 가다가 서남쪽으로 노나라 경계로 들어가서 고회(高會-대연회)를 열어 음주한 것이 되는데, 이는 제나라로 들어가는 길이 아니다. 송의가 비록 아들을 배웅하면서 송주 안양을 통해 가는 것이 이치에 순조롭다는 것을 알았더라도, 거록을 향해 가는 길이 너무 멀고 장한의 용도를 여러 차례 끊을 수 없으며 사흘 치 식량만으로는 도달할 수도 없다. 이 두 가지 이치를 비교해볼 때 안양에서 무염까지 아들을 배웅했다는 것이 더 낫다. 강을 건너 용도를 끊더라도 사흘 치 식량만 갖고 있는데 어떻게 머물러 있을 수 있겠는가. 사가(史家)의 설들은 대부분 곡절하게 설명하지 못하고 있다.

5) 【집해(集解)】 여순(如淳)이 말했다. "힘을 많이 쓴다고 해도 서캐나 이[蟣蝨]를 잡을 수는 없다는 것이니, 이는 오히려 큰 힘으로 진나라를 정벌하려 하지만 조나라를 구원할 수는 없다는 말이다." 【색은(索隱)】 위소(韋昭)가 말했다. "등에[蝱=虻]는 커서 밖에 있지만 이는 작아서 안에 있다는 말이다." 안사고(顔師

古)가 말했다. "이는 손으로 소의 등을 칠 경우 그 위에 있는 등에는 죽일 수 있지만 이는 잡을 수 없다는 말로, 지금 장병들이 바야흐로 진나라를 멸망시키고자 하니 장한과의 싸움에 온 힘을 다할 수 없다는 말이다." 추씨(鄒氏)는 搏의 발음을 부(附)라고 했다. 지금 살펴보건대, 등에가 소를 물어뜯는 것은 본래 그 위에 있는 서캐나 이를 잡는 것과 비교할 수가 없다. 이는 뜻이 큰 데 있지 작은 데 있지 않음을 말한 것이다.[소림(蘇林)이 말했다. "등에는 진나라를 비유한 것이고 이는 장한 등을 비유한 것으로, 크고 작은 것은 세력이 같지 않으므로 진나라를 멸망시키고자 한다면 마땅히 장한 등은 일단 내버려둬야 한다는 말이다."]

6) 안사고(顔師古)가 말했다. "북을 치며 행군한다는 것은 아무런 두려움이 없다는 말이다."

그러고 나서 군중에 영을 내려[下令(하령)] 말했다.

"사납기가 호랑이와 같고, 고집스러워 꼬여 있기[很(한)=狠(한)][1]가 양과 같으며, 탐욕스럽기가 승냥이와 같아서 억세어서 부릴 수 없는 자들은 모두 목을 벨 것이다."

자신의 아들 양(襄)을 보내 제나라를 돕게 했는데, 몸소 그를 무염(無鹽)[2]까지 배웅하면서 성대한 연회[高會(고회)=大會(대회)][3]를 베풀어 술과 음식을 먹였다. 날씨[天(천)=天氣(천기)]는 춥고 큰비가 내려서 사졸들이 추위에 떨며 굶고 있으니, 항우가 말했다.

"장차 온 힘을 다해[戮力(육력)] 진나라를 공격해야 하는데 오랫동안 머물며 행군하지 않고 있는 데다가 지금 흉년이 들어 백성이 궁핍하고 사졸들은 토란과 콩[芋菽(우숙)][4]으로 겨우 연명하고 있으며 군대에는 남아 있는 군량미[見糧(현량)]가 없는데도[5], 마침내 (이런 판국에) 성대한 연회를 열어 술과 음식을 먹고 마실 뿐이다. 병사를 이끌고 강을 건너 조나라 군량을 먹으며 함께 힘을 합쳐 진나라를 치지도 않으면서, 그저 말하기를 '그들이 지친 틈을 이용할 것이다'라고만 말하고 있다. 무릇 진나라의 강대함으로써 이제 막 일어난 조나라를 공격한다면 형세상으로 반드시 조나라를 꺾게 될 것이니, 조

나라가 꺾이고 진나라가 강대해진 뒤에 무슨 지친 틈을 이용하겠다는 말인가! 또 우리 병사들이 이제 막[新] 패전한 터라[6] 왕께서 자리에 편안히 앉아 있지 못하고[坐不安席] 계시는데, 나라 안[境內](의 병사들)을 통틀어 장군에게 속하게[屬=委] 하셨으니, 나라의 안위가 이번 일에 달렸다. (그런데) 지금 사졸들을 챙기지는[휼=恤] 않고 사사로운 사정만 따르니[徇其私][7], 사직을 지켜낼 신하[社稷之臣]가 아니로다."

1) 【정의(正義)】 很의 발음은 (흔이 아니라) 하(何)와 간(懇)의 반절음이다.

2) 【색은(索隱)】 살펴보건대, 「지리지(地理志)」에 이르기를 "동평군(東平郡)의 현(縣)이며 지금의 운주(鄆州) 동쪽에 있다"라고 말했다.

3) 【집해(集解)】 위소(韋昭)가 말했다. "높은 작위를 가진 자들을 모두 불렀기에, 그래서 고(高)라고 했다." 【색은(索隱)】 복건(服虔)이 말했다. "큰 연회[大會]를 말한다."

4) 【집해(集解)】 서광(徐廣)이 말했다. "우(芋)는 판본에 따라 반(半)으로 되어 있다. 반(半)이란 5되들이 용기[五升器]다." 배인(裴駰)이 살펴보건대, 그러므로 신찬(臣瓚)은 말하기를 "사졸들이 채소를 먹었는데, 그중 절반은 콩이 섞인 것이었다"라고 했다. 【색은(索隱)】 우(芋)는 토란[蹲鴟=土蓮=土芝]이고, 숙(菽)은 콩이다. 그래서 신찬이 말하기를 "사졸들이 채소를 먹었는데, 그중 절반은 콩이 섞인 것이었다"라고 한 것이다. 그렇다면 우숙(芋菽)과도 뜻이 통한다. 『한서(漢書)』에서는 "반숙(半菽)"이라고 되어 있으니, 서광(徐廣)이 말했다. "우(芋)는 판본에 따라 반(半)으로 되어 있다. 반(半)이란 5되들이 용기[五升器]다." 왕소(王劭)가 말했다. "반(半)은 용기 이름인데, 반 되를 담는다."

5) 【정의(正義)】 (見의 발음은) 호(胡)와 연(練-익히다)의 반절음이다. 안감(顏監)이 말했다. "현재 남아 있는 식량이 없다는 말이다."

6) 초나라가 정도에서 패한 것을 말한다.

7) 【색은(索隱)】 사사로운 사정이란, 송의가 아들 송양을 보내 제나라를 돕도록 한

일을 말한다. 이것이 바로 그가 자신의 사사로운 사정[私情]만을 따른 것이다. 최호(崔浩)가 말했다. "순(徇)이란 '도모한다[營]'는 뜻이다.

항우가 아침 일찍 상장군 송의에게 문안한다는 핑계로 장막 안으로 가서[卽=就] 송의의 목을 베고는, 군중에 영을 내[出令] 말했다.

"송의는 제나라와 더불어 초나라를 배반할 모의를 했기에 초왕께서 은밀히 우(羽)에게 영을 내려 그를 주살토록 하셨다."

이런 상황에서 여러 장수는 두려움에 떨며 복종했고[慴服=慴伏], 아무도 감히 다른 소리를 내지[枝梧][1] 못했다. 모두가 말했다.

"맨 먼저[首] 초나라를 세운 것은 장군의 집안이니, 지금은 장군께서 난신[亂]을 주살하신 것입니다."

마침내 서로 함께 우를 세워 임시[假] 상장군으로 삼았다[2]. (우는) 사람을 시켜 송의의 아들을 뒤쫓아 제나라에까지 가서 그를 죽인 뒤, 환초를 시켜 회왕에게 보고했다[報命]. 회왕이 그 참에 사자를 보내 항우를 상장군으로 삼고[3], 당양군(當陽君-경포)과 포장군(蒲將軍)을 둘 다 항우의 휘하에 소속시켰다.

1) 【집해(集解)】 여순(如淳)이 말했다. "梧의 발음은 오(悟)이다. 지오(枝梧=支吾)란 '어긋나다[枝捍]'라는 뜻이다. 신찬(臣瓚)이 말했다. "작은 기둥을 지(枝)라고 하고 기울어진 기둥[邪柱]을 오(梧)라고 하는데, 지금의 옥오사주(屋梧邪柱)가 이것이다."

2) 【정의(正義)】 아직 회왕의 명을 받지 못해 임시라고 한 것이다. 가(假)는 섭(攝-임시 대행)이다.

3) 【집해(集解)】 서광(徐廣)이 말했다. "2세 3년 11월의 일이다."

항우가 이미 경자관군(卿子冠軍)을 죽여 그 위엄이 초나라를 떨게 하니,

이름이 다른 제후들에게도 전해졌다. 얼마 뒤에 당양군(當陽君)[1]과 포장군(蒲將軍)을 보내 병사 2만을 거느리고 강[2]을 건너 거록을 구원하도록 했는데, 전투에서 크게 이기지 못하자 진여(陳餘)가 다시 구원병을 요청했다. 항우가 마침내 군사들을 다 이끌고서 강을 건넜는데, 강을 건너고 나서는 배를 모두 가라앉히고 솥과 시루를 깨뜨리며[沈船破釜甑] 막사까지 불사른 뒤에 3일 치 군량만 휴대하게 함으로써 병사들에게 죽기로 싸울 것이며 조금도 살아서 돌아올 마음이 없다는 것을 보여주었다. 이에 (거록에) 도착하자마자 왕리(王離)를 에워쌌고, 진나라 군사와 마주치자, 아홉 차례 전투를 벌여서 그들의 용도(甬道)를 끊고 크게 무찔렀다. 소각(蘇角)[3]을 죽이고 왕리를 포로로 잡았는데, 섭간(涉間)은 초나라에 투항하지 않고 분신자살했다.[4] 이런 때를 만나 초나라 병사들은 제후의 군대들 가운데 으뜸[冠]이었다. 거록을 구하러 달려온 제후의 군대가 10여 진영[壁]이었으나 누구도 감히 함부로 군대를 움직이지 못했으니, 초나라가 진나라를 칠 때도 여러 장수는 다 자신들의 진영에서 그저 바라다볼 뿐이었다. 초나라 군사들은 모두가 일당십[一以當十]이었으니, 초나라 병사들의 고함[呼聲]이 하늘을 진동시킬 때면 제후의 군사 중에 두려워하지[惴恐][5] 않는 사람이 없었다. 이 때문에, 항우가 이미 진나라 군대를 깨뜨린 다음에 제후군의 장수들을 불러 원문(轅門)[6]에 들게 했을 때는 하나같이 무릎걸음으로 앞을 향해 나아오면서 감히 머리를 들어 쳐다보지를 못했다. 항우가 이를 계기로 비로소 제후군의 상장군(上將軍)이 되니, 제후들이 모두 그 밑에 속하게 되었다.

1) 경포(黥布)의 봉호다. 경포의 원래 이름은 영포(英布)인데, 경형(黥刑)을 받아 경포라고 했다.

2) 【정의(正義)】 장수(漳水)다.

3) 【집해(集解)】 문영(文穎)이 말했다. "진나라 장수다."

4) 왕리와 섭간은 둘 다 진나라 장수다.

5) 【집해(集解)】 『한서음의(漢書音義)』에서 말했다. "惴의 발음은 (췌가 아니라) 장(章)

과 서(瑞)의 반절음이다."

6) 【집해(集解)】 장안(張晏)이 말했다. "군대가 주둔할 때 수레로 군영을 만들었는데, 수레의 끌채 2개를 세워서 문으로 삼았으므로 원문(轅門)이라 했다."[군문(軍門)을 말한다. 원(轅)이란 수레의 앞 양쪽에 대는 긴 채이다.]

장한(章邯)이 극원(棘原)[1]에 군진을 치고 항우는 장남(漳南)[2]에 군진을 쳐서 서로 대치하며[相持] 아직 싸우지는 않았는데, 진나라 군대가 여러 차례 물러나자[却=退] 2세가 사람을 보내 장한을 꾸짖었다[讓=責]. 장한은 (죄를 입게 될까) 두려워 장사(長史) 흔(欣)을 시켜 (2세에게) 명을 청하게 했다. (흔이) 함양에 이르러서 사마문(司馬門)[3]에 사흘 동안 머물렀으나 조고는 그를 불러 보지[見=引見] 않았으니, 그에 대해 불신하는 마음이 있었기 때문이다. 장사 흔이 두려워서 군진으로 내달려[走][4] 돌아갔는데, 감히 올 때의 길로 가지 못했기 때문에 조고가 과연 사람을 시켜 흔을 뒤쫓게 했으나 미치지 못했다. 흔이 군진에 이르러, 보고해 말했다.

"조고가 안에서 일을 장악하고 있어 밑에는 일을 제대로 할 만한 자가 없습니다. 지금 싸워서 이기면 고(高)는 우리의 공로를 시기할 것이고, 이기지 못하면 죽음을 면할 수 없습니다. 바라건대 장군께서는 이를 심사숙고하셔야 할 것입니다."

1) 【집해(集解)】 장안(張晏)이 말했다. "장수(漳水) 남쪽에 있다." 진작(晉灼)이 말했다. "땅 이름으로, 거록(鉅鹿)의 남쪽이다."

2) 【정의(正義)】 『괄지지(括地志)』에서 이렇게 말했다. "탁장수(濁漳水)로, 일명 장수(漳水)다. 지금의 속명은 유하(柳河)이며 형주(邢州) 평향현(平鄕縣) 남쪽이다. 『수경주(水經注)』에 이르기를, 장수는 일명 대장수(大漳水)라고 하며 겸해서 물에 잠기는 지역도 있다고 했다.

3) 【집해(集解)】 무릇 사마문이라는 것은 궁궐 안에 병위(兵衛)가 있는 곳으로, 사

방에 다 사마가 있다. 사마란 군사의 일을 주관하는 것이니, 궁 밖에 있는 문을 총괄해서 사마문이라고 부른다. 【색은(索隱)】 살펴보건대, 천자문(天子門)에는 병란(兵闌-문 지키는 병사)이 있어 사마문이라고 했다.

4) 【정의(正義)】 走의 발음은 주(奏)이다.

진여도 장한에게 글을 보내 이렇게 말했다.

'백기(白起)는 진나라 장수가 되어 남쪽으로 언영(鄢郢)[1]을 정벌하고[征(정)] 북쪽으로 마복(馬服)[2]을 파묻었으니, 성을 공격하고 땅을 빼앗은 것이 이루 다 헤아릴 수가 없는데도 결국은 죽임을 당했습니다[賜死(사사)]. 몽염(蒙恬)은 진나라 장수가 되어 북쪽으로 융인(戎人)을 쫓아내고 유중(楡中)[3] 지역 수천 리를 개척했으나, 끝내 양주(陽周)[4]에서 목이 달아났습니다. 어째서이겠습니까? 공이 많아 진나라가 능히 다 봉해줄 수가 없자 그 참에 법을 핑계 삼아 그들을 주살한 것입니다.

지금 장군께서 진나라 장수가 된 지 3년이 되었는데, 잃어버린 병력이 이미 10만을 헤아리고 있고 제후들이 다퉈 일어나는 것은 점점 더 많아지고 있습니다. 저 조고는 평소 아첨만 일삼은 지가 이미 오래되었는데 지금 일이 다급해지고 또한 2세가 자신을 주살할까 두려워하기 때문에, 법을 핑계로 장군을 주살함으로써 (자신에 대한) 책임 추궁을 틀어막고[塞責(색책)] 사람을 보내 장군을 대신하게 함으로써 그 화에서 벗어나려는[脫(탈)=免(면)] 것입니다.

무릇 장군께서는 밖에 머문 지가 오래되어 안으로 (조정과의) 틈이 많아서, 공로가 있다 해도 주살당할 것이요 공로가 없으면 더욱 주살될 것입니다. 또 하늘이 진나라를 망하게 할 것이라는 것은 어리석은 자나 지혜로운 자를 막론하고 다 알고 있습니다. (그런데) 지금 장군께서는 안으로는 능히 직간할 수 없고 밖으로는 망해가는 나라의 장수가 되어 외로이 홀로 서서 오래도록 존속하기를 바라시니, 어찌 슬프지 않겠습니까! 장군께서는 어찌 병사를 돌려서 제후들과 합종해[從(종)][5] 함께 진나라를 치고 그 땅을 나눠

왕 노릇 하기로 약속함으로써 남면(南面)해 고(孤-임금의 자칭)를 칭하려 하지 않으십니까[6]? 이렇게 하시는 것과 몸을 허리 자르는 도끼와 모루[鈇質 = 鈇鑕]에 엎어지게 하고[7] 처자가 살육당하게 하는 것 중에서 어느 것이 낫겠습니까?'

장한이 여우 같은 의심을 품게 되어[狐疑], 몰래 군후(軍候)[候] 시성(始成)[8]을 항우에게 보내 밀약을 맺고자 했다. 밀약이 아직 이뤄지기 전에, 항우는 포(蒲)장군을 시켜 병사들을 이끌고 삼호(三戶)[9]를 건너가서 장수 남쪽에 주둔케 하고는 진나라와 싸움을 벌여 다시 그들을 깨뜨렸고, 모든 군사를 이끌고 우수(汙水)[10] 변에서 진나라 군대를 쳐서 또다시 크게 깨뜨렸다. (그러던 차에) 한(邯)이 사자를 우에게 보내 밀약을 맺고자 하니, 항우가 군리들을 불러서 모의해 말했다.

"군량이 적으니, 협약에 응할까 한다."

군리들이 모두 말했다.

"좋습니다."

항우가 마침내 원수(洹水)의 남쪽 은허(殷虛)에서[11] 만날 것을 약속했다. 이윽고 맹약을 맺기를 마치고 나자, 장한은 항우를 만나서 눈물을 흘리며 조고에 대해 이런저런 이야기를 나누었다. 항우는 마침내 장한을 세워 옹왕(雍王)으로 삼고 초나라 군중에 두었으며, 장사 흔을 상장군(上將軍)으로 삼아 진나라 군대를 거느리고 앞장서게 했다[前行][12].

1) 안사고(顔師古)가 말했다. "언영은 초나라 도읍이다."

2) 【색은(索隱)】 위소(韋昭)가 말했다. "조사(趙奢)의 아들 괄(括)인데, (아버지 사(奢)가 조(趙)나라 장수로서 공이 있어 마복(馬服)의 칭호를 받았기에) 대대로 칭호를 마복이라고 했다." 최호(崔浩)가 말했다. "마복은 조나라 관직 이름으로, 무사(武事)에 복무하는 것을 말한다."

3) 【색은(索隱)】 복건(服虔)이 말했다. "금성현(錦城縣)의 관할 구역이다." 소림(蘇林)

이 말했다. "상군(上郡)에 있다." 최호(崔浩)가 말했다. "몽염이 느릅나무[楡]를 심어 요새화했다."

4) 【집해(集解)】 맹강(孟康)이 말했다. "상군에 속하는 현이다." 【정의(正義)】 『괄지지(括地志)』에서 말했다. "영주(寧州) 나천현(羅川縣)은 주(州)에서 동남쪽으로 70리에 있으며 한나라 때의 양주현(陽周縣)이다."

5) 【색은(索隱)】 이때의 제후는 관동(關東)의 제후들을 말한다. 어째서 그것을 알 수 있는가? 문영(文穎)이 말했다. "관동을 종(從)이라 하고, 관서를 횡(橫)이라 한다." 고유(高誘)가 말했다. "관동의 지형은 종으로 기니 소진(蘇秦)은 6국을 도와 명칭을 합종(合從)이라 했고, 관서의 지형은 횡으로 기니 장의(張儀)는 진나라를 도와 관동의 합종을 무너뜨리고 진나라와 연합하게 하면서 명칭을 연횡(連橫)이라고 했다."

6) 남면한다는 것이나 고를 칭한다는 것은 모두 왕이 된다는 말이다.

7) 【색은(索隱)】 『공양전(公羊傳)』에서 말했다. "허리 자르는 도끼질을 하는 것이다." 하휴(何休)가 말했다. "요참(要斬=腰斬)의 죄이다." 최호(崔浩)가 말했다. "질(質)이란 사람을 벨 때 밑에 괴는 나무[椹]이다." 또 『삼창(三蒼)』에 대한 곽씨(郭氏)의 주(注)에서 말했다. "질(質)이란 좌심(莝椹-여물 자르는 받침목)이다."

8) 【집해(集解)】 장안(張晏)이 말했다. "후(候)란 군후(軍候)이다." 【색은(索隱)】 후는 군후이니 관직의 이름이고, 시성이 그 이름이다.

9) 【집해(集解)】 복건(服虔)이 말했다. "장수(漳水)의 나루터다." 장안(張晏)이 말했다. "삼호는 땅 이름인데, 양기(梁淇)의 서남쪽에 있다." 맹강(孟康)이 말했다. "진협(津峽)의 이름이니, 업(鄴)에서 서쪽으로 30리에 있다." 【색은(索隱)】 『수경주(水經注)』에서 말했다. "장수(漳水)는 동쪽으로 삼호협(三戶峽)을 지나 삼호진(三戶津)에 이른다." 기(淇)는 마땅히 담(湛)이라야 맞다. 살펴보건대; 『진팔왕고사(晉八王故事)』에 이르기를 "왕준(王浚)이 업(鄴)을 정벌하고 앞으로 나아가서 양담(梁湛)에 이르렀다"라고 했으니, 이는 대개 양담이 업(鄴)의 서쪽으로 40리에 있음을 말한다. 맹강이 말하기를 "업(鄴)에서 서쪽으로 30리

에 있다"라고 했고 또 감인(闞駰)의 『십삼주지(十三州志)』에 이르기를 "업의 북쪽으로 50리 떨어진 곳이 양기(梁期)의 옛 현이다"라고 했으니, 글자가 서로 같지 않은 바들이 있다.

10) 【집해(集解)】 서광(徐廣)이 말했다. "우수는 업(鄴)의 서남쪽에 있다." 【색은(索隱)】 汙의 발음은 (오가 아니라) 우(于)다. 『군국지(郡國志)』에 따르면, 업현에 우성(汙城)이 있다고 했다. 역원(酈元)이 말했다. "우수(汙水)는 무안산(武安山) 동쪽에서 발원해 우성을 지나 장수(漳水)로 들어간다." 【정의(正義)】 『괄지지(括地志)』에서 말하기를 "우수의 원천은 회주(懷州) 하내현(河內縣) 북대항산(北大行山)"이라고 했고, 또 말했다. "옛 우성(邘城)이 하내현 서북쪽으로 27리에 있는데, 옛날의 우국(邘國) 땅이다. 『좌전(左傳)』에 이르기를 '우(邘)·진(晉)·응(應)·한(韓)은 무왕(武王)의 목(穆)이다'라고 했다."

11) 【집해(集解)】 서광(徐廣)이 말했다. "2세 3년 7월이다." 배인(裴駰)이 살펴보건대, 응소(應劭)가 말하기를 "원수(洹水)는 탕음(湯陰)의 경계에 있다. 은허는 옛 은나라의 도읍이다"라고 했다. 신찬(臣瓚)이 말했다. "원수는 지금의 안양현(安陽縣) 북쪽에 있는데, 은도(殷都) 조가(朝歌)와의 거리가 150리다. 그렇다면 이 은허는 조가가 아니다. 『급총고문(汲冢古文)』에 이르기를 '반경(盤庚)이 이곳으로 천도했다'라고 했고 또 『급총』에 이르기를 '은허 남쪽과 업의 거리는 30리다'라고 했으니, 이곳이 옛날의 은허다. 그렇다면 조가는 반경이 천도했던 곳이 아니다." 【색은(索隱)】 살펴보건대, 『석례(釋例)』에 이르기를 "원수는 급군(汲郡) 임로현(林盧縣)에서 나와 동북쪽으로 장락(長樂)에 이르렀다가 청수(淸水)로 들어간다"라고 했으니 이것이다. 『급총고문』에 이르기를 "반경이 엄(奄)에서 북몽(北蒙)으로 도읍을 옮기고 이곳을 은허(殷虛)라고 했는데, 남쪽으로 업주(鄴州)와의 거리가 30리다"라고 했는데, 이는 은허 남쪽이며 옛 지명은 북몽이다.

12) 【정의(正義)】 호(胡)와 낭(郎)의 반절음이다.

(한(漢)나라 원년에 우는 제후들의 병사 30여 만을 이끌고 땅을 빼앗으며 행군해 하남(河南)에 이르렀고, 드디어 서쪽으로)[1] 신안(新安)[2]에 도착했다. 그전에[異時] 제후의 군리와 병사들이 요역과 변경 수자리에 동원되어 관중의 진나라 땅[秦中]을 지날 때는 진나라 장병들이 그들을 만나면 아주 무례하게 대했는데, (이 때문에) 지금 진나라 군대가 제후군에 항복하게 되자 제후군의 군리와 병사들은 승세를 틈타 진나라 이졸들을 노비처럼 부리면서 걸핏하면 학대하고 모욕하곤 했다. 이에 진나라 군리와 병사들 대부분은 이렇게 수군거렸다.

"장(章)장군 등이 우리를 속여 제후들에게 투항하게 했는데, 지금 만일 관중에 들어가서 진나라를 깨뜨린다면 크게 좋은 일이다. 그러나 곧장 그렇게 할 수 없으면 제후들은 우리를 포로로 잡아서 동쪽으로 퇴각할 것이니, (그리되면) 진나라는 반드시 우리의 부모와 처자를 다 주륙할 것이다."

(제후군의) 여러 장수가 몰래 그것을 듣고서 항우에게 보고했다. 항우가 마침내 경포(黥布)와 포장군을 불러 계책을 말했다.

"진나라 이졸들이 여전히 수가 많은 데다 그들이 마음으로 복종한 것이 아니니, 관중에 이르러 우리말을 듣지 않는다면 틀림없이 사태가 위급해질 것이다. 그러니 그들을 쳐서 죽이고 오직 장한, 장사 흔, 도위 동예(董翳)만을 데리고 진나라로 들어가는 것이 나을 것이다."

이에 초나라 군대가 밤에 진나라 군대를 쳐서 군사 20여만 명을 신안성 남쪽에 파묻었다[3].

1) 이는 훗날 반고가 「항적전(項籍傳)」에서 추가한 부분이다.

2) 【정의(正義)】 『괄지지(括地志)』에서 말했다. "신안 고성(新安故城)은 낙주(洛州) 민지현(澠池縣) 동쪽으로 13리에 있으며, 한나라 때 신안현성(新安縣城)이다. 곧 진나라 병졸들을 파묻은 곳이다."

3) 【집해(集解)】 서광(徐廣)이 말했다. "한나라 원년 11월이다."

(항우는) 행군하며 진나라 땅을 공략하고 평정했다. 함곡관(函谷關)[1]에 이르렀으나 관(關)을 지키는 병사가 있어 들어갈 수가 없었는데, 이미 패공(沛公)[2]이 함양(咸陽)을 깨뜨렸다는 소식을 듣고는 크게 노해 당양군(當陽君) 등을 시켜 함곡관을 치도록 했다. 항우가 드디어 관 안으로 들어가서 희수(戲水) 서쪽에 이르렀다. (이때) 패공의 군대는 패상(霸上)[3]에 주둔하고 있어서 아직 항우와 서로 만나볼 수 없었다. 패공의 좌사마(左司馬) 조무상(曹無傷)이 사람을 시켜 항우에게 말하기를 "패공이 관중(關中)의 왕이 되고 자영(子嬰)을 재상으로 삼아 진귀한 보물들을 다 차지하려 한다"라고 하자, 항우가 크게 노해 말하기를 "내일 아침 병사들을 잘 먹인 다음에 패공의 군대를 쳐서 깨뜨리리라[擊破(격파)]"라고 했다. 이런 때를 맞아 항우의 군사 40만은 신풍(新豐)의 홍문(鴻門)[4]에, 패공의 군사 10만은 패상에 있었다. 범증(范增)이 항우에게 유세해 이렇게 말했다.

"패공은 산동(山東)에 있을 때 재물을 탐하고 아름다운 여인을 좋아했습니다. (그런데) 지금은 관내에 들어가 재물을 전혀 취하지 않고 여인들을 가까이하지 않으니, 이는 그의 뜻이 작은 데 있는 것이 아니라는 말입니다. 제가 사람을 시켜 그의 기운[氣(기)]을 살펴보게 했더니 모두 용과 호랑이의 기세로서 오색찬연했으니[五采(오채)=五彩(오채)], 이는 천자의 기운입니다. 서둘러 쳐서 기회를 잃지 마십시오."

1) 【집해(集解)】 문영(文穎)이 말했다. "이때 관(關)은 홍농현(弘農縣) 형산령(衡山嶺)에 있었는데, 지금은 옮겨서 하남(河南) 곡성현(穀城縣)에 있다." 【색은(索隱)】 문영이 말했다. "홍농현(弘農縣) 형산령(衡山嶺)에 있었는데, 지금은 옮겨서 하남(河南) 곡성(穀城)에 있다." 안사고(顏師古)가 말했다. "지금의 도림현(桃林縣) 남쪽에 홍도간수(洪滔澗水)가 있는데, 곧 옛날의 함관(函關)이다." 살펴보건대, 산의 모양이 함(函-상자)처럼 생겼다고 해서 함관이라 불렀다. 【정의(正義)】 『괄지지(括地志)』에서 말했다. "함곡관은 섬주(陝州) 도림현 서

남쪽으로 20리에 있으니, 진나라의 함곡관이다. 『도기(圖記)』에 이르기를, 서쪽으로 장안과의 거리가 400여 리나 되고 길이 곡(谷-골짜기) 안에 있으므로 이름을 함곡관(函谷關)이라 했다고 한다."

2) 유방은 군대를 일으키면서 스스로를 패공(沛公)이라고 일컬었다. 초나라에서는 현령(縣令)을 공(公)이라 했다.

3) 지금의 섬서성(陝西省) 서안시(西安市) 동남쪽에 있다.

4) 【집해(集解)】 맹강(孟康)이 말했다. "신풍(新豐)에서 동쪽으로 17리에 있으니, 옛날의 대도(大道) 북쪽 아래 판구(阪口-비탈 입구)의 이름이다."

초나라 좌윤(左尹)인 항백(項伯)[1]이란 자는 항우의 계부(季父)인데, 평소 유후(留侯) 장량(張良)[2]과 잘 지냈다. 장량이 이때 패공을 따르고 있었기에 항백은 마침내 밤사이 말을 달려 패공의 군영을 찾아와서는 은밀하게 장량을 만나 (항우 쪽의 사정을) 낱낱이 알린[具告] 뒤, 함께 떠나자며 장량에게 말하기를 "패공을 따르다가 그와 함께 죽지 마시오"라고 했다. 이에 장량이 말했다.

"신은 한나라 임금[韓王]을 위해[爲] 패공을 따르고 있으니, 패공에게 지금 위태로운 일이 있다고 해서 그를 떠나는 것은 마땅치 못합니다. 그럴 수는 없습니다. (또) 이를 (패공에게) 말하지 않을 수 없습니다."

량이 마침내 들어가서 패공에게 낱낱이 아뢰니, 패공이 크게 놀라며 "어찌해야 하는가?"라고 했다. 장량이 "누가 대왕(大王)께 이런 계책을 냈습니까?"라고 묻자, 패공이 말했다.

"어떤 보잘것없는 서생[鯫生][3]이 나에게 '관(關)을 막고서 제후들을 받아들이지 않는다면 진나라의 넓은 영토에서 끝까지 왕 노릇을 할 수 있을 것이다'라고 유세하기에, 그 말을 들었던 것이오."

장량이 말했다.

"헤아려보건대, 대왕의 병사들이 항왕(項王)을 당해낼 수 있겠습니까?"

패공은 가만있다가[默然(묵연)] 말했다.

"분명 그럴 수 없소. 장차 어찌하면 좋겠소?"

장량이 말했다.

"청컨대 항백에게 가서 말씀하시기를, 패공께서는 감히 항왕을 배반하지 않을 것이라고 하십시오."

패공이 물었다.

"그대가 어떻게 항백과 친분[故(고)]을 갖고 있소?"

장량이 답했다.

"신이 진나라에 있을 때 그와 더불어 어울렸는데, 항백이 사람을 죽였을 때 신이 그를 살려준 적이 있습니다. 그래서 지금 (저에게) 위급한 일이 생기자 다행스럽게도 찾아와서, 량(良)에게 일러준 것입니다."

패공이 물었다.

"그대와는 누가 나이가 어리고 많소?"

"(그가) 신보다 많습니다."

패공이 말했다.

"그대가 나를 위해 그를 불러주시오. 내가 그를 형님으로 모시겠소."

장량이 나가서 항백을 부르니, 항백이 즉시 들어와서 패공을 만나보았다. 패공은 술잔을 들어 축수(祝壽)를 하고 혼인(婚姻)을 약속하며 이렇게 말했다.

"나는 관(關)에 들어와 털끝만큼도 남의 것을 감히 가까이하지 않았습니다. 관리와 백성의 호적을 정리하고 부고(府庫)[4]를 잘 관리하면서 장군(-항우)만을 기다리고 있었습니다. 장수를 보내 관문을 지키게 한 것은 다른 도적들이 들고나는 것과 뜻밖의 사태에 대비하기 위함이었습니다. 낮밤으로 장군이 오시기만을 바라고 있었는데, 어찌 감히 반역하려고 했겠습니까? 바라건대 백(伯)께서 신은 감히 은덕을 배반하지 않는다는 점을 잘 갖춰 말씀해주십시오."

항백은 허락하고는 패공에게 말했다.

"내일 아침 일찍 서둘러 오셔서 항왕께 사죄하지 않으면 안 될 것입니다."

패공이 말했다.

"그렇게 하겠습니다."

이에 항백이 그날 밤으로 왔던 길을 되돌아가서, 군중에 이르러 패공의 말을 낱낱이 항왕에게 보고했다. 이어 말했다.

"패공이 먼저 관중을 쳐부수지 않았다면 공께서 어찌 들어올 수 있었겠습니까? 지금 그 사람에게 큰 공이 있는데도 그를 친다면 마땅하지 못한 일이니, 이는 그를 잘 대우해주는 것[善遇(선우)]만 못합니다."

항왕은 허락했다.

패공이 다음 날 아침 100기(騎)를 이끌고 항왕을 만나러 와서 홍문에 이르자, 사죄하며 말했다.

"신은 장군과 더불어 죽을힘을 다해[戮力(육력)=死力(사력)] 진나라를 공격했습니다. 장군께서는 하북(河北)에서 싸우셨고, 신은 하남(河南)에서 싸웠습니다. 그런데 본의 아니게 먼저 관중에 진입해 진나라를 무찌르고 이곳에서 다시 장군을 뵈올 수 있게 되었는데, 지금 소인배들의 말로 인해 장군과 신 사이에 틈[郤(극)=隙(극)]이 있게 되었습니다."

항왕이 말했다.

"이는 패공의 좌사마인 조무상이 그렇게 말한 것이오. 그렇지 않았다면 적(籍-항우 자신)이 무엇 때문에 이렇게 했겠소?"

1) 【색은(索隱)】 이름은 전(纏)이고 자는 백(伯)이며, 뒤에 사양후(射陽侯)에 봉해졌다.[훗날 여러 차례 유방을 도와 공을 세움으로써 사양후(射陽侯)에 봉해지고 유씨(劉氏) 성을 하사받았다.]

2) 유방의 모신(謀臣)이다.

3) 【집해(集解)】 서광(徐廣)이 말했다. "鯫의 발음은 사(士)와 구(垢-티끌)의 반절음이니, 물고기 이름이다." 배인(裴駰)이 살펴보건대, 복건(服虔)이 말하기를 "鯫의 발음은 천(淺)이다. 추(鯫-뱅어)란 소인배의 모습이다"라고 했고 신찬(臣瓚)은 말하기를 "『초한춘추』에 따르면 추(鯫)는 성(姓)이다"라고 했다.

4) 궁궐의 문서와 재물을 보관하는 창고다.

항왕이 그날 패공을 머물게 해 함께 술을 마시게 되었다. 항왕과 항백은 동쪽을 향해 앉았고[東嚮坐] 아보(亞父)[1]는 남쪽을 향해 앉았으니, 아보란 범증(范增)이다. 패공은 북쪽을 향해 앉았고, 장량은 서쪽을 향해 배석했다. (이때) 범증이 여러 차례에 걸쳐 항왕에게 눈짓을 했고 차고 있던 옥결(玉玦)[2]을 들어 암시한 것이 세 차례였으나, 항왕은 가만있으면서 응답하지 않았다. 범증이 일어나서 밖으로 나가더니 항장(項莊)[3]을 불러 이렇게 말했다.

"군왕(君王)의 사람됨이 차마 모질지 못하시니[不忍], 그대가 들어가 앞에서 축수를 올리고는 축수를 마친 다음에 검무(劍舞)를 추겠다고 청하라. 그러다가 기회를 틈타 자리에 앉아 있는 패공을 죽여라. 그렇게 하지 않으면 그대들은 모두 장차 패공에게 사로잡히는 신세가 될 것이다."

항장은 곧장 들어가서 축수를 올렸고, 축수가 끝난 뒤에 말했다.

"군왕과 패공께서 주연을 여시는데, 군중(軍中)에 즐거이 해드릴 것이 마땅치 않으니, 검무를 추기를 청합니다!"

항왕이 말했다.

"그리 하라!"

항장이 검을 뽑아서 춤을 추자, 항백 또한 검을 뽑아 들고 일어나서 춤을 추며 계속해 몸으로 패공을 보호해 가리니[翼蔽], 항장이 검을 내려칠 기회를 찾을 수가 없었다. 이에 장량이 군문으로 가서 번쾌(樊噲)[4]를 만났다. 번쾌가 물었다.

"오늘 일은 어떻게 되고 있습니까?"

량(良)이 말했다.

"아주 위급하다. 지금 항장이 검을 뽑아 들고 춤을 추는데, 그 의도는 늘 패공을 향해 있다."

쾌가 말했다.

"이는 급박한 일입니다. 신이 청컨대, 제가 들어가서 패공과 더불어 생사를 같이하겠습니다[同命]."

쾌는 즉시 검을 차고 방패를 들고서[擁盾] 군문으로 들어갔다. 창을 교차해 문을 지키고 있던[交戟][5] 위사(衛士)가 막아서며 들여보내려고 하지 않았는데, 번쾌가 자신의 창으로 내려치자[撞][6] 위사들이 땅에 엎어지고 말았다. 쾌가 드디어 들어가서 장막을 들추고 서쪽을 향해 서서 눈을 부릅뜬 채[瞋] 항왕을 노려보았는데, 그 머리카락이 위로 곤두서고 눈초리[目眦=目眥]가 찢어질 대로 찢어져 있었다. 항왕이 검을 쓰다듬으면서 몸을 앞으로 구부려[跽][7] 물었다.

"객(客)은 뭐 하는 자인가?"

장량이 말했다.

"패공의 수레 호위병[參乘=驂乘=陪乘] 번쾌라고 합니다."

항왕이 말했다.

"장사로다. 그에게 술 한 잔을 내려라!"

즉석에서 큰 잔[斗卮]으로 술을 주니, 쾌가 감사의 절을 한 다음 일어나서 그것을 마셨다. 항왕이 말했다.

"그에게 돼지 앞다리[彘肩]를 주어라!"

즉석에서 익히지 않은 돼지 앞다리 하나를 주었는데, 번쾌는 자신의 방패를 땅에 엎어놓고서는 그 위에 돼지 앞다리를 올려놓은 다음 검을 뽑아서 잘라 먹었다[啗之][8]. 항왕이 말했다.

"장사로다. 또 마실 수 있겠는가?"

번쾌가 말했다.

"신은 죽음도 피하지 않는데 한 잔 술을 어찌 사양하겠습니까? 저 진나라 임금[秦王]이 흉포한 마음[虎狼之心]을 품고서 마치 다 죽이지 못할 듯이 사람을 죽이고 마치 형벌을 다 들어 쓰지 못하면 어떡하느냐를 걱정하듯이 사람들에게 형벌을 내리니, 천하가 모두 그에게 등을 돌렸습니다. (그래서) 회왕(懷王)께서는 여러 장수에게 약속하기를 '먼저 진나라를 깨뜨리고 함양에 들어가는 자를 왕으로 삼을 것이다'라고 하셨는데, 지금 패공께서는 먼저 진나라를 깨뜨리고 함양에 들어가서 털끝만 한 것도 감히 가까이 취하는 바가 없이 궁실을 굳게 닫고서는 다시 패상으로 돌아서 군대를 주둔시킨 다음 대왕께서 오시기만 기다리셨습니다. 장수를 보내 관문을 지키도록 한 까닭은, 다른 도적들의 들고나는 것과 비상 상황에 대비하기 위함이었던 것입니다. 애써 고생하고 공로 또한 이처럼 높은 데도 봉후(封侯)의 상은 내리지 못할망정 쓸데없는 말[細說]을 들으시고서 공이 있는 사람을 죽이려 하시니, 이는 망한 진나라를 잇는 꼴일 뿐입니다. 남몰래 대왕을 위해 생각건대, 그런 의견을 취하지 마십시오."

항왕이 이에 대해서는 아무런 반응도 하지 않고 "앉으라" 하고만 말하니, 번쾌는 량(良)을 따라서 앉았다. 그가 앉자 곧바로[須臾] 패공이 일어나 화장실에 가면서, 그 참에 번쾌를 밖으로 불러냈다.

1) 【집해(集解)】 여순(如淳)이 말했다. "아(亞)란 버금 혹은 다음[次]이라는 뜻이다. 따라서 아버지 다음으로 존경하는 사람이라는 말이다. 이는 마치 관중(管仲)이 중보(仲父-둘째아버지)였던 것과 같다."

2) 허리에 차는 옥패의 일종이다. 범증이 옥결을 들어 보인 것은 항우와 유방의 결렬을 암시하는 것으로, 유방을 죽이라는 의미였다.

3) 【정의(正義)】 항우의 사촌 동생이다.

4) 패(沛) 땅 사람으로, 원래 개 잡는 백정이었으나 유방과 함께 군대를 일으켜 여러 차례 전공을

세웠다. 훗날 좌승상이 되었다.

5) 창을 교차시킨다는 말에는 서로 싸움을 한다는 뜻도 있다.

6) 【정의(正義)】 撞의 발음은 (당이 아니라) 직(直)과 강(江)의 반절음이다.

7) 【색은(索隱)】 길게 숙이는 것[長跪(장궤)]을 말한다.

8) 【색은(索隱)】 啗은 도(徒)와 람(覽)의 반절음이다. 대체로 다른 사람을 먹일 때는 거성(去聲), 스스로 먹을 때는 상성(上聲)이다.

패공이 이미 나가고 난 뒤에 항왕은 도위(都尉)[1] 진평(陳平)으로 하여금 패공을 불러오게 했다. (한편 밖으로 나간) 패공이 말하기를 "지금 인사도 하지 않고 밖으로 나왔으니 어찌하면 좋겠는가?"라고 묻자, 번쾌가 이렇게 답했다.

"큰일을 할 때는[大行(대행)] 자질구레한 예절을 돌아볼 수가 없고, 큰 예를 행할 때는 작은 사양 따위를 신경 쓸 필요가 없습니다. 지금 저들은 바야흐로 칼과 도마[刀俎(도조)]가 되고 우리는 그 위에 놓인 어육(魚肉)과 같은 신세인데 무슨 인사를 하신다는 것입니까?"

이에 드디어 그곳을 바로 떠나면서 마침내 장량에게 남아서 사과하도록 하니, 량이 묻기를 "대왕께서는 오실 때 무슨 선물[操(조)]을 갖고 오셨습니까?"라고 하자 패공이 "나는 흰 옥구슬[白璧(백벽)] 1쌍을 갖고 와서 항왕에게 바치고 옥 술잔[玉斗(옥두)] 1쌍을 아보(亞父)에게 주고자 했는데, 그 화난 모습을 보고서는 감히 바칠 수가 없었네. 그대가 나를 위해 그것들을 바쳐주게"라고 말했다. 장량이 "삼가 그리하겠나이다"라고 말했다.

1) 【집해(集解)】 서광(徐廣)이 말했다. "판본에 따라, 도(都) 자가 없다."

이런 때를 맞아 항왕의 군대는 홍문 아래에 있었고 패공의 군대는 패상에 있었는데, 서로의 거리[相去(상거)]가 40리였다. 패공은 곧장 수레와 기병을 내

버려둔 채 몸만 빠져나와서 홀로 말에 올랐고, 번쾌, 하후영(夏侯嬰), 근강(靳彊), 기신(紀信)[1] 등 네 사람이 칼과 방패를 들고서 도보로 내달려 수종하면서 이산(酈山-혹은 역산이나 여산)을 내려와 지양(芷陽)[2]의 샛길을 이용했다. (그에 앞서) 패공이 장량에게 말했다.

"이 길을 따라가면 우리 군영까지는 20리를 넘지 않으니, 내가 군영에 도달할 때쯤 그대는 즉각 들어가도록 하라!"

패공이 이미 떠나서 샛길을 통해 군중(軍中)에 도달했을 무렵, 장량은 들어가서 사죄하며 이렇게 말했다.

"패공께서는 술[桮杓(배표)]을 이기지 못해 작별 인사를 올릴 수가 없었습니다. 삼가 신 량으로 하여금 흰 옥구슬 1쌍을 받들어 두 번 절한 다음[再拜(재배)] 대왕 족하(足下)께 바치라고 했고, 옥 술잔 1쌍은 두 번 절한 다음 대장군 족하께 바치라고 했습니다."

항왕이 말했다.

"패공은 어디에 계신가?"

량이 대답했다.

"대왕께서 자신을 심하게 질책하시려는 뜻이 있다는 말을 듣고서 빠져나가 홀로 떠났는데, 이미 군영에 도착했을 것입니다[3]."

항왕은 곧장 옥구슬을 받아서 자리 위에 놓았는데, 아보는 옥 술잔을 받자, 그것을 땅에 놓고서 칼을 뽑아 내리쳐 깨뜨리며 말했다.

"에이[唉(애)][4]! 풋내기[豎子(수자)][5]와는 함께 (큰일을) 모의할 수가 없도다. 항왕으로부터 천하를 빼앗을 자는 반드시 패공이리라. 우리들은 이제 그의 포로가 될 것이다."

패공은 군영에 들어서자마자 조무상을 베어 죽였다.

1) 【색은(索隱)】『한서(漢書)』에는 기통(紀通)으로 되어 있으니, 통은 기성(紀成)의 아들이다.[하우영은 패(沛) 지방 사람으로 유방을 따라 봉기해서 나중에 여음후(汝陰侯)에

봉해졌고, 근강은 곡옥(曲沃) 사람으로 유방의 부하이며 나중에 분양후(汾陽侯)에 봉해졌고, 기신은 유방의 장수로 나중에 항우에 의해 불타 죽었다.]

2) 지금의 섬서성(陝西省) 서안시(西安市) 동북쪽에 옛터가 있다.

3) 【집해(集解)】 여순(如淳)이 말했다. "몸을 빼내 자기 군진으로 도망쳐서 돌아간 것이다."

4) 【집해(集解)】 서광(徐廣)이 말했다. "唉는 오(烏)와 내(來)의 반절음이다." 【색은(索隱)】 발음은 허(虛)와 기(其)의 반절음이니, 둘 다 탄식하고 한스러워서 내는 말이다.

5) 이는 욕인데, 겉으로는 항장을 가리키지만, 실은 항우를 가리켜서 한 말이다.

며칠 후에 항우는 마침내 함양을 도륙하고 진나라의 항복한 왕 자영(子嬰)을 죽였으며 그 궁실들을 불태웠는데, 불은 3개월 동안 꺼지지 않았다. 또 보물과 재화들을 거둬들이고 부녀자들을 약취한 다음 동쪽으로 돌아갔다. (진나라 백성은 기대를 잃어버렸다[失望(실망)].)[1] 어떤 사람이 항왕에게 유세해 말했다.

"관중은 산으로 가로막히고 강이 띠를 이뤄 사방이 막혀 있으며[四塞(사색)][2] 토지가 비옥해, 여기를 도읍으로 삼으면 패자[伯(패)=霸(패)]가 될 수 있습니다."

항왕은 진나라 궁실이 모두 이미 불타버린 것을 보았고 또 고향 생각이 나서, 동쪽으로 돌아가고자 해서 말했다.

"(여기서) 부귀를 얻고자 고향으로 돌아가지 않는 것은 비단옷을 입고 야밤에 돌아다니는 것이나 마찬가지다[3]."

그 유세자가 말했다.

"사람들이 초나라 사람은 원숭이에게 사람의 의관을 씌운 것과 같다[4]라고 하더니 과연 그렇구나!"

항왕이 이를 듣고서 그 유세자를 삶아 죽였다[烹(팽)][5].

1) 이는 훗날 반고가 「항적전(項籍傳)」에서 추가한 부분으로, 항우가 민심을 잃어버린 부분을 강조하는 표현이라 할 수 있다. 이에 대해 안사고(顔師古)는 이렇게 말했다. "패공은 관에 들어온 뒤 절검(節儉)을 자처하고 법삼장(法三章)을 약속함으로써 진나라와 반대되는 정사를 펼쳤다. 반면 항우는 도륙하고 불 지르며 그 잔혹함을 마구 풀어놓았기 때문에, 관중의 백성이 모두 기대했던 바를 잃어버렸다는 말이다."

2) 【집해(集解)】 서광(徐廣)이 말했다. "동쪽은 함곡(函谷), 남쪽은 무관(武關), 서쪽은 산관(散關), 북쪽은 소관(蕭關)이다."

3) 안사고(顔師古)가 말했다. "다른 사람들이 봐주지 않는다면 영광도 소용없다는 말이다."

4) 【집해(集解)】 장안(張晏)이 말했다. "목후(沐猴-원숭이)는 미후(獮猴-원숭이)다." 【색은(索隱)】 원숭이에게는 관대(冠帶)를 맡겨 오래 쓰게 할 수 없다는 말로, 이는 초나라 사람들의 성품이 조급하고 사납다는 것을 비유한 것이다. 과연 그렇다는 것은 결과적으로 사람들의 말대로 되었다는 뜻이다.

5) 【집해(集解)】 『초한춘추(楚漢春秋)』와 양자(楊子-揚雄(양웅))의 『법언(法言)』에서는 그 사람을 채생(蔡生)이라고 했고, 『한서(漢書)』에서는 한생(韓生)이라고 했다.[반고는 「항적전(項籍傳)」에서 목을 베었다고 했다.]

(애초에 회왕(懷王)은 여러 장수에게 약속하기를 가장 먼저 함곡관에 들어가는 자를 그 땅의 왕으로 삼는다고 했다. 우는 이미 약속을 어겼다.)[1] 항왕이 사람을 시켜 회왕에게 (자신을 왕으로 봉한다는) 명을 받아오게 했다[致命(치명)]. (그러나) 회왕이 말했다.

"약속했던 대로 하라[如約(여약)]!"

항왕이 마침내 회왕을 높여 의제(義帝)[2]로 삼았다. 항왕은 스스로 왕이 되고 싶어 먼저 여러 장상을 왕으로 삼은 뒤, 우가 일러 말했다.

"(회왕이란 우리 집안의 무신군(武信君)이 세운 자일뿐, 아무런 공적이 없는데, 어떻게 약속을 자기 마음대로 이래라저래라 할 수 있는가?)[3] 천하에서 처음 군사를 일으켰을 때[發難(발난)=起兵(기병)][4] 임시로[假(가)] 제후의 후예들[5]을 세워 진나라를 정

❖

벌했소. 그러나 갑옷을 입고 무기를 쥔 채 처음에 거사해, 들판에서 뙤약볕과 비바람을 맞으며[暴露(폭로)][6] 지낸 지 3년 만에 진나라를 멸하고 천하를 평정한 것은 모두 장상 여러분과 이 적(籍)의 힘이오. 회왕은 공이 없으니, 진실로 마땅히 그 땅을 나눠 그곳의 왕으로 삼아야 할 것이오."

1) 반고는 「항적전(項籍傳)」에서 이 부분을 추가했다. 이 또한 항우의 문제점을 좀 더 분명히 하기 위함이다.

2) 항우가 회왕(懷王)을 높여 의제로 불렀다. 이 말에는 명목상의 황제라는 뜻이 포함되어 있다. 의붓아버지를 의부(義父)라 하고 의붓자식을 의자(義子), 의녀(義女)라 하듯이 항우가 회왕을 의제(義帝)라고 이름한 것은 사실상 거짓 황제라는 뜻이다.

3) 반고는 「항적전(項籍傳)」에서 이 부분을 추가했다.

4) 【집해(集解)】 복건(服虔)이 말했다. "군사가 처음 일어나던 때를 말한다."

5) 한성(韓成)·전가(田假)·조헐(趙歇) 등을 가리킨다.

6) 【정의(正義)】 (暴은) 포(蒲)와 북(北)의 반절음이다.

여러 장수는 모두 "좋소"라고 했다. (말하기를 "옛날의 임금 된 자는 그 땅이 사방 1,000리로, 반드시 강의 상류에 거처했다"라고 하고서, 그를 장사(長沙)로 옮기고 참(郴)을 도읍으로 삼게 했다.)[1]

마침내 천하를 나눠 여러 장수를 후와 왕으로 세우니, 우와 범증은 패공(이 천하를 차지할까 봐 그것)을 의심했으나 이미[業(업)已(이)=旣(기)] 화해했고[講解(강해)=和解(화해)][2] 또 약속을 어기는 것이 꺼림칙한 데다가 제후들이 자신들을 배반할 것을 두려워해서 몰래 모의해 말했다.

"파(巴)와 촉(蜀)은 길이 험해 진나라의 귀양살이하는 자들[千(천)仞(인)=遷(천)客(객)]이 모두 촉에 살고 있다."

이어서 말했다.

"파와 촉 또한 관중(關中)[3]의 땅이다."

패공을 한왕(漢王)으로 세워[4] 파와 촉, 한중(漢中)의 왕으로 봉하고 남정(南鄭)[5]에 도읍하도록 했으며, 관중을 셋으로 나눠[6] 항복한 진나라 장수들을 왕으로 삼아서 한왕을 견제하게 했다[距塞(거색)].

항왕은 마침내 장한(章邯)을 세워 옹왕(雍王)으로 삼아 함양 서쪽에서 왕 노릇하게 하고 폐구(廢丘)[7]에 도읍하도록 했다.

1) 반고는 「항적전(項籍傳)」에서 이 부분을 추가했다.

2) 【집해(集解)】 소림(蘇林)이 말했다. "강(講)은 화(和)이다." 【색은(索隱)】 복건(服虔)이 말했다. "해(解)란 느슨해지는 것[折伏(절복)]이다." 『설문(說文)』에서는 "강(講)이란 화해(和解)이다"라고 했다. 『한서(漢書)』에는 구해(媾解)라고 되어 있으니, 소림이 말하기를 "구(媾)는 화친[和(화)]이다"라고 했다. 강(講)과 구(媾)는 둘 다 화(和)라는 뜻이다.

3) 지역의 명칭이지만 그 범위는 일정치 않다. 진나라와 한나라 때는 함곡관 서쪽을 관중이라고 칭했다. 사방이 막혀 있다는 것은, 동쪽으로는 함곡관, 남쪽으로는 무관(武關), 서쪽으로는 산관(散關), 북쪽으로는 소관(蕭關)에 둘러싸여 있다는 말이다.

4) 【집해(集解)】 서광(徐廣)이 말했다. "정월에 세워졌다."

5) 【정의(正義)】 『괄지지(括地志)』에서 말했다. "남양주(南梁州)가 관할하는 현이다."

6) 관중을 옹(雍)·새(塞)·적(翟)의 세 나라로 나눴다.

7) 【색은(索隱)】 맹강(孟康)이 말했다. "현 이름이다. 지금의 괴리(槐里)가 이곳이다." 위소(韋昭)가 말했다. "주나라 때의 이름은 견구(犬丘)이고 의왕(懿王)이 도읍했던 곳이니, 진나라가 그것을 없애고 싶어 해서 폐구(廢丘)라고 불렀다." 【정의(正義)】 『괄지지(括地志)』에서 말했다. "견구 고성(犬丘故城)은 일명 폐구이니, 고성은 옹주(雍州) 시평현(始平縣) 동남쪽으로 10리에 있다. 「지리지(地理志)」에 이르기를 한나라 고제 2년에 물을 끌어와서 폐구에 물을 댔고, 장한이 자살하자 다시 폐구를 고쳐 괴리라고 불렀다고 했다."

장사(長史) 사마흔(司馬欣)은 예전에 역양(櫟陽)의 하급 옥리[獄掾]였던 자로 일찍이 항량(項梁)에게 은혜를 베푼 적이 있었고, 도위 동예(董翳)는 예전에 장한에게 초나라에 투항할 것을 권했던 자였다. 사마흔을 세워 새왕(塞王)[1]으로 삼아 함양 동쪽에서 황하에 이르는 지역을 (왕으로서) 다스리게 하고 역양(櫟陽)[2]에 도읍하도록 했으며, 동예를 세워 적왕(翟王)으로 삼아 상군(上郡)을 다스리게 하고 고노(高奴)[3]에 도읍하도록 했다.

위왕(魏王) 표(豹)를 옮겨 서위왕(西魏王)으로 삼아서[4] 하동(河東)을 봉지로 주고 평양(平陽)에 도읍하도록 했다.

하구(瑕丘)[5]의 신양(申陽)[6]이란 자는 장이(張耳)의 총애 받는 신하[嬖臣]로 먼저 하남(河南)을 함락시키고 황하 변에서 초나라 군대를 맞아들였으므로, 신양을 세워 하남왕으로 삼고 낙양(雒陽)[7]에 도읍하도록 했다.

한왕(韓王) 성(成)은 옛 도읍을 그대로 물려받아 양적(陽翟)[8]에 도읍하도록 했다.

1) 【집해(集解)】 위소(韋昭)가 말했다. "장안 동쪽에 있으며, 이름은 도림새(桃林塞)라고 한다."

2) 【집해(集解)】 소림(蘇林)이 말했다. "櫟의 발음은 약(藥)이다. 【정의(正義)】 『괄지지(括地志)』에서 이렇게 말했다. "역양 고성(櫟陽故城)은 일명 만년성(萬年城)인데, 옹주(雍州) 역양(櫟陽) 동북쪽으로 25리에 있다. 진(秦) 헌공(獻公)의 성 역양이 곧 이곳이다."

3) 【집해(集解)】 문영(文穎)이 말했다. "상군(上郡)은 진나라가 설치했으며, 항우가 동예를 적왕(翟王)으로 삼고 이름을 고쳐 적(翟)이라고 했다." 【색은(索隱)】 살펴보건대, 지금의 부주(鄜州)에 고노성(高奴城)이 있다. 【정의(正義)】 『괄지지(括地志)』에서 말했다. "연주(延州) 주성(州城)은 곧 한나라 때의 고노현이다."

4) 표(豹)는 위왕 구(咎)의 동생이다. 진승이 위나라 공자 영릉군(寧陵君) 구(咎)를 위왕으로 세웠는데, 위구가 장감에게 패해 자살하자 회왕은 그 동생으로 하여금 양지(梁地)를 도읍으로 삼도

록 하고서 위왕으로 세웠다. 항우는 자신이 양과 위 지역에서 왕으로 불리고자 했으므로 표를 세워서 위의 왕으로 바꾼 것이다.

5) 【집해(集解)】 서광(徐廣)이 말했다. "일설에는 하구공(瑕丘公)이라고 한다."

6) 【집해(集解)】 복건(服虔)이 말했다. "하구현(瑕丘縣)은 산양(山陽)에 속한다. 신(申)은 성이고 양(陽)은 이름이다." 문영(文穎)이 말했다. "성은 하구고 자는 신양이다." 신찬(臣瓚)이 말했다. "하구공 신양이 옳다. 하구는 현 이름이다."

7) 【정의(正義)】 『괄지지(括地志)』에서 말했다. "낙양 고성(洛陽故城)은 낙주(洛州) 낙양현 동북쪽으로 26리 떨어진 곳에 있으며, 주공(周公)이 쌓았으니 곧 성주성(成周城)이다. 『여지지(輿地志)』에 이르기를, '성주(成周)의 땅으로 진(秦) 장양왕(莊襄王)이 그것을 낙양현으로 삼았으며 삼천(三川) 군수가 그곳을 다스렸다. 후한이 낙양(洛陽)에 도읍하고서 글자를 고쳐 낙(雒)이라고 했다. 한나라는 화덕(火德)이라 물을 꺼렸기 때문에, 그래서 낙(洛)자의 수(水)변을 없애고 隹(추, 또는 최)자를 추가한 것이다. 위(魏)나라는 순서상 토(土)가 되는데, 흙은 물이 꺼리는 바이다. 물은 흙을 얻으면 흘러가버리게 되고 흙은 물을 얻으면 부드럽게 되니, 그래서 추(隹)자를 없애고 수(水)변을 추가한 것이다.'"

8) 【정의(正義)】 『괄지지(括地志)』에서 말했다. "양적은 낙주(洛州)의 현이다. 『좌전(左傳)』에 이르기를, 정백(鄭伯)이 역(櫟)에 돌진해 들어갔다고 한다. 두예(杜預)가 말하기를, '역은 정나라도 별도 도읍[別都(별도)]인데, 지금의 하남 양적현(陽翟縣)이 이곳이다'라고 했다. 「지리지(地理志)」에 이르기를, 양적현(陽翟縣)이 이곳이며 영천군(潁川郡)에 속하고 하우(夏禹)의 봉국이라고 했다."

조(趙)나라 장수 사마앙(司馬卬)은 하내(河內)[1]를 평정하는 데 여러 차례 공을 세웠으므로, 앙(卬)을 세워 은왕(殷王)으로 삼아서 하내를 봉지로 주고 조가(朝歌)에 도읍하도록 했다.

조왕(趙王) 헐(歇)은 옮겨서 대왕(代王)[2]으로 삼았다.

조(趙)나라 재상 장이는 평소 뛰어나고 또 관중(關中)에 진입할 때 함께 따라왔으므로, 이(耳)를 세워 상산왕(常山王)으로 삼아서 조나라 땅을 봉지로 주고 양국(襄國)[3]에 도읍하도록 했다.

당양군(當陽君) 경포(黥布)는 초나라 장수로 늘 으뜸가는 군인[冠軍(관군)]이었기 때문에, 포(布)를 세워 구강왕(九江王)[4]으로 삼고 육(六)[5]에 도읍하도록 했다.

1) 군(郡)의 이름이다. 지금의 하남성 황하 이북 지역, 산서성 동남 지역과 하북성 남부 지역이다. 고대 제왕이 하동과 하북 일대에 도읍을 정했으므로 당시 황하 이북을 하내(河內), 황하 이남을 하외(河外)라고 했다.

2) 대(代)는 군(郡)의 이름이다. 지금의 하북성과 산서성 두 성의 북부에 걸친 지역이다.

3) 【정의(正義)】『괄지지(括地志)』에서 말했다. "형주성(邢州城)은 본래 한나라 양국(襄國)의 현이었다. 진나라가 36개 군을 설치하면서 여기에는 신도현(信都縣)을 두고 거록군(鉅鹿郡)에 속하게 했고, 항우가 이름을 고쳐 양국(襄國)이라 하면서 장이를 세워서 상산왕으로 삼아 신도를 다스리게 했다. 「지리지(地理志)」에 이르기를 옛날의 형후국(邢侯國)이라고 했다. 『제왕세기(帝王世紀)』에 이르기를, 형후는 (은나라 마지막 천자) 주(紂)의 삼공(三公)이 되어 충간(忠諫)했다가 주살되었다고 한다. 『사기(史記)』에 이르기를 주나라 무왕이 주공 단(旦)의 아들을 봉해 형후(邢侯)로 삼았다고 했고, 『좌전(左傳)』에 이르기를 '범(凡)·장(蔣)·형(邢)·모(茅)는 주공의 자손[胤(윤)]이다'라고 했다."

4) 구강은 군(郡)의 이름이다. 지금의 안휘성, 하남성의 회하(淮河) 이남, 호북성 황강현(黃岡縣) 동쪽과 강서성에 있다.

5) 【색은(索隱)】 육현은 옛날의 봉국으로, 고요(皐陶)의 후손들이 봉해졌다. 【정의(正義)】『괄지지(括地志)』에서 말했다. "옛날의 육성(六城)은 수주(壽州) 안풍현(安豐縣) 남쪽으로 132리에 있으니, 본래는 육국(六國)이고 언성(偃姓)이며 고요의 후손들이 봉해진 곳이다. 경포 또한 고요의 후손이기 때문에 육에 살았다."

파군(鄱君)[1] 오예(吳芮)[2]는 백월(百越)[3]을 이끌고 제후들을 도왔으며[4] 또 관중에 들어갈 때 함께 따랐으므로, 예(芮)를 세워 형산왕(衡山王)으로 삼고 주(邾)[5]에 도읍하도록 했다.

의제(義帝)의 주국(柱國)[6]이었던 공오(共敖)는 군대를 이끌고 남군(南郡)을 쳐서 공이 많았으므로, 오(敖)를 세워 임강왕(臨江王)[7]으로 삼고[8] 강릉(江陵)[9]에 도읍하도록 했다.

연왕(燕王) 한광(韓廣)을 세워 요동왕(遼東王)으로 옮겼다[10].

1) 【정의(正義)】 파군(番君)이다. 番의 발음은 (번이 아니라) 파(婆)다.

2) 오예는 파양현(鄱陽縣)의 현령을 지낸 적이 있어 파군(鄱君)이라고 불렸다.

3) 지금 강남의 각 성에 거주하던 소수민족으로, 부족이 너무 많아서 백월(百越)이라고 통칭했다.

4) 【집해(集解)】 위소(韋昭)가 말했다. "鄱의 발음은 포(蒲)와 하(河)의 반절음이다. 애초에 오예가 파군 현령[鄱令]으로 있었으므로 칭호를 파군(鄱君)이라고 한 것이다. 지금의 파양현(鄱陽縣)이 이곳이다."

5) 【집해(集解)】 문영(文穎)이 말했다. "邾의 발음은 주(朱)이다 현 이름이며, 강하(江夏)에 속한다. 【정의(正義)】 『설문(說文)』에 이르기를 (邾의) 발음은 주(誅)라고 했다. 『괄지지(括地志)』에서 말했다. "옛 주성(邾城)은 황주(黃州) 황강현(黃岡縣) 동남쪽으로 20리에 있다. 본래는 춘추시대 때의 주국(邾國)으로, 주의 임금[邾子]은 조성(曹姓)이다. 협(俠)에 살았으며, 노나라 은공(隱公) 때 이르러 기(蘄)로 이주했다." 발음은 기(機)다.

6) 관직 이름이다. 원래는 수도를 보위하는 관직이었으나 뒤에는 최고 무관을 가리키는 것으로 바뀌었다. 상주국(上柱國)이라고도 한다.

7) 공오의 봉지가 남군에 있었는데, 남군이 장강 가까이에 있어 임강왕이라고 한 것이다.

8) 【집해(集解)】 『한서음의(漢書音義)』에서 말했다. "본래는 남군(南郡)인데, 고쳐서 임강국(臨江國)이라고 했다."

9) 【정의(正義)】 강릉은 형주(荊州)의 현이다. 사기(史記-역사 기록)에서 강릉이라고

한 곳은 옛날의 영도(郢都-초나라 도읍)이다.

10) 【집해(集解)】 서광(徐廣)이 말했다. "(요동왕의) 도읍은 무종(無終)이다."

연나라 장수 장도(臧荼)는 초나라 군대를 따라서 조나라를 구원했고 관중에 들어갈 때 함께 따랐으므로, 도(荼)를 세워 연왕으로 삼아 계(薊)에 도읍하도록 했다.

제왕(齊王) 전시(田市)는 교동왕(膠東王)으로 옮겼다[1].

제나라 장수 전도(田都)는 제후들을 따라서 함께 조나라를 구원했고 관중에 들어갈 때 함께 따랐으므로, 도(都)를 세워 제왕으로 삼고 임치(臨菑)[2]에 도읍하도록 했다.

옛날에 진나라에 멸망 당한 제왕(齊王) 전건(田建)의 손자 전안(田安)은 항우가 막 강을 건너 조나라를 구원할 때 제북(濟北)의 여러 성을 함락시킨 뒤에 그 병사를 이끌고 항우에게 투항했으므로, 안(安)을 세워 제북왕으로 삼고 박양(博陽)[3]에 도읍하도록 했다.

전영(田榮)은 수차례 항량을 배반한 데다가 군사를 이끌고 초나라 군대를 따라서 진나라를 치려고 하지 않았기 때문에 봉지를 주지 않았다[不封(불봉)].

성안군(成安君)[4] 진여(陳餘)는 장수의 도장[印(인)]을 버렸고[5] 관중에 진입할 때도 따르지 않았지만, 평소 뛰어나다[賢(현)]는 평이 있었고 조나라에 대해서도 공이 있었으므로, 남피(南皮)[6]에 있다는 소식을 듣고는 그 인근의 세 현을 두루[環(환)] 봉지로 주었다[7].

파군(鄱君)의 장수 매현(梅鋗)[8]은 공이 많았으므로 10만 호의 후에 봉했다.

항우는 스스로를 세워 서초패왕(西楚霸王)[9]이라 하고, 구군(九郡)을 봉지로 하여 팽성(彭城)[10]에 도읍을 정했다.

1) 【집해(集解)】 서광(徐廣)이 말했다. "(교동왕의) 도읍은 즉묵(卽墨)이다." 【정의(正義)】

『괄지지(括地志)』에서 말했다. "즉묵 고성(即墨故城)은 내주(萊州) 교수현(膠水縣) 남쪽으로 60리에 있다. 옛날의 제(齊)나라 땅이며, 본래 한(漢)나라의 옛 현이다." 膠의 발음은 교(交)이다. 교수 동쪽에 있다.

2) 【색은(索隱)】 살펴보건대, 「고기(高紀-고조본기)」와 「전담전(田儋傳)」에서는 임제(臨濟)라고 했으니, 여기서 임치라고 한 것은 착오다. 【정의(正義)】 菑는 측(側)과 기(其)의 반절음이다. 『괄지지(括地志)』에서 말했다. "청주(青州) 임치현(臨菑縣)이니, 곧 옛 임치 땅이다. 일명 제성(齊城)이라고 하는데, 옛 영구(營丘)의 땅이며 봉해진 제나라의 도읍이다. 소호(少昊) 때 상구씨(爽鳩氏)가, 우(虞-순임금)와 하나라 때 계즉(季萴)이, 은나라 때 봉백릉(逢伯陵)이, 은나라 말기에 박고씨(薄姑氏)가 있어 제후가 되었으니, 봉국은 이 땅이다. 뒤에 태공(太公)을 봉해주었는데, 사방 500리였다."

3) 【정의(正義)】 제북(濟北)에 있다.

4) 【정의(正義)】 「지리지(地理志)」에 이르기를, 성안현은 영천군(穎川郡)에 있으며 예주(豫州)에 속한다고 했다.

5) 진나라 장수 장한이 거록을 공격해 조나라의 재상 장이가 성안에 포위되었을 때, 장군 진여는 병사를 이끌고 장하(漳河) 북쪽에 주둔하고 있었다. 거록의 포위가 풀린 뒤에 장이가 구원하러 오지 않은 진여를 책망하자, 진여가 화를 내면서 장수의 도장을 장이에게 주고는 수백 명을 이끌고 황하 상류의 택중(澤中)에 가서 어렵(漁獵)을 했다.

6) 【정의(正義)】 『괄지지(括地志)』에서 말했다. "옛 남피성(南皮城)은 창주(滄州) 남피현 북쪽으로 4리 되는 곳에 있다. 본래 한나라의 피현성(皮縣城)이었으니, 곧 진여가 봉해진 곳이다."

7) 【집해(集解)】 『한서음의(漢書音義)』에서 말했다. "남피의 세 현을 두루[繞(요)] 봉해주었다는 말이다."

8) 【집해(集解)】 위소(韋昭)가 말했다. "호(呼)와 현(玄)의 반절음이다."

9) 【정의(正義)】 「화식전(貨殖傳)」에 이르기를, 회수(淮水) 이북에 패(沛)·진(陳)·여남(汝南)·남군(南郡)이 있어 이를 서초(西楚)라고 했고, 팽성(彭城) 이동에 동

해(東海)·오(吳)·광릉(廣陵)이 있어 이를 동초(東楚)라고 했으며, 형산(衡山)·구강(九江)·강남(江南)·예장(豫章)·장사(長沙)를 남초(南楚)라고 했다고 한다. 맹강(孟康)이 말했다. "옛날 이름으로, 강릉은 남초, 오는 동초, 팽성은 서초다."[옛날에 초나라에는 동초·서초·남초·북초의 구분이 있었는데, 항우가 도읍을 세운 팽성은 서초에 위치했으므로 스스로를 서초패왕이라고 한 것이다. 패왕은 여러 왕의 왕이라는 뜻이다.]

10) 【집해(集解)】 맹강(孟康)이 말했다. "옛날 이름으로, 강릉은 남초, 오는 동초, 팽성은 서초다." 【정의(正義)】 팽성은 서주(徐州)의 현이다.

한(漢)나라 원년[1] 4월에 제후들은 휘하의 군사들[戱下=麾下]을 해산하고 각자 봉국으로 나아갔다[就國][2]. 항왕도 (함곡관을) 나와 봉국으로 갔는데, 사람을 보내 의제를 옮기게 하면서 말했다.

"옛날의 제(帝)들은 땅이 사방 1,000리이며, 반드시 상류[上游][3]에 머물렀습니다."

마침내 사자를 보내 의제를 장사(長沙) 침현(郴縣)[4]으로 옮기게 했고, 의제의 행차를 재촉하니[趣=促] 그의 여러 신하가 점점 의제를 배반했다. 마침내 몰래 형산왕과 임강왕으로 하여금 그를 강중(江中-장강 가운데)에서 죽이게 했다[5].

한왕(韓王) 성(成)은 아무런 군공이 없었기에 항왕은 그에게는 봉국으로 가지 못하게 하고서 함께 평성으로 갔고, 폐해 후(侯)로 삼았다가 얼마 후에 그를 죽였다. 장도는 봉국으로 가서 그 참에 한광(韓廣)을 내쫓아 요동으로 보내려고 했는데, 광이 듣지 않자, 광을 무종(無終)에서 쳐 죽이고[擊殺] 그 땅을 차지하고서 그곳에서 왕 노릇을 했다[6].

1) 유방이 한왕에 봉해진 기원전 206년이다.

2) 【색은(索隱)】 戱의 발음은 희(羲)이고 강 이름이다. 하(下)라고 말한 것은 허하(許

下)와 같은 것으로, 낙수 아래[洛下(낙하)]도 그런 경우다. 살펴보건대 다른 글에서 항우가 희(戲)의 서쪽 홍문으로 들어갔고 패공이 패상에서 군대를 돌렸다고 했으니, 이는 우가 애초에 희수 아래에 군대를 머물게 한 것이다. 뒤에 비록 우가 군대를 이끌고 서쪽으로 가서 함양을 도륙하고 진나라 궁실을 불태웠지만, 그렇다면 이 또한 희하(戲下)에서 군사를 돌린 것이다. 지금 "제후들이 희하에서 해산했다"라는 것은, 각자 봉읍과 호령의 권한을 받고서 희하로부터 각각 봉국으로 나아간 것이다. 어찌 가차(假借)문자를 써서 휘하[旌麾之下(정휘지하)]라고 보겠는가? 안사고(顏師古), 유백장(劉伯莊)의 설은 다 틀렸다.[휘하로 본 안사고의 풀이를 따랐다.]

3) 【집해(集解)】 문영(文穎)이 말했다. "강의 상류에 머무는 것을 말한다. 유(游)는 판본에 따라 유(流)로 되어 있다."

4) 【집해(集解)】 문영(文穎)이 말했다. "郴의 발음은 침(綝-금지하다)이다."

5) 【집해(集解)】 문영(文穎)이 말했다. "침현에 의제의 무덤이 있는데, 매년 계절마다 늘 제사를 지내 끊어지지 않았다."

6) 반고는 이 부분은 길게 설명하지 않고 '제후들은 각각 (자신들의) 봉국으로 나아갔다'라고 압축했다. 이하에서도 반고는 미세하게 문장의 순서를 뒤집고 해서 사마천과는 다른 서술을 보였다. 항우에 대해 사마천과 달리 시각이 매우 비판적임을 알 수 있다.

전영(田榮)은 항우가 제왕(齊王) 시(市-전시)를 교동으로 옮기고 (제나라 장수) 전도(田都)를 세워 제나라 왕으로 삼았다는 소식을 듣고는 마침내 크게 노해 끝내 시를 교동으로 옮기지 않고, 제나라 군대를 이끌고 반란을 일으켜 도(都)를 맞아서 쳤다[迎擊(영격)]. 도는 초나라로 달아났다. 제왕 시는 우가 두려워서 마침내 교동으로 달아나 봉국으로 나아갔다[1]. 영은 화가 나서 그를 뒤쫓아 즉묵(卽墨)에서 그를 죽이고 스스로를 세워 제나라 왕에 올랐고, 서쪽으로 가서 제북왕 전안(田安)을 쳐서 죽이고, 삼제(三齊)[2]를 병탄해 그곳의 왕이 되었다. 그리고 영은 팽월(彭越)에게 장군의 인장을 주어 양(梁)

땅에서 반란을 일으키게 했다. 진여(陳餘)가 몰래 장동(張同)과 하열(夏說)을 보내서 제나라 왕 전영을 설득해 말했다.

"항우가 천하의 주재자[宰]가 되다니 불공평한 일입니다. 지금 본래의 왕이었던 사람을 험악한 땅의 왕으로 삼은 뒤에 자신의 여러 신하와 장수를 좋은 땅의 왕으로 삼았으며, 원래의 왕 조왕을 내쫓아 북쪽의 대(代)에 머물게 했으니, 여(餘)가 볼 때는 안 될 일입니다. 듣건대 대왕께서 군사를 일으키시고 또 불의를 따르지 않는다고 하시니, 바라건대 대왕께서는 여에게 군사를 지원하시어 상산(常山)을 쳐서 조왕의 원래 땅을 되찾으시고 우리나라를 방어벽[扞蔽]으로 삼으시기를 청합니다."

제왕이 이를 허락하고 그 참에 군사를 조나라에 보냈다. 진여는 세 현의 군사를 모두 징발해서 제나라와 함께 온 힘을 다해 상산을 쳐서 크게 깨뜨렸다. 장이는 달아나 한(漢)나라에 귀순했고, 진여는 원래의 조왕 헐(歇)을 대에서 맞이해 조나라로 돌아가게 했다. 조왕이 그 참에 진여를 세워 대왕(代王)으로 삼았다.

1) 우의 명대로 교동왕에 올랐다는 말이다.

2) 【집해(集解)】『한서음의(漢書音義)』에서 말했다. "제와 제북과 교동을 가리킨다." 【정의(正義)】『삼제기(三齊記)』에서 말했다. "오른쪽은 즉묵, 가운데는 임치, 왼쪽은 평륙(平陸)이니, 이를 일러 삼제라고 한다."

이런 때에 한왕은 (한중에서) 돌아와 삼진(三秦)[1]을 평정했다. 항우는 한(漢)이 관중을 평정하고 다시 동쪽으로 갔다는 것[2]과, 제(齊)와 양(梁)이 반란을 일으켰다는 소식을 듣고 크게 화가 나서, 이에 옛 오(吳)의 영(令) 정창(鄭昌)을 한왕(韓王)으로 삼아서 한(漢)을 막게 하고 소공(蕭公)[3] 각(角) 등으로 하여금 팽월을 치게 했다. 조(趙)나라는 소공 각 등을 패퇴시켰다. 이때 한나라 사신 장량이 한(韓)나라를 순회하고서 마침내 항왕에게 편지를 보내 말했다.

'한왕은 직분을 잃어서[失職] 관중을 얻고자 하는 것이니, 만일 약속대로 (관중을 주어) 거기서 그치게 한다면 감히 동쪽으로 나가지 않을 것입니다.'

또 제나라와 양나라가 반란을 일으킨 경위에 관해 항왕에게 편지를 보내 말했다.

'제나라가 조나라와 더불어 초나라를 멸망시키려고 합니다.'

항왕은 이 편지로 인해 서쪽으로 가려던 뜻[4]을 버리고 북쪽으로 제나라를 치면서, 구강왕 포(布)에게 병력을 요구했다[徵=要]. 포는 병을 핑계로 가지 않고 장수들을 시켜 수천 명을 이끌고 가게 했다. 항왕이 이로 말미암아 포를 원망했다.

한나라 2년 겨울에 항우가 드디어 북쪽으로 성양(城陽)에 이르자 전영 또한 병사를 이끌고 회전(會戰)을 벌였는데, 전영이 이기지 못하고 평원(平原)으로 달아나자, 평원의 백성이 그를 죽였다. 항우가 드디어 북쪽으로 가서 제나라 성곽과 집들을 불 질러 없애버리고 항복한 전영의 병졸들을 모두 파묻었으며 노약자와 부녀자들을 묶어서 포로로 삼고는 제나라 북해까지 돌며 토벌하니, 수도 없이 죽고 파괴되었다. 제나라 사람들이 서로 모여 반란을 일으키자, 이에 전영의 동생 전횡(田橫)이 제나라의 도망병 수만 명을 거두어 성양에서 반란을 일으켰다. 항왕이 그로 인해 계속 남아서 연이어 싸웠으나 떨어뜨릴 수가 없었다[未能下].

1) 관중의 세 나라로, 항우가 관중을 옹(雍)·새(塞)·적(翟)의 셋으로 나눠 진나라의 항복한 장군을 봉해주었기 때문에 삼진이라 불렀다.

2) 안사고(顏師古)가 말했다. "바야흐로 관중을 나가 초나라를 치고자 한 것을 말한다."

3) 【집해(集解)】 소림(蘇林)이 말했다. "관호(官號)이니, 혹은 소령(蕭令)이라고도 한다. 당시에는 영(令)을 모두 공(公)이라고 불렀다."

4) 한(漢)을 치려는 뜻을 가리킨다.

봄에 한왕(漢王)은 다섯 제후의 병력[1]을 비롯해 모두 56만 명을 거느리고[部(부)][2] 동쪽으로 초나라 정벌에 나섰다. 항왕이 이를 듣고서 즉각 여러 장군에게 제나라를 치게 한 뒤 자신은 정예병 3만을 이끌고 남쪽으로 노(魯)를 따라 호릉(胡陵)으로 나아갔다[3].

1) 【집해(集解)】 서광(徐廣)이 말했다. "새(塞)·적(翟)·위(魏)·은(殷)·하남(河南)이다." 배인(裴駰)이 살펴보건대, 응소(應劭)는 "옹(雍)·적(翟)·새(塞)·은(殷)·한(韓)이다"라고 했고, 위소(韋昭)는 "새(塞)·적(翟)·은(殷)·한(韓)·위(魏)이며 옹은 이때 이미 패망했다"라고 했다. 【색은(索隱)】 살펴보건대, 서광과 위소는 모두 적·새·은·한을 꼽았고, 안사고(顔師古)는 삼진(三秦)은 꼽지 않고 상산(常山)·하남·한·위·은이라고 했으며 고윤(顧胤)의 생각도 대략 같은데, 마침내 진여의 병사를 다섯으로 본 것은 정확히 무엇인지 알 수가 없다. 내 생각으로는[鄙意(비의)], 살펴보건대 한왕 정창(鄭昌)이 한(漢)에 맞서자, 한나라가 한신(韓信)을 시켜 그를 쳐서 깨뜨렸으니, 그렇다면 이는 한병(韓兵)이 떨어지지 않고 있다가 이미 깨뜨리게 되자 흩어진 것이다. (따라서) 한나라는 이 다섯에 포함되지 않는다. 다섯 제후란 새·적·하남·위·은이다. 【정의(正義)】 안사고(顔師古)가 말했다. "제가(諸家)의 설은 다 틀렸다. 장량이 우(羽)에게 편지를 보내 말하기를 '한왕은 직분을 잃었기 때문에 관중을 얻고자 하는 것이니, 만일 약속대로 (관중을 주어) 거기서 그치게 한다면 감히 동쪽으로 나가지 않을 것입니다'라고 했으니, 함곡관 동쪽으로 나가겠다는 말이다. 지금 항우가 한나라가 동쪽으로 가려는 것을 들었을 때 한나라는 이미 삼진을 확보한 상태였다. 다섯 제후란 상산·하남·한·위·은이다. 같은 해 10월에 상산왕 장이가 항복했고, 하남왕 신양(申陽)이 항복했고, 한왕 정창이 항복했고, 위왕 표(豹)가 항복했고, 은왕 앙(卬)을 포로로 잡았으니, 모두 한나라가 동

쪽으로 간 이후의 일이다. 그래서 이것이 다섯 제후임을 알 수 있는 것이다. 이때는 비록 상산의 땅은 얻지 못했지만, 「공신연표(功臣年表)」에 이르기를 '장이가 나라를 버리고 대신들과 함께 한나라에 귀부했다'라고 했으니 그렇다면 마땅히 거느리는 사졸들이 있었을 것이다. 이때 옹왕은 여전히 폐구(廢丘)에서 포위되어 있었으므로 곧 다섯 제후에 포함될 수 없다. 이 「본기」의 글을 잘 읽어만 봐도 얼마든지 훤히 알 수 있다. 기존 학자들의 주석은 모두 본래의 취지를 잃었다." 「고조본기」와 『한서(漢書)』에서는 "다섯 제후의 병력을 겁박해[劫五諸侯兵]"라고 되어 있으니, 무릇 군대들이 처음 항복했을 당시에는 사졸들이 아직 지휘 체계를 갖추지 못했기에 겁박해서 행군하게 해야 했던 것이다. 또 말하기를 "관중의 병사들을 발동하고[發] 삼하(三河)의 병사들을 거둬[收]"라고 했으니, 발(發)이란 차이점들을 털어내는 것이고 수(收)란 겁박해서 수렴시키는 것이다. 위소가 말하기를 (삼하란) "하남·하동·하내"라고 했다. 신양은 낙양(雒陽)에 도읍했고 한왕 성은 양적(陽翟)에 도읍했으니 둘 다 하남이고, 위표는 평양(平陽)에 도읍했는데 하동이며, 사마앙은 조가(朝歌)에 도읍했고 장이는 양국(襄國)에 도읍했으니 하내다. 이 삼하의 병사들이 곧 다섯 제후의 병력이다. 추가로 옹·새·적을 거론할 경우 여덟 제후가 된다. 안공(顏公)의 설이 옳음을 거듭해서 밝힌 것이다. 그래서 「한신전(韓信傳)」에 이르기를 "한나라 2년에 함곡관을 나가서 위·하남·한·은왕을 거둬들여 모두 항복시켰다"라고 한 것이다.

2) 【집해(集解)】 서광(徐廣)이 말했다. "판본에 따라 겁(劫-겁박하다)으로 되어 있다." 【색은(索隱)】 『한서(漢書)』에도 겁(劫)으로 되어 있다.

3) 【정의(正義)】 『괄지지(括地志)』에서 말했다. "노(魯)는 연주(兗州) 곡부현(曲阜縣)이다. 「지리지(地理志)」에 이르기를 호릉은 산양현(山陽縣)에 속해 있다고 했다."

4월에 한나라 병사들이 모두 이미 팽성에 들어가서 재물과 미인들을 거

둬들였으며, 날마다 술잔치를 열어 성대한 모임을 했다[高會]. 항왕이 마침내 서쪽으로 소(蕭)[1]에서 와 새벽에 한군(漢軍)을 치고, 동쪽으로 나아가 팽성에 이르렀다. 한낮에[日中] 한군을 크게 깨뜨리니[2] 한군이 달아나다 곡수(穀水)와 사수(泗水)[3]에 빠졌는데, 이때 죽은 한나라 병졸들이 10여만 명이었다. 한군이 모두 남쪽 산속으로 달아났고, 초군도 뒤쫓아 영벽(靈辟)[4]의 동쪽 수수(睢水)[5]가에 이르렀다. 한군은 퇴각할 때 초군에게 쫓겨[所擠][6] 수많은 병사가 죽었다. 한나라 병졸 10여만이 모두 수수 속으로 들어가자, 그 때문에[爲之] 수수가 제대로 흐르지 못했다[不流][7]. 초군이 한왕을 삼중으로 에워쌌다. 이때 큰바람이 서북쪽에서 일어나 나무를 부러뜨리고 집을 날려버리면서 모래와 돌을 날리니, 사방이 낮임에도 암흑처럼 어두워졌다[窈冥晝晦]. 바람이 초군을 향해 불어대기 시작하자 초군이 큰 혼란에 빠져서 대오가 무너지면서 뿔뿔이 흩어지니, 이에 한왕은 마침내 수십 기(騎)만 거느리고 달아났다. (한왕이) 패현을 지나면서 가족들을 데리고 서쪽으로 가려고 했는데, 초군도 사람을 보내 그를 패현까지 뒤쫓으면서 한왕의 가족들을 붙잡으려 했다. 가족들은 모두 (이미) 도망쳐 한왕과 서로 만나볼 수 없었고, 한왕은 길에서 효혜(孝惠-혜제)와 노원(魯元-노원공주)[8]을 만나 마침내 수레에 태우고 길을 갔다. 초나라 기병이 한왕을 추격했고, 한왕은 다급해지자 효혜와 노원을 수레 아래로 밀어서 떨어뜨렸으나 (그때마다) 등공(滕公)이 매번 내려서 거둬 그들을 수레에 (다시) 실었다. 이렇게 한 것이 세 차례였다.

(등공이) 말했다.

"아무리 급하고 수레를 빨리 몰 수 없다고 하지만, 어찌 그들을 버리십니까?"

이에 드디어 벗어날 수 있었다. 태공(太公-유방의 아버지)과 여후(呂后)를 찾았으나 만날 수가 없었다. 심이기(審食其)[9]가 태공과 여후를 따라서 샛길로 가며[間行] 한왕을 찾다가, 도리어 초군과 마주쳤다. 초군이 드디어 그들

을 데리고 돌아가서 항왕에게 보고하니, 항왕은 그들을 늘 군중(軍中)에 두었다.

1) 【정의(正義)】『괄지지(括地志)』에서 말했다. "서주(徐州) 소현(蕭縣)인데, 옛 소숙(蕭叔)의 나라이며 춘추시대 때 송(宋)나라의 부용국이다. 『제왕세기(帝王世紀)』에 이르기를, 주나라가 자성(子姓)을 봉해주고 특별히 부용으로 삼았다고 했다."

2) 【집해(集解)】 장안(張晏)이 말했다. "하루의 가운데다. 혹은 하루의 아침에 쳐서 한낮이 되었을 때 깨뜨린 것이다."

3) 【집해(集解)】 신찬(臣瓚)이 말했다. "이 두 강은 모두 패군 팽성에 있다."

4) 【집해(集解)】 서광(徐廣)이 말했다. "팽성에 있다." 【색은(索隱)】 맹강(孟康)이 말했다. "옛 소현(小縣)이며, 팽성 남쪽에 있다."

5) 【집해(集解)】 서광(徐廣)이 말했다. "수수는 팽성에서 사수(泗水)로 들어간다." 【정의(正義)】 睢의 발음은 수(雖)다. 『괄지지(括地志)』에서 말했다. "영벽 고성(靈壁故城)은 서주(徐州) 부리현(符離縣) 서북쪽으로 90리에 있다. 수수는 그 처음에 준의현(浚儀縣) 낭탕수(莨蕩水)의 물을 받아 시작해서 동쪽으로 흘러 취려(取慮)를 지나 사수로 들어가는데, 군(郡) 4곳을 지나고 1,260리를 흘러간다."

6) 【집해(集解)】 복건(服虔)이 말했다. "擠의 발음은 제민(濟民)이라고 할 때의 제(濟)다." 신찬(臣瓚)이 말했다. "배제(排擠)한다는 뜻이다."

7) 안사고(顏師古)가 말했다. "많이 죽어 강물을 막은 것이다."

8) 【집해(集解)】 복건(服虔)이 말했다. "원(元)은 장(長)이다. 식읍이 노(魯)에 있었다." 위소(韋昭)가 말했다. "원(元)은 시호다."

9) 【집해(集解)】 신찬(臣瓚)이 말했다. "其의 발음은 기(基)다." 【색은(索隱)】 食의 발음은 이(異)다. 살펴보건대 역(酈)·심(審)·조(趙) 세 사람은 이름이 같고 그 발음 또한 같다. 6국 시절에 위(衛)나라 유사(有司) 마이기(馬食其)가 있었는데,

모두 그의 이름을 사모해서 이렇게 지은 것이다.

이때 여후의 오빠[兄] 주여후(周呂侯)[1]가 한나라를 위해 군사를 이끌고 하읍(下邑)[2]에 머물고 있었는데, 한왕은 샛길로 가 그를 따르면서[從之=依之] 조금씩 사졸들을 거두었다. 형양(滎陽)에 이르자 여러 패잔병이 모두 모였고 소하도 병역 장부에도 없는[未傅] 관중의 병졸들까지 징발해[3] 이끌었으니 (형양 남쪽에 있던 한나라 군대가) 다시 크게 떨쳤다. 초나라는 팽성에서 일어나 계속 승세를 타고서 패배한 한군을 뒤쫓았는데, 형양 남쪽의 경(京)과 색(索) 사이에서 전투를 벌여[4] 한군이 초군을 패퇴시키자 초군은 (더는) 형양을 지나 서쪽으로 갈 수가 없었다.

1) 【집해(集解)】 서광(徐廣)이 말했다. "이름은 택(澤)이다." 【정의(正義)】 소림(蘇林)이 말했다. "성과 이름과 후이다." 진작(晉灼)이 말했다. "「외척표」에 따르면, 주여(周呂) 영무후(令武侯) 택(澤)이라고 했다. 여(呂)는 현 이름이니, 여에 봉해져 그것을 봉국으로 삼았다." 안사고(顏師古)가 말했다. "주여는 봉명(封名)이고, 영무는 그의 시호다. 소(蘇)가 '성과 이름과 후이다'라고 한 것은 틀렸다."

2) 【집해(集解)】 서광(徐廣)이 말했다. "양(梁)에 있다." 【정의(正義)】 『괄지지(括地志)』에서 말했다. "송주(宋州) 탕산현(碭山縣)은 본래 하읍현이며, 송주 동쪽으로 150리에 있다." 살펴보건대, 지금의 하읍은 송주 동쪽으로 110리에 있다.

3) 【집해(集解)】 복건(服虔)이 말했다. "傅의 발음은 부(附)이다." 맹강(孟康)이 말했다. "옛날에 20세이면 부(傅)라고 했고 3년 경작을 하면 1년을 저(儲-비축)했으니, 23세 이후에는 역(役)을 담당했다." 여순(如淳)이 말했다. "율(律)에 따르면 나이 23세면 부(傅)의 주관(疇官-밭이랑 담당 관리)이 되어 각각 자기 아버지를 따라 밭이랑에서 그것을 배웠다. 키가 6척 2촌 이하이면 파륭(罷癃-스스로 밥 먹을 수 없는 자)이라고 했다. 『한의(漢儀)』 주(注)에 이르기를 '백성은 나이 23세면 정(正)이 되는데, 1년은 위사(衛士)가 되고 1년은 재관(材官)이

나 기사(騎士)가 되어 활쏘기와 말 다루고 달리기, 전진(戰陣) 짜는 법을 배웠다'라고 했다. 또 말하기를 '나이 56세가 되어 쇠퇴하고 늙으면 마침내 면제되어 서민(庶民)으로서 자기 논밭으로 나아간다'라고 했다. (그런데) 지금은 노약자와 요역 명단에 없는 사람들까지 다 동원했다는 말이다. 23세가 안 되면 약(弱), 56세가 넘으면 노(老)라고 한다. (『한서(漢書)』) 「식화지(食貨志)」에 이르기를 '(1년에) 한 달 동안의 경졸(更卒)[남자가 매년 1개월씩 거주하는 군이나 현의 노역에 동원되는 것을 말한다.]의 역을 지고, (이것이) 끝나면 정졸(正卒)이 되어 1년 동안 변방의 수자리[屯戍(둔수)]를 서고 1년 동안 요역을 담당하니, (그 기간이) 고대의 30배나 되었다'라고 했다." 【색은(索隱)】 살펴보건대, 요씨(姚氏)가 말하기를 "옛날에는 경졸이 한 달을 넘지 않았고 경졸을 수행한 것이 다섯 달이면 쉬었다"라고 했다. 또 안(顔)이 말하기를 "다섯 달은 마땅히 석 달이 되어야 한다. 왜냐하면 1년 중에서 석 달 동안 경졸을 맡고 사흘은 변방에 수자리를 서야 하므로 모두 93일이었다. 옛날에 사람을 부릴 때는 1년에 사흘을 넘지 않았다고 했으니, 이것이 이른바 '1년 동안 요역을 담당하니 (그 기간이) 고대의 30배나 되었다'라는 것이다"라고 했다. 이 설이 설득력이 있다.

4) 【집해(集解)】 응소(應劭)가 말했다. "경(京)은 현 이름으로, 하남에 속하며 색정(索亭)이 있다." 진작(晉灼)이 말했다. "索의 발음은 책(柵-울타리)이다." 【정의(正義)】 『괄지지(括地志)』에서 말했다. "경현성(京縣城)은 정주(鄭州) 형양현(滎陽縣) 동남쪽으로 20리 떨어진 곳에 있다. 정(鄭)의 경읍(京邑-서울)이다. 『진태강지지(晉太康地志)』에 이르기를, 정(鄭)나라 태숙(太叔) 단(段)이 살았던 읍으로, 형양현은 곧 대색성(大索城)이라고 했다. 두예(杜預)가 말하기를, 성고(成皐) 동쪽에 대색성이 있고 또 소색 고성(小索故城)이 있는데 이는 형양현 북쪽으로 4리에 있다고 했다. 『경상번지명(京相璠地名)』에 이르기를, 경현에는 대색정(大索亭), 소색정이 있는데, 대소씨(大小氏) 형제가 거기에 살았기에 소(小)와 대(大)의 명칭이 생겨났다고 했다." 살펴보건대, 초나라가 한나라와 형양 남쪽의 경(京)과 색(索) 사이에서 전투를 벌였다고 했으니 곧 이

세 성일 뿐이다.

항왕이 팽성을 구원하러 갔다가 한왕을 추격해 형양에 이르게 되자 전횡(田橫) 또한 제나라를 수습할 수 있었으니, (전횡은) 영(榮)의 아들 광(廣)을 세워 제왕으로 삼았다. 한왕이 가서 팽성에서 패하자, 제후들은 모두 다시 초나라에 붙으면서 한나라를 등졌다.

한나라는 형양에 주둔하면서 용도(甬道)를 쌓아 황하와 연결하고서[屬之=連之] 오창(敖倉-오의 창고)의 곡식을 차지했다[1]. 한(漢)나라 3년에 항왕이 여러 차례 쳐서 한의 용도를 끊으니, 한왕은 식량이 부족해 두려워하면서 화친을 청하고 형양 서쪽(만)을 한의 영토로 삼겠다고 (제안)했다. 항왕은 이 요청을 들어주려 했는데, 역양후(歷陽侯)[2] 범증(范增)이 말했다.

"한군을 해치우기 쉬울 뿐이니, 만일 지금 풀어주고 장악하지 않으면 뒤에 반드시 후회할 것입니다."

항왕이 마침내 범증과 함께 형양을 급히 에워싸자, 한왕이 이를 걱정하더니, 마침내 진평(陳平)의 계책을 써서 항왕을 이간질했다[間]. 항왕의 사자가 오자 태뢰구(太牢具-진수성찬)를 갖춰놓고 그에게 내놓으려다가, 사자를 보고는 짐짓[詳=佯] 놀라는 척하며 말했다.

"나는 아보(亞父)의 사자인 줄 알았는데, 마침내 돌이켜보니 항왕의 사자일세!"

다시 거두어들인 뒤 형편없는 음식[惡食]을 갖고 와서는 항왕의 사자에게 먹으라고 했다[食][3]. 항왕이 마침내 범증이 한나라와 몰래 뭔가가 있다고 의심하고서 조금씩 그의 권력을 빼앗았다. 범증이 크게 화를 내며 말했다.

"천하의 일이 대체로 정해졌으니, 이제부터는 군왕께서 몸소 (알아서) 하십시오. 바라건대 저를 사직해[骸骨] 돌아갈 수 있게 해주십시오."

항왕은 이를 허락했다. 범증이 길을 떠났으나 팽성에 이르기도 전에 등

에 등창[疽=癰創]이 나서 죽어버렸다[4].

1) 【집해(集解)】 신찬(臣瓚)이 말했다. "오(敖)는 땅 이름인데, 형양 서북쪽에 산이 있고 황하와 접해 있으며 큰 창고가 있다." 【정의(正義)】 『괄지지(括地志)』에서 말했다. "오창은 정주(鄭州) 형양현 서쪽으로 15리에 있다. 현문(縣門)의 동북쪽이 변수(汴水)와 접해 있고 남쪽으로 삼황산(三皇山)이 띠를 이루고 있는데, 진나라 때 오산(敖山)에 창고를 설치하고 이름을 오창이라고 했다고 한다."

2) 【정의(正義)】 『괄지지(括地志)』에서 말했다. "화주(和州) 역양현(歷陽縣)은 본래 한나라의 옛 현이다. 『회남자(淮南子)』에 이르기를 '역양이라는 도시가 하룻저녁에 호수가 되었다'라고 했다. 한제(漢帝) 때 역양이 물에 잠겨 역호(歷湖)가 되었다."

3) 【정의(正義)】 앞의 발음은 글자 그대로이고, 뒤의 발음은 사(寺)이다.

4) 【집해(集解)】 『황람(皇覽)』에서 말했다. "아보의 무덤은 여강(廬江) 거소현(居巢縣) 외곽 동쪽에 있다. 거소정(居巢廷) 가운데 아보정(亞父井)이 있어 관리와 백성이 모두 거소정 위에서 아보에게 제사를 지냈으니, 장리(長吏)들이 처음 일을 맡아보게 될 때는 모두 제사를 지낸 다음에야 정무에 종사했다[從政]. 뒤에 외곽 동쪽에 사당을 고쳐 지었는데, 지금까지도 그에게 제사를 지내고 있다." 【정의(正義)】 최호(崔浩)가 말했다. "저(疽)는 뼈에 생기는 옹(癰-악창이나 암)이다." 『괄지지(括地志)』에서 말했다. "촉루산(髑髏山)은 여주(廬州) 소현(巢縣) 동북쪽으로 5리에 있다. 옛날에 범증이 북산 남쪽에 살다가 뒤에 항우를 보좌했다."

한나라 장수 기신(紀信)이 한왕에게 유세해 말했다.

"일이 이미 급박하니, 청컨대 제가 왕의 모습으로 꾸며 초군을 속일 테니 왕께서는 그 틈에 빠져나가실 수 있을 것입니다."

이에 한왕은 밤이 되자 형양 동문으로 갑옷 입은 여자 2,000명을 내보냈

는데, 초나라 병사들이 사방에서 공격해 왔다. 기신은 황옥거(黃屋車)[1]를 타고 좌독(左纛)[2]을 붙인 채로 말했다.

"성안에 양식이 다 떨어져서 한왕이 항복하노라!"

초군이 모두 만세를 외쳤다. 한편 한왕은 수십 기(騎)를 얻어 서쪽 문으로 탈출해서 성고(成皐)[3]로 달려갔다. 항왕이 기신을 보고 물었다.

"한왕은 어디 있는가?"

신이 말했다.

"한왕은 이미 탈출했소."

항왕이 기신을 불태워 죽였다[燒殺(소살)].

1) 【정의(正義)】 이비(李斐)가 말했다. "천자의 수레는 황색 비단으로 덮개를 씌웠다."

2) 【집해(集解)】 이비(李斐)가 말했다. "독(纛)이란 털이나 깃으로 장식한 큰 깃발이다. 승여의 왼쪽 위에 그것을 꽂는다." 채옹(蔡邕)이 말했다. "이우(氂牛-얼룩소) 꼬리로 만드는데, 모양은 말[斗(두)]과 같다. 가장 뒤에 있는 왼쪽 곁말[騑馬(비마)]의 갈기[騣(종)] 위에 두거나 횡(衡-가로 막대) 위에 둔다."

3) 【정의(正義)】 『괄지지(括地志)』에서 말했다. "성고 고성(成皐故城)은 낙주(洛州) 범수현(氾水縣) 서남쪽으로 2리에 있다."

한왕이 어사대부 주하(周苛)[1], 종공(樅公)[2], 위표(魏豹)로 하여금 형양을 지키도록 했다.

주하와 종공이 모의해 말했다.

"나라를 배반한 왕과는 더불어 성을 지키기 어렵다."

마침내 함께 위표를 죽였다. 초나라가 형양성을 떨어뜨리고 주하를 산 채로 사로잡았는데[生得(생득)], 항왕이 주하에게 일러 말했다.

"나의 장수가 된다면 나는 그대를 상장군으로 삼고 3만 호로 봉해주

겠다."

주하가 욕을 하며[罵(매)] 말했다.

"네[若(약)]가 서둘러 한나라에 항복하지 않으면 한나라는 이제 너를 사로잡을 것이니, 너는 한나라(왕)의 상대가 되지 못한다."

항왕은 화가 나서 주하를 삶아 죽이고[烹(팽)] 아울러 종공도 죽여버렸다.

1) 안사고(顔師古)가 말했다. "苛의 발음은 (가가 아니라) 하(何)이다."

2) 【집해(集解)】 樅의 발음은 칠(七)과 용(容)의 반절음이다.

한왕이 형양을 벗어난 뒤에 남쪽으로 가니, 원(宛)과 섭(葉)에서 구강왕 포(布)를 만나 행군하면서 병사들을 거둬들여 다시 성고로 들어가 수비했다.

한나라 4년에 항왕이 군대를 보내 성고를 에워쌌다. 한왕이 달아났는데[逃(도)][1], 오직 등공(滕公)과만 함께 성고의 북문[2]을 나가서 황하를 건너 수무(脩武)로 달아났다. 장이와 한신의 군대에 몸을 맡기니, 여러 장수도 조금씩 성고를 탈출해 한왕을 따랐다. 초나라가 드디어 성고를 뽑아버리고는 서쪽으로 가려 하자, 한나라는 병사를 보내 공(鞏)에서 초나라 군대를 막음으로써 그들이 서쪽으로 전진할 수 없게 했다.

1) 【집해(集解)】 진작(晉灼)이 말했다. "혼자서 탈출하려는 뜻이 있는 것이다." 【색은(索隱)】 『한서(漢書)』에는 '도(跳-뛰다, 달아나다)'로 되어 있다.

2) 【집해(集解)】 서광(徐廣)이 말했다. "북문의 이름은 옥문(玉門)이다."

이때 팽월(彭越)이 황하를 건너 동아(東阿)에서 초나라 군대를 쳐 초나라 장군 설공(薛公)을 죽였다. 항왕은 마침내 몸소 동쪽으로 가서 팽월을 쳤다. 한왕이 회음후(淮陰侯-한신)의 병력을 얻어[得(득)][1] 황하를 건너서 남쪽으

로 가려고 했으나, 정충(鄭忠)이 한왕을 설득해 마침내 멈추고 하내(河內)에 방벽을 쌓았다. 유가(劉賈)를 시켜서 병력을 이끌고 팽월을 돕게 하고 초군이 쌓아놓은 군량[積聚(적취)]을 불태우니, 항왕이 동쪽으로 가서 그들을 쳐 깨뜨리고 팽월을 패주케 했다. 한왕은 병사를 이끌고 황하를 건너 다시 성고를 차지한 뒤 광무(廣武)에 군대를 주둔시키고서 오창의 식량을 먹었다. 항왕이 동해 평정을 마치고 서쪽으로 돌아와서 한군과 나란히 광무를 앞에 두고[2] 군대를 주둔시키고서 여러 달 동안 대치했다[相守(상수)].

1) 얻었다고 했지만 실은 빼앗은 것이나 다름없다. 당시 한신은 작은 부대를 거느리고 조나라에서 싸움을 하던 중이었다.

2) 【집해(集解)】 맹강(孟康)이 말했다. "형양에 성 2개를 쌓고서 서로 광무를 놓고 대치했다는 것인데, 오창 서쪽에 있는 삼황산(三皇山) 정상 부근이다." 【정의(正義)】 『괄지지(括地志)』에서 말했다. "동광무, 서광무는 정주(鄭州) 형양현(滎陽縣) 서쪽으로 20리에 있다. 대연지(戴延之)의 『서정기(西征記)』에 이르기를, '삼황산 정상에 성이 2개 있는데 동쪽은 동광무, 서쪽은 서광무이니 각각은 산의 꼭대기에 있었고 서로의 거리는 100걸음이었으며, 변수(汴水)는 광간(廣澗) 안에서 동남쪽으로 흘렀는데 지금은 말라서[涸(학)] 물이 없다. (또) 성은 각각 면이 3개인데, 오창의 서쪽에 있다'라고 했다. 곽연생(郭緣生)의 『술정기(述征記)』에 이르기를 '하나의 계곡물이 윗부분을 갈라서 지나가는데 이름하여 광무라고 했다. 서로 마주하고서 양쪽에 모두 성과 참호가 있는데 드디어 이름 붙이기를 동광무, 서광무라고 했다'라고 했다."

이런 때를 맞아 팽월은 양(梁) 땅에서 여러 차례 반격해 초나라의 군량을 끊어버리니, 항왕이 근심했다. 도마처럼 생긴 높은 대[高俎(고조)][1]를 만들어 그 위에 태공을 올려놓고서 한왕에게 고해 말했다.

"지금 당장 항복하지 않으면 내가 태공을 삶아버리겠다[烹(팽)=亨(형)]."

한왕이 말했다.

"나는 항우와 함께 북면해[2] 회왕에게 명을 받고 약속해 형제가 되었으니, 나의 아버지[翁=父]는 곧 너[若]의 아버지이기도 하다[吾翁卽若翁]. 반드시 너의 아버지[乃翁]를 삶겠다고 한다면, 다행히 그 탕국을 나에게도 한 그릇 나눠주기를 바란다."

항왕이 화가 나서 태공을 죽이려 하자, 항백(項伯)이 말했다.

"천하의 일이란 아직 다 알 수가 없습니다. 장차 천하를 차지하려는 자는 가족을 돌아보지 않으니, 설사 그를 죽인다 한들 좋을 것이 없고 단지[秖=秪=但] 재앙만 더할 뿐입니다."

항왕이 그 말을 따랐다.

1) 【집해(集解)】 여순(如淳)이 말했다. "고조(高俎)란 궤(几)의 위쪽이다." 이기(李奇)가 말했다. "군중(軍中)에 있는 망보는 수레를 사람들은 조(俎)라고 했다." 【색은(索隱)】 조(俎)는 또한 궤(机-책상)의 종류다. 그래서 하후담(夏侯湛, 243~291년)[서진(西晉) 초국(譙國) 사람이다. 어려서부터 문학적 재능이 뛰어나 문장이 풍부하고 새로운 단어를 잘 만들어냈다. 용모가 아름다웠고, 반악(潘岳)과 사이가 좋아 경도인(京都人)들이 연벽(連璧)이라고 불렀다.]은 『신론(新論)』에서 궤(机)라고 했는데, 이는 도마와 같은 것이다. 그래서 태공을 희생 고기에 빗대어 도마 위에 두었던 것이다. 요찰(姚察, 533~606년)이 살펴보건대, 『좌씨전(左氏傳)』에 이르기를 "초자(楚子-초나라 임금)가 소거(巢車)에 올라 진군(晉軍)의 동태를 살폈다"라고 했는데 두예(杜預)가 말하기를 "수레 위에서 망을 본 것이다"라고 했으니, 그 때문에 이기는 당시 사람들을 끌어들여 "군중(軍中)에 있는 망보는 수레"라고 하면서 이것 역시 조(俎)라고 한 것이다. 【정의(正義)】 『괄지지(括地志)』에서 말했다. "동광무성(東廣武城)에 높은 단이 있는데, 그것이 바로 항우가 태공을 도마 위에 올려놓았던 곳이다. 지금도 이름이 항우퇴(項羽堆-항우 언덕)이며, 또한 사람들은 태공정(太公亭)이라고도 부른다." 안사고(顏師古)가 말했

다. "조(俎)란 고기를 올려놓은 도구로, 그것을 삶으려 한다는 것을 보이는 것이다. 그래서 조상(俎上)이라고 했다."

2) 신하의 입장을 취했다는 말이다. 임금 자리에 있는 것은 반대로 남면한다고 한다.

초와 한이 오랫동안 서로 대치하면서도 결판을 내지 못하고 있어, 장정들은 군역에 고통받고 노약자들은 군수물자 운반[轉漕]에 파김치가 되었다[罷=疲].

항왕이 한왕에게 말했다.

"천하가 여러 해 동안 흉흉한 것은 한갓 우리 두 사람 때문일 뿐이니, 바라건대 왕(-한왕)과 겨뤄[挑戰][1] 자웅을 가리고 애꿎게 천하의 백성을 힘들게 하지 말자."

한왕이 웃으면서 거절해 말했다[謝曰].

"나는 차라리 지혜를 다툴지언정 힘을 다툴 수는 없다."

항왕이 장사(壯士)로 하여금 나가서 싸움을 걸게 했다[挑戰]. 한군에는 말을 잘 타고 활을 잘 쏘는 누번(樓煩)[2]이 있었는데, 초군이 싸움을 걸어오자, 누번은 세 번 겨뤄[三合] 그때마다[輒] 활을 쏘아 그들을 죽였다. 항왕이 크게 화가 나서, 마침내 몸소 갑옷을 입고 창을 들고서 싸움을 걸었다. 누번이 활을 쏘려 했으나, 우가 눈을 크게 부릅뜨고[瞋目=張目] 꾸짖었다. 누번은 눈을 들어 감히 바라볼 수가 없었고 손 또한 화살을 발사시킬 수 없어서, 드디어 도망쳐 요새로 돌아와서는 감히 다시는 나가지 못했다. 한왕이 사람을 보내 몰래[間=微] 그가 누구인지를 알아보았더니 그는 곧 항왕이었다.

한왕은 크게 놀랐다. 이에 항왕이 한왕과 더불어 광무산 골짜기[間=澗]를 사이에 두고 서로 이야기를 나눴다. 한왕이 그를 꾸짖자[數=責], 항왕은 숨겨두었던 쇠뇌[弩]를 쏘아 한왕을 맞췄다[中]. 한왕은 부상을 입고, 달아나서 성고로 들어갔다.

1) 【집해(集解)】 이기(李奇)가 말했다. "몸을 던져 홀로 싸우고, 더는 무리를 힘들게 하지 말라는 말이다." 신찬(臣瓚)이 말했다. "도전(挑戰)이란 상대를 자극해 싸움을 거는 것으로, 옛날에는 이를 치사(致師)라고 했다."

2) 【집해(集解)】 응소(應劭)가 말했다. "누번호(樓煩胡)인데, 지금의 누번현(樓煩縣)이다."

항왕은 회음후(淮陰侯)가 하북(河北)을 이미 들어내고서[擧(거)][1] 제나라와 조나라를 깨뜨린 뒤 장차 초나라를 공격하려 한다는 소식을 듣고는, 마침내 용저(龍且)[2]로 하여금 가서 그를 치게 했다. 회음후가 용저와 싸우고 있는데, (한군의) 기병대장[騎將(기장)] 관영(灌嬰)이 그를 쳐서 초군을 크게 깨뜨리고 용저를 죽였다. 한신이 그 참에 스스로를 세워 제왕(齊王)이 되었다. 항왕은 용저의 군대가 깨졌다는 소식을 듣고는 두려워져서 우이(盱台) 사람 무섭(武涉)을 시켜 가서 회음후를 설득해보도록 했으나, 회음후는 듣지 않았다. 이때 팽월이 다시 반격을 가해, 양(梁) 땅을 떨어뜨리고 초군의 식량을 끊어버리자, 항왕이 마침내 해춘후(海春侯) 대사마 조구(曹咎) 등에게 일러 말했다.

"신중한 태도로 성고를 지켜라. 한군이 싸움을 걸어와도[挑戰(도전)] 자중하며 결코 맞서 싸우지 말라. 저들로 하여금 동쪽으로 더는 전진하지 못하게만 해도 좋은 것이다. 나는 15일 안에 반드시 양(梁) 땅을 평정하고 다시 장군들을 따라갈 것이다."

마침내 군대를 이끌고 동쪽으로 가서 진류(陳留)[3]와 외황(外黃)을 쳤다.

1) 함락시켰다는 말이다.

2) 【집해(集解)】 위소(韋昭)가 말했다. "발음은 (차가 아니라) 자(子)와 여(閭)의 반절음이다.

3) 【정의(正義)】 『괄지지(括地志)』에서 말했다. "진류는 변주(汴州)의 현이다. 주(州)

에서 동쪽으로 50리에 있으며, 본래 한나라 진류군과 진류현의 땅이다." 맹강(孟康)이 말했다. "유(留)는 정나라 읍이다. 뒤에 진(陳)나라에 병탄되었기에, 그래서 진류라고 하는 것이다." 신찬(臣瓚)이 또 살펴보건대, "송나라에도 유(留)가 있으니, 팽성의 유가 이것이다. 이 유는 진나라에 속하니, 그래서 진류라고 한 것이다."

외황은 떨어지지 않았다[不下]. 여러 날이 걸려 외황을 이미 떨어뜨리고 나자, 항왕은 화가 나서 나이 15세 이상의 남자는 모두 성동(城東)으로 끌고 와서 파묻으려 했는데, 외황 현령의 사인(舍人)의 13세 된 아이[1]가 항왕에게 가서 설득해 말했다.

"팽월이 강압적으로 외황을 겁박해[彊劫] 외황 사람들은 두려워서 일단 항복하고는 대왕을 기다렸습니다. 대왕께서 오셔서는 또 모두 파묻으려고 하시니, 백성이 어찌 귀부하고자 하는 마음이 있겠습니까! 여기서부터 동쪽으로 양 땅 10여 개 성이 모두 두려워해 결코 기꺼이 떨어지지는 않을 것입니다."

항왕은 그 말이 옳다고 여겨서 마침내 파묻으려 했던 외황 사람들을 모두 용서해주었다. (그러자) 동쪽으로 수양(睢陽)[2]까지 모두가 그 소식을 듣고는 다퉈 항왕에게 투항했다[下=降].

1) 【집해(集解)】 소림(蘇林)이 말했다. "현령의 사인 아들[兒]이다." 신찬(臣瓚)이 말했다. "아이[兒]라고 칭한 것은 그가 유약하다는 것을 말하니, 그래서 그 아버지와 결부시킨 것이다. 『춘추전(春秋傳)』(환공(桓公) 5년)에서 '잉숙(仍叔)의 아들[즉 누구의 아들이라고 함으로써 말하는 사람이 어리다는 점을 부각했다는 뜻이다.]'이라고 한 것이 이것이다."

2) 【정의(正義)】 『괄지지(括地志)』에서 말했다. "송주(宋州) 외성(外城)은 본래 한나라 수양현이다. 「지리지(地理志)」에 이르기를, 수양현은 옛날 송국(宋國)이라

고 했다."

한군이 과연 여러 차례 초군에게 싸움을 걸었지만, 초군은 나오지 않았다. (한군에서) 사람을 시켜 대엿새 동안 초나라 군대를 욕하게 하자, 대사마는 화가 나서 병사들로 하여금 사수(汜水)[1]를 건너게 했다. 병졸들의 반이 건넜을 때 한군이 쳐서 초군을 크게 깨뜨리고 초나라의 금옥과 보화를 모두 차지했다. 대사마 구(咎), 장사(長史) 예(翳), 새왕(塞王) 흔(欣)은 모두 사수 물가에서 목을 찔러 자살했다[自剄(자경)=自刎(자문)][2]. 대사마 구는 원래 기현(蘄縣)의 옥연(獄掾-옥리)이었고 장사 또한 본래 역양의 옥리였는데, 두 사람이 일찍이 항량에게 은덕을 베풀어 항왕은 그들을 신임하고 있었다. 이런 때를 맞아 항왕은 수양에 이르러 해춘후의 군대가 패했다는 소식을 듣고는 군대를 이끌고 돌아왔다. 한군은 바야흐로 종리매(鍾離昧)[3]를 형양의 동쪽에서 에워싸고 있었는데, 항왕이 도착하자 초나라 군대가 두려워서 모두 (광무산의) 험준한 지역으로 달아났다.

1) 【집해(集解)】 장안(張晏)이 말했다. "사수(汜水)는 제음(濟陰) 경계에 있다." 여순(如淳)이 말했다. "『좌전(左傳)』에 이르기를, '비(鄙)는 정나라 땅 사(汜)에 있다'라고 했다." 신찬(臣瓚)이 말했다. "고조가 성고에서 조구(曹咎)를 공격해 사수를 건너가 싸웠으니, 지금의 성고성 동쪽 사수가 이곳이다." 【색은(索隱)】 살펴보건대, 지금 이 강은 명사수(名汜水)이니 발음이 비슷하다. 장안이 말하기를 제음에 있다고 했는데, 실로 잘못을 다 바로잡았다고 할 수 없다. 살펴보건대 옛날의 제수(濟水)는 마땅히 황하를 가로질러 남쪽으로 내려가고, 또 동쪽으로 흐르다가 넘쳐서 형택(滎澤)이 되었다. 그러나 강의 남쪽을 음(陰)이라고 하는데 이 또한 제수의 음(陰-남쪽)이니, 저 제음군은 분명히 아니다. 신찬의 설이 옳다. 【정의(正義)】 『괄지지(括地志)』에서 말했다. "사수는 낙주(洛州) 사수현에서 발원해 동남쪽으로 32리 떨어진 방산(方

山)으로 흘러간다. 『산해경(山海經)』에 이르기를 '부희(浮戲)의 산에서 사수가 발원한다'라고 했다."[반고는 『한서(漢書)』에서 범수(氾水)로 고쳤다.]

2) 【집해(集解)】 정씨(鄭氏)가 말했다. "칼로 목 부위를 베는 것을 경(剄)이라고 한다."

3) 【집해(集解)】 『한서의(漢書義)』에서 말했다. "眛의 발음은 말(末)이다."[따르지 않고 관례대로 종리매로 읽었다. 항우의 맹장이다.]

이때 한(漢)나라 병력은 식량이 많았던 반면에 항왕의 병력은 식량이 떨어졌다. 한왕이 육가(陸賈)를 보내 항왕을 설득하면서 태공을 돌려보내줄 것을 청했으나, 항왕은 듣지 않았다. 한왕이 다시 후공(侯公)을 보내 설득하기를, 항왕이 마침내 한과 약속해 천하를 둘로 나눠 홍구(鴻溝) 서쪽을 한나라 영토로[1], 홍구 동쪽을 초나라 영토로 하기로 했다. 항왕이 허락하고는 즉각 한왕의 부모와 처자를 돌려보내니, (한나라) 군대가 모두 만세를 불렀다. 한왕이 마침내 후공을 봉해 평국군(平國君)으로 삼았으나[2], (그는) 숨고서 더는 기꺼이 만나려 하지 않았다.

(한왕이) 말했다.

"그는 천하의 변사(辨士)로서 자기가 사는 나라를 기울게 할 것[傾國(경국)]이므로, 그래서 칭호를 평국군이라고 한다."

이미 약속이 이뤄지자 우는 마침내 군대를 이끌어 철수해[解(해)] 동쪽으로 갔다.

1) 【집해(集解)】 문영(文穎)이 말했다. "형양(滎陽) 아래 하동의 남쪽을 끌어들여 홍구로 삼아서 송·정·진(陳)·채·조(曹)·위(衛)를 초에서 제(濟)·여(汝)·회(淮)·사수(泗水)와 통하게 했으니, 곧 지금의 관도수(官渡水)다." 【정의(正義)】 응소(應劭)가 말했다. "형양에서 동쪽으로 12리에 있다." 장화(張華)가 말했다. "대량성(大梁城)은 준의현(浚儀縣) 북쪽에 있는데, 현의 서북쪽 거수(渠水)

동쪽으로 이 성의 남쪽을 지나고 또 북쪽으로 굽어지면서 나뉘어 남쪽으로 흘러 관도수(官渡水)가 된다." 살펴보건대 장화의 이 설이 옳다.

2) 【정의(正義)】『초한춘추(楚漢春秋)』에서 말했다. "상이 그를 봉하고 싶어서 마침내 기꺼이 만나보고서 '그는 천하의 변사(辨士)로서 자기가 사는 나라를 기울게 할 것[傾國(경국)]이므로, 그래서 칭호를 평국군이라고 한다'라고 말했다." 살펴보건대 이야기는 태공과 여후를 돌아갈 수 있게 함으로써 능히 방국(邦國)을 평안하게 할 수 있었다는 말이다.

한왕이 서쪽으로 돌아가려 하자 장량(張良)과 진평(陳平)이 설득해 말했다.

"한나라가 천하의 태반(太半)[1]을 차지했고 제후들도 모두 우리 쪽에 귀부(歸附)했습니다. 초나라 병사들은 지치고 식량도 떨어졌으니, 이는 하늘이 초나라를 망하게 하려는 때입니다. 이참에 기회를 틈타 드디어 그것을 차지하는 것이 좋을 것입니다. 지금 풀어주고 치지 않는다면, 이것은 이른바 '호랑이를 길러 스스로 우환을 남겨둔다[養虎自遺患(양호 자 예환)][2]'라는 것입니다."

한왕이 그것을 따랐다[聽之(청지)].

한나라 5년에 한왕은 마침내 항왕을 추격해 양가(陽夏)[3] 남쪽에 이르러서 멈춰 군진을 쳤고, 회음후 한신, 건성후(建成侯) 팽월과 만날 것을 기약하고서[期會(기회)] 초군을 쳤다. 고릉(固陵)[4]에 이르렀는데도 신과 월의 병사가 (약속한 기한에) 오지 않으니[不會(불회)], 초나라가 한군을 쳐서 크게 깨뜨렸다. 한왕은 다시 요새 안으로 들어와 참호를 깊게 파고 방어만 하면서, 장자방(張子房-장량)에게 일러 말했다.

"제후들이 약속을 지키지 않았으니, 이를 어떻게 하면 좋겠는가?"

대답했다.

"초군이 장차 깨지려 하는데 신과 월은 아직 땅을 나눠 받지 못했으니[5], 그들이 오지 않는 것은 참으로 마땅합니다[固宜(고의)]. 군왕께서 능히 함께 천하

를 나누신다면 지금이라도 그들을 오게 할 수 있습니다. 다만 그러실 수 없다면 일이 어찌 될지는 알 수가 없습니다. 군왕께서 능히 스스로 진(陳)의 동쪽에서 해안 지역까지를[傅海] 모두 한신에게 주시고[6] 수양(睢陽) 북쪽에서 곡성(穀城)까지를 팽월에게 주시어[7], 각자 자기 자신을 위해[爲] 싸우게 만든다면 초나라를 쉽게 이길 수 있을 것입니다."

한왕이 말했다.

"좋다."

이에 마침내 사자를 보내 한신과 팽월에게 말했다.

"힘을 합쳐서[幷力] 초를 치자. 초가 깨지면 진(陳)의 동쪽에서 해안 지역까지를 제왕에게 줄 것이고, 수양(睢陽) 북쪽에서 곡성(穀城)까지를 팽상국(彭相國)에게 줄 것이다."

사자가 도착하자, 한신과 팽월 둘 다 보고해 말했다[報曰].

"지금 진병(進兵)할 것을 청합니다."

한신이 마침내 제나라에서 출동했고, 유가(劉賈)의 군대도 수춘(壽春)에서 아울러 출진해[並行] 성보(城父)를 도륙하고[屠][8] 해하(垓下-해 아래)[9]에 이르렀다. 대사마 주은(周殷)이 초나라에 반기를 들고 서(舒-현)의 군사로써 육(六-현)을 도륙한[10] 뒤 구강(九江)[11]의 병사를 들어[擧] 유가와 팽월을 따랐으니, 모두 해(垓) 아래에 모여서 항왕을 향해 나아갔다[詣].

1) 【집해(集解)】 위소(韋昭)가 말했다. "무릇 어떤 수의 3분의 2를 태반이라 하고, 3분의 1을 소반(少半)이라고 한다."

2) 【정의(正義)】 遺의 발음은 (유가 아니라) 유(唯)와 계(季)의 반절음이다.

3) 【집해(集解)】 여순(如淳)이 말했다. "夏의 발음은 (하가 아니라) 가(賈)다." 【정의(正義)】 『괄지지(括地志)』에서 말했다. "진주(陳州) 태강현(太康縣)은 본래 한나라의 양가현이다. 『속한서(續漢書)』 「군국지(郡國志)」에 이르기를, 양가현은 진국(陳國)에 속한다고 했다." 살펴보건대, 태강현성(太康縣城)은 하후(夏后) 태강

이 쌓은 것으로, 수나라 때 양가를 고쳐 태강이라고 했다.

4) 【집해(集解)】 서광(徐廣)이 말했다. "양가(陽夏)에 있다." 배인(裴駰)이 살펴보건대, 진작(晉灼)이 말하기를 "즉 고시(固始)이다"라고 했다. 【정의(正義)】 『괄지지(括地志)』에서 말했다. "고릉은 현(縣) 이름이다. 진주(陳州) 원구현(宛丘縣) 서북쪽으로 42리에 있다."

5) 【집해(集解)】 이기(李奇)가 말했다. "신과 월 등은 아직 추가된 땅을 나눠 받지 못했다." 위소(韋昭)가 말했다. "신 등은 이름은 왕이었지만 아직 구획된 경계를 소유하지 못했다."

6) 【정의(正義)】 傅의 발음은 부(附)로, '드러내다[著(저)]'라는 뜻이다. 진(陳)이란 곧 진주(陳州)로, 옛날 진국(陳國)의 도읍이다. 진에서 바다가 드러나는 곳까지가 모두 제나라의 옛 땅이었으니 죄다 제왕 한신에게 주라는 말이다.

7) 【정의(正義)】 『괄지지(括地志)』에서 말했다. "곡성 고성은 제주(濟州) 동아현(東阿縣) 동쪽으로 26리에 있다." 수양은 송주(宋州)다. 황하에까지 이르는, 송주 이북에서 제주 곡성 사이를 죄다 상국 팽월에게 주라는 말이다.

8) 【집해(集解)】 여순(如淳)이 말했다. "병행(並行)이란 함께 가서 친다는 말이다." 【정의(正義)】 父의 발음은 보(甫)이다. 수주(壽州) 수춘현(壽春縣)으로, 성보는 박주(亳州)의 현이다. 도(屠)란 형살(刑殺)을 많이 한 것이다. 유가가 들어와 수주를 에워쌌고, 병사를 이끌고 회수 북쪽을 지나 박주, 성보에서 도륙을 한 뒤 동북쪽으로 가서 해하에 이르렀다는 말이다.

9) 【집해(集解)】 서광(徐廣)이 말했다. "패(沛)의 효현(洨縣)에 있다. 洨는 하(下)와 교(交)의 반절음이다." 배인(裴駰)이 살펴보건대, 응소(應劭)가 말하기를 "垓의 발음은 해(該)"라고 했고 이기(李奇)는 말하기를 "패의 효현은 취읍(聚邑)의 이름이다"라고 했다. 【색은(索隱)】 장읍(張揖)의 『삼창주(三蒼注-三蒼訓詁(삼창훈고))』에 이르기를, "해(垓)는 제방 이름이며 패군(沛郡)에 있다"라고 했다. 【정의(正義)】 살펴보건대, 해하는 낭떠러지 절벽 바위인데 지금도 높이가 34장(丈)이다. 그 취읍과 제방이 해(垓)의 주변에 있으니, 거기서 이름을 취했다. 지금의 박주

(亳州) 진원현(眞源縣) 동쪽으로 10리에 있는데, 노군(老君)의 사당과 서로 붙어 있다. 洨는 호(戶)와 교(交)의 반절음이다.

10) 【집해(集解)】 여순(如淳)이 말했다. "서(舒)의 무리를 갖고서 육현(六縣)을 도륙하고 깨뜨렸다는 말이다." 【정의(正義)】 『괄지지(括地志)』에서 말했다. "서(舒)는 지금의 여강(廬江)에 있는 옛 서성(舒城)이다. 옛 육성(六城)은 수주(壽州) 안풍(安豐) 남쪽으로 132리에 있으며, 언성(偃姓)이고 고요(咎繇)의 후손이다." 살펴보건대, 주은이 초나라에 반기를 들고서 겸해 구강군의 병사를 다 이끌고[擧(거)] 유가를 따라 함께해 아래에 이른 것이다.

11) 【정의(正義)】 구강군(九江郡) 수주(壽州)다. 초나라 고열왕(考烈王) 22년에 진(陳)에서 수춘(壽春)으로 천도하고 이름을 영(郢)이라고 했다. 왕부추(王負芻)에 이르러 진나라 장수 왕전(王翦)과 몽염(蒙恬)에게 멸망당했고, (진나라는) 이곳에 구강군을 두었다. 응소(應劭)가 말했다. "여강(廬江) 심양(尋陽)에서 나뉘어 구강(九江)이 된다."

항왕의 군대는 해(垓) 아래에서 방벽을 구축했으나 군사는 적고 식량은 다 떨어졌으며, 한군과 제후의 군사들이 그곳을 여러 겹으로[數重(수중)] 둘러쌌다. 밤에 한군이 사방에서 모두 초나라의 노래를 부르는 것[四面皆楚歌(사면 개 초가)][1]을 듣고서 항왕이 마침내 크게 놀라 말했다.

"한군이 이미 초나라 땅을 모두 차지했다는 것인가? 어찌 이리도 초나라 사람들이 많다는 말인가!"

항왕은 한밤중에 일어나 장막 안에서 술을 마셨다. 우(虞)라는 이름의 미인(美人-후궁의 호칭)이 있어[2] 늘 총애를 받으며 따라다녔고 또 추(騅)라는 이름의 준마가 있어[3] 늘 그것을 타고 다녔는데, 항왕이 마침내 강개한 심정으로 스스로 시를 지어 읊었다.

"힘은 산을 뽑고 기개는 온 세상을 덮을 만한데[力拔山兮 氣蓋世(역발산 혜 기개세)]

때가 불리하니 추(騅)가 나아가지 않는구나![時不利兮 騅不逝(시 불리 혜 추 불서)]

추가 나아가지 않으니 어찌해야 할까?[騅不逝兮 可奈何]

우(虞)야! 우야! 너[若=汝]는 어찌할꼬?[虞兮虞兮 奈若何]"

노래를 여러 차례 부르니 미인이 창화(唱和)했다[和之][4]. 항왕이 몇 줄기 [數行][5] 눈물을 흘리자, 좌우에 있던 자들도 모두 눈물을 흘렸고, 아무도 우러러 쳐다볼 수가 없었다.

1) 【집해(集解)】 응소(應劭)가 말했다. "초나라의 노래란 「계명가(雞鳴歌)」이니, 한이 이미 그 땅을 차지했다는 것이다. 그러므로 초가(楚歌)란 대개 닭이 울 때[雞鳴時]의 노래다." 【정의(正義)】 안사고(顔師古)가 말했다. "초나라 사람들의 노래란 오히려 「오구(吳謳-오나라 노래)」나 「월음(越吟-월나라 노래)」을 말한다고 봐야 한다. 만약에 계명(雞鳴)이 노래 이름이라면 이치상으로 가능하겠지만 '닭이 울 때'라고 말할 수는 없다. 고조(高祖)의 척(戚)부인이 초나라 춤을 출 때 고조 스스로 초가(楚歌)를 불렀는데, 그것이 어찌 참으로 닭이 울 때이겠는가?" 살펴보건대, 안(顔)의 설이 옳다.

2) 【집해(集解)】 서광(徐廣)이 말했다. "일설에는 성이 우씨라고 했다." 【정의(正義)】 『괄지지(括地志)』에서 말했다. "우희(虞姬)의 묘는 호주(濠州) 정원현(定遠縣) 동쪽으로 60리에 있다. 『장로전(長老傳)』에 이르기를, 항우의 미인 무덤이라고 했다."

3) 【정의(正義)】 발음은 추(隹)다. 고야왕(顧野王, 519~581년)[남조 양(梁)나라, 진(陳)나라 때 학자다. 양나라의 태학박사, 진나라의 국자박사를 지냈고, 황문시랑에 이르렀다. 천문 · 복서 · 기자에 능통했다. 1만 6,017자를 540부(部)로 구분한 자전 『옥편(玉篇)』 30권이 유명하다.]이 말하기를 청백색이라고 했다. 『석축(釋畜)』에서 말했다. "푸른색과 흰색 털이 섞인 말을 추(騅)라고 한다."

4) 【정의(正義)】 『초한춘추(楚漢春秋)』에서 말했다. "노래 부르기를, '한나라 병사들이 이미 땅을 차지했으니, 사방에는 초나라 노랫소리! 대왕의 뜻과 기개 다했으니, 천첩은 어디에 의지해서 살아가나요'라고 했다."

5) 【정의(正義)】 數는 색(色)과 유(庾-창고)의 반절음이다. 行은 호(戶)와 낭(郎)의 반절음이다.

이에 항왕이 마침내 말에 올라타니[騎][1] 휘하 장수[麾下][2] 중에서 말을 타고 따르는 자가 800여 명이었는데, 밤에 곧장 포위를 뚫고 남쪽으로 나가서 내달렸다. 날이 밝자[平明] 한군이 마침내 그것을 알아차리고는 기병대장[騎將] 관영(灌嬰)으로 하여금 5,000 기병을 이끌고 그를 뒤쫓게 했다. 항왕이 회수(淮水)를 건넜을 때 말을 타고 따라온[屬][3] 사람은 100명뿐이었다. 항왕이 음릉(陰陵)[4]에 이르러 길을 잃었는데, 이때 한 농부에게 물어보자, 농부가 속여서[紿=欺][5] 말하기를 "왼쪽으로 가시오[左]"라고 했다. 왼쪽으로 갔다가 마침내 큰 늪[大澤]에 빠지게 되었고, 그래서 한군이 그들을 바짝 따라잡을 수 있었다. 항왕이 마침내 다시 군사를 이끌고 동쪽으로 가서 동성(東城)[6]에 이르렀는데, 겨우 28기뿐이었다. 추격하는 한나라 쪽은 수천이라, 항왕이 스스로 생각하기에[自度] 벗어날[脫=免] 수가 없다고 여겨서 한 기병에게 말했다.

"내가 군사를 일으킨 지 지금까지 8년이 되었다. 몸소 70여 차례 전투를 벌여서 마주친 적들을 깨뜨리고 공격한 적들은 굴복시켜 일찍이 패배한 적이 없었으니, 드디어 천하를 제패해[霸] 차지했다. 그러나 지금은 결국[卒] 이런 지경에 빠졌으니, 이는 하늘이 나를 망하게 한 것이지 싸움을 잘못한 죄가 아니다. 오늘 진정 결사적으로 제군(諸君)을 위해 통쾌하게 싸워서 반드시 세 번 승리해, 제군들을 위해 포위망을 무너뜨리고 적장을 참살하며 적의 깃발을 꺾음으로써 마침내 내가 죽은 후에라도 제군들에게 내가 싸움을 잘못한 죄가 아니라 하늘이 나를 망하게 한 것임을 알게 하고 싶노라."

마침내 자신의 기병을 나눠 4개 부대로 만들어서 사방으로 나아가게 했다. 한군은 그들을 여러 겹으로 포위하자, 항왕이 자신의 기병들에게 말했다.

"내가 그대들을 위해 저 장수를 베겠다."

기병들로 하여금 사방으로 말을 달려 내려가게 하면서 산의 동쪽 세 군데를 (나눠 만나기로) 기약했다[7]. 잠시 후 항왕이 크게 소리치며[大呼(대호)][8] 아래로 내달리니 한군은 모두 쓰러졌고[披靡(피미)][9], 드디어 한군의 장군 1명을 죽였다. 이때 적천후(赤泉侯)가 (한군의) 낭기(郎騎-기장)로 있었는데 그가 항왕을 뒤쫓자, 항왕이 몸을 돌려 그를 크게 질타했고, 적천후의 군사와 말들은 모두 크게 놀라 몇 리 밖으로 달아났다[辟易(벽역)][10]. (항왕이 산의 동쪽) 세 군데에서 자신의 기병들을 만났는데, 한군은 항왕이 어디에 있는지를 알지 못해 군사를 셋으로 나눠서 다시 그 일대를 포위했다.

1) 【정의(正義)】 무릇 혼자 올라타는 것을 기(騎)라고 한다. 뒤에서도 똑같다.

2) 【정의(正義)】 휘(麾)는 휘(戲)로도 쓴다.

3) 【정의(正義)】 屬의 발음은 촉(燭)이다.

4) 【집해(集解)】 서광(徐廣)이 말했다. "회수 남쪽에 있다." 【정의(正義)】 『괄지지(括地志)』에서 말했다. "음릉현(陰陵縣) 고성은 호주(濠州) 정원현(定遠縣) 서북쪽으로 60리에 있다. 「지리지(地理志)」에 이르기를, 음릉현은 구강군에 속한다고 했다."

5) 【집해(集解)】 문영(文穎)이 말했다. "태(紿)란 '속이다[欺(기)]'라는 뜻이다." 속여서 왼쪽으로 가게 만든 것이다.

6) 【집해(集解)】 『한서음의(漢書音義)』에서 말했다. "현 이름이고, 임회(臨淮)에 속한다." 【정의(正義)】 『괄지지(括地志)』에서 말했다. "동성현 고성은 호주(濠州) 정원현(定遠縣) 동남쪽으로 50리에 있다. 「지리지(地理志)」에 이르기를, 동성현은 구강군(九江郡)에 속한다고 했다."

7) 【정의(正義)】 산의 동쪽을 세 군데로 나눠 거기서 만나기로 기약한 것이니, 한군은 아직 항우가 있는 곳을 알지 못했다. 『괄지지(括地志)』에서 말했다. "구두산(九頭山)은 저주(滁州) 전초현(全椒縣) 서북쪽으로 96리에 있다. 『강표전(江

表傳)』에 이르기를, 항우가 패망하고서 오강(烏江)에 이르렀는데 한병이 이곳까지 우를 추격해 오자 하루에 아홉 번을 싸웠기에, 그래서 이름을 이렇게 지었다고 했다."

8) 【정의(正義)】 (呼는) 화(火)와 고(故)의 반절음이다.

9) 【정의(正義)】 미(靡)란 바람이나 위력에 휩쓸려 아래로 넘어지는 것이다.

10) 【정의(正義)】 사람과 말이 함께 놀라서 원래 있던 곳과 다른 곳으로 달아났는데, 원래 있던 곳과의 거리가 마침내 몇 리나 되었다는 말이다.

항왕이 드디어 말을 내달려 다시 한군의 도위(都尉) 1명을 목 베고 100명 가까이[數十百]를 죽인 뒤에, 다시 그의 기병들을 모아보니 기병 2명만이 죽었을 뿐이었다. 마침내 기병들에게 말했다.

"어떤가?"

기병들을 모두 엎드려서 말했다.

"대왕의 말씀대로 되었습니다."

이에 항왕은 마침내 군사를 이끌고 동쪽으로 가서 오강(烏江)[1]을 건너려고 했다. 오강의 정장(亭長)이 배를 대고[檥][2] 기다리다가 항왕에게 말했다.

"강동(江東)이 비록 작지만, 땅은 사방 1,000리요 백성이 수십만이니, 충분히 그곳에서 왕 노릇을 하실 수 있을 것입니다. 바라건대 대왕께서는 속히 건너십시오. 지금 오직 신에게만 배가 있어, 한군이 이곳에 도착해도 강을 건널 수 없을 것입니다."

항왕이 웃으며 말했다.

"하늘이 나를 망하게 하려는데 강을 건넌들 무엇하랴! 또 적(籍)이 강동의 자제 8,000명과 함께 강을 건너 서쪽으로 갔었는데 지금 한 사람도 돌아오지 못했으니, 설사[縱] 강동의 부형들이 나를 불쌍히 여겨 왕으로 삼아준다고 한들 내가 무슨 면목으로 그들을 보겠는가? 설사 그들이 아무 말도

하지 않는다 해도 나 홀로 마음에 부끄럽지 않겠는가?"

마침내 정장에게 일러 말했다.

"나는 그대가 덕망 있는 사람[長者]임을 알겠노라. 내가 이 말을 5년 동안 탔는데[騎], 이 말에 대항할 적은 없으며 일찍이 하루에 1,000리를 달렸다. 내 차마 이 말을 죽일 수가 없으니, 그대에게 내려주겠노라."

마침내 기병들에게 영을 내려 모두 말에서 내리게 하고는 걸어서 손에 짧은 무기만 들고 싸움을 벌였는데, 적(籍) 혼자서 죽인 한군이 수백 명이었으나 항왕 자신도 10여 군데 부상을 당했다. 한군의 기사마(騎司馬) 여마동(呂馬童)을 돌아보며 말했다.

"너는 예전에 나의 부하가 아니었더냐?"

여마동은 그를 비스듬히 바라보다가[面之][3], 왕예(王翳)에게 그를 손가락으로 가리키면서[指][4] "이 자가 항왕입니다"라고 했다. 항왕이 마침내 말했다.

"내 듣건대 한왕이 내 머리를 천금[5]과 읍 1만 호로 사려고[購][6] 한다 하니, 내가 그대들을 위해[爲] 덕(德)[7]을 베풀리라!"

마침내 스스로 목을 찌르고[自剄=自刎] 죽었다.

1) 【집해(集解)】 신찬(臣瓚)이 말했다. "우저(牛渚)에 있다." 【색은(索隱)】 진초(晉初)에는 임회(臨淮)에 속했다. 【정의(正義)】 『괄지지(括地志)』에서 말했다. "오강정(烏江亭)은 곧 화주(和州) 오강현이다. 진초(晉初)에는 현(縣)이었다. 『수경주(水經注)』에 이르기를 강수(江水)와 그 북쪽이며 왼쪽에는 황율구(黃律口)가 있다고 했다. 『한서(漢書)』에서 말하기를 오강 정장(亭長)이 배를 대놓고 항우를 기다렸다는 곳이 바로 여기다."

2) 【집해(集解)】 서광(徐廣)이 말했다. "檥의 발음은 의(儀)다. 한편으로는 아(俄)로도 발음한다." 배인(裴駰)이 살펴보건대, 응소(應劭)는 말하기를 "의(檥)는 '바로잡다[正]'는 뜻이다"라고 했고, 맹강(孟康)은 말하기를 "檥의 발음은 의(蟻

-개미)인데 '갖다 대다[附]'라는 뜻이니, 강안에 배를 갖다 붙인다는 뜻이다" 라고 했으며, 여순(如淳)은 말하기를 "남방 사람들은 배를 바로잡아[整] 강안을 향해 갖다 대는 것을 의(檥)라고 한다"라고 했다. 【색은(索隱)】 의(檥)자에 대해 복건·응소·맹강·진작(晉灼)이 각각 나름대로 뜻을 풀었을 뿐이다. 추탄생(鄒誕生)은 양선(漾船-배를 띄우다)이라고 했으니 오히려 반대인데, 유씨(劉氏) 또한 이런 뜻으로 보았다.

3) 【집해(集解)】 장안(張晏)이 말했다. "옛날에 알았던 사람이기에 바라보기가 어려워서 눈길을 돌린 것이다." 여순(如淳)이 말했다. "면(面)이란 앞을 바로 보지 못한다는 뜻이다."

4) 【집해(集解)】 여순(如淳)이 말했다. "손가락으로는 항우를 가리키며 눈은 왕예를 바라보았다는 말이다[指示]."

5) 【정의(正義)】 한나라에서는 금 1근(斤)을 일금(一金)이라고 했으니, 이는 1만 전(錢)에 해당한다.

6) 구(購)는 현상금을 걸다는 뜻이다.

7) 【집해(集解)】 서광(徐廣)이 말했다. "이 또한 공덕(功德)이라고 할 때의 덕(德)이다." 【정의(正義)】 여마동은 항우와 예전에 알던 사이로서 옛날에 우에게 은덕을 베푼 일이 있었다는 말이다. 일설에는 덕행(德行)이라고 한다.

왕예가 우의 머리를 차지했고, 나머지 기병들은 서로 짓밟으며 항왕의 몸을 차지하려고 쟁탈하다가 서로 죽인 자가 수십 명이었다. 맨 마지막에는 낭중기(郎中騎) 양희(楊喜)와 여마동, 낭중 여승(呂勝)과 양무(楊武)가 각각 그 몸의 한 쪽씩을 차지했다. 다섯 사람이 그 몸을 함께 나눠 가졌다는 말은 다 이를 뜻한다. 그래서 그 땅[1]을 다섯으로 나눈 뒤 여마동을 봉해 중수후(中水侯)[2]로, 왕예를 봉해 두연후(杜衍侯)[3]로, 양희를 봉해 적천후(赤泉侯)[4]로, 양무를 봉해 오방후(吳防侯)[5]로, 여승을 봉해 열양후(涅陽侯)[6]로 삼았다.

1) 상으로 내건 1만 호를 가리킨다.

2) 【색은(索隱)】 살펴보건대, 『진서(晉書)』「지도기(地道記)」에 따르면 중수현은 하간(河間)에 속한다고 했다. 【정의(正義)】「지리지(地理志)」에 이르기를, 중수현은 탁군(涿郡)에 속한다고 했다. 응소(應劭)가 말했다. "역(易)과 구(滱) 두 강 사이에 있으므로 이름을 중수(中水)라고 했다."

3) 【색은(索隱)】「지리지(地理志)」에 이르기를, 이 현은 남양(南陽)에 있다고 했다. 살펴보건대, 「표(表)」에서는 왕저(王翥)라고 했다. 【정의(正義)】『괄지지(括地志)』에서 말했다. "두연후의 고현(故縣)은 등주(鄧州) 남양현(南陽縣) 서쪽으로 8리에 있다."

4) 【색은(索隱)】 남양에 단수현(丹水縣)이 있는데, 아마도 적천은 뒤에 고친 이름인 듯하다. 『한서(漢書)』「표(表)」와 『후한서(後漢書)』에서는 이름을 희(憙)라고 했는데, 발음은 화(火)와 지(志)의 반절음이다.

5) 【색은(索隱)】「지리지(地理志)」에 이르기를 현 이름이라고 했으니, 여남(汝南)에 속하며 옛 방자국(房子國)이다. 【정의(正義)】 오방은 예주(豫州)의 현이다. 『괄지지(括地志)』에서 말했다. "오방현은 본래 한나라의 옛 현이다. 맹강(孟康)이 말하기를, 오왕 합려(闔廬)의 동생 부개(夫槪)가 초나라로 달아나자, 초나라에서 이곳에 봉해주었으니, 당계씨(堂谿氏)가 되었으며, 본래는 방자국이었기에 오에 봉해 오방(吳防)이라고 했다."

6) 【집해(集解)】 서광(徐廣)이 말했다. "다섯 사람이 졸(卒)한 후에 모두 시호를 장후(壯侯)라고 했다." 【색은(索隱)】「지리지(地理志)」에 이르기를 남양의 현 이름이라고 했다. 【정의(正義)】 涅은 연(年)과 결(結)의 반절음이다. 『괄지지(括地志)』에서 말했다. "열양 고성(涅陽故城)은 등주(鄧州) 양현(穰縣) 동북쪽으로 60리에 있으며, 본래 한나라의 옛 현이다. 응소(應劭)가 말하기를, 열수(涅水)의 북쪽[陽(양)]에 있다고 했다."

항왕이 이미 죽자[1] 초나라 땅은 모두 한나라에 항복했는데, 오직 노(魯)

❖

나라만 떨어지지 않았다[不下(불하)]. 한나라는 마침내 천하의 병사들을 이끌고 그곳을 도륙하려 했으나 그곳 사람들은 예의(禮義)를 지키며 군주를 위해 목숨을 걸고 절의를 고수하려는 것이었으므로, 마침내 항왕의 머리를 들고 가서 노나라 사람들에게 보이자 노나라 부형들이 드디어 항복했다. 애초에 초나라 회왕이 처음으로 항적을 봉해 노공(魯公)으로 삼았고 또 그가 죽은 뒤 노나라가 맨 마지막으로 떨어졌으므로 노공의 예를 갖춰 항왕을 곡성(穀城)에 묻었다[2]. 한왕이 그를 위해 발상하고[發哀(발애)] 눈물을 흘리면서 떠나갔다.

1) 【집해(集解)】 서광(徐廣)이 말했다. "한나라 5년 12월이다. 항왕은 시황 15년 기사년에 태어났고, 죽을 때의 나이는 31세였다."

2) 【집해(集解)】 『황람(皇覽)』에서 말했다. "항우의 무덤은 동군(東郡) 곡성(穀城)에 있는데, 동군에서 현까지의 거리는 15리다." 【정의(正義)】 『괄지지(括地志)』에서 말했다. "항우의 무덤은 제주(濟州) 동아현(東阿縣) 동쪽으로 27리에 있으며, 곡성에서 서쪽으로 3리다. 『술정기(述征記)』에 따르면, 항우 무덤은 곡성 서북쪽으로 3리 반쯤에 있는데, 훼손되고 허물어졌으며 갈석(碣石)에 '항왕의 묘(墓)'라고 되어 있다고 한다."

여러 항씨(項氏) 일족에 대해 한왕은 모두 주살하지 않았고, 마침내 항백(項伯)을 봉·사양후(射陽侯)[1]로 삼았다. 도후(桃侯)[2]·평고후(平皐侯)[3]·현무후(玄武侯)[4]는 모두 항씨였는데, 유씨(劉氏) 성을 내려주었다.

1) 【집해(集解)】 서광(徐廣)이 말했다. "항백은 이름이 전(纏)이고 자가 백(伯)이다." 【정의(正義)】 射의 발음은 식(食)과 야(夜)의 반절음이다. 『괄지지(括地志)』에서 말했다. "초주(楚州) 산양(山陽)은 본래 한나라 사양현(射陽縣)이다. 『오지지(吳地志)』에 이르기를, 사수(射水) 북쪽이기에 사양(射陽)이라고 했다고

한다."

2) 【집해(集解)】 서광(徐廣)이 말했다. "이름은 양(襄)이니, 그의 아들 사(舍)가 승상이 되었다." 【정의(正義)】 『괄지지(括地志)』에서 말했다. "고성(故城)은 활주(滑州) 조성현(胙城縣) 동쪽으로 40리에 있다. 『한서(漢書)』에 이르기를, 고조 12년에 유양(劉襄)을 봉해 도후(桃侯)로 삼았다고 했다."

3) 【집해(集解)】 서광(徐廣)이 말했다. "이름은 타(佗)다." 【정의(正義)】 『괄지지(括地志)』에서 말했다. "평고 고성(平皐故城)은 회주(懷州) 무덕현(武德縣) 동쪽으로 20리에 있으며, 한나라의 평고현(平皐縣)이다."

4) 【집해(集解)】 서광(徐廣)이 말했다. "「제후표(諸侯表)」 중에는 보이지 않는다."

태사공(太史公)이 말한다.

"내가 주생(周生)[1]에게 듣기를 '순(舜)(임금)의 눈은 아마[蓋(개)] 두 겹 눈동자[重瞳子(중동자)]였을 것이다[2]'라고 했는데 또 듣건대 항우도 두 겹 눈동자라고 한다. (그러나) 우(羽)가 어찌 그의 먼 후예[苗裔(묘예)]이겠는가?

어찌 그가 흥기한 것이 갑작스럽다고 하는가[暴(폭)=遽(거)]? 무릇 진(秦)나라가 그 정사를 잘못하자[失政(실정)] 진섭(陳涉)이 처음에 난을 일으켰고, (뒤이어) 호걸들이 봉기해 서로 다투었으니 그 수를 이루 다 헤아릴 수 없었다. 그러나 우는 조금의 세력도 갖고 있지 않으면서도 (진나라 말기의) 대세를 올라탔고, 민간에서 일어난 지 3년 만에 마침내 다섯 제후를 거느리고 진나라를 멸망시켰다[3]. (그러고 나서) 천하를 나누고 찢어서 왕과 후를 봉하자, 정사가 항우에게서 나왔고, 스스로를 패왕(霸王)이라고 불렀다. 그 왕위가 비록 끝까지 가지는 않았지만, 이는 가까운 옛날[近古(근고)]에는 일찍이 없었던 일이다.

우는 관중(關中-함곡관)을 버리고[背關(배관)] 초나라를 그리워하면서[懷楚(회초)][4] 의제(義帝)를 내쫓고 스스로 왕이 되었으나, 왕과 후들이 자신을 배반한 것을 원망하기에 이르자 사정이 어렵게 되었다. (항우는) 스스로 공을 자랑하고 자기 개인의 지혜[私智(사지)]만을 앞세워 옛것을 스승으로 삼지 않았으며, 패

왕의 공업이라고 부르면서 힘으로 천하를 정복하고 경영하려 했다. (그러다가) 5년 만에 결국[卒][5] 나라를 망치고 몸이 동성(東城)에서 죽게 되었지만, 아직도 깨닫지 못한 채 스스로를 꾸짖지[自責] 않았으니[6], 이는 잘못이다. 끝내 억지 부리기를 '하늘이 나를 망하게 한 것이지 싸움을 잘못한 죄는 아니다'라고 했으니, 어찌 잘못된 일이 아니겠는가[不謬]?"[7]

1) 【집해(集解)】 문영(文穎)이 말했다. "주나라 때의 뛰어난 이[賢者]다." 【정의(正義)】 공문상(孔文祥)이 말했다. "주생은 한나라 때 유학자로 성이 주(周)다." 살펴보건대, 태사공이 '내가 주생에게 듣기를'이라고 했으니 이는 한나라 사람이다. 태사공과 가까웠던 인물임이 분명하다.

2) 【집해(集解)】 시자(尸子)가 말했다. "순임금이 눈동자 2개[兩眸]를 갖고 있어 두 겹 눈동자[重瞳]라고 한 것이다."

3) 【집해(集解)】 이때 산동에는 여섯 나라가 있었는데, 그중 제·조·한·위·연의 다섯 나라가 항우를 따라 함께 일어나서 진나라를 정벌했기 때문에 다섯 제후라고 말한 것이다.

4) 【정의(正義)】 배관(背關)이란 약속을 어기고 고조를 관중에서 왕 노릇하지 못하게 한 것이고, 회초(懷楚)란 동쪽으로 돌아가서 팽성에 도읍하고 싶어 한 것을 가리킨다.

5) 【정의(正義)】 5년이란, 고제 원년부터 한나라 5년 동성(東城)에서 항우를 죽였을 때까지를 말한다.

6) 항우는 죽기 직전에도 두 차례나 하늘 탓이라고 했다.

7) 【색은술찬(索隱述贊)】 망해버린 진나라에서는 사슴이 내달리고[亡秦鹿走]/가짜 초나라[진승이 세운 장초(張楚)를 말한다.]에서는 여우가 울어대는구나[僞楚狐鳴]/구름은 패(沛)에서 가득했고[雲鬱沛父]/오성에서 칼을 뽑아 들었도다[劒挺吳城][패부(沛父)는 패곡(沛谷)의 잘못인 듯하다. 앞부분은 유방이 패에서 일어나는 모습을, 뒷부분은 항우가 오중군(吳中郡)에서 군사를 일으키는 모습을 형상화한 것이다. 울(鬱)은 욱

(郁)으로도 쓰는데, 둘 다 성대한 모습이다.]/공훈은 노전(魯甸)을 열었고[勳開碭兵] / 세력은 탕병(碭兵-유방 군대)까지 합쳤구나[勢合碭兵]/경자는 아무런 죄가 없었고[卿子無罪]/아보는 정성을 다했다네[亞父推誠]/처음에는 조헐을 구원했다가[始救趙歇]/끝내는 자영을 주살했도다[終誅子嬰]/한에게 관중에서 왕노릇 하게 해준다는 약속 어겼고[違約王漢]/관중을 버리고 초나라 그리워 했네[背關懷楚]/의제를 늘 상류에 옮겨놓고서[常遷上游]/신하가 옛 임금 핍박했도다[臣迫故主]/(초한이 맞붙어) 영벽이 크게 진동했고[靈壁大振]/성고에서 오래 대치해 싸웠다네[成皐久拒]/전투에서 공로가 없을 수 없건만[戰非無功]/하늘은 실로 (그에게 천명을) 내려주지 않았도다[天實不與]/아! 그는 한 시대를 덮는 듯했으나[嗟彼蓋代]/끝내는 흉측한 애송이가 되고 말았구나[卒爲凶豎]!

권8 — 고조본기(高祖本紀) 제8

권8 고조본기(高祖本紀) 제8

고조(高祖)[1]는 패(沛) 풍읍(豐邑) 중양리(中陽里) 사람인데, 성(姓)은 유씨(劉氏)[2]이고 자(字)는 계(季)다[3]. 아버지는 태공(太公)이라고 하고[4] 어머니는 유온(劉媼)이라고 했다[5]. 그전에 유온이 일찍이 큰 연못의 방죽[陂=蓄水]에서 쉬고 있다가[6] 신령[神]을 만나는[遇=會][7] 꿈을 꾸었다. 그 순간 천둥번개가 치고 날이 어두컴컴해졌는데[晦冥=昧冥][8], 아버지 태공(太公)이 길을 가다가 보니 교룡(蛟龍)이 부인의 몸 위에 올라가 있는 광경이 눈에 들어왔다. (어머니 온은) 얼마 후에[已而] 임신을 했고[有身=有娠], 드디어 고조를 낳았다.

1) 【집해(集解)】 『한서음의(漢書音義)』에서 말했다. "휘(諱-이름)는 방(邦)이다." 장안(張晏)이 말했다. "시호법[謚法]에 고(高)는 없는데, (한나라 건국에) 공(功)이 가장 높고 한나라 황제들의 태조(太祖)이므로 특별히 그 명칭을 쓴 것이다."

2) 【집해(集解)】 이비(李斐)가 말했다. "패(沛)는 소패(小沛)다. 유씨(劉氏)는 위(魏)나라가 대량(大梁)으로 천도할 때 이를 따라 풍(豐)으로 옮겨 와 중양리에서 살았다." 맹강(孟康)이 말했다. "뒤에 패(沛)는 군(郡)이 되고 풍(豐)은 현(縣)이 되었다." 【색은(索隱)】 살펴보건대 고조는 유루(劉累)[하나라 사람으로 요임금의 후예다.]의 후손이니, 별도로 범(范)에 식읍이 있는 사람들은 사회(士會)의 후예로서 진(秦)나라에 머물면서 돌아가지 않았고 (범씨를) 고쳐서 유씨(劉氏)가 되었다. 유씨가 위나라를 따라 대량으로 옮겨 왔다가 뒤에 풍(豐)에 거주했으니, 지금 "성은 유씨"라고 한 것은 바로 이를 말한다. 『좌전(左傳-춘추좌씨

전)』(은공(隱公) 8년)에 이르기를 "천자는 다움이 있는 자를 (제후로) 세우고서 그가 태어난 곳을 그의 성(姓)으로 내려주며 땅을 봉해[胙=封] 씨(氏)로 명해준다. 제후는 자(字)로써 시호로 삼고, 그 후손들은 이 시호를 족(族)으로 삼는다"라고 했다. 해설자는 천자가 성을 내려주어 씨를 명하고 제후는 족을 명하니 족(族)이란 씨의 별명이라고 보았다. 그렇다면 태어난 곳을 갖고서 성을 내려줄 경우, 예를 들어 순(舜)은 요허(姚墟)에서 태어났으니, 요성(姚姓)이 되고 우(虞)에 봉해주었으니, 유우씨(有虞氏)가 되는 것이 그런 경우이다. 그래서 만약에 그 후에 자손들이 다시 사성(賜姓)을 받지 못할 경우에는 결국 우(虞)가 성이 되어, 말을 할 때는 "성은 우씨(虞氏)다"라고 해야 한다. 지금 여기서 "성은 유씨"라고 한 것도 역시 그런 뜻이다. 그러므로 성(姓)이란 100대를 이어지더라도 (사성을 받은 경우가 아니면) 바꿀 수 없는 것이다. (반면에) 씨(氏)란 자손의 계통을 구별해준다. 또 『계본(系本)』의 편들을 보면 성을 말하는 것은 위에 있고 씨를 말하는 것은 아래에 있으니, 그래서 「오제본기(五帝本紀)」에 이르기를 "우성(禹姓)에 사씨(姒氏), 설성(契姓)에 자씨(子氏), 기성(棄姓)에 희씨(姬氏)"라고 말한 것이다. 살펴보건대 한나라는 사수(泗水)를 고쳐 패군(沛郡)으로 삼고 상성(相城)을 다스리게 했으니, 그래서 앞의 주(注)에서 패를 (그와 구분하기 위해) 소패(小沛)라고 한 것이다.

3) 【색은(索隱)】 살펴보건대, 『한서(漢書)』에서는 "이름은 방(邦)이고 자는 계(季)다"라고 했는데 여기서는 그냥 자(字)만 말하고 있으니 이 또한 의심스럽다. 살펴보건대 한나라 고조의 맏형[長兄] 이름이 백(伯)이고 그다음은 중(仲)이니, 그 밖의 다른 이름이 없는 것을 볼 때 계(季) 또한 이런 이름이었을 것이다. 그래서 항대(項岱)는 이렇게 말했다. "고조의 어릴 때 자(字)가 계(季)였는데 천자 자리에 나아가자[卽位] 이름을 바꿔 방(邦)이라고 했다. 뒤에 방(邦)은 피휘(避諱-이름을 피하는 것)했지만, 계(季)는 피휘하지 않았으니, 그랬기 때문에 계포(季布)가 오히려 그것을 성(姓)으로 삼을 수 있었던 것이다."

4) 【색은(索隱)】 황보밀(皇甫謐)이 말했다. "이름은 집가(執嘉)이다." 왕부(王符)가 말

하기를 "태상황(太上皇)의 이름은 단(煓-불꽃이 성대함)이다"라고 했으니, 단(湍-급물살)과 발음이 같다. 【정의(正義)】『춘추악성도(春秋握成圖)』[일반적으로는 악성도(握誠圖)라고 한다.]에서 말했다. "유온(劉媼)이 꿈에 용처럼 생긴 붉은 새를 보았는데, 자신을 희롱하더니 집가(執嘉)를 낳았다."

5) 【집해(集解)】 문영(文穎)이 말했다. "유주(幽州)와 한중(漢中)에서는 할머니[老嫗(노구)]를 다 온(媼)이라고 했다." 맹강(孟康)이 말했다. "나이 든 분에 대한 존칭이다. (『전국책(戰國策)』에서) 좌사(左師)가 태후(太后)에게 말하기를 '온(媼-태후)께서는 장안군(長安君)보다 연후(燕后)를 더 아끼시는 것 같습니다"라고 했다. (『한서(漢書)』) 「예악지(禮樂志)」에서는 "지신(地神)을 일러 온(媼)이라고 한다"라고 했다. 온(媼)은 어머니의 별칭이다. 발음은 오(烏)와 노(老)의 반절음이다.[발음은 오라는 뜻이다. 그러나 관례를 따라 온이라고 했다.]" 【색은(索隱)】 위소(韋昭)가 말했다. "온(媼)이란 부인 중에서 장로를 지칭하는 것이다." 황보밀(皇甫謐)이 말했다. "온(媼)은 대개 성이 왕씨(王氏)다." 또 『춘추악성도(春秋握成圖)』에 따르면 집가(執嘉)의 처는 함시(含始)인데 낙지(洛池)에서 놀고 나서 유계(劉季)를 낳았다고 했고 『시(詩-詩緯(시위))』「함신무(含神霧)」에서도 역시 그렇게 말했는데, 성(姓)과 자(字) 모두 정사(正史)에는 나오지 않기 때문에 대개 취하지 않는다. 그런데 근래에 어떤 사람이 "어머니 온씨(溫氏)"라고 했으니, 정시타(貞時打)가 반고(班固)의 사수정장(泗水亭長) 고석비문(古石碑文)을 얻었는데 그 글자 중에 분명 온(溫)자가 있었고 "어머니 온씨(溫氏)"라고 되어 있었다고 했다. 정(貞)과 가응복(賈膺復), 서언백(徐彥伯), 위봉고(魏奉古) 등은 이런 의견을 고집하면서 옛사람들이 이를 듣지 못했던 것을 깊이 탄식하며 이견을 드러내고 있지만, 어디에서 실상을 얻을 수 있을 것인가? 맹강이 주(注)에서 "지신(地神)을 일러 온(媼)이라고 한다"라고 한 것은, 「예악지(禮樂志)」에서 "후토(后土)는 풍요로운 어머니[富媼(부온)]다"라고 한 것이나 장안(張晏)이 "곤(坤)은 어머니이니, 그래서 온(媼)이라고 칭한 것이다"라고 한 것과 통한다. 【정의(正義)】『제왕세기(帝王世紀)』에서 말했다. "한나라 소령후(昭靈后) 함

시(含始)가 낙지(洛池)에서 놀고 있었는데, 보배로운 닭이 붉은 옥구슬을 입에 머금고 빛을 발하니 후가 그것을 삼키고 고조를 낳았다." 『시(詩-詩緯)』「함신무(含神霧)」에서도 역시 그렇게 말했다. 함시란 곧 소령후다. 『진류풍속전(陳留風俗傳)』에서 말했다. "패공(沛公)이 군사를 일으켜 들판에서 싸울 때 황향(黃鄉)에서 황비(皇妣-돌아가신 어머니)의 상을 당했는데, 천하가 평정되고 나자, 사자를 시켜 재궁(梓宮)을 갖고 가서 유혼(幽魂)을 모셔 왔다. 이때 붉은 뱀이 물에서 스스로 씻더니 재궁 안으로 뛰어들었는데, 뱀이 몸을 씻던 곳에는 머리카락이 남아 있었다. 시호를 소령부인(昭靈夫人)이라고 했다." 『한의주(漢儀注)』에서 말했다. "고제의 어머니는 (고제가) 군사를 일으켰을 때 소황성(小黃城)에서 죽었으니, 뒤에 소황에 능묘(陵廟-무덤과 사당)를 세웠다." 『괄지지(括地志)』에서 말했다. "소황 고성(小黃故城)은 변주(汴州) 진류현(陳留縣) 동북쪽으로 33리에 있다." 안사고(顏師古)가 말했다. "(서진(西晉) 사람) 황보밀(皇甫謐, 215~282년) 같은 자들에 이르러, 망령되게 도참서[讖記]를 끌어들이고 기이한 주장을 좋아해서 근거도 없이 마구 떠들어대며 억지로 고조의 부모 이름을 지어 불렀다. 그러나 이것들은 다 정사(正史)가 이야기한 것이 아니므로 대부분 취하지 않았다. 차라리 유온(劉媼)이 본래 성으로 실제 있었는데도 사가가 이를 상세하게 싣지 않았던 것인가? 이치에 맞춰 말하자면 단번에 그것을 알 수 있다."

6) 안사고(顏師古)가 말했다. "대개 큰 연못의 방죽 위에서 쉬다가 잠이 들었다는 말이다."

7) 안사고(顏師古)가 말했다. "기대하지 않고 있다가 만나게 되는 것을 우(遇)라 한다."

8) 안사고(顏師古)가 말했다. "회(晦)와 명(冥)은 둘 다 '어둡다[暗]'라는 뜻이다. 큰 천둥번개가 치고 운무(雲霧)가 끼는 바람에 낮임에도 어두웠다는 말이다."

고조의 생김새[爲人]는 코가 높고 양 뺨이 평평했으며[隆準] 용(龍)의 이마[龍顏][1]에 수염(鬚髥)[須髥]이 멋있었고[2] 왼쪽 팔뚝에 검은 점[黑子]이 72개 있었다[3]. (성품이) 어질어서[仁] 사람을 아끼고[愛人] 베풀기를 좋아

했으며[喜施] 뜻은 크게 열려 있었다[豁如][4]. 늘 큰 국량(局量)[大度]을 품고 있어서 집 안의 생계 일에는 관심을 두지 않았다. 장성해서는 임시 관리[試吏][5]로 사수(泗水) 정장(亭長)이 되었는데[6], 관아의 관리[廷] 중에 (그에게) 깔봄이나 모욕을 당하지 않은 자들이 없었다. 술과 여색을 좋아했다. 늘 왕씨 할멈[王媼]과 무씨 어멈[武負][7]을 따라다니며 외상술을 먹었는데[貰=賒][8], 때로 술을 마시다가 그 자리에서 취해 누워 잠들면 무씨 어멈이나 왕씨 할멈은 그의 몸 위에 늘 용이 있는 것을 보고 기이하게 여겼다[怪之]. 고조가 매번 주막에 와서 술을 마시고 있으면 술이 평소보다 몇 배나 팔렸다[讎=售][9].

이런 이상한 일을 보게 되자, 한 해가 끝나갈 무렵이면 이 두 집은 항상 외상장부를 꺾어버리고 밀린 술값을 받지 않았다[折券棄責][10].

1) 【집해(集解)】 복건(服虔)이 말했다. "準의 발음은 졸(拙)이다." 응소(應劭)가 말했다. "융(隆)은 '높다[高]'는 뜻이다. 준(準)은 '뺨이 평평하다'라는 뜻이다. 안(顔)은 이마[額顙]다. 제나라 사람은 그것을 상(顙)이라고 했고, 여남(汝南)이나 회수(淮水)·사수(泗水) 사이에서는 (이마를) 안(顔)이라고 했다." 문영(文穎)이 말했다. "준(準)은 코[鼻]다." 【색은(索隱)】 이비(李斐)가 말했다. "준(準)은 코[鼻]다. 시황(始皇)이 봉목장준(蜂目長準-벌의 눈과 높은 코)했다고 말하는데, 이는 대개 코가 (매부리코처럼) 높이 일어났다[高起]라는 뜻이다." 『이아(爾雅)』에서 말했다. "안(顔)은 이마[額]다." 문영이 말했다. "고조는 (어머니가) 용과 감통해서 태어났기 때문에 얼굴 모습이 용과 비슷하고 목이 길며 코가 높았다."

2) 안사고(顔師古)가 말했다. "아래턱[頤]에 난 털을 수(須)라 하고, 양쪽 뺨 옆에 난 구레나룻을 염(髥)이라 한다."

3) 【정의(正義)】 『하도(河圖)』에서 말했다. "제(帝) 유계(劉季)는 이마 가운데가 해처럼 솟았고[口角][일각(日角)의 잘못이라고 본다.] 용모가 화려했으며[戴勝] 말처럼

곧은 가슴[斗]과 거북처럼 굽은 등[龜背]에 용의 팔뚝[龍肱]을 하고 있었는데, 키가 7척 8촌이었다." 『합성도(合誠圖)』에서 말했다. "적제(赤帝)의 몸통은 주작(朱雀)이었는데 표정은 용의 얼굴이며 점이 많았다." 살펴보건대, 왼쪽[左]이란 양(陽)이다. 검은 점 72개란 적제 72일의 수(數)다. 목·화·토·금·수가 각각 하나의 방위를 차지하므로 1년 360일을 사방으로 나눌 경우 각각 90일이 되는데, 토는 가운데 있어 아울러 사계절을 주관하니 (계절별로) 각각 18일로서 모두 합하면 72일이 된다. 그래서 고조에게 검은 점이 72개 있었던 것이다. 화덕(火德) 72일에 호응하는 징조인데, 판본에 따라 "70일"로 되어 있으나 이는 틀렸다. 허북인(許北人)은 그것을 염자(黶子-검정 사마귀), 오나라와 초나라(같은 남방)에서는 지(誌)라고 불렀는데, 지(誌)란 '기록하다[記]'는 뜻이다.

4) 【집해(集解)】 복건(服虔)이 말했다. "활(豁)은 '통하다', '열리다[達]'라는 뜻이다."

5) 【집해(集解)】 응소(應劭)가 말했다. "시보리(試補吏-임시 관리)이다."

6) 【정의(正義)】 진(秦)나라 법에, 10리가 1정(亭)이고 10정이 1향(鄕)이다. 정장은 정의 관리들을 주관하니, 고조가 사수 정장이 되었다는 것이다. 『국어(國語)』에 우실(寓室=客舍)이란 말이 나오는데 곧 지금의 정(亭)이고, 정장은 대개 지금의 이장(里長)이다. 백성 사이에 소송이나 쟁송[訟諍]이 있을 때면 관리는 공평한 판정을 해서 그 정사를 제대로 이뤄낸다. 『괄지지(括地志)』에서 말했다. "사수정은 서주(徐州) 패현(沛縣) 동쪽으로 100보에 있으며, 거기에 고조의 사당이 있다."

7) 여순(如淳)이 말했다. "무(武)는 성(姓)이다. 속어로 나이 많은 할머니를 아부(阿負)라고 한다." 안사고(顔師古)가 말했다. "유향(劉向)의 『열녀전(列女傳)』에 이르기를 '위(魏)나라 곡옥(曲沃-지명)의 노모[負]란, 위나라 대부 여이(如耳)의 어머니[母]다'라고 했다. 이를 보면 고어에서는 노모를 부(負)라고 했을 뿐이다. (따라서) 왕온(王媼)은 왕씨 집안의 할멈이고, 무부(武負)는 무씨 집안의 어머니다."

8) 【집해(集解)】 위소(韋昭)가 말했다. "세(貰)란 '외상으로 사다[賖]'라는 뜻이

다." 【색은(索隱)】 추탄생(鄒誕生)이 말하기를 貰의 발음은 세(世)이며 『자림(字林)』[서진(西晉, 265~316년) 무제(武帝, 265~290년 재위) 때의 학자 여침(呂忱, ?~?)이 280년에 『설문해자』를 증보해 펴낸 책이다. 당나라 때 『자림』은 『설문해자』와 더불어 과거시험의 과목으로 채택될 만큼 중요하게 다뤄졌다. 『자림』은 『설문해자』를 계승하고 『옥편』에 큰 영향을 주었는데 남송 때 산실되어 오늘날은 전해지지 않으며, 임대춘(任大椿)의 『자림고일(字林考逸)』 8권과 도방기(陶方琦)의 『자림고일보본(字林考逸補本)』 1권만 남아 있다.]의 성운(聲韻)과 나란히 같다고 했다. 또 발음은 시(時)와 야(夜)의 반절음으로도 읽힌다. 『광아(廣雅)』에서는 "세(貰)란 외상으로 사다[賒]이다"라고 했고, 『설문(說文)』에서는 "세(貰)란 빌리다[貸]이다"라고 했다. 임회(臨淮)에 세양현(貰陽縣)이 있다. 『한서(漢書)』「공신표(功臣表)」에 이르기를 "세양후(貰陽侯) 유전(劉纏)"이라고 했고 이 「고조본기」에는 "사양(射陽)"이라는 말이 나오니, 그렇다면 세(貰)는 또한 사(射)다.

9) 【집해(集解)】 여순(如淳)이 말했다. "수(讎)란 '팔다', '팔리다[售]'라는 뜻이다." 【색은(索隱)】 『악언(樂彥)』에서는 수(讎)를 빌려[借] 수(售-팔다)의 뜻을 나타냈는데, 대개 옛날에는 글자가 적어서 가차(假借)한 것일 뿐이다. 지금은 또한 글자대로 읽는다. 이는 대개 고조는 도량이 커서 이미 외상으로 술을 먹기는 했지만, 또 그보다 몇 배로 술을 팔아주었다는 말이다.

10) 【색은(索隱)】 『주례(周禮)』「소사구(小司寇)」편에는 "빌려주는 일[稱責]을 들을 때는 문서[傅別]로 한다"라는 말이 있는데, 정사농(鄭司農)이 이르기를 "부별(傅別)이란 권서(券書-문서나 증서)를 말한다"라고 했고 강성(康成)이 이르기를 "부별이란 찰(札-나무판이나 종이)에 크게 손으로 써서 다른 것들과 구별 짓는 것을 말한다"라고 했다. 그렇다면 옛날에는 간찰(簡札)을 갖고서 기록했으므로 꺾을 수 있었으니[可折], 연말이 되면 모두 버리고서 빌려준 것을 받지 않았다는 것이다.[안사고(顔師古)가 말했다. "간독(簡牘-대나무 책자)으로 외상장부를 만들었는데, 이미 받을 수 없게 되자 그것을 꺾어 부수었고 빚진 것도 다 탕감한 것이다."]

고조가 늘 함양(咸陽)으로 요역하러[繇=役] 다니다가[1] 진(秦)나라 황제를 가까이에서 볼[縱觀][2] 기회가 있었는데, 그를 쳐다보면서[觀] 휴우! 하며[然] 크게 탄식하고는 이렇게 말했다.

"오호라! 대장부란 마땅히 이와 같아야 하는 법이다!"

1) 【집해(集解)】 응소(應劭)가 말했다. "요(繇)란 부역이나 요역(徭役)하러 간 것이다." 【색은(索隱)】 위소(韋昭)가 말했다. "진(秦)이 도읍한 곳이며, (한나라) 무제(武帝) 때 이름을 고쳐 위성(渭城)이라고 했다." 응소가 말했다. "지금의 장안(長安)이다." 살펴보건대, 『관중기(關中記)』에서 말했다. "효공(孝公)이 함양에 도읍했는데, 지금의 위성이 그곳으로 위수(渭水) 북쪽에 있었다. 시황이 함양에 도읍했는데 지금의 성남(城南) 대성(大城)이 그곳이다." 이름을 함양(咸陽)이라고 한 것은 산의 남쪽이 양(陽)이고 강의 북쪽 또한 양(陽)이기 때문이니, 그 땅은 위수 북쪽에 있으면서 구종제산(九嵕諸山)의 남쪽에 있다. 그래서 함양(咸陽)이라고 한 것이다.

2) 안사고(顔師古)가 말했다. "종(縱)은 '내버려둔다[放]'는 뜻이다. 천자가 행차하게 되면 (일반적으로는 구경하는 것이 금지되어 있었는데 이때만은) 사람들을 내버려두어 구경하게 했다."

선부(單父) 사람 여공(呂公)[1]은 패현(沛縣) 현령[沛令]과 사이가 좋아서 원수[仇=讎]를 피해 손님으로 있다가, 그것이 계기가 되어 가정을 꾸리고 눌러살게 되었다. 패현의 호걸과 관리들은 현령이 아주 중한 손님[重客]을 모시고 있다는 말을 듣고는 모두 가서 축하해주었다. (이때) 소하(蕭何, ?~기원전 193년)[2]는 주리(主吏)[3]로 있으면서 진상하는 일을 주관하고 있었는데[主進][4], 여러 대부(大夫)에게[5] 영을 내려 "진상품이 1,000전(錢)이 되지 않는 자는 당(堂) 아래에 앉도록 하라"라고 했다. 고조는 정장이면서 평소 여러 관리를 가볍게 여겼기[易=輕] 때문에, 마침내 거짓으로[紿=欺] '축하금 1만 전'이라고 써냈지만[爲謁][6] 실은 1전도 가진 것이 없었다. 써낸 명부

[謁(알)]가 들어가자, 여공이 크게 놀라 일어서서 문 앞까지 나와 고조를 맞이했다[7]. 여공이라는 사람은 다른 사람의 관상(觀相) 보기[相人(상인)]를 좋아했는데, 고조의 모습과 얼굴을 보고는 그 참에 그를 더욱 정중하게 받들면서[重敬(중경)] 안으로 모시고 들어가 앉도록 했다.

1) 【집해(集解)】『한서음의(漢書音義)』에서 말했다. "單의 발음은 선(善)이다. 父의 발음은 부(斧-도끼)이다." 【색은(索隱)】 위소(韋昭)가 말했다. "선부(單父)는 현 이름이며 산양(山陽)에 속한다." 최호(崔浩)가 말했다. "역사 기록에서는 그의 이름을 잃어버려 다만 성(姓)을 거론하고서 공(公)이라고 말한 것이다." 또 살펴보건대, 『한서구의(漢書舊儀)』에 이르기를 "여공은 여남(汝南) 신채(新蔡) 사람이다"라고 했다. 또 『상경(相經)』에 이르기를 "위(魏)나라 사람 여공은 이름이 문(文)이고 자(字)는 숙평(叔平)이다"라고 했다.

2) 전한시대 사수(泗水) 패현(沛縣) 사람으로, 처음에 패의 주리연(主吏掾)이 되었다. 유방(劉邦)을 따라 입관(入關)해서 혼자 진상부(秦相府)의 율령과 도서를 수장해 천하의 요충지와 지세, 군현(郡縣)의 호구(戶口)를 소상하게 알게 되었다. 유방이 한중(漢中)에서 왕이 되자 승상에 올랐다. 또 한신(韓信)을 천거해 대장으로 삼았다. 초한(楚漢)이 서로 대치할 때 관중(關中)을 지키면서 양식과 군병의 보급을 확보해 군수품이 부족하지 않도록 했다. 유방이 황제가 된 뒤 논공행상에서 으뜸가는 공신이라 하여 찬후(酇侯)로 봉해지고 식읍 7,000호를 하사받았으며, 일족 수십 명도 각각 식읍(食邑)을 받았다. 나중에 율령 제도를 정했고, 고조와 함께 진희(陳豨)·한신·경포(黥布) 등을 제거한 뒤 상국(相國)에 봉해졌다. 고조가 죽자, 혜제(惠帝)를 섬겼고, 병이 들어 죽을 때 조참(曹參)을 재상으로 천거했다. 재상 시절 진나라의 법률을 정리해서 『구장률(九章律)』을 편찬했다.

3) 【집해(集解)】 맹강(孟康)이 말했다. "주리란 현(縣)의 공조(功曹)를 말한다."

4) 【집해(集解)】 문영(文穎)이 말했다. "부렴(賦斂)과 예를 올리는 일을 주관해서 그것을 이끄는 것이다." 【색은(索隱)】 정씨(鄭氏)가 말했다. "부렴과 예전(禮錢)을 주관하는 것이다." 안사고(顏師古)가 말했다. "진(進)이란 회례(會禮-모임)

의 재물[財]이다. 글자는 본래 신(賮-재물)인데, 소리가 바뀌어 진(進)이 되었다. '선제(宣帝)가 여러 차례 재물을 담당했다[負進]'라고 할 때도 뜻이 이와 같다."

5) 【정의(正義)】 대부란 손님 중에서 귀한 사람들을 총칭한 것이다.

6) 【집해(集解)】 응소(應劭)가 말했다. "태(紿)는 '속이다[欺]'라는 뜻이다. 발음은 태(殆)다." 【색은(索隱)】 위소(韋昭)가 말했다. "태(紿)는 '속이다[詐]'라는 뜻이다." 유씨(劉氏)가 말했다. "태(紿)는 '속이고 배반하다[欺負]'라는 뜻이다." 하휴(何休)가 말했다. "태(紿)는 '의심하다[疑]'라는 뜻이다." 즉 이는 고조가 평소에 여러 관리를 깔보고 가볍게 여겨서 마침내 속이고 말했다[謁]는 뜻이다. 알(謁)이란 찰(札-나무패)에 성명을 써서, 오늘날 명함을 돌리고 명함을 청하는[通刺=投刺] 것처럼 해서 돈이나 곡식을 낼 것을 약속하는 것이다.[안사고(顏師古)가 말했다. "써낸다[爲謁]는 말은 자기의 말을 글로 새겨서 관리에게 내는 것인데, 신분이 높은 사람은 이름만 적어냈다. 대개 당시에는 자신의 성과 이름을 적고 그와 나란히 축하금 액수도 썼다." 그래서 알(謁)에는 명함(名銜)이라는 뜻도 있는 것이다.]

7) 안사고(顏師古)가 말했다. "고조가 써낸 액수가 많아 특별히 예를 갖춘 것이다."

소하가 말했다.

"유계(劉季)는 참으로 큰소리를 자주 하지만 실제로 일을 성사시킨 적이 별로 없다."

그런데도 고조는 (축하 인사를 온) 여러 손님을 가벼이 여겨 깔보면서[狎侮] 드디어 윗자리에 가서 앉았는데[坐上坐], 조금도 굽히는 바[所詘=所屈=所曲懾]가 없었다. 술자리가 슬슬 끝나가도록[闌][1] 여공은 고조에게서 눈을 떼지 않았다[目固留][2]. 술자리가 끝나고 고조만이 뒤에 남았는데[後], 여공이 말했다.

"신(臣)[3]이 관상 보기를 조금 좋아해 많은 사람의 관상을 보았지만, 계(季)와 같은 관상은 없었으니, 바라건대 계는 스스로를 아껴야 할 것[自愛]

입니다. 신에게 친딸[息女=實女]4)이 있으니, 바라건대 계를 위해 쓰레받기를 들고 청소나 하는 첩[箕帚妾]으로라도 삼아주시겠습니까?"

술자리가 끝나고 나자 여온(呂媼)이 여공에게 화를 내며 말했다.

"당신은 애초에 늘 이 딸을 기이하게[奇=異] 여겨 귀인에게 주고 싶어 했습니다. 패현 현령이 당신과 친해 구혼을 해왔는데도 허락지 않더니, 어찌 스스로 허망하게도[妄] 유계에게 허락한단 말입니까?"

여공이 말했다.

"이런 일은 아녀자가 알 바가 아니오!"

끝내[卒=終] 고조에게 주었다. 여공의 딸은 곧 여후(呂后)이며, 효혜제(孝惠帝)와 노원공주(魯元公主)5)를 낳았다.

1) 【집해(集解)】 문영(文穎)이 말했다. "난(闌)이란 '듬성듬성해지다[希]'라는 뜻이다. 술을 마시는 사람 중에 반은 가고 반은 남아 있었으니, 그래서 난(闌)이라고 한 것이다."

2) 【정의(正義)】 감히 많은 사람에게 눈에 띄는 발언을 하지 않았고, 그래서 눈만 움직여 그를 지켜보았다는 말이다.

3) 【집해(集解)】 장안(張晏)이 말했다. "옛날 사람들은 다른 사람들과 이야기할 때 자주 스스로를 칭해 신(臣)이라고 했으니, 이는 스스로를 아래로 낮추는 도리다. 지금은 다른 사람들과 이야기할 때 스스로를 칭하려면 저[僕]라고 한다."

4) 【정의(正義)】 식(息)은 '낳는다[生]'는 뜻이다. 자기가 낳은 딸이라는 말이다.

5) 【집해(集解)】 복건(服虔)이 말했다. "원(元)은 장(長)이다. 노(魯)나라에 식읍을 받았다." 위소(韋昭)가 말했다. "원(元)은 시호[諡]다." 【정의(正義)】 한나라 제도에, 제(帝)의 딸은 공주(公主)라고 했는데 의례는 제후에 준했고, 제의 자매는 장공주(長公主)라고 했는데 의례는 제후왕(諸侯王)에 준했으며, 왕의 고모는 대장공주(大長公主)라고 했는데 의례는 제후왕(諸侯王)에 준했다.[안사고(顔師古)

가 말했다. "공주는 혜제 누나[姊]로 제일 맏이여서 칭호[號]를 원(元-으뜸)이라 한 것이다. 여후가 고제에게 말하기를 '장왕(張王)은 노원(魯元) 때문에 모의를 한 것이 아니다'라고 말했고 '제(齊)나라 도혜왕(悼惠王)(-고조 유방의 서장자(庶長子) 유비(劉肥))은 노원(魯元)공주를 높여 태후로 삼았다'라고 했으니, 당시에 이미 이처럼 나란히 원(元)이라고 부르고 있는 것을 볼 때 그것은 (죽은 다음에 붙이는) 시호가 될 수 없다. 위소의 설은 이 점을 놓친 것이다." 공주(公主)란 말은 주나라 선왕(宣王) 때 처음 쓰였다. 선왕은 딸을 시집보내면서 이 혼례를 같은 성(-희성(姬姓))의 제후인 공(公)에게 맡겼는데, 이때는 혼례를 주관하는 사람을 가리킨다. 곧 공이 받들어 모시는 주인이라는 뜻이다. 진나라와 한나라 이후에는 삼공에게 주관을 맡겼다. 나중에는 시집가는 왕이나 황제의 딸을 가리키게 되었는데, 그것도 왕후 사이에 났느냐 비빈 사이에 났느냐를 구분해 공주와 옹주로 나누었다. 그러므로 옹주(翁主)는 후궁이 낳은 딸이라는 뜻이다.]

고조가 정장으로 있을 때 언제나처럼 휴가를 내고[告] 고향에 돌아간 적이 있었다[歸之田][1]. 여후가 두 아이와 함께 밭일을 하고 있었는데, 한 노인네[老父]가 지나가다가 마실 물을 청하자, 여후는 아예 먹을 것까지 주었다[餔][2]. 노인네는 여후의 상을 보고서 "부인은 천하의 귀인(貴人)이 될 것입니다"라고 했다. (후가) 두 아이의 관상을 봐달라고 하자 효혜제를 보면서 말하기를 "부인이 귀하게 되는 까닭은 바로 이 남자아이 때문입니다"라고 했고, 노원공주의 상을 보고서도 또한 모두 귀한 상이라고 했다. 노인네가 이미 떠나고 나서 마침 고조가 방사(旁舍-본채 곁에 딸린 작은 집)에서 나오자, 여후는 어떤 손님이 지나가다가 우리 아이들과 나의 상을 보더니 모두 크게 귀하게 될 것이라고 했다고 갖춰 말했다[具言]. 고조가 묻자 (여후가) 답하기를 "멀리는 못 갔을 것"이라고 하니, 곧장 뒤쫓아 가서 노인네에게 (자신의 상을) 물었다. 노인네가 말했다.

"조금 전에[鄕者=嚮者] 부인과 아이들을 보았는데 다 당신을 닮았군요[似]. 당신의 상은 그 귀함을 말로 할 수가 없습니다."

고조는 마침내 감사하며[謝] 말했다.

"정말로[誠=實] 어르신[父]의 말씀대로 된다면 결코 그 은덕을 잊지 않겠습니다."

고조가 (훗날) 귀하게 되고 나서는 (그를 찾아보았지만) 끝내 노인네의 행방[處]을 알아내지 못했다.

1) 【집해(集解)】 복건(服虔)이 말했다. "告의 발음은 호호(嗥呼)라고 할 때의 호(嗥)다." 이비(李斐)가 말했다. "휴가를 낼 때는 명칭이 있었는데, 좋은 일일 때는 고(告), 안 좋은 일일 때는 영(寧)이라 했다." 맹강(孟康)이 말했다. "옛날에는 관리가 휴가 가는 것을 곡(告)이라 했다. 告의 발음은 또한 곡(嚳)이다. 한나라 법률에 따르면, 2,000석 관리에게는 여고(予告)와 사고(賜告)가 있었다. 여고란 관리가 최고의 고과 성적을 낼 경우 법에 따라 마땅히 가는 휴가다. 사고란 병에 걸려 만 석 달 동안 치유가 되지 않아서 천자가 주는 휴가이니, 이때 관리는 관대와 인끈[印綬-관직 증명]을 그대로 유지한 채 고향 집으로 돌아가서 병을 치료했다." 【색은(索隱)】 위소(韋昭)가 말했다. "고(告)란 돌아가서 휴가 할 것을 청하는 것이다. 발음은 고어(告語)의 고(告)이다. 그래서 『전국책(戰國策)』에 이르기를 '상군(商君)이 휴가를 갔다[告歸]'라고 했는데, (후한의 학자) 연독(延篤)은 이를 고귀(告歸)라고 보았으니, 오늘날의 귀녕(歸寧)이다." 유백장(劉伯莊)과 안사고(顏師古)는 나란히 그 발음이 고(古)와 독(篤)의 반절음이라고 하면서 호(號)나 곡(嚳) 두 음은 아니라고 했다. 살펴보건대, 『동관한기(東觀漢記)』 「전읍전(田邑傳)」에 이르기를 "읍(邑)의 나이 30세로 경대부를 지냈고 휴가를 청해 그만두었는데[號歸罷], 일에 싫증이 났고 좋아하거나 하고 싶어 하는 바가 적었기 때문이다"라고 했다. 호(號)는 호(嗥)와 같은 글자이니, 옛날에는 마땅히 호(號)라고 했다. 그래서 복씨(服氏-복건)는 "호호(號呼)라고 할 때의 호(號)와 같다"라고 한 것이니, 발음은 호(豪)이다. 지금 그래서 복건은 전읍이 휴가를 청했다[號歸]는 것을 근거로 삼고 있지만, 여

전히 정답이라 할 수 있을지 의심스럽다. 오히려 이 고(告)자는 마땅히 고(誥)라고 발음해야 한다. 고(誥)와 호(號)는 소리가 서로 가까우므로 뒤에 고귀(告歸)가 호귀(號歸)로 드디어 바뀌었을 뿐이다.

2) 【정의(正義)】 다른 사람을 먹이는 것이다. 노인네가 먼저 청하자, 여후가 그 참에 그에게 음식을 준 것이다. 『국어(國語)』(「월어(越語)」)에서 "나라 안의 어린아이들까지 먹여주지[餔] 않은 사람이 없었다"라고 했다.

고조가 정장으로 있을 때 마침 죽순 껍질[竹皮=筍皮]로 만든 관(冠)을 쓰고 싶어서 구도(求盜)를 설현(薛縣)으로 보내 만들어 오게[治之=作之][1] 했으니, 수시로[時時] 그것을 쓰고 다녔으며[冠之][2] 귀하게 되고서도 항상 그것을 썼다. 이른바 '유씨의 관(冠)[3]'이 바로 그것이다.

1) 【집해(集解)】 응소(應劭)가 말했다. "대나무가 막 자라기 시작했을 때의 껍질로 관을 만들었는데, 오늘날의 까치꼬리관[鵲尾冠]이 그것(을 본떠 만든 것)이다. 구도(求盜)란 정(亭)의 말단 관리다. 옛날에는 정에 말단 관리[卒]가 2명 있었는데, 하나는 정보(亭父)라고 해서 문을 여닫는 일과 청소를 담당했고 또 하나는 구도라고 해서 도둑 잡는 일을 담당했다. 설(薛)은 노나라의 현(縣)인데, 관을 만드는 장인[冠師]이 있어 그곳에 가서 만든 것이다." 【색은(索隱)】 응소가 말했다. "일명 '장관(長冠)'이라고 한다. 측면을 대나무 껍질로 감싸고 앞을 늘어뜨린 것인데, 높이는 7촌이고 폭은 3촌이며 널빤지 모양이다." 또 채옹(蔡邕)은 『독단(獨斷)』에서 말했다. "장관은 초나라 제도다. 고조가 대나무 껍질로 그것을 만들어 썼기에 그것을 일러 '유씨관'이라고 했다." 사마표(司馬彪)는 『여복지(輿服志)』에서 또 유씨관은 까치꼬리관[鵲尾冠]이라고 했다. 응소가 말했다. "옛날에 정졸(亭卒)의 명칭은 '노보(弩父)'였는데, 진(陳)이나 초(楚)에서는 그것을 '정보(亭父)' 혹은 '정부(亭部)'라고 했고 회수(淮水)나 사수(泗水) 지역에서는 '구도(求盜)'라고 했다."[문영(文穎)이 말했다. "고제는 가난하게

살았지만, 뜻이 커서 늘 검소하고 절약했기에 다른 사람들과는 차이가 있었다."]

2) 【정의(正義)】 발음은 관(館)이며, 이하에서도 같다.

3) 【정의(正義)】 안사고(顏師古)가 말했다. "훗날 마침내 '유씨관'이라는 칭호를 얻게 된 것이 바로 이 관이다. 훗날 조서(詔書)에 '벼슬이 공승(公乘)[진나라와 한나라 때는 벼슬 품계가 20등급 있었는데, 공승은 밑에서 8등급이다.] 이상이 아닌 자는 유씨관을 써서는 안 된다'라고 했을 때의 그 관도 바로 이것이다."

고조는 정장으로서 현(縣)을 위해 인부들을 여산(驪山)으로 보내는 일을 맡았는데[1], 인부 중 많은 이가 도중에 달아났다. 스스로 헤아리기를[自度(자탁)] (역산에) 도착할 무렵[比(패)]이면 다 도망칠 것이라 여겨서[2], 풍읍(豐邑) 서쪽 늪지에 이르러 행군을 멈추고 술을 마셨는데 밤이 되자 마침내 인솔해 가던 인부들을 풀어주면서[縱(종)=放(방)] 말했다.

"여러분은 모두 도망치시오. 나도 역시 여러분을 따라서 갈 것이오[逝(서)=往(왕)]!"

인부 중에서 장사(壯士)로서 (고조를) 따르겠다고 청한 이들이 10여 명이었다. 고조는 술을 더 마신[被酒(피주)=加酒(가주)][3] 뒤에, 밤에 늪지의 좁은 샛길[徑(경)=小道(소도)]을 지나가면서[4] 한 사람을 시켜 앞을 살펴보게 했다[行前(행전)][5]. 앞에 갔던 자가 돌아와서 보고해 말했다.

"저 앞에 큰 뱀이 샛길[徑(경)][6]을 막고 있으니, 바라건대 돌아서 가십시다!"

고조는 술에 취해 말했다.

"장사가 길을 가는데 무엇이 두려우리오?"

마침내 앞으로 나아가 칼을 뽑아 뱀의 목을 쳐서 죽였다[7]. 뱀이 나뉘어 두 동강이 나면서[爲兩(위양)][8] 길이 열렸다. 다시 몇 리를 가다가 (고조는) 술에 취해 누웠고, 뒤따라오던 사람이 뱀이 죽은 곳에 이르렀는데 한 노파[老嫗(노구)]가 한밤중에 곡을 하고 있었다. 그 사람이 노파에게 어찌하여 우는지를 묻자, 노파가 말했다.

"어떤 사람이 내 아들을 죽였소!"

그가 물었다.

"당신 아들은 어찌하여 살해되었나요?"

노파가 말했다.

"내 아들은 백제(白帝)의 아들입니다. 몸을 바꿔 뱀[蛇]이 되어 길을 막고 있었는데, 조금 전에 적제(赤帝)의 아들이 내 아들을 베어버려서[9] 곡을 하고 있는 것입니다."

그 사람은 마침내 노파가 진실하지 못하다[不誠]고 여겨 때려주려[笞之] 했지만[10], 노파는 그 순간 갑자기 사라져버렸다. 그 뒤따라오던 사람이 도착했을 때 고조는 깨어나 있었다[覺][11]. 고조에게 그 이야기를 하자 고조가 내심(乃心) 홀로 기뻐하면서 스스로 자랑스러워했고[自負=自恃][12], 그를 따르던 사람들은 날이 갈수록 그를 더 경외하게 되었다.

1) 진시황을 여산에 장사 지냈기 때문에 군과 국에서 사람들을 보냈다.

2) 【정의(正義)】 比는 필(必)과 매(寐)의 반절음이다.

3) 【정의(正義)】 피(被)는 '더하다[加]'라는 뜻이다.

4) 【색은(索隱)】 옛날 발음은 경(經)이다. 살펴보건대 『광아(廣雅)』에 이르기를 "경(徑)은 샛길이나 지름길을 간다는 뜻이다"라고 했다. 『자림(字林)』에서 말했다. "경(徑)은 작은 길로, 발음은 고(古)와 정(定)의 반절음이다." 이는 술을 마시고 달아나서 밤에 늪 안의 좁은 샛길을 갔다는 말인데, 감히 큰길로 갈 수가 없어서 샛길을 따라 최대한 빨리 가려 했다는 뜻이다.

5) 【정의(正義)】 行의 발음은 하(下)와 맹(孟)의 반절음이다.

6) 【색은(索隱)】 발음은 경(逕-샛길, 지름길)이다. 정현(鄭玄)이 말했다. "사람이 걸어 다니는 길을 경(徑)이라고 한다."

7) 【색은(索隱)】 『한구의(漢舊儀)』에서는 "뱀의 목을 친 칼은 길이가 7척이었다"라고 했고 또 고조(高祖)는 "나는 포의(布衣-한미한 선비)로서 3척짜리 검을 차

고 천하를 차지했다"라고 했으니, 두 글이 서로 같지 않은 것에 대해 최표(崔豹)는 『고금주(古今注)』에서 이렇게 말했다. "고조가 정장(亭長)이 되었을 때는 이치상으로 마땅히 3척짜리 검을 찼을 뿐이고, 귀하게 되자 마땅히 별개로 7척 보검을 갖게 된 것이다. 『구의(舊儀)』에서는 이 때문에 그렇게 말한 것이다." **【정의(正義)】** 살펴보건대, 그 뱀이 커서 이치상으로 마땅히 별도로 이 긴 칼을 구해서 목을 친 것이고, 3척짜리 검이란 평소에 늘 차고 다니는 것이다. 『괄지지(括地志)』에서 말했다. "참사구원(斬蛇溝源)은 서주(徐州) 풍현(豐縣) 중평(中平) 땅에서 발원한다. 그래서 노인들은 말하기를, 거기가 바로 고조가 뱀의 목을 친 곳이라고 한다. 현에서 서쪽으로 15리쯤 가다가 포수(泡水)로 흘러 들어간다."

8) **【색은(索隱)】** 뱀의 목을 치자 나뉘어 두 동강[兩段(양단)]이 났다는 말이다.

9) **【집해(集解)】** 응소(應劭)가 말했다. "진(秦)나라 양공(襄公)은 스스로 서쪽에 자리 잡았다고 여겨서 소호(少昊)의 신을 주인으로 모시고 서치(西畤-제사 터)를 지어 백제(白帝)에게 제사를 지냈다. 헌공(獻公) 때 이르러 역양(櫟陽)에 쇠[金(금)]가 비처럼 내리자 이를 상서롭게 여겨서 다시 휴치(畦畤)를 지어 백제에게 제사를 지냈다. 소호는 금덕(金德)을 갖고 있다. 적제(赤帝)는 요(堯)임금의 후손으로 한나라를 가리키니, 백제를 죽였다는 것은 한나라가 마땅히 진나라를 멸망시킬 것이라는 것을 명확하게 보여준다. 진나라는 스스로 수(水)라 했고 한나라는 처음에는 토(土)라고 했는데, 둘 다 틀렸다. (후한) 광무(光武)에 이르러 마침내 고쳐서 바로잡았다." **【색은(索隱)】** 『태강지리지(太康地理志)』에서 말했다. "치(畤)는 역양 고성(櫟陽故城) 안에 있다. 이 치는 밭두둑[畦(휴)]처럼 생겨서 휴치(畦畤)라고 했다." 畦의 발음은 호(戶)와 규(圭)의 반절음이다. 응소가 주(注)에서 "진나라는 스스로 수(水)라 했고"라고 한 것은, 살펴보건대 진(秦) 문공(文公)이 흑룡을 잡고서 하(河)에 명해 덕(德)을 수(水)라고 했다는 것이 이것이다. 또 살펴보건대 『춘추합성도(春秋合誠圖)』에 이르기를 "수신(水神)이 곡을 하자 자포(子褒)가 패망했다"라고 했으니, 송균

(宋均)은 고조가 흰 뱀을 목 베자, 신모(神母)가 통곡했는데 이 신모는 곧 수정(水精-물의 정령)이라고 보았다. 이것들은 모두 잘못된 설이다. 또 (응소가) 주(注)에서 "광무(光武)에 이르러 마침내 고쳐서"라고 했는데, 이는 한나라를 화덕(火德)으로, 진나라를 금덕(金德)으로 고쳤다는 뜻이다. 쇠가 비처럼 내렸다는 것과 적제의 아들이라는 것을 볼 때 이치에도 맞다.

10) 【집해(集解)】 서광(徐廣)이 말했다. "판본에 따라 고(苦-혼내주다)로 되어 있다." 【색은(索隱)】 『한서(漢書)』에는 고(苦)로 되어 있는데, 이는 곤욕을 치르게 하려 했다는 말이다. 『설문(說文)』에서는 "태(笞)란 '치다[擊]'라는 뜻이다"라고 했다.[안사고가 말했다. "오늘날 고(苦)는 간혹 '때리다[笞]'와 같이 사용되기도 한다."]

11) 【색은(索隱)】 포개(包愷)와 유백장(劉伯莊)은 발음이 (각이 아니라) 고(古)와 효(孝)의 반절음이라고 했다.

12) 【집해(集解)】 응소(應劭)가 말했다. "부(負)는 '믿다[恃]'라는 뜻이다." 【색은(索隱)】 진작(晉灼)이 말했다. "뱀의 목을 벤 일을 스스로 자랑스러워했다는 말이다."

진시황제가 일찍이 말하기를 "동남쪽에 천자의 기운이 있다"라고 하고는, 이에 동쪽으로 순수(巡狩)해[游] 그 기운을 막아버리려[厭=壓=塞][1] 했다. 고조가 곧바로 스스로 두려워서[自疑][2] 망(芒)과 탕(碭) 사이의 산택과 바위 사이에 숨었는데[3], 여후가 사람들을 데리고 함께 찾아 나서서 매번 고조를 찾아내는 것이었다.

고조가 기이하게 여겨 물으니, 여후가 말했다.

"계(季)께서 머무는 곳 위에는 항상 구름의 기운[雲氣]이 떠 있기에[4], 그것을 따라가 보면 늘 계를 찾을 수 있습니다."

고조가 마음속으로 기뻐했다.

패현의 젊은이 중에 간혹 이 이야기를 들은 자들은 대부분 고조에게 와서 기대고[附] 싶어 했다.

1) 【색은(索隱)】 厭의 발음은 일(一)과 섭(涉)의 반절음이고, 또 일(一)과 염(冉)의 반절음이다. 『광아(廣雅)』에 이르기를 "염(厭)은 '누르다[鎭]'라는 뜻이다"라고 했다.

2) '곧바로 스스로 두려워서'라는 것은 일개 필부에 불과한 유방이 진시황의 그 말을 듣고서는 그것이 자신을 가리킨다고 생각했다는 말이다. 엄청난 예지력을 드러내기 위한 표현으로 보이는데, 분명 과장이다. 그래서 반고는 『한서(漢書)』에서 이 부분을 생략했다.

3) 【집해(集解)】 서광(徐廣)이 말했다. "망(芒)은 지금의 임회현(臨淮縣)이다. 탕현(碭縣)은 양(梁)에 있다." 배인(裴駰)이 살펴보건대, 응소(應劭)가 말하기를 "두 현의 경계에 험준한 산과 깊은 늪지대가 있어 그사이에 숨었다는 말이다"라고 했다. 【정의(正義)】 『괄지지(括地志)』에서 말했다. "송주(宋州) 탕산현(碭山縣)은 주(州) 동쪽으로 150리에 있는데, 본래 한나라 탕현(碭縣)이다. 탕산은 현의 동쪽에 있다."

4) 【정의(正義)】 『경방역(京房易)』 「비후(飛候)」편에서 말했다. "'뛰어난 이[賢人]가 숨어 있는 곳을 어떻게 알아냅니까?' 사(師)가 말했다. '사방에 늘 큰 구름이 있고 오색이 갖춰져 있는데 비가 내리지 않는다면, 그 아래에 뛰어난 이가 숨어 있다.'" 그래서 여후는 구름의 기운을 바라보고서 그를 찾아낸 것이다.

진나라 2세[1] 원년(元年) 가을에 진섭(陳涉, ?~기원전 208년)[2]이 기(蘄)[3]에서 일어나, 진현(陳縣)에 이르러 자신을 세워 왕(王)이 되고 국호를 장초(張楚-초를 연장했다는 뜻)라고 했다[4]. 여러 군과 현에서 대부분 지방 장관[長吏]을 죽이고 진섭(陳涉)에게 호응하니, 패현 현령은 두려운 마음에 패현을 총동원해 섭에게 호응하려고 했다. 연(掾-하급 옥리)과 주리(主吏-아전)인 소하와 조참(曹參[5], ?~기원전 190년)이[6] (현령에게) 이렇게 말했다.

"나리[君]께서는 진나라의 관리이니, 지금 배반할 마음을 품고서 패현의 젊은이들을 거느리고 있으나 그들이 (장차) 명을 듣지 않게 될까 두렵습니다. 바라건대 나리께서 예전에 도망쳐서 다른 곳에 가 있는 주민들부터

불러들이신다면[7] 수백 명은 될 터이니, 그들을 동원해 젊은 무리를 위협한다면[劫=威脅][8] 그들이 감히 따르지 않을 수 없을 것입니다."

마침내 번쾌(樊噲, ?~기원전 189년)[9]를 시켜 유계(劉季)를 불러오도록 했다. (이때) 유계를 따르는 무리는 이미 100명 가까이[數十百人][10] 되었다.

1) 【집해(集解)】 서광(徐廣)이 말했다. "고조는 이때 48세였다." 【색은(索隱)】 응소(應劭)가 말했다. "시황은 자신이 1세로서 만세에 이어지기를 바랐기 때문에 황제마다 시호나 묘호를 정하지 못하게 했다. 시(始)가 곧 1세이니 그다음 아들은 2세다." 최호(崔浩)가 말했다. "2세는 시황의 아들 호해(胡亥)다." 또 살펴보건대 『선문(善文)』「칭은사(稱隱士)」편에 이르기를 "조고(趙高)는 2세를 위해 형 17명을 죽이고서 지금의 왕을 세웠다"라고 했으니, 그렇다면 2세는 제18자(子)가 된다.

2) 이름은 진승(陳勝)이고 섭(涉)은 자(字)다. 원래 신분이 비천해 남에게 고용되어 농사에 종사했다. 진시황제가 죽은 뒤 2세황제 원년(기원전 209년) 7월, 어양(漁陽)으로 수(戍)자리를 가면서 둔장(屯長)이 되었다. 기현(蘄縣) 대택향(大澤鄕)에 이르렀을 때, 폭우를 만나 정해진 기한까지 도착할 수 없을 것이 분명해 참수형을 당할 신세가 되자 동료 오광(吳廣)과 함께 수졸(戍卒) 900명을 설득해 반란을 일으켰다. 지휘자를 살해한 뒤 스스로 장군이 되자 진나라의 학정에 시달리던 여러 군현이 모두 호응했다. 진(陳) 땅에 주둔하면서 왕을 칭하고 (나라 이름을) 장초(張楚)라 불렀다. 얼마 뒤 군대를 보내 조위(趙魏)의 땅을 차지했고, 주문(周文)에게 주력군을 이끌고 서쪽으로 진(秦)나라를 공격하게 했다. 병사가 점점 늘어나 수십만에 이르렀으나, 나중에 주문이 패하고 진나라의 장군 장한(章邯)이 진(陳)을 포위하자 성보(城父)로 퇴각했다가 어자(御者) 장가(莊賈)에게 살해당했다. 왕으로 6개월 있었다.

3) 【색은(索隱)】 기(蘄)는 현의 이름으로 패(沛)에 속했다. 발음은 기(機)이며, 다른 발음은 기(旂-제후의 깃발)이다.

4) 이기(李奇)가 말했다. "진나라가 초나라를 멸했으므로 초나라 사람들은 진나라에 원한을 품고 있었고, 섭은 이런 백성의 원망을 이용하기 위해 스스로를 초왕이라 부르면서 백성의 기대에 부

응하려 했다."

5) 사수(泗水) 패현(沛縣) 사람으로, 원래 진(秦)나라의 옥리(獄吏)였지만 소하(蕭何)가 주리(主吏)로 삼았다. 진나라 말 소하와 함께 유방(劉邦)을 따라 병사를 일으켰고, 한신(韓信)과 더불어 주로 군사 방면에서 활약했다. 몸에 70여 군데의 상처가 있으면서도 진군(秦軍)을 공략해 한나라의 통일 대업에 이바지한 공으로 건국 후인 고조 6년(기원전 201년) 평양후(平陽侯)에 책봉되었고, 진희(陳豨)와 경포(黥布-英布(영포))의 반란을 평정했다. 제(齊)나라의 상(相-재상)으로 있을 때는 개공(蓋公)이 말한 황로지술(黃老之術)을 써서 청정무위(淸淨無爲)한 자세로 백성과 함께 휴식을 취했다. 고조가 죽은 뒤 소하의 추천으로 상국(相國)이 되어 혜제(惠帝)를 보필했다. 소하가 만든 정책을 충실히 따름으로써 '소규조수(蕭規曹隨)'라는 말이 나왔다.

6) 【색은(索隱)】 살펴보건대, 『한서(漢書)』 「소하전」과 「조참전」에서는 조참을 옥연, 소하를 주리라고 했다.

7) 안사고(顔師古)가 말했다. "당시 진나라의 학정이 극심하고 부역도 심하게 많아 도망친 사람들이 많았다."

8) 【색은(索隱)】 『설문(說文)』에서 말했다. "힘으로 협박하는 것을 겁(劫)이라고 한다."

9) 패현(沛縣) 사람으로 여수(呂嬃-여후의 동생)의 남편이고 시호는 무후(武侯)이다. 젊어서는 도살업으로 생활했다. 유방(劉邦)을 섬겨 병사를 일으켰는데, 진(秦)나라를 공격해 여러 차례 전공을 올렸다. 함양(咸陽)에 들어갔을 때는 홍문(鴻門)의 잔치에서 유방을 위기에서 구해 탈출하게 함으로써 낭중(郞中)이 되고 임무후(臨武侯)에 봉해졌으며, 기장(騎將)과 장군(將軍)을 역임했다. 유방이 즉위한 뒤 장도(臧荼)와 진희(陳豨), 한신(韓信)을 공격했고, 좌승상(左丞相)과 상국(相國)이 되었다. 그 뒤 여러 반란을 평정해서 무양후(舞陽侯)에 봉해졌다. 항우(項羽)가 유방을 홍문(鴻門)에서 맞아 잔치할 때 범증(范增)이 유방을 모살(謀殺)하고자 했는데, 번쾌가 노해서 머리카락을 위로 치올리고 눈자위가 다 찢어지도록 부릅뜬 채 항우를 노려보았다고 한다. 이 일로 유방은 위기에서 벗어날 수 있었다.

10) 【색은(索隱)】 『한서(漢書)』에서는 수백인(數百人)이라고 했으니, 유백장(劉伯莊)이 말하기를 "수십에서 혹은 100명 가까이를 말한다"라고 했다. 그렇다면

100명 이하일 것이다.

이에 번쾌가 고조를 데리고 왔으나 패현 현령은 후회하며, 그가 변란을 일으킬까 두려워서 마침내 성문을 닫고 성을 지키며 소하와 조참[蕭曹]을 주살하려고 했다. 소하와 조참이 두려워서 성을 뛰어넘어 유계에게 몸을 맡기니[保][1], 유계는 마침내 비단에 글을 써서 (화살에 달아) 성 위로 쏘아 패현의 어르신들[父老]에게 이렇게 전했다.

'천하가 모두 진나라에 고통을 받아온 지 오래되었습니다. 지금 어르신들께서 비록 패현 현령을 위해 지키고 있지만, 제후들이 나란히 일어나면 이제 패현을 도륙할[屠][2] 것입니다. 패현은 지금 사람들이 함께 현령을 주살하고 자제 중에서 (우두머리로) 세울 만한 사람[可立]을 골라 그를 세워 제후들에게 호응한다면 곧 집안과 재산을 온전히 할 수 있을 것입니다[完=全]. 그렇게 하지 않으면 아버지와 자식이 함께 도륙되어도 어찌할 수가 없습니다.'

어르신들은 마침내 젊은이들을 거느리고 가서 함께 패현 현령을 죽인 뒤, 성문을 열어 유계를 맞아들이고서 그를 패현 현령으로 삼고자 했다. 유계가 말했다.

"천하가 바야흐로 어지러워[擾=亂] 제후들이 나란히 일어나고 있는데, 지금 (나처럼) 무능한 자[不善=無能]를 장수로 두면 한 번 패배로 땅에 떨어질 것이오[一敗塗地][3]. 내가 감히 내 목숨을 아껴서[自愛]가 아니라, 능력이 적어서[能薄][4] 여러 어르신과 젊은이를 온전히 할 수 없기 때문입니다. 이는 큰일이니, 바라건대 다시 적임자[可者]를 헤아려 고르십시오."

소하와 조참 등은 모두 문리(文吏)들이라 자신들의 목숨을 아꼈고 (또) 일이 뜻대로 되지 않을 경우 뒤에 진나라로부터 멸족의 화를 당할까 두려워서, 모두 유계에게 그 자리를 양보했다. 여러 어르신이 모두 말했다.

"평소에 우리가 듣건대 유계(劉季)는 여러 가지로 기이하고 특출나서

[珍怪] 마땅히 귀하게 될 것이라 했고, 또 점을 쳐보니 유계만큼 최고로 길한 사람도 없었습니다."

이에 유계가 여러 차례 사양했으나, 무리 중에 아무도 기꺼이 맡으려는 사람이 없자 마침내 계를 세워 패공(沛公)으로 삼았다[5].

패현 관아[沛廷]에서 황제(黃帝)에게 제사 지내고[祠] (또) 치우(蚩尤)에게 제사 지내고[祭][6] 나서 북에 짐승의 피를 발랐고[釁鼓][7], (군대의) 각종 깃발[旗幟][8]을 모두 붉은색으로 했다. 이는 예전에 죽였던 뱀이 백제(白帝)의 아들이었고 그 뱀을 죽인 자가 적제(赤帝)의 아들이었기 때문에, 그래서 붉은색을 높인 것이다[上赤=尙赤]. 이리하여 소하·조참·번쾌와 같은 젊고 걸출한 관리[豪吏]들이 모두 함께 패현의 젊은이들 2,000~3,000명을 부르고 모아서 호릉(胡陵)[9]과 방예(方與)[10]를 공격한 뒤 돌아와서 풍(豐)을 지켰다.

1) 【집해(集解)】 위소(韋昭)가 말했다. "그렇게 함으로써 안전을 보장받은 것이다."

2) 【색은(索隱)】 살펴보건대, 범엽(范曄)이 말하기를 "성을 깨뜨려서 대부분 주살해 버리는 것을 일러 도(屠)라고 한다"라고 했다.

3) 【색은(索隱)】 하루아침에 패배를 당하게 되어 간과 뇌가 땅바닥에 떨어진다는 말이다.

4) 【정의(正義)】 능(能)이란 재능이다. 고조는 자신의 재능이 엷고 모자라서 그 무리를 온전하게 해줄 수 없다고 겸손하게 말했다. 능(能)은 본래 짐승의 이름인데, 모양은 곰과 비슷하고 다리는 사람을 닮아서 몸체가 굳세면서도 힘이 셌다. 그래서 사람 중에 뛰어난 재주[賢才]를 가진 자를 모두 일러 능(能)이라고 했다.

5) 【집해(集解)】 서광(徐廣)이 말했다. "9월이다." 배인(裴駰)이 살펴보건대, 『한서음의(漢書音義)』에서 말했다. "초나라는 옛날부터 왕(王)을 참칭했고[주나라 천자만 왕이라 했는데, 초나라는 작위가 아주 낮은 '자(子)'임에도 불구하고 스스로 왕이라 불렀다

는 뜻이다.] 현(縣)의 수장을 공(公)이라고 불렀다. 진섭(陳涉)이 초나라 왕이 되자 패공(沛公)이 일어나 섭(涉)에게 호응했으니, 그래서 초나라 제도를 따라서 공(公)이라 칭한 것이다."

6) 【집해(集解)】 응소(應劭)가 말했다. "『좌전(左傳)』에 이르기를, 황제는 판천(阪泉)에서 싸워 천하를 평정했고 치우는 병사(兵事)[五兵]를 좋아했기 때문에 그들에게 제사를 지내, 복과 상서로움을 구한 것이다." 신찬(臣瓚)이 말했다. "관중(管仲)은 말하기를 '여산(廬山)을 기점으로[割=交] 물이 나오는데 쇠가 그것을 따라 나오니, 치우가 그것을 받아서 칼과 창[劍戟]을 만들었다'라고 했다." 【색은(索隱)】 살펴보건대 (원래) 『관자(管子)』에서는 "갈로산(葛廬山)에서 발원해 쇠가 나온다[發而出金]"라고 했는데, 지금 이 주(注)에서는 발(發)을 가져와 교(交)·할(割)로 썼으니 모두 틀렸다.

7) 【집해(集解)】 응소(應劭)가 말했다. "흔(釁)은 제사를 지내는 것이다. 희생을 죽여서 피를 가지고 북에 바르는 것을 흔(釁)이라고 한다." 신찬(臣瓚)이 말했다. "살펴보건대, 『예기(禮記)』와 『대대례(大戴禮)』에 흔묘(釁廟)의 예가 나오는데 둘 다 제사와는 상관없다." 【색은(索隱)】 『설문(說文)』에서 "흔은 혈제(血祭)이다"라고 했는데, 『사마법(司馬法)』에 이르기를 "작은북이나 큰북[鼙鼓]에 피를 발라서 무기[戎器]에 신기를 불어넣는 것이다"라고 했다. 안사고(顔師古)가 말했다. "무릇 희생을 죽여 혈제(血祭) 하는 것은 모두 이름을 흔(釁)이라고 하니, 신찬이 '둘 다 제사와는 상관없다'라고 한 것은 잘못이다. 또 옛날 사람들은 종이나 쇠솥을 새롭게 만들고 나서 실로 반드시 거기에 피를 발랐다[釁之]." 응소가 말하기를 "흔(釁-틈)을 흔(舋-틈)이라고 한다"라고 했다. 마융(馬融)은 『주례(周禮)』 작구(灼龜)의 조(兆-조짐 점괘)에 대한 주(注)에서 말하기를 "그 모양이 옥이나 기와처럼 생겼는데, 틈새[釁罅=釁罅]를 살펴서 점을 쳤기 때문에 이렇게 이름 지은 것이다"라고 했으니, 이 (피를 발랐다는) 설들은 다 틀렸다. 罅의 발음은 화(火)와 가(稼)의 반절음이다.

8) 【색은(索隱)】 묵적(墨翟-묵자)이 말했다. "치(幟-깃발)란 비단이니, 길이는 1장 반

이고 너비는 반 폭이다." 『자고(字詁-글자 풀이)』에서 말했다. "치(幟)는 표(標-표식)이다." 『자림(字林)』에서 말했다. "웅기오유(熊旗五斿)란 사졸들이 그 아래에서 대기하는 것이니, 그래서 기(旗)라고 한 것이다." 치(幟)는 판본에 따라 간혹 식(識)이나 지(志)로 되어 있는데, (죽림칠현의 1명인 위나라 사람) 혜강(嵇康)은 발음이 시(試)라고 했고 (수나라 사람) 소해(蕭該)는 발음이 치(熾)라고 했다.

9) 【색은(索隱)】 등전(鄧展)이 말했다. "현 이름이며 산양군(山陽郡)에 속하는데, (후한) 장제(章帝)가 고쳐서 호릉이라고 했다."

10) 【집해(集解)】 정덕(鄭德)이 말했다. "발음은 방예(房豫)이고, 산양군에 속한다." 【색은(索隱)】 정현(鄭玄)이 말했다. "산양에 속한다."

진(秦) 2세 2년에 진섭의 장수 주장(周章, ?~기원전 208년)[1]이 서쪽으로 (함곡관에 들어가서) 희(戲)[2]에 이르렀다가 돌아왔다[3]. 연(燕)·조(趙)·제(齊)·위(魏)가 모두 스스로를 세워 왕이 되었고[4], 항씨(項氏-항량(項梁, ?~기원전 208년))[5]와 그의 조카 우(羽)가 오(吳)에서 일어났다. 진나라 사천(泗川)의 감(監) 평(平)이[6] 장차 군대를 이끌고서 풍읍을 둘러싸자, 이틀 후에 나아가서 전투를 벌여 깨뜨렸고, 옹치(雍齒, ?~기원전 192년)[7]로 하여금 풍읍을 지키게 했다.

1) 【색은(索隱)】 장(章)은 자(字)가 문(文)이고 진(陳)나라 사람이다.[전국시대 말에 일찍이 초(楚)나라 장수 항연(項燕)의 군중(軍中)에 있었다. 스스로 병사(兵事)에 익숙하다고 말했다. 진승이 장초(張楚) 정권을 세우자, 장군을 맡아 주력부대를 이끌고 서쪽으로 진나라를 공격했다. 희(戲) 땅에 이르러 함양(咸陽)까지 남은 거리가 100여 리에 불과했는데, 고립된 군대로써 깊이 들어간 탓에 병참 지원이 끊겼고 진나라 장수 장한(章邯)에게 패하자 스스로 목을 찔러 자살했다.]

2) 【색은(索隱)】 문영(文穎)이 말했다. "신풍(新豐) 동쪽으로 20리 떨어진 희정(戲亭)

북쪽에 있다." 맹강(孟康)이 말했다. "강 이름이다." 또 『술정기(述征記)』에서 말했다. "희수(戲水)는 여산(驪山) 풍공곡(馮公谷)에서 북쪽으로 흐르고, 희정을 거쳐 동쪽으로 흘러가서 위수(渭水)로 들어간다." 살펴보건대, 지금 그 강의 동쪽에는 오직 희역(戲驛)만 흔적으로 남아 있다.

3) 【색은(索隱)】 장한(章邯)에게 깨지고 돌아온 것이다. 邯의 발음은 감(酣)이다.[관례를 따라 장한으로 통일했다.]

4) 【색은(索隱)】 살펴보건대 『한서(漢書)』「고기(高紀-고제기)」에 따르면, 2세 2년 8월에 무신(武臣)이 스스로를 세워 조나라 왕이 되었고, 전담(田儋)이 스스로를 세워 제나라 왕이 되었으며, 한광(韓廣)이 스스로를 세워 연나라 왕이 되었고, 위구(魏咎)가 스스로를 세워 위나라 왕이 되었다.

5) 진(秦)나라 말기 하상(下相) 사람으로, 초(楚)나라 장수인 항연(項燕)의 아들이며 항우(項羽)의 숙부다. 진승과 오광이 농민 봉기를 일으켰을 때 조카 항우와 함께 오(吳)에서 회계군수(會稽郡守) 은통(殷通)을 죽이고 거병했다. 군사는 8,000명이었으며, 장초(張楚) 정권 상주국(上柱國)이 되었다. 군사를 이끌고 장강(長江)을 건너 서진해 진영(陳嬰)과 경포(黥布), 포장군(蒲將軍) 등을 수하에 넣었다. 진승이 죽자, 초나라 회왕(懷王)의 손자 심(心)을 왕으로 세우고 자신은 무신군(武信君)이 되어 여러 차례 진나라 군대를 격파했다. 나중에 적을 가볍게 보고 싸우다가 정도(定陶)에서 진나라 장수 장한(章邯)의 습격을 받고 죽었다.

6) 【집해(集解)】 문영(文穎)이 말했다. "사천(泗川)은 지금의 패군(沛郡)으로, 고조가 이름을 패로 바꾸었다. 진나라 때는 어사가 군을 다스렸는데 지금의 자사(刺史)와 같으며, 평(平)은 그 이름이다." 【색은(索隱)】 여순(如淳)이 말했다. "진나라가 천하를 겸병하고서 36개 군(郡)을 만들어 수(守)·위(尉)·감(監)을 두었다. 여기서는 '감 평'이라고 했고 아래에서는 '수(守) 장(壯)'이라고 했으니, 평과 장은 둘 다 이름이다."

7) 유방이 거병해 풍읍과 패현을 기반으로 삼고 이듬해 옹치에게 풍읍을 맡겼는데, 그러나 옹치가 위나라 임금 위구(魏咎)에게 풍읍을 바치고 항복함으로써 유방은 거병한 초기에 많은 고생을 하게 된다.

(11월 패공은) 군사를 이끌고 설현(薛縣)으로 갔다. 사천(泗川)의 수(守) 장(壯)[1]의 병사들은 설현에서 패해 척현(戚縣)[2]으로 달아났으나, 패공의 좌사마(左司馬)가 사천의 수 장을 잡아서[得][3] 죽였다. 패공이 강보(亢父)[4]로 군사를 돌려 방예에 이르렀는데, (위(魏)나라 사람) 주불(周市-주시라고 읽기도 함)이 와서 방예를 공격했으나 교전하지 않았다. 진왕(陳王)이 위나라 사람 주불을 시켜 (풍과 패의) 땅을 공략하게 하니[略地], 주불이 사람을 시켜 옹치(雍齒)에게 이렇게 말했다.

"풍(豐)은 옛날에 양(梁-위나라)이 옮겨 왔던 곳이다[5]. 지금 위(魏)나라 중에 이미 평정한 땅이 성 수십 개이니, 옹치가 지금이라도 위나라에 복종하면 위나라는 옹치를 후(侯)로 삼아서 풍읍을 지키게 할 것이고 항복하지 않으면 장차 풍읍을 도륙할 것이다."

옹치는 평소[雅=素][6] 패공에게 속하게 되기를 바라지 않았기 때문에, 위나라가 그를 부르자 즉각 패공을 배반하고 위나라를 위해 풍읍을 지켰다. 패공이 군대를 이끌고 풍읍을 공격했지만, 능히 차지할 수가 없었고, 패공은 병이 들어 패현으로 돌아왔다. 패공은 옹치가 풍읍의 젊은이들과 더불어 자신에게 반란을 일으킨 것[畔=叛]을 원망했다. 그래서 동양(東陽)의 영군(甯君)과 진가(秦嘉)[7]가 경구(景駒)를 세워 (초나라의) 임시 임금[假王]으로 삼고서 유(留)[8]에 머물고 있다는 소식을 듣자 마침내 가서 그를 따랐고, 군대를 청해 풍읍을 공격하고자 했다.

1) 【집해(集解)】 여순(如淳)이 말했다. "장(壯)은 이름이다."

2) 【집해(集解)】 여순(如淳)이 말했다. "戚의 발음은 (척이 아니라) 장(將)과 독(毒)의 반절음이다. 【색은(索隱)】 진작(晉灼)이 말했다. "동해(東海-군)의 현이다." 정덕(鄭德)과 포개(包愷)는 둘 다 글자 그대로[如字] 읽어야 한다고 보았고, 이등(李登)은 발음이 천(千)과 입(笠)의 반절음이라고 했다. 【정의(正義)】 『괄지지(括地志)』에서 말했다. "기주(沂州) 임기현(臨沂縣)에 한나라 때의 척현 고성(戚

縣故城)이 있다. 「지리지(地理志)」에 이르기를, 임기현은 동해군에 속한다고 했다."

3) 【색은(索隱)】 안사고(顔師古)가 말하기를 "득(得)은 사마의 이름이다"라고 했는데 틀렸다. 살펴보건대, 뒤에 좌사마 조무상(曹無傷)이라고 했고 이하의 글에서 더는 다른 사례가 없는 것을 볼 때 대개 이는 좌사마 무상이 사천의 수 장(壯)을 잡아서[得(득)] 그를 죽였다는 것일 뿐이다.

4) 【집해(集解)】 정덕(鄭德)이 말했다. "亢의 발음은 사람들이 강답(亢答-서로 답을 주고받음) 한다고 할 때의 강이고, 父의 발음은 보(甫)이다. 임성군(任城郡)에 속한다. 【색은(索隱)】 옛날의 발음은 강(剛)이다. 유백장(劉伯莊)과 포개(包愷)는 모두 발음이 고(苦)와 낭(浪)의 반절음이라고 했다. 【정의(正義)】 발음은 강(剛)이고, 또한 고(苦)와 낭(浪)의 반절음이다. 『괄지지(括地志)』에서 말했다. "강보는 현인데, 패공이 이곳에 군대를 주둔시켰다."

5) 【집해(集解)】 문영(文穎)이 말했다. "양(梁) 혜왕(惠王)의 손자 가(假)가 진나라에 멸망 당하자, 동쪽으로 옮겨 와서 풍에 도읍했다. 그래서 '풍은 양이 옮겨 왔던 곳'이라고 말한 것이다.

6) 【집해(集解)】 복건(服虔)이 말했다. "아(雅)는 고(故)이다." 소림(蘇林)이 말했다. "아(雅)는 소(素-평소)이다."

7) 【집해(集解)】 문영(文穎)이 말했다. "진가는 동양군 사람으로, 영현군(甯縣君)이 되었다." 신찬(臣瓚)이 말했다. "「진승전(陳勝傳)」에 이르기를 '광릉(廣陵) 사람 진가'라고 했으니, 그렇다면 가(嘉)는 동양 사람이 아니다. 진가는 처음에 담(郯)에서 일어났고 칭호를 대사마(大司馬)라고 했으며 또한 영현군이 아니다. 동양 영군(甯君)이 한 사람이고, 진가가 별도로 한 사람이다." 【색은(索隱)】 신찬은 두 사람으로 보았다. 살펴보건대, 아랫글에서 붙여 "동양의 영군"이라 하고 별도로 "진가"라고 했으니, 분명히 신찬의 설이 맞다. 안사고(顔師古)는 영(甯)은 성이고 군(君)이란 당시 사람들이 칭호로 부르던 군일 뿐이라고 했다.

8) 【색은(索隱)】 위소(韋昭)가 말했다. "지금의 팽성 유현(留縣)이다. 【정의(正義)】 『괄지지(括地志)』에서 말했다. "유성(留城)은 서주(徐州) 패현(沛縣) 동남쪽으로 50리에 있는데, 곧 장량(張良)이 봉해진 곳이다."

이때 진나라 장수 장한이 진승을 추격했고[從(종)], 그의 별장(別將) 사마니(司馬尼)는 군사를 이끌고 북쪽으로 가서 초나라 땅을 평정하고[1] 상(相)을 도륙한 다음 탕(碭)에 이르렀다[2]. 동양의 영군과 패공이 군사를 이끌고 서쪽으로 가서 소(蕭) 서쪽에서[3] (사마니의 군대와) 싸웠는데 불리했다[不利(불리)]. 돌아와서 병사들을 수습해 유현(留縣)에 집결한 다음에 군사들을 이끌고 탕현을 공격해 사흘 만에 마침내 차지했으며[取(취)], 탕의 병사들을 거둬 5,000~6,000명을 얻었다. (이전의 병사와 합쳐 모두 9,000명이 되었다.) 하읍(下邑)[4]을 공격해 그곳을 뽑아버렸다[拔之(발지)].[5]

풍읍으로 군대를 돌렸다. 항량이 설(薛)[6]에 있다는 소식을 듣고 기병 100여 기를 이끌고 가서 그를 만나보았다[7]. 항량이 패공에게 군졸 5,000명과 오대부(五大夫)[8]급 장수 10명을 더해주었고, 패공은 돌아와서 군사를 이끌고 풍읍을 공격했다[9].

1) 【집해(集解)】 여순(如淳)이 말했다. "진섭의 장수들을 추격한 것이다. 섭은 진(陳)에 있고 그의 장상들은 별도로 다른 곳에 있었지만, 모두 진(陳)이라고 했다. 니(尼)는 장한의 사마이다." 【색은(索隱)】 이는 장한이 진섭의 별장들을 추격하다가 장병들이 다른 곳을 향해 가자, 사마니를 보내서 병사들을 통솔해 북쪽으로 가게 함으로써 초 땅을 평정한 것을 말한다. 그래서 여순은 말하기를 "니는 장한의 사마이다"라고 한 것이다. 공문상(孔文祥) 또한 말하기를 "장한은 별도로 니를 보내 상현을 도륙했다"라고 했다. 또 일설에는 "종(從)이란 뒤쫓는 것[追逐(추축)]을 뜻하니, 이는 장한이 진섭의 별장들을 토벌해 추격하는 한편 사마니가 별도로 군사를 이끌고 북쪽으로 초를 평정한 것을 말한다"라

고 했는데, 이 또한 문맥상 통한다.

2) 【색은(索隱)】 위소(韋昭)가 말했다. "상(相)은 패군(沛郡)의 현이다." 응소(應劭)가 말했다. "탕(碭)은 양국(梁國)에 속한다." 소림(蘇林)은 (碭의 발음이) 당(唐)이라고 했고, 또 탕(宕-방탕하다)이라고도 했다. 【정의(正義)】 『괄지지(括地志)』에서 말했다. "옛 상성(相城)은 서주 부리현(符離縣) 서북쪽으로 90리에 있다. 탕(碭)은 송주(宋州) 동쪽으로 150리에 있다."

3) 【색은(索隱)】 위소(韋昭)가 말했다. "소(蕭)는 패군(沛郡)의 현 이름인데, 소현의 서쪽을 가리킨다."

4) 【색은(索隱)】 위소(韋昭)가 말했다. "현 이름인데, 양국(梁國)에 속한다."

5) 【색은(索隱)】 살펴보건대, 범엽(范曄)이 말하기를 "성을 얻는 것[得城(득성)]을 일러 뽑아버린다[拔(발)]라고 한다"라고 했다.

6) 【정의(正義)】 지금의 서주(徐州) 등현(滕縣)이며, 옛날의 설성(薛城)이다.

7) 【집해(集解)】 서광(徐廣)이 말했다. "3월이다."

8) 【집해(集解)】 소림(蘇林)이 말했다. "오대부는 제9등급 작위명이다. 오대부로부터 장수로 삼는데, 모두 10명이다."

9) 【집해(集解)】 서광(徐廣)이 말했다. "「표(表)」에서는 '풍을 뽑아버리니 옹치가 위(魏)로 달아났다'라고 했다."

항량(項梁)을 따른 지 한 달 남짓 되었을 때, 항우가 이미 양성(襄城)[1]을 뽑아버리고 돌아오니 항량은 별장들을 모두 설현으로 불렀다[2]. 진왕이 확실히[定(정)=必(필)] 죽었다는 말을 듣고서 항량은 그 참에 초나라 회왕(懷王)의 손자 심(心)[3]을 초왕으로 삼고 우이(盱台)[4]에 도읍했으며, 스스로 칭호를 무신군(武神君)이라고 했다. 몇 달 후에 북쪽으로 강보(亢父)를 시켜서 동아(東阿)[5]를 구원해 (동아에서 장한이 이끄는) 진나라 군대를 깨뜨렸다. (전영이 이끄는) 제나라 군이 돌아가자, 초군은 단독으로 패배한[北(배)] 적군을 뒤쫓았고, 패공과 항우로 하여금 별개로 성양(城陽)[6]을 공격하게 하여 도륙했다

[攻屠(공도)]. 복양(濮陽)[7] 동쪽으로 진을 쳐서[軍(군)] 다시 진나라 군과 싸워 깨뜨렸다.

1) 【색은(索隱)】 위소(韋昭)가 말했다. "영천현(潁川縣)이다." 【정의(正義)】 양성은 허주(許州)의 현이다.

2) 별장은 하급의 장수[小將(소장)]로, 독자적으로 타지에 나가 있는 자들을 이른다.

3) 초나라 회왕 웅괴(熊槐)의 손자 웅심(熊心)이다. 기원전 299년 진나라 소왕(昭王)에게 속아서 진나라에 잡혀간 회왕이 그곳에서 죽자, 그 후 항량이 봉기했을 때 초나라 사람들이 민간에서 그의 손자 웅심을 찾아낸 것이다.

4) 【색은(索隱)】 위소(韋昭)가 말했다. "임회현(臨淮縣)이다. 발음은 우이(盱夷)다." 【정의(正義)】 초(楚)나라의 현이다.

5) 【색은(索隱)】 위소(韋昭)가 말했다. "동군(東郡)의 현 이름이다." 【정의(正義)】 제주(濟州)의 현이다.

6) 【색은(索隱)】 살펴보건대, 「지리지(地理志)」에 이르기를 제음(濟陰)에 속한다고 했다.

7) 【색은(索隱)】 위소(韋昭)가 말했다. "동군(東郡)의 현 이름이다." 【정의(正義)】 복양 고성(濮陽故城)은 복주(濮州) 서쪽으로 86리에 있으며, 본래 한나라의 복양현(濮陽縣)이다.

진나라 군대가 다시 떨쳐[振(진)][1] 복양을 방어하면서 물로 빙 두르니[環水(환수)][2], 초나라 군대가 그것을 제거하며 정도(定陶)[3]를 쳤으나 정도는 아직 떨어지지 않았다[不下(불하)].

패공이 항우와 함께 서쪽 땅을 공략해 옹구(雍丘)[4] 아래에 이르렀고, 진나라 군대와 싸워서 크게 깨뜨리고 (삼천군(三川郡) 수(守)) 이유(李由)[5]의 목을 베었다. (서쪽으로부터) 돌아와서 외황(外黃)[6]을 공격했으나, 외황은 아직 떨어지지 않았다.

❖

1) 【집해(集解)】 이기(李奇)가 말했다. "진(振)은 '정돈하다[整]'라는 뜻이다." 여순(如淳)이 말했다. "진(振)은 '일어나다[起]'라는 뜻이니, 패잔병들을 수습해서 다시 신속하게 떨쳐 일어났다는 말이다."

2) 【집해(集解)】 문영(文穎)이 말했다. "물을 터서 빙 둘러 방어를 튼튼하게 하는 것이다." 장안(張晏)이 말했다. "강물에 의존해서 주변을 빙 둘러 성루를 만드는 것이다." 【정의(正義)】 살펴보건대, 두 설 모두 통한다. 복양현(濮陽縣) 북쪽은 황하와 맞닿아 있으니 이는 진나라 군대가 황하를 방어벽으로 썼다는 뜻으로, 남쪽으로 도랑을 파서 황하의 물을 끌어들이고는 빙 둘러서 벽루를 견고하게 했다는 것이다. (아래는) 초군이 마침내 그것을 제거했다는 말이다.

3) 【색은(索隱)】 살펴보건대, 「지리지(地理志)」에 따르면 제음(濟陰)의 현이다.

4) 【색은(索隱)】 위소(韋昭)가 말했다. "옛날의 기국(杞國)인데, 지금은 진류(陳留)의 현이다."

5) 유는 이사(李斯)의 아들이다.

6) 【색은(索隱)】 위소(韋昭)가 말했다. "상진류현(上陳留縣)이다." 【정의(正義)】 옹구의 동쪽에 있다.

항량이 다시 진나라 군대를 크게 깨뜨리자 교만한 빛[驕色]을 나타내었고, 송의(宋義)가 간언했으나[1] 듣지 않았다. 진나라가 장한의 병력을 더해 주자, (장한은) 밤에 병사들의 입에 재갈처럼 나무막대를 물리고서[銜枚][2] 항량이 있는 정도를 쳐서 크게 깨뜨리고 항량을 죽였다. 패공과 항우는 한창[方] 진류(陳留)를 공격 중이었는데, 항량이 죽었다는 소식을 듣고는 장군 여신(呂臣)과 함께 병사들을 이끌고 동쪽으로 갔다. 여신의 군대는 팽성의 동쪽, 항우의 군대는 팽성의 서쪽에 진을 쳤고, 패공의 군대는 탕(碭)에 진을 쳤다.

1) 【색은(索隱)】 순열(荀悅)이 『한기(漢紀)』에서 말했다. "옛 초나라 영윤 송의를 말

한다." 마땅히 다른 곳에서도 나온 적이 있다.

2) 【집해(集解)】 『주례(周禮)』에 「함매씨(銜枚氏)」편이 있으니, 정현(鄭玄)이 말하기를 "말을 하거나 떠들썩하고 시끄럽게 하는 것을 막는 것이다. 매(枚-나무 막대기)의 모양은 젓가락처럼 생겼는데, 그것을 가로로 머금어서 목구멍을 틀어막는 것[繣結(획결)]이다"라고 했다. 繣의 발음은 획(獲)이다.

장한은 이미 항량의 군대를 깨뜨렸기 때문에 초나라 땅에 있는 병사들은 걱정할 필요가 없다고 여기고서 마침내 황하를 건너 북쪽으로 가서 조나라를 쳐 크게 깨뜨렸다. 이런 때를 맞아 조헐(趙歇)[1]이 왕이었는데, 진나라 장수 왕리(王離)가 거록성을 에워쌌으니, 이것이 이른바 하북(河北)의 군대다.

진(秦) 2세 3년에 초나라 회왕은 항량의 군대가 패한 것을 보고 두려움을 느껴, 우이(盱台)에서 옮겨 팽성(彭城)을 도읍으로 삼고 여신과 항우의 군대를 병합시켜 자신이 직접 통솔했다. 패공을 탕군(碭郡)의 장(長)으로[2] 삼아 무안군(武安君)에 봉한 뒤 탕군의 군사를 지휘토록 했고, 항우를 봉해 장안후(長安侯)로 삼고 칭호를 노공(魯公)이라 했다. 여신을 사도(司徒)로 삼았으며, 그의 아버지 여청(呂青)은 영윤(令尹)으로 삼았다[3].

조나라가 여러 차례 구원을 청하자, 회왕은 마침내 송의를 상장군(上將軍), 항우를 차장군(次將軍), 범증(范增)을 말장군(末將軍)으로 삼아 북쪽으로 가서 조나라를 구원하게 하고, 패공에게는 서쪽으로 가서 땅을 공략해 함곡관에 들어가라고 했다. (애초에 회왕은) 여러 장수와 말로 약조하기를 [約(약)=要(요)=言契(언계)], 관중(關中)[4]에 가장 먼저 들어가는 자를 그곳의 왕(王)으로 삼겠다고 했다.

1) 【색은(索隱)】 (歇은) 소림(蘇林)이 말하기를 발음은 글자 그대로라고 했고, 정덕(鄭德)이 말하기를 알절(遏絶-막아서 끊어버림)의 알(遏)이라고 했으며, 서광

(徐廣)은 발음이 오(烏)와 할(割)의 반절음이라고 했다. 지금은 글자 그대로 읽은 것이다.

2) 【정의(正義)】『괄지지(括地志)』에서 말했다. "송주(宋州)는 본래 진나라의 탕군이다." 소림(蘇林)이 말했다. "장은 군수(郡守)와 같다." 위소(韋昭)가 말했다. "진나라에서는 수(守-군수)라 했는데, 이때 고쳐서 장(長)이라고 했다."

3) 【색은(索隱)】 살펴보건대, 「표(表)」에 따르면 청(靑)은 신양후(信陽侯)에 봉해졌다. 【정의(正義)】 응소(應劭)가 말했다. "천자를 일러 사윤(師尹)이라 했고, 제후를 일러 영윤(令尹)이라 했다. 이때는 6국이 없어진 지 얼마 안 되었기에 영윤을 둔 것이다." 신찬(臣瓚)이 말했다. "(영윤이란) 제후의 경(卿)으로, 유일하게 초나라만 그것을 영윤이라 불렀고 나머지 나라들은 상(相-재상)이라 했다. 이때는 초나라가 (다시) 세워진 후이기 때문에 관직을 둔 것이 초나라의 옛 제도와 같아서 그렇게 한 것이다."[안사고(顔師古)는 "신찬의 설이 옳다"고 했다.]

4) 【색은(索隱)】 위소(韋昭)가 말했다. "함곡은 무관(武關)이다." 또 『삼보구사(三輔舊事)』에서 말했다. "서쪽으로는 산관(散關)을, 동쪽으로는 함곡을 경계로 삼아서 두 관의 가운데를 일러 관중(關中)이라고 했다."

이런 때를 맞아, 진나라 군대는 강해 늘 승세를 타고서 패주하는 적[北(배)]을 뒤쫓았으니, 여러 장수 중에서 누구도 가장 먼저 관중에 들어가는 것을 이롭게 여기지 않았다[1]. 항우 홀로 진나라가 항량을 깨뜨린 것을 원통해하고 격분하면서[奮(분)][2] 패공과 함께 서쪽으로 관중에 들어가고자 했다. 회왕이 여러 나이 든 장수들 모두에게 말했다.

"항우는 사람됨이 급하고[慓(표)] 사나우며[悍(한)] 남을 잘 해치니[猾賊(활적)][3], 일찍이 항우가 양성(襄城)을 공격했을 때 양성에는 살아남은 이가 없었는데[無遺類(무유류)][4] 이는 모두 파묻은 탓이오. 지나가는 곳마다 잔인하게 다 없애버리지 않은 것이 없을 정도요. 게다가 초나라가 여러 차례 진격을 시도했으나 이전의 진왕(陳王-진승)[5]과 항량이 모두 패했으니, (이번에는) 다시 덕망

이 높은 사람[長者]을 보내 의로움을 베풀며 서쪽으로 나아가서[6] 진나라의 부형(父兄)들을 잘 일깨워주는 게 나을 것이오[不如]. 진나라의 부형들은 그 임금에게 오랫동안 고통 받았기 때문에, 지금 정말로 덕망이 높은 사람을 얻어서 그가 가서 다시는 난폭한 정치가 없을 것이라고 설득하면 마땅히 항복할 것이오. 지금 항우는 급하고 사나워서[僄悍=驃悍] 지금[7] 보낼 수 없고, 오직 패공만이 평소 너그럽고 그릇이 커서[寬大] 덕망이 높으니 보낼 수 있을 것이오."

결국 항우를 불허하고 패공을 서쪽으로 보내 서쪽 땅을 공략해서 진(陳)나라 임금(-진승)과 항량의 흩어진 병사들을 거둬들이게 했다. 마침내 탕을 지나[道][8] 성양(城陽)과 강리(杠里)[9]에 이르러 진나라 군과 성벽을 마주하고서 대치하다가[夾壁] 위(魏)의 두 부대를 깨뜨렸고, 초나라 군대는 출병해 왕리를 쳐서 크게 깨뜨렸다[10].

1) 안사고(顔師古)가 말했다. "들어가지 않는 것이 이롭다는 것이니, 진나라를 두려워했다는 말이다."

2) 【색은(索隱)】 위소(韋昭)가 말했다. "분격(憤激)한 것이다."

3) 【색은(索隱)】 『설문(說文)』에서 말했다. "표(僄)는 '성미가 급하다[疾]'는 뜻이고, 한(悍)은 '사납다[勇]'는 뜻이다." 『방언(方言)』에 이르기를 "표(僄)는 '가볍다[輕]'는 뜻이다"라고 했으니, 유(劉)에 따르면 발음은 필(匹)과 묘(妙)의 반절음이다. 활적(猾賊)이 『한서(漢書)』에는 화적(禍賊)으로 되어 있다.

4) 【집해(集解)】 서광(徐廣)이 말했다. "유(遺)는 판본에 따라 초(噍-먹다, 씹다)로 되어 있으니, 초(噍)란 '먹다[食]'라는 뜻이다. 발음은 재(在)와 묘(妙)의 반절음이다." 배인(裴駰)이 살펴보건대, 여순(如淳)은 이렇게 말했다. "부류 중에서 더는 살아서 음식을 먹을 자가 없다는 말이다. 청주(青州)의 속어에 있는 '무혈유(無孑遺)'가 무초류(無噍類)다."[둘 다 살아남는 것이 없다는 뜻이다.]

5) 【집해(集解)】 『한서음의(漢書音義)』에서 말했다. "진섭을 가리킨다."

6) 【정의(正義)】 덕망이 높은 사람을 보내 어짊과 마땅함을 베풀고 서쪽으로 나아가서 진나라의 나이 많거나 적은 사람들을 일깨워줌으로써 항복하도록 하겠다는 것이다.

7) 【집해(集解)】 서광(徐廣)이 말했다. "지금이 두 번 겹치는데, 하나는 없어야 한다."

8) 【집해(集解)】 『한서음의(漢書音義)』에서 말했다. "길을 가면서 탕을 경유해 갔다는 말이다."

9) 【집해(集解)】 『한서음의(漢書音義)』에서 말했다. "둘 다 현 이름이다." 【색은(索隱)】 성양은 제음(濟陰)에 있는데 위소(韋昭)는 "영천(潁川)에 있다"라고 했으니, 틀렸다. 복건(服虔)이 말하기를 "강리는 현 이름이다"라고 했다. 여순(如淳)이 말하기를 "진나라 군대가 별개로 주둔한 땅의 이름이다"라고 했다.

10) 【집해(集解)】 서광(徐廣)이 말했다. "「표(表)」에 이르기를, 3년 10월에 동군위(東郡尉)와 왕리의 군대를 성무(成武) 남쪽에서 공격해 깨뜨렸다고 했다."

패공이 군사를 이끌고 서쪽으로 가 창읍(昌邑)[1]에서 팽월(彭越, ?~기원전 196년)[2]과 만나 함께 진나라 군을 공격했으나 전세가 불리했다. 돌아와 율(栗)[3]에 이르러 강무후(剛武侯)[4]를 만나서 그의 병사 4,000여 명을 빼앗아 병합한 뒤 위나라 장수 황흔(皇欣), 사도(司徒) 무포(武蒲)[5]의 군사와 함께 창읍을 쳤으나 창읍을 뽑아버리지 못했다. (패공이) 서쪽으로 진군하면서 고양(高陽)[6]을 지나갔는데, 역이기(酈食其, ?~기원전 204년)[7]가 (동료인) 마을의 성문지기[監門(감문)]에게 말했다.

"여러 장수가 이곳을 많이 지나갔지만, 내가 보니 패공이 대인(大人)이며 장자(長者)이다."

1) 【정의(正義)】 「지리지(地理志)」에 이르기를, 창읍현은 산양(山陽)에 속한다고 했다. 『괄지지(括地志)』에서 말했다. "조주(曹州) 성무현(成武縣) 동북쪽으로

32리에 있으니, 거기에 있는 양구 고성(梁丘故城)이 바로 그곳이다."

2) 진(秦)나라 말에 진승과 항우가 병사를 일으키자, 산동 지역 거야(鉅野)에서 거병했고, 초한(楚漢) 전쟁 때 병사 3만여 명을 이끌고 한나라에 귀순해서 유방을 도왔다. 위(魏) 상국(相國)이 되어 양(梁) 땅을 공략, 평정했다. 한나라를 도와 초나라를 공격해서 여러 차례 초나라의 식량 보급로를 끊었다. 병사를 인솔해 해하(垓下)에서 항우(項羽)를 격멸함으로써 양왕(梁王)에 봉해졌다. 진희(陳豨)가 반란을 일으키자, 고조(高祖)가 직접 정벌에 나섰는데, 한단(邯鄲)에 이르러 양나라 병사를 징발했으나 그는 병을 이유로 장령(將領)을 대신 한단으로 보냈다. 양나라 장수 호첩(扈輒)이 반란을 권유했지만 따르지 않았다. 양(梁) 태복(太僕)이 고발하자 고조가 사람을 보내 체포한 뒤 서인(庶人)으로 강등시켰다. 촉(蜀)으로 옮겨졌다가, 여후(呂后)의 말을 들은 고조가 삼족(三族)을 멸해버렸다.

3) **【색은(索隱)】** 위소(韋昭)가 말했다. "현 이름이며 패군(沛郡)에 속한다."

4) **【집해(集解)】** 응소(應劭)가 말했다. "초 회왕의 장수이다." 『한서음의(漢書音義)』에서 말했다. "「공신표(功臣表)」에 이르기를 극포강후(棘蒲剛侯) 진무(陳武)라고 했다. 무(武)는 일설에 성(姓)이 시(柴)이다. '강무후(剛武侯)'는 마땅히 '강후(剛侯) 무(武)'가 되어야 하니, 위나라 장수다." 신찬(臣瓚)이 말했다. "「공신표」에 따르면 시무(柴武)는 장군이며 설(薛)에서 일어났고 별도로 동아(東阿)를 구원했으며 패상(霸上)에 이르렀다가 한중(漢中)에 들어갔으니, 회왕의 장수가 아니고 또한 위나라 장수도 아니며 서열상으로 아직 시호를 받을 정도도 아니었다." **【정의(正義)】** 안사고(顔師古)가 말했다. "사료에서 그의 이름과 성을 잃어버린 채 오직 그의 작호(爵號)만을 알 뿐 누구인지도 모르니, '강후(剛侯) 무(武)'로 고쳐서는 안 된다. 응씨(應氏)는 회왕의 장수라 했지만, 또한 위나라 장수라는 설도 있으니, 아무런 근거가 없다. 「표(表)」에 따르면 6년 3월에 봉해졌다. 맹(孟)과 안(顔) 두 사람의 설이 옳다.

5) **【정의(正義)】** 나란히 위나라 장수다. 흔(欣)자는 혹 흔(訢)으로 되어 있기도 한데, 발음은 허(許)와 근(斤)의 반절음이다. 포(蒲)가 『한서(漢書)』에는 만(滿)으로 되어 있는데, 둘 다 통한다.

6) 【집해(集解)】 문영(文穎)이 말했다. "취읍(聚邑)의 이름으로, 진류군(陳留郡) 어현(圉縣)에 속한다." 신찬(臣瓚)이 말했다. "진류는 전하는 바에 따르면 옹구(雍丘) 서남쪽에 있다고 했다."

7) 【집해(集解)】 정덕(鄭德)이 말했다. "발음은 역이기(歷異基)다."[한나라 초기 진류(陳留) 고양(高陽) 사람으로 책 읽기를 좋아했는데, 집안이 가난해서 감문(監門)이 되었다. 유방을 위해 계책을 내 진류를 함락시킨 뒤로부터 광야군(廣野君)으로 불렸다. 유방의 세객(說客)이 되어 제후(諸侯)들에게 사신으로 갔다. 초한(楚漢) 전쟁 중에 한고조(漢高祖)를 위해 제(齊)나라에 가서 유세해 70여 성의 항복을 받아냈고, 제나라 임금 전광(田廣)을 설득해 한나라에 귀순토록 하던 중에 한신(韓信)의 군사가 바로 제나라를 공략하자 대노한 전광에게 팽형(烹刑)을 당했다. 한나라에서 그의 아들 역개(酈疥)를 고량후(高梁侯)에 봉했다.]

마침내 패공을 만나 유세하고자 했다. 패공이 마침[方] 평상[床]에 걸터앉아[踞] 두 여자에게 발을 씻기게 하고 있었는데, 역생(酈生-역이기)이 절도 올리지 않고 두 손을 맞잡아 높이 들고서 허리를 굽히며[長揖] 말했다.

"족하(足下)께서 반드시 무도한 진나라를 주벌코자 하신다면 마땅히 (저와 같은) 장자(長者)를 걸터앉은 채로 만나봐서는 안 됩니다."

이에 패공이 일어나서 옷깃을 여미며[攝衣] 사과한 뒤 윗자리에 가서 앉도록 했다. 이기(食其)가 패공에게 유세하기를, 진류(陳留)를 습격해[襲][1] 진나라의 비축 식량을 (이쪽에서) 확보해야 한다고 했다. 마침내 역이기를 광야군(廣野君)[2]으로 삼고, 그의 동생 상(商)을 장수로 삼아 진류의 병사들을 거느리고 함께 개봉(開封)[3]을 공격하게 했으나 뽑아버리지 못했다[未拔].

서쪽으로 가서 진나라 장수 양웅(楊熊)과 백마(白馬)[4]에서 전투를 벌인 뒤 다시 곡우(曲遇)[5] 동쪽에서 붙어 크게 깨뜨렸다. 양웅이 달아나 형양(滎陽)[6]으로 가자, 2세황제는 사자를 시켜서 그의 목을 베어 사람들에게 조리돌렸다[徇][7]. 남쪽으로 영천(潁川)을 공격해 도륙했고[8], 장량(張良)의 도움

으로 드디어 한(韓)나라 땅 환원(轘轅)[9]을 공략했다.

1) 【집해(集解)】『한서음의(漢書音義)』에서 말했다. "『춘추전(春秋傳)』에 이르기를, 가볍게 행군하며 종이나 북을 울리지 않고 공격하는 것을 습(襲)이라고 한다고 했다."

2) 【색은(索隱)】 위소(韋昭)가 말했다. "(광야는) 산양군(山陽郡)에 있다."

3) 【색은(索隱)】 위소(韋昭)가 말했다. "하남(河南)의 현이다."

4) 【색은(索隱)】 위소(韋昭)가 말했다. "동군(東郡)의 현이다." 【정의(正義)】『괄지지(括地志)』에서 말했다. "백마 고성(白馬故城)은 활주(滑州) 위남현(衛南縣) 서남쪽으로 24리에 있다. 대연지(戴延之)는 『서정기(西征記)』에서 백마성을 옛 위(衛)나라의 조읍(漕邑)이라고 했다."

5) 【색은(索隱)】 서광(徐廣)이 말하기를 "중모(中牟)에 있다"라고 했고, 위소(韋昭)가 말하기를 "「지(志-지리지)」에는 실려 있지 않다"라고 했다. 사마표(司馬彪)는 『군국지(郡國志)』에서 말하기를, 중모에는 곡우취(曲遇聚)가 있다고 했다.

6) 【색은(索隱)】 위소(韋昭)가 말했다. "옛 위(衛)나라 땅으로, 하남군(河南郡)의 현이다."

7) 안사고(顔師古)가 말했다. "순(徇)은 보여주는 것[行示(행시)]이다. 사마법(司馬法)에 이르기를 '목을 베어 드러내 보인다'라고 했으니, 사람들에게 두루 내보여 많은 병사로 하여금 경계로 삼게 하는 것을 말한다."

8) 【집해(集解)】 서광(徐廣)이 말했다. "4월이다."

9) 【집해(集解)】 문영(文穎)이 말했다. "하남(河南) 신정(新鄭) 남쪽에서 영천(潁川)까지 남북이 다 한나라 땅이다. 량(良)은 여러 대에 걸쳐 한나라의 상국으로 있었기 때문에, 그래서 그의 도움을 입었다[因之(인지)]라고 한 것이다." 신찬(臣瓚)이 말했다. "환원은 험도(險道-험한 길)의 이름이며, 구지(緱氏) 동남쪽에 있다." 【색은(索隱)】 살펴보건대, 『십삼주지(十三州志)』에 이르기를 하남(河南) 구지현(緱氏縣)은 산을 갖고서 이름 지은 것이라고 했다. 일설에 따르면 환원에는

굽이가 모두 92개 있어 험도(險道)라고 했다고 한다.

이런 때를 맞아 조나라 별장 사마앙(司馬卬)이 바야흐로[方] 황하를 건너 관중(關中-함곡관)에 들어가려 하자, 패공은 마침내 북쪽으로 평음(平陰)[1]을 공격해 황하의 나루를 곧장 건넜다[絶][2]. 남쪽으로 가서 낙양(雒陽) 동쪽에서 (진나라와) 교전했으나 전세가 불리해지자 돌아와 양성(陽城)[3]에 이르러서 군중의 말과 기병을 거둬 정비했고[收=整], (6월에) 주(犨)[4] 동쪽에서 남양(南陽)의 수(守-군수) 의(齮-여의(呂齮))[5]와 싸워 깨뜨렸다. 남양군을 공략하자 남양 군수는 달아나서 원(宛)의 성을 지키며 버텼다[守][6]. 패공이 군사를 이끌고 원을 지나쳐 서쪽으로 나가려 하자, 장량이 간언해 말했다.

"패공께서는 서둘러 관(關)에 들어가려 하시지만, 진나라는 병사가 아직 많은 데다가 험지(險地)를 끼고 방어하고 있습니다. 지금 원을 떨어뜨리지 않는다면 원이 뒤에서 따라와 우리를 칠 것이요 강한 진나라가 앞에 있게 되니, 이는 위험한 방책[危道]입니다."

이에 패공은 마침내 밤에 군사를 이끌고 다른 길을 따라 돌아와서 깃발들을 눕히고[更] 동트기를 기다렸다가[黎明][7] 원성을 세 겹으로 둘러쌌다[8]. 남양 군수가 스스로 목을 찌르려 하는데[自剄], 그의 사인(舍人-비서실장격이다) 진회(陳恢)가 "조금 있다가 죽어도 아직 늦지 않을 것입니다"라고 말하고서는 마침내 성을 넘어가 패공을 만나 이렇게 말했다.

"신이 듣건대 족하께서는 (회왕과의) 약속을 통해 가장 먼저 함곡관에 들어가는 자가 왕이 되기로 했는데, 지금 족하께서는 원에 머물러 그것을 지키고 계십니다. 원은 큰 군 중에서도 큰 것이어서 성이 수십 개 연이어져 있고 백성도 많으며 재물도 많이 축적되어 있는데, 그 관리와 백성은 항복할 경우 반드시 죽게 될 것이라고 여겨서 다 성 위에 올라가[乘=登][9] 굳게 지키고 있습니다[堅守]. 이제 족하께서 하루 종일 이곳에 머물러 (성을) 공략

하게 되면 죽거나 다치는 병사들이 반드시 많을 것이며, (성을 공략하지 않고) 군사를 이끌어 원을 떠나면 원 땅 사람들이 반드시 족하의 뒤를 추격할 것입니다. 족하께서 전자를 택하면 함양에서의 약속을 잃게 될 것이요, 후자를 택해도 강력한 원 사람들이 추격하는 우환이 있을 것입니다. 족하를 위해 계책을 올리건대, 투항을 약속해 그 수를 (벼슬자리에) 봉한 뒤 그로 하여금 이곳에 남아 성을 지키도록 하고 그중에 무장병[甲卒]들을 데리고 그들과 함께 서쪽으로 가는 것만 못합니다. (그렇게 하면) 아직 함락되지 않은 여러 성도 그 소식을 듣고 다퉈 성문을 열고 기다릴 것이니, 족하께서 나아가시는 데 누가 되는 곳은 없을 것입니다."

패공이 말했다.

"좋다."

1) 【집해(集解)】「지리지(地理志)」에 이르기를, 하남(河南)에 평음현(平陰縣)이 있는데 지금의 하음(河陰)이 바로 이곳이라고 했다.

2) 안사고(顔師古)가 말했다. "곧장 건너는 것[直渡]을 절(絶)이라 한다."

3) 【정의(正義)】 지금의 낙주(洛州)이며, 하우(夏禹)가 도읍한 곳이다.

4) 【집해(集解)】「지리지(地理志)」에 이르기를, 남양군(南陽郡)에 주현(犨縣)이 있다고 했다.

5) 【색은(索隱)】 발음은 의(檥-배를 대다)다. 허신(許愼)은 '옆으로 씹다[側齧]'라고 했다.

6) 【정의(正義)】 宛은 (발음이 완이 아니라) 어(於)와 원(元)의 반절음이다. 『괄지지(括地志)』에서 말했다. "남양현(南陽縣) 고성(故城)은 원(宛) 대성(大城)의 남쪽 귀퉁이에 있다. 그 서남쪽에 두 면이 있는데, 둘 다 옛 원성(宛城)이다."

7) 【색은(索隱)】 (黎의) 발음은 이(犁-검다)다. 여(黎)는 '무렵[比]'이라는 뜻이니, 하늘이 밝아올 무렵이라는 말이다. 『한서(漢書)』에는 지(遲)로 되어 있는데 발음은 치(値)이니, 치(値)는 하늘이 밝아오기를 기다린다는 뜻이다. 둘 다 일찍

[皁]이라는 뜻이 있다.

8) 【색은(索隱)】 『초한춘추(楚漢春秋)』에서 이렇게 말했다. "상(上)이 남쪽으로 원성을 공격했는데, 깃발들을 숨기고 병사들은 함매(銜枚) 했으며 말에 재갈을 물린 채로 닭이 아직 울기도 전에 원성을 세 겹으로 에워쌌다."

9) 【색은(索隱)】 이기(李奇)가 말했다. "승(乘)은 '지키다[守]'라는 뜻이다." 위소(韋昭)가 말했다. "승(乘)은 '오르다[登]'라는 뜻이다."

마침내 원의 군수를 은후(殷侯)[1]로 삼았고, 진회에게는 1,000호를 봉해 주었다[2]. 군사를 이끌고 서쪽으로 나아가니 함락되지 않는 곳이 없었다. 단수(丹水)[3]에 이르자 고무후(高武侯) 새(鰓)[4]와 양후(襄侯) 왕릉(王陵)[5]이 서릉(西陵)에서 항복했다. 돌아와서 호양(胡陽)[6]을 공격했고, 파군(番君)[7]의 별장 매현(梅鋗)을 만나서 그와 함께 석(析)과 역(酈)[8]을 쳐서 둘 다 항복시켰다. 위(魏)나라 사람 영창(甯昌)을 진나라에 사신으로 보냈으나 사자는 아직 돌아오지 않았다. 이때 장한은 이미 군사를 이끌고 조나라에서 항우에게 투항했다.

1) 【색은(索隱)】 위소(韋昭)가 말했다. "하내(河內)에 있다."

2) 【집해(集解)】 서광(徐廣)이 말했다. "7월이다."

3) 【색은(索隱)】 위소(韋昭)가 말했다. "하내군(河內郡)에 있다." 【정의(正義)】 『괄지지(括地志)』에서 말했다. "옛 단성(丹城)은 등주(鄧州) 내향현(內鄉縣) 서남쪽으로 130리에 있는데, 남쪽으로 단수와의 거리는 200보다. 『급총기년(汲冢紀年)』에 이르기를, 후직(后稷)이 제(帝)의 아들 단주(丹朱)를 추방했다고 한 단수가 바로 여기라고 했다. 『여지지(輿地志)』에 이르기를 진(秦)나라가 단수현을 만들었다고 했고, 「지리지(地理志)」에 이르기를 단수현은 홍농군(弘農郡)에 속한다고 했다. 『포박자(抱朴子)』에서 말했다. '단수(丹水)에는 단어(丹魚)가 나오는데, 하지 10일 전의 밤에 그것을 살펴보면 이 물고기들이 물가에 떠오

르는 것이 마치 그 빛이 불타는 것과 같다. 그물로 잡아서 배를 갈라 그 피를 발에 바르면 물 위를 걸을 수 있어서, 오랫동안 강 위에서 빠지지 않고 지낼 수 있다.'"

4) 【집해(集解)】 소림(蘇林)이 말했다. "어새(魚鰓)의 새(鰓-아가미)다." 진작(晉灼)이 말했다. "「공신표」에 나오는 척새(戚鰓)다."

5) 【집해(集解)】 위소(韋昭)가 말했다. "한나라는 왕릉을 봉해 안국후(安國侯)로 삼았는데, 그가 처음 병사를 일으켰을 때 남양(南陽)에 있었고 남양에는 양현(穰縣)이 있으므로 아마도 양(襄)은 마땅히 양(穰)이 되어야 할 것이다. 화(禾)변이 없는 것은 그냥 그것을 생략한 것일 뿐이다. 오늘날 소공(邵公)을 간혹 그냥 소(召)라고 쓰는 것도 비슷한 경우로, 이런 경우는 매우 많다." 신찬(臣瓚)이 말했다. "이때 한성(韓成)이 양후(穰侯)로 봉해졌으니, 강하(江夏)에 양(襄)이 있는데 바로 여기에 왕릉이 봉해진 것이다." 【색은(索隱)】 살펴보건대 왕릉이 안국후에 봉해진 것은 천하가 평정되어 승상에 오르고 나서일 뿐이다. 따라서 이는 양후(襄侯)를 말하는 것으로, 마땅히 신찬의 풀이대로여야 한다. 대개 처음에 강하의 양(襄)에 봉해진 것일 뿐이다.

6) 【집해(集解)】 일설에는 호릉(胡陵)이라고 한다. 【색은(索隱)】 위소(韋昭)가 말했다. "남양군(南陽郡)의 현이다."

7) 오예(吳芮, ?~기원전 202년)를 가리킨다. 진나라 때 파현의 현령을 지냈고, 한나라 초기에 장사왕(長沙王)에 봉해졌다.

8) 【집해(集解)】 여순(如淳)이 말했다. "(析은) 지(持)와 익(益)의 반절음이다. 【색은(索隱)】 추탄생(鄒誕生)은 그 발음이 석(錫)이라고 했다. 酈의 발음은 역(歷)인데, 소림(蘇林)과 여순은 발음이 척(擲)이라고 했다. 석(析)은 홍농(弘農)에 속하고 역(酈)은 남양(南陽)에 속하는데, 이런 내용은 「지리지(地理志)」에 나온다. 『좌전(左傳)』에 이르기를, 석(析)은 일명 백우(白羽)라고 했다. 안사고(顏師古)가 말했다. "석(析)은 지금의 내향현이고, 역(酈)은 지금의 국담현(菊潭縣)이다."

❖

애초에 항우는 송의와 함께 북쪽으로 가서 조나라를 구원했는데, 항우가 송의를 죽이고 그를 대신해 상장군이 되자 경포를 비롯한 여러 장수가 모두 그에게 귀속되었으며, (항우가) 진나라 장수 왕리의 군대를 깨뜨리고 장한을 항복시키자 제후들이 모두 (항우에게) 귀부(歸附)했다. 조고(趙高)가 이미 2세황제를 죽이고[殺][1] 사람을 보내와서 땅을 나눠 자신을 관중의 왕으로 삼아줄 것을 약속받고 싶어 했는데, 패공은 이를 속임수로 여겨 마침내 장량의 계책을 써서 역생과 육가(陸賈)로 하여금 진나라 장수들을 설득하게 하는 한편 뇌물로 유혹하면서 이내 무관(武關)[2]을 습격해 깨뜨렸다. 또 진나라 군대와 남전(藍田) 남쪽에서 싸움을 벌여 눈속임을 위한 가짜 군사[疑兵]의 깃발을 더욱 늘이고는 지나는 마을에서 약탈[掠鹵][3]을 하지 못하도록 하니, 진나라 사람들은 기뻐했고 진나라 군사들은 느슨해져서 그로 인해 크게 깨뜨릴 수 있었다. 또 남전 북쪽에서도 싸움을 벌여 크게 깨뜨렸으며, 승세를 타고서[乘勝] 드디어 진나라 군대를 깨뜨렸다.

1) 시해했다[弑]고 표현하지 않았다.

2) 【색은(索隱)】『좌전(左傳)』(애공(哀公) 4년)에 이르기를, 사마가 영소(營所)를 동원해서 상락(上雒)을 압박하며 진(晉)나라 사람들에게 말하기를 "장차 소습산(少習山)으로 길을 통하게 할 것입니다"라고 했으니, 두예(杜預)는 그것을 상현(商縣) 무관으로 보았다. 또 『태강지리지(太康地理志)』에 이르기를, 무관은 관군현(冠軍縣) 서쪽에 해당하며 요관(嶢關)은 무관의 서쪽에 있다고 했다.

3) 【집해(集解)】 응소(應劭)가 말했다. "노(鹵)는 노(虜)와 같다."

한나라 원년(元年) 10월에[1] 패공의 병사들이 드디어 다른 제후들보다 먼저 패상(霸上)[2]에 이르렀다. 진나라 왕 자영이 흰 수레에 흰말을 타고서 목에는 줄을 맨 채 인끈을 늘어뜨리고[係頸以組][3] 황제의 옥새와 부절(符節)을 함에 봉해[4] 지도정(軹道亭)[5] 곁에서 항복했다. 장수 중에 어떤 이가 진

나라 왕을 주살해야 한다고 말하자[6], 패공이 말했다.

"애초에 회왕이 나를 보낸 것은 진정으로 내가 관용을 베풀 것이라고 여겼기 때문이오. 게다가 저 사람이 이미 항복을 해왔으니, 더욱이 그를 죽이는 것은 좋은 일이 아니오[不祥]."

마침내 진나라 왕을 관리에게 맡겼다[屬=委][7]. 드디어 서쪽으로 가서 함양(咸陽)에 들어갔다.

궁궐에 머물며 쉬려고 했으나[休舍=休息][8], 번쾌와 장량이 간언하자 마침내 진나라의 귀중한 보화와 재물 창고를 봉쇄한 후에 패상으로 군대를 돌렸다.

1) 【집해(集解)】 여순(如淳)이 말했다. "「장창전(張蒼傳)」에 이르기를, 고조가 10월에 패상(霸上)에 이르렀고 진나라는 10월을 한 해의 처음으로 삼았다고 했다." 【정의(正義)】 패공은 을미년 10월에 패상(霸上)에 이르렀고, 항우는 제후 18명을 봉해주었는데 패공을 한왕(漢王)에 봉했다. 뒤에 유방과 항우가 5년 동안 전쟁을 한 끝에 한나라가 드디어 초나라를 멸망시켰으니, 천하가 한나라로 돌아왔다. 그래서 맨 처음 패상에 이른 달을 두드러지게 표시한 것이다.

2) 【정의(正義)】 옛 패릉(霸陵)은 옹주(雍州) 만년현(萬年縣) 동북쪽으로 25리에 있다. 한나라의 패릉은 문제(文帝)의 능읍인데, 동남쪽으로 패릉과의 거리가 10리다. 「지리지(地理志)」에서 말했다. "패릉은 옛날의 지양(芷陽)이니, 문제가 이름을 고쳤다." 『삼진기(三秦記)』에서 말했다. "패성(霸城)은 진(秦) 목공(穆公)이 궁성을 지은 곳이니, 그래서 이름을 패성이라고 했다. 한나라가 이곳에 패릉을 두었다." 『묘기(廟記)』에서 말했다. "패성은 한 문제가 쌓았다. 패공이 관중에 들어와서 드디어 패상에 이르렀으니, 바로 여기다."[응소(應劭)가 말했다. "패상은 지명인데, 장안에서 동쪽으로 30리에 있으며 옛날에는 자수(滋水)라 했다. 진나라 목공이 이름을 패(霸)라 바꿨다." 안사고(顔師古)가 말했다. "패수 변[上]에 있다고 해서 패상이라 한다. 즉 지금 말하는 패두(霸頭)다."]

3) 응소(應劭)가 말했다. "자영은 감히 제(帝)의 칭호를 계승하지 못하고 다만 왕(王)이라 칭했을 뿐이다. 흰 수레에 흰말은 상을 당한 사람의 복장이다. 조(組)란 천자의 폐슬의 끈[韍(불)-인끈]이다. 목에 줄을 맸다[係頸(계경)]는 것은 자살하려고 했다는 말이다." 안사고(顔師古)가 말했다. "폐슬의 끈[組(조)]은 인끈[綬(수)]으로, 옥새를 걸기 위함이다."

4) 【색은(索隱)】 위소(韋昭)가 말했다. "천자의 인장을 새(璽)라고 하니, 또한 오직 옥으로만 만든다. 부(符)는 군사를 발동하는 표식이다. 절(節)은 사자가 소지하는 것이다." 『설문(說文)』에서 말했다. "부(符)는 신표[信(신)]다. 한나라 제도에 따르면, 대나무로 만드는데 길이는 6촌이며 나눠서 뒤에 서로 합쳐보았다." 『석명(釋名)』에서 말했다. "절(節)은 호령(號令)과 상벌을 행하는 표식이다. 또 털로 위아래를 두텁게 장식했는데, 모양은 대나무 마디처럼 생겼다." 또 『한관의(漢官儀)』에서 말했다. "자영이 시황의 옥새를 올리면서 그 참에 복어(服御)의 제도로써 바쳤으니, 대대로 이어졌기에 이를 '한전국새(漢傳國璽)'라고 한다." 【정의(正義)】 천자에게는 새(璽)가 여섯 가지 있으니, 황제행새(皇帝行璽), 황제지새(皇帝之璽), 황제신새(皇帝信璽), 천자행새(天子行璽), 천자지새(天子之璽), 천자신새(天子信璽)가 그것이다. 황제신새는 모든 일에 다 사용하는데 새령(璽令)은 반드시 시행해야 하고, 천자신새는 왕과 후를 승진·제배·봉작할 때 쓰며, 천자지새는 군대를 동원할 때 쓴다. 모두 무도(武都)에서 나는 자니(紫泥)로 봉해주고, 겉은 푸른색에 속은 흰 주머니에 담으며, 양 끝에는 바느질하지 않는다. 『삼진기(三秦記)』에 이르기를 자니수(紫泥水)는 지금의 성주(成州)에 있다고 했는데, 『여지지(輿地志)』에 따르면 한나라는 옥새를 통해 봉하거나 조(詔) 할 때 자니를 썼으니 곧 이 강에서 나는 진흙을 가리킨다고 했다.

5) 【색은(索隱)】 『한궁전소(漢宮殿疏)』에 이르기를, 지도정(枳道亭)은 동쪽으로 패성관(霸城觀)과 4리 떨어져 있으며 관은 동쪽으로 패수(霸水)와 100보 떨어져 있다. 소림(蘇林)이 말했다. "장안에서 동쪽으로 13리에 있다." 【정의(正義)】 『괄지지(括地志)』에서 말했다. "지도(軹道)는 옹주(雍州) 만년현(萬年縣) 동북쪽

으로 16리 떨어진 원중(苑中)에 있다."

6) 【색은(索隱)】『조한춘추(楚漢春秋)』에서 말했다. "번쾌가 그를 죽일 것을 청했다."

7) 【정의(正義)】屬은 지(之)와 욕(欲)의 반절음이다. 속(屬)이란 '맡기다[付]'라는 뜻이다.

8) 【정의(正義)】휴(休)란 '쉬다[息]'라는 뜻이다. 궁전에 머물러 있으면서 쉬려고 한 것이다.[일설에는 사(舍)를 쉴 수 있는 공간[居舍]으로 보기도 한다.]

(11월에) 여러 현의 부로(父老)와 호걸들을 불러서 모아놓고 이렇게 말했다.

"어르신들[父老]께서는 진나라의 가혹한 법에 오랫동안 고생하시어, (조정을) 비방(誹謗)[1]하는 자는 멸족을 당했고 모여서 마주 보고 이야기[偶語]를 나눈 자는 기시(棄市-저잣거리에서의 사형)를 당했습니다[2]. 내가 제후들과 약속하기를 관중에 가장 먼저 들어가는 사람이 왕이 되기로 했으니, 나는 마땅히 관중의 왕입니다.

어르신들과 약속하는 바는 법삼장(法三章)[3]뿐입니다. 사람을 죽인 자는 사형에 처하고, 남을 다치게 하거나 도둑질한 자는 죄에 맞게[抵=至=當][4] 처벌할 것입니다. 그 밖의 진나라 법령은 모두 없앨 것입니다. 관리와 백성은 모두 예전(-진나라 이전)처럼 하지 않아도 됩니다[安堵][5]. 무릇 내가 이곳에 온 까닭은 어르신들을 위해 해악을 없애고자 해서이지 침략해 포악한 짓을 하려는 것이 아니니, 절대 두려워하지 마십시오. 또 내가 패상에 주둔한 까닭은 단지 제후들이 오기를 기다려 약속을 정하기 위함일 뿐입니다."

마침내 사람을 보내서 진나라 관리와 더불어 모든 현과 향과 읍을 다니며 이를 알려 일깨워주도록[告諭] 했다. 진나라 백성이 크게 기뻐하며 앞다퉈 소고기와 양고기, 술과 음식을 가지고 와서 군인들에게 바치자, 패공이 사양하고서 받지 않으며 말했다.

"창고에 곡식이 많으니, 백성에게 폐를 끼치고 싶지 않습니다."

백성은 더욱더 기뻐하며 오직 패공이 진나라 임금이 되지 못할까만을 걱정했다[唯恐(유공)].

1) 【색은(索隱)】 유백장(劉伯莊)과 악언(樂彦)은 모두 발음이 방(方)과 미(未)의 반절음이라고 했다.

2) 【집해(集解)】 응소(應劭)가 말했다. "진나라에서는 백성이 모여 이야기 나누는 것을 금지했다. 우(偶)는 짝[對(대)]이다." 신찬(臣瓚)이 말했다. "「시황본기」에 이르기를, 경서에 대해 서로 이야기하는 자들은 기시(棄市)했다고 했다." 【색은(索隱)】 예(禮)에 이르기를 "시장에서 죄인을 형벌해 많은 이가 보는 앞에서 버린다"라고 했으니, 그래서 지금 법률에 교형(絞刑)을 '기시한다'라고 하는 것이다.

3) 【색은(索隱)】 살인과 상해, 절도다.

4) 【집해(集解)】 응소(應劭)가 말했다. "저(抵)는 지(至)이며 또 당(當)이다. 진나라의 가혹한 정사를 없애고 다만 죄에 딱 맞게[至(지)] 했다는 것이다." 이비(李斐)가 말했다. "사람을 해치는 데도 곡직(曲直-온갖 사정)이 있고 도둑질에도 많고 적음이 있어서 죄명을 예정할 수가 없기 때문에, 그래서 죄질과 관련된 말을 할 때는 아직 어떤 죄에 적용될지 알 수가 없었다는 말이다." 장안(張晏)이 말했다. "진나라 법에는 한 사람이 죄를 범하면 가족뿐만 아니라 이웃 다섯 가구까지도 연좌되었는데, 지금은 다만 한 사람에게만 죄를 주어 (『서경(書經)』) 「강고(康誥)」에 나오는 대로 '부자와 형제의 죄가 서로에게 미치지 않는다'라는 것과 부합했다." 【색은(索隱)】 위소(韋昭)가 말했다. "저(抵)는 마땅함[當(당)]이다. 각각을 그 죄에 마땅하게 처벌하는 것을 가리킨다." 지금 살펴보건대 진나라 법에는 삼족을 멸하는 형벌이 있었지만, 한나라에는 약법삼장만 있을 뿐이어서, 사람을 죽인 자는 죽이고 남을 해치거나 도둑질한 자는 그에 맞게 처벌할 뿐 나머지에 대해서는 아울러 그 죄를 논하지 않음으로써 형벌을 줄인 것을 말한다. 그렇다면 죄에 맞게 벌을 쓰려는 것이 지극해서, 살인

이외에는 오직 상해와 절도만 그 죄명에 맞게 처벌했을 뿐이다.

5) 【집해(集解)】 응소(應劭)가 말했다. “안(案)이란 ‘다음부터는[次第]’이라는 뜻이다. 도(堵)는 장도(牆堵-담장)이다.”

어떤 사람[1]이 패공에게 유세해 말했다.

“진나라의 부는 천하의 10배이고 지형은 강고합니다. 지금 듣건대, 장한이 항우에게 항복하자 우가 칭호를 내려 옹왕(雍王)이라 하고 관중의 왕으로 삼았다고 합니다[2]. 지금 당장 항우가 이곳에 온다면 패공께서 여기를 차지하지 못할까 걱정스럽습니다. 가능한 한 빨리 함곡관(函谷關)[3]을 지키게 해서 제후의 군대들이 절대 못 들어오게 한 뒤 조금씩 관중의 병사들을 늘려 그들을 막으십시오.”

패공은 그 계책이 옳다[然]고 여겨서 따랐다. 11월 중에 항우가 과연 제후의 군대들을 거느리고 서쪽으로 와서 관으로 들어오려 했는데, 관문이 막혀 있었다. 패공이 이미 관중을 평정했다는 소식을 들은 항우는 크게 화가 나 경포 등을 시켜 함곡관을 쳐서 깨뜨리게 했고, 12월 중에 드디어 희수(戲水-지명)[4]에 이르렀다. 패공의 좌사마 조무상(曹毋傷)은 항우가 화가 났다는 말을 듣고서 패공을 치고자 하여, 사람을 시켜 항우에게 말했다.

“패공이 관중의 왕이 되고자 해서, 자영을 승상으로 삼고 진귀한 보물과 보배들을 다 차지하려고 합니다.”

항우에게 봉작을 받고 싶어서 이런 말을 했던 것이다[5]. 아보(亞父)[6]가 항우에게 권유해 패공을 치자고 하니[7], 바야흐로 병사들에게 음식을 먹인[饗=飮食] 뒤에 다음 날 아침[旦日=明旦]에 교전하고자 했다[合戰]. 이때 항우의 병사는 40만인데 100만 병사라 불렀고 패공의 병사는 10만인데 20만 병사라 불렀으니, 힘으로는 적수가 될 수 없었다. 때마침 (항우의 작은아버지[季父]인 좌윤(左尹)) **항백(項伯, ?~기원전 192년)[8]이 장량을 살리고 싶어서 밤에, 량을 만나러 갔다가 그 참에 언설[文][9]로써 항우를 일깨우니, 항우가**

마침내 그쳤다. 패공이 (다음 날 아침) 100여 기병을 데리고 홍문(鴻門)[10]에서 항우를 만나 사죄했다. 항우가 말했다.

"이는 패공의 좌사마 조무상이 말한 것이니, 그렇지 않다면 적(籍)이 어찌 이렇게 했겠습니까?"

패공은 번쾌와 장량의 도움[故(고)]에 힘입어 홍문에서 벗어나 돌아올 수 있었고, 돌아오자마자 그 자리에서[立(입)=卽(즉)] 조무상을 주살했다.

1) 【색은(索隱)】 살펴보건대, 『초한춘추(楚漢春秋)』에 따르면 해(解)선생이 말하기를 "함곡관을 잘 지키면 항왕은 이곳에 올 수 없습니다"라고 했고 『장량계가(張良系家)』에 이르기를 "추생(鯫生)이 나를 설득했다"라고 했으니, 그렇다면 추생이 이 사람 곧 해생(解生-해선생)이다.

2) 옹(雍)은 관중의 옛 이름이므로 이미 관중의 왕으로 삼은 것이다.

3) 【정의(正義)】 안사고(顔師古)가 말했다. "지금의 도림현(桃林縣) 남쪽에 크게 모여 흐르는 간수(澗水)가 있는데, 이 일대가 옛날의 함곡(函谷)이다. 그 물은 북쪽으로 흘러 황하로 들어가는데, 서쪽 강안에는 여전히 옛 대궐의 흔적이 남아 있다." 『서정기(西征記)』에서 말했다. "길이 마치 함(函)처럼 생겼다. 그 강 옆으로는 산들이 벌판에서 솟아올라 수십 길의 높이로 우뚝 서 있는데, 계곡 안은 수레 1대가 지나갈 만하다."

4) 【정의(正義)】 허(許)와 의(宜)의 반절음이다.

5) 【정의(正義)】 조무상이 항우에게 나아가 봉작을 받으려 시도한 것이다.

6) 【색은(索隱)】 범증(范增)이다. 항우는 범증을 얻은 다음 칭호를 아보(亞父)라고 했다. 이는 아버지 다음으로 그를 높이겠다는 말이다. 마찬가지로 관중(管仲)의 경우 제나라 사람들은 중보(仲父)라고 했다. 父는 둘 다 발음이 보(甫)다.

7) 『한서(漢書)』에는 이때 범증이 항우에게 했던 말이 모두 실려 있다. "패공이 산동(山東-여기서는 산동 지방이 아니라 함곡관의 동쪽, 특히 효산(殽山)의 동쪽을 뜻한다.)에 있을 때는 재물을 탐하고 여색을 좋아했는데, 지금 듣건대 관중에 들어가서는 진귀한 보물들을 전혀 취하지 않고

부녀자들도 가까이하지 않는다고 하니 이는 그의 뜻이 작지 않은 것입니다. 제가 사람을 시켜 그의 기운을 살펴본 결과 모두 용과 같고 오색을 갖췄으니, 이는 천자의 기운입니다. 당장 쳐서 결코 기회를 잃어서는 안 될 것입니다."

8) 항우의 숙부로 일찍이 죄를 지었는데 장량이 구해주었다. 항우를 따라 병사를 일으켜서 진나라를 공격하고 좌영윤(左令尹)이 되었다.

9) 【정의(正義)】「항우본기」에 따르면 항백은 이렇게 말했다. "패공이 먼저 관중을 쳐부수지 않았다면 공께서 어찌 들어올 수 있었겠습니까? 지금 그 사람에게 큰 공이 있는데도 그를 친다면 의롭지 못한 일입니다." 이런 말을 갖고서 항우를 일깨워준 것이다.

10) 【색은(索隱)】 살펴보건대, 요찰(姚察)이 말하기를 신풍 고성(新豐古城) 동쪽에 있는데 희수(戲水)까지는 이르지 못하며 길 남쪽에 단원(斷原)이 있고 남북으로 동문(洞門)이 있다고 했다.

항우가 드디어 서쪽으로 가서 함양의 진나라 궁실을 도륙하고 불 지르니, 그는 지나는 곳마다 아무것도 남기지 않고 파멸시켰다. 진나라 백성은 크게 실망했지만, 그러나 두려워서 감히 복종하지 않을 수 없을 뿐이었다.

항우가 사람을 보내 돌아가서 회왕에게 보고하게 하니, 회왕이 말했다.

"약속했던 대로 하라[1]!"

항우는 회왕이 자신을 패공과 함께 서쪽으로 가서 관중으로 들어가게 하지 않고 북쪽으로 조나라를 구원하도록 함으로써[2] 천하와의 약속에서 자신이 뒤처지게 했다고 원망해, 마침내 말했다.

"회왕이란 자는 우리 집안의 항량이 세웠을 뿐이지 아무런 공로도 없는데, 어찌 이런 약속을 주관할[主約(주약)] 수 있으랴! 본래 천하를 평정한 것은 여러 장수와 이 적(籍)이다."

마침내 겉으로는[詳(양)=陽(양)=表(표)] 회왕을 (높여) 의제(義帝)로 삼았지만 실제

로는[實] 그의 명을 따르지 않았다[不用=不從].

1) 안사고(顔師古)가 말했다. "패공을 관중의 왕으로 삼으라는 말이다."

2) 【정의(正義)】 회왕이 애초에 함양에 먼저 들어가는 사람을 그곳의 왕으로 삼겠다고 하고서는 항우에게는 북쪽으로 가서 조나라를 구원하라고 했기 때문에 약속이 깨지고 자신은 뒤처지게 되었다는 말이다.

정월에[1] 항우는 스스로를 세워 서초패왕(西楚霸王)으로 삼고 양(梁)과 초(楚)의 땅 9군(郡)의 왕이 되어 팽성(彭城)에 도읍했다. 약속을 어기고[負約=違約] 패공을 다시 세워 한왕(漢王)으로 삼아서[2] 파(巴)와 촉(蜀)과 한중(漢中)의 왕이 되게 하고[3] 남정(南鄭)에 도읍하게 했다. 관중을 셋으로 나눠 진나라의 세 장수를 세웠는데, 장한을 옹왕(雍王)[4]으로 삼아 폐군(廢丘)[5]에 도읍하게 하고, 사마흔(司馬欣, ?~기원전 204년)[6]을 새왕(塞王)[7]으로 삼아 역양(櫟陽)[8]에 도읍하게 하며, 동예(董翳, ?~기원전 203년)를 적왕(翟王)[9]으로 삼아 고노(高奴)에 도읍하게 했다.

1) 【정의(正義)】 최호(崔浩)가 말했다. "사관은 정월을 사계절의 기본 줄기로 삼기 때문에, 그래서 정월을 (반드시) 적는다." 순열(荀悅)이 말했다. "봄에 앞서 정월이 있다." 안사고(顔師古)가 말했다. "무릇 여기서의 제반 월 명칭은 모두 (한 무제 때의) 태초정력(太初正曆) 이후 일을 기록하는 자들이 미뤄 헤아려 고친 것이니, 당시의 본래 명칭이 아니다. 10월이 세수(歲首-한 해의 첫머리)이니, 곧 10월이 정월이다. 지금 여기서 정월이라고 한 것은 당시로서는 4월이다. 다른 것들은 다 이와 비슷하다."

2) 【정의(正義)】 양주(梁州)는 본래 한중군(漢中郡)인데, 한수(漢水)에서 이름을 따왔다.

3) 【집해(集解)】 서광(徐廣)이 말했다. "32개 현이다."

4) 【정의(正義)】 기주(岐州) 옹현(雍縣)에서 이름을 따왔다.

5) 위소(韋昭)가 말했다. "이곳은 주나라 때 견구(犬丘)로 의왕(懿王)이 도읍으로 했던 곳인데, 진(秦)나라는 그것을 폐기하고자 하여 이름을 바꿔 폐구(廢丘)라 했다."

6) 진나라 장수 장한을 따라 각지를 전전했다. 장한이 항우에게 수차례 패하자 2세황제는 장한을 여러 번 꾸짖었고, 장한은 두려워서 사마흔을 함양으로 보내 원병을 청했다. 그러나 사마흔은 승상 조고를 만나지 못했고, 두려워하며 달아나서 조고의 추격을 뿌리치고 장한에게 돌아간 뒤 항우에게 항복하라고 권했다. 항우는 장한을 옹왕으로 봉하고 사마흔은 진군의 상장군으로 삼았다. 항우가 항복한 진군을 몰살시킬 때 장한, 동예와 함께 살아남았다. 옛날에 항량을 살려줬고 장한에게 항복을 권한 사정을 공적으로 인정해 항우는 제후들을 분봉할 때 관중 지방을 장한, 동예와 함께 나눠주고 새왕으로 봉했다. 새 나라의 봉토는 옛 진의 함양 동쪽으로 해서 황하에까지 미쳤다.

7) 【정의(正義)】 塞는 선(先)과 대(代)의 반절음이다. 위소(韋昭)가 말했다. "장안(長安) 동쪽에 있으며 이름은 도림새(桃林塞)다." 살펴보건대, 도림새는 지금의 화주(華州) 동관(潼關)이다. 안사고(顏師古)가 말했다. "하화(河華)의 견고함은 액새(阨塞) 때문이지 도림 때문이 아니다."

8) 【색은(索隱)】 태상황을 매장한 곳이므로 고쳐서 만년(萬年)이라고 했다.

9) 【정의(正義)】 문영(文穎)이 말했다. "본래 상군(上郡)으로 진나라가 설치했는데, 항우가 동예를 왕으로 삼으면서 다시 이름을 고쳐 적(翟)이라고 했다.

초나라 장수인 하구(瑕丘) 출신의 신양(申陽)[1]을 하남왕(河南王)[2]으로 삼아 낙양(洛陽)에 도읍하게 했다.

조나라 장수인 사마앙(司馬卬)을 은왕(殷王)[3]으로 삼아 조가(朝歌)에 도읍하게 했다.

조(趙)나라 임금 헐(歇)은 옮겨 대왕(代王)으로 삼았고, 조나라 상(相-재상) 장이(張耳)를 상산왕(常山王)으로 삼아 양국(襄國)에 도읍하게 했다.

당양군(當陽君)[4] 영포(英布-경포)를 구강왕(九江王)으로 삼아 육(六)[5]에

도읍하게 했다.

회왕의 주국(柱國)[6] 공오(共敖)를 임강왕(臨江王)[7]으로 삼아 강릉(江陵)에 도읍하게 했고, 파군(番君) 오예(吳芮)를 형산왕(衡山王)으로 삼아 주(邾)[8]에 도읍하게 했다.

연나라 장수 장도(臧荼)를 연왕(燕王)으로 삼아 계(薊)에 도읍하게 했다.

전 연(燕)나라 임금 한광(韓廣)을 옮겨 요동왕(遼東王)으로 삼았는데, 광(廣)이 따르지 않자, 장도가 공격해 그를 무종(無終)에서 죽였다.

성안군(成安君) 진여(陳餘)를 봉해 하간(河間)의 현 3개를 봉읍으로 주고 남피(南皮)에 거처하게 했다. 매현(梅鋗)을 10만 호에 봉했다.

1) 진(秦)나라 말, 하구(瑕丘) 사람으로 본래 장이(張耳)의 폐신(嬖臣)이었다. 진나라 말에 하남(河南)에서 군사를 일으켜 하상(河上)에서 초(楚)나라 군대를 맞이했고, 진나라가 망하자, 하남왕이 되었다. 유방(劉邦) 2년 한나라가 동쪽 땅을 공략하자 항복했고, 이때부터 그 지역은 하남군(河南郡)이 되었다.

2) 【정의(正義)】 황하 남쪽에 있어 하남이라 했으니, 바로 지금의 하남부(河南府)다.

3) 【정의(正義)】 상나라의 제(帝) 반경(盤庚)의 나라인 은(殷)에 있는 땅으로, 상(商)을 고쳐 은(殷)이라고 했으며 상주(相州) 안양현(安陽縣)에 있다. 곧 북몽(北蒙) 은허(殷墟)이니, 남쪽으로 조가와의 거리가 136리다. 그래서 은왕이라고 부르고 조가에 도읍한 것이다.

4) 【색은(索隱)】 위소(韋昭)가 말했다. "남군(南郡)의 현 이름이다."

5) 【색은(索隱)】 「지리지(地理志)」에 이르기를, 육현(六縣)은 육안국(六安國)에 속한다고 했다.

6) 응소(應劭)가 말했다. "주국은 상경(上卿)의 관직으로, 상국(相國-재상)과 같다."

7) 【정의(正義)】 맹강(孟康)이 말했다. "본래 남군(南郡)인데, 고쳐서 임강국(臨江國)이라고 했다." 이를 가리킨다.

8) 【색은(索隱)】 『태강지리지(太康地理志)』에서 말했다. "초나라가 주(邾)를 멸하

고 그 사람들을 강남으로 옮겼기 때문에, 그래서 그것으로 현의 이름을 삼았다."

4월에 제후들은 대장군의 기치 아래[戲下=麾下][1] 해산해 각자 자신들의 나라(-봉국)로 나아갔다.

항우가 병졸 3만 명으로 하여금 한왕을 따르게 하니 초나라와 다른 제후국의 사람 중에서 그를 흠모해 따르는 자가 수만 명이었는데, 두(杜)[2]에서 남쪽으로 식(蝕-혹은 역)[3]에 들어갔다. (장량이 이별하고 한(韓)나라로 돌아갔다. 한왕(-패공)이 포중(褒中)까지 전송했는데, 그 도중에 장량이 한왕에게 유세하자 그것을 받아들여) 잔도(棧道)[4]를 불태워 끊어버림으로써 제후들의 도둑질하는 병사들[盜兵-기습부대]의 습격에 대비하는 한편, 항우에게는 동쪽으로 되돌아갈 뜻이 없음을 보여주었다.

남정(南鄭)에 이르자 여러 장수와 병졸 중에 도중에서 도망쳐 달아난 이들이 많았으며, 사졸들도 모두 망향가(-제나라 노래)를 부르며 동쪽으로 돌아가고 싶어 했다. 한신(韓信)[5]이 한왕을 설득해 말했다.

"항우는 여러 장수 중에서 공로가 있는 사람들을 왕으로 삼아주면서 유독 군왕만 남정에서 왕 노릇을 하게 했으니, 이는 유배를 보낸 것[遷]입니다[6]. 군리와 병사들은 모두 산동 사람들이어서 밤낮없이 (동쪽으로 가려고) 발을 들어 안달하고 있으니[跂][7], 그들을 예봉으로 삼아 쓰신다면 큰 공을 세울 수 있을 것입니다. 천하가 이미 평정되어 백성이 모두 스스로 평안해지면[寧=安] 다시 쓸 수가 없습니다. 계책을 결단하시어, 동쪽으로 가서 천하의 패권을 다투는 것만 한 바가 없습니다."

1) 【정의(正義)】 戲의 발음은 휘(麾)다. 허신(許愼)이 『회남자(淮南子)』를 주해하면서 "휘(戲)란 큰 대장기[大旗]이다"라고 했다.[희하를 지명으로 보기도 한다.]

2) 【정의(正義)】 위소(韋昭)가 말했다. "두(杜)는 지금의 능읍(陵邑)이다." 『괄지지(括

地志)』에서 말했다. "두릉 고성(杜陵故城)은 옹주(雍州) 만년현(萬年縣) 동남쪽으로 15리에 있다. 한나라의 두릉현은 선제(宣帝)의 능읍인데, 북쪽으로 선제의 능과 5리 떨어져 있다. 『묘기(廟記)』에 이르기를 옛 두백국(杜伯國)이라고 했다."

3) 【집해(集解)】 이기(李奇)가 말했다. "蝕의 발음은 역(力)이며, 두의 남쪽에 있다." 여순(如淳)이 말했다. "식은 한중(漢中)으로 들어가는 길에 있는 계곡의 이름이다." 【색은(索隱)】 이기는 발음이 역이라고 했지만, 맹강(孟康)은 발음이 식(食)이라고 했다. 왕소(王劭)가 살펴보건대, 『설문(說文)』에는 소(-구리그릇)[는 소(蘇)와 조(遭)의 반절음이며, 또한 발음은 소(騷)라고 한다.]라고 했는데 그릇 이름이다. 그곳의 지형이 그릇 모양이라서 이름을 그렇게 지었다. 발음은 역(力)이다.

4) 【색은(索隱)】 살펴보건대, 『계가(系家-장량계가)』에 따르면 이는 장량의 계책을 쓴 것이다. 잔도(棧道)란 각도(閣道)이니, (잔(棧)의) 발음은 사(士)와 간(諫)의 반절음이다. 포개(包愷)는 발음이 사(士)와 판(版)의 반절음이라고 했다. 최호(崔浩)가 말했다. "험준한 곳에 바위 측면을 뚫어 널빤지 다리[版梁(판량)]를 가설한 것을 각(閣)이라고 한다."

5) 【집해(集解)】 서광(徐廣)이 말했다. "한왕(韓王) 신(信)이지, 회음후 신(信)이 아니다."

6) 【집해(集解)】 위소(韋昭)가 말했다. "(진(秦)나라 법에 따르면) 죄가 있는 자는 (촉한(蜀漢)으로) 유배를 보냈다[遷徙(천사)]."

7) 【정의(正義)】 跂의 발음은 구(丘)와 사(賜)의 반절음이다. 『설문(說文)』에서 말했다. "기(跂)란 발돋움하는 것[擧踵(거종)]이다." 사마표(司馬彪)가 말했다. "기(跂)란 발꿈치를 들고서 멀리 바라보는 것이다."

항우는 함곡관을 나가자, 사람을 시켜 의제를 옮기고서 이렇게 말했다. "옛날에 제(帝)의 영토는 사방 1,000리로서, 반드시 강의 상류[上游(상유)][1)]에 거처했습니다."

마침내 사자를 시켜 의제를 장사(長沙) 침현(郴縣)으로 옮기게 하고서 의제의 행차를 재촉하자[趣][2] 여러 신하가 점차 의제를 배반했고, 드디어 몰래 형산왕, 임강왕을 시켜서 그를 치도록 하여 강남에서 의제를 죽였다[殺].

항우는 전영(田榮)을 원망했기 때문에 제나라 장군 전도(田都)를 세워 제나라 왕으로 삼았다. 전영이 화가 나서 그 참에 스스로를 제나라 왕으로 세워 전도를 죽이고 초나라에 반기를 들었고, 팽월에게 장군의 인장을 주어 양(梁) 땅에서 반란을 일으키게 했다. 초나라는 소공(蕭公) 각(角)으로 하여금 팽월을 치게 했는데, 팽월이 그를 크게 깨뜨렸다.

진여는 항우가 자신을 왕으로 삼아주지 않은 것에 원망을 품고서 하열(夏說)로 하여금 전영에게 유세하게[說][3] 하여 원병을 청해서 장이를 치고자 했다. 제나라가 진여에게 병사를 주어 상산왕 장이를 쳐서 깨뜨리니, 장이는 도망쳐 한나라에 귀부했다. 조왕 헐을 대(代)에서 맞아들여 다시 세워 조왕으로 삼았는데, 조왕이 이에 진여를 세워 대왕(代王)으로 삼았다. 항우가 크게 분노해 북쪽으로 제나라를 쳤다.

8월에 한왕(漢王)은 한신의 계책을 써서 (병사들을 이끌고) 고도(故道)[4]를 타고 나와 옹왕(雍王) 장한(章邯)을 습격했다. 한(邯)이 한나라 병사를 진창(陳倉)[5]에서 맞이해 싸웠으나[迎擊] 옹의 군대는 패해 달아났고, 호치(好畤)[6]에서 멈췄다가 또 싸웠으나 다시 크게 패해 폐구로 달아났다. 한왕이 드디어 옹 땅을 평정한 뒤 동쪽의 함양으로 가서 별도의 병사들을 이끌고 옹왕을 폐구에서 에워쌌으며[7], 여러 장수를 보내 농서(隴西)·북지(北地)·상군(上郡)을 공략하게 했다.

(한왕(漢王)은) 장군 설구(薛歐)[8]와 왕흡(王吸)[9]을 보내 무관(武關)으로부터 나아가 남양(南陽)[10]에 있는 왕릉(王陵)의 병사와 더불어 태공(太公)과 여후(呂后)를 남양에서 패군(沛郡)으로 맞아 오도록 했는데, 초나라가 이를 듣고 군대를 출동시켜 양가(陽夏)[11]에서 막아 더 전진할 수 없게 하는

한편 예전의 오현(吳縣) 현령 정창(鄭昌)을 한왕(韓王)으로 삼아 한나라 병사를 막도록 했다.

1) 【정의(正義)】 발음은 유(流)다.

2) 【정의(正義)】 趣의 발음은 (취가 아니라) 촉(促)이다.

3) 【정의(正義)】 앞의 발음은 열(悅)이고, 뒤의 발음은 세(稅)다.

4) 【집해(集解)】 「지리지(地理志)」에 이르기를, 무도군(武都郡)에 고도현(故道縣)이 있다고 했다.[한중(漢中)에서 관중(關中)으로 나가는 옛길인데, 잔도(棧道)를 만들어 새길이라 했으므로 옛길[故道(고도)]이라고 부른 것이다.]

5) 【정의(正義)】 지금 기주(岐州)의 현이다.

6) 【집해(集解)】 맹강(孟康)이 말했다. "畤의 발음은 지(止)다. 신령이 계신 곳으로, 현 이름이며 우부풍(右扶風)에 속한다."

7) 【색은(索隱)】 순열(荀悅)의 『한기(漢紀)』에 따르면, 번쾌를 시켜 에워싸게 했다.

8) 【집해(集解)】 발음은 악(惡)과 후(后)의 반절음이다. 【색은(索隱)】 살펴보건대, 「표(表)」에 따르면 구(歐-혹은 우)는 사인(舍人)으로 종군해서 장군이 되었으며 광평후(廣平侯)에 봉해졌다.

9) 【색은(索隱)】 살펴보건대, 「표(表)」에 따르면 흡(吸)은 중연(中涓)으로 종군해서 장군이 되었으며 청양후(淸陽侯)에 봉해졌다.

10) 【집해(集解)】 여순(如淳)이 말했다. "왕릉도 자신의 무리 수천 명을 거느리고 남양에 머물고 있었다." 【정의(正義)】 『괄지지(括地志)』에서 말했다. "왕릉 고성(王陵故城)은 상주(商州) 상락현(上洛縣) 남쪽으로 31리에 있다. 『형주기(荊州記)』에 이르기를, 옛날에 한고조가 진(秦)에 들어왔을 때 왕릉은 단수(丹水)에서 군사를 일으켜 호응했으니 이 성은 왕릉이 쌓은 것이고 이름도 그렇게 해서 지은 것이라고 했다."

11) 【색은(索隱)】 위소(韋昭)가 말했다. "현 이름이며, 회양(淮陽)에 속했다가 뒤에, 진(陳)에 속했다. 夏의 발음은 경(更)과 아(雅)의 반절음이다.

2년에 한왕이 동쪽으로 가서 땅을 공략하니 새왕 흔, 적왕 예, 하남왕 신양이 모두 항복했다. 한왕 창(昌)이 듣지 않자, 한신을 시켜 그를 쳐서 깨뜨렸다. 이에 농서 · 북지 · 상군 · 위남(渭南)[1] · 하상(河上)[2] · 중지군(中地郡)[3] 등을 설치했으며, 관 밖에는 하남군을 두었다[4]. 한(韓) 태위 신(信)을 다시 고쳐 세워 한왕으로 삼았다. 여러 장수 중에서 병사 1만 명이나 군 하나를 바치고 투항하는 자를 1만 후에 봉했다. 또 하상의 요새를 손질했다[5]. 옛날 진나라의 원유원지(苑囿園池)를 모두 백성에게 주어 경작하게 했다. 정월에는 옹왕의 동생 장평(章平)을 사로잡았고, 대대적인 사면령을 내렸다.

한왕은 함곡관을 나가 섬(陝)[6]으로 가서 관(關) 밖의 어르신들[父老(부로)]을 어루만져주었는데[撫=慰(무위)], 돌아왔을 때 장이가 와서 조현하니 한왕이 그를 두텁게 대우했다.

1) 【집해(集解)】 서광(徐廣)이 말했다. "뒤에 경조(京兆)로 불렸다."

2) 【집해(集解)】 서광(徐廣)이 말했다. "풍익(馮翊)이다."

3) 【집해(集解)】 서광(徐廣)이 말했다. "부풍(扶風)이다."

4) 【집해(集解)】 서광(徐廣)이 말했다. "10월에 한왕이 섬(陝)에 이르렀다."

5) 【집해(集解)】 진작(晉灼)이 말했다. "「조조전(鼂錯傳)」에 이르기를, 진나라 때 북쪽 오랑캐를 공격하면서 하상의 요새를 쌓았다고 했다."

6) 안사고(顔師古)가 말했다. "지금의 섬주(陝州) 섬현(陝縣)이다."

2월에 진나라 사직단을 없애고 고쳐서 한나라 사직단을 세웠다.

3월에 한왕이 임진(臨晉)[1]에서 황하를 건너자, 위왕(魏王) 표(豹)가 항복해 병졸들을 이끌고 한왕을 따랐다. 하내(河內)[2]를 떨어뜨려서 은왕(殷王) 앙(卬-사마앙)을 사로잡고 하내군을 두었다. 남쪽으로 평음진(平陰津)을 건너 낙양에 이르자 신성(新城)[3]의 삼로(三老)인 동공(董公)이 길을 막고서

[遮] 한왕에게 유세해 말했다[4]. 내용은 의제의 죽음에 관한 것이었다. 한왕이 다 듣고 나서 왼쪽 소매를 걷어 올리고[袒][5] 크게 통곡하더니, 드디어 의제를 위해 발상(發喪)하고 사흘 동안 임곡(臨哭)했다. 그리고 사자들을 출발시켜 제후들에게 알리라며 말했다.

"천하가 함께 의제를 세우고서 그의 신하가 되어[北面][6] 그를 섬겼는데, 지금 항우(項羽)가 의제를 강남(江南)[7]으로 내쫓아 죽였으니[放殺] 대역무도(大逆無道)하도다. 과인이 몸소 그의 상을 치를 것이니, 제후들은 모두 흰 상복[縞素=素服]을 입어야 할 것이다. 또 관중(關中)의 모든 병마를 일으키고 삼하(三河)[8]의 사졸들을 소집해서 양자강과 한수(漢水)에 배를 띄워 남하하라[9]. 바라건대 제후와 왕을 따라서[從諸侯王][10] 의제를 죽인 초나라의 그자를 치고자 한다."

1) 안사고(顏師古)가 말했다. "옛 현의 이름으로, 그 땅은 황하 서쪽 끝에 있는데 동쪽으로 진(晉)과 경계를 대고 있었다. 본래는 춘추시대 때 진(秦)나라에서 지은 이름인데, 곧 지금의 동주(同州) 조읍현(朝邑縣)의 경계 지역이다."

2) 하남성의 황하 이북 지역이다.

3) 【정의(正義)】『괄지지(括地志)』에서 말했다. "낙주(洛州) 이궐현(伊闕縣)은 주(州) 남쪽으로 70리에 있는데, 본래 한나라의 신성이다. 수나라 문제가 신성을 고쳐 이궐(伊闕)이라고 했는데, 인근 이궐산에서 이름을 취한 것이다.

4) 【정의(正義)】「백관표(百官表)」에서 말했다. "당시 행정 체계는 10리마다 1정(亭)이 있고 정에는 정장을 두었으며 10정을 1향(鄕)으로 하고 향에는 삼로를 두었다. 삼로는 백성의 교화를 담당했다." 모두 진나라 제도다. 또 악언(樂彥)이 말했다. "길을 가로막고서 자기 말을 하는 것을 차(遮)라고 한다."『초한춘추(楚漢春秋)』에서 말했다. "동공은 82세에 드디어 봉해져 성후(成侯)가 되었다."

5) 【집해(集解)】 여순(如淳)이 말했다. "단(袒)이란 예법으로, 왼쪽 소매를 걷어 올리

는 것을 말한다.

6) 임금이 되는 것을 남면(南面)이라고 한다. 천자나 임금은 남쪽을 향해 앉거나 서기 때문이다. 반대로 신하는 북쪽을 향하게 되므로 북면(北面)은 곧 신하가 된다는 말이다.

7) 양자강 혹은 장강의 남쪽이다.

8) 【집해(集解)】 위소(韋昭)가 말했다. "하남·하동·하내다."

9) 【정의(正義)】 삼하의 병사들을 거둬들이고 관내의 병사들을 출동시켜서 남하하려면 옹주(雍州)에서 자오도(子午道)로 들어가 한중(漢中)에 이르렀다가 한수를 타고 내려가야 한다. 여기서부터 다시 동쪽으로 행군해 서주(徐州)에 이르게 되면 초나라를 칠 수 있다.

10) 복건(服虔)이 말했다. "한나라 왕을 제후왕이라 한 것이다." 안사고(顔師古)가 말했다. "복씨(服氏)의 설은 틀렸다. 당시에 한나라에는 아직 이런 칭호가 없었으니, 말 그대로 제후와 왕일 뿐이다. 스스로 자신을 낮춰 제후를 먼저 말하고 왕을 뒤에 말한 것이다."

이때 항왕은 북쪽으로 제(齊)나라를 쳤고, 전영은 성양에서 맞붙었다. 전영이 패해 평원(平原)[1]으로 달아났는데 평원 백성이 그를 죽였다. 제나라는 모두 초나라에 항복했으나, 이에 초군이 그 성곽을 모두 불 지르고 그 자녀들을 붙잡아서 포로로 삼자 제나라 사람들이 반기를 들었다.

전영의 동생 횡(橫)이 영의 아들 광(廣)을 세워서 제나라 왕으로 삼았고, 제나라 왕은 성양에서 초나라에 반란을 일으켰다. 항우는 한군(漢軍)이 동쪽으로 가고 있다는 것을 들었지만 이미 제나라를 쳤으니, 이는 제나라를 깨뜨린 다음에 한나라를 치려는 것이었다. 그 때문에 한왕(漢王)은 다섯 제후의 병사들을 겁박할 수 있었고, 드디어 팽성으로 들어갔다. 항우가 이를 듣고서 마침내 군사를 이끌고 제나라를 떠나서, 노(魯-현)[2]와 호릉(胡陵)[3]을 지나 소(蕭)에 이르러 한나라 군대를 쳤다. 팽성과 영벽(靈壁)[4] 동쪽에 있는 수수(睢水) 변에서 큰 싸움을 벌여 한나라 군대를 크게 깨뜨리니, 병사들이 엄청나게 많이 죽어서 시신이 너무 쌓이는 바람에 수수가 제대로

흐르지 못했다. 마침내 한왕의 부모와 처자를 패현에서 잡아 와 군중에 두고 인질로 삼았다. 이런 때를 맞아 제후들은 초군이 강력한 한군을 깨뜨리는 것을 보고서는 모두 한나라를 떠나 다시 초나라 편이 되었다. 새왕 흔(欣-사마흔)도 도망쳐서 초나라로 들어갔다.

1) 【정의(正義)】 덕주(德州) 평원현(平原縣)이 이곳이다.

2) 【정의(正義)】 연주(兗州) 곡부(曲阜)다.

3) 【정의(正義)】 「지리지(地理志)」에 이르기를, 호릉은 산양군(山陽郡)에 있다고 했다.

4) 【정의(正義)】 서주(徐州) 부리현(符離縣) 서북쪽으로 90리에 있다.

여후의 오빠 주여후(周呂侯)[1]가 한나라를 위해 병사를 이끌고 하읍(下邑)[2]에 머무르고 있었는데, 한왕(漢王)이 가서 그와 합류했다. 점차 병졸들을 거둬들여 탕(碭)에 군진을 쳤다. 한왕은 마침내 서쪽으로 양(梁) 땅을 지나 우(虞)[3]에 이르자, 알자(謁者-심부름하는 신하) 수하(隨何)를 구강왕 경포가 있는 곳으로 보내며 말했다.

"그대가 구강왕 포(布)를 설득해서 병사를 일으켜[擧兵(거병)] 초나라에 반란을 일으키게 한다면 항왕은 반드시 그곳에 머물러 포를 칠 것이다. 몇 달만 묶어둘 수 있다면 내가 천하를 차지하는 것은 두말할 필요도 없다."

수하가 가서 포에게 유세하자 과연 초나라에 반란을 일으켰고, 초나라는 용저(龍且)를 보내 가서 치게 했다.

1) 여택(呂澤, ?~기원전 199년)을 가리킨다. 유방(劉邦)을 따라 한(漢)에 들어와 삼진(三秦)을 평정했고 병사를 이끌어 탕(碭)을 함락했다. 유방이 팽성(彭城)에서 패했을 때 달려가 보좌하면서 천하를 평정하는 일을 도왔다.

2) 【집해(集解)】 서광(徐廣)이 말했다. "양(梁)에 있다."

3) 【집해(集解)】 서광(徐廣)이 말했다. "양(梁)에 있다."

한왕이 팽성에서 패하고 서쪽으로 후퇴하던 중에 사람들을 보내 가족을 찾았으나, 가족들도 모두 도망쳐 서로 만나볼 수가 없었다. 패주하던 중에 마침내 오직 효혜(孝惠)만을 찾았으니, 6월에 세워서 태자로 삼고 죄인들을 크게 사면했다. 태자로 하여금 역양(櫟陽)을 지키게 한 뒤, 제후의 자식 중에서 관중에 있는 자들은 모두 역양에 모이게 하여 태자의 호위를 맡겼다. 물을 끌어들여 폐구(廢丘)에 물을 대자[1] 폐구는 항복하고 장한은 자살했다. 이름을 고쳐 폐구를 괴리(槐里)라고 했으며, 사관(祠官)을 시켜 하늘과 땅, 사방, 상제(上帝), 산천(山川)에 제사를 지내게 하고 계절[時]마다 제사를 올리도록 했다. 관중의 병졸들을 징발해[興=發=徵發] 변방 요새를 지키게 했다[乘][2].

이때 구강왕 포가 용저와 싸웠으나 이기지 못하자, 수하와 함께 몰래 샛길을 통해 한나라로 돌아왔다. 한왕이 점차 사졸들을 모아서 여러 장수, 관중의 병사들과 함께 더 많이 출동하자, 이로 인해 군사들의 사기가 형양에서 크게 떨쳐져 경(京)과 색(索) 사이에서 초나라 군대를 깨뜨렸다.

1) 수공(水攻)을 했다는 뜻이다.

2) 【집해(集解)】 이기(李奇)가 말했다. "승(乘)은 '지키다[守]'라는 뜻이다."[안사고(顔師古)가 말했다. "승(乘)은 '오르다[登]'의 뜻이다. 올라가서 지킨다는 말이니, 그 뜻은 성으로 올라간다는 뜻과 같다."]

3년에 위왕 표(豹)가 어머니의 병을 돌보러 귀향하기를 청했다[謁=請]. 그러고는 위나라에 도착하자마자 황하의 나루를 끊어버리고 반란을 일으켜서 초나라 편에 섰다. 한왕이 역생(酈生-역이기)을 보내 표를 설득했으나 표는 듣지 않았다. 한왕은 장군 한신을 보내 쳐서 크게 깨뜨리고 표를 사로

잡았다. 드디어 위나라 땅을 평정하고 세 군을 두었으니, 하동(河東)[1], 태원(太原)[2], 상당(上黨)[3]이라고 했다.

한왕이 마침내 장이와 한신을 시켜 동쪽으로 정형(井陘)[4]을 떨어뜨리고 조(趙)나라를 쳐서 진여(陳餘)와 조왕 헐(歇)의 목을 베었다. 그 이듬해에 장이(張耳)를 세워 조왕으로 삼았다.

1) 【정의(正義)】 지금의 포주(蒲州)다.

2) 【정의(正義)】 지금의 병주(幷州)다.

3) 【정의(正義)】 지금의 노주(潞州)다.

4) 복건(服虔)이 말했다. "정형은 산 이름인데, 상산(常山)에 있었으며 지금은 현(縣)이 되었다."

한왕은 형양(滎陽) 남쪽에 군대를 주둔시키고서 용도(甬道)[1]를 쌓아 황하에까지 이어지게 했는데, 이를 통해 오창(敖倉)[2]을 차지할 수 있었다. 항우와의 대치 상태가 1년여 동안 이어졌다. 항우는 한의 용도(甬道)를 여러 차례 침탈해 한나라 군대의 식량을 모자라게 만든 뒤 드디어 한왕을 에워쌌다. 한왕이 화친을 청해, 형양을 나눠서 서쪽만 한이 갖겠다고 제안했다. 항왕은 듣지 않았다. 한왕이 이를 걱정해 마침내 진평(陳平)의 반간계(反間計)를 썼으니, 진평에게 금 4만 근을 주어 초나라 임금과 신하 사이를 이간질해 멀어지게 하라고 했다. 이에 항우는 마침내 아보(亞父-범증)를 의심했다.

아보는 이때 항우에게 형양을 떨어뜨릴 것을 권유했는데, (도리어) 의심을 받게 되자[見疑(견의)=被疑(피의)] 마침내 화가 나서 나이가 많다는 구실로 사직하고서 일개 병졸[卒伍(졸오)]로 돌아갔으나 미처 팽성에 이르기도 전에 (화병이 나서) 죽었다.

1) 【정의(正義)】 甬의 발음은 용(勇)이다. 위소(韋昭)가 말했다. "흙으로 담장을 쌓고

가운데에 길을 만드는 것이다." 응소(應劭)가 말했다. "적이 수송부대[輜重(치중)]를 노략질하는 것을 걱정해서 마을의 길거리처럼 담장을 쌓는 것이다."

2) 【정의(正義)】 맹강(孟康)이 말했다. "오(敖)는 땅 이름으로, 형양의 서북쪽에 있고 산 위에는 황하를 바라보는 큰 창고가 있다." 『태강지리지(太康地理志)』에서 말했다. "진나라는 성고(成皐)에 오창을 세웠다."

한군은 식량이 떨어지자 마침내 밤에 성의 동문을 통해 여자 2,000여 명을 내보냈는데, 초군이 곧장 사방에서 이들을 쳤다. 장군 기신(紀信)이 왕의 수레에 올라타고서 거짓으로 한왕인 것처럼 하여 초군을 속이니 초군은 모두 만세를 부르며 구경하러 동문으로 갔고, 그 틈에 한왕은 약 수십 기와 함께 서문으로 달아날[遁(둔)] 수 있었다. (그에 앞서 한왕은) **어사대부 주하(周苛, ?~기원전 204년)[1], 위표(魏豹), 종공(樅公)[2]에게 명해 형양을 지키도록 했다. 여러 장졸 중에서 한왕을 따를 수 없는 자들은 모두 성안에 남았는데, 주하와 종공이 서로에게 말하기를 "나라를 배반한 왕[3]과 함께 성을 지키기는 어렵다"라고 한 뒤에 위표를 죽였다[4].**

1) 사수(泗水) 패현(沛縣) 사람으로, 유방(劉邦)을 따라 내사(內史)가 되었고 어사대부(御史大夫)로 옮겼다. 초한 전쟁 때 위표(魏豹)·종공(樅公)과 함께 형양(滎陽)을 지켰다. 초나라가 형양을 포위하자 위표가 일찍이 한나라에 배반했다 하여 먼저 그를 살해했다. 나중에 항우(項羽)가 형양을 함락하자 포로로 잡혔다. 항우가 항복을 권하면서 상장군(上將軍)으로 임명하겠다고 제안했으나 항복하지 않다가 팽사(烹死)되었다.

2) 응소(應劭)가 말했다. "종공은 이름을 알 수가 없다. 그래서 그냥 공(公)이라 했다."

3) 위표는 앞서 이미 한나라를 배반한 적이 있었다.

4) 【집해(集解)】 서광(徐廣)이 말했다. "살펴보건대, 「월표(月表)」에 따르면 3년 7월에 왕이 형양을 나섰고 8월에 위표를 죽였으며 또 4년 3월에 주하가 죽었다. 그런데 4월에 위표가 죽었다고 했으니, 이 둘은 같지가 않다. 항우가 기신·주하

· 주공을 죽였는데, 이는 모두 3년에 일어난 일이었다."

한왕이 형양을 나와 관중으로 들어가서 병사들을 거둔 뒤 다시 동쪽으로 가려는데, 원생(轅生)[1]이 한왕에게 유세해 말했다.

"한이 형양에서 초나라와 대치하는 여러 해 동안 한은 늘 곤란에 처했습니다. 바라건대, 군왕께서 무관(武關)을 통해 나가시면 항왕은 반드시 군사를 이끌고 남쪽으로 달려갈 터이니, 왕께서는 성벽을 깊게 지키면서 군사들을 형양과 성고 사이에서 쉬게 하십시오. 한신 등으로 하여금 황하의 북쪽 조(趙) 땅을 수습해 안정시키고[輯=集=和合] 연(燕) · 제(齊)와 연합하도록 한 뒤에, 군왕께서는 마침내 다시 형양으로 가십시오. 이렇게 되면 초는 대비해야 할 것이 많아져서 힘이 나뉠 것입니다. 한의 군사는 휴식을 취하고서 다시 그들과 싸우게 되니 그들을 깨뜨리는 것은, 불 보듯 뻔합니다."

한왕이 그의 계책을 따라 군대를 원(宛)과 섭(葉)[2] 사이로 나아가게 하여 경포와 함께 행군하면서 병사들을 거둬들였다.

1) 문영(文穎)이 말했다. "원(轅)은 성이고, 생(生)은 유생[諸生]을 가리킨다."

2) 【정의(正義)】 宛은 어(於)와 원(元)의 반절음이고, 葉은 식(式)과 섭(涉)의 반절음이다. 원은 등주(鄧州)의 현이고, 섭은 여주(汝州)의 현이다. 『수경주(水經注)』에서 말했다. "본래 초 혜왕(楚惠王)이 제량자겸(諸梁子兼)을 봉해주고 명칭을 섭성(葉城)이라고 했으니, 곧 자고(子高)의 옛 읍이다."

항우는 한왕이 원(宛)에 있다는 소식을 듣자 과연 군사를 이끌고 남쪽으로 내려왔으나, 한왕은 누벽(壘壁)을 굳게 지키고서 상대해 싸우지는 않았다. 이때 팽월은 수수(睢水)를 건너[渡=過] 항성(項聲), 설공(薛公)[1]과 함께 하비(下邳)에서 싸워 초군을 크게 깨뜨렸다. 항우가 마침내 군사를 거느리고 동쪽으로 가서 팽월을 치자, 한왕도 병사를 이끌고 북쪽으로 가서 성고

에 주둔했다. 항우는 이미 팽월을 깨뜨려 달아나게 한 다음에, 한왕이 다시 성고에 주둔했다는 소식을 듣고는 이에 병사를 이끌고 서쪽으로 갔다. 형양을 뽑아버리고 주하(周苛)와 종공(樅公)을 죽였으며 한왕(韓王) 신(信)을 포로로 잡았고, 드디어 성고를 에워쌌다.

1) 초나라의 영윤으로, 훗날 유방에게 귀의해 천호후에 봉해졌다.

한왕(漢王)은 혼자 도망쳤는데[跳=逃走][1], 단지 등공(滕公)[2]만 데리고 함께 수레에 올라 성고의 옥문(玉門-성고의 북문)[3]을 나와 북쪽으로 황하를 건넌 뒤 수무(修武)에서 밤을 보냈다. 스스로를 사자(使者)라 칭하고서 다음 날 새벽에 말을 몰아 장이와 한신의 요새로 달려 들어갔다. 그들의 군대를 빼앗은[奪] 뒤, 장이를 북쪽으로 보내 조(趙)나라에서 더 많은 병사들을 거두도록 했고 한신에게는 동쪽으로 가서 제나라를 치게 했다.

한왕은 한신의 군사를 얻어 다시 사기를 떨쳤다. 병사를 이끌고 황하에 이르러 남쪽으로 가서 소수무(小修武)[4] 남쪽에 주둔해 다시 싸우려고 했다. 낭중 정충(鄭忠)이 마침내 유세해 한왕을 말리면서[止], 누벽을 높이하고 참호를 깊게 하여 (아직) 싸움을 걸지 말자고 했다. 한왕이 그의 계책을 따라 노관(盧綰)[5]과 유가(劉賈)[6]로 하여금 병사 2만 명과 기병 수백 명을 거느리고 백마진(白馬津)[7]을 건너서 초 땅으로 들어가게 하니, 그들은 팽월을 도와 연(燕)[8]의 성곽 서쪽에서 초군을 쳐 깨뜨렸으며 드디어 다시 양(梁) 땅에 있는 성 10여 개를 떨어뜨렸다.

1) 【집해(集解)】 서광(徐廣)이 말했다. "발음은 도(逃)다." 【색은(索隱)】 여순(如淳)이 말했다. "도(跳)는 '달아나다[走]'라는 뜻이다." 진작(晉灼)이 살펴보건대, 「유택전(劉澤傳)」에 이르기를 "내달려[跳驅=逃驅] 장안에 이르렀다"라고 했다. 『설문(說文)』에 이르기를 도(徒)와 조(調)의 반절음이라고 했다. 『통속문(通俗

文)』에 이르기를 "뛰어넘는 것[超通]을 일러 도(跳)라고 한다"라고 했다.

2) 【색은(索隱)】 하후영(夏侯嬰)은 등(滕)의 현령이니, 그래서 등공이라고 한 것이다.

3) 【집해(集解)】 서광(徐廣)이 말했다. "「항우기」에 이르기를 북문의 이름이 옥문이라고 했다."

4) 【집해(集解)】 진작(晉灼)이 말했다. "대수무성 동쪽에 있다."

5) 【집해(集解)】 소림(蘇林)이 말했다. "綰의 발음은 노끈으로 물건을 얽어맨다[綰結]고 할 때의 관(綰)이다."[유방의 고향 친구로, 유방을 따라 병사를 일으켰다. 한나라 초에 장안후에 봉해졌다가 후에, 연왕(燕王)에 봉해졌다.]

6) 유방의 사촌형으로, 한나라 초에 형왕(荊王)에 봉해졌다가 뒤에 경포에게 피살되었다.

7) 【색은(索隱)】 곧 여양진(黎陽津)이다. 남쪽으로 동군(東郡) 백마현과 경계로 삼고 있다.

8) 【색은(索隱)】 옛 남연국(南燕國)이다. 동군(東郡)에 있으며, 진나라 때 현으로 삼았다.

회음이 이미 명을 받아 동쪽으로 갔으나 아직 평원(平原-나루)을 건너지 못했다. 한왕이 역생(酈生-역이기)을 보내 가서 제나라 왕 전광을 설득하게 하니, 광은 초나라를 배반하고 한나라와 강화해서 함께 항우를 쳤다. 한신이 괴통(蒯通)의 계책을 써서 드디어 제나라를 습격해 깨뜨리자[襲破], 제나라 왕은 역생(酈生)을 삶아 죽이고[烹] 동쪽의 고밀(高密)로 달아났다. 항우는 한신이 이미 하북의 병사를 들어 제나라와 조나라를 깨뜨리고 장차 초나라를 칠 것이라는 소식을 듣고는 용저(龍且)와 주란(周蘭)으로 하여금 가서 한신을 치게 했다. 한신이 그들과 싸우게 되었는데, 기병대장 관영(灌嬰)이 초군을 쳐서 크게 깨뜨리고 용저를 죽였다. 제나라 왕 광은 팽월에게로 달아났다[犇=奔]. 이런 때를 맞아 팽월은 병사들을 거느리고 양(梁) 땅에 머물며 왔다 갔다 하면서 초나라 병사들을 괴롭히고 그들의 양식을 끊었다.

4년에 항우는 마침내 해춘후(海春侯) 대사마(大司馬) 조구(曹咎)에게 말했다.

"신중한 태도로 성고를 지켜라. 한군이 싸움을 걸어와도[挑戰(도전)] 자중하며 결코 맞서 싸우지 말라. 저들로 하여금 동쪽으로 더 전진하지 못하게만 해도 좋은 것이다. 나는 15일 안에 반드시 양(梁) 땅을 평정하고 다시 장군들을 따라갈 것이다."

마침내 진류(陳留) · 외황(外黃) · 수양(睢陽)으로 행군해 가서 그들을 쳐 떨어뜨렸다. 한나라가 과연 여러 차례 성고에서 싸움을 걸었지만, 초나라 군대가 나오지 않았는데, 병사들을 시켜 대엿새 동안 계속해서 욕을 해대자, 대사마 구(咎-조구)가 화가 나서 병사들에게 사수(氾水)[1]를 건너게 했다. 사졸들이 반쯤 건넜을 때 한이 그들을 쳐서 초나라 군대를 크게 깨뜨린 뒤 초나라의 금옥과 각종 재물을 남김없이 차지했다. 대사마 구와 장사(長史) 흔(欣-사마흔)은 둘 다 사수 변에서 스스로 목을 찔렀다[自剄(자경)]. 항우가 수양에 이르렀다가, 해춘후가 깨졌다는 소식을 듣고는 마침내 군대를 이끌고 돌아왔다. 한군은 바야흐로 형양 동쪽에서 종리매(鍾離眛)를 에워쌌으나, 항우가 오자 모두 험준한 지역으로 달아났다.

1) 【정의(正義)】 氾의 발음은 사(祀)다. 성고 고성(成皐故城) 동쪽에 있다.

한신이 이미 제(齊)나라를 깨뜨리고 나서 사람을 시켜 (한왕에게) 말했다.

"제는 초와 국경을 접하고[邊(변)][1] 있는데 그 권위가 가벼우니, 내가 임시왕[假王(가왕)]이 되지 않고서는 제나라를 안정시키지 못할까 두렵습니다."

한왕이 화가 나서 그를 공격하려 했는데, 유후(留侯-장량)가 말했다.

"차제에 그를 세워서 스스로 그곳을 지키도록 하는 것이 낫습니다."

마침내 장량으로 하여금 인끈을 갖고 가게 해서[操=持(조=지)] 한신을 세워 제왕(齊王)으로 삼았다[2].

1) 【집해(集解)】 변(邊)은 가깝다[近]는 뜻이다.

2) 【집해(集解)】 서광(徐廣)이 말했다. "3월이다."

항우는 용저의 군대가 깨졌다는 소식을 듣고는 두려워서 우이(盱台) 사람 무섭(武涉)을 보내 한신을 설득하게 했으나, 한신은 듣지 않았다.

초와 한이 오랫동안 서로 대치했으나 결판이 나지 않자, 장정[丁壯]들은 군려(軍旅-군대)에서 고통을 겪었고 노약자들은 군량[餉=饋]을 실어 나르느라[轉=運] 파김치가 되었다. 한왕과 항우가 서로 광무산 사이에서 마주 보며 이야기했다. 항우는 한왕과 단둘이서 붙어보자고 했지만, 한왕은 항우의 죄상을 열거하며[數][1] 이렇게 말했다.

"나는 애초에 우와 함께 회왕(懷王)의 명을 받고서 먼저 관중을 평정하는 자가 왕이 되기로 했는데 우는 약속을 어기고[負約][2] 나를 촉한(蜀漢)의 왕으로 삼았으니, 첫 번째 죄다.

우는 왕명을 핑계로[矯] 경자관군(卿子冠軍)[3]을 죽이고 스스로를 높였으니, 두 번째 죄다[4].

우는 마땅히 조나라를 구원하고서 보고해야[報] 하는데 마음대로[擅=顓] 제후의 군대를 겁박해서 관중에 들어갔으니, 세 번째 죄다.

회왕께서 약속하시기를 진나라에 들어가서는 폭력과 노략질을 하지 말라고 하셨는데 우는 진나라 궁실을 불태우고 시황제의 무덤[冢]을 파헤쳤으며 진의 재물들을 사사로이 차지했으니, 네 번째 죄다.

또 진나라의 항복한 왕 자영(子嬰)을 강압적으로 죽였으니, 다섯 번째 죄다.

속임수를 써서 진나라의 자제 20만 명을 신안(新安)에서 생매장하고 수행한 장수들을 왕으로 삼았으니, 여섯 번째 죄다.

여러 장수를 죄다 좋은 땅의 왕으로 삼고[5] 옛 왕들은 다른 곳으로 옮기

게 해서 내쫓는 바람에[6] 그들의 신하들이 다퉈 반역을 일으키게 했으니, 일곱 번째 죄다.

의제(義帝)를 팽성으로 쫓아내고 스스로 그곳에 도읍하고서 한왕(韓王)의 땅을 빼앗고 양(梁)과 초(楚)를 겸병해 왕으로 자처하면서 자신의 영토를 넓혔으니, 여덟 번째 죄다.

사람을 보내 의제를 강남에서 몰래 죽였으니[陰殺=暗殺], 아홉 번째 죄다.

무릇 신하 된 자로서 자신의 임금을 죽이고 이미 항복한 자들을 죽이며 정사가 공평하지 않고 임금과의 약속을 지키지 않은 것은 천하에 용납되지 못할 대역무도(大逆無道)이니, 열 번째 죄다.

나는 의로운 군대[義兵]를 거느리고 제후들과 함께 잔악한 도적[殘賊-항우]을 주벌하는 중이니, 형벌을 받은 죄인들로 하여금 그대[公]를 치게 하면 그만인데[7] 어찌 수고스럽게 그대와 싸울 필요가 있겠는가?"

항우가 크게 화가 나서 복병으로 하여금 쇠뇌를 쏘게 하여 한왕을 맞혔다. 한왕은 가슴에 상처를 입고서도, 마침내 발을 쓰다듬으며[捫=摸][8] 말했다.

"호래자식[虜]이 내 발가락을 맞혔구나!"

한왕이 상처[創] 때문에, 병이 나서 눕게 되자, 장량은 한왕이 일어날 것을 억지로 청해서 일으켜 세운 다음에 군사들에게로 가서 그들을 위로해 안심시키게 했다. 이는 초나라가 한나라를 향해 이 틈을 탈 수 없도록 하기 위함이었다. 한왕이 나가서 군대를 순시하던 중에[行軍][9] 병세가 심해지자[病甚][10] 성고로 말을 달려 서둘러 들어갔다.

1) 수(數)에는 꾸짖다[責]의 뜻도 있다.

2) 【색은(索隱)】 負의 발음은 패(佩)다.

3) 송의(宋義)를 가리킨다. 회왕이 신하이던 송의를 높여서 이렇게 불렀다.

4) 【집해(集解)】 서광(徐廣)이 말했다. "경(卿)은 판본에 따라 경(慶)으로 되어 있다." 【색은(索隱)】 위소(韋昭)가 말했다. "송의의 칭호다." 여순(如淳)이 말했다. "경(卿)이란 대부(大夫)를 높이는 칭호이고, 자(子)는 자남(子男)의 작위이며, 관군(冠軍)은 장교들 중의 우두머리다. 송의를 높이려고 칭호를 더해준 것이다."

5) 【색은(索隱)】 장한 등을 가리킨다.

6) 【색은(索隱)】 전시·조헐·한광 등을 가리킨다.

7) 항우를 가볍고 천하게 여긴다는 말이다.

8) 【색은(索隱)】 문(捫)은 '더듬다[摸]'라는 뜻이다. 가슴에 활이 적중했는데 발을 쓰다듬었다는 것은, 대개 화살이 처음 맞아 통증이 심했지만, 정확히 어디에 맞았는지를 몰랐기 때문일 뿐이다. 어떤 사람들은 가슴에 활이 적중했는데 발을 쓰다듬은 것은 일단 사졸들의 마음을 안심시키기 위해서였다고 한다.

9) 【정의(正義)】 行은 한(寒)과 맹(孟)의 반절음이다.

10) 【색은(索隱)】 살펴보건대, 『삼보고사(三輔故事)』에서 이렇게 말했다. "6년에 초와 한이 경과 색 사이에서 서로 대치했는데, 몸에 큰 상처 12곳이 났고 화살과 돌에 제대로 맞은 것이 4곳이었다." 이는 한왕이 상처로 인해 병이 났음을 말하는 것이다.

(한왕은) 병이 낫자[瘉=愈=差] 서쪽으로 관중에 들어가서, 역양에 이르러 어르신들의 안부를 묻고 위로하며[存問] 술자리를 베풀었고[置酒] 전 새왕(塞王) 흔(欣-사마흔)의 머리를 역양 저잣거리에 매달았다[梟][1]. 나흘을 머물고서 다시 군대로 돌아와[如=歸] 광무(廣武)에 군영을 설치했으니, 관중의 병사들은 더욱 늘어났다.

1) 【색은(索隱)】 효(梟)는 나무 끝에 머리를 매다는 것[懸首]이다. 흔이 사수 변에서 목에 칼을 찔러 자살했는데 지금 역양에 효수했다는 것은, 옛 도시에 그를

매달아 사람들에게 보였다는 뜻이다.

이런 때를 맞아 팽월은 병사를 이끌고 양(梁) 땅에 주둔한 채 오가면서 초나라 군대를 괴롭히고 군량 수송을 끊었는데, 전광이 가서 팽월을 따랐다. 항우가 여러 차례 팽월 등을 쳤으나 제왕 한신도 초를 쳤다. 항우가 두려워서 마침내 한왕과 천하를 반으로 나눠 홍구(鴻溝)를 경계로 서쪽은 한이, 동쪽은 초가 갖기로 약속했다[1]. 항왕이 한왕의 부모와 처자식을 돌려보내자, 군중은 모두 만세를 불렀고, 마침내 각자 군대를 철수해 돌아갔다.

1) 【색은(索隱)】 응소(應劭)가 말했다. "(홍구는) 형양(滎陽) 동남쪽으로 30리에 있으니, 대개 황하 동남쪽의 물을 끌어들여 회수(淮水)와 사수(泗水)로 들어가게 한다." 장화(張華)가 말했다. "하나의 운하가 동남쪽으로 흘러 준의(浚儀)를 거치는데 이는 시황이 파낸 곳으로, 황하의 물을 끌어 대량(大梁)에 물을 대니 이를 홍구(鴻溝)라고 한다. 또 하나의 운하는 동쪽으로 양무(陽武) 남쪽을 거치는데, 관도수(官渡水)가 된다." 『북정기(北征記)』에 이르기를, 중모대(中牟臺) 아래는 변수(汴水)와 접해 있는데 이것이 관도수라고 했다.

항우가 군대를 철수해 동쪽으로 돌아가자, 한왕은 군사를 이끌고 서쪽으로 가려 했으나, 장량과 진평의 계책[1]을 써서 마침내 군사를 보내 항우를 추격했다. 양가(陽夏) 남쪽에 이르러 군대를 멈추게 하고서 제왕(齊王) 신(信), 위(魏)나라 상국 월(越-팽월)과 만날 날을 정해 함께 초나라를 치기로 했는데, 고릉(固陵)[2]에 도착했으나 둘을 만나지 못했다[3]. 초나라가 한나라 군대를 쳐서 크게 깨뜨리자, 한왕은 다시 누벽으로 들어와서 참호를 깊이 파고 수비를 했는데, 장량의 계책[4]을 쓰니 이에 한신과 팽월이 모두 갔다. 유가(劉賈)가 초 땅에 들어가서 수춘(壽春)[5]을 에워쌌으나, 한왕은 고릉에서 패했다. 마침내 사자를 보내 (초의) 대사마 주은(周殷)을 회유했다.

은은 (초나라에 반기를 들어) 구강(九江)의 병력을 들어[6] 무왕(武王-경포)을 맞이했으며, 둘이 나란히 행군하면서 성보(城父)[7]를 도륙한 뒤 유가와 함께 제(齊), 양(梁)의 제후군을 따라 모두 해(垓) 아래에 대대적으로 모였다[大會(대회)][8]. 무왕 포를 세워 회남왕(淮南王)으로 삼았다.

1) 『한서(漢書)』에는 이를 상세하게 적어놓고 있다. "지금 한나라는 천하의 태반(太半)을 차지했고 제후들이 모두 와서 붙은 반면에 초나라 군사들은 지치고[罷(파)=疲(피)] 식량마저 다 떨어졌으니, 지금이야말로 하늘이 저들을 망하게 하려는 때입니다. 만일 이 기회를 잡아 드디어 저들을 차지하지 않는다면, 그것은 이른바 호랑이를 길러주어 스스로 우환을 남겨두는 것입니다."

2) 【집해(集解)】 진작(晉灼)이 말했다. "즉 고시(固始)다."

3) 둘은 일부러 나오지 않았다.

4) 『한서(漢書)』에는 이를 상세하게 적어놓고 있다. "초의 병사들이 얼마 안 가서 깨질 것인데도 (그 둘에게는) 아직 땅이 나눠지지 않았으니[이기(李奇)가 말했다. "신과 월 등은 아직 추가로 땅을 배분받지 못했다."] 그들이 오지 않은 것은 참으로 당연합니다.[안사고(顔師古)가 말했다. "이치상으로 마땅히 그러하다는 말이다."] 군왕께서는 능히 제후들과 천하의 땅을 공유할 수 있기에 그들을 세워줄 수 있습니다.[안사고(顔師古)가 말했다. "천하의 땅을 함께 소유하는 것이기에 그것을 떼내 봉해줄 수 있다는 말이다."] 제왕 신이 (왕으로) 서게 된 것은 군왕의 뜻이 아니었기에, 신도 스스로 마음이 굳건하지 않습니다.[안사고(顔師古)가 말했다. "당시 신은 스스로 임시 왕이 되기를 청해서 겨우 왕으로 섰을 뿐이기에 군왕의 뜻이 아니라고 한 것이다."] 팽월은 원래 양 땅을 평정했지만 애초에 군왕께서는 그곳을 위표의 것이라 여겨 월을 제배해 상국으로 삼았고, 지금 표가 죽자, 월이 또 왕이 되기를 바랐는데도 군왕께서는 일찍 정해주시지 않았습니다. 지금은 수양(睢陽)에서 북쪽으로 곡성(穀城)까지 모두 팽월을 왕으로 하고 있고 진(陳)부터 동쪽으로 바다에 이르기까지를[傅(부)=附(부)] 제왕 신에게 주었는데, 신의 집은 초나라에 있으니, 그의 뜻은 옛 읍을 되찾으려는 데 있을 것입니다. 군왕께서 이 땅을 버려[捐(연)=棄(기)] 두 사람에게 내주신다면 두 사람은 각각 스스로 열심히 싸울 것이니, 이리되면 초나라를 쉽게 패배시킬 수 있을 것입니다."

5) 【정의(正義)】 지금의 수주(壽州)다.

6) 【집해(集解)】 주은이 병사를 이끌고서 유가를 따른 것이다.

7) 【정의(正義)】 父의 발음은 보(甫)다. 지금의 박주(亳州)의 현이다.

8) 【집해(集解)】 서광(徐廣)이 말했다. "7월이다."

5년에 고조(高祖-유방)는 제후의 병사들과 함께 초군을 쳐서 해 아래에서 항우와 최후의 승부를 다투었다[決勝]. 회음후가 30만을 거느리고 직접 맞서니, 공(孔)장군(-한신의 부장 공희(孔熙))은 좌측에 진을 치고 비(費)장군(-한신의 부장 진하(陳賀))은 우측에 진을 쳤으며 황제(皇帝)[1]가 뒤에 있고 강후(絳侯)와 시(柴)장군이 황제 뒤에 있었다. 항우의 병사는 10만 정도였다. 회음이 먼저 교전했으나 불리해 퇴각했다. 공장군과 비장군이 함께[縱][2] 공격하자 초병은 불리해졌고, 회음후가 다시[復] 그 틈을 타고[乘][3] 쳐서 해 아래에서 크게 이겼다. 항우는 끝내[卒] 한군이 부르는 초나라 노래[4]를 듣고는 한이 초의 땅을 다 차지했다고 여겼고, 항우가 마침내 패해 달아나자 이로써 병사들은 크게 패배했다. 기병대장 관영(灌嬰)으로 하여금 항우를 추격하게 하여 동성(東城)에서 죽였고[5], 8만 명의 목을 베고서 드디어 초나라 땅을 공략해 평정했다. 노(魯)가 초나라를 위해 굳게 지키면서 떨어지지 않고[不下] 있었는데, 한왕이 제후의 병사들을 이끌고 북쪽으로 가서 노나라 부로들에게 항우의 머리를 보이자 노는 마침내 항복했다. 드디어 노공(魯公)의 칭호로써 항우를 곡성(穀城)에 장사 지냈다. 돌아와 정도(定陶)에 이르러 제왕(齊王-한신)의 누벽으로 내달려 들어가서 그의 군사를 빼앗았다.

1) 비로소 사마천은 유방을 황제라고 부르고 있다.

2) 【정의(正義)】 두 사람은 한신의 휘하 장수로, 군대를 합쳐 항우를 친 것이다. 종(終)자로 구를 끊는다[絶句]. 공장군은 요후(蓼侯) 공희(孔熙)이고, 비장군은

비후(費侯) 진하(陳賀)다.

3) 【정의(正義)】 復는 부(扶)와 부(富)의 반절음이다. 승(乘)은 '올라타다[登(등)]', '나아가다[進(진)]'라는 뜻이다.

4) 【색은(索隱)】 응소(應劭)가 말했다. "지금의 「계명가(雞鳴歌)」다." 안유진(顏遊秦)이 말했다. "초나라 노래란 「오구(吳謳)」다." 살펴보건대 고조가 척부인에게 초나라 춤을 추게 한 뒤 스스로 초나라 노래[당시 유방이 부른 노래다. "큰 기러기와 고니가 높이 날아 단번에 천 리를 날아가네. 날개가 이미 자라서 사해를 가로질러 날아다니는구나. 사해를 가로질러 날아다니니 마땅히 어찌하겠는가! 비록 짧은 화살이 있다고 할지라도 오히려 어디에다 쏠 것인가!']를 불렀는데, 이는 초나라 사람들이 부르던 노래다.

5) 【집해(集解)】 서광(徐廣)이 말했다. "12월이다."

정월에 제후와 장상(將相)들이 함께 한왕을 황제로 높이기를 청했다. 한왕이 말했다.

"내가 듣건대 제(帝)라는 것은 뛰어난 자[賢者(현자)]가 갖는 것이라 했으니, 내용은 없이 헛된 말뿐인 이름은 취할 수가 없다. 나는 감히 제위를 감당할 수가 없다."

여러 신하가 모두 말했다.

"대왕께서는 미천한 신분[細微(세미)]에서 일어나 사나운 역도들을 주멸하고 사해를 평정하셨으며, 공로가 있는 자들에게는 그 즉시[輒(첩)] 땅을 나눠 왕후가 되게 하셨습니다. (그러니) 대왕께서 존호를 받지 않으신다면 (대왕이 내리신 봉호에 대해) 모두 의심해 믿지 않을 것입니다. 신들이 죽음으로 이를 관철코자 합니다."

한왕이 세 번 사양하고는 어쩔 수 없이[不得已(부득이)] 말했다.

"제후왕들이 그렇게 하는 것이 반드시 나라에 편리하다고 말한다면 그리하리다."

갑오일[1]에 마침내 범수(氾水) 북쪽에서 황제(皇帝)의 자리에 나아갔다

[卽]2).

1) 【집해(集解)】 서광(徐廣)이 말했다. "2월 갑오일이다."

2) 【집해(集解)】 채옹(蔡邕)이 말했다. "상고시대에는 천자를 황(皇)이라고 했고, 그 다음에는 제(帝)라고 했고, 그다음에는 왕(王)이라고 했다. 진나라는 삼왕(三王)의 말기를 이어받았는데 한나라를 위해 구악들을 다 제거하고 스스로 다움이 삼황오제를 겸했다고 해서 황제라는 칭호를 썼고, 한고조가 명을 받았는데 공로와 다움이 그에 못지않았기에 고치지 않은 것이다." 【정의(正義)】 氾의 발음은 부(敷)와 검(劒)의 반절음이다. 『괄지지(括地志)』에서 말했다. "고조가 즉위한 단(壇)은 조주(曹州) 제음현(濟陰縣) 경계에 있다. 장안(張晏)이 말하기를 '범수는 제음현 경계에 있는데, 이는 범수가 넓고 커서 아래를 윤택하게 해준다는 뜻을 취한 것이다'라고 했다."

황제가 말하기를 "의제에게는 후사가 없다[無後=無嗣]"라고 하더니, 제나라 왕 한신이 초나라 풍속에 익숙했기에 그를 옮겨 초왕으로 삼고 하비(下邳)1)에 도읍하게 했다.

건성후(建成侯) 팽월(彭越)을 세워 양왕(梁王)으로 삼고 정도(定陶)2)에 도읍하게 했다.

옛 한왕 신(信)을 한왕으로 삼고 양적(陽翟)3)에 도읍하게 했다.

형산왕(衡山王) 오예(吳芮)를 옮겨 장사왕(長沙王)으로 삼고 임상(臨湘)4)에 도읍하게 했다.

파군(番君-오예)의 장수 매현(梅鋗)이 한왕을 따라서 무관(武關)에 들어올 때 공을 세웠으므로 파군에게 감사를 표했다[德=致謝].

회남왕 경포, 연왕 장도, 조왕 오(敖-장이의 아들)는 모두 예전과 같게 했다.

천하가 크게 평정되었으니, 고조는 낙양(洛陽)을 도읍으로 삼았고 제후

들은 모두 신하로서 복속했다[屬=服].

전 임강왕(臨江王) 공환(共驩)[5]이 항우를 위해 한나라에 반기를 들었는데, 노관과 유가에게 에워싸게 했으나 떨어뜨리지 못했다. 몇 달이 지나서 항복하니, 낙양에서 그를 죽였다.

(여름) 5월에 군대를 모두 해산해 집으로 돌아가게 했다. 제후의 자식 중에서 관중에 있는 자에게는 12년간 부역과 조세를 면제해주었고[復=免], 자신의 봉국으로 돌아가는 자에게는 그 6년을 면제해주고 1년 동안 먹여주었다[食之][6].

1) 【정의(正義)】 발음은 피(被)와 비(悲)의 반절음이다. 사주(泗州) 하비현이 이곳이며, 초왕 한신의 도읍이다.

2) 【정의(正義)】 조주(曹州) 제음현(濟陰縣) 성이 이곳이며, 양왕 팽월의 도읍이다.

3) 【정의(正義)】 낙주(洛州) 양적현(陽翟縣)이 이곳이며, 한왕 신의 도읍이다.

4) 【정의(正義)】 『괄지지(括地志)』에서 말했다. "담주(潭州) 장사현(長沙縣)인데, 본래 한나라 임상현이며 장사왕 오예가 그곳에 도읍했다. 예(芮)의 무덤은 장사현 북쪽으로 4리에 있다."

5) 【집해(集解)】 서광(徐廣)이 말했다. "판본에 따라 이름이 위(尉)로 되어 있다."[임강왕 공오(共敖)의 아들이다.]

6) 【정의(正義)】 食의 발음은 (식이 아니라) 사(寺)다.

고조가 낙양의 남궁(南宮)[1]에서 술자리를 베풀었다[置=催]. 고조가 말했다.

"열후(列侯)[2]와 여러 장수는 감히 짐(朕)[3]에게 숨기는 것이 있어서는 안 되니, 모두 그 속내[情=眞情=實情]를 말하도록 하라. 내가 천하를 갖게 된 까닭은 무엇이며, 항씨(項氏-항우)가 천하를 잃게 된 까닭은 무엇인가?"

고기(高起)와 왕릉(王陵)이 대답했다[4].

“폐하께서는 (성품이) 오만해 다른 사람을 깔보시지만[慢而侮人] 항우는 어질어서 다른 사람을 공경했습니다[仁而敬人]. 그러나 폐하께서는 사람들을 시켜 성을 공격하고 땅을 공략해 점령한 뒤에는 그곳을 그 사람들에게 나눠줌으로써 천하와 이익을 함께하셨습니다. 항우는 뛰어난 이를 투기하고 능력이 있는 자를 질시해서[妬賢嫉能] 공로가 있는 자를 해치고 뛰어난 이를 의심했으니, 싸움에서 이기더라도 다른 사람의 공로를 인정하지 않았고[不與] 다른 사람들이 땅을 획득해도 그들의 이익을 인정하지 않았습니다. 이것이 항우가 천하를 잃게 된 까닭입니다.”

고조가 말했다.

“그대들은 하나만 알고 둘은 알지 못한다[知其一未知其二]. 무릇 군막[帷幄=軍幕] 안에서 계책을 세워[運籌] 1,000리 밖에서 벌어질 승리를 결정짓는 일에서 나는 자방(子房-장량)만 못하고, 나라를 안정시키고[塡=鎭=安] 백성을 어루만지며 식량을 공급하고 군량의 공급로를 끊어지지 않게 하는 일에 있어서 나는 소하만 못 하며, 또 100만 대군을 이끌고서 싸우면 반드시 이기고 공격하면 반드시 적을 패퇴시키는 일에 있어서 나는 한신만 못 하다. 이 세 사람은 모두 인걸(人傑)로서 나는 그들을 능히 쓸 수 있었으니[能用之], 이것이 내가 천하를 차지할 수 있었던 까닭이다. 항우는 단지 범증(范增) 한 사람뿐이었는데도 제대로 쓰지를 못했으니[不能用], 이것이 그가 나에게 붙잡힌 까닭이다.”

1) 【정의(正義)】『괄지지(括地志)』에서 말했다. “남궁은 낙주(雒州) 낙양현(雒陽縣) 동북쪽으로 26리 떨어진 낙양 고성(洛陽故城) 안에 있다.『여지지(輿地志)』에 이르기를, 진나라 때 이미 남궁과 북궁이 있었다고 했다.”

2) 예전의 철후(徹侯)를 말한다. (한나라) 무제의 이름[諱](인 철(徹))을 피해 통후(通侯)라 했다가, 뒤에 열후(列侯)로 개칭했다. 열(列)이란 서열을 드러낸다는 뜻이다.

3) 여순(如淳)이 말했다. "짐(朕)은 나[我]이다. 채옹(蔡邕)이 말하기를 '옛날에는 위아래가 서로를 받들었다'라고 했다. 제순(帝舜)이 스스로 짐(朕)이라 했고 굴원(屈原)이 '나[朕]의 황고(皇考-돌아가신 아버지)'라는 말을 썼으니, 진(秦)나라에 이르러서야 존칭이 되었고 한나라가 드디어 그것을 이어받아서 뜻을 바꾸지 않은 것이다."

4) 【집해(集解)】 맹강(孟康)이 말했다. "성이 고(高)이고 이름이 기(起)다." 신찬(臣瓚)이 말했다. "『한제연기(漢帝年紀)』에 따르면, 한나라 고제 때 신평후(信平侯) 신(臣) 능(陵)과 도무후(都武侯) 신(臣) 기(起)가 있었으니 위상(魏相) 병길(丙吉)이 고제에게 일을 아뢸 때 장군 신 능과 신 기가 있었다고 한다."

고조는 낙양에 오래도록 도읍하려고 했으나, 제나라 사람 유경(劉敬)이 유세를 하고 마침내 유후(留侯-장량)가 상(上)에게 관중으로 들어가길 권하자, 고조는 그날로 어가를 몰아 관중에 들어가서 그곳을 도읍으로 정했다. 6월에 천하를 크게 사면했다.

10월에 연왕(燕王) 장도(臧荼)가 반란을 일으키자, 대(代) 땅을 공격해 떨어뜨렸다. 고조가 몸소 군사를 거느리고 공격에 나서서 연왕 장도를 사로잡았다.

곧바로 태위(太尉) 노관(盧綰)을 세워 연왕으로 삼고, 승상 번쾌(樊噲)로 하여금 군사를 거느리고 대 땅을 공격하게 했다.

그해 가을에 이기(利幾)[1]가 반란을 일으켰는데, 고조가 몸소 그들을 쳐서 깨뜨리니 이기는 달아났다. 이기란 자는 항우의 장수였다. 항씨가 패했을 때 이기는 (항우를 따르지 않고) 진현(陳縣-하남 회양)의 공(公-현령)으로 있다가 고조에게 항복했으니, 고조는 그를 영천(潁川)의 후(侯)로 삼았다. 고조가 낙양에 이르러 일거에 통후(通侯)의 명단[籍][2]을 갖고서 모두 불러 모으자, 이기가 두려워서 반란을 일으켰던 것이다[3].

1) 【정의(正義)】 幾의 발음은 기(機)이니, (이기는) 성과 이름이다. 항우의 장수로서 진현 현령으로 있다가 한나라에 투항했다. 고제가 제후들을 부르자 이기가 두려워서, 그 때문에 반란을 일으킨 것이다.

2) 【집해(集解)】 여순(如淳)이 말했다. "통후들의 명단을 만들어서 갖고 있었던 것이다."

3) 통후들을 모두 소집하자 이기는 자신이 항우의 장수였기 때문에 (뭔가 다른 이유가 있어서일 것이라 여기고서) 절로 두려움을 느껴서 반란을 일으킨 것이다.

6년에, 고조는 일반인들의 부자간 예의와 마찬가지로 닷새에 한 번씩 태공(太公)의 안부를 살폈는데[朝], 태공의 가령(家令-가신)이 태공에게 유세해 말했다.

"하늘에 2개의 태양이 없고 땅에는 2명의 임금이 없습니다. (그런데) 지금 고조께서 비록 자식이라고 하지만 임금[人主]이시고, 태공께서는 비록 아버지라고 하지만 신하[人臣]입니다. 어찌 임금으로 하여금 신하를 배알하게 하십니까? 이렇게 하시면 (임금의) 위엄과 엄중함[威重]이 제대로 시행될 수 없습니다."

뒤에 고조가 안부를 살피러 가자, 태공이 빗자루를 들고[擁篲=持帚][1] 문전에서 맞이하며 뒤로 물러섰다[却=退而行]. 고조가 크게 놀라 밑에서 태공을 떠받치니 태공이 말했다.

"제(帝)는 임금이신데, 어찌하여 나로 인해 천하의 법을 어지럽히게 만드는 것입니까!"

이에 고조는 마침내 태공을 높여 태상황(太上皇)[2]으로 삼았다. 고조는 내심[心=意] 가령의 말을 좋게 여겨서[3] 황금 500근을 내려주었다.

1) 【집해(集解)】 이기(李奇)가 말했다. "공경을 표시한 것이다. 오늘날 병졸들이 공경을 표시하기 위해 빗자루[帚]를 받드는 것과 같다."

2) 【집해(集解)】 채옹(蔡邕)이 말했다. "(황이라고만 하고) 제(帝)라고 하지 않은 것은 천자(天子)가 아니었기 때문이다." 【색은(索隱)】 살펴보건대 채옹이 "제(帝)라고 하지 않은 것은 천자(天子)가 아니었기 때문이다"라고 했는데, 또 살펴보건대 「본기」에서 진시황은 장양왕을 추존해 태상황으로 삼았으니 이미 고사(故事)가 있었다. 대개 태상(太上)이란 그 위에 더는 아무것도 없는 것이다. 황(皇)이란 다음이 제(帝)보다 큰 것이니, 그 아버지를 높이고자 해서 존호를 태상황이라고 한 것이다.

3) 【색은(索隱)】 안씨(顔氏)가 살펴보건대, 순열(荀悅)이 말하기를 "그래서 비록 천자라 하더라도 반드시 높이는 사람[尊]이 있으니, 아버지가 안 계실 경우에는 삼로(三老)를 둔다. 하물며 아버지가 계심에랴! 가령의 말이 지나쳤다"라고 했다. 진(晉-서진)나라 유보(劉寶)가 말했다. "그 마음 씀씀이를 좋게 여기고, 그 참에 아버지의 칭호를 높인[尊崇] 것이다."

12월에 어떤 사람이 초나라 왕 신(信)이 반란을 꾀했다고[謀反] 아뢰었으니, 상(上)이 좌우에 묻자, 좌우의 신하들이 다퉈 그를 쳐야 한다고 했다. 진평(陳平)의 계책을 써서, 마침내 거짓으로 운몽(雲夢)[1]으로 놀러 갔다. 진(陳)에서 제후들과 회동했는데, 초왕 신이 맞이하러 나왔을 때를 이용해 그를 붙잡았다. 이날 크게 사면했다. 전긍(田肯)[2]이 하례하고서 말했다.

"폐하께서는 한신을 사로잡고 또 진중(秦中)[3]을 다스리셨습니다[治][4]. 진(秦)은 형세의 나라[形勢之國][5]로서 강이 띠를 이루고 산이 가로막고 있으며 제후의 나라들과 1,000리나 떨어져 있으니, 제후들이 100만 대군을 갖고 있어도 진나라는 2만 명[百二][6]으로 막아낼 수 있습니다. 땅의 형세가 유리하면 제후들에게 병사를 쓰는 일은, 비유컨대 마치 높은 건물 위에서 물동이[瓴=瓶]로 물을 쏟는 것[建]과 같습니다[7]. 저 제(齊) 땅은 동쪽으로 낭야(琅邪)와 즉묵(卽墨)이 있어 물산이 풍부한 데다[8] 남쪽으로는 태산(泰山)의 견고함이 있고 서쪽으로는 탁한 황하[濁河][9]의 가로막음이 있으며

북쪽으로는 발해(勃海)[10]의 이로움이 있습니다[11]. 땅이 사방 2,000리이고 100만 대군을 갖고 있으며 제후국들과는 1,000리의 밖에[千里之外(천리 지 외)][12] 떨어져 있으니, 제후들이 100만 대군을 갖고 있어도 제나라는 20만 명[十二(십이)]으로 막아낼 수 있습니다[13]. 이 둘은 그래서 동진(東秦-제나라)과 서진(西秦)이라 할 수 있으니, 친자식이나 친동생이 아니면 제왕(齊王)으로 삼아서는 안 될 것입니다."

상이 말했다.

"좋다."

황금 500근을 내려주었다.

1) 【집해(集解)】 위소(韋昭)가 말했다. "남군(南郡) 화용현(華容縣)에 있다."

2) 【색은(索隱)】 『한기(漢紀)』와 『한서(漢書)』에는 소(宵)로 되어 있는데, 유현(劉顯)이 말하기를 서로 전하는 바에 따르면 긍(肯)이라고 했다.[대부라는 것 말고는 알려진 것이 없는데, 성이 전씨임을 감안할 때 제나라 왕족으로 보인다.]

3) 【집해(集解)】 여순(如淳)이 말했다. "이때 산동 사람들은 관중을 진중(秦中)이라고 불렀다."

4) 다스렸다[治(치)]는 것은 도읍을 정한 것을 말한다.

5) 【집해(集解)】 장안(張晏)이 말했다. "진나라 땅은 산하가 띠를 이루고 있어서 형세상으로 승리를 얻기가 유리한 위치에 있는 나라다." 【색은(索隱)】 위소(韋昭)가 말했다. "지형이 험고(險固)해서 능히 다른 나라를 이길 수 있다는 말이다."

6) 【집해(集解)】 응소(應劭)가 말했다. "(진나라) 산하의 험난함은 다른 제후들에 비해 현격하고[縣隔(현격)=懸隔(현격)] 땅은 1,000리나 떨어져 있어 능히 제후들을 붙잡을 수 있으니, 천하의 이로움의 100분의 2만 있으면 된다는 말이다." 이비(李斐)가 말했다. "산하가 험난해 지세가 높고 물이 아래로 흐르며, 천하와 진나라는 서로의 거리가 현격해서 1,000리나 떨어져 있다. 그러므로 (천하

가) 창 100만 개를 들면 진나라는 그 2배를 가진 것이나 마찬가지다." 소림(蘇林)이 말했다. "100 중에서 2를 갖는다는 것이니, 진나라는 땅이 험고해서 병사 2만으로도 제후들의 100만 군대를 충분히 감당할 수 있다는 말이다." 【색은(索隱)】 복건(服虔)이 말했다. "함곡관은 장안과의 거리가 1,000리나 되어 현격하다는 말이다." 살펴보건대, 그 글은 산하가 험고하고 지형이 험난해서 그 형세가 마치 1,000리나 떨어져 있는 것과 같다는 말이다. 소림이 말했다. "백이(百二)라고 했으니 100 중의 2이지만, 20만 명이다." 우희(虞喜)가 말했다. "백이(百二)란 100을 두 번 얻는 것이다. 이는 제후들이 창 100만 개를 들면 진나라 땅의 험난함은 천하와 1배인 셈이니, 따라서 100이라는 수의 그 2배라는 뜻이므로 대개 진나라 병사는 200만 명에 해당한다는 말이다. '제나라가 십이(十二-십의 2배)를 얻는다'라고 한 것도 그와 같다. 그러므로 동진과 서진이 되어 세력으로 서로 맞수가 되는데, 다만 문맥상 서로 (구별하기 위해) 피하느라 십이(十二)라고 한 것이다. 즉 나머지 제후들이 10만이면 제나라는 지형의 험난함이 역시 다른 나라의 2배가 되니 마땅히 20만은 된다는 뜻이다."

7) 【집해(集解)】 여순(如淳)이 말했다. "영(瓴-동이)이란 물이 가득한 동이다. 높은 지붕 위에서 동이를 뒤집어 물을 붓는 것이니, 아래로 향하는 형세가 그만큼 쉽다는 것을 말한다. 建의 발음은 건(蹇)이다." 진작(晉灼)이 말했다. "허신(許愼)이 말하기를, 영(瓴)이나 옹(甕-독)은 두레박이나 시루[瓶(병)]와 비슷하게 생겼다고 했다."

8) 이 두 현은 바다와 가까워 물산이 풍부했다.

9) 【집해(集解)】 진작(晉灼)이 말했다. "제나라 서쪽에 평원(平原)이 있으니, 황하의 물이 동북쪽으로 흘러 고당(高唐)을 지나는데 고당이 곧 평원이다. 맹진(孟津)은 황하라고도 부르며, 그래서 탁하(濁河)라고 한다."

10) 【색은(索隱)】 최호(崔浩)가 말했다. "발(勃)이란 '불쑥 솟아오른다[旁跌(방질)]'는 뜻이다. 불쑥 솟아올라 나온다는 것은, 그런 땅이 제북(濟北)에 가로질러 있다

는 말이다. 그래서 「제도부(齊都賦)」에 이르기를 '바다에서 불쑥 솟아올라 발(勃)이 되었으니'라고 했다. 이름은 발해군(勃海郡)이다."

11) 발해의 이익이란 곧 물고기와 소금을 얻는 해변 지역의 이익을 가리킨다.

12) 【색은(索隱)】 이는 제나라 경계가 멀어서, 단지 1,000리에 그치지 않음[不啻(불시)]을 말한 것이다. 그래서 1,000리'의 밖'이라고 한 것이다.

13) 【집해(集解)】 응소(應劭)가 말했다. "제나라가 10의 2를 얻었으니, 그래서 제나라 민왕(湣王)은 동제(東帝)를 칭할 수 있었다. 뒤에 다시 돌아갔지만 끝내 진나라에 멸망 당하게 되었는데, 이는 예리함과 둔함이라는 형세의 차이 때문이었다." 이비(李斐)가 말했다. "제나라에는 산하의 가로막음[限(한)]이 있고 땅이 사방 2,000리이니, 이는 천하와는 현격한 것이다. 천하가 창 100만 개를 들면 제나라는 10 중의 2면 된다. 100만의 10분의 2는 역시 20만이다. 다만 문맥상 서로 피한 것일 뿐이다. 따라서 동진, 서진이라고 말한 것이니, 그 세력이 서로 비슷하다." 소림(蘇林)이 말했다. "십이(十二)란 10이 2이니, 20만 명이면 100만 명을 상대할 수 있다는 것이다." 즉 제나라가 비록 지형이 험고하지만, 진나라 2만이 100만을 상대하는 것만 못하다는 말이다.

10여 일 뒤에 한신(韓信)을 봉해 회음후(淮陰侯)로 삼고 그 땅을 나눠 두 나라를 만들었다. 고조가 말하기를 장군 유가는 여러 차례 공로를 세웠다고 하여, 형왕(荊王)[1]으로 삼아 회수 동쪽에서 왕 노릇을 하게 했다[王(왕)淮東(회동)]. 동생 교(交)를 초왕(楚王)으로 삼아 회수 서쪽에서 왕 노릇을 하게 했다. 아들 유비(劉肥)[2]를 제왕(齊王)으로 삼아 성 70여 개에서 왕 노릇을 하게 하고, 백성 중에서 제나라 말을 할 줄 아는 사람은 모두 제나라에 귀속시켰다[3]. 마침내 공로를 논해[論功(논공)], 여러 제후에게 부절을 쪼개 제후에 봉했다. 한왕(韓王) 신(信)을 태원(太原)으로 옮겼다[4].

1) 【색은(索隱)】 마침내 오(吳) 땅에서 왕 노릇을 하는 것인데, 회수 동쪽에 있다. 요

찰(姚察)이 살펴보건대, 우희(虞喜)가 말하기를 "총괄해서 오(吳)라고 하면서 별도로 형(荊)이라고 말한 것은 산을 기준으로 나라 이름을 불렀기 때문이다. 지금 서남쪽에 형산이 있는데, 양선(陽羨) 경계에 있다. 가(賈)를 오 땅에 봉하고 칭호를 형왕이라고 했으니, 그것도 이런 맥락에서 행한 것이다." 『태강지리지(太康地理志)』에 이르기를 양선현(陽羨縣)의 본래 이름은 형계(荊溪)라고 했다.

2) 유비는 유방의 큰아들이다. 유방이 아직 결혼하기 전에 조씨(曹氏)와의 사이에서 유비를 낳았다. 서출이므로 태자가 되지는 못했다. 유비의 모친은 일찍 죽었다.

3) 【집해(集解)】 『한서음의(漢書音義)』에서 말했다. "이는 당시 백성이 떠돌아다녔기 때문에 제나라 말을 할 줄 아는 사람들을 제나라로 돌아오게 한 것을 말한다." 【정의(正義)】 제나라는 형세상으로 진중(秦中-관중) 다음이었다. 그래서 아들 비(肥)에게 성 70여 개를 봉해주었는데, 이것이 제의 성읍과 가까웠기 때문에 능히 제나라 말을 하는 사람들을 모두 떼내 제나라에 귀속시킨 것이다. 이는 친아들이기에 그 도읍을 크게 만들어준 것이니, 맹(孟)의 설은 아마도 틀린 듯하다.

4) 【색은(索隱)】 신은 애초에 양적(陽翟)에 도읍했다.

7년에 흉노가 한왕 신의 마읍(馬邑)[1]을 공격하자 신이 그 틈에 태원에서 흉노와 함께 모반했다. 백토(白土)[2]의 만구신(曼丘臣)과 왕황(王黃)도 옛 조나라 장수 조리(趙利)를 세워 왕으로 삼고 반란을 일으키니, 고조가 몸소 가서 그들을 쳤다. 마침, 추운 때라 사졸들 열에 두셋은 손가락이 떨어져 나갔으나, 드디어 (물러나) 평성(平城)[3]에 이르렀다. 흉노는 우리를 평성에서 에워쌌다가 7일 만에야 포위망을 풀고 떠나갔다.

번쾌에게 대(代) 땅에 남아서 평정하게 했고, 형 유중(劉仲)을 세워 대왕으로 삼았다.

1) 【정의(正義)】『수신기(搜神記)』에서 말했다. "옛날에 진나라 사람들이 무주(武周) 변새에 성을 쌓아 오랑캐에 대비하려 했는데, 성이 거의 완성되려 할 때쯤 무너져 내리기가 여러 차례였다. 말을 내달려 일을 주선하기를 여러 차례 반복하니, 부로(父老)들이 그것을 이상하게 여겼다. 그래서 그들의 말을 받아들여 성을 쌓으니 마침내 무너지지 않아, 드디어 이름을 마읍(馬邑)이라고 한 것이다." 『괄지지(括地志)』에서 말했다. "삭주성(朔州城)은 한나라의 안문(鴈門)으로, 곧 마읍현의 성이다. 마읍에서 한신을 공격했다고 하는 것이 바로 이 성이다."

2) 【집해(集解)】 서광(徐廣)이 말했다. "상군(上郡)에 있다."

3) 【정의(正義)】『괄지지(括地志)』에서 말했다. "삭주(朔州) 정양현(定襄縣)으로, 본래 한나라 평성현(平城縣)이다. 현 동북쪽으로 30리에 백등산(白登山)이 있는데, 산꼭대기에 대(臺)가 있으니 이름은 백등대다. 『한서(漢書)』「흉노전(匈奴傳)」에 이르기를 답돈(蹋頓)이 백등에서 고제를 7일 동안 에워쌌다고 했는데, 바로 이곳이다. 복건(服虔)이 말하기를 '백등은 대(臺) 이름이며 평성과의 거리가 7리다'라고 했다. 이목숙(李穆叔)의 『조기(趙記)』에 이르기를 '평성 동쪽으로 7리에 흙산이 있는데 높이가 100여 척이고 사방 10여 리다'라고 했으니, 역시 이곳을 가리킨다."

2월에 고조는 평성에서 출발해 조(趙)와 낙양을 지나 장안에 도착했다. 장락궁(長樂宮)이 완공되자 승상 이하 관리들을 옮겨 장안을 다스렸다[1].

1) 【색은(索隱)】 살펴보건대, 『한의주(漢儀注)』에 따르면 고조 6년에 함양을 고쳐 장안이라고 불렀다. 『삼보구사(三輔舊事)』에 따르면 부풍(扶風)은 위성(渭城)으로 본래 함양 땅인데, 고제가 새로운 성을 쌓고서 7년에 장안에 속하게 했다.

8년에 고조는 동쪽으로 가서 한왕 신의 남은 반란군을 동원(東垣)에서

쳤다[1].

1) 【집해(集解)】「지리지(地理志)」에 이르기를, 동원은 고제가 이름을 진정(眞定)으로 고쳤다고 했다.

소승상(蕭丞相-소하)이 미앙궁(未央宮)[1]**을 지어 동궐(東闕)·북궐(北闕)**[2]**·전전(前殿)·무고(武庫)·태창(太倉)을 세웠다. 고조가 돌아와 궁궐의 웅장함이 너무 심한 것을 보고는 크게 화가 나서 하(何)에게 말했다.**

"천하가 흉흉(匈匈)하고 전란으로 인한 노고가 여러 해임에도 성공할지 실패할지 아직 알 수가 없는데, 이 어찌 궁실을 도에 넘치게 지을 수 있단 말인가!"

소하가 말했다.

"천하가 바야흐로 아직 안정되지 않았기 때문에 이렇게 지은[就=成] 것입니다. 또 무릇 천자는 사해(四海)를 집으로 삼고 있으니, 웅장하고 화려하지 않으면 무거운 위엄[重威]을 보여줄 수 없습니다. 그러하오니, 후세에는 이보다 더 웅장하고 화려한 궁전을 지을 수 없게 하십시오!"

고조가 마침내 기뻐했다.

1) 【정의(正義)】『괄지지(括地志)』에서 말했다. "미앙궁은 옹주(雍州) 장안현(長安縣) 서북쪽으로 10리 떨어진 장안 고성 안에 있다." 안사고(顏師古)가 말했다. "미앙전이 비록 남향이었으나 글을 올리거나[上書] 일을 아뢰거나[奏事] 알현하는 무리는 모두 북궐로 왔고, 공거사마(公車司馬)[궁궐의 경호 책임자인 위위(衛尉)의 속관으로 황제에게 올라가는 상주문의 출납을 담당했다. 봉록은 600석이다.]도 북쪽에 있었다. 이는 곧 북궐을 정문(正門)으로 삼았다는 뜻이다. 또 동문과 동궐은 있었으나 서쪽과 남쪽 두 곳에는 문과 궐이 없었다. 이는 대개 소하가 처음 미앙궁을 세울 때 염승술(厭勝術-비보진압의 풍수설)에 입각했으니, 이

치상으로 그럴 수밖에 없지 않았겠는가?" 살펴보건대, 북궐이 정문인 것은 대개 진나라가 전전(前殿)을 그렇게 지은 것을 본뜬 것이며, 위수를 건너 함양에 속하게 한 것은 천극(天極)의 각도(閣道)가 은하수를 가로질러 영실(營室)에 가서 닿은 것을 본뜬 것이다.

2) 【집해(集解)】『관중기(關中記)』에서 말했다. "동쪽에는 창룡궐(蒼龍闕)이 있고, 북쪽에는 현무궐(玄武闕)이 있으니, 현무란 이른바 북궐이다." 【색은(索隱)】 동궐의 이름이 창룡이고 북궐의 이름이 현무인데 서쪽과 남쪽 두 곳에 궐이 없는 이유는, 대개 소하가 염승법에 입각했기 때문에 세우지 않은 것이다. 『설문(說文)』에 이르기를, 궐(闕)이란 문관(門觀-문 위의 대)이라고 했다. 높이는 30장이다. 진 황실이 옛날에 거처했던 곳은 모두 위수(渭水) 북쪽에 있고, 동궐과 북궐을 세운 것은 대체로 편리함 때문이다.

고조가 동원(東垣)으로 가면서 백인(栢人)[1]을 지날 때 조나라 승상 관고(貫高, ?~기원전 198년)[2] 등이 (상이 자신들의 임금에게 예를 갖추지 않는 것에, 치욕을 느껴 몰래) 모의해 고조를 시해하려고[弑(시)] 했는데, 고조는 마음이 찜찜해[心動(심동)] 거기에 묵지 않고 그곳을 떠나버렸다.

대왕 유중(劉仲)이 나라를 버리고 도망쳐서 스스로 낙양으로 돌아왔기에 왕을 폐하고 합양후(合陽侯)[3]로 삼았다.

1) 【정의(正義)】『괄지지(括地志)』에서 말했다. "백인 고성(栢人故城)은 형주(邢州) 백인현(栢人縣) 서북쪽으로 12리에 있다. 한나라의 백인은 조국(趙國)에 속했다."

2) 조왕(趙王) 장오(張敖)의 재상을 지냈다. 본래 전한의 조왕 장이(張耳)의 빈객으로, 장이가 죽은 후 그의 아들 장오를 섬겼다. 장오는 부인이 노원공주였기에 고제의 사위였는데, 고제가 방문하자 몸소 음식을 올리는 등 사위로서의 예를 갖추었으나 고제는 오만하게 다리를 상 위로 뻗고 앉아서 장오를 몹시 업신여겼다. 조나라의 재상 관고와 조오(趙午) 등은 본래 기개를 소중히

여기는 자였던지라 이 광경을 보고는 분개해 고제를 죽이려 했다.

3) 【정의(正義)】『괄지지(括地志)』에서 말했다. "합양 고성(郃陽故城)은 동주(同州) 하서현(河西縣)에서 3리에 있다. 위(魏) 문후(文侯) 17년에 진(秦)을 치고 정(鄭)에 이른 뒤 돌아와서 쌓았으며, 합수(郃水) 북쪽[陽]에 있다."

9년에 조나라 승상 관고 등의 일이 발각되어 삼족을 없앴고[夷三族], 조왕 오(敖)를 폐해 선평후(宣平侯)로 삼았다. 이해에 초나라의 귀족 소(昭)·굴(屈)·경(景)·회(懷)씨와 제나라 전(田)씨를 관중으로 옮겼다.

미앙궁(未央宮)이 완공되었다. 고조는 제후들과 여러 신하를 대거 소집해서 미앙궁 전전(前殿)에 술자리를 베풀었다. 고조가 옥으로 된 술잔[玉卮=玉巵][1]을 받들고 일어나서 태상황을 위해 축수를 하며 말했다.

"애초에 대인께서는 신을 믿지 못하시어[無賴][2] 가업을 맡기지 않으시면서, 둘째 형님[仲]의 부지런함[力=勤力]에 미치지 못한다고 여기셨습니다. (그런데) 지금 제[某]가 이룬[就=成] 업적과 둘째 형님을 비교하면 누가 더 큽니까?"

전(殿) 위에 있던 여러 신하가 모두 만세를 부르면서 크게 웃고 즐겼다.

1) 【집해(集解)】 응소(應劭)가 말했다. "향당에서 음주할 때 쓰는 술잔이다. 4승(升-되)이 들어간다."

2) 【집해(集解)】 진작(晉灼)이 말했다. "허신(許愼)이 말하기를 뇌(賴)는 '이득, 이롭게 여기다[利]'라고 했으니, 집안에 아무런 도움이 안 된다는 말이다. 혹은 강수(江水)와 회수(淮水) 사이에서는 어린 사람이 교활하면 '무뢰'라고 한다."

10년 10월에 회남왕 경포, 양왕 팽월, 연왕 노관, 형왕 유가(劉賈), 초왕 유

교(劉交), 제왕 유비(劉肥), 장사왕 오예가 모두 장락궁(長樂宮)[1]으로 와서 조현했다[來朝(내조)]. 봄과 여름에는 아무 일이 없었다[無事(무사)].

1) 【정의(正義)】『괄지지(括地志)』에서 말했다. "진나라 역양 고성(櫟陽故城)은 옹주(雍州) 역양현 북쪽으로 30리 떨어진 곳에 있으며, 진(秦) 헌공(獻公)이 조성한 곳이다. 『삼보황도(三輔黃圖)』에 이르기를, 고조가 장안에 도읍했으나 아직 궁실이 없어서 역양궁에 거처했다고 했다."

7월에 태상황이 역양궁(櫟陽宮)에서 붕(崩)하니, 초왕과 양왕이 함께 와서 송장(送葬)했다[1]. 역양의 죄수들을 사면했다. 이읍(酈邑-역읍)을 신풍(新豐)[2]으로 바꿔 불렀다.

1) 【집해(集解)】『한서(漢書)』에 이르기를, "만년(萬年)에 묻었다"라고 했다.
2) 【정의(正義)】 麗邑에서 麗의 발음은 역(力)과 지(知)의 반절음이다. 『괄지지(括地志)』에서 말했다. "신풍 고성(新豐故城)은 옹주(雍州) 신풍현 서남쪽으로 4리에 있으며, 한나라의 신풍궁이다. 태상황이 이때 매사가 서글프고 즐겁지 않았으니, 고조가 몰래 좌우 사람들에게 연유를 물었고 이들은 답하기를, 평생 어려서부터 도살한 고기를 팔고 술과 안주를 팔면서 투계와 축국(蹴踘)을 즐거움으로 삼아왔는데, 지금은 어느 것 하나도 없으니 그래서 즐겁지가 못한 것이라고 했다. 고조가 마침내 신풍(新豐)을 조성해 옛 지인들을 거기에 채워 넣자, 태상황이 마침내 기뻐했다." 살펴보건대, 이읍에 성을 쌓기 전에도 백성을 옮겨 거기에 채워 넣기는 했으나 아직 그 이름을 고치지 않았다가 태상황이 붕한 다음에야 신풍이라고 이름 지었다.

8월에 조(趙)나라 상국(相國-재상 혹은 승상) 진희(陳豨, ?~기원전 196년)[1]가 대 땅에서 반란을 일으키니, 상이 말했다.

"희(豨)는 일찍이 나의 사자(使者)로 (내가) 아주 신뢰했었다. 대 땅은 대단히 중요한 곳이라서 희를 봉해 열후로 삼고[2] 상국으로서 대를 지키게 했는데, 지금 마침내 왕황(王黃) 등과 함께 대 땅을 겁박해 빼앗았다. 대 땅의 관리와 백성은 아무런 죄가 없으니, 스스로 희나 황을 떠나[去=棄離] 우리를 찾아 돌아오는 자들은 모두 사면해주도록 하라."

9월에 상이 직접 동쪽으로 가서 그들을 치고 한단(邯鄲)에 이르렀다. 상이 기뻐하며 말했다.

"희는 남쪽으로 한단을 근거지로 삼지도 않았고 장수(漳水)의 험한 지형을 활용하지도 않았으니, 내 그가 아무런 능력도 없음[亡能=無能]을 알겠다."

희의 장수들이 대개 이전에 장사꾼이었다는 말을 듣자, 상이 말했다.

"내가 그들을 어떻게 상대해야 할지 알겠다."

마침내 돈으로 진희의 장수들을 유혹하니[啗=誘] 투항하는 희의 장수들이 많았다.

1) 【집해(集解)】 등전(鄧展)이 말했다. "동해(東海) 사람으로 이름이 저(豬-멧돼지)인데 희(豨-멧돼지)라고도 한다."

2) 【집해(集解)】 서광(徐廣)이 말했다. "희가 장도를 공격해 평정하는 데 공로가 있었으므로 양가후(陽夏侯)에 봉했다."

11년에 고조가 한단에서 진희 등에 대한 주벌을 아직 끝내지 못하고 있을 때, 희의 장수 후창(侯敞)이 1만여 명을 이끌고 유격전을 벌였고[游行] 왕황(王黃)은 곡역(曲逆)[1]에 주둔했으며 장춘(張春)[2]은 황하를 건너 요성(聊城)[3]을 쳤다. 이에 한은 장군 곽몽(郭蒙)과 제나라 장수로 하여금 함께 공격하게 해서 크게 깨뜨렸다. 태위(太尉) 주발(周勃)[4]이 태원으로부터[道][5] 들어와서 대 지역을 평정했고, 마읍에 이르렀으나 마읍이 떨어지지 않았기에

곧바로 공격해 초토화했다[功殘].

1) 【집해(集解)】 문영(文穎)이 말했다. "지금의 중산(中山) 포음(蒲陰)이 이곳이다."

2) 【정의(正義)】 진희의 수하 장수다. 또 유백장(劉伯莊)이 말했다. "당시 요성은 황하 동쪽에 있었다. 왕망 때 물이 말랐는데, 지금은 탁하(濁河)가 서북쪽으로 흐른다." 지금의 박주(博州) 서북쪽이다. 『심구도리기(深丘道里記)』에서 말했다. "왕망은 원성(元城) 사람으로, 황하 변 가까이에 있던 조부의 무덤이 물의 압박을 받자, 황하를 끌어들여 천(川)을 더 깊게 했다. 이 때문에 왕망 때 물이 말랐던 것이다."

3) 【집해(集解)】 서광(徐廣)이 말했다. "평원(平原)에 있다." 【정의(正義)】 『괄지지(括地志)』에서 말했다. "옛 요성(聊城)은 박주(博州) 요성현(聊城縣) 서쪽으로 20리에 있다. 춘추시대 때 제나라의 서쪽 경계다. 요(聊)란 '끌어당기다[攝]'라는 뜻이다. 전국시대 때도 제나라 땅이었고, 진나라와 한나라 때는 둘 다 동군(東郡)의 요성(聊城)이었다."

4) 【집해(集解)】 『한서(漢書)』 「백관표(百官表)」에서 말하기를 "태위는 주나라 관직"이라고 했는데, 응소(應劭)가 말했다. "위에서 아래를 편안케 해주는 것을 위(尉)라고 하는데, 무관(武官)은 다 위(尉)라고 칭했다."

5) 【집해(集解)】 위소(韋昭)가 말했다. "도(道)는 '종(從-에서부터)'과 같다."

희의 장수 조리(趙利)가 동원(東垣)을 방어했는데, 고조가 이를 공격했으나 떨어뜨리지 못했다. 한 달여 동안 조리의 병사들이 고조를 욕해대자, 고조는 화가 났다. 성이 항복했을 때, 욕했던 자들은 다 목을 베었고 욕하지 않은 자들은 용서해주었다[原之]. 이에 마침내 조나라 상산(常山) 북쪽을 나눠서 아들 항(恒)을 세워 대왕으로 삼고 진양(晉陽)에 도읍 하게 했다[1].

1) 【집해(集解)】 여순(如淳)이 말했다. "「문기(文紀-효문본기)」에서는 중도(中都)에 도

읍했다고 했고, 또 문제가 태원을 지날 때 진양과 중도에 2년[「본기」에는 3년으로 되어 있다.] 동안 부역과 조세를 면제해주었다[復]라고 했으니, 아마도 중도로 천도를 한 듯하다."

봄에 회음후 한신이 관중에서 반란을 모의했기에 삼족을 멸했다[夷=滅].

여름에 양왕(梁王) 팽월(彭越)이 반란을 모의하자 그를 폐해 촉(蜀) 땅으로 옮겼고, 다시 반란을 일으키려 하자 드디어 삼족을 멸했다[夷=平=滅][1]. 아들 회(恢)를 세워 양왕으로, 아들 우(友)를 세워 회양왕(淮陽王)으로 삼았다.

1) 이(夷)는 다 죽여 없애버린다는 말이다.

가을 7월에 회남왕(淮南王) 경포(黥布)가 반란을 일으켜서 동쪽으로 형왕 유가의 봉지를 병합하고 북쪽으로 회수를 건너자, 초왕 교(交)가 설(薛)로 도망쳐 왔다. 고조가 직접 가서 치고 아들 장(長)을 세워 회남왕으로 삼았다.

12년 10월에 고조는 이미 경포의 군대를 회취(會甀)[1]에서 친 뒤 포가 달아나자, 별장으로 하여금 그를 추격하게 했다.

1) 【집해(集解)】 서광(徐廣)이 말했다. "기현(蘄縣) 서쪽에 있다." 배인(裴駰)이 살펴보건대, 『한서음의(漢書音義)』에 이르기를 "會의 발음은 쾌(儈-거간)와 보(保)의 반절음으로 읍 이름이며, 甀의 발음은 (추가 아니라) 직(直)과 위(僞)의 반절음이다"라고 했다. 【색은(索隱)】 앞의 발음은 회(繪)이고 뒤의 발음은 장(丈)과

위(僞)의 반절음인데, 땅 이름이다. 『한서(漢書)』에는 부(缶)라고 되어 있고 발음이 보(保)라고 했는데, 틀렸다.

고조는 돌아오던 중에 패(沛)를 지나게 되자 그곳에 머물며 패궁(沛宮)[1]에 술자리를 베풀어 옛 친구들과 어르신들과 자제들을 모두 불러서 술을 권했고[縱酒], 패중(沛中)의 아이들 120명을 뽑아 노래를 가르쳤다. 술이 제법 취하자[酣=洽][2] 고조는 축(筑)[3]을 치며 자신이 직접 노래를 지어 불렀다.

"큰바람이 일어나니 구름이 비상하는도다[飛揚=飛翔]
위세가 온 나라에 가해지니 고향으로[故鄕] 돌아가야지
어찌하면 용맹한 병사들을 얻어 사방을[四方] 지킬 것인가[4]".

이어 아이들에게 모두 이를 익혀 창화(唱和)하도록 했다. 고조가 마침내 일어나 춤을 추었는데, 마음이 격동되고 만감이 교차하자 여러 차례 눈물을 흘리더니 패의 어르신들에게 말했다.

"나그네[游子=行客]는 고향을 그리워한다[悲=顧念]라고 했습니다. 내가 비록 관중에 도읍하고 있지만, 1만 년 후에도[5] 나의 혼백은 패(沛)를 그리워할 것입니다. 어쨌거나 짐은 패공(沛公)으로 일어나 사나운 반역의 무리[暴逆]를 주벌하고 드디어 천하를 차지했으니, 저기[其][6]! 패(沛)를 짐의 탕목읍(湯沐邑)[7]으로 삼아 그 백성의 부역과 조세를 면제해줌으로써 대대손손 부역에 참여하는 일이 없도록 하겠습니다."

패의 어르신들과 여러 어머니[諸母][8]와 옛 친구들이 매일 즐기고 술을 마시니, 기쁨이 극에 달해 옛날이야기를 하면서 웃고 즐겼다. 10여 일이 지나서 고조가 떠나려 하자 패의 어르신들이 (남아줄 것을) 굳게 청했는데, 고조가 말했다.

"내가 데리고 있는 사람들이 많아서, (오래 있게 되면) 어르신들이 비용을 댈 수가 없습니다."

마침내 떠났다. 패 사람들이 현(縣)을 텅 비운 채 모두 읍의 서쪽으로 가서[之=往] 예물을 바치자[獻][9], 상은 (다시) 머물러 남아서 장막을 치고[張=帷帳][10] 사흘 동안 술을 마셨다. 패의 어르신들이 모두 머리를 조아리며[頓首] 말했다.

"패는 다행히 부역과 조세를 면제받았으나 풍(豐-읍)은 아직 면제를 받지 못했으니, 부디[唯] 폐하께서 불쌍히 여겨주십시오!"

고조가 말했다.

"풍은 내가 나고 자란 곳이니 결코 잊을 수 없소. 나는 다만, 예전에 풍읍 사람들이 옹치(雍齒)를 따르며 나를 배반하고 위(魏)를 도왔기 때문에 그런 것이오."

패의 어르신들이 한사코 청하자 마침내 풍 또한 부역과 조세를 면제해주어 패와 같도록 했고, 이에 패후(沛侯) 유비(劉濞, 기원전 215~154년)[11]를 제배해 오왕으로 삼았다.

1) 【정의(正義)】『괄지지(括地志)』에서 말했다. "패궁의 옛 땅은 서주(徐州) 패현(沛縣) 동남쪽으로 20리 1보에 있다."

2) 【집해(集解)】 응소(應劭)가 말했다. "완전히 깬 것도 아니고 완전히 취한 것도 아닌 상태를 감(酣)이라고 한다. 일설에는 감(酣)을 흡(洽-적당히 취한 상태)이라고 한다."

3) 【집해(集解)】 위소(韋昭)가 말했다. "축(筑)은 옛 악기로 줄이 있으니, 두들기기는 해도 북처럼 쳐서는 안 된다." 【정의(正義)】 발음은 죽(竹)이다. 응소(應劭)가 말했다. "모양은 거문고[瑟]와 비슷한데, 크고 머리 부분에 줄이 있어 대나무로 두들긴다. 그래서 이름을 축(筑)이라고 했다." 안사고(顏師古)가 말했다. "지금 축의 모양은 거문고와 비슷한데, 작고 목 부분이 가늘다."

4) 원문에는 양(揚)·향(鄕)·방(方) 세 글자가 각 구절의 맨 뒤에 있어 압운(押韻)을 이룬다.

5) 죽은 후라는 뜻이다.

6) 【집해(集解)】 (응소(應劭)의) 『풍속통의(風俗通義)』에서 말했다. "『한서주(漢書注)』에 이르기를, 패(沛) 사람들은 처음 말을 시작할 때면 모두 '기(其)'라고 한다고 했다. 기(其)란 초나라 말이다. 고조가 처음 지위에 올라 영을 내리면서 기(其)라고 했고, 뒤에도 늘 그러했을 뿐이다."

7) 주(周)나라 때 제후가 목욕할 비용을 마련할 수 있도록 천자가 내려준 채지(采地)다. 제후가 천자를 조회할 때는 몸을 깨끗이 씻는 탕목을 해야 했는데, 그 비용을 여기서 마련했다. 후대로 오면서 군주와 그 비, 왕자와 공주 등이 부세를 거둬 관할하는 지역을 의미하게 되었다.

8) 친족의 큰어머니나 작은어머니를 가리킨다.

9) 【집해(集解)】 여순(如淳)이 말했다. "소고기와 술을 바친 것이다."

10) 【집해(集解)】 장(張)이란 장막을 치는 것이다.

11) 【집해(集解)】 복건(服虔)이 말했다. "濞의 발음은 피(帔-치마 손수건)다."[유방(劉邦)의 형 유중(劉仲)의 아들로, 이때 오왕(吳王)에 봉해졌다. 봉국(封國)에 있으면서 망명객들을 모으고 주전(鑄錢)과 제염(製鹽)을 대대적으로 시행해 세금을 내리는 등 위민책을 써서 세력을 불려 나갔다. 문제(文帝) 때 황태자가 실수로 오태자(吳太子)를 죽였는데, 이에 앙심을 품고 병을 핑계로 조회에도 나가지 않았다. 경제(景帝) 때 조조(晁錯)의 건의에 의해 봉국을 빼앗기자, 조조를 주륙(誅戮) 한다는 명분으로 초(楚)와 조(趙), 교서(膠西), 교동(膠東) 등 제후국들과 더불어 반란을 일으켰다. 이른바 오초칠국(吳楚七國)의 난으로, 한나라가 주아부(周亞夫)를 보내 격퇴했다. 동월(東越)로 달아났다가 그곳에서 살해되었다.]

한의 장수가 별도로 경포의 군대를 도수(洮水)[1]의 남쪽과 북쪽에서 쳐서 모두 크게 깨뜨렸고, 추격 끝에 파양(鄱陽)에서 포를 붙잡아 목 베었다[참斬].

번쾌는 따로 병사를 거느리고 대(代)를 평정하고 당성(當城)[2]에서 진희를 목 베었다.

1) 【집해(集解)】 서광(徐廣)이 말했다. "洮의 발음은 (조가 아니라) 도(道)이니, 강수와

회수 사이에 있다.

2) 【색은(索隱)】 대(代)에 있는 현 이름이다. 【정의(正義)】 『괄지지(括地志)』에서 말했다. "당성은 삭주(朔州) 정양현(定襄縣) 경계에 있다. 『토지십삼주기(土地十三州記)』에 이르기를, '당성은 고류(高柳) 동쪽으로 80리에 있는데, 현이 상산(常山)을 마주하고[當(당)] 있기 때문에 당성(當城)이라고 했다'라고 말했다."

11월에 고조가 경포의 군대로부터 장안으로 돌아왔다. 고조가 말했다.

"진(秦)나라 시황제, 초(楚)나라 은왕(隱王)[1], 진섭(陳涉), 위(魏)나라 안희왕(安釐王)[2], 제(齊)나라 민왕(愍王)[3], 조(趙)나라 도양왕(悼襄王)[4] 등이 모두 후사가 끊어지고 없으니 각각 묘지기 10집씩을 주되, 진 황제의 무덤[冢(총)]을 지키는 데는 20집, 위나라 공자 무기(無忌=亡忌)[5]에게는 5집을 주도록 하라."

1) 【색은(索隱)】 『계가(系家)』에 이르기를, 유왕(幽王)이라고 했고 이름은 택(擇)이며 (초나라의 마지막 왕) 부추(負芻)의 형이다.

2) 【색은(索隱)】 역사에는 이름이 빠져 있다. 소왕(昭王)의 아들이며 왕가(王假)의 조상이다.[釐는 (이나 리가 아니라) 희(僖)로 읽는다.]

3) 【색은(索隱)】 이름은 지(地)이고 선왕(宣王)의 아들이며 왕건(王建)의 조상이다.

4) 【색은(索隱)】 이름은 언(偃)이고 효성왕(孝成王)의 아들이며 유왕(幽王) 천(遷)의 아버지다.

5) 무기는 곧 신릉군(信陵君)이다.

대 땅의 관리와 백성 중에서 진희와 조리에게 겁박당하고 약탈당한 자들을 모두 사면했다. 투항한 진희의 한 장수가, 진희가 반역을 꾀할 때 연왕 노관이 진희에게 사람을 보내 함께 음모를 꾸몄다고 말했다. 상이 벽양후(辟陽侯)[1]에게 관을 맞아 오게 했으나, 관은 병을 핑계 삼았다. 벽양후가

돌아와서 관에게 반역을 꾀한 실마리가 있다[有端]고 갖춰 아뢰었다. 2월에 번쾌와 주발을 시켜 군사를 이끌고 연왕 관을 치게 하면서, 반란에 가담한 연나라 관리와 백성은 사면했다. 황자(皇子) 건(建)을 세워 연왕으로 삼았다.

1) 【정의(正義)】 심이기(審食其)다. 『괄지지(括地志)』에서 말했다. "벽양 고성(辟陽故城)은 기주(冀州) 신도현(信都縣) 서쪽으로 35리에 있으며 한나라의 옛 현이다."

고조가 포(布)를 칠 때 빗나간 화살[流矢]에 맞아서 행군 도중에 병이 났다. 병이 심해지자, 여후가 좋은 의원[良醫]을 맞아들였다. 의원이 들어와 알현했고, 고조가 의원에게 묻자, 대답했다.

"이 병은 고칠 수 있습니다[可治]."

이에 고조가 그를 우습게 여기며 꾸짖어[嫚罵=慢罵] 말했다.

"나는 평민[布衣]으로 석 자짜리 칼 하나[三尺]를 들고서 천하를 차지했으니, 이는 하늘의 명[天命]이 아니겠는가? (사람의) 명은 곧 하늘에 있으니 편작(扁鵲)[1]이 있다 한들 (내 병에) 무슨 도움이 되리오!"

드디어 의원이 병을 치료하지 못하게 하고서, 황금 50근을 내려준 다음 그를 물러가게 했다[罷=去]. 얼마 후에 여후가 물었다.

"폐하의 100년 후에 소상국(蕭相國-소하)이 만일[卽] 죽게 되면 누구로 하여금 그를 대신하게 해야 합니까?"

상이 말했다.

"조참(曹參)이면 될 것이다."

그다음은 누구냐고 묻자, 상이 말했다.

"왕릉(王陵, ?~기원전 181년)[2]이면 할 수 있을 것이다. 다만 그는 조금 고지식하니[少戇=少愚], 진평(陳平)이 그를 도울 수 있을 것이다. 진평의 지혜는 남들보다 나음이 있지만 혼자서 일을 다 맡기[獨任]에는 어렵고, 주발(周勃)은 사람됨이 무겁기는 하지만 학식이 조금 부족하다[重厚少文]. 그러나 우리 유씨(劉氏)를 안전하게 해줄 사람은 반드시 주발이니, 그는 태위(太衛)[3]로 삼을 만하다."

여후가 또다시 그다음은 누구냐고 묻자, 상이 말했다.

"그 이후는 진실로 네[而=汝=爾]가 알 바 아니다[4]."

1) 위소(韋昭)가 말했다. "태산(泰山)의 노(盧) 사람이다. 이름은 월인(越人)으로, 위(魏) 환후(桓侯) 때 의원이다." 신찬(臣瓚)이 말했다. "『사기(史記)』에 따르면 제(齊)나라 발해(渤海) 사람이니, 위나라에는 환후(桓侯)가 없었다." 안사고(顔師古)가 말했다. "신씨의 설이 옳다."

2) 한나라 패현(沛縣) 사람으로, 유방은 미미했을 때 그를 형처럼 섬겼다. 유방이 패에서 일어나자, 수천 명을 모아 귀의했고, 유방을 따라 각지에서 전투를 벌였다. 고조(高祖) 6년(기원전 201년) 안국후(安國侯)에 봉해졌고, 우승상(右丞相)이 되었다. 사람됨이 문식(文飾)보다는 직언(直言)을 잘했다. 여후(呂后)가 여러 여씨를 왕으로 앉히려는 것에 반대해 정쟁(廷爭)을 벌이다가 해직되었고, 태부(太傅)로 옮겨졌다.

3) 군사 업무를 총괄하는 최고위직이다.

4) 내가 죽고 나면 당신도 얼마 안 가서 죽을 터이니 더는 알 필요가 없다는 말로, 여후가 자기 집안 사람의 이름이 나올 것을 기대하고 계속 물었으나 끝내 그 말은 하지 않은 것이다. 여기서 여후를 "너[而]"라고 부르고 있으므로 위의 대화 내용도 모두 고조가 반말로 하는 것으로 옮겼다.

노관은 수천 기병과 함께 요새 아래에 머물면서 동태와 기회를 살피다가[候伺] 다행히 상의 질병이 나으면 몸소 들어가서 사죄하려고 했다.

4월 갑진일(甲辰日)에 고조가 장락궁에서 붕(崩)했다[1]. 나흘이 되도록 발상(發喪) 하지 않다가, 여후가 심이기(審食其)와 모의해[謀] 말했다.

"여러 장수는 옛날에 제(帝)와 더불어 호적에 오른 평민[編戶民]이었다가 북면(北面)해 신하가 되었으니, 마음으로 늘 불만을 품고 있었소[怏怏=不滿]. 그런데 지금 나이 어린 임금[少主]을 섬겨야 하니, 이들을 죄다 족멸하지[族=族誅] 않으면 천하가 안정되지 못할 것이오."

어떤 사람이 우연히[或] 이를 듣고서 역(酈) 장군(-역이기의 동생)[2]에게 말하니, 역 장군이 가서 심이기를 만나 이렇게 말했다.

"내가 듣건대 제께서 이미 붕하시고 나흘이 되도록 발상하지 않은 채로 여러 장수를 주륙 하려 한다고 했는데, 진정 그리된다면 천하가 위태로워질 것입니다. 진평과 관영은 10만 군사를 이끌어 형양(滎陽)을 지키고 있고 번쾌와 주발은 20만 군사를 이끌어 연(燕)과 대(代)를 평정했는데, 만약에 이들이 제가 붕하자 여러 장수를 다 주륙 하려 한다는 것을 듣기라도 한다면 반드시 연합해서[連兵] 방향을 돌려[還鄕] 관중을 공격할 것입니다. 대신들이 안에서 반란하고 여러 장수가 밖에서 반란을 일으킨다면, 나라가 망하는 것은 발꿈치를 들고서[翹足=蹻足] 기다릴 정도가 될 것입니다[3]."

심이기가 들어가 그 말을 전하니, 마침내 정미일(丁未日)에 발상 하고 천하를 크게 사면했다.

노관은 고조가 세상을 떠났다는 소식을 듣고는 드디어 흉노로 도망쳐 들어갔다.

병인일에 장례를 치렀고[4], 기사일에[5] 태자를 세워 태상황 사당[廟]에 이르렀다[6]. 신하들이 모두 말했다.

"고조께서 미천한 몸[微細]으로 일어나셔서 난세를 다스려 바른길로 되돌리고[反之正=反正] 천하를 평정하시어 한나라 태조가 되셨으니, 그 공로가 최고이십니다."

존호를 높여 고황제(高皇帝)라고 했다. 태자가 칭호를 이어받아 황제가 되니, 효혜제(孝惠帝)라고 했다. 군국의 제후들에게 각자 (그곳에도) 고조의

사당을 세워 세시(歲時)에 맞춰 제사를 지내도록 했다.

1) 【집해(集解)】 황보밀(皇甫謐)이 말했다. "고조는 진(秦) 소왕(昭王) 51년에 태어나 한나라 12년에 이르렀으니, 나이 62세였다."[『한서(漢書)』의 주에서 신찬(臣瓚)이 말했다. "제는 42세에 제위에 나아갔으니, 즉위 12년이었고 나이[壽] 53세였다."]

2) 【집해(集解)】 『한서(漢書)』에서는 역상(酈商)이라고 했다.

3) 아주 빠른 시간 안에 망하게 될 것이라는 뜻이다.

4) 【집해(集解)】 서광(徐廣)이 말했다. "5월이다."

5) 【정의(正義)】 병인일에 장례를 치렀고 4일 후면 기사일이 되니, 이때 태자가 즉위해 제(帝)가 되었다. 본래의 기(己)자를 빠뜨리고 부질없이 『한서(漢書)』를 인용해 이하(已下)라고 한 것은 잘못이다.

6) 【정의(正義)】 『삼보황도(三輔黃圖)』에서 말했다. "태상황의 사당은 장안성 향실(香室) 남쪽, 풍익부(馮翊府) 북쪽에 있다." 『괄지지(括地志)』에서 말했다. "한나라 태상황의 사당은 옹주(雍州) 장안현(長安縣) 서북쪽 장안 고성(長安故城) 안에 있는 주지(酒池)의 북쪽에 있으니, 고제의 사당 북쪽에 있다. 고제의 사당 또한 고성 안에 있다."

효혜 5년에 이르러 고조가 패(沛)를 그리워했던 일이 생각나서 패궁(沛宮)을 고조의 원묘(原廟)[1]로 삼았다. 고조가 노래를 가르쳤던 아동 120명에게 모두 (원묘에서) 연주와 노래를 하게 했고, 나중에 인원이 모자라면 그 즉시 보충하게 했다.

1) 【집해(集解)】 서광(徐廣)이 말했다. "「광무기(光武紀)」에 이르기를, '상이 풍에 행차해 원묘에서 고조에게 제사를 지냈다'라고 했다." 배인(裴駰)이 살펴보건대, 원(原)이라고 한 것은 '거듭하다[再]'라는 뜻이다. 앞서 이미 사당을 세우고 지금 또다시 세웠으니, 그래서 그것을 일러 원묘(原廟)라고 한 것이다.

고제에게는 아들 여덟이 있었다. 장남은 서출로 제 도혜왕 비(肥)다. 둘째는 여후의 아들 효혜다. 셋째는 척부인(戚夫人)의 아들 조(趙) 은왕(隱王) 여의(如意)다. 넷째는 대왕 항(恒)으로 박태후(薄太后)의 소생이니, 훗날 효문황제(孝文皇帝)로 자리에 나아갔다. 다섯째는 양왕 회(恢)로, 여태후가 집정할 때 조(趙) 공왕(共王)으로 옮겼다. 여섯째 회양왕 우(友)는 여태후 집정 때 조(趙) 유왕(幽王)으로 옮겼다. 일곱째는 회남 여왕(厲王) 장(長)이며, 여덟째는 연왕 건(建)이다.

태사공(太史公)이 말한다.

"하(夏)나라 정치는 (그 근본 특징이) 거짓되지 않음[忠]이다. (그러나) 거짓되지 않음의 병폐는 백성[小人]이 그로 인해 거칠어지는 것이다[野][1]. 그래서 은나라 사람들은 그것을 삼감[敬]으로 이어받았다. (그러나) 삼감의 폐단은 백성이 그로 인해 귀신을 숭상하는 것[鬼][2]이다. 그래서 주나라 사람들은 열렬한 애씀[文]으로 이어받았다.

(그러나) 열렬한 애씀의 폐단은 백성이 그로 인해 얄팍해지는 것[僿][3]이다. 그러므로 얄팍해지는 병폐를 구제하는 것으로는 거짓되지 않음[忠]만 한 것이 없다[4].

삼왕(三王-우왕 · 탕왕 · 문무왕)의 도리는 돌고 도니, 끝나면 다시 시작한다[終而復始]. 주나라에서 진나라까지는 이른바 문(文)으로 인한 폐단이었다. 진나라가 이를 고치지 않고 도리어 가혹한 형법으로 정치를 했으니, 어찌 그릇되지 않을 수 있으랴! 그래서 한나라가 일어나 그 폐단을 잇기는 했으나 변혁을 이뤄[承敝易變] 백성이 피곤하지 않게 하고 하늘의 법통[天統]을 얻었던 것이다.

매년 10월에 제후들로 하여금 조회하게 했으니, 황제가 타는 수레는 노란 비단으로 지붕을 만들고 쇠꼬리로 만든 깃발로 왼쪽을 장식해서[5] 장릉(長陵)[6]에 안장했다."[7]

1) 【집해(集解)】 정현(鄭玄)이 말했다. "충(忠)이란 질박하고 두텁다[質厚]는 뜻이고, 야(野)란 예절이 모자란다는 뜻이다."

2) 【집해(集解)】 정현(鄭玄)이 말했다. "위엄과 의례[威儀]를 중시하며 귀신을 섬긴다는 뜻이다."

3) 【집해(集解)】 서광(徐廣)이 말했다. "판본에 따라 박(薄-엷다)으로 되어 있다." 배인(裴駰)이 살펴보건대, 『사기음은(史記音隱)』에 이르기를 "僿의 발음은 서(西)와 지(志)의 반절음"이라고 했다. 정현(鄭玄)이 말했다. "문(文)이란 존비(尊卑)를 구별하는 것이고, 박(薄)이란 구차스럽게 겉치레만 익혀서 참된 성실함이 없는 것이다." 【색은(索隱)】 정현은 (僿의 발음이) 선(先)과 대(代)의 반절음이라고 했고, 추본(鄒本)에는 박(薄)이라고 되어 있고 발음이 부(扶)와 각(各)의 반절음이라고 했으며, 또 판본에 따라 사(僿)로도 되어 있다. 서광이 말하기를 판본에 따라 박(薄)으로 되어 있다고 했는데, 이런 판본들은 서로가 같지 않다. 그러나 이 말은 본래 자사자(子思子)에게서 나온 것으로 지금의 『예기(禮記)』「표기(表記)」편에 나타나니, 여기에는 박(薄)으로 되어 있다. 그래서 정현은 주에서 "문(文)이란 존비(尊卑)를 구별하는 것이고, 박(薄)이란 구차스럽게 겉치레만 익혀서 참된 성실함이 없는 것"이라고 했던 것이다. 배인(裴駰)이 또 『음은(音隱)』을 인용해서 "僿의 발음은 서(西)와 지(志)의 반절음"이라고 한 것은, 僿와 새(塞)의 발음이 서로 가깝기 때문이다. 대체로 사(僿)란 '엷다', '가볍다[薄]'는 뜻이다.

4) 【집해(集解)】 정현(鄭玄)이 말했다. "다시 처음으로 돌아가는 것이다."

5) 황제의 권위를 높이고 안정시켰다는 말이다.

6) 【집해(集解)】 황보밀(皇甫謐)이 말했다. "장릉산(長陵山)은 동서로 폭이 120보이고 높이는 13장(丈)이니, 위수(渭水) 북쪽에 있고 장안성과의 거리는 35리다. 【정의(正義)】 『괄지지(括地志)』에서 말했다. "장릉은 옹주(雍州) 함양현(咸陽縣) 동쪽으로 30리에 있다."

7) 【색은술찬(索隱述贊)】 고조가 처음 일어났을 때[高祖初起]/맨 처음에는 노역하

는 무리 중에 있었네[始自徒中]/사수 변에서 이야기가 시작되니[言從泗上]/곧 패공으로 불리게 되었도다[卽號沛公]/천하의 호걸들 서로 소리치고[嘯命豪傑]/재주 많은 영웅 서로 분발하는구나[奮發材雄]/붉은 구름 탕 위에 빼곡하니[彤雲鬱碭]/하얀 신령이 풍에 고했도다[素靈]/용이 변해 별로 모이고[龍變星聚]/뱀은 나뉘어 좁은 길의 허공에 흩어지네[蛇分徑空]/항씨가 명을 주관하더니[項氏主命]/맹약을 어기고 공로를 내팽개쳤구나[背約棄功]/우리 파촉에서 왕 노릇 하라니[王我巴蜀]/가슴속 울분이 가득했도다[實憤于衷]/삼진은 이미 북쪽에 있고[三秦旣北]/오병은 드디어 동쪽으로 가는구나[五兵遂東]/범수에서 자리에 올랐고[氾水卽位]/함양에 궁실을 쌓았도다[咸陽築宮]/위엄이 온 나라에 가해지니[威加四海]/돌아와 대풍가(大風歌)를 불렀노라[還歌大風]!

권9

여태후본기(呂太后本紀) 제9

권9 여태후본기(呂太后本紀) 제9

여태후(呂太后)[1]란 고조가 한미할 때의 비(妃)[2]로 효혜제(孝惠帝)[3]와 딸 노원태후(魯元太后)를 낳았는데, 고조는 한왕(漢王)이 되자 정도(定陶)에서 척희(戚姬-척부인)를 얻어[4] 사랑하고 총애해[愛幸] 조(趙) 은왕(隱王) 여의(如意)를 낳았다. 효혜제는 사람됨이 어질기만 하고 유약해[仁弱] 고조가 자기를 닮지 않았다[不類]고 여겨서, 늘 태자를 폐하고 자기를 닮은 척희의 아들 여의를 태자로 세우고 싶어 했다. 척희가 사랑을 받아 늘 상을 따라 관동으로 갔는데, 밤낮으로 울면서 자기 아들을 세워 태자를 대신하게 해달라고 졸랐다. 여후는 나이가 많아서 늘 남아 집을 지켰기에 상을 만나보는 일이 드물었으니, (상과) 점점 더 멀어졌다. 여의가 세워져 조왕이 된 다음에 거의 태자를 대신할 뻔한 것이 여러 차례였으나, 대신들이 나서서 간쟁 하고[5] 유후(留侯-장량)가 계책[6]을 마련한 덕분에 태자는 폐위되지 않을 수 있었다.

1) 【집해(集解)】 서광(徐廣)이 말했다. "여후(呂后) 아버지는 여공(呂公)으로, 한나라 원년에 임사후(臨泗侯)가 되었고 4년에 졸했으며 고후(高后-여후) 원년에 여선왕(呂宣王)에 추시(追諡) 되었다."

2) 【집해(集解)】 『한서음의(漢書音義)』에서 말했다. "이름[諱]은 치(雉)다." 【색은(索隱)】 이름은 치(雉)고 자(字)는 아후(娥姁)다.

3) 【집해(集解)】 『한서음의(漢書音義)』에서 말했다. "이름[諱]은 영(盈)이다."

4) 【집해(集解)】 여순(如淳)이 말했다. "姬의 발음은 이(怡)이니, 여러 첩을 총칭하

는 것이다. 『한관의(漢官儀)』에 이르기를 '이첩(姬妾)이 수백 명이다'라고 했다." 소림(蘇林)이 말했다. "청하국(淸河國)에는 비(妃)의 마을이 있었는데, 문 위에 희(姬)라고 적어놓았다." 신찬(臣瓚)이 말했다. "『한질록령(漢秩祿令)』과 『무릉서(茂陵書)』에 따르면, 희(姬)는 내관(內官)이고 작질은 비(比-준하다) 2,000석이며 위차는 첩여(婕妤) 아래인데, 칠자(七子)에 있으니, 팔자(八子)의 위이다." **【색은(索隱)】** 여순은 발음이 이(怡)라고 했는데, 틀렸다. 천자의 종녀(宗女)이므로 다른 성보다는 귀하니, 그래서 마침내 희(姬)라는 부인의 아름다운 칭호로 말해지는 것이다. 이 때문에 시(詩)에 이르기를 "비록 희씨 여인과 강씨 여인[姬姜]이 있더라도 초췌한 여자를 버리지 말라"[희성은 주나라, 강성은 제나라 성인데, 옛날 사람들은 희씨와 강씨를 미인의 대명사로 사용했다. 초췌한 여자란 본부인을 말한다. 여기서 시란 『시경(詩經)』에 실려 있지 않은 일시(逸詩)이다.]라고 했다.

5) **【색은(索隱)】** 장량, 숙손통(叔孫通) 등이다.

6) **【색은(索隱)】** 태자로 하여금 겸손한 자세로 안거(安車-편안한 수레)를 준비해서 사호(四皓)를 맞아 오게 한 것이다.

여후는 사람됨이 굳세고 과감해[剛毅] 고조가 천하를 평정하는 것을 도왔으니, (건국 이후) 주살된 대신들도 다수가 여후가 힘을 쓴 덕분이었다. 여후의 오빠는 둘로 모두 장군이었다. 큰오빠 주여후(周呂侯-혹은 주려후)[1]가 무슨 일로 죽어 그 아들 여태(呂台)[2]가 봉해져서 역후(酈侯)[3]가 되었고, 다른 아들 산(産)은 교후(交侯)[4]가 되었다. 작은오빠 여석지(呂釋之)는 건성후(建成侯)가 되었다[5].

1) **【집해(集解)】** 서광(徐廣)이 말했다. "이름은 택(澤)이니, 고조 8년에 졸(卒)했고 시호는 영무후(令武侯)이며 도무왕(悼武王)에 추시되었다."

2) **【색은(索隱)】** 정씨(鄭氏)와 추탄생은 나란히 (台자의) 발음이 이(怡)라고 했고, 소림(蘇林)은 발음이 태(胎)라고 했다.

3) 【집해(集解)】 서광(徐廣)이 말했다. "역(酈)은 판본에 따라 부(鄜)로 되어 있다."

4) 【집해(集解)】 서광(徐廣)이 말했다. "여태의 동생이다."

5) 【집해(集解)】 서광(徐廣)이 말했다. "혜제 2년에 졸했는데, 시호는 강왕(康王)이다."

고조 12년 4월 갑진일에 (고조가) 장락궁에서 붕(崩)하자, 태자가 칭호를 이어[襲號(습호)] 제(帝)가 되었다. 이 당시 고조에게는 아들이 여덟이었다. 장남 유비(劉肥)는 혜제의 형으로 어머니가 달랐으니[1], 비는 제왕(齊王)이 되었다. 그 나머지는 모두 혜제의 동생들인데, 척희의 아들 여의는 조왕(趙王)이 되고 박부인(薄夫人)의 아들 항(恒)은 대왕(代王)이 되었으며, 여러 희(姬)의 아들 중에 회(恢)는 양왕(梁王)이 되었고 우(友)는 회양왕(淮陽王)이 되었으며 장(長)은 회남왕(淮南王)이 되었고 건(建)은 연왕(燕王)이 되었다.

고조의 동생 교(交)는 초왕(楚王)이 되었고, 형의 아들 비(濞)는 오왕(吳王)이 되었다. 유씨가 아닌 공신 중에서는 파군(番君) 오예(吳芮)의 아들 신(臣)만이 장사왕(長沙王)이 되었다.

1) 【색은(索隱)】 어머니는 조비(曹妃)다.

여후는 척부인과 그 아들 조왕에 대해 극도의 원망을 품어[最怨(최원)], 마침내[迺(내)=乃(내)] 척부인을 영항(永巷)[1]에 감금하고 나서 조왕을 불렀다. 사자가 세 번이나 갔으나 그냥 돌아왔다. 조나라 재상 건평후(建平侯) 주창(周昌, ?~기원전 192년)[2]이 사자에게 이렇게 말했다.

"고제께서 조왕을 내게 맡기셨는데[屬(속)=付(부)], 조왕은 나이가 어리다. 남몰래 듣건대 태후께서 척부인에게 원한이 있어 조왕을 소환해 아울러 죽이려 한다니, 신(臣)은 감히 왕을 보낼 수 없다. 왕께서는 또 병이 있어 조서를 받들 수[奉詔(봉조)] 없다."

여후가 크게 노해 마침내 사람을 보내 조나라 재상(-주창)을 불렀고, 조나라 재상이 장안으로 불려 오자 마침내 사람을 보내 다시 조왕을 불렀다. 왕이 출발해 아직 도착하지 않았는데, 효혜제는 자애롭고 어진 데다[慈仁] 태후가 성이 난 것을 알고는 몸소 나가 조왕을 패상(霸上)에서 맞이했다. 함께 궁으로 들어와서는 자신이 조왕을 끼고서 함께 먹고 자고 하니, 태후가 그를 죽이려 했으나 틈이 없었다.

효혜제 원년 12월에 제(帝)가 아침 일찍 활을 쏘러 나갔는데, 조왕은 어려서 일찍 일어날 수 없었다. 태후는 그가 혼자 있다는 것을 듣고는 사람을 시켜 짐독(鴆毒)[3]을 마시게 했으니, 날이 밝을 무렵[犁明=黎明][4] 효혜가 돌아왔을 때 조왕은 이미 죽어 있었다. 이에 마침내 회양왕 우(友)를 옮겨 조왕으로 삼았다.

여름에 조서를 내려서 역후(酈侯)의 아버지(-여택)에게 추시(追諡)를 내려 영무후(令武侯)로 삼았다. 태후가 드디어 척부인의 손발을 자르고 눈알을 파내며 귀를 불로 지지고[煇] 벙어리가 되는 약[瘖藥]을 먹여서 측간인 돼지우리에서 살게 하고는, 이름 붙이기를 '인간 돼지[人彘]'라 했다. 며칠 뒤에 마침내 효혜제를 불러 '인간 돼지'를 보게 하니, 효혜제가 그것을 보고 난 뒤 이것저것 묻고서야 그것이 척부인임을 알았다. 마침내 크게 소리 내 울더니, 이 때문에 병이 나서 한 해 남짓 일어나지를 못했다. 사람을 보내 태후에게 청해 말했다.

"이는 사람이라면 할 짓이 아닙니다. 신은 태후의 아들로서 끝내 천하를 잘 다스릴 수 없을 것 같습니다."

효혜는 이로부터 날마다 술과 쾌락에 빠져 정사를 듣지 않았고, 그래서 병이 났다.

1) 【집해(集解)】 여순(如淳)이 말했다. "『열녀전(列女傳)』에 이르기를 주나라 선왕(宣王)의 강후(姜后)가 비녀와 귀걸이[簪珥]를 빼고서 영항에서 죄를 기다렸다

고 했는데, 뒤에 고쳐서 액정(掖庭)이라고 했다. 【색은(索隱)】 영항은 별궁 이름인데, 장항(長巷-긴 통로)이 있어 이름을 그렇게 지었다. 뒤에 액정으로 고쳤다. 살펴보건대, 위소(韋昭)는 말하기를 액정 안이라고 했는데 이는 결국 액정을 가리키는 것이다.

2) 주하(周苛)의 종제(從弟)다. 진(秦)나라 때 사수졸사(泗水卒史)를 지냈으며, 나중에 유방(劉邦)을 따라 패현에서 봉기해 입관(入關)했고 진나라를 격파해 중위(中尉)가 되었다. 내사(內史)로 오창(敖倉)을 견고하게 방어함으로써 어사대부(御史大夫)가 되었고, 항우(項羽)를 격파했다. 유방이 제위에 오르자 6년(기원전 201년) 분음후(汾陰侯)에 봉해졌다. 사람됨이 고집이 세어 직언을 서슴지 않았고, 말을 더듬었다. 고조가 태자(太子)를 폐하고 여의(如意)를 세우려고 하자 한사코 이를 막았다. 여후(呂后)가 조왕(趙王)을 독살하려 하자 병이라 하여 입조(入朝)시키지 않았다.

3) 【집해(集解)】 응소(應劭)가 말했다. "짐새는 살모사를 잡아먹는데, 그래서 그 깃을 술 안에 빠뜨리면 그 술을 마시는 즉시[立=卽] 죽는다."

4) 【집해(集解)】 서광(徐廣)이 말했다. "이(犁-검다)는 '비(比-무렵)'자와 같으니, 대체로 이명(犁明)이라고 하면 장차 날이 밝아올 때를 말한다."

2년에 초(楚) 원왕(元王)과 제(齊) 도혜왕(悼惠王-유비)이 모두 와서 조회했다. 10월에 효혜와 제왕이 태후 앞에서 편안히 술을 마시게 되었는데[燕飮][1], 효혜는 제왕이 형님이라 해서 상석에 앉히고는 일반 집안의 예법[家人之禮]을 따랐다. 태후가 화가 나서, 마침내 짐독이 든 두 잔을 따르게 해서 앞에다 놓고는 제왕에게 일어나 축수를 올리게 했다. 제왕이 일어나자, 효혜도 따라 일어나서 잔을 들고 함께 축수를 올리려 하니, 태후가 마침내 겁이 나서 벌떡 일어나 몸소 효혜의 술잔을 엎었다[泛][2]. 제왕이 괴이하게 여겨 감히 마시지 못하고는, 겉으로[詳=佯] 취한 척하면서 자리를 떠났다. 물어보아 그것이 독주였다는 것을 알고는 제왕이 두려워하며, 스스로 생각할 때 장안을 벗어나지 못할 것 같아서 걱정했다. 제나라 내사(內史) 사

(士)[3]가 제왕에게 유세해 말했다.

"태후에게는 오직 효혜와 노원공주(魯元公主)[4]뿐인데, 지금 왕께서는 성 70여 개를 가지고 계시지만 공주는 기껏[迺] 성 몇 개만 먹고 있을 뿐입니다. 왕께서 진심으로 군(郡) 하나를 태후께 바쳐서 공주의 탕목읍(湯沐邑)으로 삼게 하신다면 태후께서는 반드시 기뻐하실 것이니, 왕께서도 분명 걱정할 필요가 없을 것입니다."

이에 제왕이 마침내 성양군(城陽郡)을 바치고 공주를 높여 왕태후로 삼겠다고 하자[5] 여후가 기뻐하며 이를 받아들였다. 마침내 제왕의 집[齊邸][6]에서 술자리를 베풀어 즐겁게 마셨고, 자리가 끝나자, 제왕을 (자기 봉국으로) 돌려보냈다.

1) 좀 더 공식적인 술자리를 연음(宴飮)이라고 한다.

2) 【색은(索隱)】 발음은 봉(捧)과 범(泛)의 반절음이다.

3) 【집해(集解)】 서광(徐廣)이 말했다. "판본에 따라 출(出)로 되어 있다."

4) 【집해(集解)】 여순(如淳)이 말했다. "『공양전(公羊傳)』에 이르기를 '천자가 딸을 제후에게 시집보낼 때는 반드시 제후 중에서 동성인 자[公]가 혼례를 주관하게 했다[主之]'라고 했다. 그래서 (그 혼례를 공이 주관한다고 해서) 공주(公主)라고 한다. 「백관표(百官表)」에 따르면, 열후들이 먹는 것을 국(國)이라고 하고 황후나 공주가 먹는 것을 읍(邑)이라고 하며 제후왕의 딸을 공주라고 한다고 했다." 소림(蘇林)이 말했다. "공(公)은 5등의 존작(尊爵)이다. 춘추시대에는 신하나 자식이 임금이나 아버지를 부를 때나 부인이 남편을 부를 때 공(公)이라고 했다. '그대, 주인의 안사람 맹이시여, 나에게 한 숟갈 떠 먹여주신다면[主孟啗我]'이라는 비슷한 표현[比]도 있는 것을 감안할 때, 그래서 공주라고 한 것이다." 신찬(臣瓚)이 말했다. "천자의 딸은 비록 탕목의 읍을 먹기는 하지만 그 백성에게 (제후왕들과 같이) 군주로 행세할 수는 없다." 【색은(索隱)】 啗의 발음은 도(徒)와 남(濫)의 반절음이다. 살펴보건대 주(主)

란 이극(里克)의 처를 가리키니 곧 우시(優施)의 말[語]인데, 이 일은 『국어(國語)』(「진어(晉語)」)에 보인다. 맹(孟)을 (이극의 부인의 자가 아니라) '장차[且]'로 보기도 한다. 즉 장차 나에게 한 순갈 떠먹여주신다면 내가 그대에게 지어미가 지아비를 섬기는 도리를 가르쳐주겠다는 말이다. 이는 곧 부인이 남편을 칭한 뜻일 뿐이다.

5) 【집해(集解)】 여순(如淳)이 말했다. "장오(張敖)의 아들 언(偃)이 노나라 왕이었기에 공주가 태후가 될 수 있었다."

6) 【정의(正義)】 한나라 법에 따르면, 제후들은 각자 경사(京師-장안)에 저택을 소유하고 있었다.

3년에 바야흐로 장안성을 축조했는데, 4년이 되자 절반을 건축했고 5년과 6년 사이에 성을 모두 완공했다[1]. 제후들이 와서 조회했으니[來會=來朝], 10월에 조정에 들어와 하례했다[朝賀].

1) 【색은(索隱)】 살펴보건대, 『한궁궐소(漢宮闕疏)』에 이르기를 "4년에 동쪽 면을 지었고 5년에 북쪽 면을 지었다"라고 했고, 『한구의(漢舊儀)』에 이르기를 "성은 사방 63리였고 경위(經緯)는 각각 12리였다"라고 했으며, 『삼보구사(三輔舊事)』에 이르기를 "성의 형태는 북두칠성과 비슷하다"라고 했다.

7년 가을 8월 무인일에 효혜제가 붕(崩)했다[1]. 발상 중에 태후는 곡을 했지만, 눈물은 흘리지 않았다. 유후(留侯-장량)의 아들 장벽강(張辟彊)이 시중(侍中)[2]이었고 나이가 15세였는데, 승상에게 일러 말했다.

"태후께는 (아들이) 오직 효혜뿐이셨는데, 지금 세상을 떠나셨건만 곡만 하고 슬퍼하지는 않으시니 군께서는 그 까닭[解][3]을 아십니까?"

승상이 말했다.

"무슨 까닭 말인가?"

벽강이 말했다.

"제께는 장성한 아들이 없으니[毋] 태후께서는 군 등을 두려워하십니다. 군께서 지금 여태(呂台), 여산(呂產), 여록(呂祿)을 제배해 장군으로 삼아서 병사들을 거느리고 남북의 군대를 이끌게 하는 한편, 여씨들을 모두 궁으로 들어오게 하여 궁에 머물게 하면서 중요한 일을 맡길 것을 청하시면, 태후의 마음도 편안해지고 군 등도 다행스럽게 화를 면할 수 있을 것입니다."

승상이 마침내 장벽강의 계책대로 했다. 태후가 기뻐했고, 이에[其] 곡소리도 마침내 슬퍼졌다. 여씨의 권세가 이로 말미암아 일어났으니, 마침내 천하를 크게 사면했다. 9월 신축일에 (혜제를) 안장했다[4]. 태자가 즉위해서 제가 되어 고조의 사당[高廟]에 알현했다. 원년에 호령(號令)은 하나같이 태후에게서 나왔다.

1) 【집해(集解)】 황보밀(皇甫謐)이 말했다. "제는 진시황 37년에 태어났으니, 붕했을 때 나이 23세였다."

2) 【집해(集解)】 응소(應劭)가 말했다. "대궐에 들어와 가까이에서 천자를 시중들기에, 그래서 시중(侍中)이라고 한다."

3) 【정의(正義)】 解는 기(紀)와 매(賣)의 반절음이니, 곡을 하되 슬퍼하지 않는다는 것은 뭔가 생각하는 바가 있다는 말이다. 또 발음은 호(戶)와 매(賣)의 반절음이니, 해(解)란 '마디를 풀어낸다[節解]'는 뜻이다. 또 기(紀)와 매(買)의 반절음이니, 해설(解說)을 뜻한다.

4) 【집해(集解)】 『한서(漢書)』에서 말했다. "안릉(安陵)에 묻혔다." 『황람(皇覽)』에서 말했다. "산의 높이는 32장이고 넓이와 길이[廣袤]는 120보이며, 차지한 땅은 60무(畝)였다." 황보밀(皇甫謐)이 말했다. "장릉과의 거리는 10리이고 장안 북쪽으로 35리에 있다."

태후가 칭제(稱制)하게 되자 의견이 생겨서, 여러 여씨를 세워 왕으로 삼고자 우승상 왕릉(王陵)에게 물었다.

왕릉이 말했다.

"고제께서 백마를 잡아 맹세하시길, '유씨가 아닌 자가 왕이 되면 천하가 함께 공격하라'라고 하셨습니다. 지금 여씨를 왕으로 삼는 것은 맹약을 어기는 것입니다."

태후가 불쾌해했다. (이어서) 좌승상 진평(陳平)과 강후(絳侯) 주발(周勃)에게 물으니, 발 등이 대답했다.

"고제께서 천하를 평정하시고 자제들을 왕으로 삼으셨듯이, 지금 태후께서 칭제하셨으니, 형제와 여씨들을 왕으로 못 삼을 까닭이 없습니다."

태후가 기뻐하면서 조회를 마쳤다. 왕릉이 진평과 강후를 꾸짖어[讓] 말했다.

"처음에 고제와 피를 바르며[唼][1] 맹세할 때 그대들은 없었소? 지금 고제께서 붕하시고 태후가 여주(女主)로 있으면서 여씨들을 왕으로 삼으려 하는데, 그대들이 만약에[縱=儻] 약속을 저버리고 그 뜻에 따르려 한다면 무슨 낯으로 지하에서 고제를 뵌단 말이오?"

진평과 강후가 말했다.

"지금 면전에서 대놓고 반박하며 조정에서 간쟁 하는 일이라면 신들이 그대만 못하지만, 무릇 사직을 보전하고 유씨 후손들을 안정시키는 일이라면 그대가 신들만 못 할 것입니다."

왕릉은 대응할 수가 없었다.

11월에 여태후가 왕릉을 (우승상에서) 폐하고자 마침내 제배해 제(帝)의 태부(太傅)[2]로 삼고 재상의 권한[相權]을 빼앗았다. 왕릉이 드디어 병을 핑계로 관직에서 물러나 고향으로 돌아갔다.

마침내 좌승상 진평을 우승상으로 삼고, 벽양후(辟陽侯)[3] 심이기(審食其)를 좌승상으로 삼았다. 좌승상은 정무를 돌보지 않고 궁중 일만 감독하

는 것이 마치 낭중령(郎中令) 같았는데, 이기(食其)는 태후의 총애를 얻어 늘 중요한 일들을 주도했기에[用事] 공경들은 모두 그를 통해 일을 결정했다. 마침내 역후(酈侯)의 아버지 여택을 도무왕(悼武王)으로 추존하면서, 이를 계기로 여러 여씨를 점차로 왕으로 삼고자 했다.

1) 【색은(索隱)】 啑은 추(鄒-추탄생)가 말하기를 발음이 사(使)와 접(接)의 반절음이라고 했다. 또 말하기를, 판본에 따라 삽(唼)으로 되어 있다고 했다. 또 발음은 정(丁)과 첩(牒)의 반절음이다.

2) 【집해(集解)】 응소(應劭)가 말했다. "옛날의 관직이니, 부(傅)란 덮어주는 것[覆]이다." 신찬(臣瓚)이 말했다. "『대대례(大戴禮)』에 이르기를, '부(傅)는 다움과 마땅함[德義]을 길러주는 일을 떠맡는다'라고 했다."

3) 【색은(索隱)】 살펴보건대, 위소(韋昭)가 말하기를 신도군(信都郡)의 현 이름이라고 했다.

4월에 태후는 여러 여씨를 제후로 삼고 싶어 하여, 마침내 먼저 고조의 공신 낭중령 무택(無擇)[1]을 봉해 박성후(博城侯)[2]로 삼았다. 노원공주가 훙(薨)하자, 시호를 내려 노원태후로 삼고 (노원공주의) 아들 언(偃-장언)을 노왕(魯王)으로 삼았으니, 노왕의 아버지는 선평후(宣平侯) 장오(張敖)였다. 제 도혜왕의 아들 유장(劉章)을 봉해 주허후(朱虛侯)[3]로 삼고 여록의 딸을 그의 아내로 삼게 했다. 제 승상 수(壽)[4]를 평정후(平定侯)로 삼았고, 소부(少府) 연(延)[5]을 오후(梧侯)로 삼았다. 마침내 여종(呂種)을 패후(沛侯)[6]로, 여평(呂平)을 부류후(扶柳侯)[7]로 삼았고, 장매(張買)[8]를 남궁후(南宮侯)로 삼았다.

1) 【집해(集解)】 서광(徐廣)이 말했다. "성은 풍(馮)이다."

2) 【정의(正義)】 『괄지지(括地志)』에서 말했다. "연주(兗州) 박성(博城)은 본래 한나

라 박성현(博城縣)의 성이다."

3) 【색은(索隱)】 낭야군(琅邪郡)의 현이다. 【정의(正義)】 『괄지지(括地志)』에서 말했다. "주허 고성(朱虛故城)은 청주(青州) 임구현(臨朐縣) 동쪽으로 60리에 있으니, 한나라의 주허다. 『십삼주지(十三州志)』에 이르기를, (요임금 아들) 단주(丹朱)가 고허(故虛)에서 놀았기에 그래서 주허(朱虛)라고 했다고 했다." 허(虛)란 구(丘-언덕)이며, 주(朱)는 단(丹-붉다)이다.

4) 【집해(集解)】 서광(徐廣)이 말했다. "성은 제(齊)다."

5) 【집해(集解)】 서광(徐廣)이 말했다. "성은 양성(陽成)이다. 연은 군장(軍匠-공병대장)으로 일어나서 궁궐과 성을 지었다."

6) 【집해(集解)】 서광(徐廣)이 말했다. "석지(釋之)의 아들이다." 【정의(正義)】 『괄지지(括地志)』에서 말했다. "서주(徐州) 패현(沛縣)의 고성이다."

7) 【집해(集解)】 서광(徐廣)이 말했다. "여후의 언니 아들로, 어머니는 자가 장후(長姁)다." 【정의(正義)】 『괄지지(括地志)』에서 말했다. "부류 고성(扶柳故城)은 기주(冀州) 신도현(信都縣) 서쪽으로 30리에 있으니, 한나라의 부류현이다. 늪지가 있는데, 늪지 안에 버드나무가 많아서 부류(扶柳)라고 했다."

8) 【집해(集解)】 서광(徐廣)이 말했다. "그의 아버지는 월(越) 사람으로, 고조의 기병장이었다."

태후가 여씨들을 왕으로 삼고 싶어 하더니, 먼저 효혜의 후궁 아들 강(彊)을 세워 회양왕(淮陽王)[1]으로 삼고 아들 불의(不疑)를 상산왕(常山王)[2]으로, 아들 산(山)을 양성후(襄城后)[3]로, 아들 조(朝)를 지후(軹侯)[4]로, 아들 무(武)를 호관후(壺關侯)로 삼았다. 태후가 대신들에게 넌지시 암시하자[風=諷] 대신들은 역후 여태를 세워 여왕(呂王)[5]으로 삼을 것을 청했고, 태후가 이를 허락했다. 건성후 여석지가 졸(卒)했지만, 뒤를 이은 아들이 죄를 지어 폐하고 그의 동생 여록(呂祿)[6]을 세워서 호릉후(胡陵侯)[7]로 삼아 강후(康侯)의 뒤를 잇게 했다.

1) 【집해(集解)】 위소(韋昭)가 말했다. "지금의 진류군(陳留郡)이다."

2) 【정의(正義)】 『괄지지(括地志)』에서 말했다. "상산 고성(常山故城)은 항주(恒州) 진정현(眞定縣) 남쪽으로 8리에 있으며, 본래 한나라의 동원읍(東垣邑)이다."

3) 【색은(索隱)】 살펴보건대, 아랫글에서는 이름을 고쳐 의(義)라고 했고 또다시 이름을 고쳐 홍농(弘農)이라고 했다 하는데 『한서(漢書)』에서는 양성후에 대해 오직 이름이 홍(弘)이라고만 했으니, 이는 대개 역사에서 글을 빠뜨린 것일 뿐이다. 살펴보건대 「지(志)」에 이르기를 양성은 영천(潁川)에 속한다고 했다.

4) 【색은(索隱)】 살펴보건대, 위소(韋昭)가 이르기를 하내(河內)에 지현(軹縣)이 있는데 발음은 지(紙)라고 했다. 【정의(正義)】 『괄지지(括地志)』에서 말했다. "옛 지성(軹城)은 회주(懷州) 제원현(濟源縣) 동남쪽으로 13리에 있으니, 7국시대 때 위(魏)나라의 읍(邑)이었다."

5) 【정의(正義)】 처음에 여태가 여왕이 되었고 뒤에 여산(呂産)이 양왕(梁王)이 되었으니, 양(梁)을 고쳐 여(呂)라고 한 것이다.

6) 【집해(集解)】 서광(徐廣)이 말했다. "석지의 막내아들이다."

7) 【정의(正義)】 호릉은 현 이름으로 산양(山陽)에 속하니, (후한) 장제(章帝) 때 이름을 고쳐 호릉이라고 했다.

2년에 상산왕이 훙(薨)하자, 그 동생 양성후 산을 상산왕으로 삼고 이름을 의(義)로 고쳤다. 11월에 여왕 태(台)가 죽자, 시호를 숙왕(肅王)이라고 하고, 태자 여가(呂嘉)를 뒤이어 세워서[代立(대립)] 왕으로 삼았다.

3년에는 아무 일이 없었다[1].

4년에 여수(呂嬃)를 봉해 임광후(臨光侯)로 삼았고, 여타(呂他)를 수후(兪侯)[2]로, 여갱시(呂更始)를 췌기후(贅其侯)[3]로, 여분(呂忿)을 여성후(呂城侯)[4]로 삼고 제후의 승상 다섯 사람[5]을 후에 봉했다.

1) 【집해(集解)】 가을에 별이 낮에 보였다.

2) 【색은(索隱)】 俞의 발음은 (유가 아니라) 수(輸)다. 【정의(正義)】 『괄지지(括地志)』에서 말했다. "옛 유성(鄃城)은 덕주(德州) 평원현(平原縣) 서남쪽으로 30리에 있으니, 본래 한나라 유현(鄃縣)이고 여타의 읍이다."

3) 【집해(集解)】 서광(徐廣)이 말했다. "「표(表)」에 이르기를, 여후 형제의 아들인 회양 승상 여승(呂勝)이 췌기후가 되었다고 했다." 【색은(索隱)】 살펴보건대, 「표」에서는 (회양이 아니라) 임회(臨淮)라고 했다.

4) 【정의(正義)】 『괄지지(括地志)』에서 말했다. "옛 여성(呂城)은 등주(鄧州) 남양현(南陽縣) 서쪽으로 30리에 있으며, 여상(呂尙)의 선조가 봉해진 곳이다."

5) 【집해(集解)】 서광(徐廣)이 말했다. "중읍후(中邑侯) 주통(朱通), 산도후(山都侯) 왕염개(王恬開), 송자후(松茲侯) 서려(徐厲), 등후(滕侯) 여갱시, 예릉후(醴陵侯) 월(越)이다."

선평후(宣平侯)의 딸이 효혜황후(孝惠皇后)로 있을 때 아들이 없었는데, 거짓으로 임신했다[有身(유신)]라고 하고는 미인(美人-후궁의 칭호)의 아들을 데려다가 자기 아들로 삼은[名(명)] 다음에[1] 그 어머니를 죽이고 아들로 삼은 아이를 세워 태자로 삼았다.

효혜가 붕하자, 태자가 세워져 제(帝)가 되었다. 제가 장성한 뒤에, 혹 누군가에게서 그 어머니의 죽음과 황후의 진짜 아들이 아니라는 것을 듣고는 마침내 속마음을 드러내 말했다.

"태후가 어떻게 내 어머니를 죽이고 나를 아들로 삼을 수 있단 말인가? 내가 아직 덜 장성했지만, 장성하게 되면 곧바로 변고를 일으킬 것이다."

태후가 이를 듣고는 걱정하더니, 그가 난을 일으킬까 두려워 마침내 그를 영항(永巷)에 유폐시킨 뒤 제가 병이 심해서 좌우 신하들은 그를 만나볼 수 없다고 했다. 태후가 말했다.

"무릇 천하를 소유하고 만백성[2]을 다스리는 자는 하늘처럼 덮어주고 땅처럼 품어 안아야 한다. 위에서 기쁜 마음으로 백성을 편안하게 하면 백성

은 흔연한 마음으로 그 위를 섬기니, 서로 기쁜 마음으로 소통하게 되면 천하가 잘 다스려지는 것이다. (그런데) 지금 황제가 병이 오래되어 낫지 않고 마침내 정신마저 어둡고 어지러워서 후사로서 종묘의 제사를 받들 수가 없다. 천하를 맡길 수가 없으니, 이에[其] 그를 대신해야 할 것이다."

여러 신하가 모두 머리를 조아리며 말했다.

"황태후께서 천하 백성을 구제하려는 계책을 가지셨고 종묘사직을 안정시키고자 하는 마음이 이처럼 깊으시니, 저희 신하들은 머리를 조아려 조서(詔書)를 받들겠습니다."

제가 폐위되자 태후가 몰래[幽=陰] 그를 죽였다.

5월 병진일에 상산왕 의(義)를 세워 제로 삼고 이름을 다시 홍(弘)으로 고쳤다. 원년(元年)이라고 칭하지 않은 것은 태후가 천하의 일을 행하고 있었기 때문이다. 지후(軹侯) 조(朝)를 상산왕으로 삼았고, 태위(太尉)의 관직을 두어 강후(絳侯) 발(勃-주발)을 태위로 삼았다.

1) 【정의(正義)】 유백장(劉伯莊)이 말했다. "여러 미인은 먼저 여씨의 총애를 받아서 임신한 다음에 궁에 들어가 아이를 낳았다."

2) 【집해(集解)】 서광(徐廣)이 말했다. "판본에 따라 명(命)이라는 글자가 없다."[원문에는 만민(萬民) 다음에 명(命)자가 추가되어 있다.]

5년 8월에 회양왕이 훙하자, 동생 호관후 무(武)를 회양왕으로 삼았다.

6년 10월에 태후가 "여왕 가(嘉)의 처신이 교만하고 방자하다"라고 말하고서 그를 폐한 뒤 숙왕(肅王) 태의 동생 여산(呂産)을 여왕(呂王)으로 삼았다.

여름에 천하를 사면했다.

제 도혜왕의 아들 흥거(興居)를 봉해 동모후(東牟侯)[1]로 삼았다.

1) 【색은(索隱)】 위소(韋昭)가 말했다. "(동모는) 동래(東萊)의 현(縣)이다."

7년 정월에 태후가 조왕(趙王) 우(友)를 불렀다. 우는 여씨 일족의 딸을 후(后)로 삼았지만 사랑하지 않았고, 다른 희(姬-후궁)를 사랑했다. 여씨 일족의 딸이 질투하다가 분노해 떠나갔으니, 태후에게 왕을 중상모략해[讒] 말했다.

"왕이 말하기를 '여씨가 어찌 왕이 될 수 있는가? 태후가 100세 후면[1] 나는 반드시 여씨를 칠 것이다'라고 했습니다."

태후가 화가 나서 그 일로 조왕을 불렀다. 조왕이 (장안에) 도착하자 저택에 처박아 두고는[置] 만나보지 않으면서, 위병으로 하여금 그를 에워싸서 지키게 하고 먹을 것도 주지 못하게 했다. 혹시 여러 신하 중에 누가 몰래 그에게 음식을 제공하면 즉각 체포해 그 죄를 논할 것이라고 하니, 조왕이 굶주리다가 마침내 이런 노래를 불렀다.

"여씨(呂氏)들이 권력을 제 마음대로 하니 유씨(劉氏)는 위태롭도다

왕과 후를 마구 협박하더니 나에게도 억지로 비(妃)를 주었네

나를 비가 이미 투기하더니[妒=妬] 몹쓸 일로 나를 무고했구나

중상모략하는 여인네가 나라를 어지럽혀도 상(上)께서는 일찍이 깨닫지를 못하네

나에게는 충신이 없는데 무슨 이유로 나라를 버리랴![2]

들판에서 자결한다면 저 푸른 하늘이라도 나의 곧음을 인정해주리라[擧][3]

아아! 후회한들 어찌하리, 차라리 일찍이 스스로 목숨을 끊었어야 했거늘!

왕이 되어 굶어 죽게 되었으니 뉘라서 그것을 가련히 여기겠는가

여씨들이 세상 이치를 끊으니, 하늘에 힘입어 원수를 갚으리라!"

정축일에 조왕이 유폐된 상태에서 죽으니[幽死], 일반 백성의 예[民禮]로

써 장안의 백성 묘지에 묻었다.

1) 죽고 나면이라는 뜻이다.

2) 자신의 억울함을 명백하게 해명할 길이 없다는 뜻이다.

3) 【집해(集解)】 서광(徐廣)이 말했다. "거(擧)는 판본에 따라 여(與-허여하다)로 되어 있다."

기축일에 일식이 있어 낮인데도 어두웠다. 태후가 마음이 편치 않아, 마침내 좌우에 일러 말했다.

"이는 나 때문이다."

2월에 양왕(梁王) 회(恢)를 옮겨 조왕으로 삼았다. 여왕 산(產)을 옮겨 양왕으로 삼았으나, 양왕은 봉국으로 가지 않고 제(帝)의 태부가 되었다. 황자 평창후(平昌侯) 태(太)를 세워 여왕(呂王)으로 삼았다. 양나라를 여나라로 개명하고, 여를 제천(濟川)이라고 했다. 태후의 여동생 여수(呂嬃)[1]의 딸을 영릉후(營陵侯) 유택(劉澤)의 아내로 삼았는데, 택은 대장군이었다. 태후는 여씨들을 왕으로 삼았지만, 자신이 죽은 뒤에 유택 장군에게 해를 입을까 겁이 나서, 마침내 유택을 낭야왕(琅邪王)으로 삼아 그의 마음을 위로해주었다.

1) 【색은(索隱)】 위소(韋昭)가 말했다. "번쾌의 처이며, 임광후(林光侯)에 봉해졌다.

양왕 회가 조왕으로 옮겼지만, 마음속[心懷]이 좋지 않았다. 태후가 여산의 딸을 조왕의 왕후로 삼았는데, 왕후를 수행한 관원들이 모두 여씨로서 권력을 제 마음대로 휘두르며[擅權] 조왕을 몰래 감시했기[微伺] 때문에, 조왕은 아무것도 마음대로 할 수 없었다. 왕에게 총애하는 희첩이 있었

지만, 왕후가 사람을 시켜서 짐독으로 죽였다. 왕이 마침내 4장으로 된 노래 가사를 지어 악공에게 부르게 했고, 왕은 슬퍼하다가 6월에 곧 자살했다. 태후는 이를 듣고 왕이 부인 때문에 종묘에 대한 예를 저버렸다고 여겨서 그 후사를 없애버렸다.

선평후(宣平侯) 장오(張敖)가 졸하자 그 아들 언(偃)을 노왕으로 삼고 오에게는 노원왕(魯元王)이라는 시호를 내렸다.

가을에 태후가 사자를 보내 대왕(代王)에게 조왕으로 옮기려 한다고 알렸으나, 대왕은 사양하고 대나라 변방을 지키길 원했다.

태부 산(產)과 승상 평(平-진평) 등이 말하기를, 무신후(武信侯) 여록[1]은 제후로서 위계가 가장 높으니[2] 조왕으로 삼길 청한다고 했다. 태후가 이를 허락하고, 록의 아버지 강후(康侯)를 추존해 조(趙) 소왕(昭王)으로 삼았다.

9월에 연(燕) 영왕(靈王) 건(建)이 훙(薨)했다. 그에게 미인(美人) 소생의 아들이 있었는데, 태후가 사람을 보내 죽여서 후사를 끊고 나라를 없앴다[國除(국제)].

8년 10월에 여(呂) 숙왕(肅王)의 아들 동평후(東平侯) 여통(呂通)을 세워 연왕으로 삼고, 여통의 동생 여장(呂莊)을 봉해 동평후(東平侯)로 삼았다.

1) 【집해(集解)】 서광(徐廣)이 말했다. "여후 오빠의 아들이다. 전에 호릉후에 봉해졌는데, 대개 칭호가 무신(武信)이다."

2) 【집해(集解)】 여순(如淳)이 말했다. "공로가 가장 큰 사람이 위에 있게 되는데, 「공신후표(功臣侯表)」에서 제1이나 제2의 위치를 차지한다."

❖

3월 중에 여태후가 불제(祓祭-푸닥거리)[1]를 지내고 돌아오다가 지도(軹道)를 지날 때, 푸른 개처럼 생긴 괴물이 고후(高后)의 겨드랑이를 치고는[據(극)][2] 홀연히 사라져서 더는 보이지 않았다. 점을 치니 조왕 여의의 귀신이 빌미가 된 것[爲祟(위수)]이라 했다. 고후가 드디어 겨드랑이 상처 때문에 병을 얻었다.

고후는 외손자 노원왕 언이 어린 나이에 부모를 여의어 외롭고 나약하다고 여겨, 마침내 장오의 예전 희첩 소생의 두 아들을 봉해 치(侈)를 신도후(新都侯)로, 수(壽)를 낙창후(樂昌侯)로 삼아서[3] 노원왕 언을 보좌하게 했다. 또 중대알자(中大謁者)[4] 장석(張釋)을 건릉후(建陵侯)로, 여영(呂榮)[5]을 축자후(祝茲侯)로 삼았다. 환관 중에서 영(令)이나 승(丞) 자리에 있는 자들은 모두 관내후(關內侯)로 삼아 식읍 500호를 내려주었다[6].

1) 【정의(正義)】 祓은 방(芳)과 불(弗)의 반절음이다. 또 발음은 폐(廢)이기도 한데, 뒤에서도 똑같다.

2) 【집해(集解)】 서광(徐廣)이 말했다. "발음은 극(戟)이다."

3) 【집해(集解)】 서광(徐廣)이 말했다. "세양(細陽)의 지양향(池陽鄉)을 식읍으로 했다."

4) 【집해(集解)】 서광(徐廣)이 말했다. "일설에는 장석경(張釋卿)이라고 했다." 배인(裴駰)이 살펴보건대, 여순(如淳)이 말하기를 "「백관표(百官表)」에서 '알자는 빈객과 관련된 일을 담당한다'라고 했고, 관영(灌嬰)은 중알자였다. 뒤에는 늘 엄인(奄人-환관)이 그것을 맡았으니, 관직 이름 중에 중(中)자가 있는 것은 대부분 엄인이다"라고 했다.

5) 【집해(集解)】 서광(徐廣)이 말했다. "여후 형제들의 아들이다."

6) 【집해(集解)】 여순(如淳)이 말했다. "열후(列侯)는 관문을 나가 봉국으로 나아가지만, 관내후는 단지 자기 한 몸에 관작만 있고 추가되는 것이라고는 관내의 읍에서 받아먹는 조세가 있다. 『풍속통의(風俗通義)』에 이르기를 '진나라 때

6국이 아직 평정되지 않아 장수들은 모두 식구들을 관중에 두었기 때문에, 그래서 관내후라고 칭했다'라고 했다."

7월 중에 고후의 병이 심각해지자 마침내 조왕 여록을 상장군으로 삼아서 북군을 지휘하게 하고, 여왕 여산은 남군을 지휘하게 했다. 여태후가 산과 록에게 당부해 말했다.

"고제께서 천하를 평정하시고 대신들과 약속하길 '유씨 아닌 자가 왕이 되면 천하가 함께 공격하라'라고 하셨으니, 지금 여씨들이 왕이 되자 대신들이 불평을 품고 있다. 내가 만일 죽으면 제(帝)가 어려서 대신들이 변란을 일으킬까 두렵다. 반드시 군대를 장악해 궁을 지키고 부디[愼] 나를 송장(送葬)하지 않음으로써 다른 사람들에게 제압당하지 않도록 하라."

신사일에 고후(高后)가 붕(崩)하니, 유조(遺詔)에 따라 제후왕[1]들에게 각각 황금 1,000근을 내려주었고 장상과 열후 낭리(郎吏)들에게도 모두 작질에 따라 황금을 내려주었다. 천하를 크게 사면했다. 여왕 산을 상국(相國)으로, 여록의 딸을 제후(帝后)로 삼았다.

고후의 장례를 이미 마치고 나자[2] 좌승상 심이기(審食其)를 제의 태부로 삼았다.

1) 【집해(集解)】 채옹(蔡邕)이 말했다. "황제의 아들을 봉해 왕(王)으로 삼았는데, 이때의 왕이란 실은 옛날의 제후다. 제후들에게 왕이라는 칭호가 더해졌으므로 총괄해서 부를 때는 제후왕(諸侯王)이라고 했다. (또한) 왕의 자제 중에서 봉해 후(侯)로 삼은 자를 일러 제후(諸侯)라고 했다."

2) 【집해(集解)】 황보밀(皇甫謐)이 말했다. "장릉(長陵)에 합장한 것이다." 『황람(皇覽)』에서 말했다. "고제와 여후는 산이 각각 한 곳이다."

주허후 유장은 기백과 힘이 있었고 동모후 흥거가 그의 동생이었는데,

모두 제(齊) 애왕(哀王)의 동생으로 장안에 머물고 있었다. 이런 때를 맞아 여씨들이 용사(用事)하고 권력을 멋대로 휘두르며 난을 일으키려 했지만, 고제의 옛 대신인 강후 주발과 관영 등이 두려워서 미처 감히 행동으로 옮기지 못하고 있었다.

주허후의 부인은 여록의 딸이었는데, 그 음모를 몰래 알아차리고는 주살될까 두려워서 마침내 은밀하게 사람을 보내 그(-주허후)의 형 제왕(-애왕)에게 알렸다. (제왕은) 군대를 동원해 서쪽으로 가서 여러 여씨를 없애고 제에 오르고 주허후는 궁에서 대신들과 내응하려고 했는데, 제왕이 병사를 발동시키려 했으나 그의 승상이 듣지 않았다.

8월 병오일에 제왕이 사람을 시켜 승상을 죽이려 하자, 승상 소평(召平)은 마침내 반발하며 병사를 일으켜서 왕을 에워싸려 했다. 이에 왕이 승상을 죽이고 드디어 군대를 동쪽으로 출동시켜서, 속임수로 낭야왕의 군대를 빼앗고 아울러 그 군대와 함께 서쪽으로 향했다. 상세한 이야기는 「제도혜왕세가(齊悼惠王世家)」에 실려 있다.

제왕이 마침내 제후왕들에게 편지를 써서 알렸다.

'고제께서 천하를 평정하시고 여러 자제를 왕으로 봉하셨는데 도혜왕은 제나라의 왕이 되었고, 도혜왕이 세상을 훙하시자, 효혜제께서는 유후 량(良)을 보내 신을 세워 제왕으로 삼으셨다. 효혜제가 붕하시고, 고후가 일을 처리하셨으나[用事] 춘추가 높아서 여러 여씨의 말만 듣고 멋대로 제를 폐위시키고 바꾸었으며 또 조왕 셋을 잇달아 죽였고[比殺][1], 양·조·연을 없애고 여씨들을 왕에 앉혔으며 제나라를 넷으로 나누었다. 충신이 간언했으나 상은 혹하고 어지러워서[惑亂] 듣지 않았다. 지금 고후가 붕했는데, 제는 춘추가 어려서[富] 아직 천하를 다스릴 수 없으니 진실로 대신과 제후들에 의지할 수밖에 없다.

그런데 여씨들은 여전히 멋대로 자신들의 관직을 높이고 군대를 모아서 위엄을 떨치며 열후와 충신들을 협박하고 조서를 조작해[矯制] 천하를 호령하니, 종묘가 위태로워졌다. 과인은 병사를 이끌고 들어가서 부당하게 왕이 된 자들을 없앨 것이다.'

한나라 조정에서 이를 듣고 상국 여산 등은 마침내 영음후(潁陰侯) 관영으로 하여금 군대를 이끌고 가서 제왕을 치게 했다. 관영이 형양(滎陽)에 이르러서 마침내 모의해 말했다.

"여러 여씨가 관중의 군대를 쥐고 유씨를 위태롭게 하면서 자립하려 한다. (그런데) 지금 우리가 제(齊)를 격파하고 돌아가 보고한다면, 이는 여씨의 밑천만 더 보태주는 것이다."

마침내 형양에 주둔하면서 제왕과 제후들에게 사람을 보내 서로 연계해서 여씨가 변란[變=發動]을 일으키길 기다렸다가 함께 토벌하자고 알렸다. 제왕이 이 말을 듣고는 마침내 군대를 돌려 서쪽 경계에서 약속을 기다렸다.

1) 【색은(索隱)】 비(比)는 '연달아[頻]'라는 뜻이니, 조 은왕(隱王) 여의(如意), 조 유왕(幽王) 우(友), 조왕 회(恢), 이렇게 세 조왕이다.

여록과 여산은 관중에서 난을 일으키려 했지만, 안으로는 강후 주발과 주허후 등이 겁나고 밖으로는 제나라와 초나라 군대가 두려웠으며 또 관영이 배반할까 걱정이 되어, 관영의 군대가 제나라 군대와 연합하는 것을 기다렸다가 일으키기로 하고 미룬 채 결단하지 못했다[猶豫未決][1]. 이런 때를 맞아 제천왕(濟川王) 태(太), 회양왕 무(武), 상산왕 조(朝)는 명목상 소제(少帝)의 동생들이었고 노원왕은 여후의 외손이었지만 모두 나이가 어려서 봉국으로 가지 않고 장안에 머물고 있었다. 조왕 록과 양왕 산은 각각 병사들을 이끌고 남군과 북군에 주둔하고 있었는데, 모두 여씨 사람이었다. 열후들과 신하들은 누구도 자기 목숨을 장담할 수 없었다.

1) 【색은(索隱)】 猶의 발음을 추(鄒-추탄생)는 이(以)와 수(獸)의 반절음이라고 했다. 與(-혹은 豫)의 발음은 예(預)이고, 또 豫로 되어 있기도 하다. 최호(崔浩)가 말하기를 "유(猶)는 긴팔원숭이[蝯(원)] 종류로, 코가 솟았고 꼬리가 길며 성미가 의심이 많다"라고 했고, 또 『설문(說文)』에 이르기를 "유(猶)는 짐승 이름으로, 의심이 많다"라고 했으니, 따라서 이와 비슷하다. 살펴보건대, 여우의 성질 또한 의심이 많아서 얼음을 건널 때도 물소리를 듣고서야 건너니 그래서 '여우처럼 의심이 많다[狐疑(호의)]'라고 하는 것이다. 지금 풀이하는 사람은 또 『노자(老子)』에 나오는 "여(與-의심 많은 동물)여! 겨울의 냇물을 건너는 듯이 하고, 유(猶-겁 많은 동물)여! 사방을 두려워하듯이 하라"를 인용했으니, 유여(猶與)는 흔히 쓰이는 말이 되었기 때문이다. 또 살펴보건대, 여우가 얼음 속의 물소리를 듣는다고 했으니 여기서 "겨울의 냇물을 건너는 듯이 하고"라고 말한 것은 여우임이 분명하다. "유(猶-겁많은 동물)여! 사방을 두려워하듯이 하라"라고 말했을 때의 유(猶) 또한 분명히 짐승을 가리키는데, 같은 종류인지는 확신할 수 없다. 그래서 그냥 사방을 두려워한다고 한 것이다.[참고로 다산 정약용의 또 다른 호 여유당(與猶堂)이 여기서 따온 것이다.]

태위 강후 발(勃)은 군중으로 들어가 군사들을 지휘할 수가 없었다. 곡주후(曲周侯) 역상(酈商)은 늙고 병들었지만, 그 아들 기(寄)가 여록과 친한 사이였다. 강후가 마침내 승상 진평과 모의하기를, 사람을 보내 역상을 겁박해서 그 아들 기로 하여금 여록에게 가서 이렇게 그를 설득하게 했다.

"고제께서 여후와 함께 천하를 평정하시어 유씨 중에서 왕으로 세워진 이가 9명이고[1] 여씨 중에서 왕으로 세워진 이가 3명입니다[2]. 이는 모두 대신들의 의견[議(의)]을 모은 것으로, 이미 제후와 왕들에게 널리 알렸으며 제후들도 이를 마땅한 처사라 여기고 있습니다. (그런데) 지금 태후께서 붕하셨고 제(帝)는 어리신데, 족하(足下)[3]께서는 서둘러 봉국으로 가서[之(지)=往(왕)] (봉국의) 울타리를 지키려[守藩(수번)] 하지 않고 오히려 상장군으로서 병사들을 통

솔하며 이곳에 머물고 있어서 대신과 제후들의 의심을 불러일으키고 있습니다. 어찌 족하께서는 속히 장군의 도장[印]을 돌려주어 병권을 태위에게 소속시키지 않으십니까? 청컨대 양왕(梁王-여산)께서도 상국의 도장을 돌려주고 대신들과 맹약한 뒤에 자신의 봉국으로 돌아가게 해야 합니다. 그러면 제나라 병사들이 반드시 해산할 것이고 대신들도 안정을 되찾게 되어 족하께서는 편안하게[高枕-베개를 높이 하다] 사방 천 리(-조나라)에서 임금 노릇을 할 수 있을 터이니, 이는 만세를 이어갈 이로움입니다."

여록은 역기의 계책이 그렇다고 믿고서 장군의 도장을 돌려주고 병권을 태위에게 넘기고자 했다. 이에 사람을 시켜 여산과 여러 여씨 원로에게 이 말을 보고했으나, 어떤 이들이 좋지 않다[不便]고 해서 계책이 오히려 결정을 보지 못했다[猶豫]. 여록은 역기를 믿었기에 종종 함께 사냥을 나갔는데, 한번은 고모인 여수(呂嬃-고후의 여동생)의 집을 지나간 적이 있었다. (여록이 지나가는 것을 본) 수(嬃)가 크게 화를 내면서 이렇게 말했다.

"너[奴]는 장군이면서 군대를 버렸으니, 여씨는 이제 의지할 곳이 없어졌다[無處].[4]"

마침내 주옥과 진기한 패물들을 모두 꺼내더니 당 아래로 내팽개치며 말했다.

"어차피 다른 사람 것인데 갖고 있을 필요가 없지!"

1) 【색은(索隱)】 오(吳)·초(楚)·제(齊)·회남(淮南)·낭야(琅邪)·대(代)·상산왕 조(朝)·회양왕 무(武)·제천왕(濟川王) 태(太) 이렇게 9명이다.

2) 【색은(索隱)】 양왕 산(産), 조왕 록(祿), 연왕 통(通)이다.[원래는 4명인데, 여태(呂台)가 훙하고 아들 가(嘉)가 뒤를 이었으나 죄에 연루되어 쫓겨나 이때는 3명이었다.]

3) 옛날에는 동년배뿐만 아니라 어른에게도 이 경칭을 사용했다.

4) 【색은(索隱)】 안사고(顏師古)가 말했다. "주멸 당하게 생겼기에 의지할 곳이 없어졌다고 말한 것이다."

좌승상 식이기(審食其)를 면직시켰다.

8월 경신일 아침에 평양후(平陽侯) 줄(窋-조줄)[1]이 어사대부의 일을 (대리로) 맡아 수행하던 중에 상국 산(產)을 만나 일을 계획하고 있었는데, 낭중령 가수(賈壽)가 사자가 되어 제(齊)나라에 갔다가 와서 산에게 따지며[數=責] 말했다.

"왕께서 빨리 봉국으로 가지 않으시는 바람에, 지금은 비록 가려고 해도 어찌 갈 수 있겠습니까?"

그러고는 관영이 제나라와 초나라와 연합하려는[合從] 상황을 산에게 갖춰 아뢰면서[2] 서둘러 입궁할 것을 재촉했다. 평양후 줄이 이 말을 듣고는 말을 내달려 승상 평과 태위 발에게 아뢰었는데, 발이 북군(北軍)에 들어가려 했으나 들어갈 수가 없었다. 양평후(襄平侯) 통(通)[3]이 부절(符節)을 주관하고 있었으므로[尙=主], 마침내 부절을 갖고 명령을 고쳐서[矯][4] 태위가 북군에 들어갈 수 있도록 했다. 태위가 다시 역기(酈寄)와 전객(典客)[5] 유게(劉揭)를 보내 먼저 록을 설득해 이렇게 말하게 했다.

"제(帝)께서는 태위로 하여금 북군을 지키게 하고 족하는 봉국으로 가게 하려고 하시니, 서둘러 장군의 도장을 반납하고 떠나십시오. 그렇지 않으면 화(禍)가 장차[且] 일어날 것입니다."

록은 역황(酈兄)[6]이 자신을 속이는 것이라고는 생각하지 않아서, 드디어 인수(印綬-도장과 끈)를 풀어 전객에게 넘기고 병력을 태위에게 주었다. 태위는 군문에 들어서자, 군중에 명령을 발동해 말했다.

"여씨를 위하는 자는 오른쪽 어깨를 드러내고[右袒], 유씨를 위하는 자는 왼쪽 어깨를 드러내도록 하라[左袒]."

군사들은 모두 유씨를 따른다는 표시로 왼쪽 어깨를 드러냈다. 태위가 당도할 무렵 장군 여록 또한 이미 상장군의 도장을 내놓았기에 태위는 드디어 북군을 거느리게 되었다.

1) 조참(曹參)의 아들이다.

2) 안사고(顔師古)가 말했다. "제나라와 초나라는 둘 다 산동에 있었기에 연합해 서쪽으로 가서 여러 여씨를 주살코자 했는데, 이것이 마치 6국이 합종해 공동의 적 진(秦)나라를 치려는 것과 같았으므로 합종(合從)이라고 한 것이다."

3) 【집해(集解)】 서광(徐廣)이 말했다. "성은 기(紀)다." 장안(張晏)이 말했다. "기통의 자(字)는 신(信)이다. 상(尙)은 주관한다는 뜻이니, 지금의 부절령(符節令)이다." 【색은(索隱)】 장안이 말했다. "기통은 신(信)의 아들이다." 또 진작(晉灼)이 말했다. "신은 초나라 군에 불타 죽었고 후사가 있다는 기록이 없다. 살펴보건대, 「공신표(功臣表)」에 따르면 양평후 기통은 그 아버지 성(成)이 장군이 되어 삼진을 평정한 후 어떤 일로 죽게 되자 아들로서 후가 되었다"라고 했으니, 그렇다면 통은 신의 아들이 아니므로 장(張)의 설은 틀렸다.

4) 안사고(顔師古)가 말했다. "교(矯)는 속인 것[詐]이니, 천자의 명이라고 속인 것이다."

5) 【집해(集解)】 『한서(漢書)』 「백관표(百官表)」에서 이렇게 말했다. "전객은 진나라 관직으로, 제후와 국내로 귀의한 소수민족에 관한 업무를 관장했다."

6) 【집해(集解)】 서광(徐廣)이 말했다. "兄은 발음이 황(況)으로 자(字)이며, 이름은 기(寄)다."

그러나 여전히 남군은 그대로 있었다. 평양후(平陽侯)가 여산의 음모를 듣고 승상 진평에게 알리자, 승상 평은 마침내 주허후를 불러 태위를 돕게 했다. 태위는 주허후에게 군문을 감시하게 한 뒤, 평양후를 시켜 위위(衛尉)에게 당부했다.

"상국 산이 궁전 문 안으로 들어오지 못하게 하라!"

여산은 여록이 이미 북군을 떠났다는 것을 모른 채 미앙궁(未央宮)으로 들어가서 난을 일으키려 했으나, 궁궐 문을 못 들어가게 되자 이리저리 배회했다. 평양후는 승리하지 못할까 겁이 나서 태위에게 달려가 말했다. 태위도 여전히 여씨들을 이기지 못할까 걱정이 되어 대놓고[訟][1] 그를 주살하

자고 말하지 못하다가, 마침내 주허후를 시켜 말했다.

"서둘러 입궁해서 황제를 호위하시오!"

주허후가 군사를 청하자, 태위가 병졸 1,000여 명을 주었다. 미앙궁 문으로 들어가 드디어 궁정에서 여산을 만났다. 그때가 오후 무렵이었는데, 드디어 산을 쳤다. 산은 달아났고, 바람이 크게 불어 (여산을) 따르던 관리들이 혼란에 빠져서 감히 싸우지 못했다. 산을 뒤쫓아 가서 낭중부(郎中府)[2] 관리의 관사 측간에서 그를 죽였다.

1) 【집해(集解)】 서광(徐廣)이 말했다. "송(訟)은 판본에 따라 공(公)으로 되어 있다." 배인(裴駰)이 살펴보건대, 위소(韋昭)가 말하기를 "송(訟)은 공(公-공공연히)이다"라고 했다. 【색은(索隱)】 위소는 송을 곧 공이라고 했고 서광은 또 판본에 따라 공으로 되어 있다고 했으니, 대개 공(公)이 맞다. 그렇지만 공언(公言)은 곧 명확하게 말하는 것인데 또한 풀이하는 사람은 송(訟)이라고 했으니, 이는 하소연하는 것이다.

2) 【집해(集解)】 여순(如淳)이 말했다. "「백관표(百官表)」에 따르면, 낭중령은 궁전문호를 담당한다. 그래서 그 부가 궁 안에 있는 것이니, 뒤에 광록훈(光祿勳)으로 명칭이 바뀌었다."

주허후가 이미 산을 죽이고 나자, 제는 알자에게 명령해 부절을 갖고 가서 주허후를 위로하게 했다[勞(노)=慰問(위문)]. 주허후가 부절을 빼으려 했으나 알자가 쉬이 응하지 않자, 주허후는 이에 수레에 함께 올라타고서 부절을 빌려 장락궁으로 내달려가 위위(衛尉) 여갱시(呂更始)의 목을 베었다[1]. 그러고는 돌아서서 북군으로 돌아와 다시 태위 발에게 아뢰니, 태위가 일어나서 주허후에게 하례의 절을 올린 후에 말했다.

"우려했던 것은 오직 산이었는데, 이제 이미 그를 주살했으니, 천하는 평정되었소이다."

드디어 부대를 나눠 사람들을 보내서 여러 여씨의 남녀를 모두 잡아들인 뒤에 늙은이고 젊은이고 할 것이 없이 모두 목을 베었다.

신유일에 여록을 잡아 목 벴고, 여수는 매질해서 죽였으며, 사람을 보내 연왕 여통을 주살하고 노왕 장언을 폐위시켰다.

임술일에 제의 태부 심이기를 다시 좌승상으로 삼았다.

무진일에 제천왕을 옮겨 양왕으로 삼았고, 조 유왕의 아들 수(遂)를 세워 조왕으로 삼았다. 주허후 장을 보내 여씨들을 죽인 일을 제왕에게 보고해서 군사를 철수시키게 하니, 관영의 군대도 형양에서 철수해 돌아왔다.

1) 알자가 부절을 갖고 황제의 신임을 보였는데, 장은 알자와 함께 수레에 탔기 때문에 문을 지키는 자에게는 신임의 표시가 되어 장락궁에 들어갈 수 있었다.

조정의 여러 대신이 서로 몰래 모의해 말했다.

"소제를 비롯해 양왕, 회양왕, 상산왕은 모두 효혜의 진짜 아들이 아니다. 여후가 계략을 꾸며 거짓으로 다른 사람의 아들에다 이름을 붙이고는, 그 어미를 죽이고 후궁에서 기른 다음에 효혜의 아들로 삼아 세워서 후계자로 삼은 것이다. 또 여러 왕을 세워 여씨를 강하게 했는데, 지금 여씨들을 이미 다 없앴지만, 그들이 세운 자들은 아직도 남아 있다. 그들이 자라서 일을 벌이면 우리들은 남아나지 못할 것이니, 여러 왕 중에서 가장 뛰어난 사람을 세우는 것이 가장 나을 것이다."

누군가가 말했다.

"제 도혜왕은 고제의 맏아들인데 지금 그 적자가 제왕이다. 근본으로 말하자면 고제의 적장손이니, 세울 만하다."

대신들이 모두 말했다.

"여씨가 그 외척으로서 악행을 저질러 종묘를 위태롭게 하고 공신들을 어지럽혔으니, 지금 제왕의 외가에 사균(駟鈞)이란 자가 있는데 이자는 나쁜 자[惡人]다. 제왕을 세우게 되면 다시 여씨처럼 될 것이다."

회남왕을 세우려고도 했으나, 나이가 어리고 외가가 마찬가지로 좋지 않았다. 이에 (누군가가) 말했다.

"대왕(代王)이 바야흐로 지금 남아 있는 고제의 아들 중에서 가장 연장자인 데다, 어질고 효성스럽고 너그럽고 두터우며[仁孝寬厚] 태후 집안인 박씨(薄氏)도 신중하고 선량하다[謹良]. 또한 장자를 세우면 순리에도 맞고, 대왕이 어질고 효성스러움으로 천하에 알려져 있으니 좋을 것 같다."

마침내 서로 함께 은밀하게 사람을 보내 대왕을 불러오게 하니, 대왕이 사람을 보내 사양한다는 뜻을 전달했다. 다시 사람을 보낸 다음에야 말 6마리가 이끄는 수레[1]에 올랐다.

후(後) 9월[2] 마지막 날인 기유일에 장안에 이르러 대왕의 관저에 머물렀다. 대신들이 모두 가서 인사를 올렸고, 천자의 옥새를 받들어 대왕에게 올려서 모두 함께 대왕을 천자로 높여 세웠다. 대왕이 몇 차례 사양하다가 신하들이 굳게 간청한 연후에야 받아들였다.

1) 【집해(集解)】 장안(張晏)이 말했다. "한나라 조정에서 변고에 대비해 빨리 돌아갈 수 있는 말을 준비한 것이다. 혹자는 말하기를, 역전 수레 6필이라고 했다."

2) 【집해(集解)】 문영(文穎)이 말했다. "즉 윤9월이다. 이때는 역법이 폐기되어 윤달을 알 수 없었기 때문에 그냥 '후 9월'이라고 한 것이다. 10월을 한 해의 첫머리로 하면 9월에 이르러 한 해의 끝이 되니, 후 9월은 곧 윤달이다."

동모후 유흥거가 말했다.

"여씨들을 없애는 데 나는 아무런 공이 없으니, 궁중의 청소나 하게 해 줄 것을 청합니다."

마침내 태복(太僕) 여음후(汝陰侯) 등공(滕公)과 함께 입궁해 소제(少帝) 앞으로 나아가서 말했다.

"족하는 유씨가 아니니, 마땅히 천자의 자리에 있을 수 없소."

마침내 소제 좌우의 호위병들을 둘러보며 무기를 버리고[掊(부)] 떠나라고 했다. 몇 사람이 무기를 버리지 않으려고 했으나, 환자령(宦者令) 장택(張澤)이 상황을 알리자, 그들도 무기를 버렸다. 등공이 마침내 수레[乘輿(승여)][1]를 불러서 소제를 태우고 궁궐을 나갔다. 소제가 물었다.

"장차 나를 어디다 두려는 것이오?"

등공이 말했다.

"나가서 사는 것이오."

소제를 소부(少府)에 두었다.

마침내 천자의 법가(法駕)[2]를 받들어 대왕을 관저에서 맞이했다. 보고해 말했다.

"궁은 삼가 청소가 끝났습니다."

대왕이 바로 그날 저녁 미앙궁으로 들어왔다. 알자 10인이 창을 들고 궁문을 지키다가, "천자가 계신데 족하께서 어찌 들어가려 하십니까"라며 가로막았다. 대왕이 마침내 태위에게 알리자, 태위가 가서 설명하니, 알자 10인이 모두 무기를 내려놓고 떠났다. 대왕이 드디어 입궁해 정사를 들었다[聽政(청정)]. 그날 밤 담당 관리[有司(유사)]들을 나눠 양왕·회양왕·상산왕과 소제를 그들의 저택에서 죽였다.

1) 【집해(集解)】 채옹(蔡邕)이 말했다. "율에 이르기를 '감히 승여나 복어물(服御物-임금이 입고 부리는 물건)을 훔치다'라고 했으니, 이는 곧 천자가 입고 먹는 것 등을 가리킨다. 천자는 지존(至尊)이라서 감히 신하들과 같은 차원에서 말을 해서는 안 되기 때문에 승여에 의탁한 것이다. 승(乘)이란 재(載-싣다, 타다)와 같고, 여(輿)란 거(車-수레)와 같다."

2) 【집해(集解)】 채옹(蔡邕)이 말했다. "천자에게는 대가(大駕)·소가(小駕)·법가(法駕)가 있다. 법가(法駕)란 상(上)이 타는 것으로 금근거(金根車)라고 했으며

말 6마리가 끌었고, 오시부거(五時副車)[청·적·흑·백·황의 다섯 수레다.]가 따랐는데 말 4마리가 끌었다. 시중이 (법가에) 참승했고 수레 36대가 수행했다."

대왕이 세워져 천자가 되었고, 재위 23년 만에 붕(崩)하니 시호는 효문황제(孝文皇帝)다.

태사공(太史公)이 말한다.

"효혜황제와 고후 때는 여민(黎民-백성)이 전국시대의 고통에서 벗어날 수 있었고, 군주와 신하가 모두 억지로 일삼지 않는 원칙[無爲] 속에서 휴식을 취할 수 있었다. 그러므로 혜제는 팔짱만 끼고 있고 고후가 여자 군주로서 황제를 대행할[稱制] 때도 모든 정치가 안방을 나서질 못했으나 천하는 편안했다[晏然]. 형벌을 쓰는 일도 드물었고, 죄인도 이에 드물었다. 백성이 농사에 힘을 쓰니, 입고 먹는 것이 갈수록 풍족해졌다[滋殖]."[1)]

1) 【색은술찬(索隱述贊)】 고조는 오히려 한미했건만[高祖猶微]/여씨는 아내가 되었다네[呂氏作妃]/궁액을 바로잡는다면서도[及正軒掖]/오히려 이기와 사통했구나[尙私食其]/마음은 잔인했고[志懷安忍]/성품은 시기와 의심이 심했도다[性挾猜疑]/제도에게 짐독 썼고[置鴆齊悼]/척부인은 잔혹하게 인간 돼지 만들었네[殘彘戚姬]/아들 효혜 세상 떠났을 때[孝惠崩殞]/곡하면서도 슬퍼하지 않았도다[其哭不悲]/여러 여씨 정치를 주무르며[諸呂用事]/온 천하에 사사로움 보여주었다네[天下示私]/대신들은 척살하고[大臣葅醢]/황실 종족들을 제거했도다[支孼芟夷]/재앙이 이에 가득히 드러나니[禍盈斯驗]/푸른 개가 덮쳤던 것이로다[蒼狗爲菑]!

본기(本紀)

권10 — 효문본기(孝文本紀) 제10

권10 효문본기(孝文本紀) 제10

효문황제(孝文皇帝)[1]는 고조의 가운데 아들이다. 고조 11년 봄에 (고조가) 진희(陳豨)의 군대를 이미 깨뜨리고서 대(代) 땅을 평정한 뒤 (효문제를 세워) 대왕으로 세우고 중도(中都)[2]에 도읍하게 했다. 태후 박씨(薄氏)의 아들이다.

(고제가) 자리에 나아간 지 17년째인 고후 8년 7월에 고후가 붕하자 9월에 여러 여씨와 여산(呂產) 등이 난을 일으켜 유씨를 위태롭게 하려 했고, 이에 대신들이 함께 주살하고 대왕(代王)을 불러서 (황제로) 세우는 일을 모의했다. 이 일은 「여태후본기(呂太后本紀)」에 실려 있다.

승상 진평(陳平)과 태위 주발(周勃) 등이 사람을 보내 대왕을 맞아 오게 하자, 대왕이 좌우의 신하들과 낭중령 장무(張武) 등에게 물었다. 장무 등이 토의하고서 말했다.

"한나라 조정[漢(한)]의 대신들은 모두 옛 고제(高帝) 때의 대장군들로서 군사에 익숙하고 음모와 기만술[謀詐(모사)]이 풍부합니다. 대신들의 속뜻은 그저 대신으로만 그치는 것이 아니었으나, 다만 고제와 여태후의 위세가 두려웠을 뿐입니다. (그런데) 지금 이미 여러 여씨를 주살해 경사(京師)[3]를 최근에[新(신)=最近(최근)] 피로 물들였으니[喋血(첩혈)][4], 그들이 대왕(大王)을 맞아들인다는 명분을 내세웠지만 실제로는 믿을 수가 없습니다. 바라건대 대왕께서는 병을 핑계로 삼아서, 가지 말고 사태 변화를 잘 살펴보십시오."

1) 【집해(集解)】『한서음의(漢書音義)』에서 말했다. "이름[諱(휘)]은 항(恒)이다."

2) 【정의(正義)】 『괄지지(括地志)』에서 말했다. "중도 고성(中都故城)은 분주(汾州) 평요현(平遙縣) 서남쪽으로 12리에 있으며, 진나라 때는 태원군에 속했다."

3) 【집해(集解)】 공양전(公羊傳)에서 말했다. "경(京)은 '크다[大]'는 것이고 사(師)는 '많다[衆]'는 것이다. 천자가 거처하는 곳이므로 분명 많고 크다는 말로 나타낸 것이다.

4) 【색은(索隱)】 첩(啑)은 『한서(漢書)』에는 첩(喋)으로 되어 있다. 발음은 접(跕)이고, 또 정(丁)과 첩(牒)의 반절음이다. 『한서(漢書)』 「진탕전(陳湯傳)」과 「두업전(杜業傳)」 모두에서 첩혈(喋血)이라고 했다. 맹세하면서 삽혈(歃血) 하는 일은 아니다. 『광아(廣雅)』에 이르기를 "첩(蹀)이란 '밟다[履]'라는 뜻이다"라고 했으니, 밟아 나가는 것을 말한다.

중위(中尉) 송창(宋昌)[1)]이 나아와서 이렇게 말했다.

"여러 신하의 의견[議]은 다 잘못된 것입니다. 저 진(秦)나라가 정사를 잃고 제후와 호걸들이 앞다퉈 일어났을 때 사람마다 그 자신이 천하를 얻게 될 것이라고 여긴 자들이 수도 없이 많았지만, 마침내 천자의 자리에 오른 것은 유씨(劉氏)입니다. 이리하여 천하에서는 그런 기대를 끊어버렸으니, 이것이 (그들의 의견이 잘못된) 첫 번째 이유입니다.

고제께서 자식과 동생들을 왕으로 봉하시면서 봉국의 경계선이 개 어금니처럼 서로 이리저리 뒤엉켰는데[犬牙相制][2)], 이것이 이른바 반석과도 같은 종친들[磐石之宗][3)]입니다. (지금) 천하가 그 강성함에 복종하고 있으니, 이것이 두 번째 이유입니다.

한나라가 일어나 진나라의 가혹했던 정치를 없애고 법령을 간소하게 하며 은덕을 베풀어서 사람마다 스스로 편안해하고[自安] 있기 때문에 그들을 움직이게 한다는 것이 어려우니, 이것이 세 번째 이유입니다.

무릇 여태후는 자신의 위세로 여러 여씨를 3명이나 왕으로 세우고 권력을 독점해 전권을 휘둘렀지만[擅權專制], 그런데도 태위가 부절 1개[一節]

만을 갖고 북군에 들어가서[4] 단 한 번 호령하자[一呼] 병사들이 모두 왼쪽 어깨를 드러내 유씨를 위하고 여러 여씨에게 등을 돌림으로써 결국 여씨 일족을 몰살시켰으니, 이는 곧 하늘이 내려준 것[天授=天命]이지 사람의 힘[人力]이 아닙니다. 지금 대신들이 변란을 일으키려 해도 백성이 따르지 않을 것이니, 대신의 무리[黨]라 할지라도 어찌 한마음이 될 수 있겠습니까? (그들은) 지금 바야흐로 안으로는 주허(朱虛)와 동모(東牟)라는 친족을, 밖으로는 오왕(吳王) · 초왕(楚王) · 회남왕(淮南王) · 낭야왕(琅邪王) · 제왕(齊王) · 대왕(代王)의 강대함을 두려워하고 있습니다.

바야흐로 지금 고제의 아드님은 오직 회남왕과 대왕(大王)뿐이시고 대왕께서는 또 연장자이시고 뛰어남과 빼어남과 어짊과 효성스러움[賢聖仁孝]이 천하에 자자하므로 대신들이 천하의 민심을 좇아서 대왕을 맞아들여 황제로 세우고자 하는 것이니 대왕(大王)께서는 조금도 의심해서는 안 될 것입니다."

대왕이 태후에게 이를 알리고 계책을 고민했으나 여전히 머뭇거리며 결정을 내리지 못하다가, 거북점을 쳐서 거북껍질 위에 가로로 크게 찢어진 형상[大橫]을 얻었다[5]. 점쟁이가 말했다.

"가로로 크게 찢어진 형상이 아주 굳세니[庚庚], 장차 천왕(天王)이 될 것이며 하나라의 계(啓-우왕의 아들)처럼 (아버지의 대업을 계승해서) 빛낼 것입니다[6]."

대왕이 말했다.

"과인이 실로 이미 왕이 되었는데 또 무슨 왕이란 말인가?"

점쟁이가 말했다.

"천왕이란 것은 곧 천자(天子)입니다."

이에 대왕이 마침내 태후의 동생 박소(薄昭)를 강후(絳侯)에게 보내 만나보게 하니, 강후 등은 모두 소(昭)에게 왕(王-대왕)을 맞아들여 황제로 세우려는 까닭을 갖춰 말했다. 박소가 돌아와 보고해 말했다.

"정말이니 조금도 의심할 것이 없습니다."

대왕이 마침내 웃으면서 송창에게 일러 말했다.

"과연 그대의 말과 같도다."

마침내 송창에게 명해 참승으로 삼았고[參乘], 장무 등 여섯 사람에게는 역참의 수레를 타고[乘傳] 장안에 이르도록 명했다. (대왕이) 고릉(高陵)[7]에 이르러 휴식을 취하면서 송창으로 하여금 먼저 달려가서 장안의 형편[變]을 잘 살펴보도록 했다.

1) 【색은(索隱)】『동관한기(東觀漢記)』「송양전(宋楊傳)」에 따르면 송의(宋義)의 후손이 송창이다. 또 『회계전록(會稽典錄)』에 따르면 창은 송의의 손자다.

2) 【색은(索隱)】 자제들을 변경 땅에 봉해준 것이 서로 교차되고 인접해 있는 것이, 마치 개의 어금니가 바르지 않게 잇닿아서 서로 파고들어 있는 듯하다는 것을 말한다.

3) 【색은(索隱)】 견고하기가 마치 반석과도 같음을 말하는 것이다. 이 말은 태공의 『육도(六韜)』에 나온다.

4) 【색은(索隱)】 즉 기통(紀通)이 황제의 부절을 고친 것을 말한다.

5) 【집해(集解)】 거북껍질을 불로 구워서 정확히 가로무늬를 얻었다는 말이다.

6) 【집해(集解)】 복건(服虔)이 말했다. "경경(庚庚)이란 가로 모양이다." 이기(李奇)가 말했다. "경경(庚庚)이란 점괘의 무늬[繇文] 명칭이다." 장안(張晏)이 말했다. "가로로 쭉 뻗어 조금도 굽힘이 없다는 말이다. 경(庚)이란 경(更)이다. 제후들을 제거하고 제위에 나아갈 것이라는 말이다. 이에 앞서 오제(五帝)가 천하를 다스릴 때[官]는 나이가 들면 뛰어난 이에게 선위했는데[禪賢] 계에 이르러 처음으로 아버지의 작위를 이어받았으니, 이에 마침내 능히 선군의 기반 업적[基業]을 빛낼 수 있었다. 문제 또한 아버지의 자취를 이어받았으므로 하나라의 계와 비슷하다는 말이다." 【색은(索隱)】 순열(荀悅)이 말했다. "대횡이란 거북점이 가로로 모양을 나타낸 것이다." 살펴보건대, 경경(庚庚)이란

경경(更更)이니 제후로 있다가 제위를 바꿔 갖게 되는 것[更(경)]을 말한다. 순열이 말하기를 "요(繇)란 추출하는 것[抽(추)]이니, 길흉의 실상을 뽑아내는 것이다"라고 했다. 두예(杜預)가 말했다. "요(繇)란 점사(占辭)이니, 발음은 주(胄)이다"라고 했다. 살펴보건대, 『한서(漢書)』「개관요(蓋寬饒)」에 이르기를 "오제(五帝)는 천하를 공적인 처리 대상으로 삼아 다스렸고[官(관)], 삼왕(三王)은 천하를 집안처럼 다스렸습니다[家(가)]. 그러므로 집안처럼 여길 때는 (왕위를) 자식에게 물려주었고, 공적인 처리 대상으로 삼을 때는 뛰어난 이[賢(현)]에게 물려주었으니"라고 했다. 관(官)이란 공(公)이며, 사사로운 것이 아니다.

7) 【정의(正義)】『괄지지(括地志)』에서 말했다. "고릉 고성(高陵故城)은 옹주(雍州) 고릉현(高陵縣) 서남쪽으로 1리에 있다. 원래 이름은 횡교(橫橋)이며, 위수(渭水)를 가로지르던 다리다. 『삼보구사(三輔舊事)』에 이르기를, 진나라 때는 위수 남쪽에 흥락궁(興樂宮)이 있었고 북쪽에는 함양궁(咸陽宮)이 있었다고 했다. 진(秦) 소왕(昭王)이 두 궁 사이를 연결하고자 횡교를 만들었는데 길이가 380보였고, 옛날에는 다리 북쪽의 경석수(京石水) 안에 촌류신(忖留神)의 상이 있었다고 한다. 이 신이 일찍이 노반(魯班)과 이야기를 나눴는데, 노반이 그 모습을 보여달라고 하자 촌류가 말하기를 '내 모습은 추한데 그대는 물건의 모양을 잘 그리니, 나갈 수 없다'라고 했다. 노반이 이에 두 손을 모으고서 '나를 위해 머리만 내밀어보라'라고 하자 촌류가 마침내 머리를 내밀었다. 이에 노반이 몰래 땅에다가 그림을 그렸는데, 촌류가 그것을 알아차리고는 다시 물속으로 들어갔다. 그래서 물가에 그 모습을 본뜬 조각상을 두었는데, 다만 허리 윗부분만 있었다. 위(魏) 태조(太祖)의 말이 그것을 보고 놀라자, 명해 강 속에 두게 했다."

창(昌)이 위교(渭橋)[1]에 이르자 승상 이하의 모든 신하가 그를 맞았다. 송창이 돌아와 보고하니 대왕이 내달려 위교에 이르렀다. 여러 신하가 찾아뵙고서[拜謁(배알)] 신하를 칭했고, 대왕이 수레에서 내려 답례했다. 태위 발

(勃)이 나아와 말했다.

"바라건대 남몰래 말씀드리고[間言] 싶습니다[2]."

송창이 말했다.

"말할 것이 공적인 것이라면 공적으로 하시고, 말할 것이 사사로운 것이라면 임금 된 자[王者]는 받아들여서는 안 됩니다."

태위가 마침내 무릎을 꿇고 천자의 옥새와 부절[璽符]을 올렸다. 대왕은 사양하면서 말했다.

"대저(代邸)[3]에 가서 상의해봅시다."

드디어 수레를 내달려 대저로 들어갔다. 여러 신하도 뒤를 따라 도착했다.

승상 진평, 태위 주발, 대장군 진무(陳武), 어사대부 장창(張蒼), 종정(宗正)[4] 유영(劉郢)[5], 주허후 유장, 동모후 유흥거, 전객 유게 등이 두 번 절을 올리고서 말했다.

"황제의 아들 홍(弘) 등[6]은 다 효혜제의 아들이 아니므로 마땅히 종묘를 받들어서는[奉=承] 아니 됩니다. 신들은 삼가 음안후(陰安侯)[7] 열후(列侯) 경왕후(頃王后)[8]와 낭야왕, 종실, 대신, 열후, 2,000석 관리들과 상의해 '대왕(大王)께서는 고제의 장자(長子)[9]이시니 마땅히 고제의 후사가 되어야 한다'라고 결정했습니다. 대왕께서 천자의 자리에 오르셔야 합니다."

1) 【집해(集解)】 소림(蘇林)이 말했다. "장안에서 북쪽으로 3리에 있다." 【색은(索隱)】 『삼보 고사(三輔故事)』에서 말했다. "함양궁이 위수 북쪽에 있었고 흥락궁이 위수 남쪽에 있었는데, 진(秦) 소왕(昭王)이 두 궁 사이를 연결하고자 위교를 만들었다. 길이가 380보였다." 또 『관중기(關中記)』에 이르기를, 돌기둥 북쪽은 부풍(扶風)에 속하고 남쪽은 경조(京兆)에 속한다고 했다.

2) 【색은(索隱)】 포개(包愷)는 발음이 한(閑)이라고 했으니, 틈을 타서 말을 하려는 것이다. 안사고(顏師古)가 말했다. "한(閒)은 '받아들여지다[容]'라는 뜻이니,

말하는 중의 그 틈새와도 같다. 조금 한가로운 틈을 타서 진술할 바가 있다는 것이니, 공론을 말하려는 것은 아니다."

3) 【색은(索隱)】 저(邸)는 국사(國舍-국영 객관)에 속한다.[대왕을 위해 경사에 마련해놓은 공관(公館)을 말한다.]

4) 【집해(集解)】 『한서(漢書)』「백관표(百官表)」에서 말했다. "종정은 진나라 관직이다." 응소(應劭)가 말했다. "주나라 성왕 때 동백(彤伯)이 들어와서 종정이 되었다."[구경(九卿) 중 하나다. 황족과 관련된 업무를 책임졌는데, 대부분 황족이 맡았다.]

5) 초나라 원왕(元王) 유교(劉交)의 아들 유객영(劉客郢)을 말한다.

6) 혜제의 아들인 소제(少帝) 유홍(劉弘)과 유공(劉恭)을 가리킨다. 여태후는 혜제가 세상을 떠나자, 이들에게 각각 4년씩 재위하게 했다. 이들은 모두 혜제의 후궁 소생이었다.

7) 【집해(集解)】 소림(蘇林)이 말했다. "고제의 형 백(伯)의 아내이자 갱힐후(羹頡侯) 신(信)의 어머니인 구수(丘嫂-맏형수)이다."[음안후는 그녀의 봉호다.]

8) 【집해(集解)】 서광(徐廣)이 말했다. "대(代) 경왕(頃王) 유중(劉仲)의 아내다." 배인(裴駰)이 살펴보건대, 소림(蘇林)이 말하기를 "중(仲)의 아들 비(濞)가 오왕(吳王)이 되었기에 경왕(頃王)이라고 추시(追謚)한 것이다"라고 했다. (그러나) 여순(如淳)은 말하기를 "경왕후(頃王后)가 음안후(陰安侯)에 봉해졌는데, 이때 여수(呂嬃)는 임광후(林光侯)가 되었고 소하(蕭何)의 부인 역시 찬후(酇侯)가 되었다"라고 했다. 또 「종실표(宗室表)」에 따르면 이때 음안후는 없으니, 그(-음안후)가 경왕후임을 알 수 있다. 【색은(索隱)】 살펴보건대 소림·서광·위소는 모두 두 사람이 봉호를 받은 것으로 보는데, 악산(樂產)은 여순을 인용해서 경왕후가 별도로 음안후에 봉해졌으며 이것이 '한사령(漢祠令)'과도 서로 맞다고 보았다. 지금 음안을 별도의 사람에게 봉작했다고 보는 것은 틀렸다. 경왕후는 대왕(代王)의 후(后)로 문제의 큰어머니이니, 대왕 항(降)이 합양후(郃陽侯)가 되었기 때문에 '열후 경왕후'라고 한 것이다. 위소(韋昭)가 말하기를 "음안은 위나라 군(郡)에 속한다"라고 했다.

9) 여기서는 적장자라는 뜻이 아니라 당시 살아 있던 고제의 두 아들, 즉 대왕 유항(劉恒)과 회남

왕 유장(劉長) 중에서 유항이 더 나이가 많다는 뜻이다.

대왕(代王)이 말했다.

"고제의 종묘를 받드는 일은 중대한 일이오. 과인은 재주가 없어[不佞] 종묘를 받들기에는 부족하니, 바라건대 초왕(楚王)[1]에게 청해 마땅한 자[宜者]를 가려내시오. 과인은 감히 감당할 수가 없소!"

여러 신하가 모두 엎드려 굳게 청하자, 대왕이 서쪽을 향해 세 번 사양하고 남쪽을 향해 두 번 사양했다[2].

승상 평(平-진평) 등이 모두 말했다.

"신들이 엎드려 생각건대[伏計], 대왕께서는 고제의 종묘를 받드는 데 가장 적합하십니다[最宜]. 또한 천하의 제후들과 만백성도 적합하다고 여길 것입니다. 신 등은 종묘와 사직을 위해 계책을 세운 것이기 때문에 감히 소홀히 하지 않았습니다. 바라건대 대왕께서 신들의 청을 들어주신다면 다행스럽겠습니다."

신하들이 천자의 옥새와 부절을 삼가 받들고 두 번 절하며 올리자, 대왕이 말했다.

"종실과 장상, 왕과 열후들이 과인보다 적합한 자가 없다고 말하니, 과인이 (더는) 감히 사양하지 않겠소."

드디어 천자의 자리에 나아갔다[卽=就=踐].

1) 【집해(集解)】 소림(蘇林)이 말했다. "초왕은 유방의 아우인 유교(劉交)를 말한다." 【색은(索隱)】 당시 황족 가운데는 유교가 가장 연장자였다. 초왕에게 청해 마땅한 자를 가리자고 말한 것이다. 마땅함의 뜻은 이하에서도 똑같다.

2) 【집해(集解)】 여순(如淳)이 말했다. "여러 신하에게 사양한 것이다. 손님과 주인 사이는 일반적으로, 동서로 앉았으며[동쪽을 향해 앉는 것을 상석으로 삼았다.] 임금과 신하 사이는 남북으로 대면하니, 그래서 서향으로 앉아 세 번 사양하고

받지 않았고 여러 신하는 그것을 마땅하다고 본 것이다. 마침내 방향을 돌려 변화를 보인 것은 임금의 자리를 향해 점점 나아가겠다는 뜻이다."[이런 두 가지 예에 입각해 대왕은 사양한 것이다. 그만큼 대왕은 예를 잘 아는 인물이었다.]

여러 신하가 예법에 따라 차례대로 늘어서서 황제를 모셨다. 마침내 태복(太僕)[1] 영(嬰-하후영)과 동모후 흥거(興居-유흥거)로 하여금 황궁을 깨끗이 해서[淸宮][2] 천자의 법가(法駕)[3]를 대저에서 맞이하도록 했다. 황제가 그날 저녁 미앙궁으로 들어갔다. 마침내 그날 밤에 송창을 제배해 위장군(衛將軍-수도경비사령관)으로 삼아서 남북 양군을 달래고 어루만지도록 했고, 장무(張武)를 낭중령(郎中令)으로 삼아 궁궐 경비를 맡도록 했다. 전전(前殿)으로 돌아와 앉았다. 이날 밤에 조서를 내려 말했다.

"최근에[間者] 여러 여씨가 일을 장악하고 권력을 마구 휘두르면서[用事擅權] 대역을 도모해 유씨의 종묘를 위험에 빠뜨리려 했으나, 장상과 열후 그리고 종실과 대신에 힘입어 그들을 주살했으니 다 자신들의 죄에 엎어진 것이라 하겠다. 짐(朕)이 처음으로 자리에 올랐기에, 이에[其] 천하를 사면하고 백성에게 작(爵) 1급씩을 내려주며 여자들에게는 100호마다 소고기와 술을 내려주니[4] 닷새 동안 맘껏 잔치를 벌이도록 하라[酺=宴][5].

1) 구경(九卿)의 하나로, 황실의 거마를 관장하는 고위 시종관원이다.

2) 【집해(集解)】 응소(應劭)가 말했다. "옛 법도에 따르면 천자가 행차하게 되면 반드시 그곳에 정리 담당 관리를 보내 먼저 그곳 궁궐 안을 깨끗이 했는데, 이는 비상사태에 대비하기 위함이었다." 【색은(索隱)】 『한의(漢儀)』에서 말했다. "황제가 기거할 때는 사전에 궁실을 깨끗이 한 다음에 일을 시행했다."

3) 【색은(索隱)】 『한관의(漢官儀)』에서 말했다. "천자의 의장 제도[鹵簿] 중에는 대가(大駕)와 법가(法駕)가 있다. 대가는 공경들이 인도하고 대장군이 참승하며 수레 81대가 수행한다. 법가는 공경이 없이 의전을 행하는데 경조윤, 집금오,

장안령이 인도하고 시중이 참승하며 수레 36대가 수행한다."

4) 【집해(集解)】 소림(蘇林)이 말했다. "남자에게는 작위를 내려주었고 여자에게는 소고기와 술을 내려주었다." 【색은(索隱)】 살펴보건대 「봉선서(封禪書)」에 이르기를 "100호당 소 1마리와 술 10석"이라고 했는데, 악산(樂產)이 말했다. "부인에게 남편이나 아들이 없으면 작위를 누리지 못하기 때문에 소고기와 술을 내려준 것이다."

5) 【집해(集解)】 문영(文穎)이 말했다. "한나라 법률에 세 사람 이상이 특별한 이유 없이 모여서 술을 마시면 벌금 4냥(兩)이었기에, 지금 조서를 내려 닷새 동안 모여서 먹고 마실 수 있게 허가해준 것이다." 『설문(說文)』에서 말했다. "포(酺)란 임금다운 임금[王者(왕자)]이 임금다움을 베푸는 것으로, 크게 술을 마시는 것이다." 돈을 내는 것을 갹(醵-추렴), 안주를 내는 것을 포(酺)라 한다. 또 살펴보건대 조(趙) 무령왕(武靈王)이 중산(中山)을 멸망시키고 닷새 동안 맘껏 잔치를 벌였는데, 여기서부터 시작된 것이다.

효문황제 원년 10월 경술일에 전 낭야왕 택(澤)을 옮겨서 세워 연왕(燕王)으로 삼았다.

신해일에 황제가 조(阼-동쪽 계단)[1]에 올라 고조의 사당[高廟(고묘)]을 알현했다. 우승상 진평을 좌승상으로 옮겼고[2], 태위 주발을 우승상으로 삼았으며, 대장군 관영(灌嬰)을 태위로 삼았다. 여러 여씨가 차지했던 제, 초의 옛 땅을 모두 다시 돌려주었다.

임자일에 거기장군(車騎將軍)[3] 박소(薄昭)를 보내 황태후를 대(代)에서 맞이해 왔다.

황제가 말했다.

"(예전에) 여산이 스스로 상국이 된 뒤 여록을 상장군으로 삼고 자기 마

음대로 명령을 고쳐서[擅矯] 장군 관영으로 하여금 군대를 거느리고 제(齊)를 치게 함으로써 유씨(劉氏)를 대신하려 했다. (하지만) 영은 형양(滎陽)에 머무르면서 제후들과 함께 여씨들을 주살하기로 모의했다. 여산이 못된 짓[不善]을 저지르려 했으나, 승상 진평과 태위 주발이 여산 등의 군권을 빼앗기로 계책을 세웠다. 주허후 장이 앞장서서 가장 먼저 여산 등을 붙잡아 목 베었고, 태위는 몸소 양평후(襄平侯) 통(通-기통(紀通))을 이끌고 부절을 지니고서 조서를 받들어 북군으로 들어갔으며, 전객 유게는 직접 조왕 여록의 인장을 빼앗았다. (이에) 태위 발에게는 1만 호를 더 봉해주고 금 5,000근을 내린다. 승상 진평과 관(灌) 장군 영에게는 각각 3,000호와 금 2,000근을 내린다. 주허후 유장과 양평후 통, 동모후 유흥거에게는 각각 읍 2,000호와 금 1,000근을 내린다[4]. 전객 게(揭)는 봉해 양신후(陽信侯)[5]로 삼고 금 1,000근을 내린다."

1) 【정의(正義)】 주인이 오르는 계단이다.

2) 【정의(正義)】 이때는 오른쪽[右]을 높였다.

3) 지위는 상경과 같으나 삼공에 비견되기도 한다. 흔히 수도의 병사들을 거느리고 궁궐을 호위했다.

4) 【집해(集解)】 서광(徐廣)이 말했다. "11월 신축일이다."

5) 【색은(索隱)】 위소(韋昭)가 말하기를, (양신은) 발해(勃海)의 현(縣)이라고 했다. 【정의(正義)】 『괄지지(括地志)』에서 말했다. "양신 고성(陽信故城)은 창주(滄州) 무체현(無棣縣) 동남쪽으로 30리에 있으니, 한나라의 양신현이다."

12월에 상(上)이 말했다.

"법이란 다스림의 바른 기준[治之正]이니, 포악한 것을 금하고 좋은 사람을 지켜주는 근거가 된다. 지금 법을 범하고서 이미 판결이 났는데도 죄 없는 부모와 처자와 형제까지 함께 죄를 물어 잡아들이기에 이르니, 짐은 그 같은 의견을 아예 채택하지 않으련다. 이에[其] 그것을 토의하도록 하라."

담당 관리들[有司]이 모두 말했다.

"백성이 스스로를 다스릴 수 없으므로 법으로 금하는 것입니다. 서로 연좌시켜 처벌하는 것은 그 마음에 부담을 주어 다시는 죄를 짓지 못하게 하는 것으로, 그 연원이 오래되었습니다. 그대로 두는 것이 편할 듯합니다."

상이 말했다.

"짐이 듣건대, 법이 바르면 백성이 성실해지고[愨=誠實] 처벌이 마땅하면 백성이 따른다고 했다. 또 무릇 백성을 이끄는 목민관이라면 좋은 쪽으로 이끌어야 하거늘 그렇게 이끌지도 못하는 데다가 또한 바르지 못한 법으로 벌을 주려 하니, 이는 도리어 백성에게 해악을 주는 포악한 짓이다. 어찌 (법으로) 금지할 수 있겠는가? 짐은 그 편리한 점을 보지 못했으니, 이에 좀 더 따져보도록 하라[熟計]!"

담당 관리들이 모두 말했다.

"폐하의 큰 은혜와 깊은 다움은 신 등이 미칠 바가 못 됩니다. 조서를 받들어, 어떤 사람이 죄를 지었다 해서[帑][1] 연좌시키는 것과 관련된 율령을 폐지하겠습니다."

1) 【집해(集解)】 탕(帑)은 처자나 자손이다. 진나라 법에, 한 사람이 죄를 지으면 아울러 가족들까지 연좌시켰다. 지금 이 법률을 폐지한 것이다.

정월에 유사(有司)에서 말했다.

"일찍 태자를 세우는 일은 종묘를 받드는 일입니다. 태자를 세울 것을 청합니다."

상이 말했다.

"짐이 이미 다움을 갖추지 못해[不德] 상제와 천지신명께서는 (짐의 제사를) 아직 흠향하지 않으셨고, 천하의 백성도 아직 만족스러워하지[嗛志][1] 못하고 있다. (게다가) 지금은 널리 천하의 뛰어나고 빼어나며[賢聖] 다움을 갖춘 인재들을 구해 그에게 천하를 넘겨주지는[禪=嬗=禪讓=禪位] 못할망정 미리 태자를 세우자 하니, 이는 내가 다움을 갖추지 못했음을 더욱 심하게 하는 것이다. 천하의 기대에 어찌 부응할 것인지[2]가 시급하니, 이에[其] 그 문제는 천천히[安=徐][3] 해도 된다."

유사에서 말했다.

"미리 태자를 세우자는 것은 종묘와 사직을 높이자는 것이지 천하의 일을 잊자는 것이 아닙니다."

상이 말했다.

"초왕(楚王)께서는 짐의 계부(季父)인데, 춘추도 높으시고 세상의 의리와 이치에 대해 두루 살펴서[閱][4] 나라를 다스리는 요체에 밝으시다. 또 오왕(吳王)께서는 짐에게 형이 되는데, 은혜와 어짊을 베풀고 다움을 좋아하신다[好德]. 회남왕(淮南王)은 동생이 되는데, 뛰어난 다움을 잡아 쥐고서[秉德] 짐을 보좌하고 있다[陪][5]. 이들이 있으니, 어찌 후계자를 미리 세운 것이 아니겠는가?

제후나 왕과 종실의 형제, 공신 중에는 뛰어나면서도 다움과 의로움을 갖춘 자들이 많은데, 만약에 다움이 있는 자를 발탁해 짐이 완성하지 못한 사업을 이어가게 한다면 이는 사직의 행운이자 천하의 복이다. (그런데) 지금 그런 자 중에서 골라 뽑지 않고 반드시 내 아들을 태자로 세워야겠다고 말한다면, 사람들은 짐이 뛰어나면서도 다움이 있는 자들을 잊어버린 채 오로지 자기 자식만을 생각해 천하에 대해서는 근심도 하지 않는다고 할 것이다. 짐은 감히 이런 일을 하지 않을 것이다[不取]."

유사가 모두 굳게 청해 말했다.

"옛날에 은나라와 주나라가 나라를 소유해 그것을 평안하게 다스린 것[治安=治理安寧]이 둘 다 거의 1,000년이었고 (상고 이래로) 나라를 소유한

자 중에 (은이나 주보다) 더 길게 이어진 나라가 없었던 이유[莫長]는, 은나라나 주나라가 바로 이런 도리를 썼기 때문입니다[6]. 후사는 반드시 자식 중에서 해야 하는 것은 그 유래[所從來]가 오래되었습니다.

고제께서 처음 천하를 평정하시고서는 여러 후를 세우시고 스스로를 제(帝)로 삼아 태조(太祖)가 되셨고, 여러 후와 왕과 열후로서 처음 나라를 받은 자들 역시 그 나라의 시조[祖]가 되었습니다. 자손들이 뒤를 이어[繼嗣] 대대손손 끊이지 않도록 하는 것[不絶]은 천하의 큰 마땅함[大義]입니다. 그렇기 때문에 고제께서는 그것을 설치하시어 해내(海內)를 안정시키셨던 것입니다. (그런데) 지금 마땅히 세워야 할 자[宜建=適嗣]를 내버리시고[釋=捨] 굳이 다시 제후와 종실 중에서 고르시는 것은 고제의 뜻이 아닙니다. 다시 토의하는 것[更議=再議]은 마땅하지 않습니다[7]. 아드님 아무개[某]가 가장 연장자로서 (마음 씀씀이가) 도탑고 두터우며 자애롭고 어지니[純厚慈仁], 그를 세워 태자로 삼으실 것을 청하옵니다."

상이 마침내 이를 허락했다. 그 참에 천하를 사면하고, 또 아버지의 뒤를 이은 자에게 작(爵) 1급씩을 내려주었다[8]. 장군 박소를 지후(軹侯)로 삼았다[9].

1) 【색은(索隱)】 겸(嗛)이란 불만스러워하다라는 뜻이다. 아직도 불만스러워하는 뜻이 있다는 것은 천하가 모두 마음속으로 불만스러워했다는 말이다. 『한서(漢書)』에서는 겸(嗛)을 협(㥦)이라고 했는데, 발음은 협(篋)이다.
2) 【색은(索隱)】 '천하에 무슨 말을 할 수 있겠는가'라는 뜻이다.
3) 【색은(索隱)】 기(其)는 발어사다. 안(安)이란 '천천히 하다[徐]'라는 뜻이니, 앞으로 서서히 기다리기만 하면 된다는 말이다.
4) 【집해(集解)】 여순(如淳)이 말했다. "열(閱)이란 '두루 살펴보는 바가 많다'라는 말이다."
5) 【집해(集解)】 문영(文穎)이 말했다. "배(陪)는 '돕다[輔]'라는 뜻이다."

6) 【색은(索隱)】 옛날에 천하를 소유한 사람의 경우, 자식을 세우는 것보다 더 길게 이어지는 것은 없었다[無長]. 그래서 막장(莫長)이라고 한 것이다. 이런 도리를 쓴다는 것은, 은나라와 주나라가 자식을 세우는 도리를 써서 편안하게 1,000여 년을 다스릴 수 있었다는 말이다.

7) 【색은(索隱)】 마땅히 다시 토의해서는 안 된다는 말이다.

8) 【집해(集解)】 위소(韋昭)가 말했다. "문제는 아들을 세워 후사로 삼았지만 혼자서 그 복을 누리고 싶지 않았기 때문에, 그래서 천하에 아버지의 뒤를 이은 자에게 작 1급씩을 하사했던 것이다."

9) 【집해(集解)】 서광(徐廣)이 말했다. "정월 을사일이다."

3월에 유사에서 황후를 세울 것을 청했다.

박태후가 말했다.

"제후들이 모두 성이 같으니[同姓], 태자의 어머니를 세워 황후로 삼으라[1]!"

황후의 성은 두씨(竇氏)다. 상이 후를 세웠으므로, 천하의 홀아비, 과부, 고아, 홀로 사는 자[鰥寡孤獨], 곤궁한 자, 80세 이상인 자, 고아로 9세 이하인 자들에게 옷감과 쌀, 고기를 각각 일정한 수에 맞게 내려주었다.

상이 대 땅에서 와 처음으로 즉위하자마자 천하에 다움과 은혜를 베풀고 제후와 사방 오랑캐들을 다독거림으로써 모두 흡족하게 하고는, 마침내 대 땅에서 따라온 공신들에게 논공행상을 베풀었다[2]. 상이 말했다.

"바야흐로 대신들이 여러 여씨를 주살하고 짐을 맞으려 하자 짐이 의심스러워서 망설였는데[狐疑], 모두가 짐을 말렸지만, 오직 중위(中尉) 송창만이 짐에게 (장안에 가야 한다고) 권유하는 바람에 짐이 종묘를 보호하며 받들 수 있게 되었다. 이미 창을 높여[尊=高] 위 장군(衛將軍)으로 삼았는데, 이에[其] 창을 봉해 장무후(壯武侯)[3]로 삼도록 하라. 그리고 짐을 시종해온 여섯 사람[4]은 관직이 모두 구경(九卿)[5]에 이르도록 하라."

상이 말했다.

"열후 중에서 고제를 따라 촉한(蜀漢)에 들어간 자 68명에게는 모두 봉읍을 각각 300호씩 더해주라. 2,000석 관리 중에서 고제를 따라 들어간 영천(潁川) 수(守-군수) 존(尊) 등 18명에게는 식읍(食邑) 600호를, 회양(淮陽) 수 신도가(申屠嘉) 등 10명에게는 500호를, 위위(衛尉) 정(定) 등 14명에게는 400호를 내려주도록 하라. 회남왕(-유장)의 외삼촌[舅(구)][6] 조겸(趙兼)[7]을 봉해 주양후(周陽侯)[8]로 삼고, 제왕의 외삼촌 사균(駟鈞)을 봉해 정곽후(清郭侯)[9]로 삼으라."

가을에 옛 상산국(常山國) 승상 채겸(蔡兼)을 번후(樊侯)[10]로 삼았다.

1) 【색은(索隱)】 제(帝)의 아들들은 제후왕으로 모두 동성이니, 성(姓)은 타고난 것이다. 이는 모두 같은 어머니에게서 태어났다는 뜻이니, 그래서 태자의 어머니를 세운 것이다.

2) 사(私)보다 공(公)을 우선시한 문제의 일 처리를 잘 보여주는 대목이다.

3) 【집해(集解)】 서광(徐廣)이 말했다. "4월 신해일에 봉해졌고, 봉해진 지 34년 만인 경제(景帝) 중(中) 4년에 후의 작위를 빼앗기고 봉국이 없어졌다." 【색은(索隱)】 위소(韋昭)가 말하기를, (장무는) 교동(膠東)의 현이라고 했다. 【정의(正義)】 『괄지지(括地志)』에서 말했다. "장무 고성(壯武故城)은 내주(萊州) 즉묵현(卽墨縣) 서쪽으로 60리에 있으며 옛날의 내이국(萊夷國)인데, 한나라 장무현 고성이다."

4) 장무(張武) 등을 말한다.

5) 【정의(正義)】 한나라는 구경(九卿)을 두었다. 첫째는 태상(太常), 둘째는 광록(光祿), 셋째는 위위(衛尉), 넷째는 태복(太僕), 다섯째는 정위(廷尉), 여섯째는 대홍려(大鴻臚), 일곱째는 종정(宗正), 여덟째는 대사농(大司農), 아홉째는 소부(少府)이니, 이렇게 해서 구경이다.

6) 구(舅)는 원래 장인이나 외삼촌을 뜻한다. 그래서 문맥에 따라 풀이해야 한다.

7) 조겸은 고제의 총애를 받았던 조씨(趙氏)의 동생이다.

8) 【정의(正義)】『괄지지(括地志)』에서 말했다. "주양 고성(周陽故城)은 강주(絳州) 문희현(聞喜縣) 동쪽으로 29리에 있다."

9) 【집해(集解)】 여순(如淳)이 말했다. "읍의 이름이니, 육국(六國)시대(-전국시대) 때 제나라에 정곽군(淸郭君)이 있었다. 淸의 발음은 정(靜)이다." 【색은(索隱)】 살펴보건대 「표(表)」에 이르기를 사균을 오후(鄔侯)에 봉했다고 했으니, 서로 내용이 다른 까닭은 대개 뒤에 옮겨서 오에 봉했기 때문이다. 오(鄔)는 거록군(鉅鹿郡)에 속한다.

10) 【색은(索隱)】 위소(韋昭)가 말했다. "번(樊)은 동평(東平)의 현이다." 【정의(正義)】『괄지지(括地志)』에서 말했다. "한번현성(漢樊縣城)은 연주(兗州) 하구(瑕丘) 서남쪽으로 25리에 있다. 「지리지(地理志)」에 이르기를, '번현(樊縣)은 옛날의 번국(樊國)이며 중산보(仲山甫)가 봉해진 곳이다'라고 했다."

어떤 사람이 우승상(-주발)에게 유세해 말했다.

"군께서는 본래 여러 여씨를 주벌하고 대왕을 맞이하셨고 지금은 또한 그 공을 자랑스러워하며 큰 상을 받고 귀한 자리에 올랐으니, 화가 장차 군의 몸에 미칠 것입니다."

우승상 발이 마침내 병을 핑계로 사직을 청하니, 좌승상 진평이 혼자[專(전)] 승상[1]이 되었다.

1) 【집해(集解)】 서광(徐廣)이 말했다. "8월 중의 일이다."

2년 10월에 승상 진평(陳平)이 졸(卒)하니, 다시 강후 발을 승상으로 삼았다.

상이 말했다.

"짐이 듣건대, 옛날에는 제후들에게 나라를 세워준 것이 1,000여 명이라

각지에서 자신들의 봉지(封地)를 지키게 함으로써 때에 맞게 공물을 올리니, 백성이 힘들고 괴롭지 않아서 위아래가 다 기뻐하고 다움을 내버리는바[遺德=違德]가 없었다[靡有=未有]. 그런데 지금 열후(列侯)들은 대부분 장안(長安)에 머무르고 있고 자신들의 봉읍은 멀리 떨어져 있어서[1], 아래 관리들은 필요한 물자를 대느라 고통받고 있고 열후들은 실로[亦] 그 백성을 가르치고 일깨우는바[馴][2]가 전혀 없다. 이에[其] 열후들을 자신들의 봉국으로 돌아가도록 명하고, 또 (그들 중에서) 중앙조정의 경대부가 된 사람[爲吏]이나 (짐의 은총을 입어) 장안에 머물도록 조서를 받은 사람[3]은 (자신을 대신해서) 태자를 봉국으로 보내도록 하라."

1) 식읍이 장안에서 멀리 떨어져 있다는 말이다.

2) 【정의(正義)】 순(馴)은 옛날의 훈(訓)자다.

3) 【집해(集解)】 장안(張晏)이 말했다. "위리(爲吏)란 경대부로서 관직을 겸한 자를 말하고, 장안에 머물도록 조서를 받은 사람들은 특별히 은혜와 사랑을 받아서 남게 된 사람들이다."

11월 그믐날에 일식이 있었다[1]. 12월 보름날에 또 해가 먹혔다[2]. 상이 말했다.

"짐이 듣건대, 하늘이 백성을 낳을 때는 백성을 위해 임금을 두어 그들을 기르고 다스리도록[養治] 했으며, 임금이 임금답지 못하고[不德] 정사를 펴는 것이 균형을 잃으면[不均] 하늘은 임금에게 재앙을 보여줌으로써 제대로 다스려지지 못함을 경고한다고 했다. 마침, 11월 그믐날에 일식이 일어나서 꾸짖음[適=責]이 하늘에 나타났으니, 이보다 큰일(-재앙의 조짐)이 어디에 있겠는가? 짐이 (황제로서) 종묘를 보호하게 되어 이 미미한 한 몸을 선비와 백성[士民]에게 맡김으로써 군왕들의 윗자리에 있게 되었으니, 천하가 다스려지고 어지러워지는 것[治亂]이 나 한 사람에게 달려 있도다. 그러니 오직 그대들 몇몇 집정(執政-재상)은 오히려 나의 정강이와 팔뚝[股肱]이라 할 것이다. 짐이 아래로는 수많은 백성을 제대로 다스려 기르지 못했고[治育] 위로는 하늘의 뜻[三光之明][3]에 누를 끼쳤으니, 임금답지 못함[不德]이 너무도 크도다. 영(令)[4]이 이르게 되면 이에 그대들은 모두 짐의 잘못이 무엇인지를 깊이 생각해서 짐이 미치지 못한 것들[所不及]을 알아내 일깨워 일러주기를[啓告] 바란다. 또 뛰어나고 훌륭하고 반듯하고 정직해[賢良方正] 능히 직언(直言)하고 극간(極諫)할 수 있는 사람들을 천거해서 짐이 미치지 못한바[不逮=不及]를 바로잡을 수 있도록 하라. 이와 함께 관리들은 맡은 바 임무에 온 힘을 다하고 노역[繇]을 줄여줌으로써 백성을 편안하게 해주는 데 힘써야 한다.

짐은 이미 (부덕해) 임금다움을 멀리까지 미치게 하지[遠德] 못했으니, 늘 이민족들[外人]이 침입하지 않을까[有非] 노심초사[憪然][5] 근심하고 있다. 그래서 이들을 대비하느라 군인들이 제대로 쉴 수가 없었지만, 그렇다고 지금 변경의 주둔군[邊屯]을 마음대로 없앨 수도 없다. 다만 황궁을 수비하는 군대를 정비하고[飭=整] 이에 위(衛)장군[6]의 군대는 혁파하며, 태복(太僕)[7]은 지금의 말을 줄이되 일을 하는 데 꼭 필요한 말들만 남겨두고[遺財足][8] 나머지는 모두 역참(驛站) 등으로 흩어 보내도록 하라[置傳][9]."

1) 【정의(正義)】『설문(說文)』에 이르기를 일식은 초하루이고 월식은 보름이라고 했다. 그런데 그믐날에 해가 먹혔으니, 아마도 역법에 착오가 있었던 것 같다.

2) 【집해(集解)】 서광(徐廣)이 말했다. "여기서 보름날에 또 일식이 있었다고 했다. 살펴보건대, 『한서(漢書)』(「문제기」와) 「오행지(五行志)」에 따르면 이날 일식이 있었다는 글이 없다. 판본에 따라 월식이라고 되어 있는데, 월식은 역사서에 기록하지 않는다[不紀]."

3) 해와 달과 별의 빛을 말한다.

4) 영(令)이란 이 조서를 가리킨다.

5) 【집해(集解)】『한서음의(漢書音義)』에서 말했다. "한연(僩然)이란 개연(介然)이라는 뜻이고, 비(非)란 간사한 잘못을 말한다." 【색은(索隱)】 소림(蘇林)이 말하기를 "한(僩)이란 지긋이 바라보며 불안해하는 모습이다"라고 했으니, 이것이 대개 그 뜻에 가깝고 나머지는 거리가 멀다.

6) 황궁 경비대다.

7) 위장군에 소속되어 말을 담당하는 관리다.

8) 【색은(索隱)】 유(遺)는 남겨두다[留]라는 뜻이다. 재(財)는 옛날의 재(纔-~하는 한) 자와 같다. 태복의 현재 말들은 지금의 일을 하는데 필요로 하는 만큼만 남겨두라는 뜻이다.

9) 【색은(索隱)】 살펴보건대, 『광아(廣雅)』에 이르기를 "치(置)는 역(驛)이다"라고 했고, 『속한서(續漢書)』에 이르기를 "역마는 30리마다 1치(置)가 있다"라고 했다. 그래서 악산(樂産)도 전(傳)과 치(置)를 같은 것으로 보았다. 전(傳)에 올라탄 자는 그것으로써 다음 명을 전하고, 치(置)를 가진 사람은 그것으로써 말을 받는다. 傳의 발음은 정(丁)과 연(戀)의 반절음이다. 여순(如淳)이 말했다. "율(律)에 따르면, 사마(四馬) 고족(高足-가장 양질의 말)은 전치(傳置)이고 사마 중족은 치치(馳置)이며 하족은 승치(乘置)이고 일마나 이마는 초치(軺置)이니 치(置)가 급할수록 한 단계씩 올라간다."

정월에 상이 말했다.

"무릇 농사란 천하의 근본이라, 이에 적전(籍田)[1]을 열고 짐이 몸소 솔선해 밭을 갈아서 종묘의 자성(粢盛)[2]을 마련하고자 한다."

1) 【집해(集解)】 응소(應劭)가 말했다. "옛날에 천자는 적전을 갈았는데, 이는 천하에 모범을 보이기 위함이었다. 적(籍)이란 제왕의 전적(典籍-가르침)이 한결같음[常]을 뜻한다." 위소(韋昭)가 말했다. "적(籍)은 '빌리다[借]'라는 말이다. 즉 백성의 힘을 빌려서[借] 그들을 다스림으로써 종묘를 받들고, 또 그것을

통해 천하를 솔선해 권면함으로써 백성으로 하여금 농사에 힘쓰게 하려는 것이다." 신찬(臣瓚)이 말했다. "(한나라) 경제(景帝)가 조해 말하기를 '짐은 몸소 밭을 갈고 후(后)는 몸소 뽕나무를 심음으로써 천하에 모범을 보이고자 한다'라고 했으니, 이는 본래 몸소 행함으로써 의로움을 행하고자 한 것이다. 백성의 힘을 빌린다[假借(가차)]라고 해서 그런 명칭이 생겨난 것이 아니다. 적(籍)은 '직접 땅을 밟다[蹈籍(도적)]'라는 말이다."

2) 【집해(集解)】 응소(應劭)가 말했다. "제사에 쓰이는 곡식을 자(粢), 제사에 쓰이는 제기를 성(盛)이라고 한다."

3월에 유사에서 황자(皇子)들[1]을 세워 제후와 왕으로 삼을 것을 청하니, 상이 말했다.

"전(前) 조(趙)나라 유왕(幽王)[2]은 유폐되어 죽었기[幽死(유사)] 때문에, 짐이 그를 심히 불쌍히 여겨서 이미 그의 장자 수(遂)를 세워 조왕(趙王)으로 삼았다. 수의 동생 벽강(辟彊)과, 제(齊)나라 도혜왕(悼惠王)의 아들인 주허후 장과 동모후 흥거는 공로가 있으니, 왕으로 삼을 만하다."

마침내 조 유왕의 막내아들 벽강을 세워 하간왕(河間王)으로 삼고, 제(齊)의 극군(劇郡)을 갖고서 주허후를 세워 성양왕(城陽王)으로 삼고, 동모후 흥거를 세워 제북왕(濟北王)으로 삼았다. 그 참에[因(인)] 황자 무(武)를 대왕(代王)으로, 황자 삼(參)을 태원왕(太原王)으로, 황자 읍(揖)을 양왕(梁王)으로 삼았다.

상이 말했다.

"옛날에 (빼어나거나 뛰어난 임금들이) 천하를 다스릴 때는 대궐 앞에 좋은 일을 고해 올리는[進善(진선)] 깃대[旌(정)=幡(번)][3]와 비판을 담은 목판[誹謗之木(비방지목)][4]이 있어 다스리는 도리[治道(치도)]가 두루 통하게 했고 또 간언하려는 자가 얼마든지 찾아올 수 있게 했다. 그런데 지금 법령 중에는 비방과 유언비어[訞言(요언)=妖言(요언)]를 다스리는 죄가 있어[5] 여러 신하가 감히 속마음과 실상[情(정)]을 다 말

하지 못하게 되니 위에서는 자신의 잘못에 대해 제대로 들을 수가 없다. 이렇게 되면 장차 어떻게 먼 곳에 있는 뛰어나고 훌륭한 인재들이 찾아올 수 있겠는가? 이에[其] 이런 법령은 당장 없애라. 간혹 백성이 임금을 저주하면서 서로 (말하지 않기로) 약속했다가 뒤에 약속을 어기고[謾=欺][6] 서로 속여서 고발하면 관리들은 이를 대역죄로 다스리고 또 이런 처벌에 대해 다른 말을 하면 관리들은 조정을 비방한 죄로 다스린다. 이는 힘없는 백성[細民]이 우매하고 무지해 죽을죄를 짓게 하는 것[抵=觸]이니 짐은 그런 법은 결코 취할 수가 없다. 앞으로 이런 죄를 범했다고 해서 잡혀 오는 백성은 결코 처벌하지 않도록 하라."

1) 황태자 이외 황제의 아들들을 가리킨다.

2) 고제의 여섯째 아들 유우(劉友)를 가리키는데, 애초에 회양왕에 봉해졌으나 여후 때 조왕으로 옮겨졌다. 유우는 여태후를 싫어해서 미움을 받다가 죽었다.

3) 【집해(集解)】 응소(應劭)가 말했다. "요임금이 그것을 설치해서 백성으로 하여금 좋은 일을 고해 올리도록 했다." 여순(如淳)이 말했다. "좋은 일을 고해 올리고 싶은 사람은 깃대 아래에서 그 내용을 말했다."

4) 【집해(集解)】 복건(服虔)이 말했다. "요임금이 그것을 만들었는데, 교량 기둥머리에 가로세로로 교차시켜[交午] 걸어두었다." 응소(應劭)가 말했다. "다리 주변에 판 같은 것을 두고 정치의 잘못들을 적게 했는데, 진(秦)나라에 이르러 없어졌다가 이때 영을 내려 그것을 복원했다." 【색은(索隱)】 『시자(尸子)』에서 말했다. "요임금이 비판을 담은 목판[誹謗之木]을 세웠다." 위소(韋昭)가 말했다. "정사를 살펴 결여되거나 잘못된 것이 있을 때 나무에 기록하게 했다. 요임금 때 그러했던 것인데, 후대에도 이를 이어받아 겉으로만 그렇게 했다[飾]. 지금 궁궐 밖 교량 머리 네 곳에 나무가 있는 것이 그것이다." 정현(鄭玄)이 예(禮)에 주를 달아 말했다. "가로세로로 교차한 것을 오(午)라고 하는데, 나무로 기둥 표면을 뚫어 사방으로 나오게 했으니 곧 지금의 화표(華表)

[궁전과 왕릉(王陵)에 세웠다. 다른 말로 신도주(神道柱), 석망주(石望柱)라고도 한다.]다." 최호(崔浩)에 따르면, 나무로 된 기둥 표면을 뚫어 사방으로 나오게 한 것으로 이름을 환(桓)이라고 했는데 『진초속(陳楚俗)』에 이르기를 환과 화(和)는 소리가 비슷해서 화표(和表)라고 했다고 한다. 그렇다면 화(華)와 화(和)는 또한 서로 와전된 것일 뿐이다.

5) 안사고(顔師古)가 말했다. "고후(高后) 원년에 유언비어에 관한 법을 없애라는 명이 있었는데 지금 다시 이런 조서가 내려진 것은, 그사이에 그 법이 다시 만들어졌기 때문이다."

6) 【집해(集解)】『한서음의(漢書音義)』에서 말했다. "백성이 서로 결탁해서 공동으로 위를 저주하는 것이다. 약속했다가 뒤에 약속을 어기고[謾=欺] 서로 속여서 고발한다는 것은 저주를 그치지 않는 것이다." 【색은(索隱)】 위소(韋昭)가 말했다. "만(謾)이란 서로 비방하고 헐뜯는 것[抵讕]이다." 『설문(說文)』에 이르기를 "만(謾)은 속이는 것[欺]이다"라고 했다. 애초에 서로 좋은 말을 하기로 약속했다가 뒤에 서로 비방하는 것이니, 도중에 약속을 깨버리는 것이다.

9월에 비로소 군수(郡守)에게 동(同)으로 만든 호부(虎符)와 대나무로 만든 사부(使符)를 주었다[1].

1) 【집해(集解)】 응소(應劭)가 말했다. "동으로 만든 호부는 제1등급에서 제5등급까지 있으니, 나라에서 병사를 징발하거나 사자를 보낼 때 그것을 갖고 군(郡)에 가서 부(符)를 맞춰본 다음 그것이 서로 합치되면[符合] 그 명을 따른다. 대나무로 만든 사부는 대나무 화살 5개인데, 길이는 5촌이며 전서(篆書)로 새겨져 있고 제1등급에서 제5등급까지 있었다." 장안(張晏)이 말했다. "부는 옛날의 규장(圭璋)을 대체한 것인데, 편리함 때문에 그렇게 했다." 【색은(索隱)】『한구의(漢舊儀)』에 따르면, 동으로 만든 호부는 군사를 발동하는 것으로 길이가 6촌이며, 대나무로 만든 사부는 대궐을 들고나거나 징발하는 것이다. 『설문(說文)』에 이르기를, 부는 나눴다가 다시 합치는 것이라

고 했다. 소안(小顔-안사고)이 말했다. "군수에게 부를 만들어주었다는 것은 각각 그 반을 나눠서 오른쪽은 경사(京師)에 두고 왼쪽을 주었다는 말이다." 『고금주(古今注)』에서 말했다. "동으로 만든 호부는 은으로 글씨를 썼다." 장안(張晏)이 말했다. "동은 똑같은 마음[同心]에서 취한 것이다."

3년 10월 정유일(丁酉日) 그믐날에 일식이 있었다.

11월에 상이 말했다.

"지난번에 조해 열후들은 봉국으로 가게 했는데, 그 말이 아직도 행해지지 않고 있다. 승상은 짐이 무겁게 여기는 바이니, 이에 짐을 위해 열후들을 이끌고 자신의 국(國)으로 가도록 하라."

드디어 승상 발(勃-주발)을 면직시켜 봉국에 나아가도록 했다. 태위(太尉) 영음후(穎陰侯) 관영(灌嬰)을 승상으로 삼았으며, 태위라는 관직을 폐지해 승상에 소속시켰다.

4월에 성양왕 장(章-유장)이 훙했다. 회남왕 장(長-유장)이 시종 위경(魏敬)과 함께 벽양후(辟陽侯) 심이기(審食其)를 죽였다[1].

1) 안사고(顔師古)가 말했다. "심이기를 그의 집에서 죽였다."

5월에 흉노가 북지(北地)에 침입해 하남(河南)[1]에 머물면서[居=留] 도적질[寇]을 했다. 제(帝)가 처음으로 감천(甘泉)에 행차했다[幸][2].

6월에 제(帝)가 말했다.

"한나라와 흉노가 형제가 되어 변경에 피해를 주지 않기로 약속하고서 (한나라는) 흉노에 심히 두터운 물자를 보내주었다. (그런데) 지금 우현왕(右賢王)이 그 나라를 떠나 무리를 이끌고서 하남의 항복한 땅에 머물면서, 떳떳한 이유도 없이 요새 부근을 오가며 관리와 사졸들을 붙잡아 죽이고, 변

방 오랑캐들을 몰아내 그들이 고향에서 살지 못하게 하며, 또 변방 관리들을 능멸하고 공격해서 들어가 도적질을 하니, 매우 오만하고 무도해 약속한 바가 아니다. 이에[其(기)] 변방 관리와 기병 8만 5,000명을 발동시켜 고노(高奴)에 이르게 하고, 승상 관영을 보내 흉노를 치게 하라!"

흉노가 물러가자, 중위(中尉)[3] 휘하의 재관(材官-정예병)들을 선발해서 위장군(衛將軍)에 소속시켜 장안에 주둔하게 했다.

1) 북지군(北地郡)의 북쪽과 황하의 남쪽 일대다.

2) 【집해(集解)】 (후한의 학자인) 채옹(蔡邕)이 말했다. "천자의 수레와 가마가 이르게 되면 백성과 신하들은 그것을 요행(僥倖)으로 여겼기 때문에 천자의 행차를 행(幸)이라고 했다. 행차해 어느 곳에 이르게 되면 그곳의 영장(令長)과 삼로(三老), 관속들을 만나보고서 친히 그곳 관청에 나아가 음악을 베풀고 술과 음식, 의류와 각종 기물을 하사했으며 백성의 작(爵)을 올려주거나 전조(田租)를 반으로 깎아주었기에, 그로 인해 행(幸)이라고 한 것이다." 【색은(索隱)】 응소(應劭)가 말했다. "궁 이름으로, 운양(雲陽)에 있고 일명 임광(林光)이다." 신찬(臣瓚)이 말했다. "감천은 산 이름이다. 임광은 진나라 이궁 이름이다." 또 고씨(顧氏)가 살펴보건대, 형승종(邢承宗)의 「서정부(西征賦)」 주에 이르기를 "감천은 강 이름이다"라고 했다. 지금 살펴보건대 지명으로 인해 감천이라고 했고 그래서 산 이름도 그렇게 지은 것이니, 그렇다면 산과 강은 모두 통한다. 궁 이름이라고 한 것은 착오일 뿐이다.

3) 【집해(集解)】 『한서(漢書)』 「백관표(百官表)」에서 말했다. "중위는 진나라 관직이다."

신묘일에 제(帝)가 감천에서 고노(高奴)[1]로 갔다가 그 참에 태원(太原)으로 행차해서 옛날의 여러 신하를 만나보았으며, 그들 모두에게 상을 내려주었으니, 공로를 들어서 상을 내렸다[擧功行賞(거공행상)=論功行賞(논공행상)]. 여러 고을의 백성

에게 소와 술을 내려주었고, 진양(晉陽)[2]과 중도(中都)의 백성에게는 3년간 부역과 조세를 면제해주었다[復=免除]. 태원에 머물면서 유람한 것이 10여 일이었다.

1) 안사고(顔師古)가 말했다. "상군(上郡)의 현(縣)이다."

2) 【정의(正義)】 고성(故城)은 분주(汾州) 평요현(平遙縣) 서남쪽으로 13리에 있다.

제북왕 흥거가 제(帝)가 대(代) 땅에 가서 흉노를 치려 한다는 말을 듣고는 마침내 모반했으니, 군대를 일으켜 형양(滎陽)을 습격하고자 했다. 이에 조(詔)해 승상의 병을 해산시켰고, 극포후(棘蒲侯) 진무(陳武)[1]를 대장군으로 삼아 10만 병사를 이끌고 가서 그를 치게 했으며, 기후(祁侯) 하(賀)[2]가 장군이 되어 형양에 군진을 쳤다. 가을 7월 신해일에 제가 태원을 떠나 장안에 이르렀으니, 마침내 유사(有司)에 조해 말했다.

"제북왕은 은덕을 저버리고[背德] 위를 배반했으며 이민(吏民)을 그르치고[詿誤] 대역(大逆)을 행했으니, 제북의 이민 중에서 우리 군대가 도착하기 전에 스스로 방향을 정해 군대나 성읍을 거느리고서 항복한 자는 모두 사면해주고 관작(官爵)을 원래대로 돌려주라. 왕 흥거와 함께 있다가 그곳을 버리고 온 자들 또한 사면해주도록 하라[3]."

8월에 제북의 군사를 깨뜨리고 흥거를 붙잡았다. 제북의 이민 중에서 왕과 함께 반란을 일으켰던 자들은 사면해주었다.

1) 시무(柴武)라고도 한다.

2) 【집해(集解)】 서광(徐廣)이 말했다. "성은 증(繒)이다. 문제 11년에 졸(卒)했고, 시호는 경(敬)이다." 【색은(索隱)】 『한서음의(漢書音義)』에 따르면, 祁의 발음은 (기가 아니라) 지(遲)다. 하(賀)의 성은 증(繒)이니, 증(繒)은 옛 봉국으로 하나라와 동성이다. 【정의(正義)】 『괄지지(括地志)』에서 말했다. "병주(幷州) 기현(祁縣)

의 성이며, 진(晉)나라 대부 기해(祁奚)의 읍이다."

3) 【집해(集解)】 서광(徐廣)이 말했다. "왔다 갔다 한 것이다." 배인(裴駰)이 살펴보건대, 장안(張晏)이 말하기를 "비록 처음에 흥거와 함께 반란했더라도 지금 항복했을 경우 사면해주었다는 뜻이다"라고 했다.

6년에 유사(有司)에서 말하기를, 회남왕 유장이 선대 황제의 법을 폐하고 천자의 조(詔)를 따르지 않은 채로 거처를 멋대로 하면서 출입할 때는 천자에 버금갔고 법령을 제 마음대로 만들었으며, 극포후의 태자 진기(陳奇)와 반란을 꾀해 민월(閩越)과 흉노에 사람을 보내 함께 군대를 움직여서 종묘사직을 위협하려 한다고 했다.

여러 신하의 의견은 모두 이랬다.

"장은 마땅히 기시(棄市)해야 합니다."

제는 왕을 차마 법대로 조치할 수 없어서, 그 죄를 용서하되 폐해 왕이라 칭하지 못하게 했다. 여러 신하가 회남왕을 촉 지역의 엄도(嚴道)와 공도(邛都)[1]로 조처할 것을 청하자, 제가 허락했는데, 장이 미처 처소에 이르지 못하고 가는 도중에 죽으니, 상이 가엾게 여겼다. 그 뒤 (효문제) 16년에 회남왕 장에게 여왕(厲王)이란 시호를 내려서 추존하고 아들 셋을 세워 회남왕(淮南王)[2], 형산왕(衡山王)[3], 여강왕(廬江王)[4]으로 삼았다.

1) 【집해(集解)】 서광(徐廣)이 말했다. "『한서(漢書)』에는 혹 판본에 따라 우(郵)라고 되어 있고, 또 공북(邛僰)이라고 했다. 공도는 본래 서남이(西南夷-오랑캐)로, 이때는 아직 엄도와 통하지 않았고 공북산(邛僰山)이 있다." 【정의(正義)】 『괄지지(括地志)』에서 말했다. "엄도는 지금 현이 되었으니, 곧 공주(邛州)가 다스리는 현이다. 현에는 만이(蠻夷)가 있어 도(道)라고 불렀으니, 그래서 엄도라고 한 것이다. 공도현은 본래 공도국이었는데, 한나라 때 현이 되었으니, 지금의 수주(嶲州)다. 「서남이전(西南夷傳)」에 이르기를 '전지(滇池) 이북에는 군

장(君長-족장)이 십수 명 있는데 공도가 가장 크다'라고 했는데, 바로 이곳이 다." 살펴보건대 여러 신하가 회남왕 장을 촉의 엄도에 두려고 한 것은, 가깝지가 않아서이고 또 멀리 공도 서쪽에 공북산이 있어서다. 공북산은 아주(雅州) 영경현(榮經縣) 경계에 있었는데, 영경은 무덕(武德) 연간에 설치한 지역 단위로 본래 진나라 엄도의 땅이다. 『화양국지(華陽國志)』에 이르기를 "공작산(邛筰山)은 옛 공인(邛人)과 작인(筰人)의 경계다. 산이 높고 험준하며 구불구불 아홉 차례나 굽어지다가 마침내 그치며, 위아래에 얼음이 얼어 있다. 살펴보건대 왕존(王尊)이 올랐던 산이다. 지금은 아홉 구비를 따라 서남쪽으로 가면 수주(嶲州)에 이르는데, 산에는 비가 많이 내리고 맑은 날이 적어서 속칭 누천(漏天)이라고 한다"라고 했다.

2) 【색은(索隱)】 이름은 안(安)이고 부릉후(阜陵侯)다.

3) 【색은(索隱)】 이름은 발(勃)이고 안양후(安陽侯)다.

4) 【색은(索隱)】 이름은 사(賜)이고 주양후(周陽侯)다.

13년 여름에 상이 말했다.

"대개 듣건대, 하늘의 도리에 따르면 화는 원망에서 일어나고 복은 은덕으로부터 일어난다고 했다. 백관의 잘못은 마땅히 짐 한 몸에게서 비롯된다. (그런데) 지금 제사를 담당하는 비축(祕祝) 관리들이 (짐의) 잘못을 아래로 돌려[1] 나의 임금답지 못함[不德(부덕)]을 드러나게 하고 있으니, 짐은 정말로 취하고 싶지 않는 바다. 이에[其(기)] 그것을 없애도록 하라!"

1) 【집해(集解)】 응소(應劭)가 말했다. "비축의 관리가 허물을 아래로 옮김으로써 국가는 그것을 피하게 한 것이다. 그래서 비(祕-비밀로 하다)라고 했다."

5월에 제(齊)의 태창령(太倉令)[1] 순우공(淳于公)[2]이 죄를 지어 육형(肉刑-신체형)을 당하게 되자 조옥(詔獄)의 관리들이 그를 체포해 장안(長安)으

로 잡아들였다. 태창공에게는 아들이 없고 딸만 다섯 있었는데, 마침 체포되었을 때 딸들에게 원망하듯 말했다.

"자식을 낳았지만, 아들이 없으니 위급한 사태를 맞아 아무런 도움도 되지 않는구나!"

그의 어린 딸 제영(緹縈)[3]이 이를 너무 가슴 아파하며 울다가, 아버지를 따라 장안으로 와서 글을 올렸다.

'첩의 아버지는 관리가 되어 제나라에 있을 때 모두 그의 청렴과 공정[廉平]을 칭송했는데, 지금은 법에 걸려 형벌을 앞두고 있습니다. 첩이 마음 아픈 것은, 무릇 일단 사형을 당하고 나면 다시 살아날 수가 없고 형벌을 받고 나면 다시 신체를 이어 붙일 수가 없어서, 비록 다시 허물을 고치고 스스로를 새롭게 하려고 해도[改過自新] 그럴 방법이 없다는 것입니다. 제가 관비가 될 터이니 그것으로써 아버지의 형벌을 용서해주시어[贖], 아버지로 하여금 다시 스스로 새롭게 할 수 있는 기회를 주시옵소서.'

이 글이 천자에게 올라가자, 천자가 그 뜻을 가련하고 슬프게 여겨서 마침내 다음과 같은 조(詔)를 내려 말했다.

"대개 듣건대, 유우씨(有虞氏-순임금)의 시대에는 범죄자에게 특수한 색이나 무늬가 있는 옷을 입게 하여 부끄러움의 표시로 삼게 했을 뿐인데도[4] 백성은 법을 어기지 않았다고 한다. 어찌하여 이렇게 될 수 있었겠는가? 그것은 다스림이 지극했기 때문이다. (그런데)[5] 지금의 법에는 육형(肉刑)이 세 가지나 있는데도[6] 간악스러움이 그치지 않고 있으니, 그런 잘못은 어디에 있는 것인가? 이는 다 짐의 임금다움이 엷고 가르침이 밝지 못한 때문이 아니겠는가? 나는 심히 자괴하고 있다. 무릇 백성을 일깨우는 도리가 제대로 되지 못했기 때문에 어리석은 백성이 죄의 길로 빠지고 있는 것이다.

『시경(詩經)』에 이르기를, '점잖은 군자여, 백성의 부모로다[愷弟君子 民之父母][7]'라고 했다. 지금 백성에게 잘못이 있으면 가르침을 시행하기도 전에 형벌이 먼저 가해져서, 혹 잘못을 고쳐 좋은 일을 행하고자 해도 그럴 길

이 없으니 짐은 이를 심히 불쌍하게 여기고 있다. 무릇 지체(肢體)를 절단하고 피부와 근육을 상해하는 형벌을 받으면 종신토록 복원되지 않을 것이니, 그 형벌이 얼마나 고통스러울 것이며 진실로 얼마나 부덕한 일이겠는가? 어찌 (임금은) 백성의 부모 된 자라는 뜻에 부합하는 것이겠는가? 이에 [其(기)] 육형을 폐기하도록 하라!"

1) 대사농 소속으로, 국가의 곡식 창고를 책임진다.

2) 【색은(索隱)】 이름은 의(意)이니, 제나라 태창령이었기 때문에 창공(倉公)이라 불렸다.

3) 【색은(索隱)】 緹의 발음은 제(啼)다. 추씨(鄒氏)는 발음이 체(體)라고 했는데, 틀렸다.

4) 【정의(正義)】 『진서(晉書)』 「형법지(刑法志)」에서 말했다. "삼황은 말만 해도 백성이 어기지 않았고, 오제는 범죄자에게 특수한 색이나 무늬가 있는 옷을 입혀 부끄러움의 표시로 삼게만 했는데도 백성이 법을 지킬 줄 알았다. 경형(黥刑)을 범한 자는 두건을 더 크게 했고, 의형(劓刑)을 범한 자는 옷을 붉게 했고, 빈형(臏刑-정강이를 베는 형벌)을 범한 자는 몸에 먹을 들였고, 궁형을 범한 자는 신발에 표시했고, 사형을 범한 자는 단지 그 형벌하는 모습만 취한 뒤 아무 장식도 없는 옷을 입혀 시장에 내던져놓음으로써 많은 사람이 함께 보게 했을 뿐이다."

5) 옛날 중국의 문체에는 옛날과 지금을 대비시켜 말하는 형식이 즐겨 사용되었는데, 여기서도 마찬가지다. 그런 경우에는 '그런데'라는 말을 넣어 읽어야 대비의 효과가 두드러진다. 그 때문에 원문에는 없지만 '그런데'를 추가해서 옮겼다. 앞에서도 마찬가지였다.

6) 【집해(集解)】 이기(李奇)가 말했다. "약법삼장에는 육형이 없었는데 문제 때는 육형이 있었다." 맹강(孟康)이 말했다. "얼굴에 글자를 새겨 넣는 경형(黥刑)과 코를 베어내는 의형(劓刑)이 있었고, 그 밖에 발목의 근육을 자르는 지합(趾合)이 있었다." 【색은(索隱)】 위소(韋昭)가 말했다. "발목의 근육을 자르거나, 얼

굴에 글자를 새겨 넣거나, 코를 베어내는 등이다." 최호(崔浩)는 『한율(漢律)』 「서(序)」에서 "문제는 육형을 없애면서도 궁형은 바꾸지 않았다"라고 말했는데, 장비(張斐)가 그 주에서 말했다. "(없앨 경우에는) 사람들이 질서를 어지럽히게 되기 때문에 그대로 둔 것이다."

7) 「대아(大雅)」 「형작(泂酌)」편에 나오는 구절이다.

상이 말했다.

"농사는 천하의 근본이니, 힘써야 할 일 중에 이보다 큰 일이 없다. 지금 몸을 부지런히 움직여서[廑(근)=勤(근)] 농사에 종사한다 해도 (다른 직종과 마찬가지로) 조세를 내야 하는데, 이를 일러 본말(本末)을 구별하지 않는 것이라고 한다[1]. 이는 농업을 권면하는 방법이 아직 갖춰지지 않아서 그런 것이다. 이에[其(기)] 당장 경작하는 땅에 부과되는 조세를 폐지하도록 하라."

1) 【집해(集解)】 이기(李奇)가 말했다. "본(本)은 농업이요 말(末)은 장사인데도 농민이나 장사꾼 모두 세금을 내는 데는 차이가 없으니, 그래서 땅에 부과되는 조세를 없앤 것이다."

14년 겨울에 흉노가 변경에 들어와 노략질을 하기로 모의하고는 조나(朝那)의 요새를 공격해서 북지(北地) 도위 앙(卬)[1]을 죽였다. 상이 마침내 세 장군(將軍)을 보내 농서·북지·상군에 주둔케 하고 (또) 중위 주사(周舍)를 위(衛)장군으로 삼고 낭중령 장무(張武)를 거기(車騎)장군으로 삼아서 위수(渭水) 북쪽에 주둔케 했는데, 전차 1,000승에 기졸 10만 명이었다[2]. 제(帝)가 몸소 군대를 위로하고 병사들을 챙겼으며[勒(늑)=治(치)] 거듭해서 교령(敎令)을 내리고 군리와 병사들에게 위문품을 내려주었다. 제가 직접 군대를 이끌고 흉노를 치려 하자 여러 신하가 간언했으나 다 듣지 않다가 황태후가 굳게 상에게 요청 하자[要(요)][3] 마침내 그만두었다. 이에 동양후(東陽侯) 장상

여(張相如)[4]를 대장군으로 삼고 성후(成侯) 적(赤)[5]을 내사(內史)로, 난포(欒布)를 장군으로 삼아 흉노를 쳤다. 흉노가 도망쳐 달아났다.

1) 【집해(集解)】 서광(徐廣)이 말했다. "성은 손(孫)으로, 그 아들 단(單-혹은 선)이 병후(缾侯)로 봉해졌다. (앙은) 흉노에게 살해되었다."

2) 이때 흉노가 기병 4만을 이끌고 조나(朝那)와 소관(蕭關)을 침입해 북지(北地) 도위(都尉) 손앙(孫卬)을 죽이고 수많은 백성과 가축을 노략질했다. 또 팽양(彭陽)에 이르러서는 병사들을 풀어 회중궁(回中宮)을 불태웠고, 척후병을 감천궁(甘泉宮)에까지 보냈다. 이에 문제는 중위 주사와 낭중령 장무를 장군으로 삼아 전차 1,000승과 기졸 10만 명을 주고 장안(長安)의 곁에 주둔케 함으로써 대비했다.

3) 【집해(集解)】 여순(如淳)이 말했다. "반드시 본인이 직접 정벌에 나설 필요는 없다는 것이다."

4) 태자 유계(劉啓)의 사부를 지냈다.

5) 【집해(集解)】 서광(徐廣)이 말했다. "성은 동(董)이다."

봄에 상이 말했다.

"짐이 희생을 잡고 귀한 폐백[珪幣(규폐)]을 바쳐 상제와 종묘를 섬긴 지 지금까지 14년이나 되었으니 지난 세월이 아주 길건만[縣長(현장)], 불민하고 밝지도 못하면서 천하를 어루만지고 다스렸으니[撫臨(무림)] 짐이 심히 자괴스럽다. 이에 앞으로 제사 지내는 곳을 늘리고 제사에는 폐백을 더 많이 올리도록 하라!

옛날의 (뛰어난) 임금들께서는 (임금)다움을 널리 베풀면서도 그 보답을 구하지 않았고, 천지신명께 두루 제사를 지내면서도 자신의 복을 구하지 않았으며, 뛰어난 이를 친척보다 높이고[右賢左戚(우현좌척)][1] 백성을 자기 자신보다 우선시했으니[先民後己(선민후기)], 지극한 밝음에 이르렀다고 할 수 있을 것이다. (그런데) 지금 내가 듣건대 제사관들이 하늘에 제사를 올리면서 복[釐(희)][2]을 모두 짐에게 돌려서 짐 혼자 그 복을 향유하게 하고 백성은 위하지 않는다고

하니, 짐이 심히 부끄럽다. 짐이 임금답지 못하면서 나 혼자 그 복을 향유하고 백성은 복을 누릴 수 없게 한다면 이는 짐의 임금답지 못함[不德]을 더욱 가중하는 일이니, 앞으로 제사관들은 제사를 올릴 때 삼감을 다하되 짐에게만 복을 내리도록 간청하는 일이 없도록 해야 할 것이다."

1) 【집해(集解)】 위소(韋昭)가 말했다. "오른쪽은 높고, 왼쪽은 낮다." 【색은(索隱)】 유덕(劉德)이 말했다. "뛰어난 이를 먼저하고 혈친을 뒤로했다는 말이다."

2) 【집해(集解)】 여순(如淳)이 말했다. "희(釐)는 복(福)이다. 「가의전(賈誼傳)」에 이르기를 '복을 받으려고[受釐] 선실(宣室)에 앉아 있었다'라고 했다." 【색은(索隱)】 발음은 희(禧-복)이고, 뜻은 복이다.

이때 북평후(北平侯) 장창(張蒼)이 승상이 되어 바야흐로 율력(律曆)을 밝혔다. 노(魯)나라 사람 공손신(公孫臣)이 글을 올려서 오덕(五德)이 순환하고 서로 잇는 일[終始傳][1]을 아뢰었다.

그가 말했다.

"바야흐로 지금 한나라는 마땅히 토덕(土德)의 때라서, 토덕에 감응해 황룡이 나타났던 것이므로 마땅히 정삭(正朔-역법)을 바꾸고 복색을 고쳐야 합니다."

천자가 이 일을 내려보내 승상과 함께 토의하도록 했다. 승상이 미뤄 헤아려보더니[推] 한나라는 지금이 수덕이기 때문에 비로소 10월을 정월로 이름하고 색은 검은색을 높여야 한다고 하면서, 공손신의 말은 틀렸으므로 이에 관한 토의를 그쳐야 한다고 청했다.

1) 【색은(索隱)】 오행의 다움은 제왕이 서로 이어받고 전해주는 것이라서 끝이 나면 다시 시작한다. 그래서 "오덕이 순환하고 서로 잇는 일"이라고 말한 것이다. 傳의 발음은 전(轉)이다.

❖

15년에 황룡(黃龍)이 성기(成紀)[1]에 나타났다. 천자가 마침내 다시 노나라 공손신을 불러 박사(博士)로 삼고 거듭해서 토덕(土德)의 일을 밝히도록 했고, 이에 상이 마침내 조서를 내려 말했다.

"기이한 신물(神物)이 성기(成紀)에 나타났는데 백성에게는 해가 없고 올해는 풍년이다. 짐이 몸소 교외에서 상제와 여러 신에게 제사를 지내고자 하니, 예관(禮官)들은 의견을 내되 꺼리지 말고 짐에게 모두 말하도록 하라[毋諱以勞朕(무휘이노짐)][2]!"

유사와 예관(禮官)들이 모두 말했다.

"옛날에 천자가 여름에 몸소 직접[躬親(궁친)] 교외에서 상제에게 제사를 지냈으므로, 그래서 교사(郊祀)라고 했습니다."

이에 천자가 비로소 옹(雍)에 행차해 오제(五帝)에게 교제사를 지내고 맹하(孟夏) 4월에 답례했다.

조(趙)나라 사람 신원평이 망기술(望氣術)로 상을 알현하고는 그 참에 유세하기를, 위양(渭陽)에 다섯 황제의 사당[五廟(오묘)][3]을 세우면 주나라의 쇠솥[周鼎(주정)]을 얻고 또한 아름다운 보옥[玉英(옥영)][4]도 얻게 될 것이라고 아뢰었다.

1) 【집해(集解)】 위소(韋昭)가 말했다. "성기현은 천수군(天水郡)에 속한다."

2) 【집해(集解)】 『한서음의(漢書音義)』에서 말했다. "꺼리는 바가 있어서는 안 되니, 짐이 수고로울까 봐 염려해서 다 말하지 않아서는 안 된다는 말이다."

3) 【집해(集解)】 위소(韋昭)가 말했다. "위성(渭城)에 있다."

4) 【집해(集解)】 『서응도(瑞應圖)』에서 말했다. "옥영이란 오상(五常)이 나란히 함께 보이는 옥이다."

16년에 상이 몸소 위양의 다섯 황제의 사당에 교(郊)제사를 지내고 또 여름에 답례했으며, 붉은색을 높였다.

17년에 옥잔[玉杯]을 얻었는데, 거기에 '임금의 수명이 늘어난다[人主延壽]'라고 새겨져 있었다[1]. 이에 천자가 다시 시작하는[更始] 원년(元年)으로 삼고[2] 천하 사람들로 하여금 크게 모여 술 마시게 했다[大酺]. 이해에 신원평의 일이 발각되어[覺=發覺] 삼족을 멸했다[夷三族].

1) 【집해(集解)】 응소(應劭)가 말했다. "신원평이 거짓으로 이런 짓을 해서 사람을 시켜 바치게 한 것이다."

2) 【색은(索隱)】 살펴보건대, 「진본기」 혜문왕(惠文王) 14년에 고쳐서 원년(元年)으로 삼은 바 있고 『급총죽서(汲冢竹書)』에 따르면 위(魏) 혜왕(惠王) 또한 후원(後元)을 선포했으니, 마땅히 여기서 본을 받은 것이다. 또 살펴보건대 「봉선서(封禪書)」에서는 신원평이 기운을 살펴서 재중(再中-해가 다시 중천에 뜨다)이라고 했으니, 그래서 연호를 고친 것[改元]이다.

후(後) 2년에 상이 말했다.

"짐이 이미 밝지가 못해서[不明] 다움을 멀리까지 미치게 할 수가 없었고, 이로 인해 사방 변경[四荒][1] 밖의 나라들까지도 혹 편안히 쉬게 하지 못했다. 저 사방 변경의 주민들은 그 생활이 불안했고 내가 봉해준 내지(內地)의 백성은 부지런히 노력해도 마음 놓고 지낼 수가 없었으니[不處=不安], 이 두 가지 허물은 모두 짐의 다움이 엷어서 멀리까지 도달할 수 없었기 때문에 생겨난 것들이다. 지난 몇 년간 흉노가 잇따라 변경을 침략해 관리와 백성을 많이 죽였고, 변경의 신하와 장졸들은 실로 짐의 깊은 뜻을 제대로 깨우치지 못해 짐의 임금답지 못함을 가중시켜왔다.

무릇 오래도록 전란이 끊이질 않았으니 어찌 안팎의 나라들이 장차 편안할 수 있었겠는가? 지금 짐은 새벽에 일찍 일어나고 한밤중에야 잠자리에 들면서 천하를 위해 애쓰고 만민을 위해 근심하니, 이런 근심 걱정으로 인해 마음이 편치 못해 일찍이 하루도 마음에서 근심 걱정이 떠난 적이 없

❖

다. 그 때문에 사신들의 수레가 앞뒤로 마주 보고 길에 수레바퀴 자국이 줄을 이을 정도로[結軼於道][2] 사신들을 계속 선우(單于-흉노의 수장)에게 보내 짐의 뜻을 깨우쳐왔던 것이다. 그리하여 지금은 선우가 예전의 도리(-화해노선)로 돌아감으로써 우리 사직의 안정을 꾀하고 만민의 이로움을 추구할 수 있게 되었다. 선우는 짐과 함께 작은 과오들[細過]은 묻어버리고 모두가 함께[偕=俱] 화목하게 사는 큰길[大道]로 나아가서, 형제의 의리를 맺어 천하의 선량한 백성[元元之民][3]을 온전하게 해야 할 것이다. 화친(和親)이 이미 정해졌으니, 올해부터 시작하도록 하라."

1) 【색은(索隱)】 고윤(顧胤)이 살펴보건대, 『이아(爾雅)』에 이르기를 "고죽(孤竹)·북호(北戶)·서왕모(西王母)·일하(日下)를 일러 사황(四荒)이라고 한다"라고 했다.

2) 【집해(集解)】 위소(韋昭)가 말했다. "수레를 갔다가 돌아오게 하는 것인데, 그래서 바큇자국이 서로 연결된 듯하다고 했다. 상여(相如-사마상여)도 말하기를 '결궤환철(結軌還轍)'이라고 했다." 【색은(索隱)】 추씨(鄒氏)는 軼의 발음이 일(逸)인데 또한 발음이 철(轍)이기도 하다고 했다. 『한서(漢書)』에는 철(轍)로 되어 있다. 고씨(顧氏)가 살펴보건대, 사마표(司馬彪)는 말하기를 "결(結)이란 수레바퀴 자국이 돌면서 계속 이어진 것을 뜻한다"라고 했다.

3) 【색은(索隱)】 『전국책(戰國策)』에서 말하기를 "천하를 제어하고 백성을 사랑하려면[子元元] 군사력이 없이는 불가능하다"라고 했는데, 고유(高誘)는 주(注)에서 "원원(元元)은 '좋다[善]'는 뜻이다"라고 했다. 또 살펴보건대 요찰(姚察)은 이렇게 말했다. "옛날에 어떤 사람을 일컬어 선(善)하다고 했다면 좋은 사람[善人]임을 뜻하는 것이었다. 그래서 선(善)이 원(元)이므로 여원(黎元-선량한 백성)이라고 한 것이다. 따라서 원원(元元)이라고 하면 한 사람만을 가리키는 것이 아니다." 고야왕(顧野王)이 또 말했다. "원원(元元)이란 우우(喁喁)와 같아서, 가련해하고 아껴주는 모습이다." 이 설들이 충분치는 못하지만 일단

그 차이들 그대로 기록해둔다.

후 6년 겨울에 흉노의 3만 명이 상군(上郡)에 침입했고, (또 다른) 3만 명이 운중(雲中)에 침입했다. 중대부(中大夫) 영면(令勉)[1]을 거기장군으로 삼아 비호(飛狐)[2]에 주둔하게 하고[屯], 옛 초나라 승상 소의(蘇意)를 장군으로 삼아 구주(句注)[3]에 주둔하게 하고, 장군 장무(張武)를 북지(北地)에 주둔하게 하고, 하내(河內) 태수 주아부(周亞夫)를 장군으로 삼아 세류(細柳)[4]에 주둔하게 하고[次=屯], 종정(宗正) 유례(劉禮)를 장군으로 삼아 패상(覇上)에 주둔하게 하고, 축자후(祝茲侯) 서려(徐厲)[5]를 장군으로 삼아 극문(棘門)[6]에 주둔하게 함으로써 오랑캐에 대비했다. 몇 달 후에 오랑캐가 물러가자 또한 군대를 해산했다.

1) 【집해(集解)】 서광(徐廣)이 말했다. "위위(衛尉)를 고친 이름이다." 배인(裴駰)이 살펴보건대, 『한서(漢書)』「백관표(百官表)」에 따르면 경제(景帝) 초에 위위를 중대부령으로 고쳤다고 했으니, 이해는 아니다. 【색은(索隱)】 배인은 「표(表)」에 따르면 경제가 위위를 중대부령으로 고쳤다고 했는데, 그렇다면 중대부령이 관직 이름이고 면(勉)이 그의 이름이 되어야 한다. 뒤에 이 관직을 고쳐 광록훈(光祿勳)이라고 했는데, 우세남(虞世南)이 이를 중대부령이라고 불렀고 이후 사가들이 그것을 따랐을 뿐이다. (그러나) 안유진(顔遊秦)은 여기서 영(令)을 성(姓)으로 보고 면(勉)[면(免)으로 된 판본도 있다.]을 이름으로 보면서 중대부라고 했다. 『풍속통(風俗通)』을 근거로 삼아서 볼 때 영성(令姓)은 영윤(令尹) 자문(子文)의 후손이다.

2) 【집해(集解)】 여순(如淳)이 말했다. "대군(代郡)에 있다." 소림(蘇林)이 말했다. "상당(上黨)에 있다."

3) 【집해(集解)】 응소(應劭)가 말했다. "산을 낀 험한 요새의 이름으로, (산서성) 안문산(鴈門山)에 있다.

4) 【집해(集解)】 서광(徐廣)이 말했다. "장안 서쪽에 있다." 배인(裴駰)이 살펴보건대, 여순(如淳)이 말했다. "장안의 세류창(細柳倉)은 위수(渭水) 북쪽에 있고, 석요(石徼)와 가깝다." 장읍(張揖)이 말했다. "곤명지(昆明池) 남쪽에 있다. 지금의 유시(柳市)가 이곳이다." 【색은(索隱)】 『삼보고사(三輔故事)』에 이르기를 세류는 직성문(直城門) 밖 아방궁 서북쪽 유(維)에 있다고 했고, 또 「흉노전(匈奴傳)」에 이르기를 "장안 서쪽이 세류이다"라고 했으니, 그렇다면 여순이 위수 북쪽에 있다고 한 것은 틀렸다.

5) 【집해(集解)】 서광(徐廣)이 말했다. "「표(表)」에서는 송자후(松茲侯)의 성은 서(徐), 이름은 한(悍)이라고 했다."

6) 【집해(集解)】 서광(徐廣)이 말했다. "위수 북쪽에 있다." 배인(裴駰)이 살펴보건대, 맹강(孟康)이 말하기를 "장안 북쪽에 있으니, 진(秦)나라 때 궁문이다"라고 했고, 여순(如淳)이 말하기를 "『삼보황도(三輔黃圖)』[한나라 장안 도성의 사회상을 기록한 책이다.]에 따르면 극문은 횡문(橫門) 밖에 있다"라고 했다.

천하에 큰 가뭄이 들고 메뚜기 떼로 인한 재해가 있었다[蝗]. 제(帝)가 은혜를 더해줘 제후들에게 영을 내려서, 공물을 들이지 말도록 하고 (백성을 위해) 산택을 풀어주었으며[弛=解][1] 천자의 의복이나 개나 말 등을 줄이고 (천자를 가까이에서 모시는) 낭리(郎吏)의 정원을 감축했다. 창유(倉庾)[2]를 열어 가난한 백성을 진휼했고, 백성이 작(爵)을 살 수 있도록 허락했다[3].

1) 【집해(集解)】 위소(韋昭)가 말했다. "이(弛)란 '없애다[廢]'라는 말이니, 산과 늪지에 백성이 들어가지 못하도록 한 것을 풀어줘 그 이로움을 백성과 함께 나눠 갖겠다는 뜻이다."

2) 【집해(集解)】 응소(應劭)가 말했다. "수운하는 곡식을 보관하는 곳을 유(庾)라고 한다." 호공(胡公)이 말했다. "마을에 있는 창고를 창(倉), 들판에 있는 창고를 유(庾)라 한다." 【색은(索隱)】 곽박(郭璞)이 『삼창(三蒼)』에 대한 주에서 말했다.

"유(庾)란 지붕이 없는 창고를 말한다." 호공(胡公)의 이름은 광(廣)으로, 후한 때 태위였고 『한관해고(漢官解詁)』를 지었다.

3) 【색은(索隱)】 최호(崔浩)가 말했다. "부자는 작을 갖고 싶어 했고, 가난한 사람은 돈을 받고 싶어 했다. 그래서 매매할 수 있게 해준 것이다."

효문제(孝文帝)가 대(代)로부터 와서 자리에 나아간 지[即位=在位] 23년인데 궁실이나 정원, 거기(車騎)나 복식 등에서 더 늘린 바가 없었고, (백성에게) 불편한 것이 있으면 곧바로[輒] 없애[弛=廢] 백성을 이롭게 해주었다. 일찍이 노대(露臺)[1]를 짓고 싶어서 장인을 불러 (비용을) 계산토록 해보니 값이 100금(金)이나 되자, 상이 말했다.

"100금이면 중인(中人)[2] 열 가정이 생산하는 것인데, 내가 선제(先帝)의 궁실을 받들게 되어 항상 이마저도 두려워하고 부끄러워했건만 어찌 (새로이) 대(臺)를 짓겠는가[爲=建]?"

상은 늘 몸에 검은색의 두꺼운 명주옷[綈衣=弋綈]을 입었고[3] 총애하는 신부인(愼夫人)이 옷을 땅에 끌지 않게 했으며 (천자의) 휘장[帷帳]에는 무늬와 수를 그려 넣지 않아 도타움과 소박함[敦朴=敦樸]을 보임으로써 천하에 솔선수범했다. 패릉(霸陵-문제의 능)을 조성할 때도 모두 와기(瓦器)만 쓰고 금·은·동이나 주석으로 꾸미지 않았으며, 기존의 산을 이용하고 별도의 봉분[墳]은 만들지 않았다.

남월왕(南越王) 위타(尉佗)가 스스로 자리에 올라 황제가 되었으나 상이 위타를 형제로 부르면서 귀하게 대우하고 다움으로써 그를 껴안으니, 타가 드디어 황제 칭호를 버리고 신하라 칭했다. 흉노와 더불어 화친을 맺었음에도 후에 (흉노가) 약속을 어기고서[背約] 침입해 도적질했건만 변경에 영을 내려 수비하게 하되 병사를 내 깊이 들어가지 않았던 것은, 백성을 번거롭고 힘들게 하는 것을 싫어한 때문이다.

오왕(吳王)[4]이 병이 났다고 속이고 조회하지 않았으나 (천자는 오히려) 궤

장(几杖-안석과 지팡이)을 내려주었는데, 이에 대해 여러 신하와 원앙(袁盎) 등이 간언한 것이 비록 절실했음에도 늘 임시로[假借(가차)][5] 받아들여 썼을 뿐이었다[6]. (장군인) 장무(張武) 등 여러 신하가 금전을 뇌물로 받았다가 발각되었지만, 상은 마침내 어부(御府)를 열어 금전을 내려주어 (오히려) 그들 마음을 부끄럽게 했다. 오로지 다움으로 백성을 교화하는 데 힘쓰니, 이 때문에 해내(海內)가 크게[殷(은)] 부유해지고 (나라 안에) 예와 마땅함[禮義(예의)]이 일어났다.

1) 【집해(集解)】 서광(徐廣)이 말했다. "노(露)는 판본에 따라 영(靈)으로 되어 있다." 【색은(索隱)】 고씨(顧氏)가 살펴보건대, 신풍(新豐) 남려산(南驪山) 정상에 지금도 대의 옛 흔적이 있다고 한다.

2) 중(中)이란 부유하지도 가난하지도 않은 것이다.

3) 【집해(集解)】 여순(如淳)이 말했다. "가의(賈誼)가 말하기를 '몸에 검은색의 명주옷을 입었다[身衣(신의)]'고 했다."

4) 유방(劉邦) 형인 유중(劉仲)의 아들 유비(劉濞, 기원전 215~154년)다. 상세한 내용은 앞의 역주에서 보았다.

5) 【집해(集解)】 소림(蘇林)이 말했다. "假의 발음은 휴(休)와 가(假)의 반절음이다. 차(借)란 남에게 물건을 빌린다[借(차)]고 할 때의 차(借)다."[겉으로 시늉만 했다는 뜻이다.]

6) 적당히 들어주는 척만 함으로써 혈친을 내 몸과 같이 여기는 도리[親親(친친)]를 잃지 않았다는 말이다.

후 7년 6월 기해일(己亥日)에 제(帝)가 미앙궁에서 붕(崩)했다[1]. 유조(遺詔)해 말했다.

"짐이 듣건대, 무릇 천하의 만물은 처음에[萌(맹)=始生(시생)] 생겨나서 죽지 않는 것이 없다고 한다. 죽음이란 하늘과 땅의 이치요 일과 사물의 스스로 그

러함[自然]이니, 어찌[奚=何] 이를 지나치게 슬퍼할 것인가! 요즘 세상엔 모두 태어나는 것은 기뻐하면서도 죽는 것은 싫어해 장례를 두터이 지내느라[厚葬] 본업을 내팽개치니, 거듭 복상(服喪)하는 것은 삶을 해치는 것이다. 따라서 짐은 결단코 이를 취하지 않을 것이다. 또 짐은 임금답지 못해 백성을 제대로 돕지 못했다. 그러니 이제 (내가) 죽었다 해서 거듭 복상하고 오래 곡하며[臨=哭] 춥고 더움을 만나기[罹=遇]를 여러 차례로 하면, 남의 부자지간의 일을 슬프게 하고 장로(長老)들의 뜻을 해치게 되며 그 음식을 줄이고 귀신의 제사를 끊게 할 것이다. 이는 나의 부덕을 가중하는 것이니 온 세상 사람들이 뭐라 하겠는가?

짐이 (황제가 되어) 종묘를 보존하게 되어 이 미미한 몸[眇眇之身]을 천하 군왕(君王)들의 위에 맡긴 지가 20여 년인데, 하늘의 신령스러움에 힘입어 사직은 복되고 나라 안[方內][2]은 안녕해 병혁(兵革-전쟁)의 일이 없었다[靡有兵革][3]. 그러나 짐은 민첩하지 못해서[不敏], 항상 행실에 잘못이 있어 옛 제왕들이 남기신 다움[遺德]을 욕되게 할까 두려웠고 세월이 흐를수록 끝이 좋지 못할까 걱정해왔다. 지금 마침내 다행히 천수(天壽)를 다하고 고제의 사당[高廟-한고조]에서 후손들의 공양을 받게 되었으니, 짐의 눈 밝지 못함에도 아[與]! 모든 게 잘되었으니[4] 이에 무엇을 슬퍼하겠는가?

천하의 관리와 백성[吏民]에게 조령을 내려, 이 조령이 도착하면 3일만 상복을 입고 곡하게 한 후[弔哭] 모두 상복을 벗게 하라.

백성이 자식을 결혼시키고 제사를 지내고 술을 마시고 고기를 먹는 것 등을 금하지 말라.

스스로 마땅히 상사(喪事)에 복상을 입고 곡해야 하는 자에게는 물품을 주어, 절대로 맨발로 나다니는 일이 없도록 하라[無踐][5].

상복의 허리띠는 3촌(寸)이 넘지 않게 하라.

수레와 병기(兵器)를 진열하지 말며[6], 백성을 동원해 궁궐 안에서 곡하게 하는 일이 없게 하라.

궁궐 안에서 상복을 입고 곡해야 하는 자들도 모두 아침저녁으로 각 열다섯 번씩만 하고 예가 끝나면 그만둘 것이며, 아침저녁의 곡하는 때가 아닌데도 자기 마음대로 곡하는 일이 없도록 금하라.

이미 하관(下官)을 한 후에는[7] 대공[大紅-大功]은 15일, 소공[小紅-小功]은 14일, 가는 베옷[纖]을 입는 자는 7일만 상복을 입고[8], 끝나면 모두 상복을 벗으라[9].

달리 이 명령에 일일이 해당하지 않는 일들은 모두 이에 준해 처리하도록 하라.

이 조령을 천하에 널리 알려 짐의 뜻을 분명히 알게 하되, 또한 패릉(覇陵)의 산천(山川)을 이것 때문에 개수하는 일이 없도록 하라[10].

부인(夫人) 이하 소사(少使)에까지 이르는[11] 이들은 집으로 돌려보내도록 하라."

1) 【집해(集解)】 서광(徐廣)이 말했다. "나이 47세였다."[신찬(臣瓚)이 말했다. "제는 23세에 자리에 나아가 23년 동안 자리에 있었고 이때 수(壽)가 46세였다."]

2) 【집해(集解)】 신찬(臣瓚)이 말했다. "방(方)은 사방이고 내(內)는 안[中]이니, 안팎[中外]과 같다."

3) 【집해(集解)】 서광(徐廣)이 말했다. "판본에 따라 병혁식(兵革息)이라고 되어 있다."[이렇게 되면 앞의 방내안(方內安)과 운율이 맞다.]

4) 【집해(集解)】 여순(如淳)이 말했다. "여(與)는 발어사다. 천수를 누렸으니 이미 좋다는 말이다."

5) 【집해(集解)】 복건(服虔)이 말했다. "천(踐)은 자르다, '베다[翦]'라는 뜻으로, 참최(斬衰)를 하지 않는다는 말이다." 맹강(孟康)이 말했다. "천(踐)은 선(跣-맨발)이다." 진작(晉灼)이 말했다. "『한어(漢語)』에는 선(跣)으로 되어 있다. 선(跣)이란 맨발[徒跣]이다." 【색은(索隱)】 『한어(漢語)』는 책 이름인데, 순상(荀爽, 128~190년)[후한 영천(潁川) 영음(潁陰) 사람이다. 12세 때 『춘추』와 『논어』에 정통했다. 환

제(桓帝) 연희(延熹) 9년(166년)에 지극한 효성으로 천거되어 낭중(郎中)에 임명되었고, 대책을 올려 시폐(時弊)에 대해 통렬하게 지적했지만, 곧 벼슬을 버리고 떠났다. 당고(黨錮)의 화(禍)가 일어나자, 바닷가에 숨어 10여 년을 지냈다. 헌제(獻帝) 때 다시 등용되어 사공(司空)을 지냈으며, 사도(司徒) 왕윤(王允)과 동탁(董卓)을 제거하려다가 뜻을 이루지 못하고 죽었다. 저서에 『역전(易傳)』과 『시전(詩傳)』, 『예전(禮傳)』, 『상서정경(尙書正經)』, 『춘추조례(春秋條例)』, 『공양문(公羊問)』 등이 있었지만 모두 없어졌고, 비직(費直)의 고문역학(古文易學)을 연구한 『주역순씨주(周易荀氏注)』 일부가 『옥함산방집일서(玉函山房輯佚書)』와 『한위이십일가역주(漢魏二十一家易注)』에 전할 뿐이다.]이 지은 것이다.

6) 【집해(集解)】 응소(應劭)가 말했다. "옷과 수레와 병기를 늘어놓지 말라는 뜻이다." 복건(服虔)이 말했다. "경거(輕車)와 갑옷 입은 군사들을 진열하지 말라는 뜻이다."

7) 【집해(集解)】 관을 이미 구덩이에 내린 것을 말한다.

8) 대공이나 소공은 베[布(포)]의 종류이고, 섬(纖)은 가는 베옷[細布衣(세포의)]이다. 대공을 원문에는 대홍(大紅)이라 했고, 소공도 마찬가지다. 원래 대공 상복은 아홉 달, 소공은 다섯 달인데 한 문제가 독자적으로 백성의 피해를 줄이기 위해 달을 날로 바꿔 이렇게 줄인 것이다. 이에 대해 정통 유학자들은 『주례(周禮)』를 따르지 않았다고 비판했다.

9) 【집해(集解)】 복건(服虔)이 말했다. "마땅히 대공(大功)과 소공(小功)의 포(布)를 말한다. 섬(纖)이란 가는 포로 만든 옷이다." 응소(應劭)가 말했다. "홍(紅)은 중상(中祥)이나 대상(大祥) 때 붉은색으로 옷자락을 장식하는 것이다. 섬(纖)이란 담(禫-대상을 지낸 다음다음 날에 지내는 제사)이다. 모두 36일이 지나고 나서 상복을 벗는다." 【색은(索隱)】 유덕(劉德)이 말했다. "홍(紅) 또한 공(功-상복)이다. 남공(男功)은 하나가 아니므로 공력(工力), 여공(女工)은 오직 사(絲)로만 하므로 사공(糸工)이라고 한다. 36일이란 날로 달을 바꾼 때문이다."

10) 【집해(集解)】 응소(應劭)가 말했다. "산을 이용해 장묘로 쓰고 따로 봉분을 만들지 않게 한 것이다. 산 아래 천을 끊지 않고, 그 물의 이름을 갖고서 능호를 지었다." 【색은(索隱)】 패(霸)는 강 이름으로, 강이 산을 가로지르니 또한 패산

(霸山)이라 했다. 곧 지양(芷陽)의 땅이다.

11) 【집해(集解)】 응소(應劭)가 말했다. "(여관(女官)의 직책 이름인) 부인 이하로 미인(美人)·양인(良人)·팔자(八子)·칠자(七子)·장사(長使)·소사(少使)가 있었는데, 모두 집으로 돌려보내 거듭 사람들과의 인연을 끊게 했다."

영을 내려 중위(中尉) 아부(亞夫-주아부)를 거기장군으로 삼고 속국(屬國) 한(悍)[1]을 장둔(將屯)장군[2]으로 삼으며 낭중령 장무를 복토(復土)[3]장군으로 삼아서 인근 현의 병졸 1만 6,000명과 내사(內史)[4]의 병졸 1만 5,000명을 징발했는데, 장곽(臧郭) 천(穿-무덤 파기)과 복토(復土-무덤 덮기)의 일은 장군 무가 맡았다.

1) 【집해(集解)】 서광(徐廣)이 말했다. "성은 서(徐)다." 배인(裴駰)이 살펴보건대, 『한서(漢書)』「백관표(百官表)」에 이르기를 "전속국(典屬國)은 진나라 관직으로, 오랑캐 중에서 항복해온 사람들을 관장했다"라고 했다.

2) 【집해(集解)】 이기(李奇)가 말했다. "풍봉세(馮奉世)가 우장군일 때 장둔장군으로 호칭을 삼았는데, 이는 여러 둔전과 둔병을 감독 관리하는 자였다."

3) 【집해(集解)】 여순(如淳)이 말했다. "구덩이를 파고 다시 메우는 일을 담당하는 자다." 【색은(索隱)】 復의 발음은 복(伏)이다. 구덩이를 파서 흙을 파내고 관을 내린 다음에는 다시 구덩이를 메워야 한다. 곧 봉분을 만들어야 하니, 그래서 복토라고 한 것이다. 복(復)이란 도로 돌려놓는다는 뜻이다.

4) 【색은(索隱)】 살펴보건대, 「백관표(百官表)」에 이르기를 내사는 경사(京師-수도)를 담당하는 관리라고 했다. 경제(景帝) 때 고쳐 경조윤(京兆尹)이라고 했다.

을사일에[1] 신하들이 머리를 조아리며 효문황제(孝文皇帝)라는 존호를 올렸다.

고조의 사당[高廟(고묘)]에서 태자가 자리에 나아갔다. 정미일에 칭호를 이어

받아[襲號] 황제라고 했다.

1) 【집해(集解)】『한서(漢書)』에 이르기를, "을사일에 패릉에 안장했다"라고 했다. 황보밀(皇甫謐)이 말했다. "패릉은 장안과의 거리가 70리다."

효경황제(孝景皇帝) 원년 10월에 어사에게 제조(制詔)했다.

"대개 듣건대, 옛날에 (임금의 묘호 뒤에) 조(祖)는 공업(功業)[功]이 있고 종(宗)은 다움[德]이 있어서[1] 예와 음악을 제정할 때는 각각 그에 맞도록 했다고 한다. 노래[歌]는 다움을 일으키고[發德] 춤은 공업을 밝혀주기[明功] 때문이다. (그래서) 고묘(高廟-한고조 유방의 사당)에 술을 올릴 때는 무덕(武德)과 문시(文始)와 오행(五行)의 춤을 연주하고[2], 효혜묘(孝惠廟-혜제의 사당)에 술을 올릴 때[酎][3]는 문시와 오행의 춤을 연주하는 것이다.

효문황제께서 천하를 다스리실 때는 (지역을 가로막는) 관문과 다리[關梁]를 두루 통하게 하셨고 먼 나라라고 해서 달리 여기지 않으셨다[4]. 비방죄와 육형을 폐기하시고 장로들에게 큰 상을 내리셨으며, 고아와 자식 없는 늙은이를 거둬 진휼함으로써 그 은택이 뭇 백성에게까지 미치게 하셨다. 즐거움과 욕심을 줄이시고[減][5] 헌상하는 것을 받지 않으셨으며, 형벌이 처자식에게는 미치지 않게 하시고[不帑][6] 죽을죄라도 주살하지 않으셨다. 이익을 사사롭게 취하지 않으셨고, 궁형(宮刑)을 폐기하셨으며, 미인들을 궁 밖으로 내보내셨고, 뛰어난 사람들[絶人]을 중하게 여기는 세상을 만드셨다.

짐은 이미 명민하지 못해 이것들을 이루 다 알 수[勝識=盡知]가 없다. 이 모든 것은 옛 뛰어난 임금들도 미치지 못했던 것들인데 효문황제께서는 몸소 그것을 다 행하셨으니 그 다움이 두터운 바는 하늘땅과 같고[侔][7], 이로움과 은택을 온 세상에 베푸시어 그 복을 누리지 못한 이가 없었으니 그 밝음은 해와 달을 본받으셨다. 그런데도 사당에 쓸 음악[廟樂]이 그것을 제대로 기리지 못해[不稱] 짐이 심히 두려워했다.

이에[其] 효문황제를 위해 소덕(昭德-밝은 다움)의 춤을 만들어서[8] 그 아름다운 다움[休德]을 훤히 밝히도록 하라. 그런 연후에 조종의 공업과 다움이 만세토록 역사[竹帛=史書]에 베풀어져서 영원무궁하게 된다면 짐이 매우 기쁠 것이다. 이에 승상과 열후, 중(中) 2,000석 관리[9]와 예관들은 예와 의례를 갖춰 주달하도록 하라."

승상 신 신도가(申屠嘉)[10] 등이 아뢰어 말했다.

"폐하께서는 잠시도 효도를 생각지 않음이 없으시어 소덕(昭德)의 춤을 세워 효문황제의 성대한 (황제)다움을 밝히셨으니, 이 모든 것이 신 가(嘉-신도가) 등의 어리석음으로는 미칠 바가 아닙니다.

신 등이 삼가 의견을 모으기를, 대대로 이어지는 공업[世功]은 고황제보다 큰 분이 안 계시고 다움은 효문황제보다 성대한 분이 안 계십니다. 고황제 사당은 마땅히 황제 된 자들을 위해 태조(太祖)의 사당이 되고, 효문황제의 사당은 마땅히 황제 된 자들을 위해 태종(太宗)의 사당이 됩니다. 천자는 마땅히 세세토록 조종의 사당에 봉헌해야 합니다. 군과 국의 제후들은 효문황제를 위해 태종의 사당을 세워야 하고, 또 제후와 왕과 열후들은 해마다 사자를 경사에 보내 천자를 모시고 조종의 사당에 올리는 제사를 도와야 합니다[11].

청컨대 이를 죽백(竹帛)에 드러내시어 천하에 반포하소서."

제(制)해 말했다.

"그리하라[可]."

1) [집해(集解)] 응소(應劭)가 말했다. "처음으로 천하를 차지한 자가 조(祖)이니, 고제(高帝)를 고조(高祖)로 칭한 것이 이것이다. 처음으로 천하를 다스린 자가 종(宗)이니, 문제를 태종(太宗)으로 칭한 것이 이것이다."[안사고(顏師古)가 말했다. "응씨의 설은 틀렸다. 조(祖)는 처음이니, 처음으로 명을 받은 것이다. 종은 높이는 것이니, 다움이 있는 자는 높일 만한 것이다."]

2) 【집해(集解)】 맹강(孟康)이 말했다. "무덕은 고조가 지었고, 문시는 순임금의 춤이며, 오행은 주공의 춤이다. 무덕에서는 춤추는 사람이 간척(干戚-방패와 창)을 들고, 문시에서는 우약(羽籥-깃으로 만든 피리)을 들며, 오행에서는 면류관을 쓰고 오행의 색을 본뜬 의상을 입는다. 「예악지(禮樂志)」에 보인다." 【색은(索隱)】 응소(應劭)가 말했다. "「예악지」에 이르기를, 문시의 춤은 본래 순임금의 소무(韶舞)인데 고조가 이름을 바꿔 문시라고 했으니 (고조가) 그것을 답습하지 않겠다는 뜻을 보인 것이고, 오행무는 본래 주나라 무왕의 춤인데 진시황이 이름을 바꿔 오행무라고 했다고 한다. 살펴보건대 지금 '무덕(武德)과 문시(文始)와 오행(五行)의 춤을 연주하고'라고 했는데, 그 음악이 모두 무왕의 음악을 본뜬 것이니 이는 고조가 무력으로 천하를 평정했음을 말한다. 이미 그것을 답습하지 않겠다는 뜻을 보이고자 해서 음악의 처음을 이렇게 지은 것이다. 먼저 문시를 연주했으니 이때 우약(羽籥-깃으로 만든 피리)과 수놓은 옷을 앞에 두었고, 그다음에 오행의 춤을 추었으니, 오행은 곧 무무(武舞)이며 간척을 쥐고 옷을 오행의 색에 맞추었다."

3) 【집해(集解)】 장안(張晏)이 말했다. "정월 아침에 술을 빚어서 8월에 완성되는 술을 주(酎-진한 술)라고 한다. 주(酎)란 순수하다, 진하다는 뜻이다. 무제(武帝) 때 이르러 8월이면 사당 안에서 제후들을 모아 술을 맛보았는데, 돈을 내 제사를 돕는 것을 일러 주금(酎金)이라고 했다."[주(酎)란 세 번 반복해서 거른 진한 술[醇酒]로, 맛이 강해서 종묘에 올린다.]

4) 【집해(集解)】 장안이 말했다. "효문제 12년에 관소(關所)를 폐지하고 통행용 부절[傳=棨]을 금함으로써 먼 곳이나 가까운 곳이나 똑같게 했다."

5) 【집해(集解)】 서광(徐廣)이 말했다. "판본에 따라 멸(滅)로 되어 있다."

6) 【집해(集解)】 소림(蘇林)이 말했다. "형벌이 처자식에게까지 미치지 않는다는 말이다."

7) 【집해(集解)】 이기(李奇)가 말했다. "모(侔)란 '가지런해 대등하다[齊等]'는 말이다."

8) 【집해(集解)】 문영(文穎)이 말했다. "경제(景帝)가 고조의 무덕무를 따라 소덕무를 지어 문제의 사당에서 춤추게 했다. 이는 「예악지(禮樂志)」에 보인다."

9) 한나라의 질봉(秩俸)은 1급이 1만 석이고 2급이 2,000석이었는데, 2급은 다시 나뉘어 1계는 중 2,000석, 2계는 2,000석, 3계는 비(比) 2,000석이었다.

10) 처음에 유방(劉邦)을 좇아 항우(項羽)를 공격해 도위(都尉)가 되었고, 혜제(惠帝) 때 회양수(淮陽守)를 지냈다. 문제(文帝) 때 어사대부(御史大夫)로 옮기고 승상(丞相)에 임명되어 고안후(故安侯)에 봉해졌다. 사람됨이 청렴하고 강직했다. 경제(景帝) 초에 조조(晁錯)가 법령(法令)을 고쳤을 때 전례를 근거로 참수하려고 했으나, 뜻을 이루지 못하자 피를 토하고 죽었다.

11) 【집해(集解)】 장안(張晏)이 말했다. "왕과 열후는 해마다 때가 되면 사자를 경사에 보내 제사의 시중을 들고 도왔다." 여순(如淳)이 말했다. "광무의 사당 같은 경우에는 장릉(章陵)에 있기 때문에 남양 태수(南陽太守)가 스스로 사자임을 청해 여기에 가서 제사를 했는데, 후와 왕이 제사를 하지 않을 때는 제후들이 천자를 조상으로 받들 수 없었다. 무릇 종묘에 직접 참여해 제사를 지내는 것을 모두 시제(侍祭)라고 했다."

태사공(太史公)이 말한다.

"공자가 말하기를 '반드시 한 세대[世(세)]를 다스린 후에야 어질어진다[1]. 선인(善人-훌륭한 임금)이 나라를 다스린 지 100년이 지나야 정말로 폭정(暴政)을 제거하고[勝殘(승잔)] 형륙(刑戮)을 쓰는 정사를 폐기할 수 있다[去殺(거살)][2]라고 했는데, 실로 딱 맞도다. 이 말이여![3]'라고 했다. 한나라가 일어나 효문황제에 이르기까지 40여 년이 되는데, 다움이 지극히 성대했다. (물론) 역법과 복색을 고치는 데서 점차 더 나아가 봉선(封禪)을 행하는 데까지 이르렀어야 했는데, 문제(文帝)가 겸양했으나 지금에 아직 이뤄지지 않았을 뿐이로다. 아, 어찌 어질었다[仁(인)] 하지 않겠는가!"[4]

1) 【집해(集解)】 공안국(孔安國)이 말했다. "30년이 한 세(世)다. 만약에 명을 받은

임금다운 임금이 있을 경우 반드시 30년이 지나야 어진 정치가 마침내 이뤄진다는 말이다."[『논어(論語)』「자로(子路)」편에 나오는 공자의 말인데, 원래는 조금 더 길다. "만일 임금다운 임금이 통치하더라도 반드시 한 세대는 지난 뒤에라야 어질게 될 것이다."]

2) 【집해(集解)】 왕숙(王肅)이 말했다. "승잔(勝殘)이란 난폭한 사람이 악을 행할 수 없도록 하는 것이고, 거살(去殺)이란 사람을 죽이는 형벌을 쓰지 않는 것이다."

3) 『논어(論語)』「자로(子路)」편에 나오는 공자의 말인데, 이것도 원래는 조금 더 길다. "(옛말에) '선인이 100년 동안 나라를 다스려야 겨우 잔학한 자를 교화시켜서 사람을 살해하는 습속을 없앨 수 있을 것이다' 하더니, 실로 딱 맞도다, 이 말이여!"

4) 【색은술찬(索隱述贊)】 효문황제 대 땅에 있다가[孝文在代]/갑자기 대운을 운명처럼 만났도다[兆遇大橫]/송창이 계책 올렸고[宋昌建策]/강후가 받들어 맞이했다네[絳侯奉迎]/남면하면서도 겸양하니[南面而讓]/천하가 진실로 다 그에게로 돌아왔네[天下歸誠]/농사에 힘쓰고 뽕 심기를 우선하며[務農先蠶]/다움 베풀고 병사들 쉬게 했도다[布德偃兵]/처자 연좌법 없애고 비방 처벌법 폐지하니[除帑削謗]/정치는 간결했고 형벌은 깨끗해졌네[政簡刑淸]/평범한 명주옷 입어 세상에 모범 보였고[綈衣率俗]/노대 짓지 않았다네[露臺不營]/장무에게 관대한 법 적용했고[法寬張武]/옥사를 긍휼히 시행하고 상복은 검소하게 했도다[獄恤緹縈]/패릉은 옛 모습 그대로인데[霸陵如故]/천년토록 칭송이 이어지리라[千年頌聲]!

본기(本紀)

권11 — 효경본기(孝景本紀) 제11

권11 효경본기(孝景本紀) 제11

효경황제(孝景皇帝)[1]는 효문(孝文)의 둘째 아들[中子]로, 어머니는 두태후(竇太后)다. 효문이 대(代)에 있을 때 전 왕후에게 세 아들이 있었는데, 두태후가 총애를 받으면서 전 왕후가 죽고 세 아들도 잇따라[更] 죽었기에 그래서 효경이 자리에 오를 수 있었다.

1) 【집해(集解)】『한서음의(漢書音義)』에서 말했다. "이름[諱]은 계(啓)다." 【정의(正義)】 시호법에 이르기를, "마땅함을 따르고 세상을 구제하는 것[繇義而濟]을 일러 경(景)이라고 한다"라고 했다.

원년 4월 을묘일에 천하를 사면했다. 을사일에 백성에게 작(爵) 1급씩을 내려주었다.

5월에 전조(田租)를 반으로 줄여주었고, 효문을 위해 태종(太宗) 사당을 세웠다. 신하들에게 조정에 들어와서 하례를 올리지[朝賀] 못 하게 했다. 흉노가 대(代)에 침입하자 화친을 약속했다.

2년 봄에 고(故) 상국 소하(蕭何)의 손자 계(係)를 봉해 무릉후(武陵侯)로 삼았다[1].

남자 나이가 20세가 되면 호적[傅]에 등록하게 했다[2].

4월 임오일에 효문(孝文)태후가 붕(崩)했다[3]. 광천(廣川)과 장사왕(長沙王)이 모두 봉국으로 갔다[4]. 승상 신도가(申屠嘉)가 졸했다.

8월에 어사대부 개봉후(開封侯) 도청(陶青)을 승상으로 삼았다. 혜성이 동북쪽에 나타났다. 가을에 형산(衡山)에 우박이 내렸는데[雨雹(우박)][5], 큰 것은 5촌이었고 2척이나 쌓였다. 화성[熒惑(형혹)]이 역행해 북극성을 지켰다[守(수)]. 달이 북극성 사이에서 나왔다. 목성[歲星(세성)]이 천정(天廷) 가운데를 역행했다. 남릉(南陵)과 내사(內史)를 두고 대우(祋祤)를 현으로 삼았다[6].

1) 【색은(索隱)】 서광(徐廣)이 말하기를 『한서(漢書)』에도 계(係)로 되어 있다고 했고, 추탄생(鄒誕生)의 본에는 혜(傒)로 되어 있는데 발음이 해(奚)라고 했다. 또 살펴보건대, 『한서』「공신표(功臣表)」와 「소하전(蕭何傳)」에는 모두 소하의 손자 가(嘉)를 봉했다고 했으니, 의심컨대 손자는 두 사람인 듯하다.

2) 【색은(索隱)】 순열(荀悅)이 말했다. "부(傅)란 정졸(正卒)이다." 소안(小顏-안사고)에 따르면 옛 법에 23세가 되면 호적에 등록하게 했다고 했으니, 지금은 고친 것이다.

3) 【색은(索隱)】 박(薄)태후다. 역시 지양(芷陽) 서쪽에 안장했는데, 소릉(少陵)이라고 불렀다.

4) 【색은(索隱)】 광천왕 팽조(彭祖)와 장사왕 발(發)은 모두 경제의 아들인데, 봉국으로 나아가게 한 것이다.

5) 【정의(正義)】 雨는 우(于)와 부(付)의 반절음이다.

6) 【집해(集解)】 서광(徐廣)이 말했다. "「지리지(地理志)」에 이르기를 문제 7년에 두었다고 했다." 배인(裴駰)이 살펴보건대, 「지리지」와 「백관표(百官表)」에 남릉현은 문제가 두었다고 했지만, 내사(內史)를 나눠 좌우로 삼고 대우(祋祤)를 현으로 삼은 것은 경제 2년이니, 모두 서(徐)가 말한 것과 같지 않다. 추탄생(鄒誕生)에 따르면, 祋의 발음은 도(都)와 회(會)의 반절음이고 발음은 정(丁)과 활(活)의 반절음이며, 祤의 발음은 우(羽)이고 또 후(詡-자랑하다)이다.

3년 정월 을사일에 천하를 사면했다. 장성(長星-혜성)이 서방에 나타났

다. 번개가 쳐서[天火(천화)][1] 낙양(雒陽) 동궁의 대전과 성루를 불태웠다[2]. 오왕(吳王) 비(濞)[3], 초왕(楚王) 무(戊)[4], 조왕(趙王) 수(遂)[5], 교서왕(膠西王) 앙(卬)[6], 제남왕(濟南王) 벽광(辟光)[7], 치천왕(菑川王) 현(賢)[8], 교동왕(膠東王) 웅거(雄渠)[9]가 반란을 일으키자, 군대를 서쪽으로 출동시켰다. 천자가 이 일로 조조(晁錯)를 주살하고 원앙(袁盎)을 보내 이를 알렸지만, 반란 세력은 멈추지 않고 드디어 서쪽으로 양(梁)나라[10]를 에워쌌다. 상이 마침내 대장군 두영(竇嬰)과 태위 주아부(周亞夫)를 보내 병사를 이끌고서 그들을 주벌하게 했다.

1) 【집해(集解)】 서광(徐廣)이 말했다. "『한지(漢志)』에는 이 표현이 없다."

2) 【집해(集解)】 서광(徐廣)이 말했다. "낙(雒)은 판본에 따라 회(淮)로 되어 있다." 【색은(索隱)】 『낙양 한서(雒陽漢書)』에는 회양(淮陽)이라고 되어 있으니, 화재가 있어 왕을 노(魯)로 옮겼다.

3) 【정의(正義)】 고조 형의 둘째 아들이다. 한나라 고조 12년에 봉해졌는데 (세워진 지) 33년 만에 반란을 일으켰다. 「연표(年表)」에 이르기를 오(吳)에 도읍했다고 했지만, 실은 강도(江都)에 있다.

4) 【정의(正義)】 고조 동생 초왕 교(交)의 손자로, 이어받은 지 21년 만에 반란을 일으켰다. 도읍은 팽성(彭城)이다.

5) 【정의(正義)】 고조 손자로 유왕(幽王) 우(友)의 아들이며, 이어받은 지 26년 만에 반란을 일으켰다. 도읍은 한단(邯鄲)이다.

6) 【정의(正義)】 고조의 손자이자 제 도혜왕의 아들이며 전 평창후(平昌侯)이니, 10년 만에 반란을 일으켰다. 도읍은 밀주(密州) 고밀현(高密縣)이다.

7) 【정의(正義)】 辟의 발음은 벽(璧)이다. 고조의 손자이자 제 도혜왕의 아들이며 전 늑후(扐侯)인데, 세워진 지 11년 만에 반란을 일으켰다. 『괄지지(括地志)』에서 말했다. "제남 고성(濟南故城)은 치천(淄川) 장산현(長山縣) 서북쪽으로 30리에 있다."

8) 【정의(正義)】 고조의 손자이자 제 도혜왕의 아들이며 전 무성후(武城侯)이니, 세워진 지 11년 만에 반란을 일으켰다. 도읍은 극(劇)이다. 『괄지지(括地志)』에서 말했다. "치주(菑州)의 현이다. 옛 극성(劇城)은 청주(青州) 수광현(壽光縣) 남쪽으로 30리에 있으며, 옛날의 기국(紀國)이다."

9) 【정의(正義)】 고조의 손자이자 제 도혜왕의 아들이며 전 백석후(白石侯)이니, 세워진 지 11년 만에 반란을 일으켰다. 도읍은 즉묵(卽墨)이다. 『괄지지(括地志)』에서 말했다. "즉묵 고성(卽墨故城)은 밀주(密州) 교수현(膠水縣) 동남쪽으로 60리에 있으니, 곧 교동국(膠東國)이다."

10) 【정의(正義)】 양(梁) 효왕(孝王)은 수양(睢陽)에 도읍했는데, 지금의 송주(宋州)이다.

6월 을해일에 달아난 반란군과 초 원왕(元王)의 아들 예(蓺)[1] 등 함께 모반한 자들을 사면했다. 대장군 두영을 봉해 위기후(魏其侯)[2]로 삼고, 초 원왕의 아들 평륙후(平陸侯) 유례(劉禮)를 세워 초왕으로 삼았다[3]. 황자 단(端)을 세워 교서왕(膠西王)으로 삼고, 황자 승(劉勝)을 중산왕(中山王)으로 삼았다. 제북왕(濟北王) 지(志)[4]를 옮겨 치천왕으로 삼고, 회양왕(淮陽王)[5] 여(餘)를 노왕(魯王)[6]으로 삼으며, 여남왕(汝南王)[7] 비(非)를 강도왕(江都王)[8]으로 삼았다. 제왕(齊王) 장려(將廬)[9]와 연왕(燕王) 가(嘉)[10]가 모두 홍(薨)했다[11].

1) 【정의(正義)】 蓺는 어(魚)와 예(曳)의 반절음이다. 글자는 또 예(藝)로도 쓰며, 발음도 같다.

2) 【정의(正義)】 「지리지(地理志)」에 이르기를, 위기(魏其)는 낭야(琅邪)에 속한다고 했다.

3) 【색은(索隱)】 위소(韋昭)가 말했다. "평륙은 서하(西河)의 현이다. 예(禮)는 곧 유향(劉向)의 종증조왕부(從曾祖王父)다." 【정의(正義)】 응소(應劭)가 말했다. "평륙

은 서하(西河)의 현이다."

4) 【정의(正義)】 濟의 발음은 자(子)와 예(禮)의 반절음이다. 제북국은 지금의 제주(濟州) 노현(盧縣)이니, 곧 제북왕이 도읍한 곳이다.

5) 【정의(正義)】 회양국은 지금의 진주(陳州)다.

6) 【정의(正義)】 노(魯)는 지금의 연주(兗州) 곡부현(曲阜縣)이다.

7) 【정의(正義)】 여남국은 지금의 예주(豫州)다.

8) 【정의(正義)】 강도국은 지금의 양주(揚州)다. 오왕 비가 도읍했던 곳인데, 반란을 일으켜 주살되고 나자, 경제가 고쳐서 강도국이라고 하고 황자 비(非)를 봉했다.

9) 【색은(索隱)】 제 도혜왕의 손자이자 제왕 양(襄)의 아들이다. 여(廬)는 『한서(漢書)』에는 여(閭)로 되어 있다. 【정의(正義)】 제국(齊國)은 청주(青州) 임치(臨淄)다. 장려는 「연표」에 제 도혜왕의 손자이자 양왕의 아들이라고 나와 있다.

10) 【색은(索隱)】 유택(劉澤)의 아들이다.

11) 【집해(集解)】 서광(徐廣)이 말했다. "「표(表)」에 이르기를, 5년에 훙(薨)했다고 했다."

4년 여름에 태자를 세웠다. 황자 철(徹)을 교동왕으로 삼았다. 6월 갑술일에 천하를 사면했다. 후(後) 9월에 익양(弋陽)을 양릉(陽陵)[1]으로 바꾸었다. 관문과 나루에 다시 초소를 두고 통행증[傳(전)]을 사용해 출입하도록 했다[2]. 겨울에 조(趙)나라를 한단군(邯鄲郡)[3]으로 삼았다.

1) 【정의(正義)】 『괄지지(括地志)』에서 말했다. "한나라 경제의 능인데, 옹주(雍州) 함양현(咸陽縣) 동쪽으로 30리에 있다." 살펴보건대 미리 수릉(壽陵)을 조성한 것이다.

2) 【집해(集解)】 응소(應劭)가 말했다. "문제 12년에 관문을 없앴고 통행증을 쓰지 않았는데, 이때 이르러 다시 통행증을 두었다. 7국이 반란을 했기 때문에 비

상사태에 대비하기 위함이었다." 장안(張晏)이 말했다. "전(傳)이란 신표이며, 통과할 때 필요한 것이다." 여순(如淳)이 말했다. "양면을 비단으로 만들어 그중 하나를 나눠 갖고서 관문을 출입할 때 합친 다음에야 마침내 통과할 수 있었으니, 그것을 전(傳)이라고 했다." 【색은(索隱)】 오늘날의 초소[過所(과소)]와 같다.

3) 【집해(集解)】 「지리지(地理志)」에 이르기를, 조나라는 경제에 의해 한단군이 되었다고 했다.

5년 3월에 양릉(陽陵)을 조성하고[1] 위수(渭水)에 다리를 만들었다.

5월에 사람들을 모아 양릉으로 이주시키고 20만 전을 주었다. 강도(江都)에 서쪽으로부터 큰 폭풍이 몰아쳐 와서 성벽 12장을 무너뜨렸다. 정묘일에 장공주(長公主)의 아들 진교(陳蟜)를 봉해 임려후(隆慮侯)[2]로 삼았다. 광천왕을 옮겨 조왕(趙王)으로 삼았다.

1) 【색은(索隱)】 경제가 미리 수릉(壽陵)을 조성한 것이다. 살펴보건대, 「조계가(趙系家)」에 따르면 조(趙) 숙후(肅侯) 15년에 수릉을 공사한 적이 있는데, 뒤에 그것을 이어서 드디어 조성한 것이다.

2) 【색은(索隱)】 (隆慮는) 발음이 임려(林閭)이니, (후한) 상제(殤帝)를 피휘해 고친 것이다.

6년 봄에 중위(中尉) 조관(趙綰)을 봉해 건릉후(建陵侯)[1]로 삼았고, 강도 승상 가(嘉)[2]를 건평후(建平侯)로, 농서(隴西)태수 혼야(渾邪)를 평곡후(平曲侯)[3]로, 조나라 승상 가(嘉)[4]를 강릉후(江陵侯)로, 전 장군 포(布)를 유후(鄃侯)로 삼았다.

양왕과 초왕이 모두 훙했다.

후 9월에 치도(馳道)의 가로수를 난지(蘭池)에 옮겨 심었다[殖(식)][5].

1) 【정의(正義)】『괄지지(括地志)』에서 말했다. "건릉고현(建陵故縣)은 기주(沂州) 승현(承縣) 경계에 있다."

2) 【집해(集解)】 서광(徐廣)이 말했다. "성은 정(程)이다."

3) 【정의(正義)】『괄지지(括地志)』에서 말했다. "평곡현(平曲縣) 고성(故城)은 영주(瀛州) 문안현(文安縣) 북쪽으로 70리에 있다."

4) 【집해(集解)】 서광(徐廣)이 말했다. "성은 소(蘇)다."

5) 【집해(集解)】 서광(徐廣)이 말했다. "식(殖)은 판본에 따라 전(埴)으로 되어 있다." 【정의(正義)】 치도는 천자의 길로 진시황이 처음 만들었는데, 3장(丈)짜리 나무를 심었다.

7년 겨울에 율태자(栗太子)를 폐해 임강왕(臨江王)[1]으로 삼았다. 12월 그믐날에 일식이 있었다. 봄에 양릉을 만든 죄수와 노예들의 죄를 면해주었다. 승상 청(靑)이 면직되었다.

2월 을사일에 태위 조후(條侯)[2] 주아부를 승상으로 삼았다.

4월 을사일에 교동왕의 태후를 세워 황후로 삼았다[3]. 정사일에 교동왕을 세워 태자로 삼으니, 이름은 철(徹)이다.

1) 【정의(正義)】 임강은 충주(忠州)의 현이다. 왕은 임강에 있었지만, 강릉(江陵)을 도읍으로 삼았다.

2) 【정의(正義)】 條는 전(田)과 조(彫)의 반절음이다. 글자를 조(蓧)로도 쓰는데, 발음은 똑같다.

3) 【색은(索隱)】 살펴보건대, 『계가(系家)』에 따르면 태후는 괴리(槐里) 사람으로 아버지는 중(仲)이고 오빠는 신(信)이며 개후(蓋侯)에 봉해졌다.

중(中) 원년에 전 어사대부 주하(周苛)[1]의 손자 평(平)[2]을 봉해 승후(繩侯)로 삼았고, 전 어사대부 주창(周昌)의 아들 좌거(左車)를 안양후(安陽侯)

로 삼았다.

4월 을사일에 천하를 사면하고 작위를 1등급씩 내려주는 한편 금고(禁錮)를 없앴다. 땅이 움직였다. 형산(衡山)과 원도(原都)에 우박이 떨어졌는데, 크기가 1척 8촌이나 되었다.

1) 【색은(索隱)】 주창(周昌)의 형이다.

2) 【집해(集解)】 서광(徐廣)이 말했다. "판본에 따라 응(應)으로 되어 있다."

중 2년 2월에 흉노가 연(燕)으로 쳐들어오니 드디어 화친이 깨졌다. 3월에 임강왕을 불러서 오게 했다. 곧바로 중위부(中尉府)에서 죽었다. 여름에 황자 월(越)을 광천왕(廣川王)으로, 황자 기(寄)를 교동왕(膠東王)으로 삼았다. 후 4명을 봉했다[1].

9월 갑술일에 해가 먹혔다[日食(일식)=日蝕(일식)].

1) 【집해(集解)】 문영(文穎)이 말했다. "초나라 승상 장상(張尙), 태부 조이오(趙夷吾), 조나라 승상 건덕(建德), 내사(內史) 왕한(王悍)이다. 이 네 사람은 각각 자기 왕에게 간언해 반란을 해서는 안 된다고 했으나 들어주지 않고 모두 죽였기에, 그래서 그 아들들을 봉해준 것이다." 【색은(索隱)】 위소(韋昭)가 말했다. "장상의 아들은 당거(當居), 조이오의 아들은 주(周), 건덕의 아들은 횡(橫), 왕한의 아들은 기(棄)다."

중 3년 겨울에 제후국의 어사중승(御史中丞)을 폐지했다. 봄에 흉노의 왕 2인이 무리를 이끌고 항복하니, 모두 봉해 열후로 삼았다[1]. 황자 방승(方乘)을 세워 청하왕(淸河王)으로 삼았다.

3월에 혜성이 서북쪽에 나타났다. 승상 주아부를 면직시키고 어사대부 도후(桃侯) 유사(劉舍)를 승상으로 삼았다.

4월에 지진이 일어났다.

9월 무술일 그믐날에 해가 먹혔다. 동도문(東都門) 밖에 군대를 주둔시켰다[2].

1) 【정의(正義)】『한서(漢書)』「표(表)」에 이르기를, 중 3년에 안릉후(安陵侯) 자군(子軍), 환후(桓侯) 사(賜), 주후(遒侯) 육강(陸彊), 용성후(容城侯) 서로(徐盧), 이후(易侯) 복일(僕日), 범양후(范陽侯) 대(代), 흡후(翕侯) 한단(邯鄲) 등 7명이 흉노왕으로서 항복해오자 모두 봉해 열후로 삼았다고 했다. 살펴보건대, 먼저 언급한 2인은 흉노의 왕으로서 가장 먼저 항복해온 사람들이다.

2) 【집해(集解)】 살펴보건대, 『삼보황도(三輔黃圖)』에 따르면 동북쪽으로 나가는 첫 번째 문을 선평문(宣平門), 그 바깥(의 문들)을 동도문(東都門)이라고 했다. 【색은(索隱)】 살펴보건대 『삼보황도』에 이르기를 동북쪽으로 나가는 첫 번째 문을 선평문(宣平門), 그 바깥(의 문들)을 동도문(東都門)이라고 했다.

중 4년 3월에 덕양궁(德陽宮)[1]을 두었다. 메뚜기 떼로 큰 피해가 있었다. 가을에 양릉을 조성한 죄수들을 사면했다.

1) 【집해(集解)】 신찬(臣瓚)이 말했다. "이는 경제의 사당[廟(묘)]이다. 제(帝)가 스스로 지었기 때문에 피휘해서 사당이라 하지 않고 궁이라 한 것이다. 『서경 고사(西京故事)』에 이르기를, 경제의 사당을 덕양궁이라 불렀다고 한다."

중 5년 여름에 황자 순(舜)을 세워 상산왕(常山王)으로 삼고, 후 10명을 봉했다[1].

6월 정사일에 천하를 사면하고 작위를 1등급씩 내려주었다. 천하에 큰 물난리가 났다[大潦(대료)]. 고쳐 명하여 제후국의 승상을 '상(相)'으로 바꾸도록 했다. 가을에 땅이 움직였다.

1) 【정의(正義)】 혜제와 경제 연간의 「표(表)」에 따르면 아곡후(亞谷侯) 노타지(盧他之), 융로후(隆盧侯) 진교(陳橋), 승지후(乘氏侯) 유매(劉買), 환읍후(桓邑侯) 유명(劉明), 개후(蓋侯) 왕신(王信)이니, 살펴보건대 이 5명이 중원(中元) 5년에 봉해졌고 나머지는 알 수 없다. 중원 3년에 흉노왕 2명이 투항해오자 봉해서 열후로 삼았다. 혜제와 경제 연간의 「표(表)」에 따르면 흉노왕으로서 투항해 후가 된 자가 7명이 있는데, 아마도 그중 5명이 이 10후에 포함된 것 같다.

중 6년 2월 기묘일에 옹(雍)에 행차해 오제에게 교(郊)제사를 올렸다. 3월에 우박이 내렸다. 4월에 양(梁) 효왕(孝王)[1], 성양(城陽) 공왕(共王)[2], 여남왕(汝南王)이 모두 훙했다. 양 효왕의 아들 명(明)을 세워 제천왕(濟川王)[3]으로 삼고 아들 팽리(彭離)를 제동왕(濟東王)[4]으로, 아들 정(定)을 산양왕(山陽王)[5]으로, 아들 유불식(不識)을 제음왕(濟陰王)[6]으로 삼았다. 양나라를 나눠 5개로 만든 것이다. 후 4명을 봉했다.

1) 【정의(正義)】 도읍은 수양(睢陽)이니, 지금의 송주(宋州)다.

2) 【정의(正義)】 성양은 지금의 복주(濮州) 뇌택현(雷澤縣)으로, 옛날의 성양이다. 시호법에, 옛일을 엄격하게 공경하는 것[嚴敬故事]을 공(恭)이라 한다고 했다.

3) 【정의(正義)】 「표」에 따르면, 양(梁)을 나눠서 둔 것이다.

4) 【정의(正義)】 「표」에 따르면, 양(梁)을 나눠서 둔 것이다.

5) 【정의(正義)】 「지리지(地理志)」에 따르면, 경제 중 6년에 별도로 산양국(山陽國)으로 삼았는데, 연주(兗州)에 속한다.

6) 【정의(正義)】 「지리지(地理志)」에 따르면, 경제 중 6년에 별도로 제음국(濟陰國)으로 삼았는데, 연주(兗州)에 속한다. 살펴보건대, 지금의 조주(曹州)가 이곳이다.

명을 고쳐[更命] 정위(廷尉)를 대리(大理)로, 장작소부(將作少府-토목 담

당)를 장작대장(將作大匠)**으로, 주작중위**(主爵中尉)[1]**를 도위**(都尉)**로, 장신첨사**(長信詹事)[2]**를 장신소부**(長信少府)[3]**로, 장행**(將行)**을 대장추**(大長秋)[4]**로, 대행**(大行)**을 행인**(行人)[5]**으로, 봉상**(奉常)**을 태상**(太常)[6]**으로, 전객**(典客)**을 대행**(大行)[7]**으로, 치속내사**(治粟內史)[8]**를 대농**(大農)**으로 바꿨다. 대내**(大內)[9]**를 2,000석**(二千石)**으로 하고 좌우 내관**(內官)**을 두어 대내에 소속시켰다**[10].

7월 신해일에 해가 먹혔다.

8월에 흉노가 상군(上郡)**에 들어왔다.**

1) 【집해(集解)】『한서(漢書)』「백관표(百官表)」에서 말했다. "주작중위는 진나라 관직으로, 열후를 관장한다."

2) 【집해(集解)】『한서(漢書)』「백관표(百官表)」에서 말했다. "첨사는 진나라 관직으로, 황후와 태자의 가족을 관장한다." 응소(應劭)가 말했다. "첨(詹)이란 '살피다[省(성)]', '지급하다[給(급)]'라는 뜻이다." 신찬(臣瓚)이 말했다. "『무릉서(茂陵書)』에 따르면, 첨사의 작질은 2,000석이다."

3) 【집해(集解)】장안(張晏)이 말했다. "태후가 거처하는 궁으로써 이름을 삼았으니, 장신궁은 곧 장신소부가 되었고 장락궁(長樂宮)은 곧 장락소부가 되었다."

4) 【집해(集解)】『한서(漢書)』「백관표(百官表)」에서 말했다. "장행은 진나라 관직이다." 응소(應劭)가 말했다. "장추란 황후를 담당하는 경(卿)이다."

5) 【집해(集解)】복건(服虔)이 말했다. "천자가 죽었는데 아직 시호가 없을 때 대행(大行)이라고 부른다." 진작(晉灼)이 말했다. "예법에 대행·소행(小行)이 있는데, 시관(諡官)을 주관하기 때문에 이것으로써 이름을 지은 것이다." 여순(如淳)이 말했다. "다시 되돌릴 수 없다는 말이다[不反之辭(불반지사)]." 신찬(臣瓚)이 말했다. "대행은 관직 이름으로, 아홉 가지 의례의 제도를 담당하며 제후들을 접대한다." 【색은(索隱)】살펴보건대, 정현(鄭玄)이 말했다. "명(命)을 받은 사람이 다섯이니 공·후·백·자·남이고, 작(爵)을 받은 사람이 넷이니 고(孤)·경(卿)

·대부(大夫)·사(士)다. 이렇게 해서 모두 아홉이다."

6) 【집해(集解)】 『한서(漢書)』 「백관표(百官表)」에서 말했다. "봉상은 진나라 관직으로, 종교와 예의(禮儀)를 관장한다."

7) 【색은(索隱)】 위소(韋昭)가 말했다. "대행은 관직 이름으로, 진나라 때는 전객이라고 했고 경제가 처음으로 대행이라고 고쳤다가 뒤에 다시 대홍려(大鴻臚)로 고쳤으며 무제(武帝)가 이어받아 고치지 않았다. 그래서 『한서(漢書)』 「경기(景紀-경제기)」에도 대홍려라는 말이 있다. 「백관표(百官表)」에서는 또 무제가 이름을 대홍려로 바꿨다고 했다. 홍(鴻)은 소리만 있는 것이고 여(臚)란 살가죽[附皮]이란 뜻이니, 사방 오랑캐의 빈객을 담당하는 것이 마치 피부가 몸 바깥에 있는 것과 같아서 그렇게 말한 것이다. 또한 대행령(大行令)이 있었는데, (오랑캐 지역의) 제후가 홍하면 대홍려가 시호를 아뢰었고 열후가 홍하면 대행이 제문[誄]을 아뢰었다." 살펴보건대, 이 대행령은 곧 홍려의 속관이다.

8) 【집해(集解)】 『한서(漢書)』 「백관표(百官表)」에서 말했다. "치속내사는 진나라 관직으로, 곡물과 재물을 관장했다."

9) 【집해(集解)】 대내는 경사(京師)의 창고를 담당했다.

10) 【색은(索隱)】 천자의 사사로운 재물을 주관하는 것을 소내(少內)라고 하는데, 소내는 대내에 속했다.

후(後) 원년 겨울에 명을 고쳐 중대부령(中大夫令)을 위위(衛尉)로 바꿨다[1]. 3월 정유일에 천하를 사면하고 작위를 1등급씩 내려주었으며, 중 2,000석과 제후국의 상(相-재상)에게 우서장(右庶長) 작위를 주었다. 4월에 천하 사람들이 모여서 술을 마실 수 있게 했다.

5월 병술일(丙戌日)[2]에 땅이 움직였고, 그날 아침 식사 무렵에 다시 움직였다. 상용(上庸)에서는 22일 동안 땅이 흔들리고 성 담벼락이 무너졌다. 7월 을사일에 해가 먹혔다. 승상 유사(劉舍)가 면직되었다. 8월 임진일에 어

사대부 관(綰)[3]을 승상으로 삼고 건릉후(建陵侯)에 봉했다.

1) 【집해(集解)】『한서(漢書)』「백관표(百官表)」에서 말했다. "위위는 진나라 관직으로, 궁궐문과 둔병 호위를 관장했다. 경제 초에 중대부로 고쳤다가, 다시 후원년에 위위라고 했다."
2) 【집해(集解)】 서광(徐廣)이 말했다. "병(丙)은 판본에 따라 갑(甲)으로 되어 있다."
3) 【색은(索隱)】 성은 위(衛)다.

후 2년 정월에 땅이 하루에 세 번 움직였다. 질장군(郅將軍)이 흉노를 쳤다[1]. 닷새 동안 모여서 술을 마실 수 있게 했다. 내사군(內史郡)의 말들에게 곡식을 먹이지 못하게 하고, (이를 어기면) 관에서 (말을) 몰수했다. 죄수와 노예에게는 칠종포(七緵布)[2]라는 옷을 입게 했다. 말을 이용해서 곡식을 찧는 것[馬舂(마용)] 못 하게 했다[3]. 수확이 좋지 않아[不登(부등)] 천하에 내년 수확 때까지 식량을 다 먹지 못하도록 금했다. 열후를 줄여서 자기 봉국으로 돌아가도록 했다[4].

3월에 흉노가 안문(雁門)에 쳐들어왔다.

10월에 장릉(長陵)의 밭을 경작할 수 있게 빌려주었다. 큰 가뭄이 들었고, 형산국(衡山國), 하동(河東), 운중(雲中)의 백성 사이에 전염병이 돌았다[疫(역)].

1) 【정의(正義)】 郅은 진(眞)과 율(栗)의 반절음이다. 「질도전(郅都傳)」에 이르기를, 흉노가 각목으로 질도를 겨냥해 던졌으나 맞히지 못했다고 한다.
2) 【색은(索隱)】 칠종이란 대개 지금의 칠승포(七升布)인데, 그만큼 거친 것이다. 그래서 영을 내려 그것을 입게 한 것이다. 【정의(正義)】 衣는 어(於)와 기(旣)의 반절음이고 緵은 조(祖)와 공(工)의 반절음이다. 종(緵)은 80루(縷-가닥)이며, 포(布-베)와 비슷하다. 칠승포는 560가닥을 쓴다.

3) 【색은(索隱)】 사람들이 말을 이용해서 곡식 찧는 것을 금지한 이유는 이해에 흉년이 들었기 때문이다.

4) 【집해(集解)】 진작(晉灼)이 말했다. "「문기(文紀-효문본기)」에 따르면, 열후들을 내보내 봉국으로 가게 했는데 지금 다시 열후를 줄인 것이다."

후 3년 10월에 해와 달이 모두 먹혀 닷새 동안 붉은색이었다. 12월 그믐날에 우레가 치고[雷][1] 해가 보랏빛처럼 되었다. 오성(五星)이 거꾸로 운행해 태미원(太微垣) 자리를 지켰고, 달은 천정(天庭)[2] 가운데를 뚫고 지나갔다.

정월 갑인일에 황태자가 관례(冠禮)를 치렀다.

갑자일에 효경황제(孝景皇帝)가 붕(崩)했다[3]. 제후왕에서 백성까지 아비의 뒤를 이은 사람에게 작위 1등급씩을 내리고 천하의 집집마다 100전을 내리라는 유조가 있었다. 궁중 궁인들을 집으로 돌려보내고 모든 세금과 부역을 면제해주었다. 태자가 자리에 나아가니, 이 사람이 효무황제(孝武皇帝)다[4].

3월에 황태후 동생 분(蚡-전분)을 봉해 무안후(武安侯)로 삼았고, 동생 승(勝)을 주양후(周陽侯)로 삼았다[5]. (경제를) 양릉(陽陵)에 안장했다[置(치)=葬(장)].

1) 【집해(集解)】 서광(徐廣)이 말했다. "판본에 따라 뇌(雷)로 되어 있거나 도(圖)로 되어 있는데, 어느 것이 맞는지는 알 수 없다."

2) 【색은(索隱)】 천정이란 곧 용성(龍星)의 우각(右角)이다. 살펴보건대, 『석씨성전(石氏星傳)』에서 말했다. "용의 좌각에 있는 것을 천전(天田), 우각에 있는 것을 천정(天廷)이라고 한다."

3) 【집해(集解)】 황보밀(皇甫謐)이 말했다. "제(帝)는 효혜 7년에 태어났으니, 나이 48세였다."

4) 【집해(集解)】『한서(漢書)』에서 말했다. "2월 계유일에 제가 양릉에 안장되었다." 황보밀(皇甫謐)이 말했다. "양릉산은 사방 120보이고 높이는 14장(丈)이며 장안에서의 거리가 4리다."

5) 【집해(集解)】 소림(蘇林)이 말했다. "蚡의 발음은 분(鼢-두더쥐)이다." 【색은(索隱)】 살펴보건대, 「외척 세가(外戚世家)」에 따르면 황태후의 어머니 장씨(臧氏)는 처음에 왕씨(王氏)의 빈(嬪)이 되어 아들 신(信)을 낳았고, 과부가 되자 개가해서 장릉(長陵) 전씨(田氏)와의 사이에서 분(蚡-두더쥐)과 승(勝)을 낳았다.

태사공(太史公)이 말한다.

"한(漢)나라가 일어나고 효문(孝文)이 큰 다움[大德(대덕)]을 베풀자, 천하는 (그의 임금다움을) 흠모하며 안정되었고, 효경(孝景)에 이르러 더는 성(姓)이 다른 제후들을 걱정하지 않아도 되었다[1]. 그런데 조조(鼂錯)가 제후들의 땅을 각박하게 깎아내자[刻削(각삭)] 드디어 7국이 함께 일어나서 합종(合從)해 서쪽으로 쳐들어왔다. 제후들이 크게 일어났던 것은 조조가 점진적 방법[漸(점)]으로 대처하지 않았기 때문이요 주보언(主父偃, ?~기원전 126년)[2]의 말[3]을 따르자, 제후들이 약해져서 결국 안정을 되찾게 되었다. 안정과 위태로움의 기틀[安危之機(안위지기)]이 어찌 이에 달려 있지 않겠는가?"[4]

1) 왕조가 바뀔 우려가 없어졌다는 말이다.

2) 처음에 종횡술(縱橫術)을 배웠다가 나중에 『역(易)』과 『춘추(春秋)』 등 백가(百家)의 사상을 배웠다. 무제(武帝) 원광(元光) 때 장안(長安)에 와서 글을 올려 일에 대해 논했는데, 제후왕(諸侯王)의 세력을 깎고 약화하면서 추은(推恩)을 명분으로 자제들에게 분봉(分封)해 후(侯)로 삼으라고 주장했으며, 또 삭방군(朔方郡)을 두어 흉노(匈奴)에 대항하라고 건의했다. 모두 무제가 받아들여 낭중(郎中)에 올랐고, 한 해 동안 네 번 승진해 중대부(中大夫)가 되었다. 원삭(元朔) 2년(기원전 128년)에 외직으로 나가 제왕(齊王)의 상(相)이 되었는데, 나중에 제왕과 누이의 간사한 일을 알려 제왕이 자살하게 했고 그 역시 족주(族誅) 당했다.

3) **【색은(索隱)】** 주보언이 말씀을 올리기를, 지금 천자께서 추은령(推恩令)을 내려 제후들로 하여금 각자 나눠 그 자제들에게 봉읍을 주게 한다면 이에 드디어 (제후의 세력이) 약해져서 마침내 안정될 것이라고 했다.

4) **【색은술찬(索隱述贊)】** 경제는 제위에 나아가[景帝卽位]/선대의 정사 이어받으며 고요하고 다른 말이 없었다네[因脩靜默]/백성 농사에 힘쓰게 하고[勉人於農]/아랫사람을 다움으로 이끌었도다[率下以德]/제도가 이에 새로 생겨나고[制度斯創]/예와 법이 따를 만했네[禮法可則]/오나라와 초나라가 하루아침에 일어나니[一朝吳楚]/순식간에 흉악함과 사특함이 휩쓸었구나[乍起凶慝]/작은 데서 틈이 생기니[提局成釁]/어느새 의혹은 걷잡을 수 없이 커졌도다[拒輪致惑]/조조가 비록 주살되었어도[鼂錯雖誅]/양나라 성은 되찾지 못했다네[梁城未克]/조후가 장수가 되어 출정하니[條侯出將]/추격하고 내몰아 북쪽으로 쫓아버렸도다[追奔逐北]/죄수들 목매달고 묵형하며[坐見梟剠]/큰 죄수는 목 잘랐네[立翦牟賊]/태위는 어찌 되었던가[如何太尉]/끝내 옥에 내려졌도다[後卒下獄]/애석하도다 눈 밝은 임금이여[惜哉明君]/이에 그 일은 기록하지 않았도다[斯功不錄]!

본기(本紀)

권12 효무본기(孝武本紀) 제12

권12 효무본기(孝武本紀) 제12[1)]

효무황제(孝武皇帝)[2)]는 효경(孝景)의 가운데 아들[3)]이다. 어머니는 왕태후(王太后)다. 효경 4년에 황자로서 교동왕(膠東王)이 되었다. 효경 7년에 율태자(栗太子)가 폐위되어 임강왕(臨江王)이 되자 교동왕을 태자로 삼았다. 효경이 16년에 붕(崩)하자 태자가 자리에 나아가니, 이 사람이 효무황제다[4)]. 효무황제는 처음 자리에 나아가서 귀신에 대한 제사를 더욱 삼가며 지냈다.

1) 【집해(集解)】「태사공자서(太史公自序)」에서 "금상본기(今上本紀)를 짓는다"라고 했고 또 일을 서술할 때는 모두 "금상(今上)" "지금의 천자[今天子(금 천자)]"라고 했으니, 지금 간혹 효무제(孝武帝)로 되어 있는 곳은 모두 뒷사람들이 그렇게 한 것이다. 장안(張晏)이 말했다. "「무기(武紀)」는 저선생(褚先生)이 보완해서 지은 것이다. 저선생의 이름은 소손(少孫)이고, 한나라 박사이다." 【색은(索隱)】 저선생은 『사기(史記)』를 보완하고 무제의 일을 모아서 편년(編年)에 따라 합치고 정리했는데, 다만 「봉선서(封禪書)」만을 취해서 보충했으니 실로 그의 재주가 옅다고 할 것이다. 또 장안이 말했다. "저선생은 영천(潁川) 사람으로, 원제와 성제[元成(원성)] 연간에 벼슬했다." 위릉(韋稜)이 말했다. "『저의가전(褚顗家傳)』에 따르면, 저소손은 양나라 재상 저대제(褚大弟)의 손자로 선제(宣帝) 때 박사가 되었다. 패(沛)에서 우거(寓居)하다가 대유학자 왕식(王式)을 섬겨 칭호를 선생(先生)이라고 했으며, 태사공의 글을 보완하는 일을 했다." 완효서(阮孝緒, 479~536년)도 그렇다고 보았다.

2) 【집해(集解)】 『한서음의(漢書音義)』에서 말했다. "이름[諱]은 철(徹)이다." 【색은(索隱)】 배인(裴駰)이 말했다. "「태사공자서(太史公自序)」에 이르기를 '금상본기(今上本紀)를 짓는다'라고 했고 또 일을 서술할 때는 모두 '금상', '지금의 천자[今天子]'라고 했으니, 지금 간혹 '효무제(孝武帝)'로 되어 있는 곳은 모두 뒷사람들이 그렇게 한 것이다." 【정의(正義)】 시호법에 이르기를 "능히 화란을 평정한 것[克定禍亂]을 일러 무(武)라고 한다"라고 했다.

3) 【색은(索隱)】 살펴보건대, 「경십삼왕전(景十三王傳)」에 따르면 광천왕(廣川王) 이상은 모두 무제의 형인데 하간왕(河間王) 덕(德)부터 광천까지가 모두 8명이니, 그렇다면 무제는 아홉 번째 아들이다.

4) 【집해(集解)】 장안(張晏)이 말했다. "무제는 경제 원년에 태어나 7세에 태자가 되었고, 태자가 된 지 10년 만에 제가 붕했으니 이때 (무제의) 나이 16세였다."

원년(元年)에 한나라가 일어난 지 이미 60여 년이 지나면서[1] 천하가 다스려지고 안정되자[乂安=治安][2], 고위 관리[薦紳=縉紳][3]의 부류들은 모두 천자가 (하늘과 땅에 제사를 드리는) 봉선(封禪)을 행하고 달력과 복장의 색깔 등 제도를 바꿔 바로잡기를 희망했다. 상이 유술(儒術-유학)을 좋아해[鄉=嚮][4] 뛰어나고 훌륭한 선비[賢良]들을 초빙하자 조관(趙綰)·왕장(王臧) 등이 문학(文學-유학)으로 공경(公卿)이 되었는데, 이들은 옛날처럼 성 남쪽[5]에 명당(明堂)[6]을 세워서 제후들의 조회를 받는 일을 (하고 싶어서 이에 관해) 토의하고 싶어 했다. (또) 순수(巡狩)와 봉선, 달력과 복장의 색깔에 대한 개정 같은 일들을 초안했으나 실행에 이르지는 못했다. 때마침 두태후(竇太后)가 황로(黃老)의 학설에 익숙하고[治=習] 유술을 좋아하지 않았기 때문에, 몰래 사람을 시켜 조관 등이 사사로운 이익[姦利]을 취한 일로써[7] 관(綰)과 장(臧)을 불러 조사하니 관과 장은 자살했고[8] (그 바람에) 그들이 일으키려 했던 각종 일은 모두 폐기되었다.

1) 【집해(集解)】 서광(徐廣)이 말했다. "67년이고, 그해는 신축년(辛丑年)이다."

2) 【정의(正義)】 乂의 발음은 어(魚)와 폐(廢)의 반절음이다.

3) 【색은(索隱)】 앞 글자의 발음은 (천이 아니라) 진(搢)이다. 진(搢)이란 '꽂다[挺]'라는 뜻이다. 이는 관복의 큰 띠[紳帶] 사이에 홀(笏)을 꽂는다는 말로, 이 일은 『예기(禮記)』「내칙(內則)」편에 나온다. 지금 천(薦)이라고 한 것은 옛글자의 가차(假借)일 뿐이다. 『한서(漢書)』에는 진신(縉紳)이라고 되어 있다. 신찬(臣瓚)이 말하기를 "진(縉)은 분홍색[赤白色]이다"라고 했는데, 틀렸다.

4) 그 방향으로 마음이 쏠렸다는 뜻이다.

5) 【색은(索隱)】 성 남쪽이란 장안성 남문 밖이다. 살펴보건대, 『관중기(關中記)』에 이르기를 명당(明堂)은 장안 성문 밖에 있으며 두문(杜門)의 서쪽이라고 했다.

6) 임금이 신하들의 조회(朝會)를 받는 정전(正殿)을 말한다.

7) 【집해(集解)】 서광(徐廣)이 말했다. "시시콜콜하게 사찰한 것이다."

8) 【정의(正義)】 『한서(漢書)』에 따르면, 어사대부 조관(趙綰)이 태황태후에게는 조정의 일을 아뢰지 말 것을 청했다가 죄를 입어 낭중령 왕장(王臧)과 함께 감옥에 내려졌다가[下獄] 자살했다. 응소(應劭)가 말했다. "왕장은 유자(儒者)이기에 명당(明堂)과 벽옹(辟雍)을 세우고 싶어 했고, 태후는 평소 황로술(黃老術-노장사상 계통)을 좋아했기에 오경(五經)에 대해 부정적이었다. 그래서 태후에게는 정사를 아뢰지 말라고 청했다가 태후가 크게 화를 내는 바람에 죽게 되었던 것이다."

후(後) 6년에 두태후가 붕(崩)하자, 그 이듬해에 상(上)이 문학 하는 선비 공손홍(公孫弘, 기원전 200~121년)[1] 등을 불러들였다.

1) 집안이 가난해서 40세에야 『춘추(春秋)』를 익혔고, 기원전 140년(무제 1년) 현량(賢良)으로 추천되어 박사(博士)에 올랐다가 관직에서 물러났다. 기원전 130년(원광(元光) 5년) 다시 현량

으로 추천되었고, 문학 시험에 장원해서 박사가 되었다. 내사(內史) 어사대부(御史大夫)를 역임하고서 기원전 124년(원삭(元朔) 5년) 승상(丞相)이 되고 평진후(平津侯)에 봉해졌다. 평민 출신으로 최초의 승상봉후(丞相封侯)였다. 기원전 122년(원수(元狩) 1년) 회남왕(淮南王)과 형산왕(衡山王)이 반란을 일으키자, 그 책임을 지고 사임하려 했으나 받아들이지 않아 유임했다. 이듬해 병사했다.

이듬해 상이 처음으로 옹(雍)에 이르러 오치(五畤)에서 교(郊)제사를 올렸다[1]. 그 후로 늘 3년에 한 번씩 교제사를 지냈다.

이때 상이 신군(神君)을 구해[2] 상림원(上林苑)의 제씨관(蹏氏觀)[3]에 그를 모셨다. 신군이란 자식을 낳다가 죽은 장릉(長陵)의 여자인데, 비탄에 빠져서 동서[先後]인 원약(宛若)의 몸으로 현신했다[4]. 원약이 죽은 그녀를 자기 집에다 모셔놓고 제사를 올리자, 많은 사람이 가서 그곳에서 제사를 지냈다. 평원군(平原君)[5]도 가서 제사를 지냈는데, 그 후에 자손들이 존귀해지고 현달했다. 무제가 즉위한 뒤에 궁 안에 원약을 모셔놓고 두터운 예물로 제사를 지냈는데, 말소리만 들리고 그 모습은 보이지 않았다고 한다[云].

1) 【정의(正義)】 畤의 발음은 지(止)다. 『괄지지(括地志)』에서 말했다. "한나라 오제(五帝)의 치(畤)는 기주(岐州) 옹현(雍縣) 남쪽에 있다. 맹강(孟康)이 말하기를, 치란 신령이 머물러 있는 곳이라고 했다." 살펴보건대 오치란 부치(鄜畤), 밀치(密畤), 오양치(吳陽畤-상치와 하치), 북치(北畤)다. 이에 앞서 진나라 문공(文公)이 부치를 만들어 백제(白帝)에 제사를 지냈고, 진(秦) 선공(宣公)이 밀치를 만들어 청제(青帝)에 제사를 지냈으며, 진(秦) 영공(靈公)이 오양상치(吳陽上畤)와 하치(下畤)를 만들어 적제(赤帝)와 황제(黃帝)에 제사를 지냈고, 한(漢)고조(高祖)가 북치를 만들어 흑제(黑帝)에 제사를 지냈다. 이것이 오치다.

2) 【정의(正義)】 『한무제고사(漢武帝故事)』에서 말했다. "백량대(柏梁臺)를 세워 신

군(神君)을 거기에 모셨는데, 장릉 여자다. 이에 앞서, 시집가서 한 사내의 아내가 되어 아들 하나를 낳았으나 몇 년 후에 죽어버리니 여자가 애통해하다가 1년도 안 되어 그녀 또한 죽었고, 드디어 동서인 원약(宛若)으로 환생했다. 많은 백성이 가서 복을 빌었고, 찾아간 사람들은 작은 일들에서 효험을 얻었다. 평원군 역시 그를 섬겼는데, 뒤에 자손들이 존귀해졌다. 상이 즉위하게 되자 태후가 궁중에 불러 제사를 지냈는데, 그 소리는 들렸지만, 그 사람은 볼 수가 없었다. 이때에 이르러 신군을 얻게 되자 백량대를 지어 모시게 된 것이다. 애초에 곽거병(霍去病)이 한미하던 시절 그 자신이 신군에게 빌었는데, 그 모습을 보게 되자 스스로 꾸미고 나와서 거병과 교접하려 했으나 거병이 기꺼워하지 않으면서 신군에게 말했다. '나는 신군이 정결(精潔)하다고 여겨 재계를 하고 복을 빌었는데, 지금 이리 음란하니 이는 잘못된 것이오.' 스스로 끊어버리고 더는 가지 않으니, 신군이 부끄러워서 마침내 떠나가 버렸다."

3) 【집해(集解)】 서광(徐廣)이 말했다. "虒의 발음은 제(蹄-발굽)다." 【색은(索隱)】 서광은 발음이 제(蹄)라고 했고 추탄(鄒誕)은 발음이 사(斯)이고 또한 제(蹄)라고 했으니, 관(觀)[탑처럼 생긴 건물인 대(臺)를 말한다.]의 이름이다.

4) 【집해(集解)】 "아이를 낳고 젖을 주다가 죽었다. 형제간 부인들을 서로 '선후'라고 부른다. 원약은 자(字)다." 【색은(索隱)】 선후(先後)에 대해 추탄(鄒誕)은 발음이 두 글자 모두 거성(去聲)이라고 했으니, 곧 지금의 축리(妯娌-동서)다. 맹강은 형제의 부인들이 서로를 부르는 것이라고 했고, 위소(韋昭)는 손위 동서가 사(姒)이고 손아랫동서는 제(娣)라고 했다. 宛의 발음은 (완이 아니라) 원(冤)이다.

5) 【집해(集解)】 서광(徐廣)이 말했다. "무제의 외할머니다." 배인(裴駰)이 살펴보건대, 채옹(蔡邕)이 말했다. "이성(異姓)의 부녀자로서 은택에 의해 봉해진 자를 군(君)이라고 하는데, 예우는 장공주(長公主)에 준했다." 【색은(索隱)】 살펴보건대, 서(徐)가 무제의 외할머니라고 했으니 그렇다면 이는 장아(臧兒)다.

이때 또한 이소군(李少君)이 부엌신[竈]1)에 제사를 지내, 복을 얻는 방술과 (곡기를 끊어 선인(仙人)이 되는) 곡도(穀道)2)와 (늙는 것을 물리치는) 각로(卻老)의 방술로써 상을 알현하자, 상이 그를 높여주었다. 소군(少君)이란 자는 옛 심택후(深澤侯)3)의 가인으로 처방과 약을 잘 다뤘는데[主方]4), 그는 자기의 나이와 출생과 성장 내력을 감추고는 항상 자신이 70세라고 하면서 여러 (이상한) 물건[物]5)을 부릴 수 있고 늙는 것을 물리칠 수 있다[却老]라고 했다. 그는 방술을 통해 제후들을 두루 만나고 다녔는데, 아내와 자식이 없었다. 그가 귀신을 부리고 죽지 않게 한다는 소문을 듣고는 사람들이 줄을 지어[更] 재물을 가져다주었으므로 항상 금전과 비단, 옷과 음식이 남아돌았다. 사람들은 모두 그가 생업의 방도를 세우지 않아도 여유롭다고 생각해, 그가 어떤 사람인지도 모르면서 더욱 믿고 다퉈 그를 섬겼다. 소군은 자질이 방술에 뛰어났고 교묘한 말을 잘했는데, 신기하게도 그것들이 적중했다6). 일찍이 무안후(武安侯)7)을 따라 잔치에 갔을 때 그 자리에 90세가 넘는 노인이 있었는데, 소군이 마침내 그 노인이 할아버지와 함께 놀며 사냥했던 곳을 말했다. 노인이 아이였을 때 할아버지를 따라갔던 그 장소를 알아맞히자, 자리에 있던 사람들이 모두 깜짝 놀랐다. 소군이 상을 알현했을 때, 상이 오래된 구리그릇을 가지고 있다가 소군에게 물었다. 소군이 답했다.

"이 그릇은 제나라 환공 10년에 백침(柏寢)8)에 진열했던 것입니다."

잠시 뒤에 새겨진 글자를 검사해보니 과연 제나라 환공의 그릇이었다. 궁 안 사람들이 모두 소스라치면서, 소군을 신으로 여기며 그가 몇백 살은 되었을 것이라 여겼다.

소군이 상에게 말했다.

"부엌신에게 제사를 올리면 물건[物]9)을 마음대로 부릴 수 있습니다. 붉은빛 모래[丹沙]를 황금으로 바꿀 수도 있으니, 그것으로 그릇을 만들면 수명도 늘어나고 봉래산 신선도 볼 수 있습니다. 이 신선을 본 다음에 봉선(封

禪)을 올리면 결코 죽지 않으니, 황제(黃帝)가 바로 이런 분이십니다. 신이 일찍이 해변을 거닐다가 안기생(安期生)[10]을 만났는데, 그가 신에게 먹으라고 준 대추는 크기가 참외만 했습니다. 안기생은 신선이므로 봉래산 속을 왕래할 수 있는데, 기운이 사람들과 맞으면 모습을 드러내고 맞지 않으면 숨어버립니다."

이에 천자는 비로소 몸소 부엌신에게 제사를 지낸 뒤에 방사를 파견해, 바다로 나아가 봉래산의 안기생(安期生) 무리를 찾아서 붉은빛 모래와 여러 약물[藥齊(약제)][11]을 변화시켜 황금을 만드는 일에 종사토록 했다.

1) 【색은(索隱)】 여순(如淳)이 말했다. "부엌신에 제사를 지내, 복을 얻는 것이다." 살펴보건대, 부엌신 제사란 나이 든 여인들의 제사로, 밥 짓는 그릇[盆(분)]을 가득 채우고 시루[瓶(병)] 같은 것을 높이는 것이다. 『설문(說文)』과 『주례(周禮)』에 따르면 부엌신 제사는 축융(祝融-불의 신)에 제사를 지내는 것이라고 했고, 『회남자(淮南子)』에 따르면 염제(炎帝)가 화관(火官)으로 있다가 죽어서 부엌신[竈神(조신)]이 되었다고 한다. 사마표(司馬彪)가 『장자(莊子)』에 주를 달기를 힐(髻)이 곧 부엌신인데 미녀를 닮았고 옷은 붉다고 했으며, 이홍범(李弘範)은 髻의 발음이 (계가 아니라) 힐(詰)이라고 했다.

2) 【집해(集解)】 이기(李奇)가 말했다. "곡식을 먹으면서 도를 닦는 것이다. 혹은 말하기를, 곡기를 끊어 아무것도 먹지 않는 도술이라고 했다."

3) 【집해(集解)】 서광(徐廣)이 말했다. "성은 조(趙)이며, 경제 때 봉해졌다."

4) 【집해(集解)】 서광(徐廣)이 말했다. "천자에게 나아가 바치는 방술을 주관했다는 것이다. 일설에는 가인으로서 방술을 주관하는 것이라고 했다." 배인(裴駰)이 살펴보건대, 여순(如淳)이 말하기를 "가인으로서 방술과 약제를 담당하는 것이다"라고 했다.

5) 【집해(集解)】 여순(如淳)이 말했다. "물(物)이란 귀물(鬼物)이다." 신찬(臣瓚)이 말했다. "물(物)이란 약물이다."

6) 【집해(集解)】 여순(如淳)이 말했다. "종종 말을 하면 그것이 적중했다는 것이다."

7) 【색은(索隱)】 복건(服虔)이 말했다. "전분(田蚡)이다." 위소(韋昭)가 말했다. "무안은 위군(魏郡)에 속한다."

8) 【집해(集解)】 복건(服虔)이 말했다. "땅 이름이고 대(臺)가 있다." 신찬(臣瓚)이 말했다. "『안자(晏子)』에는 백침(栢寢)이라고 쓰여 있는데, 대(臺) 이름이다." 【정의(正義)】 『괄지지(括地志)』에서 말했다. "백침대(栢寢臺)는 청주(青州) 천승현(千乘縣) 동북쪽으로 21리에 있다. 한자(韓子)가 말했다. "(제나라) 경공(景公)이 안자(晏子)와 함께 소해(少海)에서 노닐 때 백침의 대에 올라 자기 나라를 내려다보았다. 공이 말했다. '아름답고 당당하도다! 후대에 누가 장차 이를 소유하겠는가?' 안자가 말했다. '아마도 전씨(田氏)일 것입니다.' 공이 말했다. '과인이 지금 소유하고 있는데 어떻게 전씨 집안이 소유한단 말인가?' 대답해 말했다. '아! (지금 전씨들은) 뛰어난 이를 가까이하고 불초한 자를 멀리하며, 사람들이 어렵고 힘든 일이 있으면 다스려주고 사람들의 형벌은 가볍게 해주며, 궁핍한 자를 진휼하고 고아나 독거노인을 불쌍히 여겨 도와주며, 은혜를 베풀고 절약과 검소를 숭상합니다. (그러니) 전씨 10명을 거치게 된다면 당당히 이 나라를 소유하게 될 것입니다.' 바로 이곳이다."

9) 물(物)은 신령스러운 물건[鬼物]이다.

10) 【색은(索隱)】 복건(服虔)이 말했다. "옛날의 진인(眞人-신선)이다." 살펴보건대, 『열선전(列仙傳)』에 이르기를 안기생은 낭야(琅邪) 사람으로 동해 바닷가에서 약을 팔았는데 당시 사람들은 모두 그를 1,000살 노인[千年翁]이라고 불렀다. 【정의(正義)】 『열선전』에서 말했다. "안기생은 낭야 부향정(阜鄕亭) 사람으로 해변에서 약을 팔았다. 진시황이 한밤중에 이야기할 것을 청하며 황금 수천만을 내려주자 나타났는데, 부향정에다 받은 것을 다 거둬가면서 글과 함께 붉은 옥으로 된 신발[赤玉舃] 한 켤레를 답례로 놓아두고 말했다. '1,000년이 지난 뒤 봉래산 아래에서 나를 찾도록 하라.'"

11) 【색은(索隱)】 齊의 발음은 제(劑)다.

오랜 시간이 흘러 소군이 병들어 죽었다[1]. (그런데도) 천자는 그가 변화해서 떠난 것[化去(화거)]이지 죽은 것이라고 여기지 않았고, 이에 황추(黃錘)[2]와 사관서(史寬舒)[3]로 하여금 그 방술을 이어받게 했다. 봉래산의 안기생을 찾게 했으나 찾지 못했는데, 해안에 가까운 연(燕)나라와 제(齊)나라 땅의 수많은 기이한 방사가 계속해서 이어지며 귀신의 일을 이야기했다.

1) 【정의(正義)】『한서 기거(漢書起居)』에서 말했다. "이소군이 장차 떠나려 할 때, 무제는 꿈에 그와 함께 숭고산(嵩高山)에 올랐는데, 반쯤 갔을 때 사자(使者)가 용을 타고 구름 속에서 말하기를 '태일신(太一神)께서 소군을 부르신다'라고 하니 제(帝)가 좌우에 말하기를 '장차 나를 버리고 떠나려는구나'라고 했다. 여러 달 후에 소군이 병으로 죽었다. 또 관이 나갈 때 보니 (사람은 없고) 의관(衣冠)만 있었다."

2) 【집해(集解)】 위소(韋昭)가 말했다. "사람의 성과 이름이다." 【정의(正義)】 (추(錘)의) 발음은 직(直)과 위(僞)의 반절음이다.

3) 【집해(集解)】『한서음의(漢書音義)』에서 말했다. "두 사람 다 방사다." 【정의(正義)】 성은 사(史)이고 이름은 관서(寬舒)다.

박(亳) 땅 사람 유기(謬忌)[薄謬忌(박유기)][1]가 태일신(泰一神)에게 제사를 지내는 방술을 아뢰어 말했다.

"하늘의 신 가운데 가장 귀한 것은 태일이며[2] 태일을 보좌하는 것은 오제(五帝)[3]입니다. 옛날에 천자가 봄가을에 장안 동남쪽 교외에서 태일에게 제사를 지낼 때는 날마다 태뢰(太牢)의 제물을 써서 이레 동안 했는데[4], 제단을 만들고 팔방으로 통하는 귀도(鬼道)를 열어놓았습니다."

이에 천자는 태축(太祝)에게 영을 내려 장안 동남쪽 교외에 태일의 사당을 세워서 늘 기(忌)의 방술대로 제사를 받들도록 했다. 그 뒤에 어떤 사람이 글을 올려 말했다.

"옛날에 천자는 3년에 한 번씩 태뢰로써 신(神) 세 분께 제사를 지냈으니, 천일(天一)과 지일(地一)과 태일(泰一)입니다."

천자가 이를 허락하고서, 태축을 시켜 기가 세운 태일의 제단 위에서 그가 글을 올린 방술에 따라 삼신에 제사 지내게 했다. 그 뒤에 다시 어떤 사람이 글을 올려 말했다.

"옛날 천자는 항상 봄가을에 재액을 물리치는 제사[解祠(해사)]를 지냈는데, 황제(黃帝)에게 제사 지낼 때는 효(梟)와 파경(破鏡)을 바쳤고[5] 명양(冥羊)[6]에게 제사 지낼 때는 양을 썼으며 마행(馬行)[7]에게 제사 지낼 때는 푸른빛의 수놈 말을 썼습니다. 태일(泰一)과 고산산군(皐山山君)과 지장(地長)[8]에게 제사 지낼 때는 소를, 무이군(武夷君)[9]에게 제사 지낼 때는 건어물을, 음양사자(陰陽使者)[10]에게 제사 지낼 때는 소 1마리를 썼습니다."

사관(祠官)에게 영을 내려서, 그가 올린 방술대로 하여 기가 세운 태일의 제단 옆에서 제사 지내게 했다.

1) **【집해(集解)】** 서광(徐廣)이 말했다. "일설에는 박 땅 사람 유기(謬忌)라고 했다." **【색은(索隱)】** 박(亳)은 산양(山陽)의 현 이름이다. 성은 유(謬)이고 이름은 기(忌)이며 박(亳) 땅에 거주했다. 그래서 아래에서는 박기(薄忌)라고 했다. 이 글에서 박(薄)자는 쓸데없이 들어간 것이고, 유(謬)자 또한 잘못해서 유(誘)가 된 것이다.

2) **【색은(索隱)】** 하늘의 신 가운데 가장 귀한 것이 태일(太一)이다. 살펴보건대, 『악즙미도(樂汁微圖)』에서 말했다. "자미궁(紫微宮) 북극(北極)의 천일(天一)이 태일이다." 송균(宋均)은 천일과 태일을 북극의 별칭으로 보았다. 『춘추위(春秋緯)』에 이르기를 "자궁(紫宮)은 천황 요백보(曜魄寶)가 다스리는 곳이다"라고 했다.

3) **【색은(索隱)】** 태일을 보좌하는 자들이 오제다. 『하도(河圖)』에 이르기를 창제(蒼帝)라는 신은 영위앙(靈威仰)의 부류에 속한다고 했다. **【정의(正義)】** 오제는 오천

제(五天帝)다. 『국어(國語)』에 이르기를 "창제(蒼帝)는 영위앙(靈威仰)이고, 적제(赤帝)는 적표노(赤熛怒)이고, 백제(白帝)는 백초구(白招矩)이고, 흑제(黑帝)는 협광기(協光紀)이고, 황제(黃帝)는 함추뉴(含樞紐)이다"라고 했다. 『상서제명험(尙書帝命驗)』에 이르기를 "창제(蒼帝)의 이름은 영위앙(靈威仰)이고, 적제(赤帝)의 이름은 문조(文祖)이고, 황제(黃帝)의 이름은 신두(神斗)이고, 백제(白帝)의 이름은 현기(顯紀)이고, 흑제(黑帝)의 이름은 현구(玄矩)이다"라고 했다. 보좌한다[佐(좌)]는 것은 배제(配祭)하는 것이다.

4) 【집해(集解)】 서광(徐廣)이 말했다. "일설에는 태뢰를 갖추고 열흘 동안이라고 했다."

5) 【집해(集解)】 맹강(孟康)이 말했다. "효(梟-올빼미류)는 새의 이름으로 어미를 잡아먹고, 파경(破鏡)은 짐승의 이름으로 아비를 잡아먹는다. 황제(黃帝)는 이 부류를 끊어놓으려고 온갖 제물을 바쳐 제사를 지냈다. 파경은 추(貙-맹수 일종)를 닮았고, 호랑이 눈을 하고 있다. 일설에는 단지 파경만 제물로 썼다고 한다." 여순(如淳)이 말했다. "한나라 조정에서는 동군(東郡)에 명해 효를 바치게 해서, 5월 5일에 효로 국을 만들어 백관에게 내려주었다. 나쁜 새였기 때문에 그것을 먹은 것이다."

6) 【집해(集解)】 복건(服虔)이 말했다. "신의 이름이다."

7) 【정의(正義)】 신의 이름이다.

8) 【정의(正義)】 정(丁)과 장(丈)의 반절음이다. 셋은 나란히 신의 이름이다.

9) 【정의(正義)】 신의 이름이다.

10) 【집해(集解)】 『한서음의(漢書音義)』에서 말했다. "음과 양의 신이다."

그 뒤에 천자의 원(苑-상림원)에 흰 사슴이 나타나자, 그 가죽으로 화폐를 만들어서[1] 상서로움을 드러내었고, (그 참에) 백금(白金)을 주조했다[2].

1) 【색은(索隱)】 살펴보건대, 「식화지(食貨志)」에 따르면 피폐(皮幣-가죽 화폐)는 흰

사슴 가죽으로 만들었는데, 사방 1척으로 붉은 실로 꿰맸고 옥으로 장식했으며 황금 1근과 바꿀 수 있었다. 또 한률(漢律)에 따르면, 피폐는 사슴 가죽으로 만들었는데 사방 1척이며 가치[直=値]는 황금 1근이었다.

2) 【색은(索隱)】 살펴보건대, 「식화지(食貨志)」에 따르면 백금(白金-화폐)에는 3등급[三品]이 있는데 등급별로 차등이 있었다. 【정의(正義)】 백금은 3등급이 있고 무제가 주조했다. 여순(如淳)이 말했다. "은과 주석을 섞어서 주조한 것이 백금이다." 「평준서(平準書)」에서 말했다. "은과 주석으로 백금을 만들었다. 하늘에는 용만 한 것이 없고, 땅에는 말만 한 것이 없으며, 사람에게는 거북만 한 것이 없다. 그래서 백금을 3등급으로 만들었다. 그 첫째는 무게가 8냥(兩)이고 모양은 원형이며 무늬는 용이고 이름은 백선(白選)이라 했으니, 가치는 3,000이다. 그 둘째는 무게가 조금 적고 방형(方形)이며 무늬는 말이니 가치는 500이다. 그 셋째는 더 작고 타원형의 모양이며 무늬는 거북인데 가치는 300이다." 『전보(錢譜)』에서 말했다. "백금 제1은 모양이 동전처럼 원형이고 무늬는 용 1마리다. 백은(白銀) 제2는 모양이 조금 작은 방형이며 앞뒤에 말 2마리 무늬가 있다. 백은 제3은 모양이 거북과 비슷하고 거북껍질 무늬가 있다."

그 이듬해 옹에서 교제사를 지내다가 뿔 하나짜리 짐승을 잡았는데[1], 모양이 큰 고라니[麃]와 비슷했다.

유사에서 말했다.

"폐하께서 엄숙하게 교제사를 지내시니, 상제께서 제사에 대한 보응으로 뿔 하나짜리 짐승을 내려주셨습니다. 아마도 기린인 듯합니다."[2]

이에 그것을 오치(五畤)에 바치고 제사 터[畤]마다 소 1마리를 더해 요제(燎祭)를 지내게 했고, 제후들에게 백금을 내려주어 이 상서로운 조짐이 하늘에 부합한 것[符應]임을 은근히 보여주었다[風][3].

1) 【집해(集解)】 위소(韋昭)가 말했다. "초나라 사람들은 미(麋-큰사슴 종류)를 포(麃-외뿔사슴)라고 불렀다." 【색은(索隱)】 麃의 발음은 보(步)와 교(交)의 반절음이다. 위소가 말했다. "몸통은 균(麕-노루 일종)과 비슷하고 뿔이 하나이니, 『춘추(春秋)』에서 이른바 '균이 있는데 뿔이 있었다'라고 한 것이 이것이다. 초나라 사람들은 미(麋)를 포(麃)라고 불렀다." 또 『주서왕회(周書王會)』에 이르기를, 포(麃)란 사슴[鹿]과 같다고 했다. 『이아(爾雅)』에 이르기를 미(麋)는 큰사슴[大鹿]이며 꼬리는 소와 비슷하고 뿔 하나가 있다고 했다. 곽박(郭璞)이 말하기를, 한나라 무제 때 뿔 하나짜리 짐승을 잡았는데 미(麋)와 비슷했으니 이를 기린[麟]이라고 불렀다고 했다.

2) 【정의(正義)】 『한서(漢書)』 「종군전(終軍傳)」에서 말했다. "옹에서 흰 기린을 붙잡았다." 뿔 하나에 고깃덩이를 머리에 이고 있었는데, 무기를 갖추고 있으면서도 해를 끼치지 않으니 어진 것이다.

3) 【집해(集解)】 진작(晉灼)이 말했다. "부서(符瑞)이다." 신찬(臣瓚)이 말했다. "여러 제후에게 이것이 부서(符瑞)의 호응임을 넌지시 보여주었다[風示=諷示]는 말이다."

이에 제북왕(濟北王)은 천자가 장차 봉선(封禪) 할 것이라 생각하고서 마침내 글을 올려 태산(泰山)과 그 주변 읍을 바치니, 천자는 (이를 받고서) 다른 현을 대신 그에게 내려주었다.

천자는 상산왕(常山王)이 죄를 짓자 내쫓고 그의 동생을 진정(眞定)에 봉해 선왕의 제사를 계속 받들게 한 뒤 상산을 (국에서) 군(郡)으로 삼았다. 그리하여 오악(五嶽)이 모두 천자의 군(郡)에 있게 되었다.

그 이듬해 제(齊)나라 사람 소옹(少翁)[1]이 방술로써 상을 알현했다. 상에게는 총애하던 왕부인(王夫人)이 있었는데[2], 부인이 졸(卒)하자 소옹이 방술을 써서 한밤중에 왕부인과 부엌신의 모습을 불러왔다고 말했고 천자

는 장막을 통해 이들을 바라보았다. 이에 마침내 소옹을 문성장군(文成將軍)에 제배하고 엄청나게 많은 상을 내려준 뒤에 빈객의 예로써 그를 예우했다. 문성이 말했다.

"상께서 신과 통하고 싶으셔도 궁실과 의복이 신과 다르면 신은 오지 않습니다."

마침내 구름무늬를 그린 수레를 만든 뒤, 아울러 각 승일(勝日)[3]에는 그에 맞는 (색깔의) 수레를 골라 타고서 악귀를 쫓았다[辟(벽)][4]. 또 감천궁(甘泉宮)을 지어 그 안에 대실(臺室)을 만든 뒤 거기에 천신·지신·태일신의 모습을 그려 넣고서 제사 도구들을 갖춰둠으로써 천신을 불러들였다. 1년여가 지난 뒤, 그의 방술은 갈수록 영험이 떨어졌고 신은 오지 않았다. 마침내 문성이 비단에 글을 써서 소에게 먹인[飯牛(반우)][5] 다음에 모르는 척하면서 "이 소의 뱃속에 기이한 물건이 있다"라고 말했다. 소를 죽이고 뱃속을 살펴서 글을 얻었는데, 그 글이 이상해 천자가 그것을 의심했다. 천자는 문성의 필적을 알고 있었기에 사람들에게 그것을 물었더니, 과연 문성이 위조한 것이었다. 이에 문성장군을 주살하고 이 일을 비밀에 부쳤다[6].

1) 【정의(正義)】 『한무고사(漢武故事)』에 이르기를, 소옹은 나이가 200세였는데 외모는 동자 같았다고 했다.

2) 【집해(集解)】 서광(徐廣)이 말했다. "제(齊) 도왕(悼王) 굉(閎)의 어머니다." 배인(裴駰)이 살펴보건대, 환담(桓譚)이 『신론(新論)』에서 말하기를, 무제에게는 총애하는 희(姬) 왕부인(王夫人)이 있었는데 얌전하고[窈窕(요조)] 용모가 아름다웠으며 성품은 재빠르고 아첨을 잘했다[嬛佞(현녕)]라고 했다. 【정의(正義)】 『한서(漢書)』에서는 이부인(李夫人)이라고 했다.

3) 【집해(集解)】 『한서음의(漢書音義)』에서 말했다. "예를 들어 화가 금을 이기므로 병일(丙日)과 정일(丁日)을 쓰고 경신(庚申)은 쓰지 않는 것이다."

4) 오행설에서 예를 들면, 토(황)는 수(흑)를 이기기 때문에 수(水)와 관련된 일이 있으면 황색의 수

레를 탔다는 말이다.

5) 【정의(正義)】 飯은 방(房)과 만(晩)의 반절음이다. 비단에다가 이상한 말들을 쓴 것을 가리킨다.

6) 【정의(正義)】 『한무고사(漢武故事)』에서 말했다. "문성이 주살되고 한 달여가 지나서 사자가 재물을 갖고 관동에서 돌아오니, 그를 조정(漕亭)에서 만나보았다. 그와 대화를 나누고서 상이 마침내 의심이 들어 그의 관을 열어보았는데, 안에는 아무것도 없이 오직 죽통(竹筒) 1매만 있었고, 그를 추적했으나 종적을 알 길이 없었다."

그 뒤에 또한 백량대(栢梁臺)[1], 동주(銅柱), 승로반(承露盤), 선인장(仙人掌)[2] 등을 만들었다[3].

1) 【색은(索隱)】 복건(服虔)이 말했다. "양백(梁栢)의 머리 부분을 사용했다." 살펴보건대, 지금의 글자는 모두 백(栢)으로 되어 있다. 『삼보고사(三輔故事)』에서 말했다. "대의 높이는 20장이며 향백(香栢)을 써서 전(殿)을 만들었는데, 향이 10리까지나 갔다."[장안성 북궐 안에 있었다.]

2) 승로반 위에 있었는데, 신선의 손바닥이 구름을 향해 맑은 이슬을 받는 모양을 하고 있었다.

3) 【집해(集解)】 소림(蘇林)이 말했다. "선인이 손바닥에 쟁반을 들고서 감로를 받았다." 【색은(索隱)】 『삼보고사(三輔故事)』에서 말했다. "건장궁에 있었다. 이슬을 받는 쟁반으로, 높이는 20장(丈), 둘레는 7장이었으며 구리로 만들었다. 위에는 선인이 손바닥으로 이슬을 받았고, (신선이 되고 싶어 했던) 화옥설(和玉屑)은 그것을 마셨다." 옛날에 「장형부(張衡賦)」에서 "대를 세워 신선의 손바닥을 만들어서 구름을 이어받아 맑은 이슬 만들었도다"라고 한 것이 이것이다.

문성이 죽은 이듬해에 천자가 정호(鼎湖)[1]에서 병이 났는데, 점점 더 심

해졌다. 무당과 의원이 해보지 않은 방도가 없었지만, 병은 낫지 않았다. 유수(游水)에 사는 발근(發根)[2]이 마침내 이렇게 말했다.

"상군(上郡)에 무당이 있는데, 병을 앓으면 귀신이 그 몸에 내려옵니다."

상이 그를 감천궁에 두고서 그 귀신에게 제사를 지내게 했다. 마침내 무당이 병이 나자, 사람을 시켜 (그를 통해) 신군(神君)[3]에게 물어보게 하니, 신군이 말했다.

"천자께서는 조금도 병을 걱정하지 마십시오. 병이 조금 낫거든 억지로라도 감천궁에서 저와 만나면 됩니다."

이에 병이 낫기 시작했고, 드디어 감천궁에 행차하니 병이 깨끗이 나았다[良已][4]. 천하를 크게 사면하고 수궁(壽宮)[5]을 두고서 신군(神君)을 모셨다. 신군 중에 가장 귀한 신이 태일이고 그 보좌를 대금(大禁)이라 하는데, 사명(司命)의 무리는 모두 대금을 따랐다. 신군의 모습은 볼 수 없었지만, 그 음성은 들을 수 있었는데, 그것은 사람의 말소리와 같았다[等=同]. 때로는 갔다가 때로는 왔는데, 올 때는 바람 소리가 숙연했다. 궁실의 휘장 속에 머물렀고, 간혹 낮에 이야기를 하기도 했지만, 평상시에는 주로 밤에 이야기했다. 천자는 푸닥거리[祓=禳]를 한 다음에야 들어왔고[6], 무당은 신군을 주인으로 여기며 함께 음식을 먹었다. 신군이 뭔가를 말하려고 하면 상은 즉시 무당의 아래에 앉았다[所欲者言行下][7]. 또한 수궁과 북궁을 둔[8] 뒤 깃털로 장식한 깃발을 세우고 제사 기구를 갖춰서 신군을 예로써 모셨다. 신군이 말을 하면 상이 사람을 시켜 그 말을 기록하게 했는데, 명을 내려 그것을 획법(畫法)[9]이라고 부르게 했다. 그 말들은 세속 사람들도 알 수 있는 것으로서 특별한 것이라곤 전혀 없었는데도 천자는 유독 홀로 기뻐했다. 이 일은 비밀에 부쳤기 때문에 세상에는 알려지지 않았다.

1) 【집해(集解)】 진작(晉灼)이 말했다. "호현(湖縣)에 있다." 위소(韋昭)가 말했다. "땅 이름인데, 의춘(宜春)과 가깝다." 【색은(索隱)】 살펴보건대, 정호는 현 이름으로

경조(京兆)에 속했다가 뒤에는 홍농(弘農)에 속했다. 옛날에 황제(黃帝)가 호(湖)에서 수양산 구리로 만든 쇠솥[鼎]을 얻어 정호(鼎湖)라고 했으니, 곧 지금의 호성현(湖城縣)이다. 위소는 의춘과 가깝다고 했는데, 실은 심히 멀리 떨어져 있다.

2) 【집해(集解)】 복건(服虔)이 말했다. "유수는 현 이름이고, 발근은 사람의 성과 이름이다." 진작(晉灼)이 말했다. "「지리지(地理志)」에 따르면, 유수는 강 이름으로 임회(臨淮) 회포(淮浦)에 있다." 【색은(索隱)】 안사고(顔師古)는 유수가 성이고 발근이 이름이라고 보았다. 대개 간혹 강 이름을 성으로 삼기도 한다. 복건 또한 발근을 사람의 성이라고 보았다. 혹 발수근(發樹根)이라고 하는 사람도 있다.

3) 【집해(集解)】 위소(韋昭)가 말했다. "곧 병무(病巫)의 귀신이다."

4) 【집해(集解)】 양이(良已)나 선이(善已)는 병이 낫는 것을 말한다.

5) 【집해(集解)】 복건(服虔)이 말했다. "이 편궁을 세운 것이다." 신찬(臣瓚)이 말했다. "신을 모시는 궁이다. 『초사(楚辭)』에 이르기를 '아! 수궁에 편안히 계시도다'라고 했다."

6) 【집해(集解)】 『한서음의(漢書音義)』에서 말했다. "깨끗이 해 푸닥거리를 마친 다음에야 들어왔다는 말이다."

7) 이기(李奇)의 풀이에 입각해 풀어서 옮겼다.

8) 【정의(正義)】 『괄지지(括地志)』에서 말했다. "수궁·북궁은 둘 다 옹주(雍州) 장안현(長安縣) 서북쪽으로 30리 떨어진 장안 고성(長安故城) 안에 있다. 『한서(漢書)』에 이르기를, 무제는 수궁에 신군을 거처하게 했다고 했다."

9) 【집해(集解)】 『한서음의(漢書音義)』에서 말했다. "혹은 책획(策畫)의 법이라고 한다." 【정의(正義)】 畫의 발음은 획(獲)이다. 살펴보건대 획을 긋는 법이다.

그로부터 3년 뒤에 유사(有司)에서 말하기를, 연호[元]는 마땅히 하늘의 상서로운 명[瑞命]으로 지어야지 1, 2와 같은 숫자로 해서는 안 된다고

했다[1]. 그리하여 첫 번째 연호를 건원(建元)이라 했고, 두 번째 연호는 장성(長星-혜성)이 나타났으므로 원광(元光)이라 했고, 세 번째 연호는 교제사에서 뿔 하나짜리 짐승을 얻었으므로 원수(元狩)라고 했다[2].

1) 【집해(集解)】 소림(蘇林)이 말했다. "황룡과 봉황 등 여러 상서로움을 얻자, 그것으로써 연호를 정한 것이다." 【정의(正義)】 효 경제 이전까지는 1, 2년으로 그 연수를 기록했는데 무제가 자리에 나아가자, 처음으로 연호가 있게 되었으니, 연호로 고쳐 건원(建元-연호를 세우다)을 그 처음으로 했다.

2) 【집해(集解)】 서광(徐廣)이 말했다. "여러 기(紀)를 살펴보건대, 원광 뒤에는 원삭(元朔)이 있다. 원삭의 다음이 원수다."

그 이듬해 겨울, 천자가 옹에서 교제사를 지내면서 신하들과 상의해 말했다.

"오늘 상제께는 짐이 친히 교제사를 지냈지만, 후토(后土)께는 제사를 못 지냈으니, 예가 제대로 된 것이 아니다[不答]."

유사에서 태사공(太史公)[1]과 사관(祠官) 관서(寬舒) 등이 상의한 후에 이렇게 말했다.

"하늘과 땅에 제사 지낼 때 쓰는 희생의 뿔은 누에고치나 밤톨처럼 작아야 합니다. 지금 폐하께서 몸소 후토에 제사를 지내려 하시는데, 후토는 마땅히 택중(澤中)의 환구(圜丘)에 다섯 제단을 만들어서 제단마다 누런 송아지와 태뢰를 바쳐야 하고, 일단 제사가 끝나고 나면 모두 땅에 묻어야 하며[瘞], 제사에 종사하는 사람의 옷은 황색을 높여야 합니다."

이에 천자는 드디어 동쪽으로 가서 처음으로 (사관 서 등이 의견을 제시한 대로) 분음수(汾陰脽) 위에 후토사(后土祠)를 세웠다[2]. 상은 상제에 드리는 예에 따라 멀찌감치 떨어져서 몸소 절을 했다. 예를 마치자, 천자는 형양(滎陽)을 거쳐서 돌아왔는데, 낙양(雒陽)을 지나다가 조서를 내려 말했다.

"삼대(三代)가 끊어진 지 오래라, 그 나라를 유지하기란 어렵구나. 사방 30리 땅을 주나라 후손에게 봉해 주자남군(周子南君)으로 삼고 선왕의 제사를 받들 수 있게 하라."

이해에 상은 비로소 군현들을 순행하고 점점[侵=漸] 태산으로 나아갔다[尋=就][3].

1) 【집해(集解)】 위소(韋昭)가 말했다. "풀이하는 사람 중에 어떤 사람은 담(談)이 태사공이라고 했으나, 이는 틀렸다. 『사기(史記)』에서는 천(遷)을 칭해 태사공이라고 했으니, 이는 외손자 양운(楊惲)이 그렇게 부른 것이다." 【색은(索隱)】 위소는 말하기를, 담은 사마천의 아버지이니 풀이하는 사람이 담을 태사공이라고 한 것은 틀렸다고 했다. 『사기(史記)』에서는 다양하게 태사공이라 칭하는데, 천의 외손자 양운 또한 그렇게 불렀다. 요찰(姚察)이 살펴보건대 천 또한 전하기를 담이 태사공이라고 했으니, 양운이 새롭게 그렇게 한 것이 아니다. 또 살펴보건대, 『우희지림(虞喜志林)』에서 이렇게 말했다. "옛날에 천관(天官)을 관장하던 사람은 모두 상공(上公)이었으나 주나라에서 한나라로 이르면서 그 직위가 점차 낮아졌다. 그러나 조회에서 그 자리는 공(公)보다 위였으니, 이는 하늘을 높이는 도리였기 때문이다. 그 관속들도 이를 이어받아 옛 이름을 그대로 써서, 높여서 공이라고 칭했다. 공이라는 칭호는 마땅히 여기에서 생겨난 것이다." 그러므로 여순(如淳)은 이렇게 말했다. "태사공의 자리는 승상보다 위에 있었으니, 천하 군국(郡國)의 계서(計書)들은 먼저 태사공에게 올리고 나서 그다음에 승상에게 올렸다." 이 뜻이 옳다. 그런데 환담(桓譚)은 『신론(新論)』에서, 태사공이 글을 지어 그것이 완성되자 동방삭(東方朔)에게 보여주었고, 삭이 마음에 들어 하며 곧바로 그 아래에 서명을 했다고 했다. 태사공이란 모두 동방삭이 추가한 말이라는 것이다.

2) 【집해(集解)】 서광(徐廣)이 말했다. "원정(元鼎) 4년의 일이다." 배인(裴駰)이 살펴보건대, 소림이 말하기를 "脽의 발음은 수(誰)다"라고 했다. 여순(如淳)이 말

했다. "황하 동쪽 강안의 단순한 퇴굴(堆堀-언덕)로, 길이는 4~5리이고 폭은 2리 남짓이며 높이는 10여 장이다. 분음현은 수(脽)의 위에 있고 후토사가 현 서쪽에 있다. 분(汾-분수)은 수(脽)의 북쪽에 있는데, 서쪽으로 흘러 황하와 합류한다." 【색은(索隱)】 수(脽)는 언덕[丘]으로, 발음은 수(誰)다. 『한구의(漢舊儀)』에는 규구(葵丘)라고 되어 있는데, 이는 대개 하동 사람들이 수(誰)를 규(葵)라고 발음해서 같은 것으로 여기기 때문일 뿐이다.

3) 【집해(集解)】 진작(晉灼)이 말했다. "드디어 갔다[遂往]는 뜻이다." 【색은(索隱)】 침심(侵尋)에 따르면 곧 조금씩 나아가는 뜻이니 그래서 진작이 "드디어 갔다"라고 한 것이라고 했고, 소안(小顔)이 말하기를 "점점[浸淫] 물들어갔다는 뜻이다"라고 했다. 대개 심(尋)과 음(淫)은 발음이 서로 비슷해서 가차한 것일 뿐이다. 안사고(顔師古)의 숙부 안유진(顔游秦) 또한 『한서(漢書)』를 풀이했기에, 그래서 사고를 소안(小顔)이라고 칭한 것이다.

그해 봄에 낙성후(樂成侯)[1]가 글을 올려 난대(欒大)라는 사람에 대해 이야기했다[言][2]. 난대는 교동왕(膠東王)의 궁(宮)에서 일하는 사람[3]으로 옛날에 문성장군과 같은 스승 밑에서 (방술을) 배웠고, 그러고 나서 교동왕의 상방(尙方-약제사(藥劑師))이 되었다고 한다. 낙성후의 누이는 교동 강왕(康王)의 후(后)[4]가 되었으나, 아들이 없었다. 강왕이 죽자[死] 다른 희첩의 아들[5]이 세워져서 왕이 되었다. 그런데 강후(康后)는 음행(淫行)이 있는 데다가 왕과 서로 맞지 않아서 서로 법(法)으로 상대방을 위협하고 있었다. 강후는 문성이 이미 죽었다는 소식을 듣고는 스스로 상에게 아양을 떨고 싶어서, 마침내 난대를 보내 낙성후를 통해 천자를 만나서 방술[6]을 말하게 한 것이다.

천자는 이미 문성을 주살하고 난 뒤에 그를 너무 일찍 죽였음을 뉘우치고 한스러워하며 그의 방술을 다 써보지 못했음을 애석하게 여겼기 때문에 난대를 보게 되자 크게 기뻐했다. 대(大)는 키가 크고 잘생긴 데다가 풍부한

방략을 이야기했으며 과감하게 큰소리를 치면서 그 처신에 머뭇거림이 없었다. 대는 이렇게 말했다.

"신이 일찍이 바다 가운데[海中]를 오가다가 안기생(安期生)과 선문(羨門)[7]의 무리를 만났는데, 그들은 신이 신분이 낮은 것만 생각해[顧=念] 신을 믿어주지 않습니다. 또 강왕은 제후일 뿐이니 저의 방술을 전해주기에는 부족했고, 신이 여러 번 강왕에게 (방술에 관해) 말했지만, 강왕 또한 신을 쓰지 않았습니다. 신의 스승께서 말씀하시기를 '(단사를 변화시켜서) 황금을 만들 수 있고 황하의 터진 둑도 막을 수 있으며 불사약도 구할 수 있고 신선도 이르게 할 수가 있다'라고 했습니다. (그러나) 신이 두려운 것은 문성처럼 될까 하는 것입니다. 그러면 방사들은 모두 입을 닫을 것이니, 어찌[惡=何] 감히 방술을 입에 담을 수 있겠습니까?"

상이 말했다.

"문성은 말의 간을 먹고 죽은 것일 뿐이다. 그대가 진실로 능히 그 방술을 펼칠 수 있다면 내가 무엇을 아끼겠는가!"

대가 말했다.

"신의 스승은 다른 사람을 찾아가는 것이 아니라 다른 사람들이 찾아오게 합니다. 폐하께서 반드시 신선을 오게 하고 싶다면 그의 사자를 귀하게 대우하시어, 폐하의 친척들로 하여금 그를 빈객의 예로 대우하게 해서 절대 깔보게 하지 마시고 그들 각자에게도 (관리의 표식인) 신인(信印)을 찰 수 있게 해주십시오. 그러면 마침내 신인(神人)과 통해 이야기할 수 있게 될 것입니다. 신선이 과연 기꺼이 올지 안 올지는 그 사자를 존중한 연후에야 알게 될 것입니다."

이에 상이 먼저 간단한 방술[小方]이라도 보여달라고 하자 바둑돌[旗][8]들을 바둑판 위에 놓았는데, 돌들이 스스로 서로 부딪치며 공격했다.

1) 【집해(集解)】 서광(徐廣)이 말했다. "성은 정(丁), 이름은 의(義)다. 뒤에 난대와 함

께 주살되었다." 【색은(索隱)】 (낙성은) 하간(河間)의 현이다. 살펴보건대, 「교사지(郊祀志)」에 낙성후 등(登)이 나오는데 서광은 「표(表)」를 근거로 성이 정, 이름이 의라고 했으니, 어느 것이 맞는지 정확히 알 수 없다.

2) 천거했다는 말이다.

3) 【집해(集解)】 복건(服虔)이 말했다. "왕의 가인(家人)이다."

4) 【집해(集解)】 교동왕의 왕후다.

5) 애왕(哀王) 현(賢)이다.

6) 신선의 방술을 말한다.

7) 【색은(索隱)】 위소(韋昭)가 말했다. "선인(仙人-신선)이다." 응소(應劭)가 말했다. "이름은 자교(子喬)다."

8) 【정의(正義)】 글에 따라 기(棋-바둑)로 되어 있다. 『설문(說文)』에서 "기(棋)는 장기나 바둑이다"라고 했다. 고유(高誘)가 『회남자(淮南子)』에 대한 주(注)에서 말했다. "닭 피와 바늘로 돌을 다듬어 자석처럼 만든 뒤 돌의 머리에 발라서 햇볕에 말려 판 위에 두니, 서로 대항하기를 그치지 않았다."

이때 상은 마침 황하가 터져 근심하고 있었고 또 황금도 만들지 못하고 있었기에[不就(불취)][1], 마침내 대를 제배해 오리장군(五利將軍)으로 삼았다. 한 달 남짓 지나자 대는 금인(金印) 4개를 얻어서 천사장군(天士將軍)·지사장군(地士將軍)·대통장군(大通將軍)·천도장군(天道將軍)의 인장을 찼다.

어사에게 조서를 내렸다.

"옛날에 우왕이 구강(九江)을 소통시키고 사독(四瀆)[2]을 텄는데[決(결)=導(도)], 근래에 황하가 넘쳐 하안에서 육상까지[皐陸(고륙)] 제방을 쌓는 요역으로 인해 쉬지를 못하고 있다[3]. 짐이 천하를 다스린 지 28년인데, 하늘이 마침 짐에게 방사를 보내 크게 (하늘과) 통하게 하려는 것 같다[4]. (『주역(周易)』의) 건괘(乾卦, ☰)에서 '비룡(飛龍)'이라 했고 (점괘(漸卦, ☴) 초륙(初六)의 효 풀이에서) '큰 기러기가 물가로 점점 나아간다[鴻漸于般(홍점우반)]'라고 했으니, 그 뜻은

바로 짐이 난대를 얻은 것과 거의 비슷할 것이다[5]. 이에[其] 그를 2,000호로써 지사장군(地士將軍)에 봉하고 낙통후(樂通侯)[6]로 삼노라."

열후의 1등 저택[甲第][7]과 동복 1,000명을 내려주고 (황제만이 쓰는) 승여(乘輿), 척거마(斥車馬)[8], 유장(帷帳-휘장), 궁중 기물 등으로 그의 집을 가득 채워주었다. 또 위장공주(衛長公主)[9]를 아내로 삼도록 했는데, 황금 10만 근을 지참게[齎] 했으며 그의 읍의 이름을 따서 당리공주(當利公主)[10]라고 불렀다.

1) 【정의(正義)】 단사(丹砂)와 납, 주석을 제련해서 황금을 만들었으나 제대로 되지 않았다는 말이다.

2) 독(瀆)이란 강 중에서 바다로 흘러 들어가는 것을 말한다.

3) 【정의(正義)】 안사고(顔師古)가 말했다. "고(皐)란 강가 주변의 땅을 말하고, 넓은 평지를 육(陸)이라 한다. 강물이 크게 범람하니 강가 언덕부터 평지까지 모두 제방을 쌓느라 요역이 너무도 심해서 휴식을 취할 겨를이 없다는 말이다.

4) 【집해(集解)】 위소(韋昭)가 말했다. "난대가 하늘의 뜻과 능히 잘 통한다고 해서 낙통(樂通)에 봉한 것이다." 【색은(索隱)】 위소는 "난대가 하늘의 뜻과 능히 잘 통한다고 해서 낙통(樂通)에 봉한 것이다"라고 말했는데, 낙통은 임회(臨淮) 고평현(高平縣)에 있다.

5) 【집해(集解)】 배인(裴駰)이 살펴보건대, 『한서음의(漢書音義)』에서 말하기를 "반(般)이란 강변 언덕이고, 점(漸)이란 점점 나아가는 것이다"라고 했으니, 무제는 자신이 난대를 얻은 것이 마치 큰 기러기가 물가로 나아가는 것과 같아서 일거에 1,000리를 날아 마치 비룡이 하늘에 있듯이 자신이 도를 얻을 수 있다고 여겼다.

6) 【집해(集解)】 위소(韋昭)가 말했다. "낙통(樂通)은 임회 고평이다."

7) 【집해(集解)】 『한서음의(漢書音義)』에서 이렇게 말했다. "갑제, 을제의 차례가 있었다. 그래서 제(第)라고 한 것이다."

8) 【집해(集解)】『한서음의(漢書音義)』에서 이렇게 말했다. “혹은 척불용(斥不用)이라고 한다.” 위소(韋昭)가 말했다. “일찍이 복어(服御)가 있었다.” 【색은(索隱)】 맹강(孟康)이 말한 “척불용의 거마(車馬)”가 이것이다.[평상시에는 쓰지 않는 특수 용도의 거마를 말한다.]

9) 【집해(集解)】 맹강(孟康)이 말했다. “위(衛)태자의 누이동생이다.” 여순(如淳)이 말했다. “위태자의 누이다.” 채옹(蔡邕)이 말했다. “제(帝)의 딸을 공주라고 하니 의례는 제후에 준했고, 자매를 장공주라고 하니 의례는 제후왕에 준했다.”

10) 【집해(集解)】「지리지(地理志)」에 이르기를, 동래(東萊)에 당리현이 있다고 했다.

천자가 몸소 오리(五利)의 저택에 갔는데, 이럴 때면 사자들이 안부를 묻고 물건을 공급하느라 길에 행렬이 줄을 이었다. 대장공주(大長公主)[1]와 장상 이하로부터 모두가 자신들의 집에다 주연을 베풀어 초대했으며 그에게 돈과 재물을 바쳤다. 이에 천자는 또 천도장군(天道將軍)이라는 옥도장을 새겨서 사자에게 우의(羽衣)를 입혀 밤에 보내 백모(白茅-깨끗한 띠) 위에 서게 했으며 오리장군(五利將軍) 또한 우의(羽衣)를 입고 백모 위에 서서 인장을 받았다. 이는 난대가 천자의 신하가 아님을 보여주는 것이었으니, 천도(天道)라는 옥도장을 차는 자는 장차 천자를 위해 천신(天神)을 인도할[道=導] 사람이라는 뜻이다. 이에 오리는 항상 밤이면 자기의 집에서 제사를 지내, 신이 내려오기를 빌었고, 그 후에 여장을 챙겨 동쪽으로 바다로 가서 자신의 스승을 만나겠다고 말했다.

대가 (천자를) 알현한 지 몇 달 만에 인장을 6개 차고 천하에 부귀를 떨치자, 바닷가 근처인 연(燕)과 제(齊) 사이에서는 자신들도 방술이 있어 신선을 불러올 수 있다고 자칭하며 손짓발짓[搤捥][2]을 해대지 않는 자가 없었다.

1) 【집해(集解)】 서광(徐廣)이 말했다. "무제의 고모다." 배인(裴駰)이 살펴보건대, 위소(韋昭)가 말하기를 "두(竇)태후의 딸이다"라고 했다.

2) 【집해(集解)】 복건(服虔)이 말했다. "손에 뭔가를 가득 움켜쥐는 것[滿手]을 액(搤)이라고 한다." 신찬(臣瓚)이 말했다. "액(搤)이란 잡아 쥐는 것이다."

그해 여름 6월 중에 분음(汾陰)의 무당 금(錦)[1]이 백성을 위해서 위수(魏脽)[2]의 후토에 그 사당 경내 옆에서 제사 지내다가, 그 땅에서 고리 모양처럼 생긴 것을 발견하고는 손으로 흙을 파내[掊][3] 쇠솥[鼎]을 얻었다. 쇠솥은 보통 솥보다 기이할 정도로 컸고, 무늬만 조각되어 있을 뿐 아무런 문자[款識=刻記][4]도 새겨져 있지 않았다. 이를 괴이하게 여겨 관리에게 말하자 관리는 하동 태수 승(勝)에게 알렸으며, 승은 이를 위에 보고했다. 천자가 사자를 보내 무당 금(錦)을 조사한 끝에 쇠솥을 얻은 것이 간사한 거짓이 아님을 확인하고는, 마침내 예로써 제사를 지내고 쇠솥을 맞이해 감천궁으로 가져왔다. 상이 쇠솥을 따라가서[從行] 그것을 하늘에 바쳤다[薦][5]. 중산(中山)[6]에 이르자 날씨가 맑고 따듯했으며[晏溫][7] 누런 구름이 (쇠솥 위를) 뒤덮었는데, 이때 마침 고라니가 지나가자, 상이 직접 쏘아서 잡아 그것으로써 제사를 지냈다고 한다[云][8]. 장안에 이르자 공경대부들이 모두 의견을 내 보정(寶鼎)을 받들 것을 청했는데, 천자가 말했다.

"최근에 황하가 넘치고 흉년이 여러 해 계속되어, 그 때문에 순행해 후토에 제사 지내면서 백성이 곡식을 잘 기를 수 있게 해달라고 빌었다. (그러나) 올해의 풍작 여부에 대해서는 아직 (신으로부터) 응보를 받지 못했는데, 쇠솥은 어찌하여 나온 것인가?"

1) 【집해(集解)】 응소(應劭)가 말했다. "금은 무당의 이름이다."

2) 【집해(集解)】 응소(應劭)가 말했다. "위(魏)란 옛날 위나라 땅을 가리키고, 수(脽)란 일종의 언덕이다."

3) 【색은(索隱)】 부(掊)는 '긁어모으다[抱]'라는 뜻이다.

4) 【집해(集解)】 위소(韋昭)가 말했다. "관(款)이란 '파내는 것[刻]'이다." 【색은(索隱)】 위소가 말하기를 "관(款)이란 파내는 것이다"라고 했고, 살펴보건대 식(識)이란 표식이다.[관식은 금석에 새겨진 문자를 말하는데, 음각한 것이 관(款), 양각한 것이 식(識)이다.]

5) 【집해(集解)】 여순(如淳)이 말했다. "감천궁 내 제사를 지낼 곳으로 쇠솥을 옮길 때, 무제가 따라갔고, 그것을 갖고서 하늘에 제사를 지냈다는 말이다."

6) 【집해(集解)】 서광(徐廣)이 말했다. "「하거서(河渠書)」에 따르면, 중산 서쪽부터 경수(涇水)를 파서 뚫었다고 했다." 【색은(索隱)】 이 산은 풍익(馮翊) 곡구현(谷口縣) 서쪽에 있으며 구종산(九嵕山)과 가까운데, 지역 사람들은 중산이라고 불렀다. 「하거서(河渠書)」에 따르면 한(韓)나라가 수공(水工) 정국(鄭國)을 시켜 진나라를 설득해 중산 서쪽부터 경수(涇水)를 파서 뚫게 했다고 하니, 곧 이 산이다.

7) 【집해(集解)】 여순(如淳)이 말했다. "『삼보(三輔)』에 이르기를, 해가 나와서 맑게 갠 것을 안(晏)이라고 한다고 했다. 날이 맑게 개고 따뜻했다는 말이다." 【색은(索隱)】 여순이 말하기를 "『삼보(三輔)』에 이르기를 해가 나와서 맑게 갠 것을 안(晏)이라고 한다고 했다. 날이 맑게 개고 따뜻했다는 말이다"라고 했다. 허신(許愼)이 『회남자(淮南子)』 주(注)에서 말하기를 "안(晏)이란 구름 한 점 없는 날씨[無雲]를 말한다"라고 했다.

8) 【집해(集解)】 서광(徐廣)이 말했다. "위에서 상이 쇠솥을 따라가 그것을 하늘에 바쳤다고 했으니, 어쩌면 쇠솥을 제사 지낸 것일 수 있으리라."

유사가 모두 말했다.

"듣건대 옛날에 대제(大帝)[1]가 신정(神鼎) 하나를 만들었는데, 하나란 일통(一統)이니 천지만물이 그것에 의해 하나로 연결되는 것이라 했습니다. 황제(黃帝)는 보정(寶鼎) 셋을 만들어 하늘·땅·사람[天地人]을 상징했고

우왕은 구목(九牧-구주의 목(牧))의 금속을 모아 구정(九鼎)을 주조했는데, 모두 희생을 삶아서[鬺烹][2] 상제와 귀신에게 제사 지냈습니다[3]. 솥은 빼어난 이를 만나[遭聖][4] 생겨나서 하나라와 은나라로 옮겨갔습니다.

주나라의 다움이 쇠퇴하고 (은나라의 제사를 이었던) 송나라의 사직이 망하자[5] 쇠솥은 마침내 어딘가로 숨어버리고 아직 발견되지 않고 있습니다. 「주송(周頌)」에 이르기를 '당(堂)으로부터 집안의 터[基]로 가며, 양으로부터 소로 가며, 작은 솥과 큰 쇠솥[鼐鼎]을 보도다. 떠들지 않고 오만하지 아니하니, 장수의 아름다운 복을 누리도다[6]'라고 했습니다.

(그런데) 지금 보정(寶鼎)이 감천궁에 도착했는데 광채가 나고 윤이 나는 것이 마치 용이 변화하는 듯하니, 복과 은혜를 이어받음이 끝이 없다고 할 수 있습니다. 이는 중산(中山)에서 황백색 구름이 내려와[7] 쇠솥을 덮었던 일과 부합합니다. 고라니 같은 것이 상서로움의 상징이 되자[8], 폐하께서는 큰 활[路弓]로 화살 4발[乘矢][9]을 쏘아 신단 아래에서 그 고라니를 잡으시고 이를 바쳐 크게 하늘에 제사 지내셨습니다[報祠大饗][10]. 오직 명을 받아 제왕이 된 분만이 그 뜻을 알아서[11] 하늘과 다움을 합칠 수 있을 것입니다. 이 쇠솥은 마땅히 종묘와 예묘(禰廟-아버지 사당)에 바친 뒤 제정(帝庭)[12]에 소중히 감춰서 신명의 상서로움에 부합해야 할 것입니다."

제(制)해 말했다.

"그리하라."

1) 【색은(索隱)】 안사고(顏師古)는 대제란 곧 태호복희씨(太昊伏犧氏)라고 했다. 황제(黃帝)보다 앞선 시기이기 때문이다.

2) 【집해(集解)】 서광(徐廣)이 말했다. "팽(烹)이란 '삶는 것[煮]'이고 鬺의 발음은 상(觴)이니, 팽과 상 둘 다 희생을 삶아서 제사 지낸다는 말이다." 【색은(索隱)】 쇠솥에 희생을 삶아서 제사에 올리는 것이다. 상(鬺)은 또 판본에 따라 상(觴)으로 되어 있는데, 발음은 상(殤)이다. 『한서(漢書)』 「교사지(郊祀志)」에 이르

기를 "솥의 가운데를 뜨게 만드는 다리[空足]를 역(鬲)이라고 하니, 세 가지 다움[三德][세 가지 다움이란 정직(正直)·강유(剛柔)·유극(柔克)이다. 이는 (『서경(書經)』) 「주서(周書)·홍범(洪範)」편에 보인다.]을 상징한다"라고 했다. 鬲의 발음은 (격이 아니라) 역(歷)이다. 다리 가운데가 비어 있는 것을 이름 붙인 것이다.

3) 【집해(集解)】 복건(服虔)이 말했다. "그것으로써 상제에게 제사 지낸 것이다. 혹은 (희생을) 삶아서 술잔을 올리는 것을 말한다."

4) 【정의(正義)】 조(遭)란 만나다[逢]라는 뜻이다. 정(鼎)이 비록 사수(泗水)에 빠졌지만, 빼어난 이를 만났기 때문에 분음(汾陰)에서 나와 서쪽으로 감천에 이를 수 있었다.

5) 【정의(正義)】 사(社)는 백성을 주관하는데, 돌로 만든다. 송나라 사직이란 곧 박사(亳社)다. 주나라 무왕이 주(紂)를 주벌하고서 마침내 박사를 세웠으니, 이는 감계(監戒)로 삼은 것이다. 위를 덮고 아래에는 판자를 깔아서 하늘과 땅, 음과 양의 기운이 통하지 못하게 했다. 주나라 예가 쇠퇴하자 나라가 장차 위태롭고 망하게 되었다.

6) 『시경(詩經)』 「사의(絲衣)」편으로, 중간의 두 구절은 생략했다. 이는 제사를 지내고 술 마시는 과정을 노래한 시로, 매사에 삼가고 조심해 장수 누리기를 비는 내용이다.

7) 【집해(集解)】 위소(韋昭)가 말했다. "중산에서 보이는 누런 구름의 기운과 합쳐졌다는 말이다."

8) 【집해(集解)】 복건(服虔)이 말했다. "구름은 고라니와 같은 비유로, 수레 덮개에 있었다."

9) 【집해(集解)】 위소(韋昭)가 말했다. "노(路)는 '크다[大]'는 뜻이다. 화살 4발을 승(乘)이라고 한다."

10) 【집해(集解)】 서광(徐廣)이 말했다. "판본에 따라 대보향사(大報享祠)로 되어 있다."

11) 【집해(集解)】 복건(服虔)이 말했다. "고조(高祖)가 명을 받아 이를 알았으므로 마땅히 그 사당에 정(鼎)이 있어야 한다는 말이다."

12) 감천궁에 있는 천신(天神)의 뜰이다.

바다로 가서 봉래(蓬萊)[1]를 찾던 자들이 말하기를, 봉래가 멀지 않은 데도 갈 수 없는 것은 아마도 그 기운을 보지 못하기 때문일 것이라고 했다. 상이 마침내 기운을 잘 살펴보는 자[望氣(망기)]를 보내 방사들을 도와서 그 기운을 관찰하게 했다.

1) 【정의(正義)】 봉래·방장(方丈)·영주(瀛州)는 발해에 있던 삼신산(三神山)이다.

그해 가을에 상이 옹(雍)[1]에 행차해 장차 교제사를 지내려고 하는데 어떤 사람이 이렇게 말했다.

"오제(五帝)란 태일(泰一)의 보좌이므로, 마땅히 태일(신의 제단)을 세우고 상께서 몸소 교제사를 지내야 합니다."

상은 의심하며 결정하지 못했다. 제(齊)나라 사람 공손경(公孫卿)이 말했다.

"올해 보배로운 쇠솥을 얻었는데, 올겨울 신사일 초하루 아침은 동지(冬至)니, 황제(黃帝)가 보배로운 쇠솥을 얻은 때와 같습니다."

경(卿)이 찰서(札書)를 갖고 있었는데, 거기에는 이렇게 적혀 있었다.

'황제(黃帝)가 원구(宛朐)에서 보정을 얻게 되자 귀유구(鬼臾區)[2]에게 물었는데, 구(區)는 "제께서 보배로운 쇠솥과 신책(神筴)을 얻으신 것은 올해 기유일 초하루 아침이 동지이기 때문입니다. 이는 하늘의 벼리수[紀(기)=紀數(기수)]를 얻은 것으로, 모든 것이 끝나고 다시 시작하게 됩니다"라고 답했다. 이에 황제가 맞이할 날을 책력으로 미뤄 헤아려보니 그 뒤로 20년마다[率(솔)][3] 한 번씩 초하루 아침에 동지를 얻을 수 있었는데, 무려 20여 번이나 거듭되어 380년 만에 황제는 신선이 되어 하늘로 올라갔다.'

경이 소충(所忠)을 통해 이 일을 아뢰려고 했다. 소충은 그 글이 경전에

부합하지 않으므로[不經(불경)] 망령된 글이라고 의심해 사양하면서 말했다.

"보배로운 쇠솥의 일은 이미 결정된 것인데, 오히려 무슨 소용이 있겠는가?"

상이 총애하는 사람[嬖人(폐인)]을 통해 경이 이 일을 아뢰자, 상이 크게 기뻐하며 경을 불러 물어보는데, 이렇게 답했다.

"이 글을 (방사) 신공(申功)[4]에게서 받았는데, 신공은 이미 죽었습니다."

상이 물었다.

"신공은 어떤 사람인가?"

1) 【색은(索隱)】 상옹(上雍)이라고도 하는데, 이는 옹의 지형이 높다 해서 상(上)자를 덧붙인 것이다.
2) 【집해(集解)】 『한서음의(漢書音義)』에서 말했다. "구(區)는 황제 때 사람이다." 【색은(索隱)】 정씨(鄭氏)가 말했다. "황제의 보좌다." 이기(李奇)가 말했다. "황제 때의 제후다. 본래는 신구(申區)로 되어 있는데, 틀렸다. 「예문지(藝文志)」에는 귀용구(鬼容區)로 되어 있다."
3) 【정의(正義)】 率의 발음은 율(律)이고, 또 발음은 유(類)이고, 또 발음은 소(所)와 율(律)의 반절음이니, 세 음이 아울러 통용된다. 뒤에도 다 이와 비슷하다.
4) 【집해(集解)】 「봉선서(封禪書)」에는 공(功)이 공(公)으로 되어 있다.

경이 말했다.

"신공은 제나라 사람인데, 안기생과 서로 통했고 황제(黃帝)의 말을 전수 받았지만, 글은 남기지 않았습니다. 오직 이 쇠솥에 새긴 글만 있을 뿐입니다. 거기에 이르기를 '한나라가 일어나 부흥하는 시기는 황제(黃帝)가 쇠솥을 얻은 때에 해당한다'라고 했고, 또 '한나라의 빼어난 인물[聖者(성자)]은 고조의 손자나 증손자에 있다. 보배로운 쇠솥이 나타났다는 것은 그 천자가 신과 통했다는 것이니, 봉선을 지내야 한다. (황제(黃帝) 때) 봉선을 행한 왕

이 72명이었는데[1], 오직 황제만이 태산에 올라가서 봉(封)할 수 있었다'라고 되어 있습니다. 신공은 말하기를 '한나라의 군주 또한 마땅히 태산에 올라 봉해야 하니, 위에서 봉하면 능히 신선이 되어 하늘로 오를 수 있을 것이다. 황제 때는 제후국이 1만 개였는데, 그중에 산천의 신령에게 제사를 지낸 곳이 7,000여 개[2]였다. 천하의 명산은 여덟 군데가 있는데, 셋은 오랑캐 땅에 있고 다섯은 중국에 있다. 중국의 화산(華山)·수산(首山)·태실산(太室山)·태산(泰山)·동래산(東萊山), 이 다섯 산은 황제(黃帝)가 늘 유람했던 곳이요 신선과 만났던 곳이다. 황제는 한편으로 전쟁을 하면서 한편으로는 신선술을 배웠는데, 백성이 그가 신선술을 배우는 것을 걱정하자 이에 귀신을 비난하는 자들을 모두 목 베었다. 이렇게 100여 년이 지난 다음에야 신과 소통할 수 있었다. 황제는 옹에서 상제에게 교제사를 지내느라 그곳에 석 달이나 머물렀다. 귀유구는 거대한 기러기[大鴻]라고 불렸는데, 죽어서 옹 땅에 장사 지냈으니 홍총(鴻冢)이라는 곳이 곧 그의 무덤이다[3]. 그 뒤에 황제는 명정(明廷)에서 수많은 신령을 만났으니 명정이란 지금의 감천궁이며, 이른바 (황제가 하늘로 올랐다고 하는) 한문(寒門)[4]이란 지금의 곡구(谷口)[5]다. 황제가 수산(首山)의 구리를 캐내 형산(荊山) 아래에서 쇠솥을 주조했는데[6], 쇠솥이 이미 이뤄지자 긴 수염[胡髯][7]이 달린 용이 내려와서 황제를 맞이했다. 황제가 용 위에 올라타자 여러 신하와 후궁 중 70여 명이 황제를 따라서 용 위에 올랐는데, 마침내 용이 하늘 위로 떠나갔다. 그 밖의 지위가 낮은 신하들은 용 위에 오르지 못하자 이에 모두 용의 수염을 잡아당겼고, 그 바람에 용의 수염이 뽑히고 황제의 활도 떨어졌다[墮][8]. 백성은 황제가 이미 하늘로 올라가는 것을 우러러 바라보고는 마침내 그 활과 용의 수염을 끌어안고 부르짖었다[號=呼]. 그래서 후세에 이곳을 이름하여 정호(鼎湖)[9]라고 하고, 그 활을 오호(烏號)라고 불렀다'라고 했습니다."

이에 천자가 말했다.

"아아, 내가 진실로 황제와 같을 수만 있다면 나는 해진 짚신을 벗어 던

지듯[如脫躧] 아내와 자식도 떠나리라!"

마침내 경을 제배해 낭관(郎官)으로 삼고, 동쪽에 있는 태실산(太室山)으로 가서 신을 살피며 기다리게[候] 했다.

1) 【정의(正義)】『하도(河圖)』에서 말했다. "임금다운 임금은 태산에 봉할 수 있고 양보(梁父)에 선할 수 있으며 성을 바꿔 숭(崇)에 오를 수 있으니, 군(君)이 72명 있었다."

2) 【집해(集解)】 응소(應劭)가 말했다. "황제 때 제후들이 모여 봉선 한 이가 7,000명이었다." 이기(李奇)가 말했다. "선도(仙道)를 깨우쳐 봉할 수 있었던 나라가 7,000개였다." 장안(張晏)이 말했다. "신령스러운 자들이 봉하는 것을 일러 산천을 지킨다고 한다."

3) 【집해(集解)】 소림(蘇林)이 말했다. "지금의 옹 땅에 홍총이 있다."

4) 【집해(集解)】 서광(徐廣)이 말했다. "판본에 따라 색(塞)으로 되어 있다."

5) 【집해(集解)】『한서음의(漢書音義)』에서 말했다. "황제는 색문에서 신선이 되었다." 【색은(索隱)】 복건(服虔)이 말했다. "황제가 신선이 된 곳이다." 소안(小顏)이 말했다. "곡(谷)은 중산(中山)의 곡구이니 한나라 때 현이 되었다. 지금은 야곡(冶谷)이라 부르는데, 감천과의 거리는 80리다. 한여름에 그 모습이 늠연(凜然)하다고 해서 한문곡구(寒門谷口)라고 했다."

6) 【집해(集解)】 진작(晉灼)이 말했다. "「지리지(地理志)」에 이르기를, '수산은 하동(河東) 포판(蒲阪)에 속하며, 형산은 풍익(馮翊) 회덕현(懷德縣)에 있다'라고 했다."

7) 【색은(索隱)】 안사고(顏師古)가 말했다. "호(胡)란 턱 아래에 늘어진 살이고, 염(髥)이란 거기에 난 털이다. 그래서 동요에 이르기를 '어찌 임금이 되어 용의 턱살을 건드릴 수 있으리오'라고 한 것이다."

8) 【정의(正義)】 도(徒)와 과(果)의 반절음이다.

9) 【정의(正義)】『괄지지(括地志)』에서 말했다. "호의 물은 괵주(虢州) 호성현(湖城

縣) 남쪽으로 35리에 있는 과보산(夸父山)에서 나와 북쪽으로 흘러 황하로 들어가니, 곧 정호(鼎湖)다."

상이 드디어 옹에서 교제사를 지내고 농서(隴西)에 이르러 공동산(空桐山)[1]에 오른 뒤 감천궁으로 행차했다. 사관(祠官) 관서(寬舒) 등에게 태일신의 제단을 갖추도록 명했는데, 제단은 박기(亳忌)의 태일단을 본떠 3층[垓][2]으로 만들게 했다. 오제의 제단은 그 아래에 빙 둘러 각각 그 방위대로 했고, 황제의 제단은 서남쪽에 두었으며, 귀신의 길은 8방으로 통하게 했다[3]. 태일(의 제사)에 쓰는 희생은 옹의 한 제사 터에 올리는 제물과 같게 하고, 단술과 대추와 말린 고기 등을 더했으며, 검은 소 1마리를 죽여서 조두(俎豆-제기)에 제물로 담아놓았다. 그러나 오제의 제사에는 단지 조두의 제물[4]과 단술만 바쳤다[醴進][5]. 그 아래 사방의 땅에는 군신제(群神祭)[餟][6]를 위해 여러 신을 따르는 자들과 북두칠성의 신위를 늘어놓고 제사를 지냈다. 이미 제사가 끝나면 남은 제물을 모두 불태웠다. 제사에 쓰는 소는 흰색으로 했는데, 소의 뱃속에 사슴을 넣고 사슴의 뱃속에 돼지를 넣은 뒤 거기에 물이 스며들게 했다[洎之][7]. 해에 제사를 지낼 때는 소를, 달에 제사를 지낼 때는 양이나 돼지를 1마리만 희생[特][8]으로 썼다. 태일에게 제사를 지내는 축재(祝宰)는 자주색 수놓은 옷을 입었고, 오제에게 제사를 지낼 때는 각각 그에 맞는 색의 옷을 입었으며, 해에 지낼 때는 붉은 옷, 달에 지낼 때는 흰옷을 입었다.

1) 【정의(正義)】 공동산은 원주(原州) 평고현(平高縣) 서쪽으로 100리에 있다.

2) 【집해(集解)】 서광(徐廣)이 말했다. "해(垓)는 층[次]이다." 배인(裴駰)이 살펴보건대, 이기(李奇)가 말했다. "해(垓)란 겹[重]이니, 3중의 단이다." 【색은(索隱)】 해(垓)란 겹[重]이니, 3중으로 단을 만들었다는 것이다. 추씨(鄒氏)는 계(階)라고 했으니, 단의 계단이 3중으로 되어 있었다는 말이다.

3) 【집해(集解)】 복건(服虔)이 말했다. "곤(坤)의 방위는 미(未)이니, 황제는 토위(土位)를 따랐다."

4) 【집해(集解)】 위소(韋昭)가 말했다. "이우(犛牛)와 단술 등을 쓰지 않는 것을 말한다."

5) 【색은(索隱)】 발음은 진(進)이다. 『한서(漢書)』에도 진(進)으로 되어 있다. 안사고(顔師古)가 말했다. "조두와 단술을 갖춰서 올리는 것이다. 일설에는 진(進)을 온갖 제물을 갖춰서 예를 더하는 것이라고 했다."

6) 【색은(索隱)】 餟의 발음은 죽(竹)과 예(芮)의 반절음이다. 연속해서 제사 지내는 것을 말한다. 『한지(漢志)』에는 철(腏-살을 바르다)이라고 되어 있는데, 옛글자로서 서로 통한다. 『설문(說文)』에 이르기를 "체(餟)는 제주[祭酹(제뢰)]다"라고 했다. 【정의(正義)】 유백장(劉伯莊)이 말했다. "제단을 꾸며 여러 신을 함께 제사 지내는 것을 말한다."

7) 【집해(集解)】 서광(徐廣)이 말했다. "洎의 발음은 거(居)와 기(器)의 반절음인데, 육즙이다." 배인(裴駰)이 살펴보건대, 진작(晉灼)이 말하기를 "이는 희생을 합쳐서 불태웠다는 것이다"라고 했다. 【정의(正義)】 유백장(劉伯莊)이 말했다. "큰 국에 제사 음식들을 다 모아서 불태우는 것이다." 살펴보건대, 사슴을 소의 뱃속에 넣고 사슴의 뱃속에는 돼지를 넣는 것이다. 여기서 물이란 현주(玄酒)다.

8) 【색은(索隱)】 특(特)이란 1마리의 희생을 가리킨다. 이는 소이든 양이든 돼지이든 단지 1마리만 썼다는 뜻이다.

11월 신사일 초하루 아침, 동짓날 날이 샐 무렵에 천자는 비로소 태일신에게 교제사를 지내며 절을 했다. 아침에는 아침 해를 향해[朝朝日(조 조일)], 저녁에는 저녁달을 향해[夕夕月(석 석월)] 읍(揖)했는데[1], 태일신에게 제사 지내는 것은 옹에서 교제사를 지내는 것과 같이 했다. 제사 때 기도하는 글은 이러했다.

'하늘이 비로소 보배로운 쇠솥과 신책을 황제(皇帝)께 주셨습니다.

초하루 아침이 바뀌면 다시 초하루 아침이 되게 하며

모든 것이 끝나면 다시 시작하게 하니, 황제가 삼가 절하나이다.'

그리고 옷은 황색을 높였다. 사당에는 횃불을 늘어놓아 제단을 가득 밝혔고 제단 주위에는 제사 고기를 삶는 기구들을 갖춰놓았다. 유사에서 말했다.

"사당 위에 광채가 있습니다."

공경들이 말했다.

"황제(皇帝)께서 처음에 운양궁(雲陽宮)[2]에서 태일신에게 교제사를 지내실 때 유사에서 커다란 옥[瑄玉][3]과 5살 난 수소[嘉牲][4]를 제물로 받들어 바쳤는데, 그날 밤 아름다운 광채가 나타나 다음 날 낮까지 계속되었으며 누런 기운이 하늘에까지 이어져 올라갔습니다."

태사령 담(談-사마천의 아버지)과 사관(祠官) 관서(寬舒) 등이 말했다.

"신령의 아름다운 모습은 복이 내리는 상서로운 조짐입니다. 마땅히 이곳[此地][5] 광채가 난 구역에 태일의 제단[泰畤壇]을 세워서 하늘의 감응을 밝혀야 합니다. 태축(太祝)에게 명하시어 가을과 12월[臘] 사이에 제사를 지내게 하시고, 3년마다 천자께서 몸소 교제사를 지내셔야 합니다."

1) 【집해(集解)】 응소(應劭)가 말했다. "천자는 봄에는 아침 해를 향해, 가을에는 저녁달을 향해 동문 밖에서 절을 했다. 아침 해를 조(朝), 저녁달을 석(夕)이라 했다." 신찬(臣瓚)이 말했다. "『한의(漢儀)』에 따르면, 치에서 태일신에게 교제사를 지냈는데, 황제는 평소 아침에 죽궁(竹宮)을 나와 동쪽을 향해 해에 읍(揖)하고 그날 저녁에 서쪽을 향해 달에 읍한다고 했다."

2) 【정의(正義)】 『괄지지(括地志)』에서 말했다. "한나라의 운양궁은 옹주(雍州) 운양현(雲陽縣) 북쪽으로 81리에 있다. 통천대(通天臺)가 있으니, 곧 황제(黃帝) 이래로 하늘에 제사 지내는 환구(圜丘)가 있는 곳이다. 무제는 5월이 되면 더위를 피해서 거기에 갔다가 8월이 되면 마침내 돌아왔다."

3) 【집해(集解)】 맹강(孟康)이 말했다. "옥의 크기가 6촌이 되면 선(瑄)이라고 한다." 【색은(索隱)】 발음은 선이며, 옥의 크기가 6촌이다.

4) 【정의(正義)】 『한구의(漢舊儀)』에서 말했다. "하늘에 제사 지내기 위해 소를 기르는데, 5년이 지나면 2,000근이 된다."

5) 【집해(集解)】 서광(徐廣)이 말했다. "지(地)는 판본에 따라 야(夜)로 되어 있다."

그해 가을 남월(南越)을 정벌하기 위해 태일신에게 고하는 제사를 지냈는데, 그 제사에서는 모형(牡荊-낙엽송 관목)[1]으로 깃대를 만들어 세우고 거기에 해와 달과 북두와 비룡[登龍=飛龍]을 그려 넣었다. 이는 태일의 삼성(三星)을 상징하니, 태일신의 선봉에 서는 별이기 때문에[2] 영기(靈旗)[3]라고 이름 지었다. 출병을 위한 기도[兵禱]를 드릴 때[爲][4]는 태사(太史)가 깃발을 받들어서 정벌하려는 나라 쪽을 가리켰다[5].

한편 오리장군는 감히 바다로 들어가지 못하고 태산에 가서 제사를 지냈다. 상이 사람을 시켜 몰래 따라가서 진위를 가리도록 했는데, 실제로 어떤 신선도 보이지 않았는데도 오리는 자신이 스승을 만났다고 거짓말을 했다. 그의 방술을 모두 썼는데도 대부분 응험이 없자[不讐] 상이 마침내 오리를 주살했다[6].

1) 【집해(集解)】 서광(徐廣)이 말했다. "판본에 따라서 빈(牝)으로 되어 있다." 여순(如淳)이 말했다. "형(荊)은 정결하고 가지런하게 하는 도리다." 위소(韋昭)가 말했다. "모형(牡荊)으로써 자루를 만든다."

2) 【집해(集解)】 서광(徐廣)이 말했다. "「천관서(天官書)」에 이르기를, '천극성(天極星) 중에 가장 밝은 별에 태일이 거처하며, 두구(斗口)의 삼성(三星)을 천일(天一)이라고 한다'라고 했다." 배인(裴駰)이 살펴보건대, 진작(晉灼)이 말했다. "먼저 그린 별 하나 뒤에 있고, 삼성이 앞에 있어 태일의 선봉이 된다."

3) 【정의(正義)】 이기(李奇)가 말했다. "깃발에 나무를 그려 태일의 단상에 둔다. 이

름은 영기라고 하는데, 해와 달과 북두와 등룡 등을 그려 넣었다."

4) 【정의(正義)】 爲는 우(于)와 위(僞)의 반절음이다.

5) 【정의(正義)】 위소(韋昭)가 말했다. "모(牡)는 강(剛)이고, 형(荊)은 강(强)이다." 살펴보건대 모형(牡荊)을 써서 정벌하려는 나라를 가리켰다는 말이니 그 강(剛)을 취한 것이다. 그래서 이런 깃발을 그려서 그 나라를 가리킨 것이다.

6) 【정의(正義)】 『한무 고사(漢武故事)』에서 말했다. "동방삭은 난대가 아무런 실상을 보여주지 못하자 상이 화를 내 마침내 그의 목을 베었다고 말했다."

그해 겨울에 공손경이 하남에서 신선을 찾다가 말했다.

"구지성(緱氏城) 위에서 신선의 자취를 발견했는데, 뭔가 꿩같이 생긴 물건이 성 위를 왔다 갔다 하는 것 같았습니다."

천자가 몸소 구지성으로 행차해 그 자취를 보고는 경에게 물었다.

"문성과 오리를 본받는 것은 아니겠지?"

경이 말했다.

"신선이 임금[人主(인주)]을 찾아오는 것은 아니고, 임금이 신선을 찾아야 합니다. 이를 위해 시간을 조금 넉넉히 두지 않는다면 신선은 오지 않을 것입니다. 신(神)의 일을 말씀드리자면, 이 일은 멀고도 황당한 것[迂誕(우탄)][1] 같지만 여러 해가 지나야 마침내 불러올 수 있습니다."

이에 군국들에서는 각자 도로를 깨끗이 하고 궁전의 누대와 명산의 신사들을 손보아 고치고서 천자의 행차를 기다렸다.

1) 【정의(正義)】 迂의 발음은 우(于)이고, 誕의 발음은 단(但)이다. 우(迂)는 '멀다[遠(원)]'는 뜻이고, 탄(誕)은 '크다[大(대)]'는 뜻이다.

그해에 이미 남월을 멸망시키고 나서, 상이 총애하는 신하인 이연년(李延年)이 아름다운 음악을 지어 상을 찾아뵈었다. 상이 그 음악을 칭찬하고

공경들에게 내려 토의하라고 하면서, 이렇게 말했다.

"민간의 제사에도 일찍이 북을 치고 춤을 추는 음악이 있는데, 지금 교 제사를 지내면서 음악이 없으니 어찌 어울린다고 하겠는가?"

공경들이 말했다.

"옛날에 하늘과 땅에 지내는 제사에도 모두 음악이 있어서 하늘과 땅의 신령들[神祇=天神地祇]이 제사의 예를 받들 수 있었습니다."

어떤 사람이 말했다.

"태제(泰帝)[1]가 소녀(素女)로 하여금 50줄짜리 거문고를 타게 했는데, 너무 슬퍼서 태제가 그만두게 할 수밖에 없었기에 그 거문고를 부수고 25줄로 만들었습니다[2]."

이에 남월을 평정한 후 태일과 후토에 승전을 고하기 위해[塞=賽] 지내는 제사에서 처음으로 음악과 춤을 썼으며 노래하는 아이들까지 나서서 노래를 불렀다. 25줄짜리 거문고와 공후(箜篌)와 비파[瑟]가 이때부터 만들어졌다[3].

1) 【색은(索隱)】 역시 태호(太昊)를 가리킨다. 【정의(正義)】 태제란 태호복희씨다.

2) 【집해(集解)】 서광(徐廣)이 말했다. "슬(瑟-큰 거문고)이다."

3) 【집해(集解)】 서광(徐廣)이 말했다. "응소(應劭)가 말하기를, 무제가 악인 후(侯)를 시켜서 곡조를 짓고 공후(箜篌)를 만들게 했다고 했다." 【색은(索隱)】 응소가 말했다. "무제가 처음으로 악인 후를 시켜서 곡조를 짓게 했으니, 성음을 고르게 하고서 이름하여 공후(箜篌)라고 했다. 후(侯)는 그의 성이다."

이듬해 겨울에 상이 의견을 내 말했다.

"옛날에는 먼저 무기를 거둬들이고 군대[旅]를 해산한[澤=釋][1] 뒤에야 봉선을 거행했다."

마침내 드디어 북쪽으로 삭방(朔方)을 순행해서 병사 10여만을 거느리고[勒=率] 돌아오다가, 교산(橋山)에서 황제(黃帝)의 무덤에 제사 지낸 후 수여(須如)[2]에서 군대를 해산했다[澤兵=釋兵]. 상이 말했다.

"내가 듣건대 황제는 죽지 않았다고 하는데, 지금 무덤이 있는 것은 어찌 된 일인가?"

어떤 이가 대답했다.

"황제께서 이미 신선이 되어 하늘로 올라간 후에 여러 신하가 그 의관을 묻은 것입니다."

이미 감천궁으로 돌아와서는 장차 태산(泰山)[3]에서 봉선을 거행하기 위해 먼저 태일신에 유사(類祠)[4]를 지냈다.

1) 【집해(集解)】 서광(徐廣)이 말했다. "옛날에는 석(釋)자를 택(澤)으로도 썼다."

2) 【집해(集解)】 이기(李奇)가 말했다. "땅 이름이다."

3) 【정의(正義)】 『도서복지기(道書福地記)』에서 말했다. "태산은 높이가 4,900장 2척이고 주변의 둘레가 2,000리다."

4) 임시 제사를 말한다. 유제(類祭)라고도 한다.

보배로운 쇠솥을 얻은 이후, 상은 공경·유생들과 함께 봉선의 일을 상의했다[1]. (그러나) 봉선은 거행된 일이 너무 오래되었고 드물어서 기록이 끊어졌기 때문에 그 의례를 아무도 알지 못했다. 이에 유생들은 『상서(尙書)』와 『주관(周官)』「왕제(王制)」에 있는, 망사(望祀)에는 소를 화살로 쏘아 제물로 쓰는 전례[射牛][2]를 채택했다.

제(齊)나라 사람 정공(丁公)이 나이가 90세가 넘었는데, 이렇게 말했다.

"봉(封)이란 죽지 않는다는 이름과 들어맞으니, 이 때문에 진(秦)나라 황제도 태산에 올라서 봉하지 못했습니다. 폐하께서 반드시 오르시겠다면 조금씩 위쪽으로 오르시다가, 비바람이 없을 때 마침내 산에 올라서 봉하시면 됩니다."

상이 이에 마침내 유생들에게 소를 화살로 쏘는 전례를 익히도록 영을 내린 뒤 봉선에 쓰일 의례를 위한 초안을 잡도록 했다[3].

몇 년이 지나 장차 봉선을 거행할 때가 되었다. 천자는 이미 공손경과 방사들로부터 황제(黃帝) 이전에는 봉선을 거행할 때 모두 괴물이 내려와서 신과 교류했다는 말을 들었기에, 이에 황제를 본받아서 신선과 봉래의 방사들에게 가까이 다가가고 싶었고 세속을 초탈해 구황(九皇)[4]과 다움을 나란히 한다는 것을 보이고 싶어서, 유술을 널리 택해서 그것을 화려하게 꾸미게 했다. (그러나) 유생들은 이미 봉선의 일을 밝혀낼 수가 없었고, 또한 『시경(詩經)』과 『서경(書經)』 혹은 옛글에 얽매여서[牽拘] 감히 좋은 의견을 내지 못했다. 상이 봉선에 쓸 제기들을 유생들에게 보여주면 유생 중에 어떤 이는 "옛것과 같지 않습니다"라고 했고, 서언(徐偃)은 또 말하기를 "태상(太常)의 제생(諸生)이 행하는 예 중에 노나라 것만큼 좋은 것이 없습니다"라고 했으며, 주패(周霸)는 유자들을 모아[屬=會][5] 봉선의 일을 자문하려 했다. 이에 상이 언과 패를 내쫓고 유생들을 모두 파면한 뒤로 이들을 쓰지 않았다.

1) 【정의(正義)】 『백호통(白虎通)』에서 말했다. "임금다운 임금[王者]이 성을 바꿔[易姓] 일어나니, 천하가 태평해지고 공로가 이뤄지면 봉선을 해서 태평을 고한다. 양보(梁父)의 땅에서 선(禪) 하는 것은 광후(廣厚-넓고 두터움)함이니, 돌에 새기고 연호를 기록해서 자신의 공적을 드러낸다. 하늘은 높아서 존귀하고 땅은 두터워서 은택을 베푸니, 그래서 태산의 높이를 더해 하늘에 보답하고 양보의 땅에서 선(禪)해 땅에 보답하는 것이다. 봉(封)이란 두툼하게 넓히는 것이고, 선(禪)이란 장차 공로를 서로 전수한다는 뜻이다."

2) 【집해(集解)】 소림(蘇林)이 말했다. "사당에 제사를 지낼 때 그 희생을 활로 쏘아서 상서롭지 못함을 제거하는 것이다." 신찬(臣瓚)이 말했다. "사우(射牛)란 몸소 죽이는 것을 보여주는 것이다." 【색은(索隱)】 천자가 사우 하는 것은 친히

제사를 지낸다는 것을 보여주는 것이다. 이 일은 『국어(國語)』에 보인다.

3) 【색은(索隱)】 의례는 응소(應劭)의 『한관의(漢官儀)』에 보인다.

4) 【집해(集解)】 장안(張晏)이 말했다. "삼황 이전에 인황(人皇) 9명이 있었다." 위소(韋昭)가 말했다. "상고시대의 아홉 황제를 말한다."

5) 【집해(集解)】 복건(服虔)이 말했다. "속(屬)은 '모으다[會(회)]'라는 뜻이다. 제후들을 모아서 봉하는 일을 도모했다는 말이다."

3월에 드디어 동쪽으로 구지(緱氏)에 행차했고, 예를 갖춰 중악(中嶽)[1]의 태실(太室)[2]에 올랐다. 산 아래에 있던 수행하는 관원들이 "만세(萬歲)!"라고 하는 듯한 소리를 들었는데[3], 산 위에 물어보니 산 위에서는 그런 말을 한 적이 없다고 했고 산 아래에 물어보니 산 아래에서도 그런 말을 하지 않았다고 했다. 이에 사관에게 영을 내려 태실의 사당에 봉읍을 더해주고 그 산의 벌목을 금지했으며, 산 아래 300호를 갖고서 숭고(崇高)로 봉해 봉읍(奉邑-제사를 받드는 읍)으로 삼게 했으니 이름하여 숭고읍(崇高邑)[4]이다. 이어서 상이 동쪽으로 태산에 올랐는데, 태산의 초목이 아직 자라지 않은 것을 보고서는 사람들에게 명해 돌을 위로 옮겨서 태산의 정상에 세우도록 했다.

1) 【집해(集解)】 문영(文穎)이 말했다. "숭고산(嵩高山)인데, 영천(潁川) 양성현(陽城縣)에 있다."

2) 【집해(集解)】 위소(韋昭)가 말했다. "숭고산(嵩高山)에 태실과 소실(少室)의 산이 있고 그 산에 석실(石室)이 있었으므로 이름을 그렇게 지었다."

3) 【정의(正義)】 『한의주(漢儀注)』에서 말했다. "만세라고 외치는 소리가 있었는데, 10만 명의 소리에 가까웠다."

4) 【정의(正義)】 안사고(顏師古)가 말했다. "숭고산을 높이 받든다는 의미에서 그 이름을 숭고(崇高)라고 했다."

상이 드디어 동쪽으로 바닷가를 순행했으니, 팔신(八神)[1]에게 예를 행해 제사를 지냈다. 제(齊)나라 사람 중에서 소(疏)를 올려 신기한 술법이나 기이한 방술에 대해 이야기하는 사람이 1만 명을 헤아릴 만큼 많았다. 이에 배를 더욱 띄워 보내 바다 가운데에 신선이 사는 산이 있다고 말하는 자들 수천 명으로 하여금 봉래의 신인(神人)을 찾게 했다.

공손경이 말하기를, 부절을 가지고 늘 먼저 가서 명산(名山)에서 신선을 기다렸는데 동래에 이르렀다가 밤에 어떤 한 사람을 보았다고 했다. 그는 키가 몇 길이나 되었으며 가까이 다가가면 보이지 않고 그 발자국이 매우 크다는 것만 볼 수 있었는데, 마치 짐승 발자국과 같았다는 것이다. 여러 신하 중에 어떤 이가 말하기를 "한 노인이 개를 끌고 가면서 말하기를 '나는 거공(巨公-천자)[2]을 만나고 싶습니다'라고 하고는, 조금 있다가 불현듯 사라졌다"라고 말했다. 상이 이미 큰 발자국을 보고서도 믿지 않다가 신하 중에 어떤 이가 노인의 이야기를 하자 대개 그가 신선일 것이라고 생각해, 바닷가에 머물면서[宿留][3] 방사들 수천 명에게 역참의 수레를 내주고서 틈만 있으면[閒=微] 사자를 보내 신선을 찾으라고 시켰다.

1) 【집해(集解)】 문영(文穎)이 말했다. "무제가 태산에 올라 태일신에 제사를 지낼 때 아울러 태단(泰壇)에서 명산에 제사를 지냈고 팔방으로 통하는 귀도(鬼道)를 서남쪽으로 열었으니, 이를 팔신이라고 했다. 일설에는 팔방의 신이라고도 한다." 【색은(索隱)】 팔신의 일을 주도적으로 시행한 것이다. 살펴보건대, 위소(韋昭)가 말하기를 "팔신이란 하늘, 땅, 음, 양, 해, 달, 별들의 주재자, 사계절의 주재자 등을 말한다"라고 했다. 지금 살펴보건대 「교사지(郊祀志)」에서 이렇게 말했다. "여덟 신이란 첫째 천주(天主)로, 천재(天齊)에 제사를 지낸다. 천재연수(天齋淵水)는 임치의 남쪽 교외 산 아래에 있었다. 둘째 지주(地主)로, 태산양보(泰山梁父)에 제사를 지낸다. 대개 하늘은 음(陰)을 좋아해서 하늘에 제사를 지낼 때는 반드시 높은 산의 아랫자락[畤]에서 했으니 그래

서 치(畤-제사 터)라고 한 것이며, 땅은 양(陽)을 귀하게 여겨서 땅에 제사를 지낼 때는 반드시 늪지 가운데에 있는 환구(圜丘)에서 했다고 한다. 셋째 병주(兵主)로, 치우(蚩尤)에 제사를 지낸다. 치우는 동평릉현(東平陵縣) 감향(監鄕), 즉 제(齊)의 서쪽 경계에 있다. 넷째 음주(陰主)로, 삼산(三山)에 제사를 지낸다. 다섯째 양주(陽主)로, 지부산(之罘山)[동래군(東萊郡) 수현(腄縣)에 있다.]에 제사를 지낸다. 여섯째 월주(月主)로, 내산(萊山)에 제사를 지낸다. 이상은 모두 제(齊)의 북쪽에 있으며 발해군과 나란히 있다. 일곱째 일주(日主)로, 성산(盛山)에 제사를 지낸다. 성산은 돌출해 바다로 연결되어 있다. 제(齊)의 동북의 양(陽)에 있으며, 해돋이를 맞이한다고 한다. 여덟째는 시주(時主)로, 낭야산(琅邪山)에 제사를 지낸다. 낭야산은 제의 동북쪽에 있으며, 한 해가 시작되는 곳이다."

2) 【색은(索隱)】『한서음의(漢書音義)』에서 말했다. "거공은 무제를 가리킨다."

3) 【색은(索隱)】 발음은 수류(秀溜)이니, 수류(宿留)란 머물러 기다린다는 뜻이다. 글자 그대로 읽으면 묵으면서 머물러 있다는 것이니, 이 또한 기다린다는 뜻이다. 둘 다 통한다.

4월에 돌아와 봉고(奉高)[1]에 이르렀다. 상은 유생과 방사들이 봉선에 대해 말하는 것이 사람마다 의견이 다르고 이치에도 맞지 않아[不經(불경)] 시행하기 어려울 것이라고 생각했다. 천자는 양보산(梁父山)에 이르러 예를 갖춰서 땅의 신에게 제사를 지냈다. 을묘일에 시중과 유생들에게 사슴 가죽으로 만든 고깔[皮弁(피변)]을 쓰고 홀을 꽂은 관복을 입도록 명해 사우(射牛)의 의식을 거행했고, 태산 아래 동쪽에 봉을 쌓아서 태일에게 교제사를 지내는 예법대로 제사를 지냈다. 봉(封)은 넓이가 1장 2척이고 높이는 9척이었으며, 그 아래에는 옥첩서(玉牒書)가 있었는데 글은 비밀이었다.

예를 마치자, 천자가 홀로 시중봉거(侍中奉車) 자후(子侯)[2]와 함께 태산에 올라서 역시 봉했는데, 사우(射牛)의 의식 등은 모두 폐기했다. 다음 날

산의 북쪽 길로 내려왔다.

병진일에 태산 기슭 동북쪽의 숙연산(肅然山)[3]에서 선(禪)을 행했는데, 후토에 제사하는 예식과 같이했다. 천자가 모두 몸소 배례를 행했으며 옷은 황색을 높였고 전부 음악을 썼다. 장강과 회수 지역에서 나는 줄기 하나에 세 가닥으로 된 피[一茅三脊][4]로써 신의 자리를 만들었고, 다섯 색깔의 흙을 섞어 제단을 쌓았으며, 먼 곳에서 보내온 기이한 짐승과 날짐승과 흰 꿩 등 여러 제물을 써서 제사의 예를 더욱 두텁게 했다. 외뿔소·모우(旄牛)·무소·코끼리 같은 동물은 쓰지 않았다. 모두가 태산에 온 다음에 헤어졌다. 봉선의 제사를 지낼 때, 그날 밤에는 빛과 같은 것이 나타났고 낮에는 흰 구름이 봉의 가운데에서 솟아올랐다.

1) 태산군(泰山郡)에 속한 현의 이름이다.

2) 【집해(集解)】 『한서(漢書)』 「백관표(百官表)」에서 말했다. "봉거도위는 승여와 수레를 관장하는데, 무제 때 처음 설치했다." 위소(韋昭)가 말했다. "자후는 곽거병(霍去病)의 아들이다."

3) 【집해(集解)】 복건(服虔)이 말했다. "숙연은 산 이름인데, 양보(梁父)에 있다."

4) 【집해(集解)】 맹강(孟康)이 말했다. "이른바 영모(靈茅)다."

천자가 봉선을 지내고 돌아와 명당(明堂)[1]에 앉았는데 여러 신하가 돌아가며 축수를 올렸다. 이에 어사에게 제조(制詔)해 말했다.

"짐이 보잘것없는 몸[眇眇之身]으로 지존의 자리를 이었으니, 맡은 바 일을 해내지 못할까 전전긍긍 두려워했다. 다움은 엷고 예악(禮樂)에도 밝지 못하다. 태일 제사 때 상서로운 빛이 비치고 마치 어떤 소리가 들리는 듯했으나[2] 괴물에 놀라 그만두려다가, 감히 그러지 못해 마침내 태산에 올라서 하늘에 제사를 드렸고 양보에 이른 다음에는 숙연에서 제사를 올렸다.

스스로를 새롭게 하고[自新] 사대부들과 함께 기쁜 마음으로 다시 시작하려 하니, 인민들에게 100호마다 소 1마리와 술 10석을 내리고 80살 노인과 고아와 과부들에게는 옷감 2필씩을 나눠주도록 하라. 또 박현, 봉고현, 이구현(蛇丘縣)[3], 역성현의 요역과 올해 세금을 면제하도록 하라. 을묘년에 내렸던 사면령처럼 천하에 대사면령을 내리도록 하라. 지나온 곳의 죄인들을 사면하고 2년 전의 일에 대해서는 그 죄를 묻지 않도록 하라."

또 조해 말했다.

"옛날에 천자가 5년에 한 차례씩 순수(巡狩)해 태산에서 제사를 지낼 때, 제후들이 따라오면 잠잘 집이 있었다. 이에 제후들은 각자 태산 아래에 저택을 짓도록 하라[4]."

1) 【집해(集解)】『한서음의(漢書音義)』에서 말했다. "천자가 처음으로 태산에 봉할 때 산동 북쪽 기슭에 있던 명당의 옛터가 바로 이때 앉았던 곳이다. 이듬해 가을에야 마침내 (경사에) 명당이 지어졌다."

2) 【집해(集解)】 신찬(臣瓚)이 말했다. "만세 소리를 세 번 들은 것을 말한다."

3) 【집해(集解)】 蛇의 발음은 (사가 아니라) 이(移)다.

4) 【정의(正義)】 제후들이 각각 태산에 묵을 수 있는 집을 마련한 것은 천자가 태산에서 일을 행할 때 가까이에서 도울 수 있도록 하기 위해서다.

천자가 이미 태산에서 봉선을 마치고 나자, 비바람의 재앙이 없으니, 방사들이 다시 와서 봉래의 여러 신선이 사는 산을 찾을 수 있을 것이라고 말했다. 이에 상이 기뻐하면서 이번에는 거의 신선을 만날 수 있으리라 기대해, 마침내 다시 동쪽으로 바닷가에 이르러 망제(望祭)를 지냈다. 그런데 봉거 곽자후가 갑자기 병에 걸려 하루 만에 세상을 떠났다. 상이 이에 드디어 길을 떠나 바닷가를 따라서 북쪽으로 갈석(碣石)에 이르렀고, 요서(遼西)부터 순행해서 북쪽 변방을 거쳐 구원(九原)에 이르렀다. 5월에 감천궁에 돌아왔다[1].

1) 【집해(集解)】 『한서음의(漢書音義)』에서 말했다. "순행한 거리가 모두 해서 1만 8,000리다."

그해 가을 동정(東井)에 패(茀-혜성)[1]가 나타났고, 10여 일 후에 다시 삼능(三能)[2]에 혜성이 나타났다. 망기술사(望氣術士) 왕삭(王朔)이 말했다.

"혼자 관찰하고 있는데, 전성(塡星)이 나타난 것이 호리병[瓠]과 같더니[3] 잠시 뒤에 다시 들어가버렸습니다."

유사가 말했다.

"폐하께서 한나라 왕조의 봉선을 세우시니, 하늘이 이에[其] 보답해 덕성(德星)을 보여주신 것입니다."

1) 【집해(集解)】 위소(韋昭)가 말했다. "진(秦)에 해당하는 분야이니, 뒤에 위(衛)태자가 병란을 일으켰다. 茀의 발음은 (불이 아니라) 패(佩)다."

2) 【집해(集解)】 위소(韋昭)가 말했다. "삼능은 삼공(三公)이다. 뒤에 연좌되어 주살되었다."

3) 【색은(索隱)】 호리병같이 생긴 별이 나타났다는 것이다. 살펴보건대, 「교사지(郊祀志)」에 이르기를 "전성(塡星)이 나타났는데 호리병 같았다"라고 했다. 그래서 안사고(顔師古)는 덕성(德星)을 곧 전성이라고 한 것이다. 지금 살펴보건대 이 기(紀-「효무본기」)에서만 유일하게 덕성을 말하고 있는데, 덕성이란 세성(歲星-목성)이다. 세성이 있는 곳에는 복이 있다고 해서 덕성이라고 불렀다.

이듬해 겨울에 옹에서 오제(五帝)에 교제사를 지내고, 돌아와서 태일신에 제사를 지냈다. 그 축원문에서 이렇게 말했다.

'덕성(德星-전성)이 두루 빛나고 있으니, 그것은 바로 상서로움입니다. 수성(壽星)도 연이어 나타나 찬란하게 빛났고[1] 신성(信星)[2]도 밝게 나타났으

니, 황제가 태황(泰況-태일신을 모시는 사람)[3]이 제사 지내는 신령들에게 삼가 절하옵니다.'

1) 【색은(索隱)】 수성은 남극노인성(南極老人星)이다. 이를 보게 되면 천하가 잘 다스려져 안정된다고 해서 이런 말을 한 것이다.

2) 【색은(索隱)】 신성은 전성이다. 신(信)은 (오행설에서) 토(土)에 속하니 토는 전성이고, 그렇다면 『한지(漢志)』에서 말한 덕성이다.

3) 【집해(集解)】 서광(徐廣)이 말했다. "판본에 따라 태(泰) 한 글자가 없기도 하다." [況을 축(祝)의 잘못으로 보기도 한다.]

그해 봄에 공손경이 말하기를, 동래산(東萊山)에서 신선을 만났는데 "천자를 만나려 한다"라는 것 같았다고 했다. 천자가 이에 구지성(緱氏城)에 행차해서 경을 제배해 중대부(中大夫)로 삼았다.

드디어 동래에 이르렀는데, 유숙한 지 며칠이 지나도록 보이는 것은 없고 거인 발자국만 있었다. 이에 다시 방사들을 파견해 신기한 물건을 찾고 영약(靈藥)을 캐오도록 했으니, 그 수가 1,000명에 이르렀다. 그해에 가뭄이 들었다. 이에 천자가 떠날 명분이 없었기 때문에 마침내 (산동의) 만리사(萬里沙)[1]에서 기도를 올렸고, 지나오는 도중에 태산[2]에서 제사를 지냈다. 되돌아오다가 호자(瓠子)[3]에 이르러 몸소 가서 황하의 터진 둑을 막느라[4] 이틀을 머물렀는데, 침사(沈祠)[5]하고서 떠났다. 경(卿) 두 사람으로 하여금 병졸을 거느리고 가서 황하의 터진 둑을 막고 황하를 두 길로 흐르게 함으로써 하우(夏禹) 때의 옛 모습을 복구시켰다.

1) 【집해(集解)】 응소(應劭)가 말했다. "만리사는 신사(神祠)로, 동래(東萊) 곡성(曲城)에 있다." 맹강(孟康)이 말했다. "만리사의 길이는 300여 리다."

2) 【집해(集解)】 등전(鄧展)이 말했다. "태산으로부터 동쪽으로 다시 소태산(小泰山)

이 있다." 신찬(臣瓚)이 말했다. "곧 지금의 태산이다."

3) 【집해(集解)】 복건(服虔)이 말했다. "호자는 제방 이름이다." 소림(蘇林)이 말했다. "견성(鄄城) 남쪽, 복양(濮陽) 북쪽에 있는데, 넓이가 100보이고 깊이는 5장(丈)이다."

4) 【색은(索隱)】 살펴보건대, 「하거서(河渠書)」에 따르면 무제가 스스로 나아가 황하의 터진 둑을 막자, 장군 이하도 모두 섶을 지고 날랐다고 한다.

5) 【색은(索隱)】 살펴보건대, 백마를 빠뜨려서 황하가 터진 것에 대해 제사를 지내고 이에 「호자가(瓠子歌)」를 지었다고 한다. 이 일은 「하거서(河渠書)」에 보인다.[제사 도구들을 물에 빠뜨려 강의 신에게 제사를 지낸 것이다.]

이때 이미 남월(南越)을 멸망시켰는데, 월나라 사람 용지(勇之)[1]가 이렇게 말했다.

"월나라 사람들의 풍습은 귀신을 믿었는데, 그들이 제사를 지낼 때는 모두 귀신을 볼 수가 있었고 종종 효험이 있었습니다. 옛날에 동구왕(東甌王)은 귀신을 공경해 수명이 160세나 되었는데, 후손들이 귀신을 비방하고 섬기기를 게을리해 지금은 쇠락해 줄어들었습니다."

마침내 월의 무당으로 하여금 월나라식의 사당을 세우게 하고 대(臺)를 설치하되 단(壇)은 없앴으며, 또한 천신과 상제와 온갖 귀신에게 제사를 지내도록 하고 닭으로 점을 쳤다[2]. 상이 이를 믿고서 비로소 월나라식 제사와 닭점을 썼다[3].

1) 【집해(集解)】 위소(韋昭)가 말했다. "월 땅 사람의 이름이다."

2) 【집해(集解)】 『한서음의(漢書音義)』에서 말했다. "닭 뼈로 점을 치는 것인데, 쥐로 점치는 것과 같다." 【정의(正義)】 닭점 치는 법은 닭 1마리와 개 1마리를 쓰는데, 둘 다 살아 있어야 한다. 우선 축원을 말하고 나서 곧바로 닭과 개를 죽여 삶아 다시 제사를 지낸 뒤, 닭의 두 눈을 빼내고 뼈 중에서 크게 갈라진 데를

살펴본다. 그 모양이 사람이나 사물[人物(인물)]과 비슷하면 길하고, 그렇지 않으면 흉하다. 지금의 영남(嶺南)에는 여전히 이런 점법이 남아 있다.

3) 국가 차원에서 처음으로 쓰기 시작했다는 말이다.

공손경이 말했다.

"신선을 만나볼 수 있는데도 상께서는 가셔서 항상 서두르시니[遽(거)=速(속)] 만나지를 못하는 것입니다. 지금 폐하께서 구지성에서 하셨던 것과 같이[1] 궁관(宮館)을 짓고 건어물과 대추를 차려놓으면 신인이 분명 신선을 찾아올 것입니다. 또한 신선들은 누거(樓居-높은 건물)를 좋아합니다."

이에 상이 영을 내려 장안에는 비렴관(飛廉觀)[2]과 계관(桂觀)을 짓고 감천에는 익수관(益壽觀)과 연수관(延壽觀)을 지으라 하고서는, 경으로 하여금 부절을 갖고 제사 도구를 진열한 뒤에 신인을 기다리게 했다. 마침내 통천대(通天臺)[3]를 짓고, 그 아래에 제사 도구를 두고서 장차 신선 등을 불러오려고 했다. 이에 감천궁에 다시 전전(前殿)을 두고 비로소 궁실들을 넓혔다[4]. 여름에 영지(靈芝)가 감천궁 재실(齋室)에서 자라났다[5]. 천자가 황하를 막고 (그에 대한 보답으로) 통천대를 세웠기 때문에 신령스러운 빛이 나는 것 같다고들 했다[6]. 마침내 조서를 내려 말했다.

"감천궁의 방에서 영지 아홉 줄기[九莖(구경)]가 자라났으니[7], 천하를 사면하고 백성에게 더는 노역을 시키지 말라."

1) 【집해(集解)】 위소(韋昭)가 말했다. "그전에 했던 것과 똑같이 하라는 말이다."

2) 【집해(集解)】 응소(應劭)가 말했다. "비렴신금(飛廉神禽)은 능히 바람의 기운[風氣(풍기)]을 불러올 수 있다." 진작(晉灼)이 말했다. "몸은 사슴 같고 머리는 참새 같은데, 뼈가 있고 뱀 꼬리를 하고 있으며 무늬는 표범 무늬와 같다."

3) 【집해(集解)】 서광(徐廣)이 말했다. "감천에 있다." 【색은(索隱)】 『한서(漢書)』에 따르면 감천궁에 통천대를 지었다고 한다. 살펴보건대, 『한구의(漢舊儀)』에 따르

면 대의 높이는 30장(丈)으로 장안성을 내려다볼 수 있었다.

4) 【색은(索隱)】 요씨(姚氏)가 말했다. "양웅(楊雄)이 말하기를, 감천은 본래 진나라 이궁으로 이미 사치함이 심했는데 무제가 통천대, 영풍궁(迎風宮)을 더 지었으니, 가까이에는 홍애(洪崖), 저서(儲胥)가 있고 멀리는 석관(石關)·봉만(封巒)·지작(鳷鵲)·노한(露寒)·당리(棠梨) 등의 관(觀)이 있었으며 고화(高華)·온덕관(溫德觀)·증성궁(曾成宮)·백호(白虎)·주구(走狗)·천제(天梯)·요대(瑤臺)·선인(仙人)·노법(弩法)·상사관(相思觀)이 있었다고 했다."

5) 【집해(集解)】 서광(徐廣)이 말했다. "원봉(元封) 2년이다." 【색은(索隱)】 영지가 궁 재실 안에서 자랐다. 살펴보건대, 영지란 구경(九莖)이니 이에 「지방가(芝房歌)」를 지었다.

6) 【집해(集解)】 이기(李奇)가 말했다. "이 일을 일으켰기 때문에 빛의 호응이 있었던 것이다." 신찬(臣瓚)이 말했다. "통천대를 지었기 때문이다."

7) 【집해(集解)】 응소(應劭)가 말했다. "지(芝)란 지초(芝草)로, 그 잎들이 서로 연결되어 있다." 여순(如淳)이 말했다. "『서응도(瑞應圖)』에 이르기를, 임금다운 자[王者(왕자)]가 노인들을 삼가 섬기면 옛 벗들을 잃지 않아 지초가 자라난다고 했다."

그 이듬해에 조선(朝鮮)을 정벌했다. 여름에 가뭄이 들었다. 공손경이 말했다.

"황제(黃帝) 때 봉선을 지내고 나면 가뭄이 들어 봉토가 3년 동안이나 메말라 있었습니다[1]."

상이 마침내 조서를 내려 말했다.

"가뭄이 들었다는 것은 봉지를 메마르게 하려는 뜻인가? (그렇다면) 이에[其(기)] 천하에 영을 내려서 영성(靈星)[2]을 받들어 제사를 지내도록 하라."

1) 【집해(集解)】 소림(蘇林)이 말했다. "날씨가 가뭄이 들면 봉토가 건조하게 된다."

여순(如淳)이 말했다. "다만 제사를 지내면서 시동(尸童)을 세우지 않는 것을 간봉(乾封)이라 한다." 【정의(正義)】 乾의 발음은 (건이 아니라) 간(干)이다. 소림이 말하기를 "날씨가 가뭄이 들면 봉토가 건조하게 된다"라고 했으니, 안사고(顔師古)가 말했다. "3년 동안 비가 오지 않으며 봉해진 땅이 뙤약볕에 마르게 된다." 정씨(鄭氏)가 말했다. "다만 제사를 지내면서 시동을 세우지 않는 것을 간봉(乾封)이라 한다."

2) 【정의(正義)】 영성은 곧 용성(龍星)이다. 장안(張晏)이 말했다. "용성의 좌각(左角)을 천전(天田)이라고 하니, 이는 농사의 안 좋은 조짐[農祥(농상)]이다. 이를 보면 제사를 지낸다."[곡식을 주관하는 별이다.]

그 이듬해 상은 옹에서 교제사를 지냈고, 그 후 회중(回中)[1]의 길을 열어 그리로 순행했다. 봄에 명택(鳴澤)[2]에 이르렀다가 서하군(西河郡)에서 돌아왔다.

1) 【집해(集解)】 서광(徐廣)이 말했다. "부풍(扶風) 견현(汧縣)에 있다."

2) 【집해(集解)】 복건(服虔)이 말했다. "명택은 늪지 이름인데, 탁군(涿郡) 주현(遒縣) 북쪽 경계에 있다."

그 이듬해 겨울에 상은 남군(南郡)을 순행한[1] 뒤 강릉(江陵)에 이르렀다가 동쪽으로 갔다. 잠현(潛縣) 천주산(天柱山)에 올랐으니, 예를 갖춰 제사를 지내고 그 산을 남악(南嶽)이라고 불렀다[2]. 장강에 배를 띄워 심양(尋陽)에서 종양(樅陽)[3]으로 나아가 팽려(彭蠡)를 지났는데, 유명한 산과 하천마다 제사를 지냈다. 북쪽으로 낭야(琅邪)에 이르러 바닷가를 따라서 순행했다. 4월 중에 봉고(奉高)에 이르러 봉제사를 거행했다[脩封(수봉)].

1) 【집해(集解)】 서광(徐廣)이 말했다. "원봉(元封) 5년이다."

2) 【집해(集解)】 응소(應劭)가 말했다. "잠현은 여강(廬江)에 속한다. 남악은 곽산(霍山)이다." 문영(文穎)이 말했다. "천주산은 잠현 남쪽에 있는데, 사당이 있다."

3) 【집해(集解)】 「지리지(地理志)」에 따르면 여강에 종양현이 있다.

애초에 천자가 태산에서 봉을 행할 때 태산 동북쪽 기슭에 옛날의 명당(明堂) 터가 있었는데, 험준한 데다가 앞이 탁 트이지 않았다. 상이 봉고 근처에 명당을 새로 짓고 싶어 했으나 아무도 명당의 제도를 밝게 알지 못했다. (이때) 제남(濟南) 사람 공옥대(公王帶)[1]가 황제(黃帝) 때의 명당 도면을 바쳤다. 명당 도면에 따르면, 가운데에 전당이 1채 있는데 사방에는 벽이 없고 띠로 지붕을 덮었으며 물을 통하게 해서 궁궐 담을 돌게 했다. 이중 복도를 만들었으며 위에는 누각이 있었는데, (전당의) 서남쪽으로부터 들어갈 수 있으니 이 길을 곤륜(昆侖)이라고 불렀다[2]. 천자는 이 길을 따라 들어가서 상제에게 절하고 제사를 지냈다. 이에 상이 봉고의 관리들에게 영을 내려, 문수(汶水)가에 명당을 짓되[3] 대(帶)의 도면대로 하라고 했다.

5년이 지나서 봉제사를 지낼 때 명당 윗자리에서는 태일과 오제에게 제사를 지냈고 고황제의 위패[祠坐(사좌)]는 그 맞은편에 두었으며 후토는 아랫방에서 제사를 지냈는데 태뢰 20마리를 썼다. 천자는 곤륜의 길을 따라 들어가서 처음에는 교제사의 예식과 같이 명당에서 제사를 지냈고, 예를 마치고 나면 당 아래에서 요제사를 지냈다[燎(요)=燎祭(요제)]. 이어서 상은 다시 태산에 올라가 그 정상에서 비밀리에 제사를 지냈고 태산 아래에서는 오제에게 제사를 지냈는데, (오제에게 지내는 제사는) 각각 그 방위에 맞게 하되 황제(黃帝)와 적제(赤帝)를 나란히 했고 유사가 제사를 받들었다. 태산 정상에서 횃불을 들면 산 아래에서도 모두 그에 호응했다.

1) 【색은(索隱)】 옥(玉)은 간혹 숙(肅)으로 되어 있다. 공옥은 성이고, 대는 이름이다. 요씨(姚氏)가 살펴보건대, 『풍속통(風俗通)』에서는 제(齊) 민왕(湣王)의 신

하 중에 공옥염(公玉冉)이 있었는데 그의 후손이라고 했고, 『삼보결록(三輔決錄)』에서는 두릉(杜陵)에 옥씨(玉氏)가 있는데 발음은 숙(肅)이라고 했으며, 『설문(說文)』에서는 그것을 종옥(從玉)으로 보면서 발음은 축목(畜牧)이라고 할 때의 축(畜)이라고 했다. 지금 공옥(公玉)을 읽는 법은 『결록(決錄)』과 같다. 그러나 두 성(姓)은 차이가 있으니, 옥(玉)의 단성일 경우 후한시대의 사도(司徒) 옥황(玉況-숙황)이 바로 그의 후손이 된다.

2) 【색은(索隱)】『옥대명당도(玉帶明堂圖)』에 따르면, 안에 복도(複道)가 있으니, 전당의 서남쪽으로부터 들어가는데 그 길을 이름하여 곤륜이라고 한다고 했다. 이것이 곤륜산의 5성(城) 12루(樓)와 비슷하다고 해서 그렇게 이름을 지은 것이다.

3) 【집해(集解)】서광(徐廣)이 말했다. "원봉(元封) 2년 가을이다."

그로부터 2년 뒤 11월 갑자일 초하루 동지에, 역법을 따지는 자가 이날을 새로운 주기의 시작[本統(본통)]으로 추산했다. 천자가 몸소 태산에 이르러 11월 1일 동지에 명당에서 상제에게 제사를 올렸고, 봉선은 행하지 않았다[1]. 그 축원문[贊饗(찬향)]에서 이렇게 말했다.

'하늘이 황제(皇帝)에게 태원(泰元)의 호칭과 신책(神筴)을 내려주셨으니, 한 바퀴 돌아 처음으로 다시 왔습니다[周而復始(주이복시)][2]. 황제가 삼가 태일께 절을 올립니다.'

동쪽으로 바닷가에 이르러, 바다에 들어가는 자들과 신을 찾는 방사들을 조사해보았더니 증험한 이가 아무도 없었음에도 오히려 인원수를 더욱 늘려 보내 신을 만나게 되기를 기대했다.

1) 【집해(集解)】서광(徐廣)이 말했다. "늘 5년마다 한 번씩 할 뿐이었으니, 지금은 2년째이므로 단지 명당에만 제사를 지낸 것이다."[원문에는 매(每)로 되어 있는데, 문맥상 무(毋)의 잘못으로 보고서 옮겼다.]

2) 【색은(索隱)】 살펴보건대, 축원문의 글은 하늘로부터 황제가 태원과 신택을 받아서 한 바퀴 돌아 처음으로 다시 왔음을 말한다. 또 살펴보건대, 옛날에 황제(黃帝)가 보배로운 솥과 신책을 얻어서 태고의 상황(上皇)이 되어 역법을 창시했다는 호칭을 얻었는데, 여기서 (다시) 태원과 신책을 얻었으니 한 바퀴 돌아 처음으로 다시 왔다고 말한 것이다.

11월 을유일[1)]에 백량대(柏梁臺)에 불이 났다. 12월 갑오일 초하루에 상이 몸소 고리(高里)[2)]에서 선(禪)을 하고 후토에 제사를 지냈다. 발해에 가서 봉래의 신선들에게 망제(望祭)를 지내, 수정(殊庭)[3)]에 이르게 되기를 기대했다[幾=冀][4)].

1) 【집해(集解)】 서광(徐廣)이 말했다. "22일이다."

2) 복엄(伏儼)이 말했다. "산 이름으로, 태산 아래에 있다."

3) 봉래의 가운데에 있다는 신선들의 정원이다.

4) 【집해(集解)】 『한서음의(漢書音義)』에서 말했다. "봉래정(蓬萊庭)이다." 【색은(索隱)】 기(冀)가 『한서(漢書)』에는 기(幾)로 되어 있다. 기(幾)란 '가깝다[近]'는 말인데, 기(冀)는 '바라다[望]'이니 역시 통한다. 복건(服虔)이 말했다. "봉래에 있는 선인이다. 수정(殊庭)이란 기이한 것이니, 즉 선인의 기이한 영역에 들어가는 것을 말한다."

상이 돌아와서, 백량대가 불타 감천궁에서 조회하고 회계를 보고받았다[受計][1)]. 공손경이 말했다.

"황제(黃帝)는 청령대(靑靈臺)를 완공하고서[就=成] 12일(日)[2)] 만에 불타자 이에 명정(明庭)을 지었습니다. 명정이 곧 감천궁입니다."

방사들 대부분도 옛 제왕들 가운데 감천에 도읍한 사람이 있었다고 말하니, 그 뒤부터 천자는 다시 감천에서 제후들의 조회를 받고 감천에 제후

들의 저택을 지었다. 이에 용지(勇之)가 말했다.

"월나라 땅의 풍속에, 화재가 있어 다시 집을 짓게 되면 이전보다 크게 지어 재앙을 누릅니다."

이에 건장궁(建章宮)을 지을 때는[3] 규모가 천문만호(千門萬戶)였다. 전전(前殿)의 크기도 미앙궁(未央宮)보다 높았다. 그 동쪽에는 봉궐(鳳闕)이 있었는데 높이가 20여 장(丈)이었고[4], 그 서쪽에는 당중(唐中)[5]이 있었는데 둘레가 몇십 리나 되는 호권(虎圈)[6]이 있었다. 그 북쪽에는 대지(大池)와 점대(漸臺)[7]를 만들었는데, 대(臺)는 높이가 20여 장으로 그 이름을 태액(泰液)[8]이라 했으며, 못 가운데는 봉래(蓬萊) · 방장(方丈) · 영주(瀛洲) · 호량(壺粱)의 섬들을 두고 바다에 있는 신산(神山) · 거북 · 물고기 따위의 상징을 배치했다[9]. 그 남쪽에는 옥당(玉堂)[10], 벽문(璧門), 큰 새 등의 조각이 있었다. 이에 신명대(神明臺)[11]와 정한루(井幹樓)[12]를 세웠는데, 높이가 50장이 넘었고 수레가 다니는 길[輦道(연도)]이 서로 연결되어 있었다.

1) 【정의(正義)】 고윤(顧胤)이 말했다. "백량이 불타서 관련 업무를 감천궁에서 하게 된 것이다." 안사고(顔師古)가 말했다. "군국의 회계장부 보고를 받은 것이다."

2) 【집해(集解)】 서광(徐廣)이 말했다. "일(日)은 판본에 따라 월(月)로 되어 있다."

3) 【정의(正義)】 『괄지지(括地志)』에서 말했다. "건장궁은 옹주(雍州) 장안현(長安縣) 서쪽으로 20리 떨어진 장안 고성 서쪽에 있다."

4) 【색은(索隱)】 『삼보황도(三輔黃圖)』에 이르기를 "무제가 건장을 지으면서 봉궐을 세웠는데, 그 높이가 35장이었다"라고 했다. 『관중기(關中記)』에서 말했다. "일명 별풍(別風)이라고 했으니, 사방의 풍향을 구별했기 때문이다." 『서경부(西京賦)』에서 말했다. "(건장궁 정문인) 창합문(閶闔門) 안에 별풍궐(別風闕)이 우뚝 솟아 있도다." 『삼보고사(三輔故事)』에서 말했다. "북쪽에 환궐(圜闕)이 있는데, 높이는 20장이며 위에는 동으로 만든 봉황이 있었다. 그래서 봉궐이라고 했다."

5) 【색은(索隱)】 여순(如淳)이 말했다. "『시경(詩經)』(「진풍(陳風)」 방유작소(防有鵲巢) 편)에 이르기를 '뜰 안길에 벽돌이 있고[中唐有甓(중당 유벽)]'라고 했는데, 정현(鄭玄)이 말하기를 '당(唐)은 집 안의 뜰이다'라고 했다. 『이아(爾雅)』에서는 사당 안의 길을 일러 당(唐)이라고 했다. 『서경부(西京賦)』에서 '누대 앞에 당중지(唐中池)를 파놓았으니, 멀리 바라봐도 물은 넓고 끝이 없구나'라고 한 것이 이것이다."

6) 【정의(正義)】 圈은 기(其)와 원(遠)의 반절음이다. 『괄지지(括地志)』에서 말했다. "호권은 지금 장안성 안 서쪽 편에 있다."

7) 【정의(正義)】 안사고(顔師古)가 말했다. "점(漸)은 물이 스며든다[浸(침)]는 뜻이다. 점대가 대지(大池) 안에 있어서 물에 젖어 있었기 때문에, 그래서 점대라고 했다." 살펴보건대, 왕망(王莽)이 이 대에서 죽었다.

8) 【정의(正義)】 신찬(臣瓚)이 말했다. "태액이란 음양의 진액(津液)을 본떠서 못을 만들었다는 뜻이다."

9) 【색은(索隱)】 『삼보고사(三輔故事)』에서 말했다. "전(殿) 북쪽 해지(海池)의 북쪽 기슭에 석어(石魚)가 있는데 길이가 2장이고 넓이는 5척이며, 서쪽 기슭에는 석구(石龜-돌 거북) 2개가 있는데 각각의 길이는 6척이다."

10) 【색은(索隱)】 그 남쪽에 옥당이 있다. 『한무 고사(漢武故事)』에서 말했다. "옥당의 기반석과 미앙궁 전전(前殿)은 같은데, 땅과의 거리가 12장이었다."

11) 【색은(索隱)】 『한궁궐소(漢宮闕疏)』에서 말했다. "대의 높이는 50장이고, 위에 9궁(宮)이 있는데 늘 구천도사(九天道士) 100명이 배치되어 있었다."

12) 【색은(索隱)】 『관중기(關中記)』에서 말했다. "궁 북쪽에 정간루가 있었는데, 높이가 50장으로 나무를 쌓아서 누(樓)를 만들었다." 수많은 나무를 쌓고 서로 다리처럼 교차시켜서 마치 정간(井幹) 같았다는 것이다. 사마표(司馬彪)는 『장자(莊子)』 주(注)에서 "정간은 정란(井闌)이다"라고 했다. 또 최선(崔譔)이 말했다. "정(井-우물)이란 네 변을 나무로 쌓은 것이 마치 담을 쌓을 때 정간(楨幹)을 둔 것과 비슷했다." 또 여러 판본에는 간(幹)으로 되어 있는

데, 판본에 따라 한(榦-우물 난간)으로 되어 있기도 하다. (이때의) 발음은 (간이 아니라) 한(韓)이다. 『설문(說文)』에 이르기를 "간(幹)이란 우물 난간[井橋]이다"라고 했다.

여름에 한나라는 역법을 고쳐서 정월을 한 해의 첫 달[歲首]로 삼고 색은 황색을 높였으며 관인(官印)은 고쳐 다섯 글자로 했다[1]. 그로 인해 이해를 태초(太初) 원년(元年)으로 삼았다. 이해에 서쪽으로 대원(大宛)을 정벌했다. 황충이 크게 일어났다. 정부인(丁夫人)[2]과 낙양 사람 우초(虞初) 등이 방술을 써서 흉노와 대원(大宛)을 저주하는 제사를 지냈다.

1) 【집해(集解)】 장안(張晏)이 말했다. "한나라는 토덕(土德)을 근거로 삼았으니, 토(土)의 수는 5다. 그래서 다섯 글자로 인장의 글을 맞춘 것이다. 예를 들면 승상은 '승상의 인장[丞相之印章]'이라고 했고, 여러 경이나 수상(守相)도 5글자가 안 되면 지(之)자를 채워 넣었다."

2) 【집해(集解)】 위소(韋昭)가 말했다. "정은 성이고 부인은 이름이다."

그 이듬해 유사에서 말했다.

"옹의 오치에는 태뢰를 삶는 도구[熟具]가 없고 향기 나는 제물[芬芳]도 갖춰져 있지 않습니다."

마침내 제관에게 명해, 삶은 송아지를 치(畤)에 바치되 신령이 오색의 원칙에 따라 먹을 수 있게 하라고 했다[1]. 또 나무를 깎아 만든 말로써 실제의 망아지[駒]를 대신하게 했으니, 오직 오제의 제사와 무제가 몸소 행하는 교제사에만 망아지를 쓰고 그 외에 여러 유명한 산과 하천에서 망아지를 쓰는 제사는 모두 나무 망아지로 바꾸도록 했다. 순행하면서 지나가다가 직접 제사를 지낼 때는 마침내 망아지를 썼다. 그 밖의 다른 예(禮)는 예전과 똑같이 했다.

1) 【집해(集解)】 맹강(孟康)이 말했다. "예를 들면 화(火)는 금(金)을 이기므로 적제(赤帝)에 제사 지낼 때는 (금에 해당하는 색깔인) 흰 희생[白牲]을 썼다."

그다음 해에 (상은) 동쪽으로 바닷가를 순행했다. (상이) 신선과 관련된 것들을 여러모로 강구했으나 아직 아무런 효험을 얻지 못하고 있었는데, 방사 중에 이런 말을 하는 사람이 있었다.

"황제(黃帝) 때는 5성과 12루를 짓고[1] 집기(執期)[2]에서 신선을 기다렸는데, 이곳을 이름 붙여 영년(迎年)[3]이라고 했습니다."

상은 그의 방식대로 누각을 짓도록 허락하고서 명년(明年)[4]이라고 이름 붙였다. 상이 직접 상제에게 예를 갖춰 제사를 지냈고 옷은 황색을 높였다.

1) 【집해(集解)】 응소(應劭)가 말했다. "곤륜산의 현포(玄圃)가 5성 12루인데, 이는 신선들이 늘 머무는 곳이다."

2) 【집해(集解)】 『한서음의(漢書音義)』에서 말했다. "집기는 땅 이름이다."

3) 【정의(正義)】 안사고(顏師古)가 말했다. "이는 오래 살게 해달라고 기도하는 것[祈年]을 뜻한다."

4) 안사고(顏師古)가 말했다. "장수를 바라는 것이다."

공옥대(公玉帶)가 말했다.

"황제(黃帝) 때는 비록 태산에서도 봉을 거행했으나 풍후(風后), 봉거(封鉅)[1], 기백(岐伯)[2]이 황제로 하여금 동태산(東泰山)[3]에서 봉을 거행하고 범산(凡山)[4]에서 선을 거행하도록 권했습니다. 그렇게 해서 신의 감응에 부합한 다음에야 (황제는) 죽지 않는 신선이 되었다고 합니다."

천자가 이미 제사 도구들을 설치하도록 명하고 나서 동태산에 이르렀는데, 동태산은 낮고 작아서 그 이름에 어울리지 않았기 때문에 마침내 영을 내려 제관이 예를 행하도록만 하고 봉선은 거행하지 않았다. 그 후에 대(帶)

에게 영을 내려, 제사를 받들며 신인[神物]을 기다리게 했다.

여름에 드디어 태산으로 돌아와서 5년마다의 예를 이전처럼 행했고 나아가 석려(石閭)에서 선을 거행했다. 석려(石閭)는 태산의 남쪽 기슭에 있는 산인데, 방사들이 대부분 이곳을 가리켜 선인의 마을이라고 했기 때문에 그래서 상이 몸소 선(禪)을 거행했던 것이다.

1) 【집해(集解)】 응소(應劭)가 말했다. "봉거는 황제의 스승이다."

2) 【정의(正義)】 장읍(張揖)이 말했다. "기백은 황제의 태의(太醫)다."

3) 【집해(集解)】 서광(徐廣)이 말했다. "동태산은 낭야군(琅邪郡)의 주허현(朱虛縣)에 있는데, 문수(汶水)가 발원하는 곳이다."

4) 【집해(集解)】 서광(徐廣)이 말했다. "범산 또한 주허현에 있다."

5년 후에 다시 태산에 이르러 봉을 거행했고[修封][1], 돌아오는 길에 상산(常山)을 지나면서 제사를 지냈다.

1) 【집해(集解)】 서광(徐廣)이 말했다. "천한(天漢) 3년이다. 이릉(李陵)은 천한 2년에 패전했다."

금천자(今天子)[1]가 일으킨 사당으로는 태일(泰一)과 후토(后土)가 있는데, 3년마다 몸소 교제사를 올렸다. 한나라 황실[漢家]이 세워지고서 행한 봉선은 5년에 한 번이었다.

박기(薄忌)의 태일과 삼일(三一), 명양(冥羊), 마행(馬行), 적성(赤星)의 다섯은 제사관인 관서(寬舒)가 주관해 세시(歲時)에 따라 예를 올렸다[2]. 모두 해서 여섯 제사[3]로, 다 태축(太祝)이 주관했다. 팔신 등 여러 신과 명년(明年), 범산(凡山) 등 다른 여러 이름의 제사에서는 상이 행차를 하다가 그곳을 지나게 되면 제사를 지냈고 떠나면 마쳤다. 방사가 일으킨 제사의 경우

에는 각자 스스로가 주관해 그 사람이 죽으면 그쳤으니, 사관은 더는 그것을 주관하지 못했다. 그 밖의 다른 제사는 모두 예전과 같았다.

금상(今上-무제)이 봉선을 시행한 지난 12년을 돌아보면 오악(五嶽)과 사독(四瀆)에 두루 미쳤다. 한편, 방사들은 신인을 기다리는 제사도 드리고 바다로 들어가서 봉래를 찾기도 했으나 끝내 아무런 효험이 없었다.

공손경이 신선을 기다리다 거인의 발자국 같은 것을 보기는 했지만 역시 효험은 없었다. 천자가 갈수록 방사의 괴이한 이야기에 싫증을 내기도 했지만, 그러나 끝내 굴레[羈縻(기미)]를 끊지 못하고 신선 만나기를 소망했다. 이때 이후로 귀신과 제사를 이야기하는 방사들이 점점 더 많아졌지만[彌衆(미중)] 그 효험이란 보지 않아도 뻔하다[可睹(가도)][4].

1) 사마천은 무제를 가리킬 때 대부분 금상(今上)이라고 했고, 드물게 금천자라고도 했다.

2) 【집해(集解)】 이기(李奇)가 말했다. "제사 이름이다." 【색은(索隱)】 적성(赤星)은 곧 영성(靈星)을 높이는 제사다. 영성은 용(龍)의 좌각(左角)인데, 그 색이 붉어서 적성이라고 했다. 다섯이란 태일·삼일·명양·마행·적성이다. 모두 다섯인데, 아울러 사관(祠官) 관서(寬舒)가 통솔했다.

3) 【색은(索隱)】 이상의 다섯 가지 외에 후토를 더했으니, 그래서 여섯이다.

4) 【집해(集解)】 서광(徐廣)이 말했다. "지금 사람들은 '그 일은 이미 얼마든지 알 수 있다[其事已可知矣(기사 이 가지 의)]'라고 하는데, 둘 다 결국은 믿을 수 없다는 말이다. 여러 판본에는 가(可)자가 빠져 있다."

태사공(太史公)이 말한다.

"나는 천자를 따라 순수(巡狩)하면서 천지의 여러 신과 명산대천에 제사를 지냈고, 봉선에도 참가했다. 수궁(壽宮)에 들어가서는 황제를 모시고 신에게 올리는 제문과 기도를 듣고서 방사와 사관(祠官)들의 말을 탐구했고, 이에 물러나서는 예로부터 귀신에게 제사 지내는 일들을 순서대로 논술함

으로써 제사와 관련된 안과 밖을 모두 볼 수 있게 여기에 갖추었다. 훗날에 군자가 있어 이를 통해 제사의 실상을 살펴볼 수 있을 것이다. 제사 때 쓰는 시시콜콜한 조두규폐(俎豆珪幣)[1]와 술을 따르는 세세한 예법에 관해서는 유사(有司)가 있다[有司存][2]."[3]

1) 조두는 희생을 올려놓는 도마 모양의 제기이고, 규폐는 신에게 바치는 폐물이다.

2) 이 말은 사마천(司馬遷)이 『논어(論語)』「태백(泰伯)」편에 나오는 증자(曾子)의 말을 갖고서 멋을 부린 것이다. 증자가 중병에 걸렸을 때 맹경자가 병문안을 왔다. 이에 증자가 말했다. "새는 죽으려 할 때 그 울음소리가 슬프지만, 사람이 장차 죽을 때는 그 말이 착하다고 했습니다. 통치하는 군자라면 귀중하게 여겨야 할 도리가 세 가지 있습니다. 첫째, 용모를 움직일 때는 사나움과 거만함을 멀리해야 하고 얼굴빛을 바로 할 때는 신실함을 가깝게 해야 합니다. 둘째, 말과 소리를 낼 때는 비루함과 도리에 위배됨을 멀리해야 합니다. 셋째, 변두 같은 제기를 다루는 일은 유사(有司)가 있으니 맡겨두어야 합니다[有司存]." 즉 시시콜콜한 부분은 자기가 말하지 않겠다는 뜻이다.

3) 【색은술찬(索隱述贊)】 효무가 세상의 지극한 표준들을 한데 모아[孝武纂極]/온 세상 태평 이루었다네[四海承平]/뜻은 사치와 화려함을 숭상했고[志尚奢麗]/귀신과 신명을 더욱 공경했도다[尤敬神明]/단을 쌓아 팔도를 열었고[壇開八道]/연결해서 오성을 통하게 했도다[接通五城]/아침에 오리장군 만나보고[朝親五利]/저녁에 문성장군에 절했네[夕拜文成]/제사는 전례(典禮)에 없는 것이었고[祭非祀典]/천지 명산에 두루 제사를 지냈다네[巡乖卜征]/숭산과 대산에 오르니[登嵩勒岱]/멀리서 신령스러운 소리 들려왔도다[望景傳聲]/해마다 온갖 귀신에게 제사 지냈고[迎年祀日]/역법 고쳐 연호를 제정했다네[改曆定正]/나라 안은 피폐해지고[疲耗中土]/변방의 병사들은 쉴 날이 없었도다[事彼邊兵]/하루도 편할 날이 없으니[日不暇給]/백성 삶의 의지처를 찾지 못했네[人無聊生]/굽어 진시황과 비교해보니[俯觀嬴政]/거의 차이가 없을 지경이었도다[幾欲齊衡]!

KI신서 16195
이한우의 사기 2
본기(本紀) 권6-권12

1판 1쇄 인쇄 2026년 3월 13일
1판 1쇄 발행 2026년 4월 1일

지은이 사마천
옮긴이 이한우
펴낸이 김영곤
펴낸곳 ㈜북이십일 21세기북스

서가명강팀 팀장 양으녕 **책임편집** 서진교 **마케팅** 김주현
디자인 푸른나무디자인
마케팅영업부문 정지은
영업팀 김지윤 강경남 김도연
e-커머스팀 장철용 명인수 황성진
제작팀 이영민 권경민

출판등록 2000년 5월 6일 제406-2003-061호
주소 (10881) 경기도 파주시 회동길 201(문발동)
대표전화 031-955-2100 **팩스** 031-955-2151 **이메일** book21@book21.co.kr

ISBN 979-11-7357-895-3 (04910)
979-11-7357-893-9 (04910) (세트)

함께 읽으면 좋은 21세기북스의 책